RECUEIL
OU
COLLECTION
DES TITRES, ÉDITS,
DÉCLARATIONS, ARRETS, REGLEMENS,

& autres Piéces concernant la Compagnie des Indes
Orientales établie au mois d'Août 1664.

Précédé d'un Avertissement Historique depuis 1716 *jusqu'en* 1725
inclusivement.

Par le Sieur DERNIS, Chef du Bureau des Archives de la Compagnie des Indes.

TOME TROISIÉME.

A PARIS,
DE L'IMPRIMERIE D'ANTOINE BOUDET,
IMPRIMEUR DU ROI.

M. DCC. LV.

AVERTISSEMENT HISTORIQUE.

ON a pû voir dans le premier tome de cet Ouvrage que, par rapport à Madagascar, l'avertissement commence en 1506 jusqu'en 1664, & pour ce qui concerne les priviléges de la Compagnie, depuis 1664 jusqu'en 1699 inclusivement.

Et dans le second on a vû qu'on a commencé l'avertissement par la Compagnie de la Chine établie en 1660, dont on n'avoit dit qu'un mot en passant dans le premier tome ; ensuite il a été mention de ce qui fut entrepris par la Compagnie, pour jetter les premiers fondemens d'un commerce solide en Perse & à Siam ; on a vû aussi la suite de l'histoire de Messieurs de la Haye & Caron ; & enfin ce qui se passa à Pondichery depuis 1672 qu'il fut donné à M. Martin, jusqu'en 1701, qu'il devint le principal établissement de la Compagnie.

S'il n'avoit été question dans ce troisiéme tome, que de continuer la collection des priviléges depuis 1716, où il commence jusqu'en 1725 où il

AVERTISSEMENT

finit, on n'auroit été nullement embarraffé. Mais il a été fait à cette Compagnie tant de différentes réunions (*a*), dont elle ne se trouve plus chargée aujourd'hui, que si l'on avoit voulu entrer dans le détail de toutes ces parties (étrangeres à son commerce) le travail auroit mené trop loin. Cependant il a paru nécessaire d'en faire ici une mention succinte, pour ne pas laisser ignorer à la postérité des choses qui paroîtront peut-être extraordinaires aux uns, & serviront d'exemple pour corriger les autres.

BANQUE.

On commencera par la Banque, dont on n'a inséré dans ce volume que les Lettres Patentes des 2 & 20 Mai 1716, la Déclaration du 4 Décembre 1718, qui la qualifie *Banque Royale*, & l'Arrêt du 23 Février 1720, qui la réunit à la Compagnie des Indes.

M. Law, Gentilhomme Ecossois, proposa à M. le Duc d'Orleans Régent du Royaume en 1715, de former en France une Banque, dont le fonds devoit être fait des deniers du Roi, laquelle seroit administrée au nom & sous l'autorité de Sa Majesté.

Quoique ce projet eût été examiné dans le Conseil des Finances, où plusieurs Banquiers, Négocians & Députés des Villes de commerce avoient

---

(*a*) La Banque, le Tabac, les Monnoyes, les Affinages, les Fermes générales, la Marée, la Volaille, les Recettes générales, les Comptes en banque.

été appellés, pour avoir leur avis, & qu'ils convinssent tous que rien ne pouvoit être plus avantageux à ce Royaume, ils crurent néanmoins que les conjonctures du tems n'étoient pas favorables, & qu'il conviendroit mieux qu'un tel établissement fût fait sur le compte d'une Compagnie. Ces raisons jointes à quelques conditions particulieres du projet, déterminerent le Roi à le refuser. Mais M. Law ayant demandé qu'on lui accordât la faculté d'établir une autre espéce de Banque, dont il offroit de faire le fonds, tant de ses deniers que de ceux de sa Compagnie, & par le moyen de laquelle il se proposoit d'augmenter la circulation de l'argent, faire cesser l'usure, suppléer aux voitures des espéces entre Paris & les Provinces, engager les Etrangers à remettre des fonds avec sûreté dans ce Royaume, & faciliter aux peuples le débit de leurs denrées, & le payement de leurs impositions, des Lettres Patentes du Roi lui en furent expédiées le deuxiéme jour de Mai 1716 pour le tems de vingt années. Ces Lettres Patentes permettoient la création de 1200 actions de 1000 écus chacune (*a*), ce qui formoit un capital de six millions, dont les trois quarts seroient payés en billets de l'Etat, & l'autre quart en argent. On n'exigea dans la distribution de ces 1200 actions (*b*) que le quart du payement, & la soumission pour les trois quarts restans, dont le paye-

(*a*) L'écu valoit alors cent sols.
(*b*) Elles furent appellées dans la suite *actions d'Occident*.

ment n'a jamais été fait par les Actionnaires, ayant été rempli des profits de la Banque ; ainsi sa caisse qui devoit être de six millions fut seulement de 1500 mille livres ; sçavoir, 1125 mille livres en billets de l'Etat, qui perdoient 70 pour cent sur la place, & 375 mille livres en espéces. C'est avec ce foible fonds qu'elle commença ses opérations, & elle ne reçût depuis aucun autre secours. Les billets au porteur que la Banque distribuoit étoient stipulés en écus du poids & titre de ce jour (*a*). Elle recevoit & payoit sous cette condition, qui est l'unique moyen de contracter fidellement, & d'éviter les injustices que cause la variation des monnoyes.

Cette Banque avec son petit fonds excita la risée du public ; tout le Conseil, les Compagnies, les Corps, les Banquiers, les Négocians s'efforçoient de la décrier : personne n'y eut confiance. Chacun jura de ne garder aucun de ses billets du soir au lendemain, & la ligue fut universelle sans avoir été concertée ; cependant on remarquoit par la balance qui se faisoit tous les soirs à la Banque, que l'entrée de l'argent étoit plus forte que la sortie, & que la sortie diminuoit tous les jours. Ce succès annonçoit le retour de la confiance & du crédit. Le fond de la Banque augmentoit en espéces ; ses billets se multiplioient au dehors où ils tenoient lieu d'argent.

(*a*) Suivant l'Edit du mois de Décembre 1715 les écus valoient cinq livres ; ils étoient aux coins, armes, poids, titre & remede, porté par l'Edit du mois de Mai 1709, c'est-à-dire, de huit au marc, au titre de onze deniers de fin. *Voyez l'Edit de* 1715.

HISTORIQUE.

Comme les 1200 actions de la Banque avoient été enlevées, & qu'au contraire 250 millions de billets de l'Etat formés de la réduction de plus de 800 millions d'autres billets perdoient plus de 70 pour cent, on cherchoit à en diminuer le nombre, afin de leur donner de la faveur.

La concession de la Louisianne avoit été accordée dès 1712 à M. Crozat pour y envoyer des Colonies, comme on a pû le voir dans l'avertissement du second volume ; mais cette affaire n'avoit eu aucun succès entre ses mains. M. Law, après avoir médité là-dessus, & sur les piéces qui lui furent remises, jugea qu'elle seroit utile à ses desseins ; que c'étoit le moyen de rétablir en France le commerce étranger, & d'y engager une partie de la Nation. Il dit qu'il avoit une idée plus étendue de cette affaire : qu'il se chargeoit du succès : qu'il falloit créer 50 millions d'actions à 500 livres chacune, dont les fonds seroient faits en billets de l'Etat : qu'il suffiroit d'en payer quatre pour cent d'intérêt, comme on avoit fait jusqu'alors : qu'il trouveroit dans la suite d'autres bénéfices qui ne seroient à charge ni au Roi ni au peuple pour récompenser la confiance des Actionnaires. Cette proposition étonna ceux qui n'avoient imaginé que de retirer deux millions de billets de l'Etat, & M. Law piqué d'une vûe si bornée, leur déclara que ce n'étoit que la moitié de son projet, qu'il falloit créer cent millions d'actions au lieu de cinquante.

même effet ci-deſſus. On en fabriqua encore pour cinquante millions de cinquante livres par Arrêt du 19 dudit mois.

Le 15 Septembre 1720, le Roi ordonna que les diminutions indiquées par l'Arrêt du 30 Juillet précédent auroient lieu juſqu'au premier Octobre ſuivant; ſçavoir, que les billets de Banque de 1000 livres & de 10000 livres ne ſeroient donnés en payement qu'avec moitié eſpéces, & les billets de 100, de 50 & de 10 livres, en payant des ſommes de 20 livres & au-deſſus, qu'avec moitié eſpéces, & pour les ſommes au-deſſous de 20 livres le payement n'en pourroit être fait qu'en eſpéces.

Enfin par un Arrêt du 10 Octobre 1720, le Roi ordonna que les billets de Banque ne pourroient être donnés ni reçus en payement pour quelque cauſe & prétexte que ce pût être que de gré à gré; cependant le Roi donna divers débouchés pour les placer.

Par un état des billets de Banque qui avoient été faits, annexé audit Arrêt, on en fit monter la ſomme à 2696400000 livres. Mais cet état n'étoit point fidéle, puiſque le ſieur Bourgeois, Tréſorier de la Banque, a compté à la Chambre des Comptes de Paris 3070500000 livres en recette & en dépenſe. (*a*)

(*a*) Le compte a été arrêté à la Chambre des Comptes le 15 Novembre 1723, & la Compagnie fut bien & valablement déchargée de toutes les opérations de la Banque par l'article premier de l'Edit du mois de Juin 1725 pour la décharge & libération de la Compagnie des Indes. *Voyez pag.* 729.

HISTORIQUE. xiij

Quoique les comptes en Banque ayent été supprimés presqu'aussi-tôt qu'établis, & quoiqu'ils ne regardassent la Compagnie qu'indirectement, on en parlera néanmoins ci-après, mais seulement pour garder un certain ordre de travail dans cet avertissement.

Par un Arrêt du Conseil du 26 Janvier 1721, le Roi ordonna que les Directeurs, au nom de la Compagnie, seroient tenus de rendre compte devant les Commissaires du Conseil, nommés par Arrêt du 16 dudit mois, des billets de Banque qui avoient été faits.

1721.

Il fut rendu le même jour un autre Arrêt, qui ordonna que tous les contrats, tant de rentes perpétuelles que viageres ; tous les récépissés des Gardes du Trésor Royal, ou des Receveurs des Tailles pour rentes ; toutes les actions intéressées de la Compagnie des Indes ou dixiémes desdites actions ; tous les certificats pour comptes en Banque ; toutes les actions rentieres & dixiémes desdites actions ; ensemble tous les billets de Banque, seroient représentés dans deux mois pardevant les Commissaires du Conseil, qui seroient pour ce nommés, pour être par eux procédé à la vérification desdits effets.

Le 3 Avril suivant, la Compagnie présenta requête au Roi, pour se pourvoir contre cet Arrêt par la voye de l'opposition ; mais elle en fut déboutée par un Arrêt du 7 du même mois.

Messieurs les Commissaires ayant visé tous les

b iij

AVERTISSEMENT

effets mentionnés ci-dessus, la liquidation en fut faite suivant un tableau qui fut dressé à cet effet, & chaque particulier reçut pour son remboursement des billets de liquidation, pour lesquels le Roi donna plusieurs débouchés pour en faire emploi. On ne s'étendra point davantage sur cet article; on se contentera de dire, pour ce qui concerne la Compagnie, que les actions, dont le nombre avoit monté à 600 mille, comme on l'a vû ci-devant, tant anciennes que nouvelles pour servir à convertir les anciennes, fut réduit à 50 mille par Arrêt du 23 Novembre 1721, & augmenté à 56 mille par autre Arrêt du 22 Mars 1723. De cette quantité il en fut converti en exécution de l'Arrêt du Conseil du 15 Février 1724, 4866 en rentes viageres en forme de Tontine, qu'on appella Loterie composée, qui les réduisit à 51134, tant en actions qu'en dixiémes. Mais le Roi en ayant retiré par la voye de la Loterie ordonnée par un Arrêt du 2 Mai 1730, & par d'autres voyes la quantité de 11835 actions 5 dixiémes, il n'en reste plus dans le public que 38432 actions 8 dixiémes, suivant l'Arrêt du Conseil du 5 Août 1749, ce qui fait cependant toujours actuellement en 1755 la quantité de 51134 à la charge de la Compagnie.

Enfin pour revenir à la Banque, par l'article premier de l'Edit du mois de Juin 1725, pour la décharge & libération de la Compagnie des Indes, le Roi déclara qu'elle seroit bien & valablement

HISTORIQUE.

déchargée de toutes les opérations de la Banque établie générale par Lettres Patentes des 2 & 20 Mai 1716, depuis convertie Royale par Déclaration du 4 Décembre 1718, & ensuite réunie à ladite Compagnie des Indes par Arrêt du Conseil du 23 Février 1720, & autres rendus en conséquence les 26 Janvier & 7 Avril 1721, laquelle décharge Sa Majesté accorda à ladite Compagnie des Indes, en vertu du compte des billets de Banque faits & délivrés dans le public depuis leur établissement jusqu'à leur suppression, qui fut rendu pour & au nom de ladite Compagnie des Indes par le sieur Bourgeois, Trésorier général de la Banque, à la Chambre des Comptes de Paris le 15 Novembre 1723, par lequel la recette est égale à la dépense, l'une & l'autre montant à trois milliards soixante-dix millions cinq cens mille livres.

Par l'article III de cet Edit, le Roi dispensa aussi la Compagnie de compter, tant des six millions de livres provenant du fonds des douze mille actions, que des bénéfices qu'elles avoient pû produire ; & par l'article IV Sa Majesté confirma la cession du bénéfice qu'elle avoit fait sur la Banque Royale. Voilà l'abregé de l'histoire de la Banque & des Actions. Venons au Tabac.

TABAC.

1718

Quoique la Ferme du Tabac n'ait été réunie à la Compagnie des Indes qu'en l'année 1718, lors nom-

xvj AVERTISSEMENT

mée Compagnie d'Occident, on a pensé néanmoins que le Lecteur curieux ne sera pas fâché de trouver ici l'origine de cette partie des revenus du Roi, qui d'abord fut très-modique & qui a fait depuis de si étonnans progrès, comme on les verra dans la suite.

1674. à 1680. Le premier bail de la Ferme du Tabac a commencé au premier Décembre 1674, sous le nom de Jean Breton, & a duré six ans. Ce bail comprenoit aussi le droit de marque sur l'étain, & il fut fait moyennant 500000 livres pour les deux premieres années, & 600000 livres pour les quatre dernieres.

1680. à 1681. Le second a commencé au premier Octobre 1680, sous le nom de Pierre Boutet, & n'a duré qu'un an. Le prix de la Ferme du Tabac fut confondu avec celui des cinq grosses Fermes.

1681. à 1687. Le troisiéme, sous le nom de Jean Faconnet, Adjudicataire des Fermes générales, a commencé au premier Octobre 1681, & a fini le 30 Septembre 1687. Le prix de la Ferme du Tabac demeura encore confondu avec celui des cinq grosses Fermes.

1687. à 1691. Le quatriéme, sous le nom de Pierre Domergue, pareillement Adjudicataire des Fermes générales, a commencé au premier Octobre 1687, & n'a duré que quatre ans. Le prix continua encore pendant ce temps-là à être confondu avec celui des cinq grosses Fermes.

1691. à 1697. Le cinquiéme sous le nom de Pierre Pointeau, a commencé au premier Octobre 1691, & a duré
jusqu'au

jusqu'au 30 Septembre 1697, auquel temps la Ferme du Tabac fut détachée des Fermes générales, & devint une Ferme particuliere. Pendant ce bail, le prix en fut de 1500000 liv. Cette Ferme fut aussi comprise dans le bail des Fermes générales fait à Thomas Templier le 30 Avril 1697 ; le Tabac fut défuni sous le nom de du Plantier, & devint, comme il est dit ci-dessus, une Ferme particuliere.

Le sixiéme, sous le nom de Nicolas du Plantier, a duré six ans, à compter du premier Octobre 1697, au 30 Septembre 1703, pour la somme de 1500000 livres par an.   1697. à 1703.

Le septiéme, sous le nom de Germain Gaultier, du premier Octobre 1703, au 30 Septembre 1709. Le prix de ce bail est aussi de 1500000 livres par an.   1703. à 1709.

Le huitiéme, sous le nom de Charles Michault, du premier Octobre 1709, au 30 Septembre 1715. Le prix du bail est de 1600000 livres.   1709. à 1715.

Le neuviéme, sous le nom de Guillaume fils, n'a duré que trois ans, à compter du premier Octobre 1715. Le prix du bail est de deux millions pour chacune des deux premieres années, & 2200000 livres pour la derniere.   1715. à 1718.

Le dixiéme, sous le nom de Jean l'Amiral, n'a duré que vingt mois, qui ont commencé au premier Octobre 1718, & fini au dernier Mai 1720, moyennant le prix de quatre millions vingt mille livres par an, depuis lequel temps, & jusqu'au premier Septembre 1721, le Tabac devint marchand dans toute l'étendue du Royaume, & le privilége   1718. à 1720.

Tome III.   c

AVERTISSEMENT

exclusif accordé à Jean l'Amiral, fut revoqué par Arrêt du 29 Décembre 1720, & converti en droits d'entrée qui furent perçus au profit d'Armand Pillavoine, Adjudicataire des Fermes générales.

Et comme le Tabac qui étoit marchandise permise, avoit inspiré aux différens particuliers le desir d'en faire des grandes provisions; ces mêmes provisions empêcherent de mettre un prix considérable sur le bail de la Ferme du Tabac en voulant le faire redevenir Ferme particuliere, c'est ce qui arriva au premier bail qui fut proposé, puisque le onziéme fait sous le nom d'Edouard Duverdier, & qui commence le premier Septembre 1721, & finit le 30 Septembre 1723, quoiqu'il dût être pour neuf années fut porté sur le pied,

SÇAVOIR,

Pour 13 mois, premiere année. . 1300000 liv.
deuxiéme année 1800000
troisiéme année 2560000
six dernieres années chacune de . 3000000

Mais la Compagnie toujours attentive au bien public, & connoissant parfaitement celui qu'on pourroit retirer d'une Ferme aussi considérable que celle-ci, proposa au Roi de s'acquitter envers elle des quatre-vingt-dix millions, qu'elle avoit portés au Trésor Royal, suivant l'Edit du mois de Décembre 1717, en lui donnant à régir à perpétuité la Fer-

HISTORIQUE.

me du Tabac; ce qui lui fut accordé avec d'autant plus de facilité, que la modicité du produit de cette Ferme ne repondoit pas alors à l'intérêt de cette somme de quatre-vingt-dix millions; ensorte que l'aliénation en fut faite par Sa Majesté, à perpétuité par Arrêt du Conseil du 22 Mars 1723, & confirmée depuis par Edit du mois de Juin 1725.

Le douziéme bail, sous la régie de Pierre le Sueur, qui a commencé au premier Octobre 1723, jusqu'au 30 Septembre 1730, dont le produit a été suivant les comptes rendus à la Chambre, & arrêtés le 29 Décembre 1733;

1723.
à
1730.

SÇAVOIR,

1 Année du 1 Octobre 1723 au 30 Sept. 1724 7154852ˡ 10ᶜ 3ᵈ
2 Année du 1 Octobre 1724 au 30 Sept. 1725 7154852 10 3
3 Année du 1 Octobre 1725 au 30 Sept. 1726 7154852 10 3
4 Année du 1 Octobre 1726 au 30 Sept. 1727 7154852 10 3
5 Année du 1 Octobre 1727 au 30 Sept. 1728 7154852 10 3
6 Année du 1 Octobre 1728 au 30 Sept. 1729 7154852 10 3
7 Année du 1 Octobre 1729 au 30 Sept. 1730 7154852 10 3

50083967ˡ 11ˢ 9ᵈ

Jusqu'au 30 Septembre 1730, la Compagnie, en conséquence de l'aliénation à elle faite à perpétuité par Sa Majesté, a régi par elle-même la Ferme du Tabac, sous le nom de Pierre le Sueur, & ce n'a été qu'au premier Octobre de la même année qu'elle en a passé bail à Messieurs les Fermiers généraux, sous le nom de Carlier. Voici de quelle maniere la chose se passa.

Sur ce qui fut représenté que l'établissement de

c ij

AVERTISSEMENT

la Compagnie des Indes étoit d'une telle importance dans l'Etat, qu'il convenoit de se le remettre sous les yeux de temps en temps, & d'examiner si toutes les parties dont elle est composée concouroient à l'autoriser & à le fortifier, & si sa situation étoit telle qu'elle devoit l'être pour l'utilité générale de l'Etat & l'avantage particulier de ses Actionnaires : que ceux qui étoient chargés de veiller à la direction des affaires de cette Compagnie, ne devoient jamais dans le cours de leur administration s'écarter de ces vûes principales, ni perdre l'occasion de faire valoir, à cet égard, leurs propres réflexions, de tirer parti des circonstances, & d'entendre aux propositions qui sembloient embrasser des objets si importans, qu'il pourroit s'en faire une de cette nature au sujet du privilége du Tabac. Que l'état du produit des six premieres années de la régie de ce privilége, à commencer du premier Octobre 1723, jusqu'au dernier Septembre 1729, montoit à la somme de 43136172 livres 18 sols 8 deniers, ce qui ne donnoit année commune que 7189362 livres 3 sols un denier de produit net ; que par un état des fonds que la Compagnie des Indes avoit avancés au département du Tabac dans le cours de ces six années montant en totalité à la somme de 18257783 livres 17 sols 3 deniers, on pouvoit estimer qu'elle avoit année commune 3042963 livres 19 sols 6 deniers de fonds versés dans l'exercice dudit privilége, dont néanmoins elle avoit été payée par ledit département à

HISTORIQUE.

raison de 10 pour cent par an, que la Compagnie des Indes en continuant cet exercice par elle-même se trouveroit toujours engagée à de grands frais, & des frais indispensables de régie : qu'à la vérité toute Compagnie particuliere ne pourroit pas vraisemblablement en porter le produit au-delà des années de régie de la Compagnie des Indes: que Messieurs les Fermiers généraux étoient seuls dans le Royaume seuls capables d'en augmenter considérablement le produit par la suppression des Commis, Employés & Gardes du Tabac, ceux des Fermes devant suffirent à l'une & l'autre exploitation, & que s'ils se portoient à demander à la Companie des Indes un bail pour huit années de la Ferme de son privilége de la vente exclusive du Tabac, aux offres & conditions de payer pour le prix de ladite Ferme sept millions cinq cens mille livres par chacun an pour les quatre premieres années, & huit millions aussi par chacun an pour les quatre dernieres années, & ce par égales portions de mois en mois à jour préfix & d'avance, & autres conditions, la Compagnie trouveroit un assez grand avantage à accepter lesdites offres & conditions non-seulement par la différence du prix du bail année commune à   7750000. liv.
au montant du produit net de la régie qui n'avoit été jusqu'à l'année commune que de   7189632. 3. 1.
dont il resulteroit un bénéfice annuel de.   560367. 16. 11.

AVERTISSEMENT

mais encore par l'emploi de plus grandes sommes dans le commerce des Indes Orientales & de la Chine, qui faute de fonds suffisans n'avoit pas été jusqu'alors aussi utile à l'Etat & aux Actionnaires qu'il auroit pû l'être, ce qui devoit déterminer à ne pas risquer la perte, ni même le délai du secours qui seroit présenté à la Compagnie des Indes par la voye d'une semblable Ferme de son privilege exclusif. Surquoi vû lesdits états, & le tout examiné, il fut délibéré le 12 Juillet 1730, d'autoriser Messieurs les Syndics & Directeurs de la Compagnie des Indes à faire & passer, pour & au nom de ladite Compagnie, à Messieurs les Fermiers généraux, le bail de la Ferme du privilege exclusif du Tabac, s'ils en faisoient la demande pour huit années consécutives, à commencer du premier Octobre 1730.

En conséquence de cette délibération il fut passé le 5 Septembre 1730, un bail à Messieurs les Fermiers généraux, par les Syndics & Directeurs de la Compagnie des Indes, pour le privilége de la vente exclusive du Tabac, pour huit années consécutives, moyennant sept millions cinq cens mille livres par an pour les quatre premieres années, & huit millions par an pour les quatre dernieres; & autres clauses & conditions portées par ledit bail passé devant Perret Notaire.

Et pour revenir à la suite des baux des Fermes, comprenant la Ferme du Tabac:

Le treiziéme bail fut fait sous le nom de Car-

HISTORIQUE.

lier pour deux années, moyennant sept millions cinq cens mille livres par chacune année, depuis le premier Octobre 1730, jusqu'au 30 Septembre 1732.

Le quatorziéme, sous le nom de Nicolas des Boves pour six années, depuis le premier Octobre 1732 jusqu'au 30 Septembre 1738, à raison de 7500000 livres pour chacune des deux premieres années, & de huit millions pour chacune des quatre dernieres années.

Le quinziéme, sous le nom de Jacques Forceville, commencé le premier Octobre 1738, & qui finiroient au dernier Septembre 1744.

Le seiziéme, sous le nom de Thibault la Rue, commencé le premier Octobre 1744, & devant finir au dernier Septembre 1750.

Ce dernier bail n'a eu son exécution que jusqu'en 1747, le Roi, par l'article premier de son Édit du mois de Juin de la même année, ayant ordonné que le privilége de la vente exclusive du Tabac dans l'étendue de son Royaume, pays, terres & Seigneuries de son obéissance, seroit & demeureroit réuni à ses autres droits, à compter du premier Juillet de ladite année, ainsi qu'il l'étoit avant l'aliénation à titre d'engagement qui en avoit été fait à la Compagnie des Indes.

Et pour s'acquitter envers ladite Compagnie des Indes des cent millions de son ancien fonds portés au Trésor Royal en conséquence de l'Edit du mois de Décembre 1717, (*a*) & des quatre-vingts

(*a*) Page 129.

millions à quoi le Roi avoit liquidé les indemnités, demandes & prétentions de ladite Compagnie, Sa Majesté par l'article II dudit Edit, créa & aliéna au profit de ladite Compagnie des Indes neuf millions de livres de rente annuelle & perpétuelle, au denier vingt, franche & quitte de toute retenue, diminution ou réduction pour quelque cause, prétexte & dénomination que ce puisse être, au payement de laquelle rente le produit de la Ferme dudit privilege de la vente exclusive du Tabac, sera & demeurera spécialement, & par privilége, affecté & hypothéqué, sans que le produit de ladite Ferme, jusqu'à concurrence de cette rente puisse être employé ni diverti à aucun autre usage pour quelque raison que ce soit.

C'est ainsi que finit l'historique de la Ferme du Tabac depuis l'année 1674, par lequel on voit que le progrès est actuellement comme 18 à 1.

CAFFÉ.

1723.

Tout le monde sçait que le privilége du Caffé fut accordé à la Compagnie des Indes au mois d'Août 1723; mais bien des gens ignorent en quel temps on a commencé à mettre en Ferme cette denrée, ou, si l'on veut, cette marchandise.

1692.

On ne trouve point de titre sûr cette matiére avant l'année 1692, (du moins l'Edit du mois de Janvier de la même année, rendu à cet égard n'en relate aucun) ainsi on va commencer par là pour venir ensuite gradatim au privilége qui en fut accordé à la Compagnie.

Les

HISTORIQUE.

Les motifs de cet Edit furent, que les boiſſons de Caffé, thé, ſorbec & chocolat étant devenues fort communes dans toutes les Provinces du Royaume, les droits d'Aydes en ſouffroient une diminution conſidérable : c'eſt pourquoi le Roi ſe propoſa d'en tirer quelque ſecours dans l'occurrence de la guerre, lors déclarée, pour ſe dédommager de la diminution que les droits d'Aydes en pourroient recevoir à l'avenir ; & ne trouvant point de propoſitions plus convenables que d'accorder à une ſeule perſonne, la faculté de vendre & débiter le Caffé, thé, ſorbec & chocolat dans toute l'étendue du Royaume, à l'exemple de ce qui ſe paſſoit à l'égard du Tabac.

Par l'article premier de cet Edit, Sa Majeſté entendoit que tout le Caffé en féve & en poudre, le thé, le ſorbec & le chocolat, enſemble le cacao & la vanille, qui entre dans la compoſition du chocolat, ne fuſſent à l'avenir vendus & débités tant en gros qu'en détail, dans toute l'étendue de ſon Royaume, pays, terres & Seigneuries de ſon obéïſſance, que par celui auquel elle en avoit accordé la faculté, ſes Procureurs, Commis, & Prépoſés, & que les boiſſons qui ſeroient faites deſdits Caffé, thé, ſorbec & chocolat, ne puſſent être débitées en détail que ſur ſes permiſſions par écrit, pour chacune deſquelles il lui ſeroit payé 30 livres par an à Paris, & 18 livres dans les autres villes par forme de droit annuel.

Par l'article XI, Sa Majeſté defendit au Fermier

AVERTISSEMENT

de vendre le Caffé en féve plus de quatre francs la livre, poids de marc; le thé plus de cent francs la livre le meilleur, cinquante francs le médiocre, & trente francs le commun; & le forbec & le chocolat plus de six francs la livre.

Par un Arrêt du 22 Janvier 1692, Sa Majesté accorda le privilége à Me François Damaine, pour l'exercer pendant six années : on ne trouve point le prix de cette Ferme, l'Arrêt n'en dit rien.

Le Roi étant entré en confidération fur les frais excessifs que le dit Damaine étoit obligé de payer pour l'exploitation de ce privilége, ce qui confommoit tout le bénéfice qu'il en pouvoit tirer; fur les offres faites par les Marchands & Epiciers & autres Négocians de payer tels droits qu'il plairoit à Sa Majesté de mettre fur lefdites marchandifes à l'entrée du Royaume, un Arrêt rendu le 12 Mai 1693 révoqua le privilége ci-deffus, & ordonna qu'à l'avenir le Caffé ne pourroit entrer dans le Royaume que par la ville de Marfeille, & qu'en payant à l'entrée du port dix fols pour chaque livre pefant, poids de marc, outre & pardeffus les anciens droits, quinze fols pour chaque livre de cacao, dix livres fur le thé, fur le chocolat & forbec vingt fols, & dix fols fur chaque livre de vanille.

On ne trouve point dans les titres de la Compagnie d'autre Arrêt plus ancien que celui du 3 Avril 1694, qui parle du thé & du Caffé. Il ordonne qu'il fera fait inventaire, &c. & enfuite

HISTORIQUE. xxvij

lesdites marchandises, poivre, salpêtre, thé, Caffé, &c. vendues en la ville de Nantes, en payant les droits d'entrée conformément au Tarif de 1664, &c.

Par un Arrêt du 21 Juillet 1698, il fut pratiqué pareille chose, pour le thé ; mais il peut également s'appliquer au Caffé aussi bien que tous ceux qu'on a cités dans le second volume concernant les ventes & Inventaires des marchandises (*a*) des Indes qui en parlent nommément.

Arrêt du 22 Août	1702	Caffé.	
Arrêt du 24 Juillet	1703	Idem.	
Arrêt du 5 Sept.	1713	Thé.	
Arrêt du 3 Août	1719	Thé.	En payant les droits suivant le Tarif de 1664.
Arrêt du 6 Août	1720	{ Thé. Caffé. }	
Arrêt du 1 Sept.	1722	Idem.	
Arrêt du 13 Sept.	1722	Thé.	

Ceci prouve que jusqu'en 1722 les droits sur le thé & sur le Caffé ont été confondus avec ceux des drogueries & épiceries, & des autres marchandises des Indes permises.

Par un Arrêt du Conseil du 31 Août 1723, le privilége exclusif du Caffé fut accordé à la Compagnie des Indes ; l'exploitation en fut réglée par la Déclaration du Roi du 10 Octobre de la même année, & elle en prit possession le premier Novembre suivant en exécution de l'Arrêt du 12 Octobre précédent.

Par un autre Arrêt du premier Février 1724, le

(*a*) Voyez la Table des matieres.

d ij

AVERTISSEMENT

Roi accorda à la Compagnie l'exemption des droits d'octrois, de commutation & autres qui se levent dans les villes de Toulouse & de Nantes sur tous les Caffés qu'elle feroit entrer & sortir desdites villes, & ordonna la restitution de ceux qui avoient été perçûs par le Fermier desdits droits, & qu'au surplus lesdits Caffés seroient exempts de tous droits d'octrois de tarif & locaux, péages, passages, barrages & autres.

En 1726, le Roi par Arrêt du 20 Août ordonna que la Compagnie demeureroit déchargée du payement des droits d'entrée du Tarif de 1664, de ceux de 10 sols par livre pésant de Caffé établi par Arrêt du 12 Mai 1693, (*a*) ensemble des droits de peages, passages, barrages, travers, de tarifs locaux, & autres dépendans de ses Fermes, sur tous les Caffés que ladite Compagnie feroit entrer, & transporter dans le Royaume, à la charge de payer à l'Adjudicataire des Fermes générales par chacune année & de quartier en quartier, la somme de 25000 livres à laquelle Sa Majesté fixa l'abonnement de tous lesdits droits sur le Caffé.

Par l'article II de l'arrêt du 29 Mai 1736, qui permit l'introduction du Caffé de l'Amérique, en France, Sa Majesté ordonna que la Compagnie seroit & demeureroit maintenue dans le privilége exclusif de l'introduction du Caffé autre que celui des Isles de l'Amérique, en payant par ses Adjudica-

(*a*) Histoire abregée des Compagnies établies en France, pag. 337.

taires dix livres par cent pesant desdits Caffés poids de marc brut. Mais par Arrêt du 5 Juin 1736, le Roi ordonna qu'à commencer du premier Octobre suivant la Compagnie des Indes seroit déchargée des 25000 livres qu'elle étoit tenue de payer annuellement à l'Adjudicataire des Fermes-unies, en exécution de l'Arrêt du 20 Août 1726, & ayant égard à la perte qui résulteroit pour ladite Compagnie du nouveau Réglement fait par l'Arrêt du 29 Mars 1736, Sa Majesté ordonna qu'il seroit annuellement payé par le Trésor Royal à ladite Compagnie par forme de dédommagement la somme de cinquante mille livres, au moyen de quoi le Fermier auroit jouissance des droits de dix livres par quintal, auquel Sa Majesté avoit réduit tous les droits anciennement établis sur les Caffés.

La Chambre de commerce de Marseille ayant représenté au Roi que sous pretexte que les Caffés que les Négocians de cette ville tiroient pour leur commerce du Levant & qu'ils avoient la faculté d'envoyer par *transit* à Genève, en payant le droit de *transit*, pourroient être confondus avec les Caffés de l'Amérique dont il est parlé ci-dessus, par Arrêt du 2 Avril 1737, Sa Majesté permit aux Négocians de Marseille, d'introduire, pour la consommation du Royaume, les Caffés du crû des Isles Françoises, en payant le droit de dix livres par quintal ordonné par l'Arrêt du 29 Mai 1736, & nonobstant les défenses portées par l'article III dudit Arrêt auxquelles Sa Majesté dérogea ; comme aussi

AVERTISSEMENT

si d'envoyer lesdits Caffés des Isles, à Genève par *transit* sans payer aucuns droits.

Enfin par l'Arrêt du 17 Décembre 1737, Sa Majesté ordonna que l'Adjudicataire de ses Fermes payeroit annuellement au Trésor Royal, à commencer du premier Octobre 1736 la somme de 50000 livres, laquelle seroit payée à ladite Compagnie des Indes en exécution de l'Arrêt du 5 Juin 1736. Comme par les articles II & III de l'Arrêt du 29 Mai 1736, la Compagnie demeuroit maintenue dans le privilége exclusif de l'introduction du Caffé autre que celui des Isles & Colonies de l'Amérique, & que cependant il auroit été permis à la ville de Marseille de continuer à tirer directement des Caffés du Levant, sans que sous quelque prétexte que ce fût lesdits Caffés pussent être introduits pour la consommation du Royaume à peine de confiscation & de mille livres d'amende ; & le Roi ayant été informé qu'il s'étoit commis, au préjudice de l'exclusion & des défenses portées par ledit Arrêt en faveur de ladite Compagnie, plusieurs contraventions sur lesquelles il n'avoit pû être statué, attendu que ledit Arrêt n'avoit point indiqué les Juges autorisés à en connoître, par Arrêt du 8 Septembre 1746, Sa Majesté commit M. le Lieutenant général de Police de la ville de Paris, & Messieurs les Intendans des Provinces & Généralités du Royaume, à l'effet de connoître chacun en droit soi, dans l'étendue de leur département des contraventions qui pourroient survenir au privilége & aux défenses portées par les articles II & III dudit Arrêt du 29 Mai 1736.

Le Roi étant informé que les Négocians de Marseille, au lieu de tirer quelque avantage de la permission qui leur avoit été accordée par l'Arrêt du Conseil du 2 Avril 1737, dans la vûe de leur procurer par rapport au commerce qu'ils peuvent faire aux Isles & Colonies Françoises de l'Amérique, ladite permission leur avoit servi de prétexte pour faire passer journellement dans l'intérieur du Royaume des Caffés venant du Levant sous la fausse dénomination de Caffé desdites Isles, & ce au préjudice des défenses portées par les Arrêts du Conseil susdatés, Sa Majesté par Arrêt du 28 Octobre 1746, en révoquant la permission accordée par l'Arrêt du Conseil du 2 Avril 1737 aux Négocians de Marseille, ordonna que l'article III de celui du 29 Mai 1736, seroit exécuté; en conséquence & conformément audit article, Sa Majesté ordonna que lesdits Caffés ne pourroient à l'avenir être introduits de Marseille pour la consommation du Royaume à peine de confiscation & de mille livres d'amende.

MONNOYES.

25 Juillet 1719.

Une partie considérable du bien des sujets du Roi consistant en billets de l'Etat que la longueur des guerres de Louis XIV avoit donné occasion d'établir pour acquitter ses dettes ; & le discrédit de ces billets ayant arrêté le commerce &

AVERTISSEMENT

la circulation de l'argent, Sa Majesté résolut d'y remédier, & de mettre lesdits billets en valeur, au moyen d'une refonte & nouvelle fabrication, qui en donnant à ceux qui en étoient chargés, le moyen de les convertir en argent augmenteroit la valeur des denrées, & faciliteroit la levée des impositions : par un Edit du mois de Mai 1718, Sa Majesté ordonna qu'il seroit fabriqué dans ses Hôtels des Monnoyes de nouveaux Louis d'or qui auroient cours pour 36 livres piéce, & de nouveaux Louis d'argent qui auroient cours pour 6 livres piéce.

L'intention du Roi étant que ses sujets tirassent un bénéfice sensible & considérable de cette nouvelle fabrication, dans la vûe d'attirer dans le Royaume une plus grande abondance d'or & d'argent, & de procurer aux billets de l'Etat un débouchement prompt, avantageux & certain, Sa Majesté ordonna que ceux qui porteroient aux Hôtels de ses Monnoyes leur espéces & matieres pour y êtres fondues & fabriquées en nouvelles espéces, en recevroient comptant la valeur ; sçavoir, les Louis d'or en quelque temps qu'ils eussent été fabriqués, même les Leopolds d'or de Lorraine, pistoles d'Espagne, guinées, millerets de Portugal du titre porté par ses Ordonnances, sur le pied de 600 livres le marc, avec les deux cinquiémes en sus en billets de l'Etat faisant 240 livres & le tout montant à 840 livres, devoit être payé comptant au porteur en espéces dont la fabrication étoit ordonnée par ledit Edit, des Louis d'argent ou écus,

ainsi

HISTORIQUE.

ainſi que des Leopolds d'argent de Lorraine, piaſtres & autres eſpéces ou matiéres du même titre ſur le pied de 40 livres le marc avec les deux cinquiémes en ſus faiſant la ſomme de 16 livres, & le tout montant à 56 livres, devoit être pareillement payé comptant en nouvelles eſpéces.

Outre les bons effets que cette fabrication avoit produit, il y en avoit encore de conſidérables à attendre de l'attention ſinguliere, qui ſeroit donnée dans ſa continuation. Parmi les différentes propoſitions qui furent faites au Roi ſur ce ſujet, Sa Majeſté n'en trouva point qui lui fuſſent plus avantageuſes que celles des Directeurs de la Compagnie des Indes qui offrirent de lui payer la ſomme de cinquante millions en argent en quinze payemens égaux & conſécutifs de mois en mois à commencer le premier au mois d'Octobre 1719, & le dernier au premier Décembre 1720, à condition que ladite Compagnie joüiroit pendant neuf années à commencer du premier Août 1719, du bénéfice ſur les anciennes eſpéces & matiéres d'or & d'argent qui ſeroient apportées aux Hôtels des Monnoyes pour y être fabriquées en nouvelles eſpéces, & l'Arrêt en fut rendu le 25 Juillet 1719, à condition par la Compagnie de payer la ſomme de cinquante millions en quinze mois conſécutifs, à commencer du premier Octobre 1719, à raiſon de trois millions trois cens trente-trois mille trois cens trente-trois livres ſix ſols huit deniers par mois; à l'effet de quoi les Directeurs de la Compagnie des

Tome III.

AVERTISSEMENT

Indes firent leur soumission aux greffes du Conseil en la maniére ordinaire de porter ladite somme au Trésor Royal. Par Arrêt du 9 Décembre 1719, le Roi supprima les Offices d'Affineurs, & accorda à la Compagnie le bénéfice sur les affinages des matiéres d'or & d'argent, à commencer du premier Janvier 1720; mais elle n'en joüit pas longtemps, le Roi par Edit du mois de Décembre 1721, ayant retabli les Offices d'Affineurs, & déchargé la Compagnie de la régie des affinages; elle ne joüit pas non plus pendant longtemps du bénéfice sur les Monnoyes, le Roi ayant cassé ledit traité par l'article premier de l'Arrêt du Conseil du 5 Janvier 1721, & elle fut dispensée de rendre compte de la joüissance dudit bénéfice par l'article V de l'Edit du mois de Juin 1725, portant décharge & libération de la Compagnie des Indes.

AFFINAGES.

Décembre 1719.

On vient de voir dans l'article des Monnoyes que le Roi par Arrêt de son Conseil du 25 Juillet 1719 avoit accordé à la Compagnie des Indes le bénéfice sur les Monnoyes pendant neuf années; mais Sa Majesté ne s'étant point expliquée sur la joüissance du bénéfice de la nouvelle fabrication ordonnée par l'Edit du mois de Decembre de la même année, par Arrêt du 9 Décembre aussi de la même année 1719, elle déclara qu'elle n'entendoit pas que l'Edit dudit mois changeât rien à la disposition de l'Arrêt du 25 Juillet précédent,

& qu'en conséquence & conformément à icelui la Compagnie des Indes continueroit de joüir de tout le bénéfice de la fabrication qui seroit faite dans les Monnoyes jusqu'au premier Août 1728 à quelques sommes qu'il pût monter, ensemble des droits & émolumens, attribués pour les affinages & departs des matieres d'or & d'argent aux Maîtres Affineurs, par la Declaration du 25 Octobre 1689, de la maniere qu'en avoient joüi jusqu'alors les pourvûs des Offices d'Affineurs créés par Edits des mois de Decembre 1692, & Novembre 1693, & ce à commencer du premier Janvier 1720, lesquels Offices Sa Majesté éteignit & supprima par ledit Arrêt du 9 Decembre 1719, ainsi que celui d'Inspecteur des affinages à Paris, & les droits d'Inspecteur, Essayeur & Syndics des affinages de Lyon, réunis auxdits Offices d'Affineurs par Edits des mois de Septembre 1705, & Mai 1706, ordonna que les propriétaires desdits Offices & droits seroient incessamment remboursés de toutes leurs finances par l'un des Gardes du Trésor Royal, en assignations sur la Compagnie des Indes, à compte des quinze cens millions qu'elle s'étoit engagée de prêter à Sa Majesté, & que ladite Compagnie joüiroit de tous les affinoirs, fourneaux & autres lieux destinés pour les affinages, ainsi que de toutes les matieres d'or & d'argent, outils, machines, &c.

Mais le Roi, par Edit du mois de Decembre 1721, rétablit les Offices d'Affineurs ; sçavoir, deux

AVERTISSEMENT

à Paris & quatre à Lyon. Par l'article premier de cet Edit Sa Majesté déchargea la Compagnie des Indes de la régie des affinages, à commencer du premier Janvier 1722, en faisant par ladite Compagnie rendre au plus tard un mois après toutes les matiéres d'or & d'argent qui pouvoient être dûes au public pour raison de ce, ce qui fut exécuté par le sieur Moron, Directeur desdits affinages, suivant le compte arrêté le 15 Juin 1723.

FERMES GENERALES UNIES.

27 Août 1719.

En l'année 1719, les Directeurs de la Compagnie des Indes, au nom de ladite Compagnie, représenterent au Roi, que s'il lui plaisoit de casser & annuller le bail des Fermes générales fait à Aymard Lambert pour six années commencées au premier Octobre 1718, dont la premiere devoit échéoir au premier Octobre 1719, & de subroger ladite Compagnie des Indes au lieu & place dudit Lambert, sous le nom de telle personne qu'elle jugeroit à propos (dont elle demeureroit caution) pour les cinq années restantes dudit bail, & lui accorder en outre quatre autres années suivantes, ce qui feroit un bail de neuf années qui commenceroit audit jour premier Octobre 1719, & finiroit à pareil jour premier Octobre 1728, ils augmenteroient le prix du bail dudit Lambert de trois millions cinq cens mille livres par chacune desdites neuf années, en sorte qu'au lieu que le bail n'étoit que de quarante huit millions cinq cens mille livres, la Compagnie en payeroit an-

nuellement cinquante-deux millions. Que pour mieux marquer à Sa Majesté le désir que la Compagnie des Indes avoit de contribuer de son crédit au soulagement de l'Etat, elle offrit au Roi douze cens millions de livres à trois pour cent par an pour servir au remboursement des rentes perpétuelles, &c. Par un Arrêt du 27 Août 1719, le Roi accepta lesdites offres, & subrogea la Compagnie des Indes au lieu & place dudit Aymard Lambert. Mais Sa Majesté ayant jugé qu'il convenoit à l'ordre des Finances & à l'utilité de la Compagnie des Indes, de résilier les Traités des Monnoyes faits en faveur de ladite Compagnie, & le bail des Fermes générales & autres Fermes, à l'exception de celle du Tabac; de décharger la même Compagnie de la régie & administration desdites Fermes; par l'art. III de l'Arrêt du 5 Janvier 1721, Sa Majesté résilia & annulla les baux de ses Fermes faits à ladite Compagnie sous le nom d'Armand Pillavoine, & ne lui laissa que la Ferme du Tabac, ainsi qu'on l'a dit ci-devant; & en conséquence le sieur Ganeau pour & au nom de ladite Compagnie compta le 28 Mai 1728 devant Messieurs les Fermiers généraux de la dépense qui monta à . . . . . 121323867 l. 6 s. 2 d.
Et de la recette qui monta
 aussi à . . . . . 121323726 l. 9 s. 7 d.
Partant la différence étoit
 de . . . . . 140 l. 16 s. 7 d.

AVERTISSEMENT

qui furent payées sur le champ audit sieur Ganeau comptable, au moyen de laquelle les Parties demeurerent quittes.

CAISSE DE LA MARÉE ET DE LA VOLAILLE.

Par l'Edit du Roi donné au mois de Septembre 1719, Sa Majesté ordonna entre autres choses qu'il seroit établi deux Caisses des fonds, qui seroient à cet effet par elle destinés ; sçavoir, une pour les marchandises de Marée, & une pour la Volaille, lesquels fonds aux termes de l'Arrêt du 20 Septembre 1721, auroient été faits par la Compagnie des Indes, à laquelle la Banque générale, depuis devenue Royale, auroit été réunie par l'Arrêt du 23 Février 1720.

En conséquence dudit Arrêt du 20 Septembre 1721, Sa Majesté ordonna que la régie & administration desdites Caisses de la Volaille & de la Marée, seroit faite sur les ordres des Commissaires du Conseil nommés par Sa Majesté pour la régie des affaires de ladite Compagnie, & que les Caissiers compteroient pardevant lesdits sieurs Commissaires, tant des sommes principales qu'ils auroient reçues de ladite Compagnie, que du produit de la remise d'un sol pour livre sur celles qu'ils auroient avancées ou avanceroient à l'avenir aux Marchands Forains & autres, conformément à l'Edit du mois de Septembre 1719.

Le sieur Barrassy qui avoit été nommé Caissier de la Marée, rendit compte le 23 Octobre 1720

HISTORIQUE.

devant M. Tachereau de Baudry, Lieutenant général de Police, commis à cet effet de la recette & dépense qu'il avoit faites depuis le 20 Septembre 1719, jour de l'ouverture de ladite Caisse, jusqu'au 28 Septembre 1720; & le premier Octobre 1722 devant les Directeurs de ladite Compagnie, depuis le premier Octobre 1720 jusqu'au 31 Mars 1722.

Et le sieur le Febvre qui avoit été nommé Caissier de la Volaille, auroit également compté le 9 Avril 1723 devant ledit sieur Tachereau de Baudry, depuis le 18 du mois de Septembre 1719 jusqu'au 30 Octobre; le 30 Juin 1721, depuis le 31 Octobre 1720 jusqu'au 21 Février 1721; & le 26 Juin 1722 devant les Directeurs de la Compagnie des Indes, depuis le 5 Avril 1721 jusqu'au 31 Mars 1722. (a)

Cette partie des différentes réunions faites à la Compagnie des Indes, ne fut, ainsi que toutes les autres, excepté le Tabac & le Caffé, que momentanée, comme on l'a pû remarquer en lisant les articles. Mais on remarquera aussi combien a été grande, dans ces tems critiques, l'attention de la Compagnie pour le bien, l'intérêt, le repos & la tranquillité de ses Actionnaires.

Les deux articles du Tabac & du Caffé tournés

(a) Par un Arrêt du Conseil du 7 Juin 1723, il fut ordonné qu'il seroit payé par le Garde du Trésor Royal à la Compagnie des Indes la somme de 130000 livres pour pareille somme, remise au Trésor Royal par les Sieurs le Febvre & Barrassy, Caissiers de la Volaille & Marée à Paris.

AVERTISSEMENT

en privilége exclusif, mériteroient bien qu'une meilleure plume que la mienne fît l'éloge de leur administration ; mais je me contenterai de dire que la différence entre 500000 livres, prix primitif du bail du Tabac en 1674, & neuf millions auxquels la Compagnie l'a portée au mois de Juin 1747, mérite toutes sortes de considération ; & que le prix du Caffé fixé à 4 livres en 1693, & qui ne s'est vendu que 38 sols à la vente de 1754, & celui du Thé des trois sortes à 100 livres le meilleur, à 50 livres le moyen & à 30 livres le moindre, avec le prix auquel il s'est vendu à la même vente, tient quelque chose du merveilleux, & que l'on a peine de croire quoique cela soit sous nos yeux.

2 Octobre 1719.

RECETTES GENERALES DES FINANCES.

Le Roi ayant été informé qu'il importoit au bien de ses sujets que le recouvrement de ses deniers se trouvât dans les mêmes mains pour en faciliter la perception ; Sa Majesté persuadée de l'attachement de la Compagnie des Indes à l'intérêt de l'Etat & du public, estimant qu'il convenoit que sur la nomination de ladite Compagnie il fût commis & préposé le nombre de personnes nécessaires pour la perception & recette générale des impositions, en conséquence des Commissions du grand Sceau qui seroient expédiées & délivrées à cet effet, au moyen de quoi les fonctions des Receveurs généraux, tant des vingt Généralités des pays d'Election

HISTORIQUE.

tion que des Provinces d'Alsace, trois Evêchés, Franche-Comté, Flandres, Hainault & Roussillon, devenant inutiles, Sa Majesté résolut de supprimer leurs Offices, & de pourvoir à leur remboursement; & par Arrêt du Conseil du 12 Octobre 1719, elle ordonna qu'à compter dudit jour, les Receveurs généraux des Finances des vingt Généralités, des pays d'Election & tous autres, cesseroient de faire aucunes fonctions, & pourvut à leur remboursement en le faisant payer par la Compagnie des Indes, en déduction des sommes qu'elle s'étoit engagée de prêter à Sa Majesté, qui ordonna au surplus que l'exercice desdites recettes générales seroit fait par ceux qui seroient commis & préposés à cet effet par des commissions du grand Sceau sur la nomination & présentation de la Compagnie des Indes, auxquels préposés Sa Majesté attribua les mêmes droits, remises & taxations, dont joüissoient les Receveurs, lesquels seroient par eux perçus au profit de ladite Compagnie, qui demeura responsable du maniment. Mais par l'article IV de l'Arrêt du 5 Janvier 1721, le Roi ordonna qu'à commencer du premier dudit mois la Compagnie cesseroit d'avoir l'administration & régie des recouvremens dépendans des recettes générales des Finances. Et le sieur de Marandon compta par bref état de la recette & de la dépense faites pendant la régie de la Compagnie, pour & au nom d'icelle, suivant la quittance qu'elle en a en ses mains en date du 15 Décembre 1723.

Tome III.

AVERTISSEMENT
COMPTES EN BANQUE.

3 Juillet 1720.

Les Négocians du Royaume ayant représenté au Roi, que l'arrangement que Sa Majesté avoit pris par la création des rentes sur l'Hôtel de Ville de Paris, pour retirer les billets qui étoient sur la place, pouvoit convenir à ceux de ses sujets qui vouloient aliéner leur fonds, dans la vûe de s'en faire un revenu, mais qu'il n'étoit d'aucune utilité pour le commerce, & que si Sa Majesté vouloit bien leur accorder, à l'exemple des Etats voisins, des comptes courans en Banque, & des viremens de parties, tant pour la ville de Paris, que pour les principales Villes de commerce du Royaume, cet établissement seroit utile & avantageux au commerce en général, & à chaque Négociant en particulier, par les facilités qu'il donneroit pour les remises de place en place sans frais & sans risques, & par la sûreté qu'il procureroit dans les payemens. Par l'article premier de l'Arrêt du Conseil du 13 Juillet 1720, Sa Majesté ordonna qu'il seroit ouvert à l'Hôtel de la Banque de Paris, & dans toutes les Villes du Royaume, où il y a des Hôtels des Monnoyes, & dans toutes celles où il seroit jugé nécessaire de faire de pareils établissemens, un livre de comptes courans, & de viremens de parties, dont le fonds ne pourroit passer six cens millions.

Cet établissement n'ayant pas eu le succès qui en avoit été espéré, & causé au contraire beaucoup de trouble dans le commerce intérieur & ex-

HISTORIQUE.

térieur du Royaume, par le peu de confiance que le public y avoit pris à cause de l'impossibilité de convertir en argent les parties des comptes en Banque, & par la crainte que lesdits comptes ne devinssent dans la suite forcés pour le payement de toutes sortes de dettes, ce qui interromproit la circulation de l'argent, & empêcheroit que le Roi & le public ne profitassent de la liberté précédemment accordée de faire des stipulations en espéces d'or & d'argent, Sa Majesté par l'article premier de l'Arrêt du Conseil du 26 Décembre 1720, ordonna que les comptes en Banque & viremens de parties n'auroient plus cours, & ne pourroient plus être donnés en payement, même entre Marchands & Négocians, & pour lettres de change, billets de commerce, & ventes de marchandises en gros, s'ils n'avoient été avant la publication dudit Arrêt, valablement consignés ou offerts en justice, sur quoi il seroit fait droit ainsi qu'il appartiendroit.

Pour terminer cet Avertissement, je crois qu'il est nécessaire de rapporter ici en entier les intentions de Sa Majesté en faveur de la Compagnie, contenues dans l'article X de l'Edit du mois de Juin 1725, pour la décharge & libération de la Compagnie des Indes.

„ Nous avons cédé & octroyé, cédons & oc-
„ troyons à la Compagnie des Indes à titre d'in-
„ demnité, pour la dédommager des pertes qu'el-
„ le a faites à l'occasion des achats d'actions, &
„ des autres opérations émanées de notre mouve-

AVERTISSEMENT, &c.

„ ment pendant le cours de notre minorité, le
„ bénéfice des réductions que nous avons or-
„ donné être faites par les sieurs Commissaires de
„ notre Conseil sur les billets de Banque, certifi-
„ cats des comptes en Banque, récépissés des Re-
„ ceveurs des Tailles pour rentes au denier cin-
„ quante ; récépissés du Trésor Royal ; récépissés
„ des Directeurs des Monnoyes ; contrats & récé-
„ pissés de rentes viageres sur ladite Compagnie ;
„ actions & dixiémes d'actions rentieres ; récépis-
„ sés des Directeurs des comptes en Banque, con-
„ versibles en actions & dixiémes d'actions inté-
„ ressées de ladite Compagnie, lesquels effets ont
„ été visés & liquidés, en exécution des Arrêts du
„ Conseil des 26 Janvier & 23 Novembre 1721,
„ & autres. Voulons que ladite Compagnie soit
„ bien & valablement déchargée desdits effets vi-
„ sés, que nous avons fait remettre par nos ordres
„ particuliers à ses Caissiers & Préposés, dans le
„ tems & à mesure qu'ils ont été rapportés aux
„ caisses de Visa ; & la dispensons de nous ren-
„ dre compte desdits effets que nous déclarons lui
„ appartenir, au moyen de ce qu'elle a retiré &
„ payé les certificats de liquidation que nous avions
„ fait délivrer pour valeur desdits effets ; sçavoir,
„ les certificats de liquidation d'actions en nou-
„ velles actions fabriquées au nombre de cinquan-
„ te-six mille, conformément à l'Arrêt du Con-
„ seil du 22 Mars 1723, & ceux de sommes en
„ assignations du Trésor Royal.

TABLE DES PIECES

Contenues en ce troisiéme Volume.

ARREST du Conseil d'Etat du Roi, concernant les étoffes des Indes, de la Chine & du Levant, toiles de coton peintes, ou blanches, furies, mousselines, & autres avec injonction de faire marquer tous les meubles qui en sont composés suivant les Déclarations, qui en ont été faites ci-devant à peine de 3000 livres d'amende contre ceux qui ne les ont pas déclarées, du 20 Janvier 1716. *page* 1

Autre rendu entre François de Nerville, Adjudicataire général des Fermes unies, & les Directeurs de la Compagnie des Indes, prenant fait & cause des sieurs Olanier & Audiffret, Marchands à Avignon; Lamaire, Tharreau & Perdriau, Marchands à la Rochelle, &c. du 4 Février 1716. 8

Autre qui ordonne que les toiles peintes, étoffes de la Chine & du Levant, mousselines, &c. seront brulées, du 22 Février 1716. 14

Autre concernant les toiles peintes & mousselines des Indes, & qui confirme plusieurs saisies, ordonne qu'elles seront confisquées & brulées, du 4 Avril 1716. 20

Lettres Patentes du Roi, portant privilége en faveur du sieur Law & sa Compagnie, d'établir une Banque générale, du 2 Mai 1716. 31

Autre contenant Réglement pour la Banque générale accordée au sieur Law & à sa Compagnie, du 20 Mai 1716. 37

Ordonnance du Roi, portant amnistie générale en faveur des Cavaliers, Dragons & Soldats, qui ont déserté des troupes de Sa Majesté jusqu'au premier du présent mois, &c. du 2 Juillet 1716. 43

Arrêt portant qu'il sera fait inventaire des marchandises des Vaisseaux de la Compagnie, la Paix, les deux Couronnes, & le Lys-Brilhac, du 23 Septembre 1716. 59

TABLE DES PIÉCES

Traité entre la Compagnie & Messieurs de saint Malo, du 23 Septembre 1716. *page* 67

Arrêt qui ordonne que les Chinois qui se prétendront propriétaires du Vaisseau la Cloche, justifieront dans six mois de leur propriété, du 22 Février 1717. 72

Autre qui défend aux Directeurs de la Compagnie de permettre des pacotilles, du 22 Février 1717. 77

Edit du Roi qui défend à la Compagnie des Indes de donner aucune permission pour porter aucunes marchandises des Indes aux Officiers de ses Vaisseaux, du 8 Mai 1717. 81

Arrêt qui ordonne que par préférence à tous autres créanciers la veuve Phaulkon sera payée de sa pension alimentaire, du 26 Juin 1717. 85

Arrêt qui ordonne la vente dans la ville de Paris, de 5799 pièces de toile de coton blanches & mousselines, du 24 Juillet 1717. 96

Edit du Roi qui prononce des peines contre ceux qui introduiront dans le Royaume des toiles peintes, écorces d'arbres ou étoffes de la Chine, du mois de Juillet 1717. 99

Lettres Patentes en forme d'Edit, portant établissement d'une Compagnie de commerce sous le nom de Compagnie d'Occident, du mois d'Août 1717. 103

Arrêt qui nomme des Directeurs de la Compagnie d'Occident, du 12 Septembre 1717. 123

Arrêt qui nomme des Commissaires pour passer les contrats de rentes de la Compagnie d'Occident, du 24 Septembre 1717. 125

Arrêt qui autorise la nomination faite par les Directeurs de la Compagnie d'Occident, du sieur Urbain de la Barre pour Caissier de la Compagnie, du 23 Octobre 1717. 127

Edit du Roi qui fixe à cent millions le fond de la Compagnie d'Occident, &c. du mois de Décembre 1717. 129

Arrêt qui nomme pour Directeurs de la Compagnie les sieurs Raudot, d'Hardancourt & Gilly de Montaud, du 8. Février 1718. 139

Autre qui ordonne la main levée des marchandises prohibées, apportées des Indes par les Vaisseaux les deux Couronnes & les Lys-Brilhac, &c. du 12 Mars 1718. 141

Autre au sujet des contestations entre les sieurs Neret & Gayot, & la Compagnie d'Occident, du 21 Mars 1718. 153

Autre qui ordonne que plusieurs particuliers dépositaires de castors, les remettront à la Compagnie d'Occident, du 16 Mai 1718. 157

CONTENUES EN CE VOLUME. (xlvj)

Arrêt concernant le commerce du castor, dont le privilège est accordé à la Compagnie d'Occident, du 11 Juillet 1718. page 161.

Autre & Lettres Patentes concernant les rémontrances du Parlement, du 21 Août 1718. 171

Déclaration du Roi pour convertir la Banque générale en Banque Royale, du 4 Décembre 1718. 181

Arrêt concernant la Banque Royale, du 27 Décembre 1718. 191

Traité entre la Compagnie & Messieurs de saint Malo, du 4 Janvier 1719. 197

Arrêt qui nomme le Directeur, l'Inspecteur, le Trésorier & le Contrôleur de la Banque Royale, du 5 Janvier 1719. 202

Autre qui nomme Commissaires Messieurs Bignon, Pelletier des Forts, Pelletier de la Houssaye, Rouillé du Coudray; M. Machault, Rapporteur, du 21 Janvier 1719. 204

Assemblée générale de la Compagnie des Indes, du 27 Mars 1719. 207

Arrêt qui homologue la délibération du 4 Janvier audit an, du 8 Mai 1719. 211

Autre qui homologue la délibération du 27 Mars 1719, du 9 Mai 1719. 213

Edit portant réunion des Compagnies Orientales & de la Chine à la Compagnie d'Occident, du mois de Mai 1719. 220

Arrêt qui nomme M. Beauvais le Fer & autres pour signer les marques en parchemin, du 21 Mai 1719. 229

Autre concernant la réunion des Compagnies des Indes Orientales & de la Chine, à la Compagnie d'Occident, du 17 Juin 1719. 231

Soumission des Directeurs des Compagnies des Indes & de la Chine au sujet de l'Edit de réunion, du 23 Juin 1719. 233

Arrêt qui nomme des Directeurs de la Compagnie pour signer les marques des mousselines, du 4 Juillet 1719. 235

Arrêt qui permet la vente à Nantes des marchandises venues des Indes, par les Vaisseaux de la Compagnie, du 13 Août 1719. 239

Arrêt qui renouvelle les défenses d'introduire dans le Royaume, ou faire aucun commerce ni usage des toiles peintes, &c. du 27 Septembre 1719. 247

Autre qui permet à la Compagnie des Indes d'employer telle partie de ses fonds, qu'il sera convenable pour l'accroissement de la pêche & l'établissement des Manufactures, du dix Novembre 1719. 260

Autre qui commet les sieurs Robinot & Cochois pour signer au lieu

des Directeurs les marques en parchemin, du 20 Décembre 1719.
page 262

Arrêt concernant la réunion de la Banque à la Compagnie des Indes, du 23 Février 1720. 264

Délibération de la Compagnie concernant la Banque, du 22 Février 1720. 270

Arrêt qui accorde à la Compagnie des Indes le privilége de négocier seule à l'exclusion de tous autres ses sujets, depuis la riviere grande de Goa, jusqu'au détroit de Magellan, pour tout le temps qui reste à expirer de ses priviléges, du 11 Avril 1720. 275

Autre qui ordonne que le commerce du castor demeurera libre, & convertit le privilége de la Compagnie en un droit d'entrée, qui lui sera payé à l'entrée du Royaume à raison de neuf sols par livre pesant de castor gras & six sols de castor sec, du 16 Mai 1720. 277

Autre portant suppression des droits de tiers surtaux & quarantiéme, & de tous les droits établis sur les soyes, tant originaires qu'étrangéres, du 18 Mai 1720. 281

Autre portant Réglement pour le commerce qui se fait à Marseille sur les toiles de coton blanches, étoffes de soye pure, ou mêlées d'or & d'argent, d'écorces d'arbres du cru ou fabrique du Levant, du 20 Mai 1720. 288

Autre en faveur de la Compagnie des Indes concernant les toiles peintes, du 20 Mai 1720. 291

Autre qui ordonne que celui du 18 Mai 1720, portant suppression des droits de tiers surtaux, quarantiéme & tous autres droits, sur les soyes, tant étrangéres qu'originaires, n'aura son exécution qu'à commencer du premier Juillet prochain, du 18 Juin 1720. 295

Autre portant qu'il sera ouvert à l'hôtel de la Banque à Paris, & dans toutes les villes du Royaume, où il y a des hôtels des monnoyes un livre de comptes courants & de viremens de parties, dont le fonds ne pourra passer six cens millions, du 13 Juillet 1720. 297

Edit portant que la Compagnie des Indes joüira à perpétuité de tous les droits & priviléges qui concernent son commerce, du mois de Juillet 1720. 303

Arrêt qui ordonne l'exécution de l'Edit du présent mois, qui accorde à la Compagnie des Indes la joüissance à perpétuité de tous les droits & priviléges concernant son commerce, du 21 Juillet 1720. 310

Autre portant Réglement pour la vente des marchandises arrivées

par

CONTENUES EN CE VOLUME. xlix

par les Vaisseaux la Paix, le Comte de Toulouse, & les deux Couronnes, du 6 Août 1720. *page* 313

Arrêt qui permet aux Directeurs intéressés en l'armement du Vaisseau nommé la Paix, de vendre pour la consommation du Royaume les 1500 balles de caffés dont il est chargé, du 27 Août 1720. ..321

Autre portant suppression des comptes en Banque & viremens de parties, du 26 Décembre 1720. ..323

Autre qui nomme des Commissaires du Conseil pour juger les contestations mûes & à mouvoir sur l'exécution de l'Arrêt du 26 Décembre 1720, portant suppression des comptes en Banque & viremens de parties, du 9 Janvier 1721. ..326

Autre qui ordonne, que le castor, de quelque qualité qu'il soit, ne pourra entrer dans le Royaume que par les Ports qui sont désignés, du 23 Janvier 1721. .328

Autre qui ordonne que la Compagnie sera tenue de rendre compte de la Banque qui lui a été unie par l'Arrêt du 23 Février 1720, du 26 Janvier 1721. .330

Autre qui déboute la Compagnie des Indes de l'opposition par elle formée à l'exécution de l'Arrêt du 26 Janvier dernier, & ordonne qu'elle sera tenue de compter de la recette & dépense, tant de ladite Compagnie que de la Banque y jointe du 7 Avril 1721. .335

Autre qui commet Messieurs Trudaine, Fagon, Ferrand, & de Machault, Conseillers d'État, pour dresser procès-verbal & inventaire des registres, papiers & effets de ladite Compagnie & Banque y jointe, du 7 Avril 1721. ..363

Autre concernant la Compagnie des Indes, du 15 Avril 1721. .366

Autre qui renvoie pardevant les Commissaires du Conseil les contestations mues & à mouvoir entre sa Majesté ou la Compagnie des Indes, & le sieur Jean Law, du 29 Avril 1721. .369

Autre qui nomme des Commissaires pour juger les contestations contre la Compagnie des Indes, du 18 Mai 1721. ..371

Autre portant rétablissement du privilége exclusif de la vente du castor, en faveur de la Compagnie des Indes, du 30 Mai 1721. .373

Autre qui commet le sieur Camiaille à la place du sieur Cochois, pour signer les marques des mousselines & toiles de coton blanches, du 30 Mai 1721. 375

Autre qui renouvelle les défenses ci-devant faites de l'introduction dans le commerce, port & usage des étoffes des Indes, de la Chine & du Levant & des toiles peintes & autres, venant desdits

Tome III. g

pays, du 10 Juin 1721. *page* 377
Arrêt qui commet le sieur de la Bruyere pour informer contre les malversations commises par le sieur Rodolet, du 10 Juin 1721. 381
Autre qui ordonne que tous les Directeurs, Commis & Employés de la Compagnie des Indes, fourniront des états à Messieurs les Commissaires, du 10 Juin 1721. 383
Ordonnance du Roi qui défend l'usage & le commerce des toiles peintes, étoffes des Indes & autres marchandises de contrebande, du 21 Juin 1721. 385
Arrêt en interprétation de celui du 10 Juin 1721, qui renouvelle les défenses de l'introduction dans le Royaume, & du commerce & usage des étoffes des Indes, &c. du 8 Juillet 1721. 388
Autre qui évoque toutes les demandes & contestations contre la Compagnie, du 12 Juillet 1721. 394
Autre qui commet le sieur Dubois pour signer les Bulletins, du 15 Juillet 1721. 397
Autre qui ordonne que le sieur Tartel défendra pour & au nom de la Compagnie des Indes aux demandes formées contre elle, du 15 Juillet 1721. 399
Autre qui surseoit l'exécution de celui du 30 Mai 1721, qui rétablit en faveur de la Compagnie des Indes le privilége exclusif de la vente du castor, du 20 Juillet 1721. 402
Autre qui commet le sieur de la Bruyere pour informer contre le nommé Rodolet & autres, du premier Août 1721. 404
Autre qui commet M. Dodun à la place de M. Trudaine, Commissaire de la Compagnie des Indes, du 23 Août 1721. 406
Autre. *Idem* dudit jour. 408
Autre qui nomme le sieur le Cordier, Directeur général de la Compagnie des Indes, pour arrêter les comptes & mémoires de tous les correspondans, du 30 Août 1721. 410
Autre qui décharge la Compagnie des droits de la Prévôté de Nantes, du 16 Septembre 1721. 412
Autre qui ordonne de dresser procès-verbal des pacotilles, du 16 Septembre 1721. 423
Ordonnance du Roi pour la levée d'une Compagnie d'Infanterie, au service & à la solde de la Compagnie des Indes, du premier Octobre 1721. 426
Arrêt pour faire remettre à la Compagnie des Indes les étoffes des Indes & autres qui seront saisies par les Employés des Fermes, du 17 Octobre 1721. 428
Autre concernant la marque des mousselines & toiles de coton blan-

ches, du 18 Octobre 1721. *page* 432

Arrêt qui commet le sieur de la Bruyere pour juger définitivement le procès criminel qui sera fait aux sieurs Clérisseau & Duchemin, & leurs complices, du 21 Novembre 1721. 435

Autre qui ordonne qu'on passera outre à la vente à Nantes, nonobstant l'opposition de Messieurs de saint Malo, du 22 Novembre 1721. 437

Autre concernant l'inventaire des effets de la Compagnie qui sont à Rochefort, du 2 Décembre 1721. 440

Autre qui commet le sieur Charles Fosse, Secrétaire de la Compagnie des Indes, pour, en l'absence du sieur le Cordier, remplir les fonctions de Commis-Directeur général de la Compagnie des Indes, du 5 Décembre 1721. 442

Edit du Roi qui établit un droit sur les soyes étrangéres, & originaires, & ordonne le rétablissement du passage desdites soyes par la ville de Lyon, du mois de Janvier 1722. 445

Arrêt concernant la veuve Bordenave de Brest, & le sieur Lamothe, du 20 Janvier 1722. 449

Autre qui ordonne que la moitié des marchandises prohibées, saisies par les Commis de la coutume de Bayonne, appartiendra à M. le Duc de Gramont, du 20 Janvier 1722. 451

Autre qui ordonne que dans quinze jours pour toutes préfixions & délais, à compter du jour de la publication, les Actionnaires de l'ancienne Compagnie seront tenus de nommer des Syndics, du 27 Janvier 1722. 454

Autre qui permet à la Compagnie des Indes de faire entrer par les ports de l'Orient & de Nantes les soyes crues qu'elle fera venir des pays de sa concession en payant six sols par chaque livre pesant, du 27 Janvier 1722. 456

Autre qui ordonne l'exécution de celui du 30 Mai 1721, portant établissement du privilége exclusif de la vente du castor, en faveur de la Compagnie, des Indes, du 28 Janvier 1722. 459

Ordonnance du Roi concernant le service de la Compagnie d'infanterie, levée en conséquence de l'ordonnance du premier Octobre 1721, du 5 Février 1722. 462

Arrêt qui commet les sieurs Fagon & autres, Commissaires, pour procéder contre le sieur Rodolet, du 22 Février 1722. 464

Lettres Patentes sur ledit Arrêt dudit jour. 468

Arrêt qui permet à la Compagnie d'intéresser dans la cargaison de chaque Vaisseau destiné pour les Indes, les Officiers majors choisis par elle, à condition qu'ils remettront leurs fonds au Caissier de la

g ij

Table des Piéces

Compagnie, du 25 Février 1722. ·· page 471
Arrêt qui ordonne l'exécution de celui du 27 Janvier dernier; & que faute par les Actionnaires de l'ancienne Compagnie d'avoir nommé des Syndics en exécution dudit Arrêt, il sera procédé par les Commissaires du Conseil à ce députés, au jugement des demandes & contestations qui sont entre la Compagnie des Indes réunie à celle d'Occident, du 14 Mars 1722. · 475
Autre qui ordonne l'exécution de celui du 28 Janvier 1722, au sujet de la livraison du castor par les particuliers, du premier Juin 1722. ·· 478
Autre qui ordonne que les Négocians de saint Malo seront payés par la Compagnie d'un million cinq cens huit mille livres treize sols sept deniers, du 16 Juin 1722. 482
Autre qui permet le déchargement de bord à bord des marchandises venues dans les Ports de France pour être conduites à Nantes, du 8 Juillet 1722. 492
Autre qui ordonne que les comptes & mémoires concernant la régie de Cordier seront arrêtés par Blanchard, du 14 Juillet 1722. 495
Autre qui ordonne qu'il sera fait inventaire des marchandises des Vaisseaux le Maure, la Galathée & l'Indien, du premier Septembre 1722. 497
Autre qui ordonne que les soyes venues des Indes ne payeront que six sols pour livre, du 8 Septembre 1722. · 503
Autre qui ordonne qu'il sera fait inventaire des marchandises du Vaisseau le Prince de Conti, du 13 Septembre 1722. 505
Autre, idem du Vaisseau la Sirenne, du 22 Septembre 1722. 508
Autre qui permet à la Compagnie des Indes de vendre des velours, du 13 Octobre 1722. · 510
Autre qui commet le sieur Laigneau, Procureur du Roi à Hennebon, pour informer des vols faits aux magasins de la Compagnie à l'Orient, du 11 Novembre 1722. 512
Autre qui commet M. l'Intendant de la Rochelle pour dresser procèsverbal des maisons appartenant à la Compagnie, sur la riviere de Charente, du 15 Novembre 1721. 515
Ordonnance pour la levée & payement de quatre Compagnies d'infanterie qui doivent être employées à la garde des Isles de Bourbon & de France, aux Indes Orientales, du 16 Mars 1723. · 518
Arrêt qui fixe à cinquante-six mille le nombre des actions de la Compagnie des Indes, du 22 Mars 1723. · 520
Autre qui accorde à la Compagnie le privilége de la vente exclu-

sive du Tabac, du 22 Mars 1723. *page* 524
Arrêt qui ordonne qu'il sera passé à la Compagnie des Indes un contrat d'aliénation à titre d'engagement des droits composant le Domaine d'Occident, du 23 Mars 1723. 526
Autre qui forme le Conseil de la Compagnie des Indes, & fixe le dividende des actions, du 24 Mars 1723. 528
Autre qui nomme des Commissaires pour juger les demandes & contestations où la Compagnie des Indes sera partie, du 3 Mai 1723. 533
Autre qui permet le déchargement de bord à bord des marchandises de la Compagnie des Indes, du 30 Juin 1723. 535
Autre qui renouvelle les défenses ci-devant faites de l'introduction dans le Royaume & du commerce des étoffes des Indes, &c. du 5 Juillet 1723. 538
Autre pour indiquer une assemblée générale de la Compagnie des Indes, à l'effet de procéder à l'exécution de huit Syndics, du 30 Août 1723. 542
Autre qui régle la forme de l'administration de la Compagnie des Indes, du 30 Août 1723. 544
Autre qui accorde à la Compagnie des Indes le privilége exclusif de la vente du caffé, du 31 Août 1723. 551
Autre qui ordonne que par les Commissaires du Conseil qui seront nommés à cet effet, il sera passé contrat d'aliénation à la Compagnie des Indes du privilége exclusif de la vente du Tabac, du premier Septembre 1723. 554
Autre qui nomme des Commissaires pour juger les contestations au sujet des négociations des actions de la Compagnie des Indes, & de ce qui y a rapport, du 27 Septembre 1723. 557
Autre pour établir un dépôt libre & volontaire des actions de la Compagnie des Indes, du 29 Septembre 1723. 559
Déclaration du Roi, qui régle la maniere dont la Compagnie fera l'exploitation de la vente exclusive du caffé, du 10 Octobre 1723. 561
Arrêt pour la prise de possession du privilége de la vente du caffé, du 12 Octobre 1723. 576
Autre concernant les sieurs Kainkaïd, de Londres, & les sieurs Mouchard & Fromaget, Directeurs de la Compagnie des Indes, du 19 Octobre 1723. 583
Edit du Roi, portant établissement d'un Conseil supérieur à l'Isle de Bourbon, du mois de Novembre 1723. 586
Arrêt pour faire remettre dans les magasins de la Compagnie des Indes, sous deux clefs les caffés que les particuliers ont déclaré

g iij

TABLE DES PIÉCES

avoir en leur possession, du premier Novembre 1723. ..page 595
Arrêt qui ordonne que les Commis & Employés de la Compagnie pour l'exploitation du tabac & du caffé procéderont aux visites & exécutions au sujet des toiles peintes, &c. du 14 Décembre 1723. 596
Délibération de la Compagnie, qui fixe le dividende des actions à 150 livres, du 15 Décembre 1723. 600
Réglement pour le payement du dividende des actions & dixiémes d'action pour l'année 1723. 601
Lettres Patentes en forme d'Edit concernant les Esclaves Négres de l'Isle de Bourbon & de France, du mois de Décembre 1723. 604
Mémoire instructif pour la vérification des bulletins de la Compagnie des Indes. 620
Arrêt qui ordonne que tous les Adjudicataires de marchandises prohibées, provenant des ventes de la Compagnie seront tenus de faire viser par l'Inspecteur des manufactures étrangéres établies à Nantes, les acquits à caution qui leur auront été expédiés aux Bureaux des Fermes, &c. du 4 Janvier 1724. 625
Délibération de la Compagnie, concernant la Loterie des rentes viagéres, du 19 Janvier 1724. 628
Arrêt qui régle la forme de procéder pardevant les sieurs Commissaires du Conseil, dans les contestations au sujet des négociations des actions de la Compagnie des Indes, du premier Février 1724. 635
Autre qui accorde à la Compagnie des Indes les droits d'octrois, locaux, de tarif, de péages, passages, & barrages, sur tous les caffés qu'elle fera entrer, sortir ou traverser le Royaume, pour la provision de ses Bureaux, du premier Février 1724. 637
Autre portant nouveau Réglement pour empêcher l'entrée, l'usage & le port des étoffes des Indes, de la Chine & du Levant, &c. du premier Février 1724. 641
Délibération de la Compagnie des Indes au sujet de la Loterie à 100 livres le billet, du 2 Février 1724. 651
Arrêt qui ordonne que tous les caffés venant des Echelles du Levant, pourront entrer dans la ville, port & territoire de Marseille & sortir librement par mer, ainsi qu'il se pratiquoit avant l'Arrêt du 31 Août 1723, du 8 Février 1724. 652
Autre concernant le privilége exclusif des Loteries, accordé à la Compagnie des Indes, du 15 Février 1724. 655
Autre concernant la faculté accordée à la Compagnie des Indes, pour la conversion volontaire d'un nombre d'actions en rentes pu-

CONTENUES EN CE VOLUME.

rement viagéres, & viagéres en forme de tontine, du 15 Février 1724. *page* 659

Requête présentée au Roi par les Syndics & Directeurs de la Compagnie des Indes, du 16 Février 1724. 662

Plan de la Loterie viagére, du premier Mars 1724. 666

Délibération de la Compagnie des Indes concernant les opérations de la Compagnie, du premier Mars 1724. 668

Avis aux Actionnaires. 669

Délibération de la Compagnie des Indes, du 15 Mars 1724. 670

Arrêt qui permet à la Compagnie des Indes de faire entrer, vendre & débiter dans le Royaume, les mouchoirs de coton, soye & coton, écorce, & soye & écorce, qu'elle fait venir des pays de ses concessions par ses Vaisseaux, &c. du 9 Mai 1724. 675

Déclaration du Roi en interprétation du Réglement & Lettres Patentes du 12 Janvier 1717, concernant le Siége de l'Amirauté établi à Pondichery, du 30 Mai 1724. 679

Arrêt qui ordonne qu'il sera fait inventaire de toutes les marchandises qui composent le chargement des Vaisseaux le Bourbon, la Diane, l'Argonaute, & l'Athalante, &c. du 5 Juin 1724. 681

Autre pour assurer l'état des acquereurs des rentes viageres sur la Compagnie des Indes, du 20 Juin 1724. 689

Autre concernant les billets de la Loterie composée de la Compagnie des Indes, du 19 Octobre 1724. 691

Autre qui permet le déchargement de bord à bord des marchandises qui arriveront à la Compagnie pour être transportées à Nantes, & qu'elles ne payeront aucuns droits que ceux auxquels elles sont sujettes, &c. 695

Lettres Patentes, portant établissement de deux Bureaux de contrôle dans les villes de Limoges & de Clermont-Ferrand, pour la visite des marchandises provenant des ventes de la Compagnie des Indes à Nantes, qui passe en transit dans les Provinces reputées étrangéres, du 29 Mai 1725. 698

Arrêt concernant les fraudes, du 13 Mars 1725. 701

Edit du Roi portant confirmation des priviléges, concessions & aliénations faites à la Compagnie des Indes, du mois de Juin 1725. 703

Edit du Roi portant confirmation des operations du *Visa*, & de la nullité des effets non visés, du mois de Juin 1725. 714

Edit du Roi pour la décharge & libération de la Compagnie des Indes, du mois de Juin 1725. 729

Arrêt qui ordonne qu'il sera fait inventaire, du 22 Juin 1725. 740

Autre qui ordonne que toutes les contestations qui pourront arriver lvj TABLE DES PIÉCES, &c.

entre la Compagnie & les particuliers, seront jugées en dernier ressort par les Commissaires nommés par Arrêt du 3 Mars 1723, du 10 Juillet 1723. *page* 748

Arrêt du Conseil, qui commet les sieurs Joncheray Dubois, & Pinson, pour signer les marques, &c. du 13 Novembre 1725. 752

FIN DE LA TABLE DES PIÉCES.

ARREST

ARREST
DU CONSEIL D'ÉTAT DU ROY,

CONCERNANT les Etoffes des Indes, de la Chine & du Levant, Toiles de coton peintes ou blanches, Furies, Mousselines & autres, avec injonction de faire marquer tous les meubles qui en sont composés, suivant les déclarations qui en ont été faites ci-devant, à peine de trois mille livres d'amende contre ceux qui ne les ont pas déclarés.

Du 20 Janvier 1716.

Extrait des Registres du Conseil d'Etat.

SUR ce qui a été représenté au Roi en son Conseil que par les Arrêts rendus en icelui les 26 Octobre 1686, 6 Avril 1688, premier Février 1689, 3 & 14 Décembre 1697, 13 Juillet 1700, 24 Décembre 1701, 22 Août, 18 Septembre & 18 Novembre 1702, 17 Février & 26 Mai 1705, 24 Août 1706, 10 Mai 1707, 7

Février & 5 Juin 1708, 27 Août & 10 Décembre 1709, 7 Avril & 29 Juillet 1710, 28 Avril 1711, 29 Avril 1712, 2 Décembre 1713, 10 Février & 11 Juin 1714, 16 Février, 21 Mai & 4 Juin 1715, par lesquels le port, l'usage & le commerce des étoffes des Indes, de la Chine & du Levant, tant de soye pure que de celles mêlées d'or & d'argent, celles d'écorce d'arbres, laine, fil ou coton, & généralement toutes sortes d'étoffes qui proviennent du cru & fabrique desdits pays; comme aussi celles peintes en furies & à fleurs, les toiles peintes ou imprimées, soit de la fabrique des Indes, soit contrefaites dans le pays étranger, soit peintes ou imprimées dans le Royaume, vieilles & neuves, sont actuellement prohibées & défendues, avec très-expresses inhibitions à tous Négocians, Marchands, & autres personnes de quelque qualité & conditions qu'elles soient, d'en faire commerce, les exposer en vente, vendre, colporter, débiter ni acheter en gros ou en détail, à peine de confiscation & d'amende; mais que des défenses si souvent réitérées n'ont pû faire cesser ce commerce, quoique plus préjudiciable qu'aucun autre aux manufactures du Royaume, que même quelques Marchands mal intentionnés préférant leurs intérêts particuliers à l'utilité publique, ont eu la témérité de dire que l'usage & le port desdites étoffes & toiles peintes seroit toléré, & que l'Arrêt du Conseil du 11 Juin 1714, qui ordonne que toutes personnes de quelque qualité & condition qu'elles soient, après des déclarations exactes de tous les meubles composés desdites étoffes & toiles peintes qu'elles ont en leur possession, seroient tenues d'y faire apposer une marque, demeureroit sans exécution; à quoi étant nécessaire de pourvoir, oui le rapport:

ARTICLE PREMIER.

LE ROI ETANT EN SON CONSEIL, de l'avis de Monsieur le Duc d'Orléans, Régent du Royaume, a ordonné & ordonne que les précédens Arrêts ci-dessus datés seront exécutés selon leur forme & teneur; en conséquence fait

Sa Majesté très-expresses défenses à tous Négocians, Marchands, Colporteurs, Fripiers, Tailleurs, Couturieres, Tapissiers, Brodeurs, Ouvriers, & à toutes personnes de quelque qualité & condition qu'elles soient, de faire commerce, exposer en vente, vendre, débiter, acheter en gros & en détail, porter, s'habiller, employer ou faire employer en meubles, habits, vêtemens, soit dedans ou dehors leurs maisons, aucunes étoffes des Indes ou de la Chine de soye pure, mêlée d'or & d'argent, d'écorce d'arbres, laine, fil, coton, peintes & furies, ou à fleurs, toiles ou autres étoffes peintes ou imprimées dedans ou dehors le Royaume, vieilles ou neuves, à peine de trois mille livres d'amende pour chacune contravention, payables par corps.

II.

VEUT Sa Majesté que les particuliers qui seront trouvés colportant ou voiturant lesdites étoffes, soient sur le champ conduits en prison, condamnés à pareille amende, & leurs marchandises, chevaux, bateaux & autres voitures servant à introduire lesdites marchandises, même que celles permises dont elles se trouveront accompagnées, appartenant au même propriétaire, soient confisquées, moitié de celles prohibées par lesdits Arrêts brûlée, l'autre moitié envoyée à l'Etranger dans la forme & avec les précautions prescrites par lesdits Arrêts.

III.

ORDONNE aussi Sa Majesté qu'en conformité de celui du 11 Juin 1714, il sera incessamment procédé dans la ville & banlieue de Paris par le sieur d'Argenson, Conseiller d'Etat, Lieutenant général de Police, les Commissaires du Châtelet, les Inspecteurs de Police, ou telles autres personnes qu'il voudra commettre, & dans les Provinces par les sieurs Intendans & Commissaires départis, leurs Subdélégués ou autres par eux préposés à cet effet, à l'apposition d'une marque sur tous les meubles compofés de ces étoffes & toiles peintes ou imprimées, étoffes des Indes & autres défendues qui ont dû être déclarées en exécution dudit Arrêt, laquelle marque fera une ponce ou empreinte faite avec un coin gravé d'une fleur de lys, & du nom de la ville capitale de chaque département, & que par chacune defdites marques appofées auxdits meubles il fera payé fix deniers par les propriétaires, avec défenfes d'exiger de plus grands droits.

IV.

ORDONNE Sa Majefté que dans quatre mois, à compter du jour de la date du préfent Arrêt, toutes perfonnes de quelque qualité & condition qu'elles foient, feront tenues de faire appofer ladite marque fur lefdits meubles, & qu'après ledit temps paffé les meubles qui ne fe trouveront pas marqués de ladite marque feront faifis & confifqués, & les contrevenans condamnés en trois mille livres d'amende.

V.

ENJOINT Sa Majefté à tous Juges, Commiffaires, Notaires, Sergens, Huiffiers & autres Officiers de Juftice, même à ceux des Seigneurs, à peine d'interdiction, de pareille amende de trois mille livres, & d'en répondre en leurs propres & privés noms, fans que lefdites peines puiffent être réputées comminatoires, de donner avis aux fieurs Lieutenant général de Police de Paris, Intendans & Commiffaires départis dans les Provinces, de tous les meubles compofés defdites étoffes & toiles marquées ou non marquées qui fe trouveront parmi les autres meubles & effets des parties faifies ou décédées, pour être vérifiés, s'ils font compris dans les déclarations qui auront dû être faites, & dans le cas fpécifié par ledit Arrêt du 11 Juin 1714, fans que pour aucune caufe ni fous aucun prétexte il puiffe être fait ou accordé main-levée, procédé à la vente judiciaire ni à la confection de l'inventaire, qu'après ladite vérification.

VI.

ORDONNE Sa Majesté que ceux desdits meubles non marqués, ainsi que les habits, étoffes en piéces ou coupons, & autres prohibées par lesdits Arrêts, soient brûlés; que faute par les créanciers opposans, légataires universels ou héritiers d'avoir informé lesdits sieurs Lieutenant général de Police & Intendans, & de leur avoir indiqué lesdits meubles, étoffes ou habits, ils soient personnellement condamnés chacun en trois mille livres d'amende.

VII.

ORDONNE pareillement Sa Majesté que lesdits sieurs Lieutenant général de Police, Intendans & Commissaires départis, sur les avis qui pourront leur être donnés des contraventions au présent Arrêt, puissent nommer des Commissaires du Châtelet, Inspecteurs de Police, Subdélégués ou autres personnes pour assister, sans frais, aux inventaires des meubles meublans & aux ventes d'iceux: veut & entend Sa Majesté que les mousselines en piéces ou coupons qui seront saisis en contravention aux précédens Arrêts, à la diligence des Commis des Fermiers généraux ou des Intéressés en la Compagnie des Indes, soient confisquées au profit de ceux qui en auront procuré la saisie, à condition qu'elles seront renvoyées à l'Etranger avec les précautions que les Arrêts ont prescrites, & que les uns & les autres rapporteront auxdits sieurs Lieutenant général de Police, Intendans & Commissaires départis, chacun à leur égard, un certificat de l'arrivée au lieu de leur destination, pour en être par eux référé au Conseil.

VIII.

ORDONNE encore que les mousselines qui arriveront dans le Royaume en conséquence du privilége accordé à ladite Compagnie des Indes, soient d'abord marquées au Port où la décharge s'en fera, & même qu'elles ne pourront être vendues dans aucunes villes jusqu'à ce qu'il y ait été apposé une seconde marque ; sçavoir, à Paris par le sieur Lieutenant général de Police, & dans les Provinces par les sieurs Intendans & Commissaires départis, ou leurs Subdélegués, ensorte que les mousselines qui se trouveront sans lesdites premieres & secondes marques, seront réputées en contravention, confisquées comme telles, & les Marchands ou autres personnes condamnés aux amendes & aux autres peines spécifiées par le présent Arrêt ou par ceux qui l'ont précédé. Et sera le présent Arrêt lû, publié & affiché de six mois en six mois par-tout où besoin sera : enjoint audit sieur Lieutenant général de Police & auxdits sieurs Intendans & Commissaires départis, d'y tenir la main, & d'informer le Conseil tant des publications que du nombre des saisies qu'ils auront jugées. FAIT au Conseil d'Etat du Roi, Sa Majesté y étant, tenu à Paris le vingtiéme jour de Janvier mil sept cent seize. *Signé* PHELYPEAUX.

LOUIS, PAR LA GRACE DE DIEU, ROI DE FRANCE ET DE NAVARRE, à notre amé & féal le sieur d'Argenson, Conseiller ordinaire en notre Conseil d'Etat, Lieutenant général de Police de notre bonne ville de Paris, & à nos amés & féaux Conseillers en nos Conseils les sieurs Intendans & Commissaires départis pour l'exécution de nos ordres dans les Provinces de notre Royaume : SALUT. Nous vous mandons & ordonnons par ces Présentes, signées de notre main, que l'Arrêt dont l'extrait est ci-attaché sous le contre-scel de notre Chancellerie, ce jourd'hui rendu en notre Conseil d'Etat, nous y étant, concernant le port, usage & commerce de toutes sortes d'étoffes & toiles des Indes & de la Chine, soit naturelles ou contrefaites, même de celles peintes ou imprimées dans le Royaume ou dans les pays étrangers, vous ayez à exécuter & faire exécuter selon sa forme & teneur, de ce vous donnons pouvoir, commission & mandement spécial : commandons au premier notre Huissier ou Sergent sur ce requis de signifier ledit Arrêt à tous ceux qu'il appartiendra, à ce qu'ils n'en ignorent, & ayent à y déférer & obéir, sous les peines y portées, & de faire en outre pour l'entiere exécution d'icelui tous exploits & actes de Justice que besoin sera, sans pour ce demander autre permission : car tel est notre plaisir. DONNÉ à Paris le vingtiéme jour de Janvier l'an de grace mil sept cent seize, & de notre regne le premier. *Signé* LOUIS. *Et plus bas*; par le Roi, le Duc d'Orléans Régent présent, PHELYPEAUX. Et scellé.

VU l'Arrêt du Conseil ci-dessus & des autres parts, nous ordonnons qu'il sera exécuté selon sa forme & teneur, nonobstant toutes oppositions & autres empêchemens quelconques, pour lesquels ne sera différé; & à cet effet il est enjoint à Marc-Antoine Pasquier, Juré Crieur ordinaire de la Ville, Prévôté & Vicomté de Paris, de lire, publier & faire afficher ledit Arrêt à son de trompe & cri public dans les carrefours, places publiques & autres lieux ordinaires de ladite ville de Paris, à ce qu'aucun n'en prétende cause d'ignorance. Fait & donné par nous Marc-René de Voyer de Paulmy, Chevalier, Marquis d'Argenson, Conseiller d'Etat ordinaire, Lieutenant général de Police & Commissaire du Roi en cette partie, le trente-uniéme jour de Janvier mil sept cent seize.
Signé M. R. DE VOYER D'ARGENSON.

L'Arrêt ci-dessus a été lû & publié à haute & intelligible voix, à son de trompe & cri public, en tous les lieux ordinaires & accoutumés, par moi Marc-Antoine Pasquier, Juré Crieur ordinaire du Roi en la Ville, Prévôté & Vicomté de Paris, y demeurant rue du milieu de l'Hôtel des Ursins, accompagné de Louis Ambezar, Nicolas Ambezar, & Claude Crapone, Jurés Trompettes, le 7 Février 1716, à ce que personne n'en prétende cause d'ignorance : & affiché ledit jour esdits lieux. Signé PASQUIER.

ARREST
DU CONSEIL D'ÉTAT
DU ROY,

RENDU entre François de Nerville Adjudicataire général des Fermes unies, & les Sieurs Directeurs généraux de la Compagnie Royale des Indes Orientales de France, prenant le fait & cause des Sieurs Olanier & Audiffret, Marchands à Avignon, & les nommés Lamaire, Tharreau & Perdriau, Marchands à la Rochelle, lequel Arrêt condamne lesdits Olanier & Audiffret, à payer les droits de la Foraine de Languedoc pour les marchandises qu'ils ont fait passer au Bureau de Beaucaire, achetées de ladite Compagnie des Indes, & lesdits Lamaire, Tharreau, Perdriau & autres de payer les droits locaux qui sont dûs au Bureau de Rochefort & Charente pour les marchandises de la Compagnie qui entreront par mer dans ladite riviere de Charente.

Du 4 Févier 1716.

Extrait des Registres du Conseil d'Etat.

VU par le Roi en son Conseil, la requête présentée par la Compagnie des Indes Orientales, contenant que par l'article XLIV de l'Edit du mois d'Août 1664 pour l'établissement de ladite Compagnie,

gnie, il est porté que les marchandises qui viendront des Indes & qui seront déchargées dans les Ports du Royaume pour être ensuite transportées dans les pays étrangers, ou exempts de foraine, ne payeront aucuns droits d'entrée ni de sortie; néanmoins dans la vente qui fut faite à Nantes au mois d'Octobre 1714 les nommés Olanier & Audiffret, Marchands d'Avignon, s'étant rendus adjudicataires de trente-deux balles de toiles de coton destinées pour Avignon, suivant l'acquit à caution qu'ils en ont pris au Bureau de Nantes, & s'étant présentés au Bureau de Beaucaire, le Receveur en a refusé la sortie, sinon en payant les droits de la foraine de Languedoc; ce qui auroit mis ces Marchands dans la nécessité de donner une caution audit Receveur pour n'y pas laisser séjourner les marchandises; d'un autre côté, que les nommés Lamaire, Tharreau & Perdriau, Marchands à la Rochelle, ont payé aux Bureaux de Rochefort & de Charente les droits de la traitte de Charente de treize balles de poivre & vingt balles de toiles de coton, provenant de la même vente; & les nommés Lopes de Paz freres, Marchands de Xaintes, ont été dans le même cas pour quarante-neuf balles de poivre & dix balles de toiles de coton, qu'ils ont envoyées de Nantes à Xaintes par mer par les Bureaux de Rochefort & de Charente; que tous ces différens Marchands leur en ayant porté leurs plaintes, lesdits Directeurs se sont trouvés obligés de présenter leur requête au Conseil, & de reclamer sur la contravention faite audit article XLIV dudit Edit de 1664, afin qu'il plaise à Sa Majesté en les maintenant dans le privilége porté par ledit article, ordonner que toutes les marchandises provenant de leur commerce, lorsqu'elles sont destinées pour passer en transit dans les Provinces du Royaume exemptes de foraine, seront & demeureront exemptes des droits locaux; & en conséquence que Louis François de Nerville, Fermier général des Fermes unies, & ses cautions, seront tenus de rendre & restituer auxdits Marchands les sommes que les Receveurs desdits Bureaux ont induement exigées sur lesdites marchandises, & que la caution fournie au Bureau de Beaucaire par lefdits Olanier & Audiffret fera & demeurera dechargée de fon cautionnement. La réponfe fournie par les Intéreffés au Bail des Fermes unies fous le nom dudit Nerville, contenant que les priviléges font de droit étroit, & ne peuvent être étendus au-delà de leur difpofition; qu'il y a une diftinction effentielle à faire entre les marchandifes du commerce de ladite Compagnie déclarées pour être portées aux pays étrangers ou dans les Provinces du Royaume reputées étrangeres, aux cinq groffes Fermes qui y conviennent. Qu'au terme de l'article XLIV dudit Édit du mois d'Août 1664 les marchandifes provenant de ladite Compagnie, qui paffent du Port de Nantes en tranfit par les Provinces du Royaume pour aller dans les pays étrangers, font exemptes, tant des droits d'entrée & de fortie des Provinces de l'étendue des cinq groffes Fermes fujettes au Tarif de 1664, que des droits locaux qui fe perçoivent dans les différentes Provinces qui fe trouvent fur la route, mais que cette exemption ne peut être appliquée aux marchandifes de ladite Compagnie deftinées pour aller dans les Provinces du Royaume reputées étrangeres. Qu'en ce cas lefdites marchandifes fur l'acquit à caution du Bureau de Nantes ne puiffent & ne doivent joüir feulement que de l'exemption des droits d'entrée & de fortie des Provinces fujettes au Tarif de 1664, étant affujettis à tous les droits locaux qui font dûs & fe perçoivent dans les Provinces du Royaume reputées étrangeres lorfqu'elles y paffent pour aller à leur deftination; de maniere que fuivant ces principes inconteftables & toujours fuivis, lefdites marchandifes provenant des ventes de la Compagnie des Indes, nonobftant leur deftination pour Avignon, Xaintes & la Rochelle, n'ont pû fortir du Languedoc par le Bureau de Beaucaire pour paffer à Avignon & Comtat, même en Provence, ni aller de Nantes à Xaintes & à la Rochelle par mer entrant par les Bureaux de la traitte de Charente fans en payer les droits accoutumés. Que cette queftion dans la même efpéce fe trouve jugée par un Arrêt contradictoire rendu au Conseil le 14 Avril 1693, entre ladite Compagnie des Indes & Pierre Pointeau, ci-devant adjudicataire des Fermes unies à l'égard du nommé Aymieux, Marchand de Toulouse, qui fut condamné à payer les droits de la comptablie de Bordeaux pour des marchandises qu'il avoit achetées de ladite Compagnie, nonobstant l'acquit à caution qu'il avoit pris au Bureau de Nantes, dans la vûe de les transporter à Toulouse passant par Bordeaux sans payer les droits de comptablie; qu'ils pourroient rapporter à ce sujet bien d'autres préjugés soit par des Arrêts, soit par des décisions particulieres du Conseil qui ont toujours détruit les prétentions de la Compagnie des Indes. A cet égard requeroient à ces causes lesdits Intéressés à ce qu'il plût au Conseil débouter les Directeurs de la Compagnie des Indes de leur demande, dont lesdits Intéressés demeureront déchargés; en conséquence conformément audit Arrêt du Conseil du 14 Avril 1693, ordonner que la caution desdits Olanier & Audiffret sera tenue de payer les droits de la foraine de Languedoc pour lesdites trente-deux balles de toiles de coton achetées de ladite Compagnie à Nantes & par lui déclarées pour Avignon; à ce faire contraints par corps, & déclarer que les droits de la traitte de Charente ont été bien & duement perçus sur les marchandises aussi achetées de ladite Compagnie à Nantes par lesdits Lamaire, Tharreau, Perdriau & Loppes de Paz freres, déclarées pour la Rochelle & Xaintes, entrées par mer par les Bureaux de Rochefort & de Charente, avec défenses à ladite Compagnie & à tous autres de troubler l'Adjudicataire desdites Fermes en la perception desdits droits, à peine de tous dépens, dommages & intérêts. Vû aussi ledit article XLIV dudit Edit du mois d'Août 1664, ledit Arrêt du Conseil du 14 Avril 1693 & autres piéces; oui le rapport, LE ROI EN SON CONSEIL a ordonné & ordonne, conformément audit Arrêt du Conseil du 14 Avril 1693, que la caution desdits Olanier & Audiffret sera tenue de payer audit Nerville les droits de la foraine de Languedoc pour lesdites trente-deux balles de toiles de coton achetées de ladite Compagnie à Nantes, & déclarées pour Avignon; à ce faire contraint par corps; déclare Sa Majesté, que les droits de la traitte de Charente ont été bien & duement perçus par les receveurs des Bureaux de Rochefort & de Charente sur les marchandises aussi achetées à Nantes de ladite Compagnie par lesdits Lamaire, Tharreau, Perdriau & Loppes de Paz freres, & entrées par mer par lesdits Bureaux de Rochefort & Charente pour la Rochelle & Xaintes : fait Sa Majesté défenses aux Directeurs de ladite Compagnie, & à tous autres de troubler l'Adjudicataire en la perception desdits droits, à peine de tous dépens, dommages & intérêts. FAIT au Conseil d'Etat du Roi tenu à Paris le quatriéme jour de Février mil sept cent seize. *Collationné*, *Signé* GOUJON, avec paraphe.

LOUIS, PAR LA GRACE DE DIEU, ROI DE FRANCE ET DE NAVARRE, au premier notre Huissier ou Sergent sur ce requis. Nous te mandons & commandons que l'Arrêt, dont l'extrait est ci-attaché sous le contre-scel de notre Chancellerie, ce jourd'hui donné en notre Conseil d'Etat, au sujet des droits pour les marchandises provenant des ventes faites à Nantes, tu signifies aux Directeurs de la Compagnie des Indes & à tous autres qu'il appartiendra à ce qu'aucuns n'en ignorent, & de faire en outre pour l'entiere exécution d'icelui à la requête de Louis-François Nerville, Fermier général de nos Fermes unies, tous commandemens, sommations, défenses y contenues, & autres actes & exploits nécessaires sans autre permission; car tel est notre plaisir. DONNÉ à Paris le quatriéme jour de Février, l'an de grace mil sept cent seize, & de notre regne le premier. Par le Roi en son Conseil, le Duc d'Orleans Regent, présent. *Signé* GOUJON, & scellé du grand Sceau de cire jaune.

L'AN mil sept cent seize, le treiziéme de Février, par vertu de l'Arrêt du Conseil d'Etat du Roi, & Commission obtenue sur icelui, signé & scellé, dont copie est ci-dessus, & des

mêmes piéces transcrites & à la requête dudit Maître Louis-François de Nerville, ci-devant Fermier général des Fermes unies de France, pour lequel domicile est élû au Bureau général desdites Fermes, rue Grenelle, paroisse saint Eustache ; j'ai Jean-Jacques Rioul, Huissier-Priseur au Châtelet de Paris, y demeurant, rue & marché aux Poirées, soussigné, montré, signifié & duement fait à sçavoir ledit Arrêt & Commission à Messieurs les Intéressés en la Compagnie des Indes Orientales en leur Bureau, rue Tireboudin, parlant au sieur Roger leur commis en leurdit Bureau ; à ce que du contenu audit Arrêt & Commission ils n'en ignorent & ayent à y satisfaire si bon leur semble, & leur ai, parlant comme ci-dessus, laissé le présent pour copie.   Copie.
Signé RIOULT.

ARREST
DU CONSEIL D'ÉTAT
DU ROY,

QUI ordonne que toutes les Toiles peintes, Etoffes de la Chine & du Levant, Mousselines, &c. seront brûlées, même la moitié qui devoit être envoyée à l'Etranger, & les dénonciateurs payés de la totalité aux dépens du Roi.

Du 22 Février 1716.

Extrait des Registres du Conseil d'Etat.

LE Roi voulant soutenir & protéger de plus en plus les manufactures du Royaume; & considérant que rien ne leur si préjudiciable que l'introduction & le débit des toiles de coton blanches, teintes, ou peintes, mousselines & étoffes des Indes, de la Chine, & du Levant, Sa Majesté auroit jugé à propos de renouveller par Arrêt du 20 Janvier 1716, les défenses qui avoient cidevant été faites par plusieurs réglemens, & notamment par celui du 11 Juin 1714, dont elle a ordonné l'exécution; mais ayant été représenté à Sa Majesté, que les précautions qui sont établies par ces Arrêts ne sont pas suffisantes pour faire cesser entierement le commerce desdites marchandises, soit parce que la moitié des étoffes & toiles dont la vente est ordonnée, à condition d'être transportées dans les pays étrangers n'y retournent pas réellement ; & qu'après l'embarquement qui s'en fait , ceux qui s'en sont rendus adjudicataires trouvent le moyen de les faire rentrer dans le Royaume , en surprenant la vigilance des Commis des Fermes, ou corrompant leur fidélité ; soit parce qu'on n'a pas tenu la main exactement à faire brûler l'autre moitié, ainsi qu'il a été ordonné par l'Arrêt du 11 Juin 1714, & qu'on n'a permis la vente que d'une partie, pour fournir aux fonds nécessaires pour le payement des retributions accordées par le même Arrêt aux dénonciateurs, Inspecteurs des manufactures, commis des Fermes, ou autres qui en ont fait les saisies ; soit enfin par l'impunité des particuliers chez lesquels se trouvent des entrepôts desdites étoffes & toiles qu'ils recelent dans leurs maisons, avec d'autant moins de crainte, que les marchandises ne leur appartenant point pour l'ordinaire, la confiscation ne tombe point sur eux ; en sorte que ce commerce continue au mépris des défenses faites par Sa Majesté, & au grand préjudice des fabriques de toiles & étoffes qui ont été établies avec tant de soin & de dépense dans le Royaume. A quoi étant nécessaire de pourvoir ; oui le rapport, le Roi étant en son Conseil, de l'avis de Monsieur le Duc d'Orleans Regent, a ordonné & ordonne :

ARTICLE PREMIER.

QUE les défenses portées par les précédens Arrêts, & notamment par ceux des 27 Août 1709, 11 Juin 1714, & 20 Janvier 1716, au sujet des toiles de coton teintes ou peintes, mousselines, autres que celles du commerce de la Compagnie des Indes, même des étoffes de toutes sortes des Indes, de la Chine, ou du Levant, seront exécutées & observées sous les peines prescrites par lesdits Arrêts ; & y ajoûtant, que la peine de prison ordonnée par l'Arrêt du 20 Janvier 1716 *contre les particuliers, qui seront trouvés colportant ou voiturant lesdites étoffes, toiles, ou mousselines, soit pareillement encourue par les Marchands négocians*, & autres chez qui il se trouvera des magasins & entrepôts desdites marchandises, s'il est ainsi ordonné par les sieurs

Commiſſaires du Conſeil, auxquels la connoiſſance des contraventions eſt attribuée par leſdits Arrêts, & ce ſans diminution des autres peines y contenues.

II.

QUE par le ſieur Lieutenant général de Police de la ville de Paris, ou par tel Commiſſaire qui ſera par lui nommé, il ſoit inceſſamment fait ſans frais un inventaire de toutes les toiles de coton blanches, teintes, ou peintes, mouſſelines & étoffes des Indes, de quelque qualité que ce ſoit, qui ſont actuellement dans le dépôt général du Bureau de la Douane de ladite ville, dont il ſera auſſi fourni ſans frais une copie ſignée de lui aux Fermiers généraux, ſur laquelle ils ſeront rembourſés par Sa Majeſté, tant des gratifications qu'ils ont payées en exécution de l'Arrêt du 11 Juin 1714, à ceux qui ont fait les ſaiſies, que des frais deſdites ſaiſies, vérifications par Experts, Jugemens, frais de voitures des lieux où les ſaiſies ont été faites juſqu'à Paris, commis à la garde du dépôt, & autres frais, lequel rembourſement Sa Majeſté a fixé : ſçavoir, à quinze ſols par aune de toile de coton blanche, teinte, ou peinte : trente ſols par aune de mouſſeline, ou d'étoffes, appellées écorce d'arbres, furies, ſatin, gaze, ou taffetas : & quatre livres par aune de damas ou d'étoffes de ſoye mêlée d'or ou d'argent ; à l'effet duquel rembourſement il ſera expédié au profit deſdits Fermiers généraux une Ordonnance de comptant ſur le Tréſor Royal après lequel Inventaire toutes leſdites toiles, mouſſelines, ou étoffes ſeront brûlées en vertu de l'ordonnance dudit ſieur Lieutenant général de Police, qui en dreſſera ſon procès-verbal, & en délivrera copie aux Fermiers généraux pour leur décharge ; Sa Majeſté dérogeant à cet égard à l'article VI de l'Arrêt du 11 Juin 1714, par lequel il avoit été ordonné de ne brûler que la moitié deſdites toiles & étoffes.

III.

III.

Que les toiles, mousselines & étoffes qui seront saisies ci-après, tant dans les Provinces qu'à Paris, seront après les Jugemens de confiscation envoyées au Bureau général de la Douane à Paris, ainsi qu'il est ordonné par l'Arrêt du 11 Juin 1714.

IV.

Que toutes les amendes qui seront prononcées sur les saisies desdites marchandises, soit qu'elles soient faites par les Commis des Fermes, ou par d'autres, appartiendront aux Fermiers généraux qui en feront le recouvrement, dont ils payeront à proportion du produit, les deux tiers aux Dénonciateurs, & autres qui auront procuré lesdites saisies, l'autre tiers restant au profit des Fermiers généraux, qui payeront en outre auxdits Dénonciateurs les autres gratifications portées par l'article V dudit Arrêt du 11 Juin 1714.

V.

Que tous les trois mois le sieur Lieutenant général de Police, ou tel Commissaire qui sera par lui nommé, se transportera audit Bureau général de la Douane de Paris, pour y être par lui fait sans frais un inventaire de toutes les toiles, mousselines & étoffes qui y auront été apportées depuis le dernier procès-verbal; de celles qui auront été brûlées, dont il sera aussi fourni sans frais une copie signée aux Fermiers généraux, pour être remboursés par Sa Majesté des sommes qu'ils auront été obligés d'avancer aux Dénonciateurs ou Saisissans, & de toutes autres dépenses nécessaires à l'occasion desdites saisies, & du transport desdites étoffes, suivant l'arrêté qui en sera fait par ledit sieur Lieutenant général de Police de Paris, lequel en referera au Conseil de Commerce, pour être ensuite expédié une ordonnance sur le Trésor Royal pour le montant dudit arrêté, après lequel inventaire, lesdites toiles, mousselines & étoffes seront brûlées, ainsi & de la même manière qu'il a été ci-devant expliqué.

Tome III.

VI.

ET qu'au surplus les précédens Arrêts rendus au sujet desdites toiles, mousselines & étoffes des Indes, de la Chine & du Levant, & notamment ceux des 27 Août 1709, 11 Juin 1714, & 20 Janvier 1716, seront exécutés dans les articles auxquels il n'est point dérogé par le présent.

VII.

ENJOINT Sa Majesté au sieur Lieutenant général de Police de la ville de Paris, & aux sieur Intendans & Commissaires départis dans les Provinces, de tenir la main à l'exécution du présent Arrêt, circonstances & dépendances; & en cas de contravention, Sa Majesté leur en attribue d'abondant toute Cour, Jurisdiction & connoissance, & icelle interdit à toutes ses Cours & autres Juges. FAIT au Conseil d'Etat du Roi, Sa Majesté y étant, tenu à Paris le vingt-deux Février mil sept cent seize.

Signé PHELYPEAUX.

LOUIS, PAR LA GRACE DE DIEU, ROI DE FRANCE ET DE NAVARRE, à notre amé & féal le sieur d'Argenson, Conseiller ordinaire en notre Conseil d'Etat, & Lieutenant général de Police de notre bonne ville de Paris, & à nos amés & feaux Conseillers en nos Conseils, les sieurs Intendans & Commissaires départis pour l'exécution de nos ordres dans les Provinces de notre Royaume: SALUT. Nous vous mandons & ordonnons par ces Présentes, signées de notre main, que l'Arrêt dont l'extrait est ci-attaché sous le contre-scel de notre Chancellerie, ce jourd'hui rendu en notre Conseil d'Etat, nous y étant, portant nouveau Réglement pour les toiles peintes, mousselines & autres étoffes des Indes, de la Chine & du Levant, vous ayez à exécuter & faire exécuter selon sa forme & teneur; de ce vous donnons pouvoir, commissions & mandement spécial, & vous attribuons d'abondant, en cas de contravention, toute Cour, Jurisdiction & connoissance nécessaire. Commandons au premier notre

Huissier ou Sergent sur ce requis de signifier ledit Arrêt à tous ceux qu'il appartiendra, à ce qu'ils n'en ignorent; & de faire en outre, pour l'entiere exécution d'icelui, des Ordonnances que vous rendrez en conséquence, tous exploits, sommations & autres actes de justice que besoin sera, sans pour ce demander autre permission : car tel est notre plaisir. DONNE' à Paris le vingt-deuxiéme jour de Février, l'an de grace mil sept cent seize, & de notre regne le premier. *Signé* LOUIS. Par le Roi, le Duc d'Orléans Regent, présent, PHELYPEAUX, & scellé.

MARC René de Voyer de Paulmy, Chevalier Marquis d'Argenson, Conseiller d'Etat ordinaire, Lieutenant général de Police de la Ville, Prévôté & Vicomté de Paris, Commissaire député par le Roi en cette partie. Vû le présent Arrêt du Conseil d'Etat : nous ordonnons qu'il sera exécuté selon sa forme & teneur; & en conséquence, qu'il sera lû, publié & affiché dans cette ville & fauxbourgs de Paris, dans les Places publiques, ordinaires & accoutumées, à ce que nul n'en prétende cause d'ignorance. Fait en notre Hôtel le vingt-huitiéme jour de Février mil sept cent seize. *Signé* M. R. DE VOYER D'ARGENSON. Par Monseigneur, GENDON.

L'Arrêt ci-dessus a été lû & publié à haute & intelligible voix, à son de trompe & cry public, en tous les lieux ordinaires & accoutumés, par moi Marc-Antoine Pasquier, Juré-crieur ordinaire du Roi en la Ville, Prévôté & Vicomté de Paris, y demeurant, rue du milieu de l'Hôtel des Ursins, accompagné de Louis Ambezar, Nicolas Ambezar, & Claude Crapenne, Jurés Trompettes, le 5 Mars 1716, à ce que personne n'en prétende cause d'ignorance, & affiché ledit jour esdits lieux.
Signé PASQUIER.

ARREST
DU CONSEIL D'ÉTAT
DU ROY,

CONCERNANT *les Toiles peintes & Mousselines des Indes; & qui confirme plusieurs saisies de Toiles peintes & Mousselines des Indes, ordonne qu'elles seront confisquées & brûlées conformément à l'Arrêt du 22 Février 1716, & condamne les marchands & Particuliers sur qui lesdites saisies ont été faites, chacun en trois mille livres d'amende, &c.*

Du 4 Avril 1716.

Extrait des Registres du Conseil d'Etat.

VU au Conseil du Roi l'Arrêt intervenu en son Conseil d'Etat le vingt-un Décembre 1715, sur la requête d'Etienne Maigret, Marchand de toiles & mousselines à Paris; François Dangereux, Marchand de toiles & mousselines à Pontoise; Pierre Breau; Ollivier David & Jean-Baptiste Vialet, aussi Marchands de toiles & mousselines à Versailles, tendante à ce qu'il plût à Sa Majesté, sans avoir égard au Jugement du soi disant Subdélégué à Versailles du sieur Intendant de la Généralité de Paris, du cinq Novembre 1715, dont les Supplians seront, en tant que de besoin, reçûs appellans, les décharger des condamnations y portées, ce faisant que mainlevée leur sera faite des marchandises saisies, à vuider leurs mains en celles des Supplians, les gardiens & dépositaires contraints par corps, quoi faisant déchargés, avec dommages, intérêts & dépens : ordonner que l'Arrêt du Conseil d'Etat du vingt-huit Avril 1711, sera exécuté ; & en conséquence, que les Directeurs de la Compagnie des Indes seront tenus de faire remarquer toutes les toiles de mousselines & coton qui sont dans les boutiques & magasins des Marchands, avec une marque uniforme, & ce dans un mois, ou tel autre délai qu'il plaira à Sa Majesté d'ordonner, ou sinon, & à faute de ce faire, que défenses seront faites aux Directeurs de la Compagnie des Indes, & à tous autres, de saisir les marchandises de mousselines & coton appartenant aux Supplians, & que jusqu'à ce qu'il ait été satisfait à cette remarque, les Supplians continueront de vendre lesdites marchandises, si mieux n'aiment les Directeurs de ladite Compagnie reprendre lesdites marchandises, & en rendre le prix qu'en ont payé les Supplians, auxquels sera donné acte de la déclaration qu'ils font de renoncer à l'avenir & pour toujours au commerce desdites marchandises, plûtôt que d'être exposées à de pareilles vexations, par lequel Arrêt Sa Majesté a évoqué & évoque à soi l'appel interjetté par lesdits Maigret, Dangereux, Ollivier, David, Breau & Vialet du Jugement rendu par le Bailly de Versailles le cinq Novembre dernier, & pour y faire droit, ensemble sur les fins de ladite requête, a renvoyé les Parties en son Conseil de Commerce, auquel Sa Majesté en a attribué & attribue toute jurisdiction & connoissance ; cependant toutes choses demeurant en état, ledit Arrêt signifié à Me Perrin Avocat desdits Appellans, à la requête d'Antoine Trignart Inspecteur des manufactures, par exploit du trente-un Décembre 1715. Acte signifié le même jour auxdits Appellans, au domicile de Me Perrin leur Avocat, de la part dudit Trignart, portant que pour satisfaire de sa part audit Arrêt, il a remis ès mains du sieur d'Argenson, Conseiller d'Etat, & au Conseil de Commerce, l'expédition dudit Arrêt, ensemble toutes les piéces & procedures concernant les saisies mentionnées audit Jugement, avec sommation de fournir de leur part tout ce que bon leur semblera, autrement, qu'il poursuivra le Jugement de ladite instance d'appel, sur ce qui se trouvera remis & produit ès mains dudit sieur d'Argenson. Jugement rendu par Rolland-Charles Fressort, Conseiller du Roi, Bailly Juge ordinaire, civil & criminel, & Lieutenant général de Police au Bailliage Royal de Versailles, & Subdélégué du sieur Intendant de la Généralité de Paris, le 5 Novembre 1715, entre Antoine Trignart, Inspecteur des manufactures des trois Evêchés de Metz, Toul & Verdun, agissant en ladite qualité en ladite ville de Versailles, par les ordres du sieur Contrôleur général, du sieur Intendant de la Généralité de Paris, & des sieurs Directeurs de la Compagnie Royale des Indes, demandeur en saisie & confiscation d'une part, & lesdits Dangereux, Pepin, Breau, David, Vialet & Damoiselle Grenier, Défendeurs d'autre, par lequel il est dit qu'ayant aucunement égard à la requête dudit Trignart du 10 Juillet précédent, & enthérinant le rapport de vérification faite le 6 Août lors dernier & jours suivans par les Experts respectivement nommés par les Parties, en exécution du Jugement du 26 Juillet; les saisies des mousselines faites à la requête dudit Trignart sur François Dangereux, Pierre Breau, Ollivier David, Jean-Baptiste Vialet, Robert Pepin, & ladite Marie-Elisabeth Grenier, Marchands de toiles demeurant à Versailles & à Pontoise, suivant le procès-verbal dudit Juge, du quatre Juillet, sont déclarés bonnes & valables; ce faisant, les marques en parchemin & en plomb étant à l'un des bouts de chacune des piéces, coupons & morceaux de mousselines contenues audit procès-verbal, sont déclarées fausses & contrefaites, suivant ledit rapport d'Experts, & en conséquence, les déclarer acquises & confisquées au Roi; sçavoir, vingt-sept piéces saisies sur ledit Dangereux, dont vingt-quatre marquées desdites marques contrefaites, & trois non marquées. Une piéce de mousseline rayée & un coupon, contenant quinze aulnes saisis sur ledit David. Deux piéces entieres, & neuf coupons saisis sur ledit Vialet. Et une piéce de mousfeline & six coupons fur ledit Robert Pepin : quatre piéces de mouffelines & fix coupons fur ledit Pierre Breau ; condamne lefdits Dangereux & Breau en chacun trois mille livres d'amende, fuivant la difpofition des Arrêts du Conseil des vingt-fept Août & trente Novembre 1709, fept Avril 1710, 10 Novembre 1711, vingt-neuf Mars & vingt-huit Mai 1712, 10 Février, onze Juin & vingt-quatre Juillet 1714, & quatre Juin 1715, ledit Pepin en deux cens livres d'amende ; & fans avoir égard à la dénonciation & demande en garantie formée par lefdits David & Vialet, contre lefdits Etienne Maigret & Dangereux, en conféquence de la déclaration & reconnoiffance faite par lefdits Dangereux & Maigret, qu'ils ont vendu auxdits David & Vialet les mouffelines fur eux faifies, condamne ledit Maigret en trois mille livres d'amende, & lefdits David & Vialet en deux cens livres chacun, déclare pareillement acquifes & confifquées au Roi toutes les marchandifes de toiles peintes faifies à la requête dudit Trignart, fur ladite Marie-Elifabeth Grenier, fuivant ledit procès-verbal du quatre Juillet, & l'a condamnée en trois mille livres d'amende envers le Roi. Donne défaut contre Bacon Marchand à Verfailles, & contre Marie Defnoues, veuve de Jean Gournay Revendeufe à la Toilette, auffi demeurant à Verfailles, non comparans, & adjugeant le profit dudit défaut, déclare acquis & confifqués au profit du Roi dix-huit piéces de toiles peintes, dont deux piéces en mouchoirs ; foixante-dix mouchoirs de toiles peintes ; foixante-huit courtes-pointes ; un tapis auffi de toiles peintes, & douze piéces de mouffelines, fur lefquelles il n'y a aucune marque, faifis fur ledit Bacon, par procès-verbal du vingt-huit Août lors dernier. Un coupon de quatre cornettes de mouffelines non marquées, & cinquante-fix mouchoirs des Indes faifis fur ladite veuve Gournay, par autre procès-verbal du dix-fept dudit mois d'Août, condamne ledit Bacon en trois mille livres d'amende, & ladite veuve Gournay en deux cens livres auffi d'amende ; & avant faire droit fur la demande dudit Trignart, afin de confifcation des deux piéces de taffetas bleu saisies sur ledit Bacon, & de quatre piéces de satin blanc saisis sur ladite veuve Gournay, par les procès-verbaux desdits jours dix-sept & vingt-huit Août dernier, il est dit que par Experts, dont les Parties conviendront devant ledit Juge, il sera fait rapport, si lesdites six piéces de taffetas & de satin sont marchandises des Indes, dont le commerce soit défendu par lesdits Arrêts du Conseil ; ordonne que lesdites toiles peintes seront remises par le Greffier ès mains des sieurs Fermiers généraux, & les mousselines ès mains des sieurs Directeurs de la Compagnie des Indes, pour être lesdites marchandises vendues, & sur le prix d'icelles, ledit Trignart payé des droits adjugés par ledit Arrêt aux dénonciateurs, qu'il sera tenu de nommer, & sur le surplus des demandes dudit Trignart, en conséquence du Jugement rendu sur la requête de ladite Grenier le sept Septembre lors dernier, met les Parties hors de Cour ; fait défenses auxdits Dangereux, Maigret, Vialet, Pepin, David, Bacon, & ladite Grenier audit Bacon & veuve Gournay chacun à leur égard, de vendre & débiter à l'avenir aucunes toiles peintes ni mousselines, qu'elles ne soient préalablement marquées des marques & empreintes portées par lesdits Arrêts du Conseil, à peine d'interdiction de leur commerce & des autres peines y portées, les condamne aux dépens chacun à leur égard envers ledit Trignart, lesquels seront par ledit Juge taxés sommairement sur le vû des piéces, ce qui sera exécuté nonobstant oppositions ou appellations quelconques, & sans y préjudicier, ledit Jugement signifié à Me Charles Hardy Procureur desdits Breau, David & Pepin, & Mayet Procureur desdits Dangereux, Grenier & Vialet, le sixiéme dudit mois de Novembre 1715. Piéces & procédures sur lesquelles est intervenu ledit Jugement ; sçavoir, le procès-verbal de visite & de saisie faite à la requête dudit Trignart par le Bailly de Versailles, le 4 Juillet 1715, dans les boutiques & maisons des y dénommés. La requête dudit Trignart présentée au Bailly de Versailles, aux fins de faire assigner les dénommés audit procès-verbal,

verbal, afin de voir ordonner la confiscation des marchandises sur eux saisies, & se voir condamner chacun en l'amende de trois mille livres, avec interdiction de leur commerce, & que les marchandises seront remises ; sçavoir, les mousselines à la Compagnie des Indes, & les toiles peintes, moitié brûlées, & l'autre moitié vendue & transportée à l'Etranger, & le prix délivré au Suppliant, avec dépens ; au bas est l'Ordonnance de soit donné assignation, en date du dix dudit mois de Juillet, & les exploits d'assignation donnés en conséquence à la Damoiselle Grenier, auxdits Dangereux, Pepin, Breau, David & Vialet ledit jour dix Juillet. Défenses dudit Breau du onze dudit mois. Repliques dudit Trignart du quinze. Défenses dudit David du onze. Autres défenses dudit Pepin dudit jour. Celles dudit Dangereux du quinze dudit mois & dudit Vialet du même jour. Celles de ladite Grenier dudit jour quinze Juillet. Sentence rendue par le Bailly de Versailles du seize Juillet, portant qu'avant faire droit, il sera procédé à la vérification des marques apposées sur l'un des bouts de chacune desdites piéces saisies sur les Défendeurs par Experts & gens à ce connoissans, dont les Parties conviendront dans trois jours, autrement nommés d'office, à l'effet de quoi les pacquets desdites mousselines seront ouverts en présence du sieur d'Hardancourt, l'un des Directeurs & Secrétaire général de la Compagnie des Indes, dudit Trignart & des Défendeurs, pour être lesdites marques représentées auxdits Experts, & vérifiées sur les marques & empreintes en parchemin ordonnées par lesdits Arrêts du Conseil, lesquelles marques seront représentées par ledit sieur d'Hardancourt, & remises ès mains desdits Experts, pour servir de piéces de comparaison. Ledit Jugement signifié le trente dudit mois de Juillet. Exploits d'assignation donnés à la requête dudit Trignart auxdits Défendeurs, à comparoir devant ledit Juge, pour convenir d'Experts, du trente Juillet. Sentence dudit Bailly de Versailles du trente-un Juillet, qui proroge au Samedi lors prochain l'assignation pour convenir d'Experts. Ordonnan-

Tome III.   D

ce dudit Bailly, portant acte de la nomination des Experts nommés par lesdites Parties, & que par eux il sera procédé à la vérification ordonnée sur les empreintes & matrices qui seront représentées par ceux qui en sont dépositaires ; ledit Jugement en date du trois Août 1715. Exploit d'assignation du cinq Août, donné auxdits Experts & autres, en exécution dudit Jugement. Signification dudit Jugement à la Compagnie des Indes, & au sieur Hinault, Garde des matrices & empreintes originales des marques de ladite Compagnie, avec assignation pour assister à la vérification ordonnée ; ledit exploit en date du 5 Août. Pareil exploit d'assignation auxdites Parties saisies, à même fin que le précédent procès-verbal de vérification fait par lesdits Experts, commencé depuis le six, & continué jusqu'au 9 dudit mois d'Août. Requête verbale dudit Trignart, à fin d'enthérinement dudit rapport d'Experts & d'adjudication de ses conclusions. Imprimé des Arrêts du Conseil des vingt-sept Août 1709, vingt-huit Août 1711, vingt-huit Mai 1712, 10 Février & onze Juin 1714, & quatre Juin 1715, au sujet des toiles peintes & étoffes des Indes & mousselines. Copie d'une lettre écrite par le sieur Maréchal de Villeroy au sieur Bailly de Versailles le 30 Octobre 1715, au sujet de ladite instance. Autre procès-verbal de saisie de satin & de mouchoirs, cornettes & autres sur la veuve Gournay revendeuse à la toilette, en date du 17 Août 1715. Requête dudit Trignart présentée audit Juge, à fin de confiscation desdites marchandises, & de condamnation d'amende pour la contravention, au bas de laquelle est l'Ordonnance de soit donné assignation ; & ensuite l'assignation donnée en conséquence à ladite veuve Gournay, en date du vingt-trois Août. Autre procès-verbal de saisie faite le vingt-huit d'Août 1715 sur le nommé Bacon de plusieurs pièces de toiles peintes & mousselines. La requête dudit Trignart, aux fins de faire prononcer la confiscation desdites marchandises, & condamner ledit Bacon en l'amende, au bas de laquelle est l'Ordonnance de soit Parties appellées, & l'assignation donnée en conséquence audit Bacon. Requête présentée audit Bailly de Versailles par ledit Dangereux & par ladite Grenier, à ce que sans avoir égard audit rapport d'Experts, il leur soit fait pleine & entiere main-levée des marchandises sur eux saisies, avec dommages & intérêts & dépens, signifiée audit Trignart le 17 Août 1715. Défenses dudit David du 12 Août suivant. Huit exploits de commandemens & exécution de meubles faits sur des Défendeurs, tant à Versailles qu'à Paris, en vertu dudit Jugement du cinq Novembre, faute de payement des amendes y prononcées. Acte signifié le 12 Novembre audit Trignart à la requête dudit Maigret, Dangereux, Breau, David & Vialet, par lequel ils déclarent qu'ils sont appellans au Conseil Royal des Finances dudit Jugement, & qu'ils constituent Me Perrin pour leur Avocat sur ledit appel. Mémoire imprimé & non signifié pour lesdits Maigret, Dangereux, Breau, David & Vialet, appellans contre ledit Trignart Intimé. Note des diverses marques employées par la Compagnie des Indes, en exécution des Arrêts du Conseil, pour la marque des mousselines par eux vendues depuis l'année 1696 jusques & compris 1715. Requête présentée au Conseil du Commerce par lesdits Maigret & autres appellans, non signifiée, contenant leurs griefs & moyens d'appel contre ledit Jugement du cinq Novembre. Note des lods adjugés audit Dangereux dans des ventes faites à Rouen & à Nantes les quatre Octobre 1713 & huit Octobre 1714. Autre mémoire dudit Maigret & autres appellans, non signifié. Acte signifié auxdits Dangereux, David, Pepin, Vialet, Breau, Bacon & veuve Gournay, à la requête dudit Trignart le 18 Mars 1716, contenant déclaration, que le Jeudi suivant, il sera procédé au Jugement dudit appel au Conseil de Commerce, avec sommation de s'y trouver, si bon leur semble. Divers autres mémoires non signés ni signifiés fournis par lesdits appellans. Acte sous seing privé, signé Pepin, par lequel il déclare n'avoir donné aucun pouvoir d'appeller au Conseil ni ailleurs de la Sentence dudit jour cinq Novembre 1715,

D ij

& défavoue tous ceux qui auront pû prendre son nom pour ce sujet, & tout ce qui a été mis & respectivement fourni par les Parties ; ouï le rapport, LE ROI EN SON CONSEIL, de l'avis de Monseigneur le Duc d'Orleans Régent, a disjoint les demandes incidemment formées par divers Marchands de Paris, de la Rochelle, de Rouen, de Beauvais & autres, afin qu'il plût à Sa Majesté de donner un réglement général touchant ledit commerce de mousselines, sur lesquelles demandes il sera statué séparément par Sa Majesté, lors & ainsi qu'elle le jugera à propos, & en tant que touche l'appel interjetté du Jugement du Bailly de Versailles du cinq Novembre dernier ; faisant droit sur le tout, a déclaré bonnes & valables, tant les saisies desdites toiles peintes, que celles desdites mousselines non marquées, où dont les marques ont été estimées par lesdits Experts fausses & contrefaites ; ordonne que lesdites marchandises seront confisquées & brûlées sans exception, suivant l'Arrêt du Conseil du 22 Février dernier ; à l'effet de quoi veut Sa Majesté, que conformément à l'Arrêt du Conseil du onze Juin 1714, elles soient incessamment portées au Bureau général des Fermes à la diligence dudit Trignart, auquel il sera payé sur le champ par les Fermiers généraux dix sols par aunes de toiles peintes, & vingt sols par aunes de mousselines, tant pour lui que pour les dénonciateurs, si aucuns sont, à la délivrance desquelles marchandises, le Greffier du Bailliage de Versailles sera contraint, même par corps, & moyennant la délivrance, il en sera bien & valablement déchargé envers & contre tous ; condamne lesdits Dangereux, Breau, Marie-Elisabeth Grenier & Bacon, chacun en trois mille livres d'amende, & lesdits Ollivier, David, Jean-Baptiste Vialet, Robert Pepin & veuve Gournay, chacun en deux cens livres sur les demandes en garentie prétendues par ledit David contre ledit Maigret, & par ledit Vialet contre ledit Dangereux, a mis les Parties hors de Cour & de procès ; & cependant en conséquence de l'aveu judiciairement fait par ledit Maigret, d'avoir vendu audit David deux defdites piéces que les Experts ont estimé être marquées de fausses marques, & après que ledit Dangereux a pareillement reconnu avoir vendu audit Vialet deux piéces & neuf coupons du nombre de celles dont la saisie est déclarée valable, tant pour être sans marque, que marqués d'une marque fausse, Sa Majesté a condamné lesdits Maigret & Dangereux en trois mille livres d'amende chacun; ordonne pareillement qu'à la diligence dudit Trignart, les deux piéces de taffetas bleu, & les quatre piéces de satin saisis sur lesdits Bacon & veuve Gournay, que ledit Trignart soutient être de fabriques des Indes, seront apportées audit Bureau général des Fermes, où elles seront visitées par les deux premiers Jurés en charge de la Communauté des Fabriquans de Paris, en présence du sieur d'Argenson, Conseiller d'Etat & au Conseil de Commerce, qui en dressera son procès-verbal, sur lequel il sera statué par Sa Majesté ainsi qu'il appartiendra, sur le surplus des demandes & contestations des Parties, les a mis hors de Cour & de procès; condamne lesdits Dangereux, Breau, Grenier, Maigret, Bacon, David, Vialet, Pepin & veuve Gournay, aux frais, tant du procès-verbal de vérification taxés à cent trente-six livres par ledit Bailly de Versailles, qu'autres y compris le coût & signification dudit Arrêt du Conseil du vingt-un Décembre 1715, & du présent liquidés à trois cens livres, dont lesdits Dangereux, Breau, Grenier, Maigret & Bacon, payeront & supporteront celle de deux cens cinquante livres chacun pour un cinquiéme, & lesdits David, Vialet, Pepin & veuve Gournay la somme de cinquante livres chacun pour un quart. FAIT au Conseil d'Etat du Roi, tenu à Paris le quatriéme jour d'Avril mil sept cent seize. *Signé* DU JARDIN, avec paraphe. *Collationné*, avec paraphe.

LOUIS, PAR LA GRACE DE DIEU, ROI DE FRANCE ET DE NAVARRE, au premier notre Huissier ou Sergent sur ce requis. Nous te mandons & commandons, que l'Arrêt dont l'extrait est ci-attaché sous le contre-scel de notre Chancellerie, ce jourd'hui donné en notre Conseil d'Etat, concernant la saisie de mousselines, tu signifies au Greffier du Bailliage de Versailles, & aux Marchands dénommés audit Arrêt, & à tous qu'il appartiendra, à ce qu'aucun n'en ignore, & fasses en outre pour l'entiere exécution d'icelui à la requête d'Antoine Trignart, Inspecteur des manufactures, tous commandemens, sommations, exploits & autres actes nécessaires, sans autre permission ; car tel est notre plaisir. DONNÉ à Paris le quatre Avril, l'an de grace mil sept cent seize, & de notre regne le premier. *Signé*, par le Roi en son Conseil, LE DUC D'ORLEANS Régent présent, DU JARDIN, avec grille & paraphe. Et scellé le vingt-un Avril mil sept cent seize, avec paraphe. Et Scellé.

LETTRES PATENTES

DU ROY,

PORTANT Privilége en faveur du Sieur Law & sa Compagnie, d'établir une Banque générale.

Du 2 Mai 1716.

LOUIS, PAR LA GRACE DE DIEU, ROI DE FRANCE ET DE NAVARRE, à tous ceux qui ces Présentes Lettres verront: SALUT. Les avantages que les Banques publiques ont procuré à plusieurs Etats de l'Europe, dont elles ont soutenu le crédit, rétabli le commerce, & entretenu les manufactures, nous ont persuadé de l'utilité que nos peuples retireroient d'un pareil établissement. Le sieur Law nous ayant proposé il y a quelques mois d'en former une, dont le fonds seroit fait de nos deniers, & qui seroit administrée en notre nom & sous notre autorité : le projet en fut examiné dans notre Conseil de Finances, où plusieurs Banquiers, Négocians & Députés des Villes de Commerce, ayant été appellés pour avoir leur avis, ils convinrent tous que rien ne pouvoit être plus avantageux à notre Royaume, qui, par sa situation & sa fertilité jointes à l'industrie de ses habitans, n'avoit besoin que d'un crédit solide pour y attirer le commerce le plus florissant : ils crurent néanmoins que les conjonctures du tems n'étoient pas favorables, & qu'il conviendroit mieux qu'un tel établissement fût fait sur le compte d'une Compagnie. Ces raisons jointes à quelques conditions particulieres du projet, nous déterminerent à le refuser ; mais ledit sieur Law nous a supplié de vouloir lui accorder la faculté d'établir une autre espéce de Banque, dont il offre de faire le fonds, tant de ses deniers, que de ceux de sa Compagnie : & par le moyen de laquelle il se propose d'augmenter la circulation de l'argent, faire cesser l'usure, suppléer aux voitures des espéces entre Paris & les Provinces, donner aux Etrangers le moyen de faire des fonds avec sûreté dans notre Royaume, & faciliter à nos peuples le débit de leurs denrées, & le payement de leurs impositions. La grace qu'il nous demande, c'est de lui donner un privilége pendant l'espace de vingt années, & de lui permettre de stipuler en écus de Banque, qui étant toujours du poids même & du même titre, ne pourront être sujets à aucune variation ; condition essentielle & absolument nécessaire pour procurer & conserver la confiance de nos Sujets & celle des Etrangers : nous suppliant en même tems de vouloir nommer des personnes d'une probité & d'une intelligence connues, pour avoir inspection sur la Banque, viser les billets, coter & parapher les livres, afin que le public soit pleinement persuadé de l'exactitude & de la fidélité qui y seront observées. Et comme il nous paroît que cet établissement de la maniere dont il est proposé, ne peut causer aucun inconvénient ; qu'il y a au contraire tout sujet d'espérer qu'il aura un succès prompt & favorable, & qu'il produira des effets avantageux, à l'exemple de ce qui se passe dans les Etats voisins ; nous avons crû devoir accorder audit sieur Law, dont l'expérience, les lumieres & la capacité nous sont connues, le privilége qu'il nous demande pour lui & sa Compagnie ; & notre très-cher & très-amé oncle le Duc d'Orleans Régent de notre Royaume, attentif à tout ce qui peut apporter du soulagement à nos peuples, & procurer le bien de notre Etat, a crû qu'il n'étoit point indigne de son rang & de sa naissance d'en être déclaré le protecteur. A CES CAUSES, de l'avis de notre très-cher & très-amé oncle le Duc d'Orleans Régent, de notre très-cher & très-amé cousin le Duc de Bourbon,

Bourbon, de notre très-cher & très-amé oncle le Duc du Maine, de notre très-cher & très-amé oncle le Comte de Toulouse, & autres Pairs de France, grands & notables personnages de notre Royaume; & de notre certaine science, pleine puissance & autorité Royale, nous avons par ces Présentes signées de notre main, dit & ordonné, disons & ordonnons, voulons & nous plaît.

Article premier.

Que ledit sieur Law & sa Compagnie ayent seuls le droit & le privilége d'établir pour leur compte particulier une Banque générale daus notre Royaume, & de la tenir & exercer pendant le tems de vingt années, à compter du jour de l'enregistrement des Présentes: leur permettons de stipuler, tenir leurs livres, & faire leurs billets en écus d'espéces, sous le nom d'écus de Banque, ce qui sera entendu des écus du poids & titre de ce jour. Permettons pareillement à nos sujets & aux étrangers qui négocieront ou contracteront avec eux, de stipuler de la même maniere, afin que l'argent de Banque étant toujours du même poids & du même titre ne puisse être sujet à aucune variation, dérogeant pour cet effet seulement à toutes Ordonnances, Edits, Déclarations & Arrêts à ce contraires.

II.

Voulons que ladite Banque soit libre & affranchie de toutes taxes & impositions, & que les actions de la Banque, & les sommes qui y seront en caisse appartenantes aux étrangers ne puissent être sujettes aux droits d'aubaine, de confiscation, ou lettres de représailles, même en cas de guerre entre nous & les Princes & Etats, dont lesdits Etrangers seront sujets, auxquels droits nous renonçons expressément par ces Présentes.

III.

Les billets de la Banque seront faits en la forme dont les modéles seront annexés à nos présentes Lettres, & ils seront signés par ledit sieur Law, & par l'un de ses Associés, & visés par l'Inspecteur qui sera commis à cet effet.

IV.

La caisse générale de la Banque sera fermée à trois serrures & trois clefs différentes, dont une sera gardée par ledit sieur Law, une autre par l'Inspecteur, & la troisiéme par le Trésorier.

V.

Il sera tenu par ledit sieur Law & par sa Compagnie des regiftres en bonne forme, cotés & paraphés par l'Inspecteur de la Banque.

VI.

Le Bureau principal de ladite Banque sera tenu à Paris dans la maison dudit sieur Law, ou dans tel autre quartier de la ville qui sera jugé convenable pour la commodité du public; & il sera ouvert tous les jours depuis neuf heures jusqu'à midi, & depuis trois heures jusqu'à six, à l'exception des Dimanches & des Fêtes solemnelles.

VII.

Il sera libre à toutes personnes de porter à la Banque leurs deniers, pour le montant desquels il leur sera délivré des billets de Banque payables à vûe.

VIII.

Defendons, à peine de la vie, de fabriquer ou falsifier les billets de la Banque, ni de contrefaire le cachet ou les planches sur lesquels lesdits billets seront gravés.

IX.

Notre cher & très-amé oncle le Duc d'Orleans sera le protecteur de la Banque, dont il se fera rendre compte, ou à ceux qui seront par lui préposés, toutes les fois que bon lui semblera, & dont il nommera l'Inspecteur, qu'il pourra remplacer ou changer comme il jugera à propos; & les réglemens & projets de régie & d'opération de ladite Banque lui seront présentés pour être par lui approuvés, & seront en tant que besoin par nous confirmés.

X.

Declarons au surplus que par le privilége que nous accordons audit sieur Law & à sa Compagnie, nous n'entendons empêcher en aucune maniere les Banquiers de notre Royaume de continuer leur commerce comme à l'ordinaire.

Si donnons en mandement à nos amés & féaux Conseillers les Gens tenant notre Cour de Parlement, Chambre des Comptes & Cour des Aydes à Paris, que ces Présentes ils ayent à faire regiftrer, & le contenu en icelles exécuter selon leur forme & teneur; car tel est notre plaisir. En témoin de quoi nous avons fait mettre notre Scel à cesdites Préfentes. Donné à Paris le deuxiéme jour de Mai l'an de grace mil sept cent seize, & de notre regne le premier. *Signé* LOUIS. *Et plus bas*; par le Roi, le Duc d'Orleans Régent préfent, Phelypeaux. Vû au Conseil, Villeroy. Et scellé du grand Sceau de cire jaune.

Regiſtrées, oui & ce requérant le Procureur général du Roi, pour être exécutées ſelon leur forme & teneur, & copies collationnées envoyées aux Bailliages & Sénéchauſſées du reſſort, pour y être lûes, publiées & regiſtrées; enjoint aux Subſtituts du Procureur général du Roi d'y tenir la main, & d'en certifier la Cour dans un mois, ſuivant & conformément à l'Arrêt de ce jour. A Paris en Parlement le quatriéme jour de Mai mil ſept cent ſeize. Signé Doncois.

Modelles des Billets de la Banque.

N°.   *Mille Ecus d'Especes.*

La Banque promet payer au Porteur à vûe Mille Ecus d'Especes du poids & titre de ce jour, valeur reçue à Paris le   de   171

N°.   *Cent Ecus d'Especes.*

La Banque promet payer au Porteur à vûe Cent Ecus d'Especes du poids & titre de ce jour, valeur reçûe à Paris le   de   171

N°.   *Dix Ecus d'Especes.*

La Banque promet payer au Porteur à vûe Dix Ecus d'Especes du poids & titre de ce jour, valeur reçûe à Paris le   de   171

MODELE DU SCEAU,

dont l'Empreinte sera appofée sur chaque Billet de la Banque.

LETTRES PATENTES
DU ROY,

Contenant Réglement pour la Banque générale accordée au Sieur Law, & à sa Compagnie.

Données à Paris le 10 Mai 1716.

Regiſtrées en Parlement.

LOUIS, PAR LA GRACE DE DIEU, ROI DE FRANCE ET DE NAVARRE, à tous ceux qui ces préſentes Lettres verront: SALUT. Par nos Lettres Patentes du 2 du préſent mois nous avons accordé au ſieur Law & à ſa Compagnie le privilége d'établir dans notre Royaume & de tenir pendant le temps de vingt années une Banque générale, avec la faculté de ſtipuler, tenir leurs livres & faire leurs billets en écus d'eſpéces, ſous le nom d'écus de Banque, du poids & titre de ce jour; & comme il eſt néceſſaire pour l'intérêt des Actionnaires & la ſûreté du public de preſcrire la forme, les conditions & les regles qui doivent être obſervées dans la régie & l'adminiſtration de ladite Banque, il nous a paru qu'il étoit convenable de faire ſur cela un Réglement général. A CES CAUSES, de l'avis de notre très-cher & très-amé oncle le Duc d'Orléans Régent, de notre très-cher & très-amé couſin le Duc de Bourbon, de notre très-cher & très-amé oncle le Duc du Maine, de notre très-cher & très-amé oncle le Comte de Touloufe, & autres Pairs de France, grands & notables perſonnages de notre Royaume, & de notre certaine ſcience, pleine puiſ-

E iij

sance & autorité Royale, nous avons par ces Présentes, signées de notre main, dit & ordonné, disons & ordonnons, voulons & nous plaît ce qui suit.

ARTICLE PREMIER.

Le fond de la Banque sera composé de douze cens actions de mille écus chacune, ainsi le capital sera d'un million deux cens mille écus de Banque, c'est-à-dire, de six millions argent courant.

II.

Le premier Juin prochain il sera ouvert chez le sieur Law, Directeur, (*Place de Louis le Grand*) un registre pour y recevoir les soumissions des personnes qui voudront y prendre intérêt, & y acquérir tel nombre d'actions qu'elles voudront.

III.

Ce registre sera cotté & paraphé par le Directeur & par le sieur Fenelon, Député au Conseil de Commerce, nommé par notre très-cher & très-amé oncle le Duc d'Orléans, Inspecteur de ladite Banque.

IV.

La Banque sera tenue (en attendant qu'on puisse la placer plus commodément pour le public) dans la maison dudit sieur Law Directeur, & elle sera ouverte tous les jours depuis neuf heures jusqu'à midi, & depuis trois heures jusqu'à six, à l'exception des Dimanches, des Fêtes solemnelles & des jours marqués pour faire le bilan de la Banque.

V.

La Banque commencera son exercice aussi-tôt qu'il y aura des soumissions faites pour les douze cens actions, & alors les Actionnaires s'assembleront à l'Hôtel de la Banque pour choisir les Officiers qui seront nécessaires pour la régie & le détail de ladite Banque, & pour régler & ordonner le payement des actions.

VI.

Dans cette assemblée & dans les autres assemblées générales de la Compagnie, tout sera décidé à la pluralité des voix, qui seront comptées de la maniere suivante ; ceux qui auront cinq actions & moins de dix, n'auront qu'une voix ; ceux qui auront dix actions & moins de quinze, auront deux voix, & ainsi de cinq en cinq ; & ceux qui auront moins de cinq actions n'auront point de voix.

VII.

On fera le bilan de la Banque deux fois par année, & alors la Banque sera fermée depuis le 15 jusqu'au 20 du mois de Juin, & depuis le 15 jusqu'au 20 Décembre.

VIII.

Il y aura chaque année deux assemblées générales de la Compagnie, qui se tiendront à l'Hôtel de la Banque le 20 du mois de Juin & le 20 du mois de Décembre à dix heures du matin ; on y délibérera sur les affaires de la Compagnie, la premiere se tiendra le 20 Décembre prochain, & dans chacune de ces assemblées on reglera les dividents ou répartitions qui seront payées aux Actionnaires.

IX.

La caisse de la Banque sera partagée en caisse générale & caisse ordinaire ; la caisse générale sera fermée à trois serrures & trois clefs différentes, dont l'une sera gardée par le Directeur, une autre par l'Inspecteur, & la troisiéme par le Trésorier, de maniere que cette caisse ne pourra être ouverte qu'en présence de ces trois personnes.

X.

La caisse ordinaire sera confiée au Trésorier, & ne pourra passer deux cens mille écus de Banque ; chacun des Caissiers ne pourra avoir plus de vingt mille écus, & ils donneront tous des sûretés suffisantes pour les sommes qui leur seront confiées.

XI.

Les billets de la Banque seront signés par le Directeur & par un des Associés qui sera nommé à la pluralité des voix dans la premiere assemblée, & visés par l'Inspecteur, & il en sera fait dans une seule fois la quantité qui sera jugée nécessaire, lesquels seront enregistrés par numéro, dates & sommes sur un livre tenu à cet effet.

XII.

Le sceau de la Banque sera apposé aux billets en présence du Directeur, de l'Inspecteur & du Trésorier, après quoi lesdits billets qui auront été signés, visés & scellés, seront enfermés dans la caisse générale, ainsi que le Sceau de la Banque, & les planches sur lesquelles lesdits billets auront été gravés.

XIII.

Quand les Caissiers auront besoin d'argent, le Trésorier leur en fournira, retirant en même-temps la valeur en billets; il leur fournira de même des billets, & retirera d'eux la valeur en argent: la même opération sera faite entre la caisse du Trésorier & la caisse générale, de maniere que la caisse confiée au Trésorier & aux Caissiers ne pourra jamais excéder la somme de deux cens mille écus.

XIV.

La Banque tiendra un livre pour la vente & transport des actions, & le vendeur payera un écu de Banque pour chaque action qui sera transportée, dans lequel livre il signera la vente ou transport.

XV.

Pour éviter la perte par les tares des sacs, les frais & autres inconvéniens des payemens en espéces, il sera libre à toutes personnes de porter leurs deniers à la Banque, pour lesquels il leur sera délivré des billets payables à vûe.

XVI.

XVI.

Pour faciliter le commerce, la Banque pourra se charger de la caisse des particuliers, tant en recette qu'en dépense, & elle fera à leur choix les payemens comptant ou en virement de parties, moyennant cinq sols de Banque pour mille écus de Banque; & la Compagnie nommera deux Commissaires pour tenir les livres de viremens de parties, & pour la recette & dépense des particuliers.

Le sol de Banque fait le vingtiéme de l'Ecu de Banque, c'est-à-dire 5 sols monnoye courante.

XVII.

Elle pourra escompter les billets ou lettres de change de la maniere qui sera réglée par la Compagnie.

XVIII.

Comme cet établissement ne doit porter aucun préjudice aux particuliers, Marchands, Banquiers ou Négocians, la Banque ne fera par terre ni par mer aucun commerce en marchandises ni assurances maritimes; & elle ne se chargera point des affaires des Négocians par commission, tant au-dedans que dehors le Royaume.

XIX.

La Banque ne fera point de billets payables à terme, mais ils seront tous payables à vûe; & elle ne pourra emprunter à intérêt, sous quelque prétexte ni de quelque maniere que ce puisse être.

XX.

Le Directeur fera la visite des caisses au moins une fois la semaine, ou plus souvent, s'il juge à propos, sans avoir aucun jour marqué, & l'Inspecteur pourra assister à ces visites, de même que ceux des Actionnaires qui seront choisis dans l'assemblée générale Commissaires pour la régie de la Banque, conjointement avec le Directeur.

Tome III.   F

XXI.

Le Conseil de la Banque aura pouvoir d'ordonner à la pluralité des voix les emplois qu'il jugera convenables & utiles au bien de la Banque, & de faire les réglemens particuliers concernant l'administration de ladite Banque.

Si donnons en mandement à nos amés & féaux Conseillers les Gens tenant notre Cour de Parlement, Chambre des Comptes & Cour des Aydes à Paris, que ces Présentes ils ayent à faire regiſtrer, & le contenu en icelles exécuter ſelon leur forme & teneur; car tel eſt notre plaiſir. En témoin de quoi nous avons fait mettre notre Scel à ceſdites Préſentes. DONNÉ à Paris le vingtiéme jour de Mai l'an de grace mil ſept cent ſeize, & de notre regne le premier. *Signé* LOUIS. *Et plus bas*; par le Roi, le Duc d'Orleans Régent préſent, PHELYPEAUX. Vû au Conseil, VILLEROY. Et ſcellé du grand Sceau de cire jaune.

Regiſtrées, oui & ce requérant le Procureur général du Roi, pour être exécutées ſelon leur forme & teneur, & copies collationnées envoyées aux Bailliages & Sénéchauſſées du reſſort, pour y être lûes, publiées & regiſtrées; enjoint aux Subſtituts du Procureur général du Roi d'y tenir la main & d'en certifier la Cour dans un mois, ſuivant l'Arrêt de ce jour. A Paris en Parlement le vingt-troiſiéme jour de Mai mil ſept cent ſeize. Signé DONGOIS.

ORDONNANCE
DU ROY,

PORTANT Amnistie générale en faveur des Cavaliers, Dragons & Soldats qui ont déserté des Troupes de Sa Majesté jusqu'au premier du présent mois ; qui régle entr'autres choses ce qui sera observé dorénavant pour les Enrôlemens, la forme des Congés absolus, ou pour un tems limité ; & qui impose la peine de mort aux Déserteurs.

Du 2 Juillet 1716.

DE PAR LE ROY.

SA MAJESTÉ s'étant fait représenter toutes les Ordonnances rendues contre les déserteurs, tant par le feu Roi son bisayeul, de glorieuse mémoire, que par les Rois ses prédécesseurs, elle a reconnu que la peine de mort de tout temps affectée au crime de désertion, n'avoit été changée par l'Ordonnance du 24 Décembre 1684 en celle des galeres perpétuelles, que parce que le grand nombre de troupes que les conjonctures des temps obligeoient d'entretenir sur pied, assujettissoit à des recrues si considérables, qu'il étoit difficile de faire observer avec régularité les précautions nécessaires pour que tous les enrôlemens fussent également exempts de surprise & de violence ; mais comme ce motif ne subsiste plus depuis les différentes réformes qui ont été faites à l'occasion de la

F ij

paix, & que d'ailleurs la licence des défertions est portée à un tel point, que la difcipline militaire fe trouve confidérablement altérée par les ménagemens dont la plûpart des Capitaines ont coutume d'ufer à l'égard des foldats, cavaliers & dragons de leurs Compagnies, dans la crainte de les porter à la défertion : Sa Majefté a jugé du bien de fon fervice en accordant pour le paffé une amniftie générale pour tous ceux qui feront tombés dans le crime de défertion, d'ordonner de nouveau la peine de mort contre tous ceux qui fe trouveront à l'avenir coupables du même crime, & d'établir en même-temps les précautions néceffaires, tant pour affurer la liberté & les conditions des enrôlemens, que pour ôter aux déferteurs toute efpérance d'impunité : ce qui ayant été mûrement examiné dans le Confeil de Sa Majefté, elle a, de l'avis de Monfieur le Duc d'Orleans Régent, ordonné & ordonne ce qui fuit.

ARTICLE PREMIER.

SA MAJESTE' a quitté, remis & pardonné, quitte, remet & pardonne le crime de défertion commis par les cavaliers, dragons & foldats de fes troupes, tant Françoifes qu'étrangeres, avant le premier jour du préfent mois, foit que lefdits cavaliers, dragons & foldats ayent paffé d'une Compagnie dans une autre, qu'ils fe foient retirés dans les Provinces du Royaume ou qu'ils en foient fortis pour fervir dans les pays étrangers ; défendant Sa Majefté à tous Officiers & autres de fes fujets de les inquiéter pour raifon dudit crime de défertion, ni de les obliger fous quelque prétexte que ce puiffe être à rentrer dans les Compagnies d'où ils auront déferté, fans que la préfente amniftie puiffe s'étendre à ceux qui fe trouveront avoir déferté depuis ledit jour ou qui déferteront ci-après ; & à condition que ceux defdits déferteurs qui font en pays étrangers reviendront dans l'efpace d'un an, à compter de la date de la préfente Ordonnance, dans les terres de la domination de Sa Majefté, & fe repréfenteront devant les Gouverneurs ou Commandans des places frontieres, dont ils prendront un certificat, à peine d'être déchûs de la présente amnistie; déclarant Sa Majesté qu'elle sera la derniere qu'elle accordera aux déserteurs de ses troupes, l'intention de Sa Majesté étant que les soldats, cavaliers ou dragons qui sont absens des Régimens sur des permissions datées depuis le premier Octobre de l'année derniere, ne puissent se dispenser de rejoindre leurs Régimens sous prétexte de la présente amnistie.

II.

DEFEND très-expressément Sa Majesté à tous Capitaines & autres Officiers de faire aucun enrôlement de cavaliers, dragons & soldats qui ne soit volontaire; veut & entend que s'il arrive à l'avenir qu'un Capitaine ou autre Officier ait fait prendre ou enlever dans leurs maisons & sur des chemins à la campagne ou ailleurs, des gens pour les faire entrer contre leur gré dans sa Compagnie, il soit par les ordres des Gouverneurs ou Commandans dans les Provinces ou dans les places, mis en prison jusqu'à ce que Sa Majesté informée des circonstances de la violence, puisse lui imposer le châtiment qu'il aura mérité.

III.

TOUT cavalier, dragon ou soldat des troupes de Sa Majesté Françoises & étrangeres qui se trouvera avoir quitté depuis ledit jour premier du présent mois, ou qui quittera à l'avenir la Compagnie dans laquelle il sera engagé pour entrer dans une autre Compagnie ou pour se retirer dans les Provinces du Royaume, sans un congé expédié dans les formes ci-après prescrites, sera mis au Conseil de Guerre, & condamné à être passé par les armes jusqu'à ce que mort s'ensuive, après toutefois que le Conseil de Guerre aura jugé de la validité de l'engagement, dérogeant pour cet effet Sa Majesté à ladite Ordonnance du 24 Décembre 1684, & à toutes autres rendues en conséquence sur le fait de la désertion.

IV.

Defend Sa Majesté à tout cavalier, dragon ou soldat de s'éloigner de plus de deux lieues du quartier de sa Compagnie lorsqu'elle sera dans le Royaume, & d'une demi-lieue lorsqu'elle sera en garnison dans une place frontiere, sans un congé expédié en la forme ci-après prescrite, à peine audit soldat, cavalier ou dragon qui sera trouvé & arrêté au-delà de ces distances sans ledit congé, d'être puni comme déserteur suivant la rigueur de l'article précédent, quand bien même son Capitaine ou autre Officier affirmeroit lui avoir donné congé verbalement.

V.

Lorsque deux soldats déserteurs seront arrêtés ensemble, ou que deux se trouveront amenés dans une place ou quartier en même jour, ils subiront tous deux sans remission la peine de mort; mais s'il en étoit arrêté un plus grand nombre à la fois, Sa Majesté pour épargner le sang trouve bon qu'après qu'ils auront été condamnés à mort par le Conseil de Guerre, on les fasse tirer au billet trois à trois, pour être celui des trois sur qui le malheureux sort tombera passé par les armes, & les deux autres condamnés aux galeres perpétuelles; à l'effet de quoi Sa Majesté veut que par le Prévôt, s'il s'en trouve sur les lieux, ou par les soins du Commandant de la garnison ou du quartier, ils soient conduits dans les prisons Royales de la garnison, s'il y en a, ou dans celles du lieu le plus prochain, & qu'ils soient remis entre les mains des Geoliers desdites prisons, avec une expédition en forme de la Sentence de condamnation, & un certificat signé de tous les Officiers qui auront assisté au Conseil de Guerre, portant qu'en exécution de la Présente lesdits soldats ayant tiré au sort, les billets favorables leur sont échûs, en vertu de laquelle Sentence & dudit certificat, ils seront attachés à la premiere chaîne qui passera, & conduits sur les galeres de Sa Majesté;

VI.

Pour dédommager lesdits Prévôts des frais de ladite conduite, il leur sera payé sur les ordres de l'Intendant du département par le Commis du Tréforier général de l'extraordinaire des guerres qui fera sur les lieux, la somme de dix livres pour chacun soldat condamnés aux galeres & conduit esdites prisons, en remettant par lesdits Prévôts au Commis dudit Tréforier général leur quittance de ladite somme avec lesdites Sentence & certificat, & le reçu du Geolier auquel lesdits prisonniers auront été remis.

VII.

N'ENTEND néanmoins Sa Majesté que ceux qui feront convaincus d'avoir déserté étant en faction ou de garde, puissent être admis à tirer au sort; veut Sa Majesté qu'ils soient passés par les armes, en quelque nombre qu'ils soient arrêtés.

VIII.

Veut pareillement Sa Majesté que tous cavaliers, dragons & soldats qui seront arrêtés désertant en pays étrangers, soient pendus & étranglés, en quelque nombre qu'ils soient, sans pouvoir être admis à tirer au sort, déclarant Sa Majesté que tous ceux qui feront arrêtés sur la frontiere à une demi-lieue de la place où leur Compagnie sera en garnison, marchant du côté du pays étranger, seront réputés déserter audit pays.

IX.

Defend Sa Majesté à tous Officiers de ses troupes de quelque caractere qu'ils soient, sous peine d'être cassés, de donner à l'avenir des congés, soit absolus ou pour un temps, quand même ce ne feroit que pour un jour, à aucun cavalier, dragon ou soldat de ses troupes sur du papier ordinaire ou sur leurs simples signatures, & auxdits cavaliers, dragons & soldats de s'en servir, à peine d'être punis comme déserteurs : veut Sa Majesté que tous congés, sans exception, soient écrits dans le blanc des cartouches imprimés qu'elle a fait adresser aux Majors & Aydes-Majors de ses Régimens d'infanterie, de cavalerie & de dragons, & scellés du timbre ou cachet qu'elle a fait faire pour chacun desdits Régimens, lequel restera toujours avec les exemplaires des cartouches imprimés ès mains desdits Majors & Aydes-Majors, & en leur absence aux Officiers chargés du détail.

X.

LESDITS congés seront signés par les Capitaines des Compagnies où seront engagés les soldats pour lesquels ils seront expédiés, par le Colonel, Mestre de Camp ou Commandant du Régiment, par le Major, Ayde-Major ou Officier chargé du détail, & lorsque lesdits Régimens ou Compagnies seront en garnison dans une place de guerre, ils seront visés par le Gouverneur ou Commandant.

XI.

ORDONNE Sa Majesté auxdits Majors, Aydes-Majors & Officiers chargés du détail, à peine d'être privés pour chaque omission d'un mois d'appointemens, d'enregistrer exactement sur un registre particulier tous les congés qui seront expédiés dans leurs Régimens, observant d'y marquer le jour de la date du congé, & le temps pour lequel il aura été expédié.

XII.

ORDONNE pareillement Sa Majesté auxdits Majors, Aydes-Majors & Officiers chargés du détail, de spécifier dans le corps desdits congés le pays, l'âge, la taille, la couleur des cheveux ou de la perruque, & les autres signes qui pourront faire reconnoître les soldats pour lesquels ils seront expédiés, de maniere qu'ils ne puissent servir pour d'autres que pour eux.

XIII.

XIII.

Défend très-expreſſément Sa Majeſté à tous Capitaines & autres Officiers de ſes troupes de débaucher, prendre ni admettre ſous quelque prétexte que ce puiſſe être dans leurs Compagnies aucun cavalier, dragon ou ſoldat de ceux qui étoient actuellement dans le ſervice audit jour premier du préſent mois, ſans qu'il leur ſoit apparu de leur congé dûement expédié en la forme ci-deſſus preſcrite, à peine d'être caſſés & privés de leurs charges, de tenir priſon pendant deux ans, de trois cens livres au profit du Capitaine auquel le cavalier, dragon ou ſoldat appartiendra, & de le faire conduire à leurs dépens à ſa Compagnie.

XIV.

Veut Sa Majeſté que quand même ils auroient enrôlé de bonne foi quelque déſerteur, ils ſoient tenus ſous les mêmes peines de le faire arrêter auſſi-tôt qu'ils l'auront reconnu pour tel, & d'en donner avis au Conſeil de la Guerre.

XV.

Tout Capitaine qui entrera en accommodement pour laiſſer un ſoldat déſerteur de ſa Compagnie dans une autre, ou pour retenir dans la ſienne un déſerteur d'une autre Compagnie, ſera pareillement caſſé, & le ſoldat, cavalier ou dragon, nonobſtant l'accommodement, ſera puni comme déſerteur.

XVI.

S'il arrive qu'un cavalier, dragon ou ſoldat reſté malade à l'Hôpital lorſque ſa Compagnie partira de la garniſon, ſe trouve par la ſuite paſſer en revûe dans une autre Compagnie, & qu'il produiſe lorſqu'il ſera reconnu un billet du Capitaine en la Compagnie duquel il ſe trouvera, portant qu'il n'y reſte qu'en attendant qu'il puiſſe rejoindre celle où il eſt enrôlé, le Conſeil de Guerre n'y aura aucun égard, ledit cavalier, dragon ou ſoldat ſera jugé

& puni comme déserteur, & le Capitaine qui aura signé ledit billet sera cassé sans remission, à moins que ledit billet n'ait été présenté avant la premiere revûe au Commissaire des guerres, & qu'il n'ait été par lui certifié, lequel Commissaire aura soin en ce cas d'en adresser copie dans les vingt-quatre heures au Conseil de la Guerre, afin qu'il puisse envoyer les ordres nécessaires audit cavalier, dragon ou soldat pour rejoindre son ancienne Compagnie.

XVII.

Tout cavalier, dragon ou soldat qui se sera absenté de la garnison ou du quartier sans congé expédié en la forme ci-dessus prescrite, ou qui ne s'y sera pas rendu quinze jours après l'expiration dudit congé, sera reputé déserteur, & le Capitaine sera obligé de le dénoncer au Conseil de la Guerre, à peine d'être cassé.

XVIII.

Tout soldat arrêté comme déserteur par son Officier, sera par lui remis dans les vingt-quatre heures au Conseil de Guerre, à peine à l'Officier qui l'aura arrêté ou fait arrêter, & qui n'aura pas requis le Gouverneur ou Commandant, si c'est dans une place, ou le Colonel, Mestre de Camp ou Officier Commandant dans le quartier, si c'est à la campagne, d'assembler ledit Conseil de guerre, d'être cassé de sa charge.

XIX.

Le Major de la place où la Compagnie sera en garnison, ou le Major ou Officier chargé du détail du Régiment lorsqu'il sera en campagne ou dans les Provinces, sera tenu de requérir le Commandant de faire assembler le Conseil de guerre pour juger les soldats déserteurs qui auront été conduits à la garnison ou au quartier du Régiment dont ils seront, si dans les vingt-quatre heures l'Officier Commandant la Compagnie dont sera le soldat déserteur, ne le fait pas juger, à peine auxdits Majors d'être cassés.

XX.

Toutes les fois qu'un déserteur aura été amené, soit dans une place, soit dans un quartier où les Régimens & Compagnie dont il est feront logés, lesdits Majors ou Officiers chargés du détail seront obligés d'en donner avis au Conseil de la Guerre, ainsi que des diligences qu'eux & le Capitaine de la Compagnie dont sera le déserteur auront faites pour sa punition, de ce que le Conseil de Guerre à sa réquisition ou à celle du Commandant aura ordonné contre le soldat, & de l'exécution qui aura été faite du jugement, à peine auxdits Majors & Officiers de cassation & privation de leurs charges.

XXI.

Defend très-expressément Sa Majesté à tous Gouverneurs ou Commandans dans les Provinces ou places où les troupes seront logées, de quelque caractere qu'ils soient, de surséoir l'exécution d'un jugement rendu, pour quelque cause & sous quelque prétexte que ce soit.

XXII.

Tout cavalier, dragon, soldat ou autre de quelque condition qu'il soit, qui se trouvera atteint & convaincu d'avoir débauché des soldats, cavaliers ou dragons pour leur faire abandonner le service, ou les aura induits à passer d'une Compagnie dans une autre, sera puni de mort sans remission.

XXIII.

Pour faciliter à l'avenir la recherche des déserteurs, & avoir une connoissance plus particuliere des cavaliers, dragons & soldats dont les Compagnies seront composées, il sera envoyé incessamment par le Conseil de la Guerre au Major ou Ayde-Major de chaque Régiment d'infanterie, de cavalerie & dragons un registre visé par ledit Conseil, sur lequel ils écriront Compagnie par Compagnie dans les colon-

G ij

nes marquées sur ledit regiſtre, les noms propres de famille & de guerre des ſergens, caporaux, anſpeſſades & ſoldats deſdites Compagnies, le lieu de leur naiſſance, l'Election, Bailliage, Sénéchauſſée ou Châtellenie dans le reſſort deſquels ledit lieu ſera ſitué, leur âge, leur taille, les marques qui peuvent ſervir à les faire reconnoître, & les dates de leur enrôlement, obſervant de les placer ſur ledit regiſtre ſuivant leur rang d'ancienneté dans leſdites Compagnies, ce qui ſera auſſi obſervé pour la cavalerie & les dragons, & les troupes étrangeres à la ſolde de Sa Majeſté.

XXIV.

Veut pour cet effet Sa Majeſté que dans le courant du mois d'Août prochain le Colonel ou Commandant de chaque Régiment faſſe ſucceſſivement aſſembler chez lui ou chez le Major, Ayde-Major ou Officier chargé du détail, toutes les Compagnies dont ledit Régiment ſera compoſé, & que ledit Major, Ayde-Major ou Officier chargé du détail prenne & reçoive les déclarations deſdits ſoldats, conformément à l'article précédent, enſorte que ledit regiſtre puiſſe être rempli au dernier jour dudit mois.

XXV.

Leſdits Majors & Aydes-Majors obſerveront de laiſſer ſix feuillets en blanc à la ſuite de l'enregiſtrement de chaque Compagnie, pour y inſcrire les ſoldats qui s'y enrôleront dans la ſuite.

XXVI.

Defend Sa Majeſté tant aux cavaliers, dragons & ſoldats qui ſont actuellement dans leſdites Compagnies, qu'à ceux qui s'y engageront ci-après, de déguiſer leur nom & le lieu de leur naiſſance, à peine de galeres perpétuelles.

XXVII.

Defend Sa Majeſté à tous Commiſſaires des guerres, à peine d'être caſſés & privés de leurs charges, de comprendre & paſſer dans leurs revûes aucun ſoldat de recrue qu'après en avoir vérifié l'enregistrement, auquel effet les Majors ou Officiers chargés du détail seront tenus de représenter leurs registres auxdits Commissaires toutes les fois qu'ils en seront requis.

XXVIII.

Ordonne Sa Majesté auxdits Majors, Aydes-Majors ou Officiers chargés du détail, de marquer régulierement sur leur registre à côté de chaque article les soldats qui seront morts ou qui auront déserté, & les jours desdites morts & désertions.

XXIX.

Ils enverront au Conseil de la Guerre, dans le 15 du mois de Septembre au plus tard, copie de toutes les déclarations qu'ils auront insérées dans ledit registre, & continueront de mois en mois d'y adresser pareillement copie de celles des soldats de recrue dans le même ordre qu'elles seront inscrites sur leur registre.

XXX.

Ils enverront pareillement tous les mois audit Conseil de la guerre un état de tous les cavaliers, dragons & soldats qui auront déserté ou qui seront morts pendant le mois, & observeront de marquer sur ledit état le signalement desdits morts ou déserteurs, conformément & dans les mêmes termes qu'ils auront été enregistrés.

XXXI.

Defend très-expressément Sa Majesté auxdits Majors d'employer sur ledit registre aucun nom de soldat supposé, à peine d'être cassés & d'un an de prison.

XXXII.

Le Conseil de la Guerre fera dresser des rôles signalés des déserteurs dont les états lui auront été envoyés, & adressera ces rôles aux Intendans des Provinces, aux Commandans des places, aux Commissaires des troupes, aux

Majors des Régimens & à tous les Prévôts des Maréchaux, lesquels seront tenus de faire des visites de mois en mois dans les lieux de la naissance desdits déserteurs.

XXXIII.

MANDE & ordonne Sa Majesté tant auxdits Prévôts, qu'aux Vice-Baillifs, Vice-Sénéchaux & autres Officiers de Robbe-Courte, même aux Gardes établis pour la conservation de la ferme des Gabelles & pour la garde des ponts, ports, péages & passages, & à tous autres ses Officiers & sujets de saisir & arrêter lesdits soldats déserteurs, de les conduire dans la prison royale du lieu, ou la plus prochaine, & d'en donner sur le champ avis audit Conseil de la Guerre, pour être par lui pourvû à la conduite desdits déserteurs.

XXXIV.

POUR dédommager lesdits Prévôts & autres des frais qu'ils pourront faire dans la recherche desdits déserteurs, veut Sa Majesté qu'il leur soit payé par ordre de l'Intendant du département dans lequel lesdits déserteurs auront été conduits & jugés, la somme de trente livres pour chacun de ceux qui auront été convaincus dudit crime de désertion dans le Royaume, & cent livres pour la capture de chacun de ceux désertant en pays étrangers, & que lesdites sommes leur soient remises par le Trésorier général de l'extraordinaire des guerres, ou son Commis sur les lieux, en lui fournissant leurs quittances, l'ordre dudit sieur Intendant & une expédition du jugement du Conseil de Guerre.

XXXV.

VEUT Sa Majesté que pareilles sommes soient payées en la même manière à tous Officiers de ses troupes, même aux sergens, soldats, cavaliers & dragons qui arrêteront des déserteurs, soit dans leur Compagnie ou autres.

XXXVI.

LORSQU'UN cavalier, dragon ou soldat dénoncera lors

de la revûe du Commiſſaire des guerres un déſerteur dans la Compagnie où il ſervira ou en d'autres Compagnies du même Régiment, le déſerteur dénoncé ſera mis en priſon à la réquiſition dudit Commiſſaire, pour être conduit au Régiment d'où il aura déſerté, & mis au Conſeil de Guerre; & en attendant le dénonciateur ſera mis en ſûreté, Sa Majeſté chargeant le Commandant du corps d'y pourvoir, & déclare que ledit Commandant ſera reſponſable des mauvais traitemens qui pourroient être faits au dénonciateur; & ſi le ſoldat, cavalier ou dragon dénoncé ſe trouve convaincu par le jugement qui interviendra du crime de déſertion, ledit Commiſſaire fera payer au dénonciateur la ſomme de cent livres par le Tréſorier des troupes étant ſur les lieux, dont la retenue ſera faite ſur les appointemens du Capitaine de la Compagnie en laquelle ledit déſerteur aura été arrêté, & il lui ſera en même temps expédié par les ſoins dudit Commiſſaire un congé abſolu en la forme ci-deſſus preſcrite pour ſe tirer où bon lui ſemblera; voulant en outre Sa Majeſté que ledit Capitaine ſoit mis en priſon juſqu'à ce que le Conſeil de la guerre informé des circonſtances de l'enrôlement, puiſſe décider s'il mérite une plus grande punition.

XXXVII.

S'IL arrive qu'un Prévôt ayant reconnu un déſerteur ne l'ait pas arrêté, ou que l'ayant arrêté il l'ait relâché, ſon procès lui ſera fait & parfait ſuivant la rigueur des Ordonnances, & cependant il ſera commis à ſa charge juſqu'à l'entier jugement du procès, pour être ladite charge confiſquée au profit de Sa Majeſté, au cas que ledit Prévôt ſe trouve convaincu de ce que deſſus, & le tiers du prix donné au dénonciateur.

XXXVIII.

LORSQUE leſdits Prévôts ne rencontreront point les déſerteurs dénoncés dans les lieux de leur naiſſance ou de leur demeure ordinaire, ils en dreſſeront leurs procès-verbaux & les enverront au Conſeil de la Guerre, à peine contre ceux qui y manqueront d'être privés de leurs gages & soldes, lesquels ne pourront pour cet effet leur être délivrés par les Receveurs généraux & particuliers du Taillon, ni la dépense passée dans leurs comptes, qu'en rapportant un certificat dudit Conseil de la Guerre, portant que lesdits Prévôts se seront bien & diligemment acquittés de ce qui leur est ci-dessus ordonné.

XXXIX.

Défend Sa Majesté aux habitans des villes, bourgs & villages, de favoriser en aucune maniere le passage des déserteurs, à peine de soixante livres d'amende pour chacun de ceux à l'occasion desquels on justifiera qu'ils auront donné les mains, applicable à l'Hôpital du lieu ou du plus voisin, au payement de laquelle amende les Maire & Echevins ou habitans ayant soin des affaires de la communauté, seront contraints solidairement & par corps, sauf leur recours contre ceux qui s'en trouveront coupables.

XL.

Et comme rien ne contribue davantage à la désertion que la facilité que les cavaliers, dragons & soldats ont trouvé par le passé à se déguiser en vendant ou trocquant leurs chevaux, habillemens, armes & équipages, Sa Majesté a défendu & défend très-expressément à tous ses sujets de quelque qualité & condition qu'ils soient, de les acheter, trocquer ou garder, à peine aux contrevenans de confiscation & de deux cens livres d'amende, payable sans remise ni déport, applicable moitié au Capitaine de la Compagnie à qui ils appartiendront, & moitié à l'Hôpital du lieu ou au plus prochain; & à l'égard des cavaliers, dragons ou soldats qui seront convaincus de les avoir vendus, veut Sa Majesté qu'ils soient condamnés aux galeres à perpétuité.

XLI.

Enjoint Sa Majesté à tous ses sujets de quelque qualité

lité & condition qu'ils soient, de donner aide, assistance & main-forte à ceux qui conduiront des déserteurs, à peine aux particuliers qui auront refusé de le faire, de punition exemplaire ; à ceux qui les auront retirés des mains des conducteurs, de la vie, & aux habitans des villes dans l'étendue & banlieue desquelles ladite violence aura été commise, de deux cens livres d'amende, payable solidairement par le corps de la communauté, applicable moitié aux Hôpitaux desdites Villes & lieux ou des plus prochains, & l'autre moitié aux conducteurs, des mains desquels lesdits déserteurs auront été retirés.

XLII.

Nul Capitaine & Officier ne pourra recevoir à l'avenir aucun soldat, cavalier & dragon, conditionnellement en sa Compagnie, s'il ne l'engage à y servir au moins six années, à peine à ceux qui leur auront promis en les enrôlant de leur donner congé avant six années, d'être cassés : veut Sa Majesté que tout cavalier, dragon & soldat soit tenu de servir pendant ledit temps de six années, enjoignant aux Commissaires des guerres de s'informer chacun dans leur département, des soldats de recrue de quelle maniere ils auront été enrôlés, & que s'il s'en trouve dont l'engagement soit moindre que pour six ans, ils ayent à interdire l'Officier qui les aura présentés & conduits à la garnison, dont ils informeront sur le champ le Conseil de la Guerre.

XLIII.

Les cavaliers, dragons & soldats qui en s'enrôlant auront pris un certificat du Capitaine, portant qu'ils ne se seront enrôlés que pour six ans, ne pourront sous ce prétexte quitter leur Compagnie à l'expiration de ce terme sans avoir obtenu sur ledit certificat un congé en la forme prescrite, à peine d'être traités comme déserteurs, & en cas de refus, ils en porteront leur plainte à l'Inspecteur lors de la revûe ; & à l'égard des soldats, cavaliers ou dragons étant actuellement dans les troupes au jour de la publication de la présente Ordonnance, & qui ne s'étoient engagés que pour un temps limité, Sa Majesté déclare qu'ils seront tenus de servir six ans, à compter de la date de la présente Ordonnance, à l'expiration desquelles six années il leur sera délivré un congé en la forme prescrite ci-dessus.

XLIV.

Defend Sa Majesté aux Capitaines & autres Officiers de promettre & donner aux soldats, cavaliers & dragons qu'ils enrôleront à l'avenir une solde plus forte que celle portée par ses Ordonnances, à peine d'être cassés.

XLV.

Veut Sa Majesté que lorsqu'un cavalier, dragon ou soldat après avoir servi six années dans la même Compagnie obtiendra son congé pour se retirer chez lui, son Capitaine soit tenu de lui laisser son habillement, son ceinturon, son épée & son linge, sans pouvoir rien lui déduire pour raison de ce ni pour ce qu'il lui avoit donné lors de son engagement, sans entrer dans aucun décompte.

XLVI.

Mande & ordonne Sa Majesté aux Gouverneurs & ses Lieutenans généraux en ses Provinces & armées, Intendans & Commissaires départis en icelles, Gouverneurs ou Commandans de ses villes & places, Inspecteurs de ses troupes, Colonels & Mestres de Camps d'infanterie, de cavalerie & de dragons, Commissaires ordinaires de ses guerres, Baillifs, Sénéchaux, Prévôt, Juges ou leurs Lieutenans, Maires & Echevins des Villes, & à tous autres ses Officiers & sujets, de tenir la main chacun à son égard à l'exécution de la présente Ordonnance, & de la faire publier & afficher par-tout où besoin sera, à ce qu'aucun n'en ignore : ordonne Sa Majesté auxdits Commissaires des guerres d'en faire la lecture tous les trois mois à la tête des troupes avant la revûe qu'ils en feront. Fait à Paris le deuxiéme jour de Juillet mil sept cent seize. Signé LOUIS. Et plus bas, Phelypeaux.

ARREST
DU CONSEIL D'ÉTAT
DU ROY,

PORTANT, *qu'il sera fait inventaire de toutes les marchandises qui composent le chargement des Vaisseaux la Paix, les deux Couronnes & le Lys-Brillac, venues des Indes Orientales.*

Du 23 Septembre 1716.

Extrait des Registres du Conseil d'Etat.

SUR la requête présentée au Roi étant en son Conseil par les Directeurs généraux de la Compagnie Royale des Indes Orientales, contenant qu'il est arrivé au Port-Louis les 4 Février & 17 Juillet 1716, les Vaisseaux la Paix, les deux Couronnes & le Lys-Brillac, venant des Ports de leurs concessions, chargés de poivre, salpêtre, bois de sapan, bois rouge, cauris, borax, laque plate ou en feuilles, toiles de coton blanches & mousselines, cravates brodées rayées d'or & unies, toiles peintes, teintes ou rayées de couleurs, mouchoirs de coton, armoisins, écorces d'arbres & autres, de toutes lesquelles marchandises, tant permises que prohibées, la vente doit être faite dans la ville de Nantes, après cependant que sur les mousselines & toiles de coton blanches sujettes à la marque, il aura été apposé celle qu'il plaira à Sa Majesté d'ordonner, à l'effet qu'il n'en soit débité aucune dans le Royau-

H ij

me que celles de ladite Compagnie ou de ceux qui font en fes droits, conformément aux Arrêts des 10, 24 Février & 13 Mars 1691, 11 Novembre 1700, Déclaration de Sa Majefté du 9 Mai 1702, & autres Arrêts & Réglemens rendus en conféquence concernant le commerce de ladite Compagnie, & notamment à ceux des 10 Décembre 1709, 11 Juin 1714, 4 Juin 1715, rendus en interprétation de celui du 27 Août 1709, 20 Janvier & 22 Février 1716, qui permettent à ladite Compagnie de vendre dans le Royaume des mouffelines & toiles de coton blanches apportées par les Vaiffeaux appartenant à ladite Compagnie, & à tous Négocians, Marchands & autres particuliers qui les auront achetées de ladite Compagnie, d'en faire débit & ufage, en payant feulement les droits d'entrée portés par le Tarif de 1664, pour les marchandifes qui y font dénommées & contenues, & trois pour cent de la valeur de celles qui n'y font pas comprifes, fuivant & conformément à l'article XLIV de l'Edit d'établiffement de ladite Compagnie, & Arrêts rendus en conféquence : & d'autant que par l'Arrêt du 28 Avril 1711, rendu pour empêcher l'introduction en fraude dans le Royaume des mouffelines & toiles de coton blanches qui proviennent du commerce des Etats voifins & étrangers, il a été entr'autres chofes ordonné qu'il feroit appofé à chacune des piéces qui fe trouveront chez les Marchands à Paris & dans les Provinces, qu'ils juftifieront provenir des prifes faites fur mer ou des ventes faites par la Compagnie des Indes Orientales, une marque pareille à l'empreinte étant au pied dudit Arrêt, laquelle feroit imprimée fur un morceau de parchemin, figné & paraphé par les fieurs Menager & Chauvin, que Sa Majefté avoit commis à cet effet, au lieu defquels les fieurs Heron & Moreau, Députés au Confeil de Commerce, avoient depuis été commis par Arrêts des 25 Août 1711 & 6 Février 1712, ce qui auroit été pareillement ordonné par autre Arrêt du 29 Mars 1712, par rapport aux piéces de mouffelines & toiles de coton blanches dont la vente fe fit alors, en fubftituant le fieur Piou au lieu & place du feu fieur Heron, & ajoutant que ladite marque pourroit n'être fignée que par l'un defdits fieurs Moreau & Piou feulement, au moyen de laquelle marque le plomb de la Compagnie attaché à ladite marque ayant été jugé fuffifant fans l'appofition du cachet, que le fieur Lieutenant général de Police à Paris, & les fieurs Intendans & Commiffaires départis dans les Provinces y faifoient appofer précédemment, il eft feulement prefcrit par ledit Arrêt que ladite marque en parchemin & ledit plomb de la Compagnie, feront appofés en préfence du Subdélégué ou autre qui fera commis par le fieur Ferrand, alors Commiffaire départi en la Province de Bretagne, en conféquence duquel Arrêt, celui du 28 Mai 1712 auroit difpenfé & déchargé les Marchands & Négocians du rapport defdites marques, ordonné par lefdits Arrêts des 28 Avril 1711 & 29 Mars 1712, & de l'obligation de marquer fur leurs regiftres les noms des particuliers auxquels ils auroient vendu des piéces entieres. A ces caufes, requéroient lefdits Directeurs de la Compagnie des Indes Orientales qu'il plût à Sa Majefté fur ce leur pourvoir : vû lefdits Arrêts des 27 Août 1709, 28 Avril & 25 Août 1711, 6 Février, 29 Mars & 28 Mai 1712, 11 Juin 1714, 4 Juin 1715, 20 Janvier & 22 Février 1716, Réglement du 24 Mars 1703 & autres Arrêts & Réglemens rendus fur le fait des marchandifes des Indes provenant de prifes & échouemens; oui le rapport, LE ROI ÉTANT EN SON CONSEIL, de l'avis de Monfieur le Duc d'Orléans, Régent, a ordonné & ordonne que par le fieur Feydeau, Confeiller en fes Confeils, Maître des Requêtes ordinaire de fon Hôtel, Commiffaire départi en la Province de Bretagne, ou par celui qu'il fubdéleguera à cet effet, il fera fait inventaire de toutes les marchandifes qui compofent le chargement defdits Vaiffeaux la Paix, les deux Couronnes & le Lys-Brillac, lequel inventaire fera divifé en trois chapitres, dont le premier comprendra les marchandifes fujettes à la marque, comme mouffelines & toiles de coton blanches : le fecond les drogueries & épiceries; fçavoir, poivre, falpêtre, bois

H iij

de sapan, bois rouge, cauris, borax, laque plate en feuilles ; & le troisième chapitre sera composé des toiles peintes, teintes ou rayées de couleurs, mouchoirs de coton & autres armoisins, écorces d'arbres & autres espéces d'étoffes dont l'usage & le debit sont prohibés dans le Royaume, & qui, quoique chargées sur les Vaisseaux de la Compagnie des Indes, ne peuvent y être vendues qu'à condition qu'elles seront renvoyées à l'étranger : ordonne aussi Sa Majesté que toutes lesdites piéces de mousselines & toiles de coton blanches spécifiées par le premier chapitre dudit inventaire, seront marquées aux deux bouts de chaque piéce d'une marque pareille à l'empreinte étant au pied dudit Arrêt du 28 Avril 1711, imprimée sur un morceau de parchemin, signée par les sieurs Moreau, Piou, Philippes, Godeu & Mouchard, Députés au Conseil de Commerce, ou par les sieurs Demouhets, Secrétaire de ladite Compagnie des Indes, & Boivin d'Hardancourt, intéressé dans ledit commerce, que Sa Majesté a commis & commet pour cet effet, ou par l'un d'eux seulement, laquelle marque sera attachée au chef & à la queue de chaque piéce avec le plomb de ladite Compagnie, en présence dudit sieur Subdélegué ou autre qui sera commis par ledit sieur Feydeau, sans que lesdits Marchands ou Négocians puissent être tenus de rapporter lesdites marques ni de faire mention sur leurs regîtres des noms de ceux auxquels ils pourront vendre des piéces entieres, à condition néanmoins que les Marchands & Négocians seront tenus de faire immédiatement après chaque vente publique une déclaration expresse de la quantité desdites toiles de coton blanches & mousselines qu'ils auront achetées, lesquelles déclarations seront faites à Paris audit sieur Lieutenant général de Police ou à celui qu'il commettra, & dans les Provinces auxdits sieurs Intendans & Commissaires départis, ou aux personnes qui seront par eux commises, lesquelles déclarations seront insérées dans un regître particulier, paraphé par ceux qui les recevront, dans lequel regître lesdites marchandises seront spécifiées par autant de chapitres diſtincts & ſéparés qu'il y aura de déclarans, ſans que leſdits Marchands de la ville de Paris, détailleurs ou autres puiſſent tirer des Provinces aucunes mouſſelines & toiles de coton blanches, même de celles marquées de la marque deſdits ſieurs Intendans & Commiſſaires départis, s'ils n'en ont obtenu dudit ſieur Lieutenant général de Police une permiſſion expreſſe : ordonne Sa Majeſté qu'après l'appoſition deſdites marques ſur leſdites piéces de mouſſelines & toiles de coton blanches, toutes les marchandiſes venues des Indes ſur leſdits Vaiſſeaux ſeront vendues en la ville de Nantes en la maniere accoutumée, en payant les droits d'entrée conformément au Tarif de 1664, à l'article XLIV de l'Edit du mois d'Août de la même année, & aux Arrêts des 29 Avril & 22 Novembre 1692, & 2 Novembre 1700, à l'exception néanmoins des toiles peintes & rayées de couleurs, mouchoirs de coton & autres armoiſins, écorces d'arbres & autres ſortes d'étoffes provenant des Indes, à l'égard deſquelles ſeront obſervés les formalités preſcrites par l'Arrêt de Réglement du 24 Mars 1703, intervenu pour raiſon des marchandiſes qui proviennent d'échouemens & des priſes faites ou à faire ſur les ennemis de l'Etat, & autres Arrêts rendus en conſéquence, & que la vente & adjudication n'en pourra être faite qu'à condition qu'elles ſeront envoyées à l'étranger par les adjudicataires dans la forme pour les pays étrangers, & avec les mêmes précautions preſcrites par l'article VII de l'Arrêt du 11 Juin 1714 : ordonne encore Sa Majeſté, conformément à l'article VIII de l'Arrêt du 20 Janvier de la préſente année, que les toiles de coton blanches & mouſſelines ne pourront être vendues dans aucunes Villes juſqu'à ce qu'il y ait été appoſé une ſeconde marque au chef & à la queue; ſçavoir, à Paris par le ſieur Lieutenant général de Police, qui pourra même numéroter & parapher chacune des marques en parchemin, s'il le juge à propos, ou par les Commiſſaires du Châtelet, les Inſpecteurs de Police ou telles autres perſonnes qu'il voudra commettre, & dans les Provinces par les ſieurs Intendans & Commiſfaires départis, ou leurs Subdélegués ; en forte que les mouffelines & toiles de coton blanches, foit en piéces, foit en coupon, qui fe trouveront fans lefdites premieres ou fecondes marques, feront réputées en contravention, confifquées comme telles, & ceux qui s'en trouveront faifis condamnés aux amendes & autres peines fpécifiées par les Arrêts des 20 Janvier & 22 Février 1716, qui feront exécutés felon leur forme & teneur : veut Sa Majefté qu'à la réquifition des Directeurs de la Compagnie des Indes, foit fait une vifite defdites marchandifes des Indes qui fe trouveront chez lefdits Marchands, Négocians & tous autres de quelque qualité & condition qu'ils puiffent être, même qu'il leur foit permis de faire faifir celles qui ne feront point marquées des marques prefcrites par les Arrêts ci-deffus datés : & Sa Majefté voulant affurer de plus en plus l'exécution defdits Arrêts dans la ville de Paris, & favorifer le débit des Marchands, qui font un commerce loyal defdites marchandifes, lequel eft fouvent dérangé par les fraudeurs & colporteurs inconnus, même empêcher que les détailleurs & détailleufes qui s'excufent ordinairement des contraventions qu'on leur impute, par le peu de connoiffance qu'ils difent avoir des véritables marques, ne puiffent être trompés, fait très-expreffes inhibitions & défenfes, fous peine de trois mille livres d'amende, à tous détailleurs & détailleufes qui employent lefdites mouffelines & toiles de coton blanches, de n'acheter aucunes piéces que des Marchands connus & domiciliés, fauf à elles, pour plus grande fûreté, à obliger lefdits Marchands de figner leur nom au dos de chaque marque en parchemin qui fera appofée fur les piéces vendues, pour y avoir recours en cas de befoin : enjoint Sa Majefté au fieur d'Argenfon, Confeiller d'Etat ordinaire, Lieutenant général de Police de la ville de Paris, & aux fieurs Intendans & Commiffaires départis dans les Provinces & Généralités du Royaume, de tenir la main à l'exécution du préfent Arrêt, qui fera lû, publié & affiché par-tout où befoin fera, & exécuté nonobftant toutes oppofitions

ou

ou appellations quelconques, pour lesquelles il ne sera différé. Fait au Conseil d'Etat du Roi, Sa Majesté y étant, tenu à Paris le vingt-troisiéme jour du mois de Septembre mil sept cent seize. *Signé* Phelypeaux.

Louis, par la grace de Dieu, Roi de France et de Navarre, à notre amé & féal le sieur d'Argenson, Conseiller d'Etat ordinaire en nos Conseils d'Etat, & Lieutenant général de Police de notre bonne ville de Paris, & à nos amés & féaux Conseillers en nos Conseils les sieurs Intendans & Commissaires départis pour l'exécution de nos ordres dans les Provinces de notre Royaume : Salut. Nous vous mandons & ordonnons par ces Présentes, signées de notre main, que l'Arrêt dont l'extrait est ci-attaché sous le contre-scel de notre Chancellerie, ce jourd'hui rendu en notre Conseil d'Etat, nous y étant, concernant la vente qui se doit faire à Nantes du chargement des Vaisseaux la Paix, les deux Couronnes & le Lys-Brillac, venant des Ports de la concession de la Compagnie des Indes Orientales, vous ayez à exécuter & faire exécuter selon sa forme & teneur, de ce vous donnons pouvoir, commission & mandement spécial : commandons au premier notre Huissier ou Sergent sur ce requis de signifier ledit Arrêt à tous ceux qu'il appartiendra, à ce qu'ils n'en ignorent, & de faire en outre pour son entiere exécution tous exploits, sommations & autres actes de Justice que besoin sera, sans pour ce demander autre permission : car tel est notre plaisir. Donné à Paris le vingt-troisiéme jour de Septembre l'an de grace mil sept cent seize, & de notre regne le deuxiéme. *Signé* LOUIS. *Et plus bas*; par le Roi, le Duc d'Orléans Régent présent, Phelypeaux. Scellé du grand Sceau de cire jaune, & contre-scellé.

Paul-Esprit Feydeau, Chevalier, Seigneur de Brou, la Ville-Neuve, aux Aulnes, Calandes, le Chariot & autres lieux, Conseiller du Roi en tous ses Conseils, Maître des Requêtes ordinaire de son Hôtel, Commissaire départi pour l'exécution des ordres de Sa Majesté en la Province de Bretagne : Vû le présent Arrêt, nous ordonnons qu'il sera exécuté selon sa forme & teneur, & qu'à cet effet il sera par le sieur Mellier, notre Subdélegué à Nantes, que nous avons commis à cet effet, procédé à l'inventaire des marchandises qui composent le chargement des navires la Paix, les deux Couronnes & le Lys-Brillac, & faire généralement tout ce qui concerne l'exécution dudit Arrêt. Fait à Rennes ce quinze Octobre mil sept cent seize. *Signé* FEYDEAU. *Et plus bas*, Par Monseigneur.

Gerard Mellier, Conseiller du Roi, Trésorier de France général des Finances en Bretagne, Commissaire & Subdélegué de M. l'Intendant de ladite Province : Vû l'Arrêt du Conseil ci-dessus, & Ordonnances des 23 Septembre & 15 Octobre 1716, nous ordonnons que lesdits Arrêt du Conseil & Ordonnances seront exécutés selon leur forme & teneur, lûs, publiés & affichés où il appartiendra, à ce qu'aucun n'en ignore. Fait à Nantes le vingt-quatre Juillet mil sept cent dix-neuf. *Signé* MELLIER.

Traité entre la Compagnie & Messieurs de saint Malo.

Du 23 Décembre 1716.

LA situation des affaire de la Compagnie ne lui permettant pas de faire les avances nécessaires pour le dixiéme d'intérêt qu'elle s'est reservé dans le commerce des Indes, qui doit être fait par Messieurs les Négocians de saint Malo, en exécution du traité du 5 Décembre 1714, la Compagnie en sera & demeurera bien & duement déchargée sans que lesdits sieurs Négocians puissent former aucune prétention contre elle pour raison de ce dixiéme, auquel elle renonce formellement, & que lesdits Négocians consentent de reprendre pour le comte de leur société.

Et attendu qu'il y a actuellement dans le Royaume une très-grande quantité de marchandises des Indes sans aucun débit à cause du dérangement du commerce, la Compagnie décharge lesdits sieurs Négocians de saint Malo de l'article VI du traité du 5 Décembre 1714 par lequel ils se sont engagés de rapporter des Indes pendant le cours du privilége, au moins pour deux millions de marchandises d'achat aux Indes chaque année, la Compagnie consentant que lesdits sieurs Négocians fassent le commerce des Indes pendant le temps de dix années comme ils le jugeront à propos, soit pour la quantité de navires qu'ils voudront envoyer, soit pour la valeur des achats, ou soit pour le temps des envois, de maniere que ledit article VI demeurera nul & résolu, comme s'il n'avoit point été stipulé par le traité.

La Compagnie renonce encore à l'article V dudit traité par lequel lesdits sieurs Négocians se sont engagés de lui prêter douze cens mille livres, pour payer des créanciers à Pondichery, Bengale & autres comptoirs des Indes, sur laquelle somme de douze cens mille livres, lesdits sieurs

Négocians ont déja prêté à notre Compagnie celle de deux cens mille livres, qui a été portée aux Indes dans les Vaisseaux les deux Couronnes & le Lys dans leur dernier voyage, & qui ont été employées suivant nos ordres au payement de nos dettes aux Indes. Pourquoi nous nous obligeons de rechef de payer auxdits sieurs Négocians le principal desdites deux cens mille livres avec les intérêts & les primes des assurances encore dues suivant & aux fins du traité passé entre lesdits Négocians & nous, le 5 Décembre 1714, la Compagnie se chargeant au surplus de pourvoir au payement de ses dettes comme elle le jugera à propos.

Et sur ce que lesdits Négocians prétendent qu'au préjudice des Articles VI des traités du 22 Avril 1709, VII de celui du 22 Juillet 1712, & VIII de celui du 5 Décembre 1714 les Chefs, Gouverneurs, Directeurs & autres employés dans les comptoirs des Indes ont reçu au profit de la Compagnie quelques présens des Marchands qui ont fourni les marchandises chargées sur les Vaisseaux Malouins que l'on dit monter à quatre pour cent de leur livraison, ce qui est formellement contre la disposition des susdits articles; la Compagnie consent que Messieurs de saint Malo se remboursent sur ce qu'ils auront à lui payer pour le dixiéme des retours de toutes les sommes qui auront été reçues induement à Pondichery pour ces quatre pour cent de présent suivant les certificats des Commis qui seront rapportés au moyen de quoi elle sera déchargée du double stipulé par les susdits articles des traités, & ce sans tirer à conséquence pour l'avenir, la Compagnie se soumettant de payer le double en cas de récidive comme il est stipulé par lesdits traités ; & en attendant que lesdits sieurs Négocians puissent se rembourser de la somme qui sera prouvée leur être due, les intérêts en courront à raison de cinq pour cent à commencer du jour de la date des Présentes.

La Compagnie de son côté renonce à toutes ses prétentions sur lesdits Négocians au sujet du paravana qu'elle a obtenu à Bengale, par lesquels les droits de Douane lui sont diminués d'un & demi pour cent dont le bénéfice tourne entiérement au profit defdits fieurs Négocians, les frais faits & à faire au fujet dudit paravana & du firman étant en entier à fa charge, ainfi qu'il eft ftipulé par l'article XXVI du traité du 5 Décembre 1714.

Et comme la Compagnie veut faire abfolument ceffer tous fujets de plainte de la part de Meffieurs de faint Malo, elle donnera fes ordres par les premiers Vaiffeaux pour que ces préfens ne foient plus reçus à l'avenir, à peine par les Chefs, Directeurs & autres Employés dans fes comptoirs d'en être garants & refponfables en leurs propres & privés noms envers la Compagnie, de même qu'elle l'eft envers lefdits fieurs Négocians, & d'être deftitués de leurs emplois.

Et attendu qu'il eft libre à Meffieurs les Négocians de faint Malo de faire le commerce des Indes dans les temps & de la maniere qu'ils le jugeront à propos & que cette faculté eft contraire à l'article X du traité du 5 Décembre 1714, par lefquels Meffieurs de faint Malo font obligés d'envoyer chaque année les fecours néceffaires pour la fubfiftance de la Colonie & culture de l'Ifle de Bourbon, Meffieurs de S. Malo confentiront que la Compagnie envoye, fi bon lui femble, dans le cours de toutes les années reftantes dudit privilége un navire tous les ans à l'Ifle de Bourbon, fans pouvoir donner de permiffion pour l'envoy dudit navire à qui que ce foit, ni fous quelque prétexte que ce puiffe être, à peine de confifcation dudit navire & de fa cargaifon au profit defdits fieurs Négocians de faint Malo, & à la charge & fous les mêmes peines que ledit navire ne pourra pénétrer dans l'Inde plus de deux dégrés au-delà de l'Ifle Maurice tirant au Nord, & ne pourra rapporter aucunes autres marchandifes fans exception que celles du crû de l'Ifle, la vente defquelles marchandifes ne pourra être faite en France qu'en préfence d'un defdits fieurs Négocians, & fur le montant de laquelle vente lefdits fieurs auront le dixiéme fans aucune déduction comme ils le payent eux-même à la Compagnie fur le produit de leurs ventes, au moyen de quoi lesdits sieurs Négocians demeureront déchargés de l'obligation à laquelle ils sont assujettis par ledit article X dudit traité, & cependant leur sera libre de faire leurs relâches dans ladite Isle, en allant ou revenant des Indes & d'y prendre ce qu'ils jugeront à propos pour les besoins de leurs Vaisseaux.

A l'égard des autres articles du traité ils seront exécutés selon leur forme & teneur.

Fait & arrêté à Paris au Bureau général de ladite Compagnie des Indes Orientales ledit jour 23 Décembre 1716. *Signé* SOULET, DESVIEUX, LE FÉBVRE, MOUFLE, DE CHAMILLY, FOUCHEROLE *&* SANDRIER.

JE soussigné l'un des Directeurs de la Compagnie établie à saint Malo pour le commerce des Indes Orientales ratifie & approuve la délibération ci-dessus, & promets de la faire ratifier par les autres Directeurs à saint Malo, lesquels s'obligeront comme moi à l'entiere exécution de ladite délibération. Fait à Paris ledit jour 23 Décembre 1716, le tout à peine de nullité & de tous dépens, dommages & intérêts au profit de la Compagnie de Paris. *Signé* CROZAT.

Nous soussignés Directeurs de la Compagnie de saint Malo pour le commerce des Indes Orientales, après avoir pris communication de la délibération dont copie est ci-dessus, en consentons l'accomplissement, & promettons de l'exécuter dans toute sa forme & teneur, parce qu'en cas de guerre (que Dieu ne veuille,) si les Vaisseaux que la Compagnie des Indes de Paris enverra pour son compte à l'Isle de Bourbon font quelques prises sur les ennemis de l'Etat, elle nous payera cinq pour cent sur le montant desdites prises, sans préjudice du dixiéme appartenant à M. l'Amiral, en la même maniere & conformité que nous sommes obligés de les payer à ladite Compagnie suivant l'article II du traité du 5 Décembre 1714, au moyen dequoi nous nous desistons de la sommation que nous avons fait faire à ladite Compagnie le 26 Septembre dernier par

Rouhault, Huissier. Fait à saint Malo le 10 Janvier 1717. *Signé* LASAUDRE LE FER, &c.

Nous soussignés Directeurs de la Compagnie des Indes promettons à Messieurs de saint Malo, au cas que les Vaisseaux que nous enverrons à l'Isle de Bourbon en temps de guerre fassent des prises, de payer auxdits sieurs cinq pour cent du montant desdites prises, de la même maniere qu'ils nous le doivent payer en pareil cas pour les Vaisseaux qui iront aux Indes, la présente clause ayant été omise dans la délibération ci-dessus. A Paris le 16 Janvier 1717. *Signé* CHAMPIGNY, &c.

La Compagnie des Indes Orientales étant dans une obligation indispensable de faire subsister la garnison de Pondichery, d'entretenir les comptoirs qu'elle a dans les Indes, & de suppléer à ce qui s'en faudra que les revenus ne suffisent à cette dépense, Messieurs de saint Malo s'obligent de prêter chaque année à la Compagnie jusqu'à la concurrence de dix mille piastres, si elle en a besoin, lesquelles seront chargées, & portées sans frêt dans l'Inde par leurs Vaisseaux pour y être distribuées suivant les ordres de la Compagnie, & non autrement, desquelles dix mille piastres la Compagnie courra les risques du passage de France aux Indes, & dont lesdits sieurs Négocians se rembourseront sur le produit du dixiéme des ventes, ensemble des intérêts à raison de cinq pour cent, à compter du jour de l'embarquement jusqu'à celui du remboursement: si le profit du dixiéme ne suffisoit pas pour rembourser lesdits sieurs Négocians, la Compagnie sera obligée de parfaire ce qui s'en manquera.

Fait double à Paris le 23 Décembre 1716, celui-ci pour Messieurs de la Compagnie de Paris, signé à saint Malo le 19 Janvier 1717. *Signé* LASAUDRE LE FER, &c.

ARREST
DU CONSEIL D'ÉTAT
DU ROY,

QUI ordonne que les Chinois, qui se prétendent propriétaires du Vaisseau la Cloche, justifieront dans six mois de leur propriété.

Du 22 Février 1717.

Extrait des Regiſtres du Conſeil d'Etat.

LE Roi étant informé que le ſieur Bouynot, commandant les Vaiſſeaux le ſaint Louis & le François, armés par les ſieurs Crozat, Dumoulin & Delaye, ayant rencontré au mois de Juin 1713 à la hauteur des Iſles de Poulaor, faiſant la courſe ſur les ennemis de l'Etat un Vaiſſeau nommé la Cloche de conſtruction Hollandoiſe, & portant pavillon de cette Nation, ſorti de Batavia, où il avoit été équipé & chargé, muni d'un paſſeport du Gouverneur général de cette Ville, pour aller dudit lieu à Canton, & retourner à Batavia, ledit ſieur Bouynot auroit jugé à propos de l'arrêter, d'autant plus qu'il n'étoit porteur d'aucun paſſeport de l'Empereur de la Chine, & n'avoit point de banniere Chinoiſe ; que d'ailleurs le Contre-Maître, & une partie de l'équipage ſe ſeroient déclarés Hollandois ou Portugais, à l'exception du nommé Gonies Polqua, qui ſe dit Capitaine & Chinois d'origine, mais qui eſt domicilié

micilié & établi à Batavia ; ledit Bouynot auroit conduit la prife à Manilles pour s'en faire adjuger la confifcation, & les Officiers Espagnols auroient fait une ample information de laquelle ils lui auroient délivré des expéditions, qui prouvent fuffifamment que ledit Vaiffeau & fa cargaifon appartiennent aux Hollandois, fuivant les déclarations de l'équipage, & autres preuves mentionnées en ladite procédure, laiffant la liberté audit Bouynot de conduire fa prife où bon lui fembleroit, fans rendre aucun jugement ; fur quoi il prit le parti de l'envoyer en France fous la conduite du fieur de la Roche Auger, lequel fut obligé de relâcher au Cap faint Domingue, où les Officiers de l'Amirauté, après une ample inftruction auroient déclaré de bonne prife, par Jugement du 20 Mai 1715, ledit Vaiffeau la Cloche, fes agrès, apparaux & marchandifes, comme ayant été pris fous pavillon Hollandois ; ledit Vaiffeau étant enfuite arrivé en France, il fut fait une nouvelle procédure, fur laquelle & fur les précédentes rapportées au Confeil des prifes, feroit intervenu un Jugement du 23 Octobre 1715, portant confifcation dudit Vaiffeau, des marchandifes & effets de fon chargement ; en conféquence les Armateurs dudit Bouynot avoient procédé à la vente defdits effets. Mais depuis Sa Majefté s'étant fait repréfenter les lettres écrites de Pondichery par le fieur Dulivier, Gouverneur & Préfident du Confeil fupérieur dudit lieu des mois de Juillet 1714, & Février 1715, contenant qu'il y étoit arrivé deux Capitaines Chinois porteurs de procurations, pour reclamer un Vaiffeau de cette Nation, pris par ledit Bouynot en Juin 1713, fortant de Batavia ; comme auffi pour demander fatisfaction de prétendus pillages faits par ledit fieur Bouynot, environ le même tems fur un petit Bâtiment Chinois, pour raifon de quoi ces deux Capitaines avoient préfenté requête au Confeil fupérieur, tendante à ce que les plaintes qu'ils faifoient contre ledit Bouynot fuffent examinées fur les piéces juftificatives, & que lefdits Vaiffeaux, marchandifes & argent pris & pillés par lui fuffent reftitués, ce qui avoit donné lieu à une délibération des Officiers du Conseil de Pondichery du 25 Février 1715, portant que lesdits Capitaines Chinois, peu informés des manieres de procéder & de ce qui s'observe en France en pareille occasion, n'ont rapporté pour toutes preuves que des pouvoirs pour solliciter, & des lettres de recommandation, avec deux simples copies de factures, ce qui auroit mérité qu'on leur eût donné un acte simple de leur demande sans décision autre que de se pourvoir en France, ainsi que la matiere s'y trouvoit disposée; que néanmoins pour trouver un expédient de les renvoyer en attendant une plus ample information, & des ordres de Sa Majesté, ledit Conseil auroit jugé à propos de prononcer un Arrêt le 26 Février 1715, par lequel il auroit déclaré lesdits Vaisseaux mal & injustement pris, arrêtés & pillés, & qu'ils doivent être restitués avec pleine & entiere satisfaction de la perte & des dommages soufferts par lesdits Chinois, condamnant aux dépens, dommages & intérêts ledit Bouynot, ses héritiers solidairement, avec les Intéressés en l'armement desdits Vaisseaux le saint Louis & le François; & attendu que lesdits deux Capitaines Chinois n'ont rapporté aucunes piéces qui puissent servir à prouver la propriété du Vaisseau qu'ils reclament, aussi bien que les effets qu'ils prétendent avoir été pillés sur un autre bâtiment, ni détruire les preuves qui ont servi de fondement au jugement de confiscation du Conseil des prises; & Sa Majesté voulant rendre justice, tant aux Chinois reclamateurs qu'aux Armateurs; oui le rapport, & tout considéré : SA MAJESTÉ ÉTANT EN SON CONSEIL, de l'avis de M. le Duc d'Orléans, Régent, a ordonné & ordonne, que lesdits Chinois qui se prétendent propriétaires seront tenus de justifier dans six mois, à compter du jour de la signification du présent Arrêt, la propriété dudit bâtiment la Cloche de fabrique Hollandoise par le contrat de vente qui a dû être fait auxdits Chinois devant les Officiers publics; qu'ils prouveront aussi par des piéces authentiques non suspectes & antérieures à ladite prise, que le Capitaine &

l'équipage étoient Chinois, & avoient leur domicile à la Chine lorsqu'ils ont été pris, & rapporteront toutes les autres preuves nécessaires pour justifier que la cargaison étoit pour leur compte, qu'ils justifieront de même que l'argent ou les marchandises enlevées sur un autre Vaisseau Chinois leur appartenoient, & qu'il n'y a point de collusion entre eux & les Hollandois, lesquels actes & piéces seront vérifiés sur les lieux en présence du porteur de procuration desdits Armateurs, & remis au Conseil supérieur de Pondichery, pour être traduites, examinées & renvoyées à Sa Majesté, pour être fait droit ainsi qu'il appartiendra ; ordonne Sa Majesté, que les Armateurs des Vaisseaux le saint Louis & le François, fourniront bonne & suffisante caution, qui sera reçue par le Lieutenant général de la Table de Marbre à Paris, pour sûreté de la restitution dudit bâtiment la Cloche, des marchandises de son chargement, & des autres effets prétendus pillés, sur un autre navire Chinois, au cas que Sa Majesté juge à propos d'en accorder la main-levée ; & que la Compagnie des Indes donnera pareillement caution pour la restitution du dixiéme qui lui appartient sur les marchandises & effets desdites prises. FAIT au Conseil d'Etat du Roi, tenu à Paris le vingt-deuxiéme jour de Février mil sept cent dix-sept. *Signé* PHELYPEAUX.

LOUIS, PAR LA GRACE DE DIEU, ROI DE FRANCE ET DE NAVARRE, au premier notre Huissier ou Sergent sur ce requis. Nous te commandons par ces Présentes signées de notre main, de signifier à tous qu'il appartiendra l'Arrêt, dont l'extrait est ci-attaché sous le contre-scel de notre Chancellerie, ce jourd'hui rendu en notre Conseil d'Etat, nous y étant, au sujet d'une saisie faite du Vaisseau nommé la Cloche par les Navires le saint Louis & le François dans les mers des Indes, de ce te donnons pouvoir, commission & mandement spécial, & de faire en outre pour l'entiere exécution dudit Arrêt, tous exploits & actes de justice que besoin sera, sans pour ce demander d'autre permission ; car tel est notre plaisir. Donné à Paris le vingt-deuxiéme jour de Février, l'an de grace mil sept cent dix-sept, & de notre regne le deuxiéme. *Signé* LOUIS. *Et plus bas ;* Par le Roi, le Duc d'Orleans présent. *Signé* PHELYPEAUX.

ARREST
DU CONSEIL D'ÉTAT
DU ROY,

QUI defend aux Directeurs de la Compagnie de permettre les Pacotilles.

Du 22 Février 1717.

Extrait des Regiſtres du Conſeil d'Etat.

LE Roi étant informé que par contravention aux Ordonnances & Réglemens rendus concernant le commerce des Indes Orientales, & aux permiſſions qui ont été ci-devant accordées aux Officiers majors & Officiers mariniers, matelots, paſſagers, volontaires & autres qui s'embarquent ſur les Vaiſſeaux deſtinés pour les voyages des Indes Orientales, de porter entr'eux juſqu'à quinze mille livres ſeulement ſur chacun Vaiſſeau, ſous la condition que les retours en marchandiſes des Indes ſeroient vendues avec les cargaiſons des Vaiſſeaux, ces mêmes Officiers majors, mariniers, matelots, commis & autres gens des équipages, plus attentifs à leur profit particulier qu'aux défenſes expreſſes de Sa Majeſté & aux engagemens qu'ils avoient contractés, n'ont pas laiſſé d'embarquer en France des ſommes plus conſidérables que ne portoient leurs permiſſions, dont ils ont fait les retours en toiles de coton blanches, mouſſelines & autres marchandiſes prohibées qu'ils ont débarquées frauduleuſement dans les Ports du Royaume, ce qui ruine entierement le privilége exclusif de la Compagnie; à quoi étant néceſſaire de pourvoir, SA MAJESTÉ ETANT EN SON CONSEIL, de l'avis de M. le Duc d'Orleans ſon oncle, a fait très-expreſſes inhibitions & défenſes à tous les Directeurs de la Compagnie des Indes Orientales de donner à l'avenir aucune permiſſion aux Officiers majors, mariniers, commis, matelots, paſſagers, volontaires & autres perſonnes de quelque qualité & condition qu'ils puiſſent être, qui s'embarqueront ſur les Vaiſſeaux deſtinés pour les Indes Orientales, de rapporter aucunes marchandiſes provenant des pays de leur conceſſion, à peine d'en répondre par leſdits Directeurs en leurs propres & privés noms: fait auſſi Sa Majeſté très-expreſſes inhibitions & défenſes auxdits Officiers majors, mariniers, commis, matelots, paſſagers, volontaires & autres de quelque qualité & condition qu'ils ſoient, de porter aux Indes aucunes marchandiſes, or, argent ni autres de quelque nature qu'elles puiſſent être, directement ni indirectement, ſoit pour leur compte ou pour celui des particuliers, ni de rapporter deſdites Indes aucunes ſortes de marchandiſes, drogueries, épiceries ni aucunes pierreries, ſi ce n'eſt pour le compte de la Compagnie des Indes, à peine contre les Officiers majors d'être privés de tous appointemens, ſalaires, gratifications & autres ſommes qui pourroient leur être dûes, & de trois mille livres d'amende, le tout au profit des Intéreſſés en la Compagnie des Indes, & d'être déclarés incapables de commander, & contre les Officiers mariniers & matelots de privation auſſi de leurs ſalaires pendant la campagne, & de confiſcation deſdites marchandiſes, drogues, épiceries & pierreries, leſquelles ſeront vendues conjointement avec celles de la Compagnie en la maniere ordinaire & accoutumée, dont la moitié du net produit ſera applicable au profit des Intéreſſés en la Compagnie des Indes, & l'autre moitié aux Hôpitaux de la ville de ſaint Malo, ſans que leſdites peines puiſſent être reputées comminatoires, à l'effet de quoi Sa Majeſté attribue aux Juges des Amirautés des Ports du Royaume où leſdits

Vaisseaux feront leurs retours toute Jurisdiction & connoissance pour ce nécessaires, & icelles interdit à tous autres Juges : fait pareillement Sa Majesté très-expresses inhibitions & défenses aux Capitaines & Officiers des navires de laisser débarquer ni débarquer eux-mêmes à l'arrivée des Vaisseaux dans les Ports du Royaume, aucunes marchandises, drogueries, épiceries & pierreries, même les coffres des équipages, qu'en présence & du consentement d'un des Directeurs de la Compagnie des Indes Orientales de la ville de saint Malo, ou d'une personne par eux préposée ; & au cas que lesdits Capitaines se trouvassent dans la nécessité de faire relâcher leurs Vaisseaux dans quelques Ports avant que d'arriver aux côtes de France, Sa Majesté leur défend très-expressément de débarquer ni laisser débarquer aucunes marchandises & effets, sous les mêmes peines ci-dessus spécifiées : enjoint Sa Majesté aux Juges & Officiers de l'Amirauté de saint Malo, de Vannes & autres, de tenir la main à l'exécution du présent Arrêt, qui sera lû, publié & affiché par-tout où besoin sera, même au grand mât de chaque Vaisseau avant leur départ pour les Indes : enjoint pareillement Sa Majesté au Gouverneur de Pondichery, Directeurs & Chefs des comptoirs de la Compagnie dans les Indes Orientales, de tenir très-exactement la main & d'empêcher qu'il ne soit fait aucune vente de marchandises de France, ni aucun achat de marchandises dans les Indes, tant blanches que prohibées, drogueries, épiceries & pierreries autres que celles destinées pour le chargement des Vaisseaux, dont les factures seront par eux signées, à peine de confiscation au profit des Intéressés en la Compagnie des Indes, donnant pouvoir auxdits Gouverneurs, Directeurs & Chefs des comptoirs, en cas de contravention au présent Arrêt, d'informer contre ceux des Officiers majors, mariniers, commis, matelots & autres qui auront contrevenu & prévariqué, pour être lesdites informations remises en France au Conseil de Marine, & sur le rapport qui en sera fait, être par Sa Majesté ordonné ce qu'elle avisera bon être : & sera le préſent Arrêt exécuté nonobſtant toutes oppoſitions, appellations & autres empêchemens quelconques, pour lequel ne ſera différé, & feront pour l'exécution du préſent Arrêt expédiées toutes Lettres néceſſaires. FAIT au Conſeil d'Etat du Roi, Sa Majeſté y étant, tenu à Paris le vingt-deux Janvier mil ſept cent dix-ſept. *Signé* PHELYPEAUX.

EDIT DU ROY,

QUI défend à la Compagnie des Indes de donner aucune permission pour porter aucunes marchandises des Indes aux Officiers de ses Vaisseaux.

Du 8 Mars 1717.

LOUIS, PAR LA GRACE DE DIEU, ROI DE FRANCE ET DE NAVARRE, à nos amés & féaux Conseillers les Gens tenant notre Cour de Parlement de Bretagne à Rennes: SALUT. Sur les avis qui nous ont été donnés des contraventions aux Ordonnances & Réglemens rendus concernant le commerce des Indes Orientales, & aux permissions qui ont été ci-devant accordées aux Officiers majors, mariniers, commis, matelots, passagers, volontaires & autres qui s'embarquent sur les Vaisseaux destinés pour les voyages des Indes Orientales, de porter entr'eux jusqu'à quinze mille livres seulement sur chaque Vaisseau, à condition que les retours en marchandises du pays seroient vendues avec les cargaisons des Vaisseaux, ces mêmes Officiers ont embarqué en France des sommes plus considérables, dont les retours ont été en toiles de coton blanches, mousselines & autres marchandises prohibées, qu'ils ont débarquées en fraude dans les Ports du Royaume, ce qui ruine entierement le privilége exclusif de la Compagnie des Indes; nous avons, pour remédier à ces contraventions & en arrêter le cours, fait un nouveau Réglement par Arrêt de notre Conseil du

Tome III.   L

22 Février dernier, & ordonné que pour son exécution toutes Lettres Patentes nécessaires seroient expédiées. A CES CAUSES, de l'avis de notre très-cher & très-amé oncle le Duc d'Orleans Régent, de notre très-cher & très-amé cousin le Duc de Bourbon, de notre très-cher & très-amé oncle le Duc du Maine, de notre très-cher & très-amé oncle le Comte de Toulouse, & autres Pairs de France, grands & notables personnages de notre Royaume, nous avons, conformément audit Arrêt du 22 Février dernier, dont l'extrait est ci-attaché sous le contre-scel de notre Chancellerie, fait & faisons par ces Présentes signées de notre main, très-expresses inhibitions & défenses à tous les Directeurs de la Compagnie des Indes Orientales de donner à l'avenir aucune permission aux Officiers majors, Officiers mariniers, commis, matelots, passagers, volontaires, & autres personnes de quelque qualité & condition qu'elles puissent être, qui s'embarqueront sur les Vaisseaux destinés pour les Indes Orientales, de rapporter aucunes marchandises provenant des pays de leur concession, à peine d'en répondre par lesdits Directeurs en leurs propres & privés noms: faisons aussi très-expresses inhibitions & défenses auxdits Officiers majors, mariniers, commis, matelots, passagers, volontaires, & autres de quelque qualité & condition qu'ils soient, de porter aux Indes aucunes marchandises, or, argent ni autres de quelque nature qu'elles puissent être, directement ni indirectement, soit pour leur compte ou pour celui des particuliers, ni de rapporter desdites Indes aucunes sortes de marchandises, drogueries & épiceries, ni aucunes pierreries, si ce n'est pour le compte de la Compagnie des Indes, à peine contre les Officiers majors d'être privés de tous appointemens, salaires, gratifications & autres sommes qui pourroient leur être dûes, & de trois mille livres d'amende, le tout au profit des Intéressés en la Compagnie des Indes, & d'être déclarés incapables de commander, & contre les Officiers mariniers, commis & matelots, de privation aussi de leurs salaires pendant la campagne, & à l'égard des uns & des autres, de

confiscation desdites marchandises, drogueries, épiceries & pierreries, lesquelles seront vendues conjointement avec celles de la Compagnie en la maniere ordinaire & accoutumée, dont la moitié du net produit sera applicable au profit des Intéressés en la Compagnie des Indes, & l'autre moitié aux Hôpitaux de la ville de saint Malo, sans que lesdites peines puissent être réputées comminatoires, à l'effet de quoi nous attribuons aux Juges des Amirautés des Ports de notre Royaume où les Vaisseaux feront leurs retours, toute jurisdiction & connoissance pour ce nécessaires, & à tous en cas d'appel, & icelle interdisons à tous autres Juges: faisons pareillement très-expresses inhibitions & défenses aux Capitaines & Officiers des navires de laisser débarquer ni débarquer eux-mêmes à l'arrivée des Vaisseaux dans les Ports du Royaume aucunes marchandises, drogueries, épiceries & pierreries, même les coffres des équipages, qu'en présence & du consentement d'un des Directeurs de la Compagnie des Indes Orientales de la ville de saint Malo, ou d'une personne par eux préposée, & en cas que les Capitaines se trouvassent dans la nécessité de faire relâcher leurs Vaisseaux dans quelques Ports avant que d'arriver aux côtes de France, nous leur défendons très-expressément de débarquer ni laisser débarquer aucunes marchandises & effets, sous les mêmes peines ci-dessus spécifiées: enjoignons aux Juges & Officiers des Amirautés de saint Malo, de Rennes & autres, de tenir la main à l'exécution dudit Arrêt & de ces Présentes, qui seront lûes, publiées & affichées par-tout où besoin sera, même au grand mât de chaque Vaisseau avant leur départ pour les Indes: enjoignons pareillement aux Gouverneurs du fort & de la ville de Pondichery, Directeurs & chefs des comptoirs de la Compagnie dans les Indes Orientales, de tenir très-exactement la main & d'empêcher qu'il ne soit fait aucune vente de marchandises de France ni aucun achat de marchandises dans les Indes, tant blanches que prohibées, drogueries, épiceries & pierreries, autres que celles destinées pour le chargement des Vaisseaux, dont les factures feront par eux fignées, à peine de confifcation de celles qui n'y feront pas comprifes, ladite confifcation au profit des Intéreffés en la Compagnie des Indes, donnant pouvoir auxdits Gouverneurs, Directeurs & chefs des comptoirs, en cas de contravention audit Arrêt & à ces Préfentes, d'informer contre ceux des Officiers majors, mariniers, commis, matelots & autres qui auront contrevenu & prévariqué, pour être lefdites informations remifes en France au Confeil de Marine, & fur le rapport qui en fera fait être par nous ordonné ce qu'il appartiendra : voulons que ledit Arrêt & ces Préfentes foient exécutés nonobftant toutes oppofitions, appellations & autres empêchemens quelconques, pour lefquelles il ne fera différé. Si vous mandons & enjoignons que ces Préfentes vous ayez à faire lire, publier & regiftrer, & leur contenu garder & obferver felon leur forme & teneur, nonobftant tous Edits, Déclarations, Ordonnances, Arrêts, Réglemens & autres chofes à ce contraires, auxquels nous avons dérogé & dérogeons par cefdites Préfentes, aux copies defquelles & dudit Arrêt dûement collationnées par l'un de nos amés & féaux Confeillers-Secretaires, voulons que foi foit ajoûtée comme aux originaux; car tel eft notre plaifir. En témoin de quoi nous avons fait mettre notre Scel à cefdites Préfentes. DONNÉ à Paris le huitiéme jour de Mars l'an de grace mil fept cent dix-fept, & de notre regne le deuxiéme. *Signé* LOUIS. *Et plus bas*; par le Roi, le Duc d'Orleans Régent préfent, PHELYPEAUX, avec grille & paraphe. Scellé & contre-fcellé.

ARREST
DU CONSEIL D'ÉTAT
DU ROY,

QUI ordonne que par préférence à tous autres créanciers la veuve Phaulkon sera payée de sa pension alimentaire.

Du 26 Juin 1717.

Extrait des Regiſtres du Conſeil d'Etat.

VU au Conſeil d'Etat du Roi, Sa Majeſté y étant, la requête préſentée le 15 Décembre 1716 par la veuve du feu ſieur Conſtantin Phaulkon, vivant Chevalier de l'Ordre de ſaint Michel, Miniſtre général du Roi de Siam, & Louiſe Paſſagna, veuve de Georges Phaulkon fils, tant en ſon nom que comme mere & tutrice de Conſtantin Phaulkon, tendante à ce qu'il plaiſe à Sa Majeſté ordonner que l'Arrêt du 30 Mars 1700 ſera exécuté ſelon ſa forme & teneur, ce faiſant condamner les Directeurs généraux de la Compagnie des Indes Orientales à leur payer entre les mains du ſieur de Crouly, porteur de leur procuration, la ſomme de quarante mille cinq cens livres, pour arrérages de la proviſion alimentaire qu'ils ſont tenus de leur payer ſuivant ledit Arrêt, ordonner qu'ils continueront à payer ladite proviſion juſqu'à l'Arrêt définitif, à quoi faire ils ſeront contraints par toutes voyes dûes & raiſonnables, & même par corps, ordonner en ou-

L iij

tre que dans deux mois pour tout délai ils compteront avec ladite veuve du produit des effets à eux remis par ledit feu sieur Phaulkon, ensemble des profits jusqu'au jour de son décès, & des intérêts depuis ledit jour, & qu'à faute de ce faire dans ledit temps, ils seront & demeureront condamnés à rendre & restituer auxdites veuves la somme de cent cinquante mille livres avec les intérêts, à raison de dix pour cent depuis le jour du décès jusqu'à l'actuel payement, à quoi faire ils seront contraints en vertu de l'Arrêt qui interviendra, sans qu'il en soit besoin d'autres, & les condamner aux dépens des voyages, séjour & retour du sieur de Crouly, & en cas du procès, ladite requête signée Gravier, Avocat desdites veuves; sur laquelle requête a été mis l'Ordonnance du Conseil, portant soit communiqué à Me Aubry, Avocat des Directeurs, du 15 Décembre 1716, & la signification de ladite requête audit Me Aubry dudit jour 15 Décembre 1716; sommation faite audit Me Aubry de fournir de réponse, du 24 du même mois de Décembre 1716; piéces attachées à ladite requête, qui sont copie d'une lettre écrite par le feu Roi au feu sieur Phaulkon le 28 Janvier 1687, copie non datée dudit Arrêt du 30 Mars 1700, par lequel Sa Majesté a fait très-expresses inhibitions & défenses aux Directeurs de la Compagnie des Indes Orientales de disposer des deux sommes de cinquante-trois mille six cens vingt-deux livres & cinquante-huit mille vingt-sept livres onze sols, & des intérêts qu'elles ont produit, ni du montant de la vente des effets, qui n'avoient pas encore été liquidés au temps de la nouvelle de la mort dudit sieur Phaulkon, dont ils remettroient incessamment à Sa Majesté un état signé & certifié d'eux, jusqu'à ce qu'elle ait décidé sur les demandes respectives desdits Directeurs & de ladite veuve Phaulkon & son fils, ou du porteur de leur procuration, & en attendant & jusqu'à la décision desdites contestations, veut Sa Majesté que lesdits Directeurs soient tenus de faire tenir par chacun an la somme de trois mille livres à ladite Dame Phaulkon & à son fils, pour leur donner le moyen de subsister. Requête desdits sieurs Directeurs généraux de la Compagnie Royale des Indes Orientales, tendante à ce qu'il plaise à Sa Majesté leur donner acte de ce qu'ils forment en tant que besoin opposition à l'Arrêt du Conseil que les héritiers Phaulkon datent du 30 Mars 1700, rendu sur simple requête & sans que lesdits Directeurs ayent été appellés ni entendus, & de ce que pour moyens d'oppositions & pour réponse à la requête des veuves & héritiers du sieur Constantin Phaulkon, signifiée auxdits Directeurs le 15 Décembre 1716, ils employent le contenu à ladite requête & les piéces y inventoriées, & faisant droit sur leurdite opposition, sans avoir égard à ladite requête des héritiers Phaulkon du 15 Décembre 1716, dont ils seront déboutés, les condamner à payer à la caisse de la Compagnie à Paris la somme de soixante-quatre mille trois cens quatre-vingt-sept livres treize sols six deniers, dûe de reste suivant le compte inséré dans ladite requête de celle de trois cens mille livres que le sieur Phaulkon leur auteur s'est engagé par l'acte de société du 13 Décembre 1687, de faire délivrer incessamment entre les mains du Caissier général de la Compagnie à Paris, ensemble les intérêts de ladite somme de soixante-quatre-mille trois cens quatre-vingt-sept livres treize sols six deniers, à compter du jour premier Janvier 1688, jour auquel le sieur Phaulkon a commencé à être intéressé dans la Compagnie, & depuis lequel la Compagnie lui donne compte & lui fait les mêmes conditions & avantages qu'à tous les autres Intéressés, lesquels intérêts seront payés jusqu'à l'actuel & parfait payement de ladite somme de soixante-quatre mille trois cens quatre-vingt-sept livres treize sols six deniers, & cela tant par le retard que par forme de dédommagement, attendu que la Compagnie ayant réglé son commerce sur le fond promis par ledit sieur Phaulkon, elle a notoirement souffert des dommages & intérêts par le manque dudit fonds, condamner en outre lesdits héritiers Phaulkon à payer à la caisse de la Compagnie la somme de cent cinquante mille livres pour le nouveau fond de cinquante pour cent du fond capital dudit sieur Phaulkon, lequel a été ordonné par les Arrêts du Conseil rendus, Sa Majesté y étant, les 21 Février, 16 Mai & 26 Septembre 1702, & les intérêts de ladite somme de cent cinquante mille livres, à compter du premier Janvier 1703 jusqu'à l'actuel & parfait payement de ladite somme de cent cinquante mille livres, & aux dépens de l'instance ; ladite requête signée Soulet, Moufle de Champigny, Foucherolle & Aubry, Avocat des Directeurs ; sur laquelle requête a été mis l'Ordonnance du Conseil portant acte, les piéces reçûes & seront communiquées par copies, au surplus en jugeant sera fait droit, & soit signifié sans retardation le 27 Janvier 1717, la signification de ladite requête faite audit Maître Gravier le premier Février 1717 ; piéces attachées à ladite requête, qui sont l'imprimé de l'Edit d'établissement de la Compagnie du mois d'Août 1664, regiftré dans les Cours ; imprimé de la Déclaration du mois de Février 1685, aussi regiftré dans les Cours ; imprimé d'un Arrêt du Conseil du 21 Février 1685 ; imprimé d'un autre Arrêt du Conseil du 26 Août 1687 ; copie de l'acte de société passé à Louvo dans le Royaume de Siam entre ledit sieur Constantin Phaulkon & ledit sieur Ceberet, Directeur de la Compagnie, tant en son nom qu'en celui de la Compagnie, le 13 Décembre 1687 ; copie de la commission de Directeur de la Compagnie des Indes, du 23 Mars 1689, donnée & envoyée par la Compagnie au sieur Phaulkon ; copie de la quittance expédiée par le Caissier de la Compagnie au sieur Phaulkon le 26 Mars 1689, qui en renferme une autre à lui expédiée par le même Caissier le 28 Janvier 1688 ; copie par ampliation, signée Luc Bonnevye, ci-devant Caissier de la Compagnie, d'un compte au bas duquel est une quittance donnée par le Pere Tachard Jésuite, comme porteur des ordres du sieur Phaulkon, le 22 Octobre 1689, de la somme de cinq mille trois cens soixante-deux livres quatre sols pour une année d'intérêt de la somme de cinquante-trois mille six cens vingt-deux livres de fond qu'il avoit alors de la Compagnie, à compter du premier Janvier

vier 1688 jufqu'au dernier Décembre de la même année, à raifon de dix pour cent ainfi qu'à tous les autres Intéreffés; copie de l'oppofition faite par Chriftophe Charrier, Fermier général des Domaines entre les mains de la Compagnie fur les effets appartenant au fieur Phaulkon, comme fujets aux droits d'aubaine, & des pourfuites par lui faites à la Chambre du Tréfor pour fe faire délivrer le tiers defdits effets, des 4 Juillet, 14 & 15 Décembre 1690; Arrêt de la Chambre des Comptes du 20 Novembre 1690, qui a reçû les Directeurs oppofans aux Lettres de don obtenues par le fieur de Seignelay des biens du fieur Phaulkon, comme échûs au Roi par droit d'aubaine, & les fignifications qu'ils en ont fait faire; copie d'un Arrêt du Confeil du 12 Décembre 1690, obtenu fur requête par les héritiers du fieur de Seignelay, portant que les Lettres de don obtenues par le fieur de Seignelay, feroient regiftrées purement & fimplement, fauf à être pourvû par Sa Majefté fur l'oppofition de la Compagnie en temps & lieu; fignification faite dudit Arrêt aux Directeurs le 23 des mêmes mois & an; cahiers contenant les Lettres de don des biens du fieur Phaulkon, obtenues par le fieur de Seignelay au mois de Juin 1690; l'Arrêt d'enregiftrement defdites Lettres du 16 Janvier 1691, & la fignification qui en a été faite aux Directeurs le 16 Mai de la même année, avec fommation à eux faite de rendre inceffamment compte des actions que le fieur Phaulkon avoit dans la Compagnie; les fommations, faifies & oppofitions faites entre les mains des Directeurs le 30 Mars 1691, à la requête des Receveurs & Contrôleurs des Domaines, à ce que les Directeurs remiffent entre les mains dudit Receveur tous & chacun les deniers, papiers & effets qu'ils pouvoient avoir appartenant au fieur Phaulkon, & n'euffent à les remettre & délivrer à autres; imprimé dudit Arrêt du Confeil d'Etat rendu, le Roi y étant, le 21 Février 1702, par lequel Sa Majefté a confirmé & homologué la délibération prife par les Directeurs de la Compagnie des Indes Orientales, du 20 Décembre précédent, & en conféquence a

Tome III. M

ordonné que tous les Directeurs & Actionnaires de ladite Compagnie, leurs héritiers, donataires ou légataires & ayans cause feront entre les mains du Caissier d'icelle un fonds de cinquante pour cent de leur capital en actions, & ce en trois payemens égaux; sçavoir, pour les Directeurs le premier comptant, le second au premier Mars suivant, le troisiéme au premier Avril aussi suivant; & pour les Actionnaires, leurs héritiers, donataires, légataires ou ayans cause, le premier au premier Avril prochain, le second au premier Juin suivant, & le troisiéme au premier Août suivant pour toute préfixion & délai, à quoi faire les Directeurs & Actionnaires seront contraints par les voyes ordinaires & accoutumées, sauf auxdits Directeurs & Actionnaires qui fourniront ladite augmentation de fond, leur recours contre leurs participes & intéressés par les mêmes voyes & aux mêmes peines, & qu'outre ledit fonds de cinquante pour cent ci-dessus ordonné, les Directeurs seront tenus de fournir chacun dix mille livres à la grosse aventure sur les trois premiers Vaisseaux que la Compagnie envoyoit aux Indes ladite année, & de payer ladite somme dans les susdits termes & sous les peines ci-dessus portées, si mieux n'aiment, tant les Directeurs que lesdits Actionnaires, faire à ladite Compagnie dans les termes ci-dessus un prêt pour deux ans de cinquante pour cent, ce qu'ils seront tenus en ce cas de faire sous les mêmes peines; & en cas que pour raison de l'exécution dudit Arrêt il survienne quelque difficulté, Sa Majesté s'en est reservé à soi & à son Conseil la connoissance, & a icelle interdite à toutes ses Cours & Juges. Imprimé d'autre Arrêt du Conseil d'Etat rendu, aussi le Roi y étant, le 16 Mai 1702, par lequel Sa Majesté a ordonné que l'Arrêt du Conseil d'Etat du 21 Février précédent & ledit Arrêt du 16 Mai 1702, seroient exécutés selon leur forme & teneur, nonobstant toutes oppositions, appellations & autres empêchemens quelconques, formées ou à former, pour lesquelles il ne sera différé, sous quelque prétexte & quelque cause & raison que ce puisse être, & ce nonobstant l'article II de l'Edit d'établissement du mois d'Août 1664 & toutes autres dispositions qui pourroient être contraires auxdits Arrêts, & auxquelles Sa Majesté a expressément dérogé. Imprimé d'autre Arrêt du Conseil d'Etat rendu, le Roi y étant, le 26 Septembre 1702 sur les requêtes respectivement présentées à Sa Majesté par les Actionnaires de la Compagnie des Indes Orientales & par les Directeurs généraux de la même Compagnie, par lequel Sa Majesté faisant droit sur lesdites requêtes, sans avoir égard à celle desdits Actionnaires en opposition à l'exécution desdits Arrêts du Conseil des 21 Février & 16 Mai 1702, a entr'autres choses ordonné que lesdits Arrêts des 21 Février & 16 Mai 1702 seront exécutés selon leur forme & teneur. Imprimé d'autre Arrêt du Conseil d'Etat rendu, le Roi y étant, le 12 Novembre 1708, par lequel Sa Majesté a commis les sieurs Commissaires ci-denommés pour connoître & donner leur avis sur la liquidation & acquittement des dettes de la Compagnie, & entr'autres choses ordonné qu'il sera sursis à toutes poursuites, contraintes & exécutions pour raison des dettes de la Compagnie, & sur les effets de ladite Compagnie & sur les personnes & biens desdits Directeurs, en vertu d'aucuns jugemens obtenus & à obtenir, sauf aux créanciers de ladite Compagnie à se pourvoir pardevant lesdits sieurs Commissaires, & y former telle demande que bon leur semblera, leur fait Sa Majesté défenses de procéder ailleurs, à peine de nullité & de tous dépens, dommages & intérêts. Autre requête présentée par la veuve & héritiers du feu sieur Constantin Phaulkon, tendante à ce qu'il plaise à Sa Majesté leur donner acte de ce que pour réponse à la requête à eux signifiée le premier Février 1717 de la part des Directeurs de la Compagnie des Indes Orientales, ils employent le contenu en ladite requête & les piéces y énoncées, lesquelles il leur sera permis d'y joindre, & procédant au jugement, sans avoir égard à ladite requête desdits Directeurs, ni à l'opposition par eux formée à l'Arrêt du 30 Mars 1700, dont ils seront déboutés comme non recevables & mal fondés, ordonner que ledit Arrêt sera

M ij

exécuté selon sa forme & teneur, & en conséquence leur adjuger leurs précédentes fins & conclusions, & ordonner qu'ils seront payés nonobstant les saisies ou oppositions faites entre les mains de la Compagnie les 4 Juillet, 14 & 15 Décembre 1690, & 31 Mars 1691 & autres, desquelles il leur sera fait en tant que de besoin pleine & entiere main-levée, condamner lesdits Directeurs en tous les dépens, & en ceux des voyages, séjour & retour du sieur de Crouly leur Procureur, ladite requête signée G. Crouly & Granier; sur laquelle requête a été mis l'Ordonnance du Conseil, portant les piéces reçûes & feront communiquées par copies, acte de l'emploi, sur le surplus en jugeant, & soit signifié le 11 Février 1717, & la signification faite de ladite requête le 12 du même mois de Février 1717; piéces attachées à ladite requête, qui sont une lettre missive écrite par le sieur Hebert, Directeur de la Compagnie du fort Louis de Pondichery, le 27 Mai 1710 à la Dame Guimar de Pina, veuve du sieur Constantin Phaulkon; autre lettre écrite par le sieur Dulivier, Directeur des Indes du fort de Pondichery à ladite Dame Guimar de Pina le 20 Mai 1714. Autre requête desdits Directeurs de la Compagnie des Indes Orientales, tendante à ce qu'il plaise à Sa Majesté leur donner acte de ce que pour réponse à la requête des veuves & héritiers Phaulkon à eux signifiée le 12 Février 1717, ils employent le contenu en ladite requête, ensemble ce qu'ils avoient écrit & produit par leur premiere requête, faisant droit leur adjuger les conclusions qu'ils avoient prises par leurdite premiere requête du 27 Janvier 1717, signifiée le premier Février de la même année; sur laquelle requête a été mis l'Ordonnance du Conseil, portant acte de l'emploi, au surplus en jugeant sera fait droit, & soit signifié sans retardation le 27 Février 1717, & la signification faite de ladite requête le 2 Mars 1717; copie signifiée auxdits Directeurs le 30 Janvier 1717, signée G. Crouly & Granier Avocat, de la procuration générale donnée à Siam le 26 Juin 1715 pardevant le Greffier du Judicial, servant aussi de Tabellion public des notes, par Dame

Guimar de Pina, veuve de Constantin Phaulkon, Chevalier de l'Ordre de saint Michel, & Dame Louise Passagna, ci-devant veuve de Georges Phaulkon, & à présent femme de Germain Crouly, au nom & comme tutrice de l'orphelin Constantin Phaulkon, fils légitime dudit feu Georges Phaulkon audit Germain Crouly, Irlandois, donation & mari de ladite Dame Louise Passagna, pour retirer tous les effets que le sieur Constantin Phaulkon a envoyés en France & reçûs par les Directeurs de la Compagnie des Indes Orientales de France, & poursuivre l'exécution dudit Arrêt du 30 Mars 1700, & à cet effet représenter les personnes desdites constituantes, pour agir pour elles, défendre & soutenir leurs intérêts, compter, recevoir & donner quittance, promettant de tenir tout ce qu'il fera pour bien fait, ferme, stable & valable, &c. Copie de l'Arrêt du Conseil d'Etat rendu, le Roi y étant, le 5 Décembre 1712, par lequel Sa Majesté a ordonné que les sieurs Commissaires commis par l'Arrêt du Conseil d'Etat du 12 Novembre 1708, & le sieur de Machault, Maître des Requêtes, pourront au nombre de trois au moins, connoître de tout ce qui concerne les affaires & dettes de ladite Compagnie des Indes Orientales, & donner sur le tout au même nombre leur avis à Sa Majesté à tout ce qui a été mis par devers ledit sieur de Machault, qui en a communiqué au Bureau du sieur Bignon, Conseiller d'Etat ordinaire, l'un desdits sieurs Commissaires. Vû aussi l'avis desdits sieurs Commissaires, LE ROI ETANT EN SON CONSEIL, de l'avis de M. le Duc d'Orléans Régent, ayant aucunement égard à l'opposition formée par lesdits Directeurs à l'exécution de l'Arrêt du Conseil du 30 Mars 1700, a ordonné & ordonne que lesdites veuves desdits Constantin & Georges Phaulkon, ou ledit Germain Crouly, porteur de leur procuration, seront par privilége & préférence à tous créanciers payées en deniers ou quittances des trois mille livres de provision alimentaire à elles adjugées par ledit Arrêt, à compter depuis le jour dudit Arrêt jusqu'au 31 Décembre 1704 seulement, temps auquel lesdits

Directeurs ont ceſſé de recevoir en deniers comptans pareille ſomme pour leurs droits de préſence ; ordonne auſſi Sa Majeſté que ſur les cent ſix mille deux cens quatre-vingt-deux livres dix ſols ſix deniers, que les Directeurs ont reconnu par l'état qu'ils en ont fourni devoir à la ſucceſſion de Conſtantin Phaulkon pere, il en ſera déduit 1º cinq mille trois cens ſoixante-deux livres quatre ſols, payées par ordre du ſieur Conſtantin Phaulkon au Pere Tachard Jéſuite, le 22 Octobre 1689 ; 2º ſoixante-onze mille quatre-vingt-ſeize livres pour le nouveau fonds de cinquante pour cent de la ſomme de cent quarante-deux mille cent quatre-vingt-douze livres que ledit Conſtantin Phaulkon avoit d'ancien fonds de la caiſſe de ladite Compagnie, conformément à l'Arrêt du 21 Février 1702, pour laquelle ſomme de ſoixante-onze mille quatre-vingt-ſeize livres, & intérêts d'icelle, il ſera fourni auxdites veuves deſdits Conſtantin & Georges Phaulkon par le Caiſſier de ladite Compagnie une reconnoiſſance pareille à celles qu'il a précédemment délivrées aux autres Directeurs ou à leurs héritiers & ayans cauſe, comme auſſi pour les intérêts dudit ancien fonds de cent quarante-deux mille cent quatre-vingt-douze livres échûs pendant l'année 1696 ; & à l'égard des vingt-neuf mille huit cens vingt-quatre livres dix ſols ſix deniers reſtant deſdites cent ſix mille deux cens quatre-vingt-deux livres dix ſols ſix deniers, & des intérêts deſdites vingt-neuf mille huit cens vingt-quatre livres dix ſols ſix deniers, échûs depuis le 15 Décembre 1716, jour de la demande, juſqu'au jour du préſent Arrêt, & de ceux qui écheront dans la ſuite, ordonne Sa Majeſté que leſdites veuves deſdits Conſtantin & Georges Phaulkon, ou leur porteur de procuration, en ſeront payées concurremment avec les autres créanciers chirographaires de ladite Compagnie : fait Sa Majeſté main-levée de toutes les ſaiſies & oppoſitions faites entre les mains de ladite Compagnie ſur les effets & actions dudit Conſtantin Phaulkon, ſur le ſurplus des demandes, fins & concluſions des parties, Sa Majeſté les a miſes & met hors de Cour, dépens compenſés. Fait au Conseil d'Etat du Roi, Sa Majesté y étant, M. le Duc d'Orléans Régent présent, tenu à Paris le vingt-sixiéme jour de Juin mil sept cent dix-sept. Signé PHELYPEAUX.

A la requête de Maître Joseph-Felix Gravier, Avocat aux Conseils du Roi pour la veuve du feu sieur Constantin Phaulkon, vivant Ministre général du Roi de Siam, soit signifié & baillé copie à Maître Aubry, Avocat auxdits Conseils pour les Directeurs de la Compagnie des Indes Orientales, de l'Arrêt ci-dessus, sans approbation néanmoins des erreurs de fait & de calcul qui pourroient se trouver dans ledit Arrêt, à ce qu'on n'en ignore, dont acte.

Le treize Septembre mil sept cent dix-sept, signifié & laissé copie à Maître Aubry, Avocat de partie adverse, en son domicile, parlant à son Clerc, par nous Huissier ordinaire du Roi en sa grande Chancellerie de France. Signé SAUVÉ.

A la requête de Maître Joseph-Felix Gravier, Avocat aux Conseils du Roi pour la veuve du feu sieur Constantin Phaulkon, vivant Ministre général du Roi de Siam, soit signifié & baillé copie de l'Arrêt ci-dessus aux Directeurs généraux de la Compagnie des Indes Orientales, sans approbation néanmoins des erreurs de fait & de calcul qui pourroient se trouver dans ledit Arrêt, à ce qu'ils n'en ignorent, dont acte.

Le quatorziéme jour de Septembre mil sept cent dix-sept, signifié & laissé copie aux fins y contenues auxdits sieurs Directeurs généraux de la Compagnie des Indes Orientales en leur Bureau à Paris, rue Tireboudin, parlant à la Concierge dudit Bureau, à ce qu'ils n'en ignorent, par nous Huissier ordinaire du Roi en sa grande Chancellerie de France.
Signé SAUVÉ.

ARREST

DU CONSEIL D'ÉTAT

DU ROY,

QUI ordonne la vente dans la Ville de Paris, de 5799 piéces de Toiles de coton blanches & Mousselines.

Du 24 Juillet 1717.

Extrait des Regiſtres du Conſeil d'Etat.

SUR la requête préſentée au Roi étant en ſon Conſeil par les Directeurs de la Compagnie des Indes Orientales, contenant qu'ils ont fait deux ventes l'une à Roüen, & l'autre à Nantes, ſuivant l'uſage ordinaire en exécution des Arrêts du Conſeil des ſept Août 1713, & 29 Juillet 1714, des marchandiſes venues par leurs navires, pour le payement deſquelles il a été accordé aux Adjudicataires divers delais, ainſi qu'il s'eſt toujours pratiqué; que l'interruption arrivée depuis dans le commerce, a empêché la plupart des Marchands d'acquiter leurs billets aux échéances, & que quelques-uns d'entr'eux étant ſur le point de manquer ou de propoſer des contrats d'attermoyement à leurs créanciers, les Directeurs ſe ſont trouvés obligés de retirer de divers Marchands de la ville de Paris, pour environ deux cens ſoixante & dix-neuf mille cent ſoixante & onze livres quatre ſols de toiles de coton blanches & mouſſelines, au nombre de cinq
mille

mille sept cens quatre-vingt-dix-neuf piéces, faisant partie de celles qui leur avoient été adjugées, & qu'ils se trouvent obligés de vendre incessamment dans la ville de Paris, pour se procurer des fonds, qui les mettent en état d'acquitter une partie des engagemens qu'ils ont contractés pour soutenir leur crédit, & payer les billets qu'ils ont endossés: que cette vente se doit faire sans l'assistance d'un Huissier-Priseur & sans frais, comme il s'est pratiqué dans les années 1689 & 1690, lorsque les Directeurs ont fait des ventes à Paris, d'autant que ce n'est pas une vente judiciaire, mais le débit de leurs propres marchandises: requéroient à ces causes les suppliants qu'il plût à Sa Majesté d'ordonner, que la vente desdites toiles de coton blanches & mousselines qu'ils ont retirées des Marchands de la ville de Paris, marquées de la marque en parchemin, ordonnée par les Arrêts des 7 Août 1713, & 29 Juillet 1714, sera faite en ladite Ville, sans l'assistance d'un Huissier-Priseur & sans frais, comme il se pratique en la ville de Nantes, & de la même maniere que les suppliants ont fait de tout temps leurs ventes à Roüen, en Bretagne & à Paris, après cependant que les toiles de coton blanches & mousselines qui ne sont marquées du plomb fait en forme de cœur qu'à un des bouts de la piéce, auront été remarquées à l'autre bout de la même marque en parchemin avec le plomb fait en forme de cœur, & des secondes marques ordonnées par l'Arrêt du 9 Mai 1716. Vû la requête, les Arrêts du Conseil des 7 Août 1713, 29 Juillet 1714, & 9 Mai 1716, l'état en détail desdites cinq mille sept cens quatre-vingt-dix-neuf piéces de toiles de coton blanches & mousselines, dont ladite vente doit être composée, lequel état est certifié par le sieur Boyvin d'Hardancourt, intéressé dans le commerce de ladite Compagnie, le 14 du présent mois de Juillet 1717; oui le rapport & tout considéré, LE ROI ETANT EN SON CONSEIL, ayant égard à ladite requête, a ordonné & ordonne de l'avis de Monsieur le Duc d'Orleans Régent, que la vente des toiles de coton blanches & mousselines, que les Directeurs de la Compagnie des Indes ont retirées des Marchands de la ville de Paris, auxquels ils les avoient vendues au nombre de cinq mille sept cens quatre-vingt-dix-neuf piéces, sera incessamment faite en ladite Ville en la maniere ordinaire & accoutumée, sans l'assistance d'un Huissier-Priseur, & sans frais, après cependant que lesdites toiles, qui ne sont marquées de la marque en forme de cœur qu'à un des bouts de la piéce, auront été remarquées à l'autre bout de la même marque en parchemin, avec le plomb fait en forme de cœur, & des secondes marques ordonnées par l'Arrêt du 9 Mai 1716. Enjoint Sa Majesté au sieur d'Argenson, Conseiller d'Etat ordinaire, Lieutenant général de Police de la ville de Paris, de tenir la main à l'exécution du présent Arrêt, qui sera exécuté nonobstant oppositions ou appellations quelconques, pour lesquelles ne sera différé, & dont si aucunes interviennent, Sa Majesté s'est reservé la connoissance, & a icelle interdite à ses autres Cours & Juges. Fait au Conseil d'Etat du Roi, Sa Majesté y étant, tenu à Paris le vingt-quatriéme jour de Juillet mil sept cent dix-sept. Signé PHELYPEAUX.

MArc René de Voyer de Paulmy, Chevalier Marquis d'Argenson, Conseiller d'Etat ordinaire, Lieutenant général de Police, de la Ville, Prévôté & Vicomté de Paris, Commissaire deputés par le Roi en cette partie. Vû le présent Arrêt du Conseil d'Etat : nous ordonnons qu'il sera exécuté selon sa forme & teneur; & en conséquence, qu'il sera lû publié & affiché dans cette Ville & Fauxbourgs de Paris, dans les places publiques ordinaires & accoutumées, à ce que nul n'en prétende cause d'ignorance. Fait en notre Hôtel le deuxiéme jour d'Août mil sept cent dix-sept. Signé M. R. DE VOYER D'ARGENSON. Par Monseigneur, GENDON.

EDIT DU ROY,

QUI prononce des peines contre ceux qui introduiront dans le Royaume des Toiles peintes, Ecorces d'arbres, ou Etoffes de la Chine.

Donné à Paris au mois de Juillet 1717.

Regiſtré en Parlement.

LOUIS, PAR LA GRACE DE DIEU, ROI DE FRANCE ET DE NAVARRE, à tous préſens & à venir: SALUT. Il a plû au feu Roi notre très-honoré Seigneur & Biſayeul d'établir une Compagnie, qui à l'excluſion de tous nos autres ſujets pût faire le commerce des Indes Orientales, pour partager avec les étrangers les profits qu'ils retiroient de ce commerce. Mais comme nous ſommes informés qu'au préjudice de tous les réglemens & des défenſes ſi ſouvent réitérées, la fraude continue toujours, nous avons crû que pour remédier à un abus ſi contraire aux intérêts de l'Etat, & ſi préjudiciable aux manufactures du Royaume, il étoit néceſſaire d'ajoûter de nouvelles peines à celles déja prononcées contre les contrevenans, leſquelles n'étant que pécuniaires, ne ſont pas capables de contenir ceux qui s'entremettent dans ce commerce, dont la plupart étant ſans aveu & ſans biens prêtent plus facilement & avec moins de riſque leur correſpondance & leur entremiſe à de plus riches Marchands qui

N ij

n'osent paroître, & dont les uns font ce commerce pour leur propre compte, & les autres en sont les commissionaires ou les assureurs. A CES CAUSES, & autres à ce nous mouvans, de l'avis de notre très-cher & très-amé oncle le Duc d'Orleans petit-fils de France, Régent, de notre très-cher & très-amé cousin le Duc de Bourbon, de notre très-cher & très-amé cousin le Prince de Conty, Princes de notre sang, de notre très-cher & très-amé oncle le Duc du Maine, de notre très-cher & très-amé oncle le Comte de Toulouse, Princes légitimés, & autres Pairs de France, grands & notables personnages de notre Royaume, nous avons dit, statué & ordonné, disons, statuons & ordonnons, voulons & nous plaît ce qui suit.

ARTICLE PREMIER.

TOUTES personnes de quelque qualité & condition qu'elles soient, qui introduiront dans notre Royaume, terres & pays de notre obéissance, à main armée, des toiles peintes ou teintes, écorces d'arbres, ou étoffes de la Chine, des Indes & du Levant, de soye pure ou de soye & coton, de quelque nature & qualité qu'elles puissent être, mêmes les toiles de coton & mousselines, autres que celles marquées des marques qui seront attachées sous le contre-scel du présent Edit, ou qui seront par nous ordonnées, seront condamnées aux galéres à perpétuité, & même à plus grande peine s'il y échoit, outre l'amende qui sera reglée par nos Juges.

II.

DEFENDONS à toutes personnes de falsifier, imiter, ou contrefaire lesdites marques, à peine de quinze cens livres d'amende & de punition corporelle.

III.

QUANT à ceux qui introduiront lesdites marchandises avec attroupement de cinq personnes & au-dessus, quoique sans armes, ils seront condamnés aux Galéres pour trois ans, outre l'amende.

IV.

A l'égard de ceux qui sans attroupement & sans armes, introduiront lesdites marchandises dans notre Royaume, pays, terres & Seigneuries de notre obéissance, les distribueront, débiteront, ou en favoriseront le commerce par commission, par assurance ou autrement, même les ouvriers & ouvrieres, qui les employeront, ils seront condamnés pour la premiere fois à quinze cens livres d'amende, qui ne pourra être modérée; & en cas de recidive, les hommes seront condamnés au carcan pendant trois jours de marché, & les femmes au fouet & à être renfermées pendant trois années.

V.

Défendons à tous nos sujets, de quelque qualité & condition qu'ils soient, de retirer dans leurs maisons avec connoissance de cause, les voituriers & porteurs desdites marchandises, ni de donner retraite à icelles, à peine d'être déclarés complices de la fraude, & solidairement tenus de l'amende.

VI.

Voulons que les Marchands tenant boutique ou magasin, chez lesquels l'on aura trouvé desdites marchandises soient condamnés pour la premiere fois en trois mille livres d'amende, qui ne pourra être modérée, même déchûs de l'état & qualité de Marchand, dont sera fait mention sur le regiſtre de leurs Corps, où leur nom sera rayé & biffé; comme aussi que lesdites marchandises saisies, dans l'espéce du présent article, & dans tous les autres cas ci-dessus, soient confisquées & brûlées.

Si donnons en mandement à nos amés & feaux Conseillers les gens tenant notre Cour de Parlement à Paris, que le présent Edit ils ayent à faire lire publier & regiſtrer, & le contenu en icelui garder & exécuter selon sa forme & teneur. Car tel est notre plaisir. Et afin que ce soit chose ferme & stable à toujours, nous y avons fait mettre notre Scel. DONNÉ à Paris au mois de Juillet, l'an de grace mil sept cent dix-sept, & de notre regne le deuxiéme. *Signé* LOUIS. *Et plus bas*; Par le Roi, le Duc d'Orleans Régent présent. PHELYPEAUX. *Visa* DAGUESSEAU. Vû au Conseil VILLEROI. Et scellé du grand sceau de cire verte.

Regiſtrées, oui, & ce requerant le Procureur général du Roi, pour être exécutées selon leur forme & teneur, à la charge que les contraventions au préſent Edit seront inſtruites & jugées, ſoit pour les peines corporelles ou pour les amendes, par les Lieutenans généraux de Police dans les Villes où il y en a d'établis pour les contraventions faites dans leſdites Villes, Fauxbourgs & banlieues d'icelles, ou en leur abſence, maladie ou autre légitime empêchement par les Lieutenans Criminels des Siéges, avec le nombre des Juges portés par l'Ordonnance, & dans les autres lieux par les Juges Royaux des lieux où la contravention aura été commiſe, & qu'au cas qu'il ait été informé de la même contravention qui auroit été faite en différens lieu par les Juges deſdits lieux, l'inſtruction & le Jugement de ladite contravention appartiendroient à celui des Juges qui aura informé & decreté le premier, le tout ſauf l'appel en la Cour, & copies collationnées dudit Edit être envoyées aux Bailliages & Sénéchauſſées du reſſort pour y être lûes, publiées & regiſtrées; enjoint au Subſtitut du Procureur général du Roi d'y tenir la main, & d'en certifier la Cour dans un mois, ſuivant l'Arrêt de ce jour. A Paris en Parlement le quinziéme jour de Décembre mil ſept cent dix-ſept. Signé GILBERT,

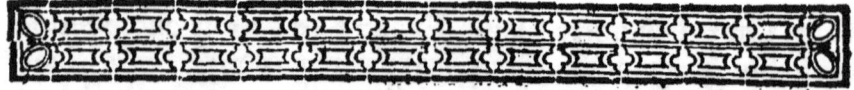

LETTRES PATENTES

EN FORME D'ÉDIT,

PORTANT établissement d'une Compagnie de Commerce, sous le nom de Compagnie d'Occident.

Données à Paris au mois d'Août 1717.

Regiſtrées en Parlement.

LOUIS, PAR LA GRACE DE DIEU, ROI DE FRANCE ET DE NAVARRE, à tous préſens & à venir : SALUT. Nous avons depuis notre avenement à la Couronne travaillé utilement à rétablir le bon ordre dans nos Finances, & à réformer les abus que les longues guerres avoient donné occaſion d'y introduire ; & nous n'avons pas eû moins d'attention au rétabliſſement du commerce de nos ſujets, qui contribue autant à leur bonheur, que la bonne adminiſtration de nos Finances. Mais par la connoiſſance que nous avons priſe de l'état de nos Colonies ſituées dans la partie ſeptentrionale de l'Amérique, nous avons reconnu qu'elles avoient d'autant plus beſoin de notre protection, que le ſieur Antoine Crozat auquel le feu Roi notre très-honoré Seigneur & Biſayeul avoit accordé par ſes Lettres Patentes du mois de Septembre de l'année 1712 le privilége du commerce excluſif dans notre Gouvernement de la Louiſianne, nous a très-humblement fait ſupplier de trouver bon qu'il nous le remît, ce que nous lui avons accordé par l'Arrêt de notre Conſeil du 23 du préfent mois d'Août, & que le Traité fait avec les fieurs Aubert, Neret & Gayot le 10 Mai 1706, pour la traite du Caftor de Canada, doit expirer à la fin de la préfente année ; nous avons jugé qu'il étoit néceffaire pour le bien de notre fervice & l'avantage de ces deux Colonies, d'établir une Compagnie en état d'en foutenir le commerce, & de faire travailler aux différentes cultures & plantations qui s'y peuvent faire. A CES CAUSES & autres à ce nous mouvans, de l'avis de notre très-cher & très-amé oncle le Duc d'Orleans Régent, petit-fils de France, de notre très-cher & très-amé coufin le Duc de Bourbon, de notre très-cher & très-amé coufin le Prince de Conty, Princes de notre Sang, de notre très-cher & très-amé oncle le Duc du Maine, de notre très-cher & très-amé oncle le Comte de Touloufe, Princes légitimés, & autres Pairs de France, grands & notables perfonnages de notre Royaume, & de notre certaine fcience, pleine puiffance & autorité Royale, nous avons dit, ftatué & ordonné, difons, ftatuons & ordonnons, voulons & nous plaît.

ARTICLE PREMIER.

QU'IL foit formé, en vertu des Préfentes, une Compagnie de Commerce, fous le nom de *Compagnie d'Occident*, dans laquelle il fera permis à tous nos fujets, de quelque rang & qualité qu'ils puiffent être, même aux autres Compagnies formées ou à former, & aux corps & Communautés de prendre intérêt pour telle fomme qu'ils jugeront à propos, fans que pour raifon defdits engagemens ils puiffent être réputés avoir dérogé à leurs titres, qualités & nobleffe ; notre intention étant qu'ils joüiffent du bénéfice porté aux Edits des mois de Mai & Août 1664, Août 1669 & Décembre 1701, que nous voulons être exécutés fuivant leur forme & teneur.

II.

ACCORDONS à ladite Compagnie le droit de faire feule pendant l'efpace de vingt-cinq années, à commencer du jour

jour de l'enregistrement des Présentes, le commerce dans notre Province & Gouvernement de la Louisianne, & le privilége de recevoir, à l'exclusion de tous autres, dans notre Colonie de Canada, à commencer du premier Janvier 1718, jusques & compris le dernier Décembre 1742, tous les Castors gras & secs que les habitans de ladite Colonie auront traité, nous réservant de régler, sur les mémoires qui nous seront envoyés dudit Pays, les quantités des différentes espéces de Castors que la Compagnie sera tenue de recevoir chaque année desdits habitans de Canada, & les prix auxquels elle sera tenue de les leur payer.

III.

Faisons défenses à tous nos autres sujets, de faire aucun commerce dans l'étendue du Gouvernement de la Louisianne, pendant le tems du privilége de la Compagnie d'Occident, à peine de confiscation des marchandises & des Vaisseaux: n'entendons cependant par ces défenses interdire aux habitans le commerce qu'ils peuvent faire dans ladite Colonie, soit entre eux, soit avec les Sauvages.

IV.

Défendons pareillement à tous nos sujets, d'acheter aucun Castor dans l'étendue du Gouvernement de Canada, pour le transporter dans notre Royaume, à peine de confiscation dudit Castor au profit de la Compagnie, même des Vaisseaux sur lesquels il se trouvera embarqué; le commerce de Castor restera néanmoins libre dans l'intérieur de la Colonie entre les négocians & les habitans, qui pourront continuer à vendre & acheter en Castor comme ils ont toujours fait.

V.

Pour donner moyen à ladite Compagnie d'Occident de faire un établissement solide, & la mettre en état d'exécuter toutes les entreprises qu'elle pourra former, nous lui avons donné, octroyé & concédé, donnons, octroyons & concédons par ces Préfentes à perpétuité toutes les terres, côtes, ports, havres & ifles qui compofent notre Province de la Louifianne, ainfi & dans la même étendue que nous l'avions accordé au fieur Crozat par nos Lettres Patentes du 14 Septembre 1712, pour en joüir en toute propriété, Seigneurie & Juftice, ne nous réfervant autres droits ni devoirs que la feule foi & hommage lige, que ladite Compagnie fera tenue de nous rendre & à nos fucceffeurs Rois à chaque mutation de Roi, avec une Couronne d'or du poids de trente marcs.

VI.

Pourra ladite Compagnie dans ledit Pays de fa conceffion, traiter & faire alliance en notre nom avec toutes les nations du Pays, autres que celles dépendantes des autres Puiffances de l'Europe, & convenir avec elles des conditions qu'elle jugera à propos pour s'y établir, & faire fon commerce de gré à gré; & en cas d'infulte, elle pourra leur déclarer la guerre, les attaquer ou fe défendre par la voye des armes, & traiter de paix & de tréve avec elles.

VII.

La propriété des mines & minieres que ladite Compagnie fera ouvrir pendant le tems de fon privilége, lui appartiendra incommutablement, fans être tenue de nous payer pendant ledit tems, pour raifon defdites mines & minieres, aucuns droits de fouveraineté, defquels nous lui avons fait & faifons don par ces Préfentes.

VIII.

Pourra ladite Compagnie vendre & aliéner les terres de fa conceffion, à tels cens & rentes qu'elle jugera à propos, même les accorder en franc-aleu, fans Juftice ni Seigneurie: n'entendons néanmoins qu'elle puiffe dépoffeder ceux de nos fujets, qui font déja établis dans le Pays de fa conceffion, des terres qui leur ont été concédées, ou de celles que sans concession ils auront commencé à mettre en valeur. Voulons que ceux d'entre eux qui n'ont point de Brevets ou Lettres de nous, soient tenus de prendre des concessions de la Compagnie, pour s'assûrer de la propriété des terres dont ils joüissent, lesquelles concessions leur seront données gratuitement.

IX.

POURRA ladite Compagnie faire construire tels forts, châteaux & places qu'elle jugera nécessaires pour la défense des Pays que nous lui concédons, y mettre des garnisons, & lever des gens de guerre dans notre Royaume, en prenant nos permissions en la forme ordinaire & accoutumée.

X.

LADITE Compagnie pourra aussi établir les Gouverneurs, Officiers majors, & autres pour commander les troupes qu'elle jugera à propos, lesquels Gouverneurs & Officiers majors nous seront présentés par les Directeurs de la Compagnie, pour leur être expédié nos provisions ; & pourra ladite Compagnie les destituer toutes fois & quantes que bon lui semblera, & en établir d'autres en leurs places, auxquels nous ferons pareillement expédier nos Lettres sans aucune difficulté, en attendant l'expédition desquelles, lesdits Officiers pourront commander pendant le tems de six mois, ou un an au plus, sur les commissions des Directeurs ; & seront tenus les Gouverneurs & Officiers majors de nous prêter serment de fidélité.

XI.

PERMETTONS à ceux de nos Officiers Militaires qui sont présentement dans notre Gouvernement de la Louisianne, & qui voudront y demeurer, de même qu'à ceux qui voudront y passer sous notre bon plaisir, pour y servir en qualité de Capitaines ou de subalternes, d'y servir sur les commissions de la Compagnie, sans que pour raison de ce service ils perdent les rangs & grades qu'ils peuvent avoir actuellement, tant dans notre Marine que dans nos troupes de terre, voulant que sur les permissions que nous leur en accorderons, ils soient censés & réputés être toujours à notre service, & nous leur tiendrons compte de ceux qu'ils rendront à ladite Compagnie, comme s'ils nous les rendoient à nous-mêmes.

XII.

POURRA aussi ladite Compagnie armer & équiper en guerre autant de Vaisseaux qu'elle jugera nécessaires pour l'augmentation & la sûreté de son commerce, sur lesquels elle pourra mettre tel nombre de canons que bon lui semblera, & arborer le pavillon sur l'arriere & au Beaupré, & non sur aucun des autres mâts, & elle pourra aussi faire fondre des canons à nos armes, au-dessous desquelles elle mettra celles que nous lui accorderons ci-après.

XIII.

POURRA ladite Compagnie, comme Seigneurs Hauts-Justiciers des Pays de sa concession, y établir des Juges & Officiers par-tout où besoin sera, & où elle trouvera à propos, de les déposer & destituer quand bon lui semblera, lesquels connoîtront de toutes affaires de Justice, Police & commerce, tant civiles que criminelles ; & où il sera besoin d'établir des Conseils souverains, les Officiers dont ils seront composés nous seront nommés & présentés par les Directeurs généraux de ladite Compagnie, & sur lesdites nominations les provisions leur seront expédiées.

XIV.

LES Juges de l'Amirauté qui seront établis dans ledit Pays de la Louisianne, auront les mêmes fonctions, rendront la Justice dans la même forme, & connoîtront des mêmes affaires, dont la connoissance leur est attribuée, tant dans notre Royaume que dans les autres Pays soumis à notre obéissance, & seront par nous pourvûs sur la nomination de l'Amiral de France.

XV.

Seront les Juges établis en tous lesdits lieux, tenus de juger suivant les Loix & Ordonnances du Royaume, & se conformer à la coutume de la Prevôté & Vicomté de Paris, suivant laquelle les habitans pourront contracter, sans que l'on y puisse introduire aucune autre coutume, pour éviter la diversité.

XVI.

Tous procès qui pourront naître en France entre la Compagnie & les particuliers, pour raisons & affaires d'icelle, seront terminés & jugés par les Juges-Consuls à Paris, dont les Sentences s'exécuteront en dernier ressort jusqu'à la somme de cent cinquante livres, & au-dessus par provision, sauf l'appel en notre Cour de Parlement à Paris ; & quant aux matieres criminelles dans lesquelles la Compagnie sera partie, soit en demandant, soit en défendant, elles seront jugées par les Juges ordinaires, sans que le criminel puisse attirer le civil, lequel sera jugé comme il est dit ci-dessus.

XVII.

Ne sera par nous accordé aucune Lettre d'état, ni de répi, évocation, ni surséance à ceux qui auront acheté des effets de la Compagnie, lesquels seront contraints au payement de ce qu'ils devront, par les voyes & ainsi qu'ils y seront obligés.

XVIII.

Nous promettons à ladite Compagnie de la protéger & défendre, & d'employer la force de nos armes, s'il est besoin, pour la maintenir dans la liberté entiere de son commerce & navigation, & de lui faire faire raison de toutes injures & mauvais traitemens, en cas que quelque Nation voulût entreprendre contre elle.

XIX.

Si aucuns des Directeurs, Capitaines des Vaisseaux, Officiers, Commis ou Employés, actuellement occupés aux affaires de la Compagnie, étoient pris par les sujets des Princes & Etats avec lesquels nous pourrions être en guerre, nous promettons de les faire retirer ou échanger.

XX.

Ne pourra ladite Compagnie se servir pour son commerce d'autres Vaisseaux que ceux à elle appartenans ou à nos sujets, armés dans les Ports de notre Royaume d'équipages François, où ils seront tenus de faire leurs retours, ni faire partir lesdits Vaisseaux des Pays de sa concession, pour aller à la côte de Guinée directement, sous peine d'être déchûs du présent privilége, avec confiscation des Vaisseaux & des marchandises dont ils seront chargés.

XXI.

Permettons aux Vaisseaux de ladite Compagnie, même à ceux de nos sujets qui auront permission d'elle ou de ses Directeurs, de courir sur les Vaisseaux de nos sujets qui viendront traiter dans les Pays à elle concédés, en contravention de ce qui est porté par les Présentes, & les prises seront jugées conformément au Réglement que nous ferons à ce sujet.

XXII.

Tous les effets, marchandises, vivres & munitions qui se trouveront embarqués sur les Vaisseaux de la Compagnie, seront censés & réputés lui appartenir, à moins qu'il ne paroisse par des connoissemens en bonne forme, qu'ils ont été chargés à frêt par les ordres de la Compagnie, ses Directeurs ou Préposés.

XXIII.

Voulons que ceux de nos sujets qui passeront dans les Pays concédés à ladite Compagnie, joüissent des mêmes libertés & franchises que s'ils étoient demeurant dans notre Royaume, & que ceux qui y naîtront des habitans François dudit pays, & même des étrangers Européens faisant profession de la Religion Catholique, Apostolique & Romaine, qui pourront s'y établir, soient censés & réputés regnicoles, & comme tels capables de toutes successions, dons, legs, & autres dispositions, sans être obligés d'obtenir aucunes lettres de naturalité.

XXIV.

ET pour favoriser ceux de nos sujets qui s'établiront dans lesdits Pays, nous les avons déclarés & déclarons exempts, tant que durera le privilége de la Compagnie, de tous droits, subsides, & impositions, telles qu'elles puissent être, tant sur les personnes & esclaves, que sur les marchandises.

XXV.

LES denrées & marchandises que ladite Compagnie aura destinées pour les Pays de sa concession, & celles dont elle aura besoin pour la construction, armement & avitaillement de ses Vaisseaux, seront exemptes de tous droits, tant à nous appartenans, qu'à nos Villes, tels qu'ils puissent être mis & à mettre, tant à l'entrée qu'à la sortie; & encore qu'elles sortissent de l'étendue d'une de nos Fermes pour entrer dans une autre, ou d'un de nos Ports pour être transportées dans un autre où se fera l'armement, à la charge que ses commis & préposés donneront leurs soumissions de rapporter dans dix-huit mois, à compter du jour d'icelles, certificat de la décharge dans les Pays pour lesquelles elles auront été destinées, à peine, en cas de contravention, de payer le quadruple des droits, nous réservant de lui donner un plus long délai dans les cas & occurrences que nous jugerons à propos.

XXVI.

DÉCLARONS pareillement ladite Compagnie exempte des droits de péage, travers, passages, & autres impositions qui se perçoivent à notre profit ès rivieres de Seine & de Loire sur les futailles vuides, bois marin & bois à bâtir Vaisseaux, & autres marchandises appartenant à ladite Compagnie, en rapportant par les Voituriers & Conducteurs des certificats de deux de ses Directeurs.

XXVII.

En cas que ladite Compagnie soit obligée pour le bien de son commerce de tirer des Pays étrangers quelques marchandises pour les transporter dans le Pays de sa concession, elles seront exemptes de tous droits d'entrée & de sortie, à la charge qu'elles seront déposées dans les magasins de nos Douanes, ou dans ceux de ladite Compagnie, dont les commis des Fermiers généraux de nos Fermes, & ceux de ladite Compagnie auront chacun une clef, jusqu'à ce qu'elles soient chargées dans les Vaisseaux de la Compagnie, qui sera tenue de donner sa soumission de rapporter dans dix-huit mois, à compter du jour de la signature d'icelles, certificats de leur décharge esdits Pays de sa concession, à peine, en cas de contravention, de payer le quadruple des droits ; nous réservant, lorsque la Compagnie aura besoin de tirer desdits Pays étrangers, quelques marchandises dont l'entrée pourroit être prohibée, de lui en accorder la permission, si nous le jugeons à propos, sur les états qu'elle nous en présentera.

XXVIII.

Les marchandises que ladite Compagnie fera apporter dans les Ports de notre Royaume pour son compte des Pays de sa concession, ne payeront pendant les dix premieres années de son privilége que la moitié des droits que de pareilles marchandises venant des Isles & Colonies Françoises de l'Amérique, doivent payer, suivant notre Réglement du mois d'Avril dernier ; & si ladite Compagnie fait venir desdits Pays de sa concession d'autres marchandises que celles qui viennent des Isles & Colonies Françoises de l'Amérique, comprises dans notredit Réglement, elles ne payeront que la moitié des droits que payeroient d'autres marchandises de même espéce & qualité

venant

venant des Pays étrangers, soit que lesdits droits nous appartiennent, ou ayent été par nous aliénés à des particuliers; & pour le plomb, le cuivre, & les autres métaux, nous avons accordé & accordons à ladite Compagnie l'exemption entiere de tous droits mis & à mettre sur iceux: mais si ladite Compagnie prend des marchandises à frêt sur ses Vaisseaux, elle sera tenue d'en faire faire la déclaration aux Bureaux de nos Fermes par les Capitaines dans la forme ordinaire, & lesdites marchandises payeront les droits en entier. A l'égard des marchandises que ladite Compagnie fera apporter dans les Ports de notre Royaume, dénommés en l'article XV du Réglement du mois d'Avril dernier, ou dans ceux de Nantes, Brest, Morlaix & saint Malo, pour son compte, tant des Pays de sa concession, que des Isles Françoises de l'Amérique, provenant de la vente des marchandises du cru de la Louisianne, destinées à être portées dans les Pays étrangers, elles seront mises en dépôt dans les magasins des Douanes des Ports où elles arriveront, ou dans ceux de la Compagnie, en la forme ci-dessus prescrite, jusqu'à ce qu'elles soient enlevées; & lorsque les Commis de ladite Compagnie voudront les envoyer dans les Pays étrangers, par mer ou par terre par transit, ce qui ne se pourra que par les Bureaux désignés par notredit Réglement du mois dernier, ils seront tenus de prendre des acquits à caution, portant soumission de rapporter dans un certain tems certificat du dernier Bureau de sortie, qu'elles y auront passé, & un autre de leur décharge dans les Pays étrangers,

XXIX.

Si la Compagnie fait construire des Vaisseaux dans les Pays de sa concession, nous voulons bien, lorsqu'ils arriveront dans les Ports de notre Royaume pour la premiere fois, lui faire payer par forme de gratification sur notre Trésor Royal six livres par tonneau, pour les Vaisseaux du port de deux cens tonneaux & au-dessus, & neuf livres aussi par tonneau pour ceux de deux cens cinquante tonneaux &

au-dessus, & ce en rapportant des certificats des Directeurs de la Compagnie auxdits Pays, comme lesdits navires y auront été construits.

XXX.

Permettons à ladite Compagnie de donner des permissions particulieres à des Vaisseaux de nos sujets, pour aller traiter dans les Pays de sa concession à telles conditions qu'elle jugera à propos ; & voulons que lesdits Vaisseaux, munis des permissions de ladite Compagnie, jouissent des mêmes droits, priviléges & exemptions que ceux de la Compagnie, tant sur les vivres, marchandises & effets qui seront chargés sur iceux, que sur les marchandises & effets qu'ils rapporteront.

XXXI.

Nous ferons délivrer de nos magasins à ladite Compagnie, tous les ans pendant le tems de son privilége, quarante milliers de poudre à fusil, qu'elle nous payera au prix qu'elle nous aura coûté.

XXXII.

Notre intention étant de faire participer au commerce de cette Compagnie & aux avantages que nous lui accordons, le plus grand nombre de nos sujets que faire se pourra, & que toutes sortes de personnes puissent s'y intéresser suivant leurs facultés, nous voulons que les fonds de cette Compagnie soient partagés en actions de cinq cens livres chacune, dont la valeur sera fournie en billets de l'Etat, desquels les intérêts seront dûs depuis le premier jour du mois de Janvier de la présente année ; & lorsqu'il nous sera représenté par les Directeurs de ladite Compagnie, qu'il aura été délivré des actions pour faire un fonds suffisant, nous ferons fermer les livres de la Compagnie.

XXXIII.

Les billets desdites actions seront payables au Porteur, signés par le Caissier de la Compagnie & visés par l'un des Directeurs ; il en sera délivré de deux sortes, sçavoir, des billets d'une action, & des billets de dix actions.

XXXIV.

Ceux qui voudront envoyer les billets desdites actions dans les Provinces ou dans les pays étrangers, pourront les endosser pour plus grande sûreté, sans que les endossemens les obligent à la garentie de l'action.

XXXV.

Pourront tous les étrangers acquerir tel nombre d'actions qu'ils jugeront à propos, quand même ils ne seroient pas résidens dans notre Royaume ; & nous avons déclaré & déclarons les actions appartenant auxdits étrangers non sujettes au droit d'aubeine, ni à aucune confiscation pour cause de guerre ou autrement, voulant qu'ils jouissent desdites actions comme nos sujets.

XXXVI.

Et d'autant que les profits & pertes dans les Compagnies de commerce n'ont rien de fixe, & que les actions de ladite Compagnie ne peuvent être regardées que comme marchandises, nous permettons à tous nos sujets & aux étrangers, en Compagnie ou pour leur compte particulier, de les acheter, vendre & commercer, ainsi que bon leur semblera.

XXXVII.

Tout Actionnaire porteur de cinquante actions aura voix délibérative aux assemblées, & s'il est porteur de cent actions il aura deux voix, & ainsi par augmentation de cinquante en cinquante.

XXXVIII.

Les billets de l'Etat reçus pour les fonds des actions, seront convertis en rentes au denier vingt-cinq, dont les intérêts coureront à commencer du premier Janvier de la présente année sur notre Ferme du contrôle des actes des Notaires, du petit sceau & insinuations laïques, que nous avons hypothéqué & affecté, hypothéquons & affectons spécialement au payement desdites rentes; en conséquence il sera passé en notre nom au profit de ladite Compagnie, par les Commissaires de notre Conseil que nous aurons nommés à cet effet, des contrats de quarante mille livres de rentes perpetuelles & héréditaires, chacun faisant la rente d'un million au denier vingt-cinq, sur les quittances de Finance qui en seront délivrées par le garde de notre Trésor Royal en exercice la présente année, qui recevra de ladite Compagnie pour un million de billets de l'Etat à chaque payement, & ce jusqu'à concurrence des fonds qui seront portés pour former les actions de ladite Compagnie.

XXXIX.

Les arrérages desdites rentes seront payés; sçavoir, ceux de la présente année dans les quatre derniers mois d'icelle; & ceux des années suivantes en quatre payemens égaux de trois mois en trois mois, par notre Fermier du contrôle des actes des Notaires, petits sceaux & insinuations laïques, au Caissier de ladite Compagnie sur ses quittances visées de trois des Directeurs, qui lui fourniront copie collationnée des Présentes & de leur nomination, pour la premiere fois seulement.

XL.

Les Directeurs employeront au commerce de la Compagnie les arrérages dûs de la présente année des contracts qui seront expédiés au profit de la Compagnie; leur défendons très-expressément d'y employer aucune partie des intérêts des années suivantes, ni de contracter aucun engagement sur icelles; voulons que les Actionnaires soient reguliérement payés des intérêts de leurs actions, à raison de quatre pour cent par année, à commencer du premier du mois de Janvier de l'année prochaine, dont le premier payement pour six mois se fera au premier Juillet prochain, & ainsi successivement.

XLI.

Comme il est nécessaire qu'aussitôt après l'enregistrement des Préfentes, il y ait des perfonnes qui prennent la régie de tout ce qu'il conviendra faire pour l'arrangement des livres & les autres détails qui doivent former les commencemens de ladite Compagnie, ce qui ne peut fouffrir aucun retardement, nous nommerons pour cette premiere fois feulement les Directeurs que nous aurons choifis à cet effet, lefquels auront pouvoir de regir & adminiftrer les affaires de ladite Compagnie, laquelle pourra dans une affemblée générale, après deux années revolues, nommer trois nouveaux Directeurs, ou les continuer pour trois ans, fi elle le juge à propos, & ainfi fucceffivement de trois ans en trois ans, lefquels Directeurs ne pourront être choifis que François & Regnicoles.

XLII.

Les Directeurs arrêteront tous les ans, à la fin du mois de Décembre, le bilan général des affaires de la Compagnie, après quoi ils convoqueront par une affiche publique l'affemblée générale de ladite Compagnie, dans laquelle les repartitions des profits de ladite Compagnie feront refolues & arrêtées.

XLIII.

Attendu le grand nombre d'actions dont ladite Compagnie fera compofée, nous jugeons néceffaire pour la commodité de nos fujets, d'établir un tel ordre dans les payemens, tant des intérêts que des repartitions, que chaque porteur d'action puiffe fçavoir le jour qu'il pourra fe préfenter à la caiffe pour recevoir fans remife ni délai ce qui lui fera dû : pour cet effet voulons que les rentes defdites actions, enfemble les repartitions des profits provenant du commerce, foient payées fuivant les numéros defdites actions en commençant par le premier, fans que la Compagnie puiffe rien changer à cet ordre, & que les Directeurs faffent afficher à la porte du Bureau de ladite Compagnie, & inférer dans les Gazettes publiques les numero qui devront être payés dans la femaine fuivante.

XLIV.

Les actions de la Compagnie, ni les effets d'icelle, ensemble les appointemens des Directeurs, Officiers & Employés de ladite Compagnie, ne pourront être saisis par aucune personne & sous quelque prétexte que ce puisse être, pas même pour nos propres deniers & affaires; sauf aux créanciers des actionnaires à faire saisir & arrêter entre les mains du Caissier général, & teneur de livres de ladite Compagnie ce qui pourra revenir auxdits Actionnaires par les comptes qui seront arrêtés par la Compagnie, auxquels les créanciers seront tenus de se rapporter, sans que lesdits Directeurs soient obligés de leur faire voir l'état des effets de la Compagnie, ni de leur rendre aucun compte, ni pareillement que lesdits créanciers puissent établir des Commissaires ou gardiens auxdits effets, déclarant nul tout ce qui pourroit être fait à ce préjudice.

XLV.

Voulons que les billets de l'Etat qui seront remis au Garde de notre Trésor Royal pour ladite Compagnie d'Occident, soient par lui portés à l'Hôtel de notre bonne ville de Paris, auquel lieu en présence du sieur Bignon, Conseiller d'Etat ordinaire, ancien Prévôt des Marchands, du sieur Trudaine Conseiller d'Etat, Prévôt des Marchands en charge, des sieurs de Serre, Le Virloys, Harlan & Boucot qui ont signé les billets de l'Etat avec eux, & des Officiers municipaux dudit Hôtel de Ville, qui s'y trouveront ou voudront s'y trouver, lesdits billets de l'Etat seront brûlés publiquement incontinent après l'expédition de chaque contract, après en avoir dressé procès-verbal, contenant les registres, numero & sommes, en avoir fait mention sur lesdits registres, & les en avoir déchargé, lequel procès-verbal sera signé desdits sieurs Prévôt des Marchands & autres dénommés au présent article.

XLVI.

Les Directeurs auront à la pluralité des voix la nomination de tous les emplois, & des Capitaines & Officiers servant sur les Vaisseaux de la Compagnie, aussi-bien que des Officiers Militaires, de Justice & autres qui seront employés dans les Pays de sa concession, & pourront les revoquer lorsqu'ils le jugeront à propos ; & lesdites nominations de tous lesdits Officiers & Employés seront signées au moins de trois des Directeurs, ce qui sera pareillement observé pour les révocations.

XLVII.

Ne pourront lesdits Directeurs être inquiétés ni contraints en leurs personnes & biens pour les affaires de la Compagnie.

XLVIII.

Ils arrêteront tous les comptes, tant des Commis & Employés en France, que dans les Pays de la concession de la Compagnie & des correspondans, lesquels comptes seront signés au moins de trois desdits Directeurs.

XLIX.

Il sera tenu de bons & fideles journaux de caisse, d'achapts, de ventes, d'envois & de raison en parties doubles, tant dans la direction générale de Paris, que par les Commis & Commissionnaires de la Compagnie dans les Provinces & dans les Pays de sa concession, qui seront cottés & paraphés par les Directeurs, auxquels sera ajoûté foi en justice.

L.

Nous faisons don à ladite Compagnie des Forts, magasins, maisons, canons, armes, poudres, brigantins, bateaux, Pirogues, & autres effets & ustenciles que nous avons présentement à la Louisianne, dont elle sera mise en possession sur nos ordres, qui y seront envoyés par notre Conseil de Marine.

LI.

Nous faisons pareillement don à ladite Compagnie, des

Vaisseaux, marchandises & effets que le sieur Crozat nous a remis, ainsi qu'il est expliqué par l'Arrêt de notre Conseil du vingt-troisiéme jour du présent mois, de quelque nature qu'ils puissent être, & à quelques sommes qu'ils puissent monter, à condition de transporter six mille blancs, & trois mille noirs au moins, dans les Pays de sa concession, pendant la durée de son privilége.

LII.

Si après que les vingt-cinq années du privilége que nous accordons à ladite Compagnie d'Occident seront expirées, nous ne jugeons pas à propos de lui en accorder la continuation, toutes les Isles & terres qu'elles aura habitées ou fait habiter, avec les droits utiles, cens & rentes qui seront dûs par les habitans, lui demeureront à perpetuité, en toute propriété, pour en faire & disposer ainsi que bon lui semblera, comme de son propre héritage, sans que nous puissions retirer lesdites terres ou Isles pour quelque cause, occasion ou prétexte que ce soit, à quoi nous avons renoncé dès-à-présent, à condition que ladite Compagnie ne pourra vendre lesdites terres à d'autres qu'à nos sujets ; & à l'égard des Forts, armes & munitions, ils nous seront remis par ladite Compagnie, à laquelle nous en payerons la valeur, suivant la juste estimation qui en sera faite.

LIII.

Comme dans l'établissement des pays concédés à ladite Compagnie par ces Présentes, nous regardons particulierement la gloire de Dieu en procurant le salut des habitans Indiens, Sauvages & Négres que nous desirons être instruits dans la vraye Religion, ladite Compagnie sera obligée de bâtir à ses dépens des Eglises dans les lieux de ses habitations, comme aussi d'y entretenir le nombre d'Ecclésiastiques approuvés qui sera nécessaire ; soit en qualités de Curés ou tels autres qui sera convenable, pour y prêcher le saint Evangile, faire le service divin, & y administrer les Sacremens, le tout sous l'autorité de l'Evêque

de

de Quebec, ladite Colonie demeurant dans son Diocèse ainsi que par le passé; & seront les Curés & autres Ecclésiastiques que la Compagnie entretiendra, à sa nomination & patronage.

LIV.

Pourra ladite Compagnie prendre pour ses armes un écusson de sinople à la pointe ondée d'argent, sur laquelle sera couché un fleuve au naturel, appuyé sur une corne d'abondance d'or au chef d'azur, semé de fleurs-de-lys d'or, soutenu d'une face en devise aussi d'or, ayant deux sauvages pour supports, & une couronne tréflée, lesquelles armes nous lui accordons pour s'en servir dans ses sceaux & cachets, & que nous lui permettons de faire mettre & apposer à ses édifices, Vaisseaux, canons, & par-tout ailleurs où elle jugera à propos.

LV.

Permettons à ladite Compagnie, de dresser & arrêter tels Statuts & Réglemens qu'il appartiendra pour la conduite & direction de ses affaires & de son commerce, tant en Europe, que dans les pays à elle concédés, lesquels Statuts & Réglemens nous confirmerons par Lettres Patentes, afin que les Intéressés dans ladite Compagnie soient obligés de les exécuter selon leur forme & teneur.

LVI.

Comme notre intention n'est point que la protection particuliere que nous accordons à ladite Compagnie, puisse porter aucun préjudice à nos autres Colonies, que nous voulons également favoriser; défendons à ladite Compagnie de prendre ou recevoir, sous quelque prétexte que ce soit, aucun habitant établi dans nos Colonies, pour les transporter à la Louisianne, sans en avoir obtenu la permission par écrit de nos Gouverneurs généraux auxdites Colonies, visée des Intendans ou Commissaires ordonnateurs.

Si donnons en mandement à nos amés & féaux Conseil-

Tome III. Q

lers les Gens tenant notre Cour de Parlement, Chambre des Comptes & Cour des Aydes à Paris, que ces Présentes ils ayent à faire lire publier & regiſtrer, & le contenu en icelles garder, obſerver & exécuter ſelon leur forme & teneur, nonobſtant tous Edits, Déclarations, Réglemens, Arrêts ou autres choſes à ce contraires, auxquels nous avons dérogé & dérogeons par ces Préſentes, aux copies deſquelles collationnées par l'un de nos amés & feaux Conſeillers-Secrétaires, voulons que foi ſoit ajoûtée comme à l'original ; car tel eſt notre plaiſir. Et afin que ce ſoit choſe ferme & ſtable à toujours, nous avons fait mettre notre Scel à ceſdites Préſentes. DONNÉ à Paris au mois d'Août l'an de grace mil ſept cent dix-ſept, & de notre regne le deuxiéme. Signé LOUIS. *Et plus bas* ; par le Roi, le Duc d'Orleans Régent préſent, PHELYPEAUX. *Viſa* DAGUESSEAU. Vû au Conſeil, VILLEROY. Et ſcellé du grand Sceau de cire verte.

Regiſtrées, ouï & ce requerant le Procureur général du Roi, pour être exécutées ſelon leur forme & teneur, ſans néanmoins que les ſtatuts qui ſeront ci-après dreſſés par la Compagnie d'Occident puiſſent avoir exécution, qu'après avoir été confirmés par Lettres Patentes du Roi regiſtrées en la Cour ; & copies collationnées des Préſentes, envoyées aux Bailliages & Sénéchauſſées du reſſort pour y être lûes, publiées & regiſtrées ; enjoint aux Subſtituts du Procureur général du Roi d'y tenir la main, & d'en certifier la Cour dans un mois. A Paris en Parlement le ſix Septembre mil ſept cent dix-ſept. Signé GILBERT.

ARREST

DU CONSEIL D'ETAT

DU ROY,

QUI nomme les Directeurs de la Compagnie d'Occident.

Du 12 Septembre 1717.

Extrait des Registres du Conseil d'Etat.

LE Roi étant en son Conseil, s'étant fait représenter les Lettres Patentes en forme d'Edit du mois d'Août dernier, portant établissement d'une Compagnie de Commerce sous le nom de Compagnie d'Occident, par l'article XLI desquelles Sa Majesté s'est reservée, pour cette premiere fois seulement, la nomination des Directeurs, pour regir & administrer les affaires de ladite Compagnie, ainsi & pendant le temps mentionné auxdits Lettres Patentes; & étant nécessaire de pourvoir à cette nomination, oui le rapport & tout consideré, SA MAJESTE' E'TANT EN SON CONSEIL, de l'avis de Monsieur le Duc d'Orleans son oncle Régent, a nommé & choisi pour Directeur de ladite Compagnie d'Occident les sieurs Law, Directeur général de la Banque, d'Artaguiette receveur général des Finances d'Auch, Duché Chevalier d'honneur du Bureau des Finances de la Rochelle, Moreau Député du commerce de la ville de saint Malo, Piou autre Député du commerce de la ville de Nantes, Castaigneres Négociant, & Mouchard Député du com-

Q ij

merce de la Rochelle, auxquels elle donne pouvoir de régir & administrer les affaires de ladite Compagnie conformément auxdites Lettres Patentes du mois d'Août dernier & pendant le temps y mentionné. FAIT au Conseil d'Etat du Roi, Sa Majesté y étant, tenu à Paris le douziéme de Septembre mil sept cent dix-sept. *Signé* PHELYPEAUX.

ARREST
DU CONSEIL D'ÉTAT
DU ROY,

QUI nomme des Commissaires pour passer les Contracts de Rentes de la Compagnie d'Occident.

Du 24 Septembre 1717.

Extrait des Registres du Conseil d'Etat.

LE Roi ayant par l'article XXXVIII de ses Lettres Patentes du mois d'Août dernier, portant établissement de la Compagnie d'Occident, ordonné qu'il seroit passé au nom de Sa Majesté au profit de ladite Compagnie, par les Commissaires du Conseil qui seroient nommés à cet effet, des contracts de quarante mille livres de rentes perpétuelles & héréditaires, assignées sur la Ferme du contrôle des actes des Notaires, chacun faisant la rente d'un million au denier vingt-cinq, sur les quittances qui en seroient délivrées par le Garde du Trésor Royal en exercice la présente année, lequel recevroit de ladite Compagnie pour un million de billets de l'Etat à chaque payement, & ce jusqu'à concurrence des fonds qui seroient portés pour former ladite Compagnie ; & Sa Majesté voulant pourvoir à la nomination desdits Commissaires, ouï le rapport ; SA MAJESTÉ EN SON CONSEIL, a commis & commet les sieurs Amelot de la Houssaye & Fagon, Conseillers d'Etat &

Q iij

au Conseil de Finances, & d'Ormesson Maître des Requêtes, aussi Conseiller audit Conseil des Finances, pour passer en son nom au profit de ladite Compagnie d'Occident, les contracts de rentes perpétuelles & héréditaires, assignées sur ladite Ferme du contrôle des actes des Notaires, en la maniere portée par lesdites Lettres Patentes du mois d'Août dernier. FAIT au Conseil d'Etat du Roi, tenu à Paris le vingt-quatriéme jour de Septembre mil sept cent dix-sept. *Collationné. Signé* RANCHIN.

ARREST
DU CONSEIL D'ÉTAT
DU ROY,

QUI autorise la nomination faite par les Directeurs de la Compagnie d'Occident, du Sr. Urbain de la Barre pour Caissier de ladite Compagnie.

Du 23 Octobre 1717.

Extrait des Registres du Conseil d'Etat.

LES sieurs Law, Dartaguiette, Duché, Moreau, Piou, Castaigneres & Mouchard, Directeurs de la Compagnie d'Occident, nommés par Arrêt du Conseil du 12 du mois de Septembre dernier, ayant représenté au Roi étant en son Conseil, que suivant la faculté à eux accordée par l'article XLVI des Lettres Patentes du mois d'Août dernier portant établissement de la Compagnie d'Occident, ils ont choisi & nommé pour Caissier de ladite Compagnie le sieur Urbain de la Barre, lequel en a fait les fonctions depuis le 14 du mois de Septembre dernier, en vertu de la Commission qui lui en a été expédiée par lesdits Directeurs, lesquels supplient Sa Majesté d'autoriser en tant que de besoin ladite nomination; à quoi ayant égard, oui le rapport, & tout considéré, SA MAJESTE ETANT EN SON CONSEIL, de l'avis de Monsieur le Duc d'Orleans

Régent, a autorisé & autorise en tant que de besoin la nomination faite par les Directeurs de ladite Compagnie d'Occident, dudit sieur Urbain de la Barre pour Caissier de ladite Compagnie, & en conséquence les signatures qu'il a fait & fera en ladite qualité des billets d'actions de ladite Compagnie, conjointement avec un des Directeurs. FAIT au Conseil d'Etat du Roi, Sa Majesté y étant, tenu à Paris le vingt-troisiéme jour d'Octobre mil sept cent dix-sept. *Signé* PHELIPEAUX.

EDIT.

ÉDIT DU ROY,

QUI *fixe à cent millions le fonds de la Compagnie d'Occident, pour lesquels il est créé quatre millions de rentes au denier vingt-cinq ; sçavoir, deux millions sur la Ferme du contrôle des Actes, un million sur la Ferme du Tabac, & un million sur celle des Postes.*

ET *qui porte qu'on ne pourra saisir à la Compagnie, ni entre les mains de ses Directeurs, Caissier, Commis & Préposés, les effets de ladite Compagnie, ni les actions & profits des Actionnaires, si ce n'est en cas de faillite ou banqueroute ouverte, ou de décès des Actionnaires.*

Donné à Paris au mois de Décembre 1717.

Regiftré en Parlement.

LOUIS, PAR LA GRACE DE DIEU, ROI DE FRANCE ET DE NAVARRE, à tous présens & à venir : SALUT. Par nos Lettres Patentes en forme d'Edit du mois d'Août dernier, nous avons établi une Compagnie de Commerce, sous le nom de *Compagnie d'Occident*, à laquelle nous avons permis de recevoir le fonds de ses actions en billets de l'Etat, ou de la caisse commune de nos recettes générales, qu'elle doit remettre à notre Trésor Royal, pour être convertis en contrats de constitution de rentes au denier vingt-cinq, au payement desquelles nous avons spécialement affecté notre Ferme du contrôle des actes des Notaires, petits sceaux & insinuations laïques, nous réservant de faire fermer les livres de ladite Compagnie lorsqu'il nous seroit représenté par les Directeurs qu'il auroit été délivré des actions pour un fonds suffisant ; mais lesdits Directeurs nous ont remontré qu'une partie des Actionnaires, & plusieurs autres qui ont dessein de s'intéresser à cet établissement, étant incertains de la somme à laquelle le fonds de la Compagnie doit être fixé, craignent que si ce fonds étoit médiocre, les intérêts de la présente année, tant des billets de l'Etat que de la caisse commune, ne fussent pas suffisans pour soutenir le commerce, & qu'elle ne fût obligée de nous demander à l'avenir la permission d'y employer encore une portion des intérêts de quelques-unes des années suivantes, ce qui pourroit être reçû diversement par les Actionnaires, dont les uns envisageant un profit considérable dans le produit du commerce de la Compagnie, se porteroient volontiers à en augmenter les fonds pour en retirer une plus grande utilité, pendant que les autres seroient contents de recevoir régulierement les intérêts de leurs actions, avec leur part du bénéfice qui doit provenir des premiers fonds, sans être obligés d'entrer dans aucune autre contribution ; & que les Actionnaires désireroient encore qu'il nous plût de pourvoir plus particulierement que nous n'avons fait par l'article XLIV de nosdites Lettres Patentes aux inconvéniens des saisies. Sur quoi lesdits Directeurs nous ont très-humblement supplié de vouloir fixer le fonds de ladite Compagnie à une somme assez forte pour n'avoir pas besoin d'y faire dans la suite un supplément, & d'assurer la condition des Actionnaires de maniere que leur liberté ne soit gênée en aucun temps, & qu'ils soient certains de recevoir sans interruption l'intérêt de leurs actions, sans pouvoir être jamais forcés à faire une augmentation de fonds, soit par la cession d'une partie desdits intérêts, soit par la voye de l'appel ou autrement, ils nous ont témoigné en même-temps que si nous avions la bonté de fixer à cent millions le fonds des actions de ladite Compagnie, & d'affecter des fonds réels & solides au payement entier des arrérages des rentes qui seront constituées pour la valeur de cette somme, nous les mettrions en état de soutenir & de multiplier le commerce sans avoir besoin de nouveaux secours, & que nous donnerions aux Actionnaires toute la sûreté & la tranquillité qu'ils pourroient désirer; & comme notre intention est d'accorder une protection toute particuliere à un établissement si avantageux à notre Royaume, & de ne laisser aucun prétexte d'inquiétude aux Actionnaires, dont l'état doit être certain, indépendamment des hasards & des événemens du commerce, nous nous portons avec plaisir à entrer dans les vûes & les sages tempéramens qui nous ont été proposés par les Directeurs de ladite Compagnie, & nous voulons même y ajoûter de nouveaux priviléges, outre ceux que nous lui avons accordés par les Lettres Patentes qui contiennent son établissement. A CES CAUSES & autres à ce nous mouvans, de l'avis de notre très-cher & très-amé oncle le Duc d'Orleans, petit fils de France Régent, de notre très-cher & très-amé cousin le Duc de Bourbon, de notre très-cher & très-amé cousin le Prince de Conty, Princes de notre Sang, de notre très-cher & très-amé oncle le Duc du Maine, de notre très-cher & très-amé oncle le Comte de Toulouse, Princes légitimés, & autres Pairs de France, grands & notables personnages de notre Royaume, & de notre certaine science, pleine puissance & autorité Royale, nous avons par le présent Edit dit, statué & ordonné, disons, statuons & ordonnons, voulons & nous plaît.

ARTICLE PREMIER.

QUE le fonds de la Compagnie d'Occident soit & demeure fixé à la somme de cent millions, pour lesquels nous avons par le présent Edit créé & aliéné, créons & aliénons au profit de ladite Compagnie quatre millions de livres actuelles & effectives de rentes au denier vingt-cinq, à prendre; sçavoir, deux millions sur le produit de notre Ferme du controle des actes, petits sceaux & insinuations laïques, un million sur notre Ferme du Tabac, & un million sur notre Ferme des Postes, que nous avons affectés, obligés & hypothéqués spécialement & par privilége au payement & continuation des arrérages desdits quatre millions, qui ne pourront être employés ni divertis à aucun autre usage, pour quelque raison ni sous quelque prétexte que ce puisse être.

II.

LESDITS quatre millions de rentes seront vendus & aliénés à ladite Compagnie d'Occident par les Commissaires de notre Conseil, que nous avons nommés à cet effet par l'Arrêt de notredit Conseil du 24 du mois de Septembre dernier, dont les contrats seront passés pardevant Bâlin & le Fevre, Notaires au Châtelet de Paris, les grosses desquels contrats seront délivrées à ladite Compagnie sans frais, nous réservant de pourvoir d'un salaire raisonnable auxdits Notaires.

III.

CHAQUE constitution sera, conformément à nos Lettres Patentes du mois d'Août dernier, de quarante mille livres de rentes pour le principal d'un million de livres, qui sera payé ès mains du sieur Gruyn, Garde de notre Trésor Royal, en billets de l'Etat, dont les intérêts n'auront été payés que pour l'année 1716 seulement, ou en billets de la caisse commune de nos recettes générales ; & attendu que les intérêts desdits billets de la caisse commune doivent être liquidés jusqu'au premier Juillet de la présente année, en conséquence de notre Edit du mois d'Août dernier, voulons que pour remplacer les intérêts qui doivent servir de fonds pour le commerce de la Compagnie, il soit fait déduction à ceux qui acquéreront des actions de l'intérêt des six premiers mois de l'année 1718, & qu'il en soit dressé un état, pour être lesdits intérêts retenus à notre profit & déduit sur le fonds des intérêts de l'année 1717, que nous ferons remettre par le Garde de notre Trésor Royal au Caissier de ladite Compagnie.

IV.

Voulons qu'à commencer du premier Janvier de la présente année jusqu'à l'actuel remboursement des contrats desdites rentes, ladite Compagnie d'Occident en jouisse & en puisse disposer comme de sa propre chose, vrai & loyal acquêt, en vertu des contrats de constitution qui lui en seront passés par lesdits Commissaires de notre Conseil, & qu'elle soit payée des arrérages d'icelles; sçavoir, pour la présente année 1717 sur les fonds que nous avons destinés à cet effet, dont une partie a déja été fournie par le Garde de notre Tréfor Royal, qui continuera de les délivrer de mois en mois au Caissier de ladite Compagnie ; & quant aux arrérages desdites rentes pour l'année 1718 & les suivantes, ils seront payés directement à raison de deux millions par les Fermiers de notredite Ferme du contrôle des actes des Notaires, petits sceaux & insinuations laïques, d'un million par les Fermiers de notredite Ferme du Tabac, & d'un million par notre Fermier des Postes, de quartier en quartier & par portions égales, à commencer au mois de Janvier prochain, le tout sur les quittances en forme du Caissier de ladite Compagnie d'Occident, visées de trois des Directeurs, qui fourniront auxdits Fermiers des copies collationnées, tant desdites Lettres Patentes que du présent Edit, & de leur nomination pour la premiere fois seulement; voulons qu'à cet effet il soit fait emploi desdites sommes sous le nom dudit Caissier dans les états desdites Fermes qui seront arrêtés tous les ans en notre Conseil, & qu'en rapportant, tant par le Garde de notre Tréfor Royal pour les fonds de l'année présente qu'il doit fournir, que par lesdits Fermiers pour les années suivantes, les quittances du Caissier de ladite Compagnie, visées de trois Directeurs, la dépense en soit passée & allouée dans leurs comptes sans aucune difficulté.

V.

Voulons que le Garde de notre Tréfor Royal fasse recette dans ses états & comptes du prix principal des constitutions desdits quatre millions de livres de rentes, conformément aux quittances qu'il en aura expédiées.

VI.

Les Directeurs de la Compagnie employeront à son commerce les quatre millions d'arrérages de la présente année 1717, des contrats qui seront expédiés à son profit ; réitérons très-expressément les défenses que nous leur avons faites par l'article XL desdites Lettres Patentes, d'y employer aucune partie des arrérages des années suivantes : voulons que les Actionnaires soient régulierement payés des intérêts de leurs actions à raison de quatre pour cent par année, à commencer du premier Janvier de l'année prochaine, dont le premier payement pour six mois se fera au premier Juillet prochain, & ainsi successivement.

VII.

Si les Directeurs jugeoient qu'il pût être nécessaire pour le bien & l'augmentation du commerce, de faire un supplément de fonds, ils ne le pourront faire que par une délibération générale ; à l'effet de quoi ils seront tenus de convoquer la Compagnie, & d'indiquer un mois auparavant par des affiches publiques le jour & l'heure de l'assemblée générale, à laquelle ils exposeront l'état actuel de la Compagnie, & la somme dont ils croiront avoir besoin pour en soutenir & augmenter le commerce ; après quoi ils recueilleront les suffrages, & l'augmentation de fonds ne pourra être accordée qu'à la pluralité des voix, qui seront toujours comptées conformément à ce qui est porté par l'article XXXVII desdites Lettres Patentes.

VIII.

En cas qu'il eût été délibéré à la pluralité des voix qu'il seroit fait une augmentation de fonds, ceux des Actionnaires qui ne voudront pas y contribuer, ne pourront en aucune maniere y être contraints ; & il sera fait mention sur les regiſtres qui feront tenus par la Compagnie à cet effet, qu'ils n'ont point contribué au nouveau fonds ; au moyen de quoi leſdits Actionnaires n'auront part au profit du commerce qu'à proportion ſeulement des premiers fonds provenant des intérêts des billets de l'Etat échûs pendant la préſente année, ſuivant le bilan qui en aura été arrêté le jour de la délibération, & ils continueront au ſurplus de recevoir l'intérêt de leurs actions à quatre pour cent par les mains du Caiſſier de la Compagnie, ſans aucuns frais, de ſix mois en ſix mois.

IX.

Les Actionnaires qui auront fait le ſupplément de fonds pour l'augmentation du commerce de la Compagnie, auront une augmentation de profit à proportion dudit ſupplément, à l'effet de quoi ils ſeront tenus de rapporter leurs billets d'actions, pour leur en être délivré de nouveaux, ſur leſquels il ſera fait mention du ſupplément qui aura été par eux fourni, ſans que ledit ſupplément puiſſe être pris que ſur les intérêts des actions, ni excéder le quart deſdits intérêts pendant le temps qui ſera par eux jugé convenable.

X.

Les Actionnaires qui n'auront point voulu contribuer à l'augmentation de fonds réſolue à la pluralité des voix dans la Compagnie, n'auront plus de voix délibérative, & ne pourront être choiſis pour être Directeurs.

XI.

Les Actionnaires pourront avoir leurs actions en compte ſur les livres de la Compagnie, & en diſpoſer toutes fois & quantes & ainſi que bon leur ſemblera, ſans qu'il puiſſe être pris pour raiſon de ce aucuns frais, à l'effet de quoi les Directeurs feront tenir des regiſtres en bonne forme, cotés & paraphés par l'un d'eux.

XII.

Et comme il ne ſeroit pas juſte que la faculté que nous

donnons aux Actionnaires de mettre leurs actions en compte sur les livres de la Compagnie pût changer la nature de ces actions, qui étant payables au porteur dans leur origine, ne pouvoient être exposées à des saisies, le porteur n'en étant point connu, & que par cette raison la réserve portée par l'article XLIV de nos Lettres Patentes du mois d'Août dernier, de pouvoir saisir entre les mains du Caissier de la Compagnie, ne peut avoir lieu que dans le cas que le propriétaire peut être connu, soit par son décès ou par sa faillite ; voulons en interprétant ledit article XLIV que lesdites actions, soit en billets ou en compte sur les livres, ensemble les effets de ladite Compagnie, les intérêts & répartitions, les honoraires & appointemens des Directeurs, Officiers & Employés ne puissent être saisis à la Compagnie ni entre les mains de ses Directeurs, Caissiers, Commis & Préposés, par aucune personne & sous quelque prétexte que ce puisse être, pas même pour nos propres deniers & affaires ; & en cas qu'il fût fait des saisies desdites actions, effets, intérêts ou profits en provenant, au préjudice de notre présent Edit, nous les avons déclaré & déclarons nulles & comme non avenues : permettons néanmoins en cas de faillite ou banqueroute ouverte des Actionnaires, aux termes de l'article premier du titre XI de l'Edit du mois de Mars 1673, ou en cas de décès, de faire saisir & arrêter entre les mains du Caissier ou Teneur de livres de la Compagnie ce qui appartient auxdits Actionnaires, ou ce qui pourra leur revenir par les comptes qui seront arrêtés par la Compagnie, auquel cas de saisie les Directeurs ne seront tenus que de faire signifier aux saisissans dans huitaine du jour de la saisie au domicile par eux élû, une simple déclaration signée de trois desdits Directeurs au moins, de ce qui est dû auxdits Actionnaires sur qui la saisie aura été faite, ou à leur succession, quoi faisant ne seront lesdits Directeurs tenus de constituer Procureur ni de défendre à aucunes assignations ou demandes qui leur seroient faites ; mais seront les créanciers obligés de se rapporter à ladite déclaration, sans que les Directeurs soient

obligés

obligés de faire voir l'état des effets de la Compagnie, ni de rendre aux créanciers aucun compte, ni que les créanciers puissent établir des Commissaires ou Gardiens desdits effets saisis, déclarant nul tout ce qui pourroit être fait au préjudice du présent article, comme il est porté dans l'article XLIV de nosdites Lettres Patentes du mois d'Août dernier.

XIII.

PERMETTONS aux Actionnaires absens ou étrangers qui auront des actions en compte sur les livres de la Compagnie, d'en disposer par procuration.

XIV.

LES Actionnaires pourront disposer des intérêts de leurs actions, en séparant du billet d'action la partie où il est fait mention desdits intérêts, lesquels seront payés aux échéances par le Caissier de la Compagnie à ceux qui les représenteront, & les billets d'intérêts deviendront par ce moyen billets payables au porteur, de même que les actions.

XV.

LES Directeurs que nous avons nommés en conséquence de l'article XLI de nosdites Lettres Patentes, ensemble ceux que la Compagnie assemblée jugera à propos de nommer dans la suite, seront tenus de prêter serment en notre Cour de Parlement de Paris, de bien & fidélement administrer les affaires de ladite Compagnie.

XVI.

CHACUN des Directeurs sera tenu d'avoir au moins deux cens actions en compte sur les livres de la Compagnie, dont il ne pourra disposer pendant le temps de son administration.

XVII.

IL ne pourra être formé aucune délibération ni résolution par les Directeurs de la Compagnie, que lorsqu'ils seront au nombre de sept au moins assemblés à l'Hôtel de la Compagnie.

XVIII.

Les Directeurs qui sont actuellement en exercice convoqueront la Compagnie & indiqueront une assemblée générale des Actionnaires au plus tard deux mois après que le fonds de cent millions sera rempli & que les livres seront fermés, pour choisir à la pluralité des voix tels Directeurs & en tel nombre qu'ils jugeront à propos, sans qu'ils soient obligés de conserver, si bon ne leur semble, les Directeurs qui feront en exercice lors de ladite assemblée ; à l'effet de quoi nous avons dérogé en tant que de besoin à l'article XLI de nos Lettres Patentes en forme d'Edit du mois d'Août dernier. Si donnons en mandement à nos amés & féaux Conseillers les Gens tenant notre Cour de Parlement, Chambre des Comptes & Cour des Aydes à Paris, que le présent Edit ils ayent à faire lire, publier & regiſtrer, & le contenu en icelui garder & exécuter selon sa forme & teneur ; car tel est notre plaisir. Et afin que ce soit chose ferme & stable à toujours, nous y avons fait mettre notre Scel. Donné à Paris au mois de Décembre l'an de grace mil sept cent dix-sept, & de notre regne le troisiéme. *Signé* LOUIS. *Et plus bas ;* par le Roi, le Duc d'Orleans Régent préſent, Phelypeaux. *Viſa* Daguesseau. Vû au Conseil, Villeroy. Et scellé du grand Sceau de cire verte.

Regiſtrées, oui & ce requérant le Procureur général du Roi, pour être exécutées ſelon leur forme & teneur, & copies collationnées envoyées aux Bailliages & Sénéchauſſées du reſſort, pour y être lûes, publiées & regiſtrées ; enjoint aux Subſtituts du Procureur général du Roi d'y tenir la main & d'en certifier la Cour dans un mois, ſuivant l'Arrêt de ce jour. A Paris en Parlement le trente-uniéme jour de Décembre mil ſept cent dix-ſept. Signé Gilbert.

ARREST
DU CONSEIL D'ÉTAT
DU ROY,

QUI nomme pour Directeurs de la Compagnie les Sieurs Raudot, d'Hardancourt & Gilly de Montaud.

Du 8 Février 1718.

Extrait des Registres du Conseil d'Etat.

LE Roi étant en son Conseil s'étant fait représenter les Lettres Patentes en forme d'Edit du mois d'Août dernier, portant établissement d'une Compagnie de Commerce, sous le nom de Compagnie d'Occident par l'article XLI desquelles Sa Majesté s'est réservé pour la premiere fois seulement la nomination des Directeurs pour régir & administrer les affaires de ladite Compagnie ainsi & pendant le temps mentionné auxdites Lettres ; l'Arrêt rendu en son Conseil le 12 du mois de Septembre ensuivant, par lequel Sa Majesté a nommé sept Directeurs pour ladite Compagnie ; l'Edit du mois de Décembre aussi ensuivant, par l'article XVII duquel il est dit qu'il ne pourra être formé aucune délibération ni résolution par les Directeurs de la Compagnie, que lorsqu'ils seront au nombre de sept au moins, & Sa Majesté estimant nécessaire d'augmenter le nombre desdits Directeurs, afin que les affaires de ladite Compagnie puissent être également suivies, quand

S ij

bien même il y auroit quelques-uns d'entr'eux qui pour raison d'incommodité ou d'affaires indispensables ne pourroient se trouver aux assemblées de ladite Compagnie ; oüi le rapport, & tout considéré, SA MAJESTÉ ETANT EN SON CONSEIL, de l'avis de M. le Duc d'Orléans Régent, a choisi & nommé pour Directeurs de ladite Compagnie les sieurs Raudot, Intendant de la Marine, ayant l'inspection générale des classes des matelots, Boivin d'Hardancourt, & Gilly de Montaud Négociant, auxquels elle donne pouvoir de régir & administrer les affaires de ladite Compagnie conjointement avec les Directeurs nommés par ledit Arrêt du 12 Septembre dernier, & conformément auxdites Lettres Patentes du mois d'Août de l'année derniere, & pendant le temps y mentionné. FAIT au Conseil d'Etat du Roi, Sa Majesté y étant, tenu à Paris le huit Février mil sept cent dix-huit. *Signé* PHELYPEAUX.

ARREST
DU CONSEIL D'ÉTAT
DU ROY,

QUI ordonne la main levée des Marchandises prohibées apportées des Indes par les vaisseaux les deux Couronnes, & le Lys-Brillac, à condition d'être embarquées par les Adjudicataires, sur des Vaisseaux pour l'Etranger, sans pouvoir être entreposées dans aucun lieu du Royaume.

Du 12 Mars 1718.

Extrait des Registres du Conseil d'Etat.

VU au Conseil d'Etat du Roi, la requête présentée le 13 Mai dernier au sieur Feydeau de Brou, Commissaire départi pour l'exécution des ordres de Sa Majesté en la Province de Bretagne, par Paul Manis, Adjudicataire général des Fermes unies de France, contenant que les deux Vaisseaux le *Lys-Brillac*, & *les deux Couronnes* appartenant à la Compagnie des Indes Orientales, & partis de saint Malo les 22 & 23 Janvier 1715, étant revenus desdites Indes Orientales au Port-Louis le 17 Juillet 1716, le sieur Dudemaine Girard, commandant l'Escadre de ces deux Vaisseaux, auroit fait au Bureau des Fermes sa déclaration au pied de copie des factures faites aux Indes, par lesquelles Paul Manis ayant remar-

S iij

qué que dans le nombre desdites marchandises, qui y sont désignées, il s'est trouvé environ deux cens soixante-six balles contenant des marchandises prohibées par les Arrêts du Conseil des 13 Mars & 11 Juin 1714, ce qui l'auroit engagé de les faire enfermer dans les magasins de la Ferme, comme étant sujettes à confiscation, avec d'autant plus de raison que par ledit Arrêt du 13 Mars 1714, intervenu contradictoirement avec les Intéressés en la Compagnie des Indes, & la plus grande partie des Négocians du Royaume, Sa Majesté a fait de très-expresses défenses à cette Compagnie, à celle de la Chine, & à tous autres, d'introduire dans le Royaume par mer & par terre, aucunes soyes ni marchandises de soyeries provenant des Indes Orientales & de la Chine, même sous prétexte d'entrepôt, pour être transportées dans les pays étrangers, à peine de confiscation, tant desdites marchandises, que des Vaisseaux & de six mille livres d'amende: que les deux navires en question étant partis de saint Malo les 22 & 23 Janvier 1715, plus de dix mois postérieurement audit Arrêt, les Intéressés en la Compagnie des Indes n'ont pû en ignorer les dispositions: que la déclaration faite au Bureau du Port-Loüis par le sieur Dudemaine Girard justifiant la contravention, il n'a pas été besoin, pour la constater, de faire aucun procès-verbal de saisie, & que cet Officier n'ayant pas déclaré vouloir renvoyer à l'étranger ces marchandises prohibées, il étoit nécessaire qu'il fût dressé procès-verbal de leur quantité & qualité, & par le Subdélegué dudit sieur Commissaire départi, résident à Hennebon; ladite requête tendante à ce qu'il plût audit sieur de Brou permettre de faire appeller pardevant lui le Directeur de la Compagnie des Indes, pour voir juger la confiscation desdits deux cens soixante six ballots de marchandises prohibées, & être condamné à six mille livres d'amende avec dépens, conformément auxdits Arrêts du Conseil, & de commettre son Subdélegué en la ville d'Hennebon, pour être fait pardevant lui état & procès-verbal de la quantité & qualité des marchandises renfermées dans lesdits ballots, le Directeur de la Compagnie des Indes présent, ou duement appellé; ordonnance dudit sieur de Brou étant au pied de ladite requête, & par laquelle les conclusions dudit Paul Manis lui ont été adjugées : la requête présentée en exécution de ladite ordonnance par le sieur de Surville, Receveur des Fermes au Port-Louis le 24 Mai 1717, au sieur Breard de Boisanger, Subdélegué à Hennebon, & l'ordonnance rendue le même jour par ce Subdélegué, portant que le sieur Verdier, Agent des Directeurs de la Compagnie des Indes, seroit assigné au Lundy 7 Juin pour être en sa présence dressé procès-verbal desdites marchandises, lesdites requêtes & ordonnances dudit sieur Commissaire départi, & dudit sieur Breard de Boisanger son Subdélegué, signifiées audit Verdier le 25 du même mois de Mai : la requête d'opposition présentée audit sieur de Brou le 6 Juin 1717 par les Directeurs de la Compagnie des Indes Orientales, contenant que dans le fait ils n'étoient point en fraude, & n'avoient point cherché à dérober la connoissance de la cargaison des deux navires en question, aux Fermiers généraux, puisque ledit Paul Manis convenoit lui-même dans l'exposé de sa requête, que le sieur Dudemaine Girard, commandant l'Escadre de ces deux Vaisseaux, avoit fait sa déclaration de toutes les marchandises de leur chargement, & qu'elles avoient été déposées dans les magasins de la Ferme : que d'ailleurs la Compagnie des Indes, en vûe de l'utilité du commerce du Royaume, avoit sous le bon plaisir de Sa Majesté, fait un Traité le 20 Juillet 1712, avec les sieurs Crozat, Beauvais le Fer, la Lande Magon, & autres Négocians de la ville de saint Malo, pour faire par eux le commerce ordinaire des Indes, pendant les années 1713, 1714 & jusqu'au premier Avril 1715. Que par l'article XIV de ce traité, qui avoit été homologué par Arrêt du Conseil d'Etat du 8 Aout 1712, il avoit été expressément stipulé que toutes les espéces de marchandises, dont l'usage est défendu dans le Royaume, seroient entreposées pour être adjugées en France, & ensuite portées à l'étranger, en conformité des réglemens faits pour le commerce des Indes : que fur la foi de ce traité, autorifé par le Confeil, leur Compagnie avoit fait fon commerce pendant ces trois années, & que même au retour des deux navires les deux Couronnes & le Lys-Brillac, dont il s'agit, arrivés le 17 Juillet 1716, Sa Majefté, par Arrêt de fon Confeil d'Etat du 23 Septembre fuivant, auroit ordonné la vente de leur cargaifon & de celle du navire la Paix, fous condition à l'égard des toiles peintes, des mouchoirs de coton, des armoifins, écorces d'arbres & autres fortes d'étoffes provenant des Indes, que la vente & adjudication n'en pourroit être faite, qu'à la charge d'être renvoyées à l'étranger par les Adjudicataires dans la forme & avec les précautions prefcrites par l'article VII de l'Arrêt du 11 Juin 1714; qu'enfin en exécution dudit Arrêt du Confeil du 23 Septembre 1716, qui permettoit la vente de la cargaifon de ces trois navires, ledit fieur de Brou rendit fon ordonnance pour autorifer le fieur Mellier fon Subdélegué en la ville de Nantes, qui en conféquence auroit dreffé fon procès-verbal, contenant trois chapitres, dont le dernier concernoit les marchandifes prohibées, qui ne peuvent être confommées dans le Royaume, & dont une partie fût vendue en ladite ville de Nantes au mois d'Octobre 1716, fans aucune oppofition de la part dudit Paul Manis, fes Commis ayant au contraire confenti la délivrance de ces marchandifes, & expédié les acquits néceffaires à ceux qui s'en étoient rendus Adjudicataires, à la charge de les envoyer à l'étranger, conformément au réglement du 24 Mars 1703, & audit Arrêt du Confeil du 11 Juin 1714; c'eft pourquoi les Directeurs de ladite Compagnie auroient requis qu'il plût audit fieur de Brou les recevoir oppofans à l'ordonnance par lui rendue le 13 Mai 1717, faifant droit fur leur oppofition, les décharger des conclufions prifes contre eux par ledit Manis, & en cas de difficulté, renvoyer les parties au Confeil pour y être reglées : ordonnance dudit fieur de Brou du même jour 6 Juin 1717, portant que ladite requête feroit communiquée au fieur Beauvifage, Directeur des cinq groffes

Fermes

Fermes en Bretagne, toutes choses cependant demeurant en état, pour la réponse vûe dudit sieur Beauvisage, être ordonné ce qu'il appartiendroit : le mémoire présenté au Conseil du Commerce par les mêmes Directeurs de la Compagnie des Indes, contenant qu'on ne peut douter que les Commis des Fermes n'avoient pas connoissance des privileges de cette Compagnie, ni des Arrêts particuliers rendus en leur considération, lorsqu'ils ont formé cette demande en confiscation, puisqu'il est justifié par le procès-verbal dudit sieur de Boisanger, Subdélégué à Hennebon, des 7 & 8 Juin 1717, que ledit sieur Beauvisage après avoir pris communication de la requête des Directeurs, & de la seconde ordonnance dudit sieur de Brou, déclara qu'il consentoit que toutes choses demeurassent en état jusqu'à ce qu'il en eût donné avis aux Fermiers généraux, & que Sa Majesté en eût autrement ordonné : que Paul Manis n'a fondé sa demande en confiscation que sur les Arrêts du Conseil des 13 Mars & 11 Juin 1714, dont les dispositions générales ne peuvent être opposées à leur Compagnie, leur effet cessant à son égard par les différens Arrêts du Conseil, qui ont homologué les traités par elle faits avec différens particuliers, & lui ont permis de faire venir des pays de sa concession toutes sortes de marchandises, à la charge que les prohibées seroient vendues pour être portées à l'étranger : que sur la foi du premier de ces traités, fait par leur Compagnie avec les sieurs du Coudray, Guymont & Bille, le 5 Février 1712, & homologué par Arrêt du Conseil d'Etat, ces Particuliers armerent trois Vaisseaux, dont les retours ayant consisté en marchandises permises & prohibées, celles de cette derniere espéce ont été vendues à Nantes, en exécution des Arrêts du Conseil des 23 Juillet 1715, & 20 Juin 1716, qui en ont autorisé la vente, nonobstant les défenses faites à la Compagnie des Indes, par les articles premier & troisiéme de l'Arrêt du 27 Août 1709, que la même permission a été accordée par l'Arrêt du 23 Septembre 1716, rendu en particulier pour la vente des marchandises dont il s'agit, qui faisoient partie de la cargaison des deux navires le Lys-Brillac & les deux Couronnes, armés par les sieur Crozat & autres Négocians, sur la foi dudit traité passé entr'eux & la Compagnie des Indes le 20 Juillet 1712, & homologué par Arrêt du Conseil du 8 Août de la même année; ce qui rend ledit Paul Manis non-recevable en sa demande en confiscation, d'autant plus que ledit Arrêt du 23 Septembre 1716 a été exécuté même par les Fermiers généraux & leurs Commis, à l'Orient, au Port-Louis, & à Nantes, ensorte qu'une partie des marchandises en question ayant été délivrée sans nulle difficulté, lors de la vente faite au mois d'Octobre 1716, il en a été adjugé publiquement à différens Marchands huit cens cinquante-huit piéces de toiles peintes & d'étoffes de soye, lesquelles sont passées à l'étranger avec toutes les formalités prescrites par les réglemens, & sous les acquits à caution que les Commis des Fermes ont délivré sept mois avant la demande formée par ledit Manis en confiscation desdites marchandises, dont il fait monter le nombre à deux cens soixante-six ballots : ce qui est une exagération de sa part, puisque dans la vérité il n'y avoit sur lesdits Vaisseaux qu'environ quarante-deux ballots, caisses, ou ballotins de marchandises prohibées, dont quatorze ayant été vendus au mois d'Octobre 1716, & envoyés à l'étranger, il n'en reste plus qu'environ vingt-huit balles, caisses, ou ballotins : que d'ailleurs ledit traité du 20 Juillet 1712 ayant été fait avec ledit sieur Crozat & ses Associés pour tout le temps qui restoit à expirer du premier privilége de la Compagnie (qui n'a fini qu'au premier Avril 1715) cette considération doit empêcher que lesdits Arrêts des 13 Mars & 11 Juin 1714, n'ayent lieu par rapport aux Vaisseaux qui sont partis de France avant ledit jour premier Avril 1715, comme les deux navires dont il s'agit, qui certainement sont partis de saint Malo les 22 & 23 Janvier de la même année : que même le Conseil a si bien reconnu la faculté que la Compagnie des Indes a d'apporter des pays de sa concession des marchandises prohibées sur les Vaisseaux qu'elle feroit partir avant le premier Avril 1715, jour auquel expiroit son privilége exclusif, que par la Déclaration du 29 Septembre 1714, qui a prorogé ce privilége pour dix ans, Sa Majesté a défendu expressément à cette Compagnie d'apporter ou faire apporter dans le Royaume aucune des marchandises prohibées par les différens Arrêts du Conseil, qui ont précédé cette Déclaration : qu'enfin il n'y a plus lieu de craindre que dans la suite les Commis dans l'Inde, les Officiers, ni autres particuliers puissent tenter d'envoyer en France des marchandises de cette espéce, puisque l'Arrêt du 22 Février 1717 a défendu sous des peines très-rigoureuses à tous les Directeurs de donner à l'avenir aucune permission à ceux qui s'embarqueront sur les Vaisseaux de la Compagnie, de rapporter aucunes marchandises des pays de sa concession ; à l'exécution duquel Arrêt les mêmes Directeurs tiennent exactement la main, le faisant afficher au grand mât de chaque Vaisseau, avant son départ pour les Indes ; persistant au surplus lesdits Directeurs dans les conclusions qu'ils ont prises par leur requête du 6 Juin 1717. Le mémoire des Fermiers généraux servant de réponse à celui présenté par les Directeurs de la Compagnie des Indes, contenant qu'ils n'ignorent pas que par les deux traités qu'elle a faits avec différens Négocians les 5 Février & 20 Juillet 1712, homologués par deux Arrêts du Conseil, il est stipulé que les cessionnaires du privilége de cette Compagnie pourront apporter des Indes toutes sortes de marchandises, à la charge que celles dont l'usage en est défendu dans le Royaume, y seront entreposées pour être transportées à l'étranger, & que toutes les fois qu'il arrive des Vaisseaux de la Compagnie des Indes chargés de marchandises prohibées, les Directeurs de cette Compagnie obtiennent sur leur requête des Arrêts du Conseil, qui en permettent l'entrepôt pour l'étranger, à condition qu'il en sera fait inventaire, ainsi qu'il est ordonné par Arrêt du 23 Septembre 1716, lors de l'arrivée des deux Vaisseaux, qui ont apporté les marchandises dont il s'agit ;

mais que les Directeurs de la Compagnie des Indes ne peuvent pas ignorer de leur côté que par plusieurs réglemens généraux, l'introduction dans le Royaume des étoffes de cette espéce leur a été expressément défendue ; même sous prétexte d'entrepôt pour être transportées à l'étranger, & notamment par l'article III de l'Arrêt du 27 Août 1709. Que celui du 13 Mars 1714, rendu contradictoirement avec leur Compagnie, a renouvellé les mêmes défenses, à peine de confiscation & de dix mille livres d'amende. Qu'enfin la Déclaration du Roi du 29 Septembre 1714, n'a prorogé le privilége de cette Compagnie pour dix années, que sous la condition expresse, qu'elle ne pourra rapporter ou faire apporter dans le Royaume aucunes toiles peintes, ni autres marchandises qui sont défendues, même sous prétexte de les renvoyer à l'étranger. Que dans ces circonstances, ils se rapportent au Conseil de juger, si des clauses insérées dans les traités particuliers, ou dans des Arrêts de style, doivent prévaloir à des loix aussi formelles & faites pour le bien général du Royaume, d'autant plus que la Compagnie des Indes s'est soumise à ces loix générales, & qu'elles sont la condition du privilége qui lui a été continué par la Déclaration du Roi du 29 Septembre 1714, joint que les Vaisseaux qui ont apporté les marchandises dont il s'agit, ne sont partis de France que quelques mois après que cette Déclaration a été rendue publique : qu'ainsi dans la contrariété, qui se trouve entre la loi générale & la loi particuliere, les Commis des Fermes ne pouvant se dispenser de s'en tenir à la loi générale ; ils supplient très-humblement le Conseil de donner une décision qui serve de régle pour l'avenir. Replique des Directeurs de la Compagnie des Indes, contenant que dans les observations faites par les Fermiers généraux sur ladite Déclaration du 29 Septembre 1714, qui fait défenses à la Compagnie des Indes d'apporter à l'avenir aucune marchandise prohibée, ils ont omis l'époque la plus essentielle ; sçavoir, que ces défenses ne doivent avoir lieu, qu'à commencer du premier Avril

1715, jour auquel devoit expirer le traité fait par la Compagnie avec les Négocians de saint Malo le 20 Juillet 1712 ; qu'ainsi les Vaisseaux qui ont rapporté les marchandises dont il s'agit, étant partis de ce Port les 22 & 23 Janvier 1715, leur Compagnie a eu la faculté pour la derniere fois d'apporter toutes sortes de marchandises des pays de sa concession, conformément à l'article XIV dudit traité de 1712, que le Conseil a autorisé par son Arrêt du 8 Août de la même année : qu'enfin cet Arrêt, non plus que les autres particuliers, qui ont excepté la Compagnie des Indes des défenses générales, ne doivent pas être nommés des Arrêts de style, comme les Fermiers généraux affectent de les appeller, puisqu'ils ont été rendus en connoissance de cause, & non sur de faux exposés ; & que d'ailleurs la décision demandée pour servir de régle à l'avenir, est suffisamment donnée par la Déclaration du Roi du 29 Septembre 1714, qui a prorogé pour dix ans le privilége de leur Compagnie, à la charge de n'apporter ni faire apporter dans le Royaume aucunes des marchandises prohibées par les précédens Arrêts : qu'eux Directeurs assurent que cette loi sera de leur part très-exactement observée, & qu'à cet effet ils ont envoyé des ordres précis dans tous leurs comptoirs : l'Arrêt du Conseil d'Etat du 24 Mars 1703, portant réglement sur les prises & échouement : autre Arrêt du 27 Août 1709, qui défend le commerce & l'usage des toiles peintes & étoffes des Indes : le traité fait le 5 Février 1712, entre ladite Compagnie & les sieurs du Coudray, Guymont & Bille, accompagné de l'Arrêt qui l'a homologué : autre traité fait par la même Compagnie le 20 Juillet suivant, avec les sieurs Crozat, la Lande Magon, Beauvais le Fer, & autres Négocians de la ville de saint Malo, homologué par Arrêt du Conseil du 8 Août de la même année : ledit Arrêt du Conseil d'Etat du 13 Mars 1714, concernant les soyes étrangeres & celles qui viennent des Indes, de la Chine : autre du 11 Juin 1714, portant réglement sur les toiles & étoffes des Indes, de la Chine & du Levant ; la-

T iij

dite Déclaration du Roi, portant prorogation du privilége de la Compagnie des Indes Orientales pendant dix années consécutives, à commencer du premier Avril 1715 : l'Arrêt du Conseil d'Etat du 23 Juillet de la même année, qui ordonne que par le sieur Ferrand, Commissaire départi pour l'exécution des ordres de Sa Majesté en la Province de Bretagne, ou par celui qu'il subdéleguera, il sera fait inventaire des marchandises des Indes apportées par les Vaisseaux le Jazon & le saint Louis : autre Arrêt du Conseil du 20 Juin 1716, contenant mêmes dispositions par rapport aux marchandises apportées par les Vaisseaux le Mercure & la Venus : & ledit Arrêt du Conseil d'Etat du 23 Septembre 1716, concernant la vente des marchandises des Navires la Paix, les deux Couronnes, & le Lys-Brillac : les procès-verbaux faits en conséquence les 31 Août & 2 Novembre 1716, par le sieur Mellier, Subdélegué dudit sieur de Brou en la ville de Nantes : & ledit Arrêt du Conseil d'Etat du 22 Février 1717, confirmé par Lettres Patentes du 8 Mars suivant, qui fait défenses aux Directeurs de la Compagnie des Indes de donner à l'avenir aucune permission aux Officiers, Commis, ou autres particuliers, de rapporter des pays de sa concession aucunes marchandises prohibées ; oui le rapport, & tout considéré : LE ROI ÉTANT EN SON CONSEIL, de l'avis de M. le Duc d'Orleans Régent, ayant égard audit traité fait par les Directeurs généraux de la Compagnie des Indes Orientales avec les sieurs Crozat, la Lande Magon, & autres Négocians de la ville de saint Malo le 20 Juillet 1712, & homologué par Arrêt du Conseil du 8 Août de la même année, leur a fait main-levée des vingt-huit balles, caisses, ou ballotins de marchandises, dont il s'agit, faisant partie de la cargaison desdits deux Navires les deux Couronnes, le Lys-Brillac armés par lesdits Négocians sur la foi de leur traité : ordonne Sa Majesté que lesdites marchandises seront rendues & délivrées par les Commis des Fermes auxdits Directeurs, qui pourront en faire la vente & adjudication, à condition néanmoins qu'à la fortie du magasin où elles sont renfermées, elles seront embarquées par les Adjudicataires sur des Vaisseaux pour l'étranger, sans pouvoir être entreposées dans aucun lieu du Royaume, ni même déballées sous aucun prétexte, que dans le magasin où elles pourront être ouvertes, visitées & examinées par les Marchands & Négocians qui voudront s'en rendre adjudicataires, à la charge néanmoins qu'avant que lesdites marchandises sortent dudit magasin, elles y seront remballées & plombées, le tout en présence des Commis des Fermes, & que les Adjudicataires feront leur soumission de rapporter au plus tard dans trois mois un certificat signé par le Consul de la Nation Françoise, ou par deux Négocians & Marchands François, pour en prouver le déchargement en pays étrangers. Veut au surplus Sa Majesté, que pour l'avenir les Arrêts du Conseil soient exécutés selon leur forme & teneur pour les retours des Vaisseaux de ladite Compagnie, qui peuvent être partis, ainsi que de ceux qu'elle pourra faire partir dans la suite en vertu de son privilége: enjoint Sa Majesté au sieur Commissaire départi pour l'exécution de ces ordres en la Province de Bretagne, de tenir la main à l'exécution du présent Arrêt, pour raison duquel toutes lettres nécessaires seront expédiées. FAIT au Conseil d'Etat du Roi, Sa Majesté y étant, tenu à Paris le douziéme jour de Mars mil sept cent dix-huit. *Signé* PHELYPEAUX.

LOUIS, PAR LA GRACE DE DIEU, ROI DE FRANCE ET DE NAVARRE, à notre amé & féal Conseiller en nos Conseils, le sieur Commissaire départi pour l'exécution de nos ordres en notre Province de Bretagne : SALUT. Nous vous mandons & enjoignons par ces Présentes signées de nous, de tenir la main à l'exécution de l'Arrêt ci-attaché sous le contre-scel de notre Chancellerie, ce jourd'hui donné en notre Conseil d'Etat, nous y étant, lequel nous commandons au premier notre Huissier ou Sergent sur ce requis, de signifier à tous qu'il appartiendra, à ce que personne n'en ignore, & de faire pour son entiere exécution tous actes & exploits néceſſaires, ſans autre permiſſion ; car tel eſt notre plaiſir. Donné à Paris le douziéme jour de Mars, l'an de grace mil ſept cent dix-huit, & de notre regne le troiſiéme. *Signé* LOUIS. Par le Roi, le Duc d'Orleans Régent préſent, Phelypeaux, Et ſcellé.

ARREST

ARREST
DU CONSEIL D'ÉTAT
DU ROY,

AU sujet des contestations entre les Sieurs Neret & Gayot, & la Compagnie d'Occident.

Du 21 Mars 1718.

Extrait des Registres du Conseil d'Etat.

VU au Conseil d'Etat du Roi, Sa Majesté y étant, la requête présentée par les Directeurs de la Compagnie d'Occident, tendante à ce que pour les causes y contenues, il plût à Sa Majesté ordonner que dans huitaine, pour tout délai, les sieurs Neret & Gayot seront tenus d'acheter & payer comptant à la Compagnie d'Occident le castor, tant gras que sec, qu'elle a fait venir de Canada, & ce au prix qu'il lui revient, tant au premier achat que frais, commission, frêt & assurance, dont le compte sera réglé par deux Négocians, dont les Parties conviendront, & qu'au refus desdits sieurs Neret & Gayot d'en faire l'achat, il sera permis à ladite Compagnie d'Occident de vendre ledit castor aux termes des Lettres Patentes portant son établissement, à qui elle jugera à propos, si mieux n'aiment lesdits sieurs Neret & Gayot remettre dès-à-présent à ladite Compagnie d'Occident, la masse du castor qui leur reste, lequel étant de bonne qua-

Minutes du Bureau de M. Raudot tirées du dépôt de la Marine du Roi.

lité à dire d'Experts, elle lui payera ; sçavoir, le gras assorti d'une double quantité de sec aux prix que lesdits sieurs Neret & Gayot justifieront qu'ils seront payés à la Compagnie de Canada, en prenant le traité, & le sec inassorti de gras à vingt sols la livre, le tout avec cinq pour cent de bon poids, laquelle masse ladite Compagnie d'Occident payera jusqu'à concurrence de la somme à laquelle elle pourra monter à l'acquit desdits sieurs Neret & Gayot, aux porteurs de leurs lettres de change & billets, suivant l'état qui en sera remis à ladite Compagnie ; & qu'attendu que le sieur Cottin & la Dame Pascaud sont chargés par Arrêt du Conseil du 10 Mars 1717, de la vente des castors dudit sieur Gayot pour l'acquittement de ses dettes, l'Arrêt du Conseil d'Etat qui interviendra sera rendu commun avec eux ; la requête présentée par lesdits sieurs Neret & Gayot, employée pour réponse à la susdite requête des Directeurs de ladite Compagnie d'Occident, & tendante à ce que pour les causes y contenues, il plût à Sa Majesté ordonner, que conformément au traité du 10 Mai 1706, ils continueront de vendre les castors de la traitte de 1717 exclusivement, ainsi que ceux des traittes des années précédentes qui leur appartiennent entierement, si mieux n'aime la Compagnie d'Occident s'en accommoder & en faire dès-à-présent la vente au profit desdits sieurs Neret & Gayot, & à leurs frais, sur le même pied, & aux prix fixés par le Conseil, à la charge que ladite Compagnie consentira à la fin de l'année 1718, de prendre la masse ancienne sur le pied que les sieurs Neret & Gayot l'ont acheté de la Colonie lors du traité de 1706, suivant les états qui en seront par eux remis au Conseil ; la requête des Directeurs de ladite Compagnie d'Occident, servant de replique à la précédente des sieurs Neret & Gayot, & tendante à ce qu'il plût à Sa Majesté lui accorder les conclusions prises en sa premiere requête, & lui permettre de ne plus répondre aux écritures que pourra faire ledit sieur Gayot, pour ne pas éloigner le Jugement de Sa Majesté, dont le retardement causeroit un préjudice infini aux Chapelliers : la requête desdits sieurs Néret & Gayot, servant de replique à la susdite requête des Directeurs de la Compagnie d'Occident, & tendante à ce que pour les causes y contenues, il plût à Sa Majesté leur donner acte de ce qu'ils acceptent les offres que la Compagnie d'Occident leur a fait de prendre les castors de la recette du sieur Law arrivés en France, en les payant comptant, ou en lettres tirées pour valeur de ces castors, leur adjugeant au surplus les conclusions qu'ils ont prises en leur premiere requête, sur laquelle ils demandent en grace à Sa Majesté de vouloir statuer. Vû aussi trois mémoires sur le même fait présentés par les sieurs Neret & Gayot ; deux autres mémoires présentés par le sieur Gayot seul, & deux autres mémoires présentés par les Directeurs de la Compagnie d'Occident, par l'un desquels ils représentent qu'il est important pour l'avantage de la Chapellerie du Royaume que les castors qui sont en France soient réunis dans une même main, afin que les Chapelliers puissent être fournis de castors gras, & dont les sieurs Gayot & Neret n'ont point ; qu'il est aussi important que tous les castors soient remis à ladite Compagnie d'Occident, pour empêcher lesdits sieurs Neret & Gayot d'envoyer du castor en Hollande, ce qui ruine la Chapellerie de France ; & parce que pour forcer la vente ils pourroient la donner à vil prix, & se servir de la liberté qui leur seroit laissée, de vendre pendant cette année pour faire la fraude les années suivantes, en faisant des ventes simulées, ce qui seroit un tort considérable à la Compagnie d'Occident, qui retourneroit par une suite nécessaire sur la Colonie de Canada, & sur les Chapelliers : & quoique les Directeurs de ladite Compagnie d'Occident n'ayent offert que vingt sols de la livre de castor sec inassorti restant auxdits sieurs Neret & Gayot ; cependant pour faire finir cette affaire dans laquelle le commerce général est intéressé, ils offrent auxdits sieurs Neret & Gayot de prendre le castor sec inassorti qu'ils ont en France à raison de quarante sols la livre, & ce dans les mêmes termes que les lettres de change tirées pour ledit castor, doivent échéoir, & si les termes ne conviennent point, à celui de six & neuf mois; oui le rapport, & tout considéré: LE ROI E'TANT EN SON CONSEIL, de l'avis de M. le Duc d'Orleans son oncle Régent, a ordonné & ordonne, que lesdits sieurs Neret & Gayot, ensemble le sieur Cottin & ladite veuve Pascaud, chargés par Arrêt du Conseil de la vente des castors appartenans auxdits sieurs Neret & Gayot, remettront à la Compagnie d'Occident tous les castors, tant gras que secs, que lesdits Neret & Gayot ont en France, lesquels après avoir été visités par des Experts, dont les Parties conviendront, pour connoître celui qui sera de bonne qualité, seront payés auxdits sieurs Neret & Gayot, entre les mains du sieur Coustel, Caissier de la Régie dudit commerce; sçavoir, le castor gras de bonne qualité assorti à raison de cent sols la livre, le castor sec de bonne qualité assorti à raison de trois livres dix sols la livre, le castor sec de bonne qualité non assorti à quarante sols la livre, & le castor gras & sec qui ne sera pas de bonne qualité aux prix dont lesdits Experts conviendront entre eux, auxquels lesdits sieurs Neret & Gayot, & ladite Compagnie d'Occident, seront tenus de se soumettre, Sa Majesté autorisant lesdits Experts à statuer lesdits prix, lesquels payemens desdits castors seront faits à six & neuf mois, du jour que lesdits castors auront été livrés à ladite Compagnie d'Occident. Veut Sa Majesté que lesdits sieurs Neret & Gayot fournissent un état des castors qu'ils pourront avoir dans la Colonie de Canada, où sera marqué le tems qu'ils auront été remis dans le Bureau de Quebec.

ARREST
DU CONSEIL D'ÉTAT
DU ROY,

QUI ordonne que plusieurs particuliers, dépositaires de Castors, les remettront à la Compagnie d'Occident.

Du 16. Mai 1718.

Extrait des Regiſtres du Conſeil d'Etat.

VU par le Roi étant en ſon Conſeil l'Arrêt rendu en icelui le 21 Mars 1718, ſur les requêtes reſpectives de la Compagnie d'Occident, & des ſieurs Neret & Gayot, par lequel Sa Majeſté a ordonné entre autres choſes, que tout le caſtor, tant gras que ſec, appartenant en France auxdits ſieurs Neret & Gayot, ſeroit remis à la Compagnie d'Occident, & qu'il ſeroit payé par elle ſuivant ſes différentes qualités, qui ſeroient vérifiées par Experts à ſix & neuf mois, du jour que leſdits caſtors auroient été livrés à ladite Compagnie; & Sa Majeſté déſirant expliquer plus particulierement ſes intentions, pour éviter les longueurs qu'on pourroit apporter dans l'exécu-

V iij

tion dudit Arrêt ; oui le rapport, & tout considéré, Sa Majesté étant en son Conseil, de l'avis de Monsieur le Duc d'Orléans Régent, a ordonné & ordonne, que l'Arrêt de son Conseil du 21 Mars dernier sera exécuté suivant sa forme & teneur, & que suivant icelui lesdits sieurs Neret & Gayot, ensemble le sieur Cottin & la veuve Pascaud, & autres dépositaires de castors en France, appartenant auxdits sieurs Neret & Gayot, seront tenus de les remettre à la Compagnie d'Occident, ou aux porteurs de ses pouvoirs à procuration, à quoi ils seront contraints par toutes sortes de voyes dûes & raisonnables, même par corps ; quoi faisant déchargés, & ce dans le tems qui sera ordonné ; sçavoir, pour ceux qui sont à Paris, par le sieur de Machault, Maître des Requêtes & Lieutenant général de Police, & pour ceux qui sont à la Rochelle, par le sieur de Creil, aussi Maître des Requêtes & Intendant de Justice, Police & Finances de ladite Généralité, lesquels Sa Majesté a commis & commet chacun dans leur département pour régler toutes les contestations qui naîtront entre toutes les Parties, au sujet de la délivrance desdits castors, circonstances & dépendances, leur ayant à cet effet attribué toutes Cours, Jurisdictions & connoissance, icelle interdisant à toutes ses autres Cours & Juges, iceux castors préalablement vûs & visités, & d'iceux inventaire dressé par les Experts, dont les Parties conviendront dans huitaine, du jour de la signification du présent Arrêt, pardevant les sieurs de Machault & de Creil, sinon par eux nommés d'office, Sa Majesté leur donnant aussi pouvoir de nommer d'autres Experts en cas que les premiers nommés ne conviennent pas entre eux, pour ensuite être lesdits castors payés par la Compagnie d'Occident auxdits sieurs Neret & Gayot, entre les mains du sieur Coustel, Caissier de la Régie du commerce du castor ; sçavoir, le castor gras de bonne qualité assorti de deux tiers de castor sec, à raison de cent sols la livre, le castor sec de bonne qualité assorti d'un tiers de gras, à raison de trois livres dix sols la livre, le castor sec de bonne qualité non assorti de gras à quarante fols la livre, & le caftor gras & fec qui ne fera pas de bonne qualité au prix qui fera réglé par les Experts, auxquels Sa Majefté donne pouvoir de régler lefdits prix ; ordonne Sa Majefté, que les payemens de tous lefdits caftors, feront faits à fix & neuf mois, du jour que lefdits caftors auront été livrés à ladite Compagnie d'Occident, & que pour la fûreté des créanciers defdits fieurs Neret & Gayot, les faifies & oppofitions, & les acceptations des lettres de change, tiennent entre les mains dudit fieur Couftel, jufqu'à concurrence du montant du prix dudit caftor ; & cependant Sa Majefté fait défenfe auxdits fieurs Neret & Gayot, au fieur Cottin & à la veuve Pafcaud, à tous dépofitaires de caftor & autres, de détourner ni difpofer des caftors qui font en leur poffeffion, tant à Paris qu'à la Rochelle, ni d'en faire aucun commerce, fous telles peines & amendes qu'il appartiendra, lefquelles feront réglées fur les procès-verbaux qui en feront rapportés & dreffés par lefdits fieurs de Machault & de Creil, ou par ceux qu'ils auront fubdélegués. Fait au Confeil d'Etat du Roi, Sa Majefté y étant, tenu à Paris le feiziéme Mai mil fept cent dix-huit.

Signé PHELYPEAUX.

LOUIS, PAR LA GRACE DE DIEU, ROI DE FRANCE ET DE NAVARRE, à notre amé & féal Confeiller en nos Confeils, Maître des Requêtes ordinaire de notre Hôtel, le fieur de Creil, Intendant & Commiffaire départi pour l'exécution de nos ordres en la Généralité de la Rochelle : SALUT. Nous vous mandons & enjoignons de tenir la main à l'exécution de l'Arrêt, dont l'extrait eft ci-attaché fous le contre-fcel de notre Chancellerie, ce jourd'hui donné en notre Confeil, nous y étant, de l'avis de notre très-cher & très-amé oncle le Duc d'Orleans Régent, petit-fils de France, pour les caufes y contenues. Commandons au premier notre Huiffier ou Sergent fur ce requis, de fignifier ledit Arrêt aux fieurs Neret & Gayot, Cottin, veuve Pafcaud, & tous autres qu'il appartiendra, & de faire en outre pour l'exécution d'icelui, tous commandemens, sommations & contraintes y portées par les voyes y mentionnées; car tel est notre plaisir. DON-NE' à Paris le seiziéme jour de Mai, l'an de grace mil sept cent dix-huit, & de notre regne le troisiéme. *Signé* LOUIS. Par le Roi, le Duc d'Orleans Régent présent.

Signé PHELYPEAUX.

AKREST.

ARREST
DU CONSEIL D'ÉTAT
DU ROY,

CONCERNANT le Commerce du Castor, dont le Privilége est accordé à la Compagnie d'Occident.

Du 11 Juillet 1718.

Extrait des Registres du Conseil d'Etat.

SA MAJESTÉ étant en son Conseil, s'étant fait représenter les Lettres Patentes du mois d'Août 1717, portant établissement de la Compagnie d'Occident, par l'article II desquelles Sa Majesté a accordé à ladite Compagnie le privilége de recevoir, à l'exclusion de tous autres, dans la Colonie de Canada, à commencer du premier Janvier de la présente année 1718 jusques & compris le dernier Décembre 1742, tous les castors gras & secs que les habitans de ladite Colonie auront traité, se réservant Sa Majesté de régler sur les mémoires qui lui seront envoyés dudit pays, les quantités de différentes espéces de castors que ladite Compagnie sera tenue de recevoir chaque année desdits habitans de Canada, & les prix auxquels elle sera tenue de leur payer: vû aussi par Sa Majesté le mémoire des Négocians de la Colonie de Canada touchant le prix, la quantité & la qualité dudit castor, avec l'avis des sieurs de Vaudreüil & Begon, Gouverneur & Lieutenant général & Intendant de la nouvelle France; ensemble les réponses de la Compagnie d'Occident audit mémoire; oui le rapport, & tout considéré, SA MAJESTE' E'TANT EN SON CONSEIL, de l'avis de M. le Duc d'Orleans Régent, a ordonné & ordonne ce qui suit.

ARTICLE PREMIER.

LA Compagnie d'Occident aura, conformément aux Lettres Patentes du mois d'Août dernier portant établissement de ladite Compagnie, le privilége de recevoir, à l'exclusion de tous autres, dans la Colonie de Canada, à commencer du premier Janvier de la présente année 1718 jusques & compris le dernier Décembre 1742, tous les castors gras & secs que les habitans de ladite Colonie auront traité : en conséquence lesdits habitans & autres qui auront des castors dans la Colonie du Canada, seront tenus de les porter aux Bureaux que ladite Compagnie jugera à propos d'établir dans ladite Colonie, dans lesquels Sa Majesté veut qu'il soit reçû toute la quantité de castor qui y sera portée année par année par lesdits habitans, suivant le consentement de ladite Compagnie.

II.

IL ne sera reçû dans lesdits Bureaux pour castors gras, que ceux qui seront véritablement castors gras & demi gras de bonne qualité, & toutes les robes neuves ou celles qui n'auront été portées que du côté de la peau, seront mises avec le sec, & seront censées de la même qualité ; les castors gras d'été & de bas automne seront entierement rejettés.

III.

POUR ce qui est des castors secs, il n'en sera pareillement reçû auxdits Bureaux aucun qui ne soit d'hyver & de beau poil ; tous ceux qui seront d'été & de bas automne chargés de chair ou de trop gros cuir, seront rejettés.

IV.

Il ne sera fait aucune distinction des castors appellés vulgairement *Moscovites* d'avec les castors secs, ils seront reçus indifféremment & pêle-mêle auxdits Bureaux, & fournis sur le pied de castor sec.

V.

Tous lesdits castors seront payés à ceux qui les livreront auxdits Bureaux; sçavoir, le castor gras à trois livres, la livre poids de marc, en lettres de change qui seront tirées par l'Agent de ladite Compagnie à Quebec à six mois de vûe sur le Caissier de ladite Compagnie à Paris; & le castor sec à trente sols la livre, aussi poids de marc, en lettres de change, moitié à six & l'autre moitié à douze mois de vûe, tirées aussi sur ledit Caissier: lesdites lettres seront acceptées à leur présentation, régulierement payées à leur échéance, & même escomptées sur la demande qui en sera faite par les porteurs, au plus tard dans les mois de Février & Mars, à demi pour cent par mois.

VI.

Les ballots de castors tant gras que secs qui seront fournis aux Bureaux de la Compagnie d'Occident seront chacun de cent vingt livres pesant poids de marc, & sera donné pour bon poids à ladite Compagnie d'Occident, dont elle ne payera rien, cinq livres pesant par chacune cent livres pesant, tant de gras que de sec, en considération des déchets qui se trouvent ordinairement sur cette marchandise.

VII.

Lesdits ballots de castor gras ou sec ainsi livrés à la Compagnie d'Occident, seront transportés en France aux périls, risques & fortunes de ladite Compagnie d'Occident, qui en payera le prix aux porteurs des lettres de change, quand même lesdits castors viendroient à périr ou à être pris en quelque maniere que ce fût.

VIII.

Pour mettre en état ladite Compagnie d'Occident de payer lesdits castors aux prix ci-devant réglés, Sa Majesté fait remise & don à ladite Compagnie pendant les vingt-cinq années de son privilége, du droit du quart desdits castors, à elle appartenant à cause de son Domaine en Canada, & exempte ladite Compagnie de tous autres droits sur lesdits castors, tant à elle appartenant, qu'à ses Fermiers & à ses Villes, mis & à mettre tant dans ledit pays de Canada que dans son Royaume; défendant Sa Majesté à tous ses Fermiers & autres d'exiger aucuns droits pour les castors appartenant à ladite Compagnie. Sa Majesté a accordé aussi le passage de tous les castors *gratis* sur les Vaisseaux qu'elle enverra année par année, & pendant le temps du privilége de ladite Compagnie en Canada, après cependant le chargement des effets de Sa Majesté dans lesdits Vaisseaux, pour lesquels castors ladite Compagnie ne payera aucun frêt à Sa Majesté, qui lui en fait don & remise.

IX.

Permet Sa Majesté à ladite Compagnie d'Occident d'établir dans la Colonie de Canada le nombre de Commis & de Gardes qu'elle jugera nécessaire pour le bien de son commerce, & veut que les procès-verbaux desdits Commis & Gardes bien & dûement faits & affirmés en Justice, soient crûs jusqu'à inscription de faux.

X.

Défend Sa Majesté à tous ses sujets, habitans de Canada & autres d'envoyer directement ou indirectement, même par la voye des Sauvages, aux habitations Angloises, des castors de quelque nature que ce soit, à peine d'interdiction du commerce pour toujours, de privation des priviléges accordés par Sa Majesté aux habitans de Canada, même de peine afflictive suivant la qualité des personnes, tant contre les conducteurs des castors, que contre les Marchands qui seront convaincus de les avoir envoyés, & chacun de ceux qui y auront intérêt, pour raison de quoi ils pourront être recherchés, & leur procès être fait dix années après la fraude commise, & de cinq cens livres d'amende contre chacun des conducteurs, Marchands & Intéressés, à laquelle ils seront condamnés solidairement par corps, & de confiscation des castors sur les rivieres, lacs & passages qui conduisent aux habitations Angloises, ensemble des Vaisseaux, barques, chaloupes & canots servant à ce transport, lesquelles peines ne pourront être remises ni modérées sous aucun prétexte.

XI.

VEUT & ordonne Sa Majesté que les choses confisquées appartiennent à la Compagnie d'Occident; & à l'égard des amendes, que la moitié en soit payée à l'Hôtel-Dieu de Quebec, & l'autre moitié au dénonciateur.

XII.

ENJOINT Sa Majesté aux Gouverneurs des Villes, Forts & autres postes sur les rivieres & lacs conduisant aux habitations Angloises, de s'opposer par toutes voyes, & d'empêcher qu'il ne passe du castor dans lesdites habitations, de faire saisir celui qu'ils découvriront sur ces routes, de l'envoyer avec leur procès-verbal à Quebec & aux Commis de ladite Compagnie d'Occident, pour en faire prononcer la confiscation.

XIII.

DEFEND aussi Sa Majesté à tous ses sujets, habitans du Canada & autres, d'envoyer du castor directement ni indirectement dans aucun endroit de son Royaume, terres & pays de son obéissance, à peine de confiscation dudit castor au profit de ladite Compagnie, même des Vaisseaux sur lesquels il se trouvera embarqué, & de cinq cens livres d'amende, dont moitié appartiendra au dénonciateur,

XIV.

Les Commis établis par ladite Compagnie d'Occident mettront des gardes sur les bâtimens, s'ils le jugent à propos, & feront la visite des Vaisseaux, barques, chaloupes & canots allant & venant sur la riviere de Quebec, même des caissons des chaloupes de Sa Majesté retournant du port de Quebec à bord desdits Vaisseaux : enjoint Sa Majesté aux Maîtres des chaloupes d'en faire l'ouverture à la premiere réquisition, & en cas de refus, l'ouverture en sera faite par les Commis en présence du Maître de la chaloupe & interpellé d'y assister, sinon en présence de deux témoins, dont ils dresseront procès-verbal, ensemble de ce qui se trouvera dans les caissons, sans que les propriétaires des Vaisseaux, barques & autres bâtimens puissent en être exempts, sous quelque prétexte que ce soit ; révoquant Sa Majesté en tant que besoin tout privilége en vertu duquel l'exemption de la visite pourroit être prétendue.

XV.

Le commerce des castors restera toutefois libre dans l'intérieur de la Colonie entre tous les habitans du Canada & autres, qui pourront continuer à vendre & acheter en castor, comme ils ont toujours fait ; à l'effet de quoi chaque particulier aura la liberté de garder ses castors dans sa maison ou ailleurs, même de les transporter d'une ville ou d'un lieu de la Colonie dans un autre, sans pouvoir y être troublé ni inquiété sous aucun prétexte que ce soit, sans cependant que lesdits Négocians & habitans puissent faire sortir le castor qui leur appartiendra, & qui sera entré dans la ville de Mont-Réal & aux trois rivieres, pour autre destination que pour descendre par le fleuve saint Laurent aux trois rivieres ou à Quebec : leur défend Sa Majesté de faire transporter aucun castor au-delà du Fort de Chambly ni au-dessous de la ville de Quebec, ni d'en vendre ni faire vendre aux Sauvages ; le tout sous les peines portées par l'article X.

XVI.

Les différends qui surviendront en Canada pour raison des castors trouvés dans les Vaisseaux, chaloupes d'iceux & barques, tant en matiere civile que criminelle, circonstances & dépendances, seront jugés en premiere instance par les Juges de l'Amirauté, & par appel au Conseil supérieur.

XVII.

Et pour juger les différends qui interviendront aussi en Canada au sujet des castors qui seront trouvés dans le cas de la confiscation ailleurs que dans lesdits Vaisseaux, chaloupes d'iceux & barques, tant en matiere civile que criminelle, circonstances & dépendances, Sa Majesté en attribue la connoissance aux Intendans de Canada, pour être par eux instruits & jugés en dernier ressort, Sa Majesté en interdisant la connoissance à tous autres Juges, sauf cependant l'appel des Ordonnances qui pourront être rendues par lesdits Intendans, au Conseil de Sa Majesté.

XVIII.

Tous les castors qui viendront en France & qui n'appartiendront pas à ladite Compagnie, seront confisqués au profit d'icelle, ensemble les chevaux & voitures sur lesquelles ils se trouveront chargés pour être transportés d'un lieu à un autre, & les Marchands & Voituriers seront condamnés à cent livres d'amende, applicable moitié au dénonciateur : veut cependant Sa Majesté que la confiscation des castors qui auront été saisis & arrêtés par les Commis & Gardes de ses Fermes, auxquels elle ordonne aussi bien qu'à ses Fermiers de saisir & arrêter tous les castors qui pourront venir ou être transportés dans son Royaume en contravention du privilége accordé à ladite Compagnie, appartiennent à l'Adjudicataire de ses Fermes, ensemble la confiscation des équipages qui les auront conduits, & l'amende, dont moitié sera donnée au dénonciateur, à comdition néanmoins par ledit Adjudicataire des Fermes de remettre lesdits castors confisqués à ladite Compagnie d'Occident, qui lui en payera comptant le même prix qu'elle en auroit payé dans la Colonie du Canada ; sçavoir, le castor sec à trente sols la livre, & le castor gras à trois livres la livre.

Les castors qui viendront par les Vaisseaux, seront reconnus appartenir à ladite Compagnie, quand ils seront adressés par les connoissemens aux Directeurs ou Commissionnaires d'icelle, qui seront tenus de faire leur déclaration au Bureau des Fermes du lieu où lesdits castors arriveront, comme ils appartiennent à ladite Compagnie.

A l'égard de ceux qui seront voiturés dans les Provinces, ils seront censés appartenir ou avoir appartenus à ladite Compagnie, quand chaque ballot sera plombé du plomb de ladite Compagnie ; voulant Sa Majesté que les castors appartenant à ladite Compagnie ou qu'elle aura vendus, puissent passer d'une Province à une autre, même dans celles réputées étrangeres, les ballots desdits castors étant plombés par ladite Compagnie, sans avoir besoin d'autre permission, & ce sans payer de droits, conformément à l'article VIII, sans cependant que les Voituriers puissent sous prétexte desdits plombs se dispenser de faire leur déclaration dans tous les Bureaux des Fermes de leur passage où la vérification desdits plombs sera faite.

XIX.

Les différends qui surviendront en France pour raison des castors trouvés dans les Vaisseaux, chaloupes d'iceux, barques & alleges, tant en matiere civile que criminelle, circonstances & dépendances, seront jugés en premiere instance par les Juges d'Amirauté, & par appel aux Cours supérieures où lesdites Amirautés ressortissent.

XX.

A l'égard des différends qui pourront survenir aussi en France au sujet des castors qui seront trouvés ailleurs que dans lesdits Vaisseaux, chaloupes d'iceux, barques & alleges,

leges, tant en matiere civile que criminelle, circonſtances & dépendances, Sa Majeſté en attribue la connoiſſance, ſçavoir, à Paris au Lieutenant général de Police, & dans les Provinces aux Intendans & Commiſſaires départis, pour être leſdits différends par eux inſtruits & jugés en dernier reſſort, Sa Majeſté en interdiſant la connoiſſance à tous autres Juges, ſauf cependant l'appel des Ordonnances qui pourront être rendues par leſdits Lieutenant général de Police, Intendans & Commiſſaires départis au Conſeil de Sa Majeſté.

Sera le préſent Arrêt regiſtré au Conſeil ſupérieur de Quebec, lû, publié & affiché par-tout où beſoin ſera, tant en France qu'en Canada, aux copies duquel, ſignées par un des Secrétaires de Sa Majeſté, toute foi ſera ajoûtée. FAIT au Conſeil d'Etat du Roi, Sa Majeſté y étant, tenu à Paris le onziéme jour de Juillet mil ſept cent dix-huit.

Signé PHELYPEAUX.

LOUIS, PAR LA GRACE DE DIEU, ROI DE FRANCE ET DE NAVARRE, Dauphin de Viennois, Comte de Valentinois, Diois, Provence, Forcalquier, & terres adjacentes : à nos amés & féaux Conſeillers en nos Conſeils les ſieurs Intendans & Commiſſaires départis pour l'exécution de nos ordres dans les Provinces & Généralités de notre Royaume & en Canada, & au ſieur Lieutenant général de Police de notre bonne ville de Paris, & aux Officiers des Siéges d'Amirauté : SALUT. Nous vous mandons & enjoignons par ces Préſentes, ſignées de nous, de tenir chacun en droit ſoi la main à l'exécution de l'Arrêt dont l'extrait eſt ci-attaché ſous le contre-ſcel de notre Chancellerie, ce jourd'hui donné en notre Conſeil, nous y étant, de l'avis de notre très-cher & très-amé oncle le Duc d'Orleans Régent, petit-fils de France, pour les cauſes y contenues : commandons au premier notre Huiſſier ou Sergent ſur ce requis, de ſignifier ledit Arret à tous qu'il appartiendra, & de faire pour ſon entiere exécution tous actes & exploits néceſſaires, ſans autre permiſſion : voulons qu'aux

Tome III. Y

copies dudit Arrêt & des Préfentes, collationnées par l'un de nos amés & féaux Confeillers-Secrétaires, foi foit ajoutée comme aux originaux; car tel eft notre plaifir. DONNE' à Paris le onziéme jour du mois de Juillet l'an de grace mil fept cent dix-huit, & de notre regne le troifiéme. *Signé* LOUIS. *Et plus bas ;* par le Roi Dauphin, Comte de Provence, le Duc d'Orleans Régent préfent, *Signé* PHE-LYPEAUX. Et fcellé du grand Sceau de cire jaune.

ARREST
DU CONSEIL D'ÉTAT
DU ROY,

*ET Lettres Patentes en conséquence, regis-
trées en Parlement le 26 Août 1718.*

Du 21 Août 1718.

Extrait des Registres du Conseil d'Etat.

LE Roi étant informé que le Parlement de Paris, à l'instigation de gens mal intentionnés & contre l'avis des plus sages de cette Compagnie, abusant des différentes marques de considération dont il a plû à Sa Majesté de l'honorer, & même de la grace qu'elle a bien voulu lui accorder aussi-tôt après son avenement à la Couronne, en lui permettant de faire à Sa Majesté des remontrances sur ses Edits & Déclarations avant de les enregistrer, fait continuellement de nouvelles tentatives pour partager l'autorité souveraine, s'attribuer l'administration immédiate des Finances, s'arroger une Jurisdiction sur les Officiers comptables, se rendre supérieur aux autres Cours supérieures, soit sur le fait des monnoyes, soit par rapport aux impositions & aux subsides, proposer ou réitérer ses remontrances après le terme prescrit par la Déclaration du mois de Septembre 1715, les faire prévaloir sur la volonté du Roi, défendre & surseoir l'exécution des Arrêts du Conseil, se dire ou se prétendre le Conseil nécessaire de Sa Majesté &

Y ij

de l'Etat, abuser des exemples des précédentes minorités, dont les divisions intérieures ou les guerres étrangeres avoient troublé la tranquillité, renoncer presqu'entierement à la distribution de la Justice pour s'occuper de l'examen ou plûtôt de la critique des affaires du Gouvernement, au grand préjudice du crédit public, que le Parlement semble avoir voulu altérer par des procédures inconsidérées, par des éclaircissemens qu'il n'avoit pas droit de demander, & par différens arrêtés sur des matieres qui ne sont pas de sa compétence. A quoi étant nécessaire de pourvoir, SA MAJESTÉ ETANT EN SON CONSEIL, de l'avis de M. le Duc d'Orleans Régent, a ordonné & ordonne ce qui suit.

ARTICLE PREMIER.

LE Parlement de Paris pourra continuer de faire à Sa Majesté des remontrances sur les Ordonnances, Edits, Déclarations & Lettres Patentes qui lui seront adressés, pourvû que ce soit dans la huitaine, ainsi qu'il est porté par la Déclaration du mois de Septembre 1715, & dans la forme prescrite par l'article III du titre premier de l'Ordonnance de 1667: lui défend Sa Majesté de faire aucunes remontrances, délibérations ni représentations sur les Ordonnances, Edits, Déclarations & Lettres Patentes qui ne lui auront pas été adressés.

II.

VEUT Sa Majesté que faute par ledit Parlement de Paris de faire ses remontrances dans la huitaine du jour que les Edits, Déclarations du Roi & Lettres Patentes lui auront été présentés, ils soient réputés & tenus pour enregistrés, & en conséquence qu'il en sera envoyé une expédition en forme aux Bailliages & Sénéchaussées du ressort du Parlement de Paris, pour y être exécutés selon leur forme & teneur, & le contenu en iceux être observés sous telles peines qu'il appartiendra; & en cas de contravention tant par ledit Parlement de Paris que par lesdits Baillifs & Sénéchaux dans leurs Arrêts, Sentences & Jugemens, qu'ils seront cassés

& annullés par Sa Majesté, suivant la forme prescrite par ses Ordonnances.

III.

Lorsque le Parlement aura délibéré de faire des remontrances dans la forme & le temps ci-dessus marqués, les Gens du Roi se donneront l'honneur d'en informer Sa Majesté, qui leur fera sçavoir si elle désire recevoir leurs remontrances de vive voix ou par écrit.

IV.

Au premier cas, il sera par Sa Majesté indiqué au Parlement le jour auquel elle trouvera bon d'écouter ses remontrances; & au second cas, faute par le Parlement de remettre ses remontrances par écrit à l'un des Secrétaires d'Etat & des commandemens de Sa Majesté, huit jours après qu'elle leur en aura donné l'ordre, les Edits, Déclarations & Lettres Patentes seront censés enregistrés, ainsi qu'il est porté par l'article II du présent Arrêt.

V.

Après les remontrances écoutées ou reçues par Sa Majesté, s'il lui plaît d'ordonner que les Edits, Déclarations & Lettres Patentes seront enregistrés, le Parlement sera tenu d'y satisfaire sans delai, sinon l'enregistrement sera censé en avoir été fait, & il en sera envoyé des expéditions, suivant l'article II du présent Arrêt, sauf au Parlement, après l'enregistrement, de faire de nouvelles remontrances, auxquelles Sa Majesté aura tel égard qu'il appartiendra.

VI.

Sa Majesté défend très-expressément audit Parlement de Paris d'interpréter les Edits, Déclarations & Lettres Patentes qui lui auront été adressés de son ordre; & en cas que quelques articles lui paroissent sujets à interprétation, le Parlement de Paris pourra, conformément à l'article III du titre premier de l'Ordonnance de 1667, représenter à

Sa Majesté ce qu'il estimera convenable à l'utilité publique, sans que l'exécution en puisse être sursise, ni qu'aucuns Edits, Ordonnances, Déclarations, Lettres Patentes ni Réglemens de Sa Majesté puissent être interprétés ou modifiés par ledit Parlement de Paris, sous aucun prétexte.

VII.

N'ENTEND Sa Majesté que le Parlement de Paris puisse inviter les autres Cours à aucune association, union, confédération, consultation ni assemblée par députés ou autrement, pour quelque cause & occasion que ce soit, sans une permission expresse & par écrit de Sa Majesté, à peine de désobéissance, & sous telle autre peine qu'il appartiendra, suivant l'exigence des cas.

VIII.

Lui défend pareillement Sa Majesté de faire aucune assemblée ou délibération touchant l'administration de ses Finances, ni de prendre connoissance d'aucunes affaires qui concernent le Gouvernement de l'Etat, si Sa Majesté ne trouve bon de lui en demander son avis par un ordre exprès.

IX.

DECLARE Sa Majesté nuls & de nul effet tous les procès-verbaux, Arrêts, délibérations, arrêtés & autres actes que ledit Parlement de Paris pourroit avoir fait par le passé ou pourroit faire à l'avenir, soit au sujet des Edits, Déclarations & Lettres Patentes qui ne lui ont pas été adressés, soit par rapport aux affaires du Gouvernement de l'Etat, sur lesquelles Sa Majesté ne lui aura pas demandé son avis.

X.

CE faisant, a Sa Majesté d'abondant cassé & annullé l'Arrêt du Parlement de Paris du 20 Juin dernier, dont elle a ordonné la cassation par celui du Conseil du même jour. Casse & annulle pareillement Sa Majesté tous arrêtés, actes de publication d'affiches, de notification & autres qui pourroient avoir été faits, soit contre l'Edit du mois de Mai dernier, enregistré en la Cour des Monnoyes, où l'adresse en avoit été faite, soit au préjudice dudit Arrêt du Conseil & de celui du lendemain, ou des Lettres Patentes expédiées sur ledit Arrêt & adressées au Parlement, qui ne les a pas encore enregistrées.

Casse & annulle aussi l'Arrêt du Parlement de Paris du 12 de ce mois, comme attentatoire à l'autorité Royale, & toutes les délibérations ou procédures qui ont précédé & suivi ledit Arrêt, ou qui pourroient être faites à l'avenir sur ce qu'il contient, & sur toutes autres matieres semblables; défendant Sa Majesté au Parlement de traiter de telles affaires, que lorsqu'elle voudra bien lui faire l'honneur de l'en consulter.

Veut Sa Majesté que lesdits Arrêts, arrêtés, délibérations, procès-verbaux & autres actes faits en conséquence, soient rayés & biffés dans les registres du Parlement & partout ailleurs où besoin sera, & qu'en marge d'iceux mention soit faite du présent Arrêt, qui sera lû, publié & affiché, tant dans sa bonne ville de Paris, que dans les Villes & principaux lieux du ressort dudit Parlement, à l'effet de quoi il en sera envoyé directement des expéditions aux Bailliages & Sénéchaussées, pour y être enregistré à la diligence des Procureurs de Sa Majesté, qui seront tenus d'en certifier dans un mois, à peine d'interdiction ; & que pour l'exécution du présent Arrêt toutes Lettres Patentes nécessaires seront expédiées. FAIT au Conseil d'Etat du Roi, Sa Majesté y étant, tenu à Paris le vingt-uniéme jour d'Août mil sept cent dix-huit. Signé PHELYPEAUX.

LETTRES PATENTES
DU ROY.

LOUIS, PAR LA GRACE DE DIEU, ROI DE FRANCE ET DE NAVARRE, à nos amés & féaux Conseillers les Gens tenant notre Cour de Parlement à Paris: SALUT. Par Arrêt en forme de Réglement de nous rendu en notre Conseil le 21 du présent mois d'Août pour les causes y contenues, nous avons ordonné ce que nous entendions être à faire & observer par notredite Cour sur l'exécution de nos Edits & Déclarations, Arrêts de notre Conseil & Lettres Patentes sur iceux, ensemble sur le temps & la forme des remontrances que de notre grace spéciale nous lui avons permis de nous adresser avant leur enregistrement, & par icelui pourvû à plusieurs abus préjudiciables à notre autorité; & voulant que ledit Arrêt soit exécuté de point en point selon sa forme & teneur, sans qu'en aucune maniere & sur quelque prétexte que ce soit il y soit contrevenu, nous avons fait expédier nos Lettres sur ce nécessaires. A CES CAUSES, & autres à ce nous mouvans, de l'avis de notre très-cher & très-amé oncle le Duc d'Orleans, petit-fils de France, Régent, de notre très-cher & très-amé cousin le Duc de Bourbon, de notre très-cher & très-amé cousin le Prince de Conty, Princes de notre sang, de notre très-cher & très-amé oncle le Duc du Maine, de notre très-cher & très-amé oncle le Comte de Toulouse, Princes légitimés, & autres Pairs, grands & notables personnages de notre Royaume, qui ont vû ledit Arrêt ci-attaché sous le contre-scel de notre Chancellerie, & de notre grace spéciale, pleine puissance & autorité Royale, nous avons dit, statué & ordonné, & par ces Présentes, signées de notre main, disons, statuons & ordonnons, voulons & nous plaît ce qui suit. ART.

Article premier.

Que le Parlement de Paris puisse continuer de nous faire des remontrances sur nos Ordonnances, Edits, Déclarations & Lettres Patentes qui lui seront adressés, pourvû que ce soit dans la huitaine, ainsi qu'il est porté par la Déclaration du mois de Septembre 1715, & dans la forme prescrite par l'article III du titre premier de l'Ordonnance de 1667 ; lui défendons de faire aucunes remontrances, délibérations ni représentations sur nos Ordonnances, Edits, Déclarations & Lettres Patentes qui ne lui auront pas été adressés.

II.

Que faute par ledit Parlement de Paris de faire ses remontrances dans la huitaine du jour que lesdits Edits, Déclarations & Lettres Patentes lui auront été présentés, ils soient réputés & tenus pour enregistrés ; & en conséquence qu'il en sera envoyé une expédition en forme aux Bailliages & Sénéchaussées du ressort du Parlement de Paris, pour y être exécutés selon leur forme & teneur, & le contenu en iceux être observé sous telles peines qu'il appartiendra ; & en cas de contravention, tant par ledit Parlement de Paris que par lesdits Baillifs & Sénéchaux dans leurs Arrêts, Sentences & Jugemens, qu'ils seront par nous cassés & annullés, suivant la forme prescrite par les Ordonnances.

III.

Que lorsque le Parlement aura délibéré de faire des remontrances dans la forme & dans le temps ci-dessus marqués, les Gens du Roi se retireront vers nous pour nous en informer, & nous leur ferons sçavoir si nous désirons les recevoir de vive voix ou par écrit.

IV.

Au premier cas nous indiquerons au Parlement le jour auquel nous trouverons bon d'écouter ses remontrances ; & au second cas, faute par le Parlement de remettre ses remontrances par écrit à l'un de nos Secrétaires d'Etat & de nos commandemens huit jours après que nous leur en aurons donné l'ordre, les Edits, Déclarations & Lettres Patentes seront censés enregistrés, ainsi qu'il est porté par l'article II des Présentes.

V.

APRE's que nous aurons écouté ou reçu les remontrances, s'il nous plaît d'ordonner que les Edits, Déclarations & Lettres Patentes soient enregistrées, le Parlement sera tenu d'y satisfaire sans délai, sinon l'enregistrement sera censé en avoir été fait, & il en sera envoyé des expéditions suivant qu'il est expliqué au second article ci-dessus, sauf au Parlement après l'enregistrement de faire de nouvelles remontrances, auxquelles nous aurons tel égard qu'il appartiendra.

VI.

DEFENDONS très-expressément audit Parlement d'interpréter les Edits, Déclarations & Lettres Patentes qui lui auront été adressés de notre ordre; & en cas que quelques articles lui paroissent sujets à interprétation, le Parlement de Paris pourra, conformément à l'article III du titre premier de l'Ordonnance de 1667, nous représenter ce qu'il estimera convenable à l'utilité publique, sans que l'exécution en puisse être sursise, ni qu'aucuns de nos Edits, Ordonnances, Déclarations, Lettres Patentes ou Réglemens puissent être interprétés ou modifiés par ledit Parlement de Paris, sous aucun prétexte.

VII.

N'ENTENDONS que le Parlement de Paris puisse inviter les autres Cours à aucune association, union, confédération, consultation ni assemblée par députés ou autrement, pour quelque cause ou occasion que ce soit, sans notre expresse permission par écrit, à peine de désobéissance, & sous telle autre peine qu'il appartiendra, suivant l'exigence des cas.

VIII.

LUI défendons pareillement de faire aucune assemblée ou délibération touchant l'administration de nos Finances, ni de prendre connoissance d'aucunes affaires qui concernent le Gouvernement de l'Etat, si nous n'avons agréable de lui en demander son avis par un ordre exprès.

IX.

DECLARONS nuls & de nul effet tous procès-verbaux, Arrêts, délibérations, arrêtés & autres actes que ledit Parlement de Paris pourroit avoir fait par le passé ou pourroit faire à l'avenir au sujet des Edits, Déclarations & Lettres Patentes qui ne lui ont pas été adressés, soit par rapport aux affaires du Gouvernement de l'Etat, sur lesquelles nous ne lui aurons pas demandé son avis.

X.

CE faisant avons d'abondant cassé & annullé l'Arrêt du Parlement de Paris du 20 Juin dernier, dont nous avons ordonné la cassation par celui rendu en notre Conseil le même jour.

Comme aussi avons cassé & annullé, cassons & annullons tous Arrêts, actes de publication d'affiches, de notification & autres qui pourroient avoir été faits, soit contre l'Edit du mois de Mai dernier, enregistré en la Cour des Monnoyes, où l'adresse en avoit été faite, soit au préjudice dedit Arrêt du Conseil & de celui du lendemain, ou des Lettres Patentes expédiées sur icelui & adressées au Parlement, qui ne les a pas encore enregistrées.

Avons pareillement cassé & annullé l'Arrêt du Parlement de Paris du 12 de ce mois, comme attentatoire à l'autorité Royale, & toutes les délibérations ou procédures qui ont précédé & suivi ledit Arrêt, ou qui pourroient être faites à l'avenir sur ce qu'il contient, & sur toutes autres matieres semblables; défendant au Parlement de traiter de telles affaires que lorsque nous voudrons lui faire l'honneur de l'en consulter.

Voulons que lesdits Arrêts, arrêtés, délibérations, procès-verbaux & autres actes faits en conséquence, soient rayés & biffés dans les registres du Parlement & par-tout ailleurs où besoin sera, & qu'en marge d'iceux mention soit faite dudit Arrêt & de ces Présentes, qui seront lûes, publiées & affichées tant dans notre bonne ville de Paris que dans les Villes & principaux lieux du reſſort; à l'effet de quoi copies dûement collationnées en ſeront envoyées directement aux Bailliages, Sénéchauſſées & par-tout où beſoin ſera, pour y être enregiſtrées à la diligence de nos Procureurs, qui ſeront tenus nous en certifier au mois, à peine d'interdiction.

Si vous mandons que les Préſentes vous ayez à faire lire, publier & enregiſtrer, & le contenu en icelles garder & obſerver de point en point ſelon leur forme & teneur, ſans que pour quelque cauſe ou prétexte que ce ſoit il y ſoit contrevenu; enjoignons à notre Procureur général de nous avertir des contraventions, ſi aucunes y étoient faites, même d'en informer, & à nos Baillifs, Sénéchaux, Siéges Préſidiaux, & à tous autres nos Juges de votre reſſort, que ces Préſentes ils ayent à faire pareillement lire, publier & enregiſtrer, & en certifier dans le mois, à peine d'interdiction; car tel eſt notre plaiſir. DONNÉ à Paris le vingt-ſixiéme jour d'Août l'an de grace mil ſept cent dix-huit, & de notre regne le troiſiéme. Signé LOUIS. Et plus bas; Par le Roi, le Duc d'Orleans Régent préſent, PHELYPEAUX.

Le Roi ſéant en ſon Lit de Juſtice, de l'avis du Duc d'Orleans Régent, a ordonné & ordonne que les préſentes Lettres Patentes ſeront enregiſtrées au Greffe de ſon Parlement, & que ſur le repli d'icelles il ſoit mis que lecture en a été faite & ledit enregiſtrement ordonné, ce requérant ſon Procureur général, pour être le contenu en icelles exécuté ſelon leur forme & teneur, & copies collationnées envoyées aux Bailliages & Sénéchauſſées du reſſort, pour y être pareillement lûes, publiées & regiſtrées; enjoint aux Subſtituts de ſon Procureur général de l'en certifier au mois. Fait en Parlement, le Roi tenant ſon Lit de Juſtice dans le Château des Tuileries, le vingt-ſixiéme jour d'Août mil ſept cent dix-huit. Signé GILBERT.

DECLARATION DU ROY,

POUR convertir la Banque générale en Banque Royale.

Donnée à Paris le 4 Décembre 1718.

LOUIS, PAR LA GRACE DE DIEU, ROI DE FRANCE ET DE NAVARRE, à tous ceux qui ces Présentes Lettres verront : SALUT. Peu de temps après notre avenement à la couronne, le sieur Law nous ayant fait présenter un projet pour l'établissement d'une Banque dont le fonds seroit fait de nos deniers, & administrée en notre nom & sous notre autorité, nous aurions fait examiner ce projet en notre Conseil de Finances ; mais les conjonctures du temps ne permirent pas alors de l'accepter. Le sieur Law nous ayant ensuite fait supplier de lui accorder la permission d'établir une Banque pour son compte & celui d'une Compagnie qu'il formeroit, après avoir fait examiner ce nouveau projet en notre Conseil, nous aurions accordé audit sieur Law & à sa Compagnie des Lettres Patentes des 2 & 20 Mai 1716, portant privilége d'établir une Banque générale dont le fonds seroit composé de six millions de livres, faisant douze cens actions de mille écus de Banque chacune, payable au porteur, à laquelle tous nos sujets & les étrangers pourroient s'intéresser ; & par notre Déclaration du 25 Juillet 1716 nous aurions ordonné que tous les endossemens qui seroient mis sur les billets de Banque n'engageroient point les endoffeurs, à moins qu'ils n'euffent ftipulé la garentie, auquel cas la garentie ne fubfifteroit que pour le temps porté par l'endoffement. L'importance de cet établiffement nous auroit porté à lui accorder notre protection, ayant reconnu par expérience l'utilité que nous & nos fujets en retireroient, par la facilité de faire venir à Paris les deniers Royaux fans frais & fans dégarnir les Provinces d'efpéces : les particuliers ont trouvé par-là le moyen d'établir des fonds dans tous les lieux du Royaume & dans les places étrangeres, dans un temps où la confiance étoit entierement perdue : l'intérêt modique auquel la Banque a efcompté les lettres de change, a fait diminuer l'ufure & a empêché nos fujets d'emprunter en pays étrangers, & les fommes que la Banque a prêté aux Manufacturiers & Négocians en a foutenu le crédit & augmenté les affaires. Depuis l'établiffement de la Banque on a vû ceffer les dérangemens dans le commerce, les changes étrangers ont été foutenus en faveur de nos fujets, & les étrangers fe font fervis des billets de la Banque pour faire leurs fonds dans toutes les parties du Royaume pour leurs achats de marchandifes & denrées dont la fortie eft fi avantageufe & fi néceffaire. Le fuccès de cet établiffement nous a porté à faire examiner de nouveau le premier projet dudit fieur Law, & ayant été pleinement informé qu'il convenoit au bien général du commerce & de nos fujets que la Banque fût continuée fous le titre de *Banque Royale*, & que la régie s'en fît en notre nom & fous notre autorité, nous aurions pour y parvenir fait acquérir pour nous les actions de ladite Banque, dont nous avons fait rembourfer aux Actionnaires en deniers effectifs leurs capitaux qu'ils avoient portés en billets de l'Etat pour former le fonds de la Banque, lefquels ont été depuis convertis en actions de la Compagnie d'Occident ; & en conféquence de ces rembourfemens qui ont été faits aux Actionnaires de nos deniers, nous fommes devenu feul propriétaire de toutes les actions de ladite Banque, que nous avons réfolu de déclarer *Banque Royale*; en forte qu'il eft nécessaire d'expliquer nos intentions, tant au sujet de la régie qui doit être faite de ladite Banque, que par rapport à l'ordre qui doit être observé pour la reddition des comptes d'icelle. A CES CAUSES & autres à ce nous mouvant, de l'avis de notre très-cher & très amé oncle le Duc d'Orleans, petit-fils de France, Régent, de notre très-cher & très amé cousin le Duc de Bourbon, de notre très-cher & très-amé cousin le Prince de Conty, Princes de notre sang, de notre très-cher & très-amé oncle le Comte de Toulouse, Prince légitimé, & autres Pairs de France, grands & notables personnages de notre Royaume, & de notre certaine science, pleine puissance & autorité Royale, nous avons dit, déclaré & ordonné, & par ces Présentes, signées de notre main, disons, déclarons & ordonnons, voulons & nous plaît ce qui suit.

ARTICLE PREMIER.

NOUS avons converti & convertissons la Banque générale établie par nos Lettres Patentes des 2 & 20 Mai 1716 en Banque Royale : voulons qu'à l'avenir, & à compter du premier Janvier 1719, la régie & l'administration en soit faite en notre nom & sous notre autorité, suivant les ordres qui en feront donnés par notre très-cher & très amé oncle le Duc d'Orleans, qui en sera le seul ordonnateur, ainsi que de nos Finances.

Conversion de la Banque générale en Banque Royale.

II.

VOULONS que les six millions de livres provenant du fonds des douze cens actions dont ladite Banque générale étoit composée, lesquelles nous appartiennent présentement, au moyen du remboursement qui en a été fait de nos deniers aux Actionnaires, & qui font actuellement dans la caisse générale de ladite Banque en billets d'actions de la Compagnie d'Occident, demeurent dans ladite caisse générale pour servir de fonds à ladite Banque Royale, & en assurer d'autant plus les opérations au public.

Fond de ladite Compagnie.

III.

Sera établi un Directeur & autres Officiers de ladite Banque.

IL sera par nous commis & établi un Directeur de ladite Banque Royale, qui recevra les ordres de notredit oncle le Duc d'Orléans, les fera exécuter, & l'informera journellement de l'état & situation de ladite Banque; & seront aussi par nous commis un Inspecteur, un Trésorier, un Contrôleur, & tels autres Officiers que nous jugerons à propos.

IV.

Fonctions des Trésorier, Inspecteur & Contrôleur.

LE Trésorier recevra tous les fonds qui seront apportés à la Banque, & signera seul les billets, lesquels seront visés par l'Inspecteur & contrôlés par le Contrôleur; & le Trésorier fera toutes les recettes & dépenses concernant la Banque, & en comptera seul, tant en notre Conseil qu'en notre Chambre des Comptes, dans le temps & en la forme & manière accoûtumée, qui seront ci-après expliquées.

V.

Empreinte des Billets de Banque.

TOUS les billets de la Banque qui seront faits à l'avenir seront scellés d'un cachet particulier, où nos armes seront gravées, avec ces mots: *Banque Royale*, lequel cachet sera déposé dans la caisse générale, où il restera enfermé, attendu que les empreintes en seront faites sur lesdits billets dans ladite caisse générale, & non ailleurs, en présence de l'Inspecteur, du Trésorier & du Contrôleur.

VI.

La Caisse générale sera fermée de trois clefs.

LA caisse générale continuera d'être fermée, comme elle l'a été jusqu'à présent, avec trois clefs différentes, qui demeureront entre les mains, sçavoir, l'une du Directeur, l'autre de l'Inspecteur, & la troisiéme du Trésorier; & ne pourra ladite caisse générale être ouverte qu'en leur présence.

VII.

Billets en écu & en livres Tournois.

IL ne sera fait à l'avenir aucun billet de ladite Banque qu'en qu'en vertu des ordres que nous donnerons par des Arrêts de notre Conseil, en vertu desquels lesdits billets pourront être faits au choix du porteur, payables en écus de Banque ou en livres tournois, ainsi qu'il est porté par lesdits Arrêts; & il sera tenu trois registres desdits billets, l'un par l'Inspecteur, l'autre par le Trésorier, & le troisiéme par le Contrôleur.

Troisiéme Registre.

VIII.

Il sera en outre tenu un quatriéme registre par le Trésorier seulement, lequel registre contiendra les profits & bénéfices provenant des escomptes des lettres de change & autres opérations de ladite Banque, lesquelles auront été approuvées par notredit oncle, & ledit registre sera visé au moins toutes les semaines par l'Inspecteur & par le Contrôleur.

Quatriéme Registre des Profits.

IX.

Il sera par nous commis & député un Commissaire de notre Conseil pour parapher les quatre registres ci-dessus mentionnés, & pour faire la visite, l'examen & la vérification des livres & des caisses, tant générales que particulieres, au moins une fois tous les trois mois, & plus souvent, s'il le juge à propos, sans avoir aucun jour marqué; comme aussi pour vérifier tous les six mois un état des profits & bénéfices de la Banque, suivant le registre qui en aura été tenu par le Trésorier, & pour faire porter au Trésor Royal les deniers qui proviendront desdits profits & bénéfices, déduction faite des appointemens & frais de régie, du restant desquels profits & bénéfices il sera expédié par le Garde du Trésor Royal des quittances comptables à la décharge dudit Trésorier, lesquelles seront contrôlées dans le temps & en la maniere accoutumée.

Sera député un Commissaire du Conseil pour parapher les quatre Registres, & pour l'exécution & vérification des Livres de Caisse, &c.

X.

Les appointemens & frais de régie seront réglés & payés sur les ordonnances de notredit oncle le Duc d'Orleans, & suivant les états qui en auront été par lui arrê-

Appointemens & frais de Régie.

Tome III.   A a

tés, conformément auxquels il en sera fait emploi dans l'état de recette & dépense qui sera arrêté à la fin de chaque année en notre Conseil, sur lequel état ledit Trésorier comptera en notre Conseil, & ensuite en notre Chambre des Comptes, ainsi qu'il est ci-après expliqué.

XI.

Sera dressé Procès-verbal des effets de la Banque générale par le Commissaire du Conseil.

ET comme notre intention est de nous charger de la Banque générale en l'état qu'elle est à présent, & de faire entrer dans celle présentement établie en notre nom tous les effets qui composent actuellement ladite Banque générale, sans aucune exception : voulons & ordonnons que par le Commissaire de notre Conseil que nous commettrons à cet effet, il soit fait incessamment une vérification générale en présence du Directeur, de l'Inspecteur & du Trésorier de ladite Banque, de tous les deniers comptans, billets de Banque biffés & non biffés, lettres de change & autres effets qui se trouveront dans la caisse générale & dans les caisses particulieres de ladite Banque, dont sera dressé procès-verbal par ledit sieur Commissaire, lequel sera signé par le Directeur, l'Inspecteur & le Trésorier, dans lequel procès-verbal sera fait mention du nombre & du montant des billets de Banque qui auront été faits depuis son établissement jusqu'au jour dudit procès-verbal, par lequel ledit Trésorier sera chargé de tous lesdits effets qui se trouveront dans la Banque, pour en rendre compte, tant en notre Conseil qu'en notre Chambre des Comptes, en la maniere ci-après expliquée, la minute duquel procès-verbal sera déposée au Greffe de notre Conseil, dont il sera délivré par le Greffier trois expéditions, une au Directeur, une autre à l'Inspecteur, pour être par lui portée au Greffe de notre Chambre des Comptes, & la troisiéme au Trésorier, pour servir à la reddition de son compte.

XII.

L'Inspecteur remettra au Greffe

L'INSPECTEUR sera tenu de remettre au Greffe de notre Chambre des Comptes l'expédition qui lui aura été deli-

vrée du procès-verbal du Commissaire de notre Conseil; de la Chamb[re] des Comptes l'ex[]pédition du Pro[]cès-verbal.
comme aussi l'Inspecteur & le Contrôleur seront tenus de remettre audit Greffe, à la fin de chaque année, chacun une copie d'eux certifiée véritable des registres qu'ils auront tenus des billets de Banque qui auront été faits, & qu'ils auront visés & contrôlés, dont ils fourniront les actes de remise au Trésorier, pour les rapporter sur ses comptes.

XIII.

Il sera arrêté en notre Conseil à la fin de chaque année un état de recette & dépense de la Banque, sur lequel le Trésorier comptera par état au vrai en notre Conseil, & ensuite en notre Chambre des Comptes, un an après la fin de chaque année, conformément à l'Edit du mois d'Août 1669, dans lesquels états de recette & de dépense il sera fait fonds de la somme de trente mille livres, à laquelle nous avons fixé les épices, façons, vacations & frais de reddition de chaque compte à rendre en notre Chambre des Comptes.

État de Recet[te] & Dépense, ser[a] arrêté au Cons[eil] tous les ans.

XIV.

Il sera fait dans ledit état au vrai & comptes trois chapitres de recette, le premier des sommes contenues aux billets de Banque qui auront été faits, laquelle recette sera admise en rapportant par ledit Trésorier les Arrêts du Conseil en vertu desquels lesdits billets auront été faits, & une copie de lui certifiée véritable du registre qu'il aura tenu desdits billets; le second, des profits & bénéfices des opérations, dont la recette sera pareillement admise en rapportant par ledit Trésorier une copie de lui certifiée véritable dudit registre, avec l'état qui en aura été arrêté par le Commissaire de notre Conseil; & le troisième, des intérêts des six millions d'actions de la Compagnie d'Occident, dont la recette sera pareillement admise, en rapportant par ledit Trésorier un état de lui certifié des intérêts qu'il aura reçus. Il sera fait pareillement dans ledit état trois chapitres de dépense; le premier, des sommes payées

Chapitre dud[it] état.

A aij

par ledit Tréforier, pour le contenu aux billets de Banque qui auront été délivrés pendant l'année dudit compte, lequel fera paſſé en rapportant les originaux deſdits billets qu'il aura retirés & biffés lorſqu'il en aura fait le payement, ſans qu'il ſoit beſoin d'autre acquit ni endoſſement; le deuxiéme, des ſommes payées pour les frais de régie & appointemens des perſonnes employées pour le ſervice de la Banque, leſquelles dépenſes ſeront paſſées conformément à l'emploi qui en aura été fait dans l'état du Roi, en rapportant les quittances des dénommés en icelui; & le troiſiéme des deniers payés au Tréſor Royal, lequel ſera paſſé en rapportant les quittances du Garde du Tréſor Royal dûement contrôlées.

XV.

Le Tréſorier ſe chargera en recette par advertatur *tous les ans, des ſix millions en actions de la Compagnie d'Occident.*

DANS le premier compte qui ſera rendu par ledit Tréſorier, lequel compte ſera celui pour l'année 1719, & dans les autres comptes qu'il rendra pour l'exercice des années ſuivantes, il ſe chargera en recette, par *advertatur* ſeulement, de ſix millions en actions de la Compagnie d'Occident, compoſant le fonds de ladite Banque, & qui doivent demeurer dans ladite caiſſe générale, comme il eſt dit ci-devant; & il ſe chargera en recette à jet des ſommes qu'il aura reçues pour les intérêts, deſdits ſix millions d'actions de ladite Compagnie d'Occident, leſquels intérêts feront par lui, comme dit eſt, portés au Tréſor Royal avec les autres profits & bénéfices de la Banque, dont la dépenſe ſera paſſée en rapportant les quittances du Tréſor Royal dûement contrôlées.

XVI.

Preſcription des Billets de Banque après cinq ans.

POUR établir davantage l'ordre, mettre la Banque en état de rendre aux particuliers la valeur des billets qu'ils auront perdus ou égarés, nous déclarons que les billets de ladite Banque ſeront preſcrits après cinq années du jour de la date, faute d'en avoir fait la demande au Tréſorier pendant ledit temps, ſans que les pourvûs de billets puiſſent audit cas en exiger le payement.

XVII.

COMME par l'article XVI des Lettres Patentes du 20 Mai il est dit que la Banque pourra se charger de la caisse des particuliers, tant en recette qu'en dépense, moyennant cinq sols de Banque par mille écus, nous ordonnons que lesdits comptes seront tenus par la Banque sans aucun frais ; & comme il ne seroit pas juste que ceux qui feront leurs recettes & payemens par des comptes en Banque, ne joüissent pas de la faculté que nous avons donnée à ceux qui se servent des billets de Banque, lesquels billets étant payables au porteur, ne peuvent être exposés à des saisies, le porteur n'en étant pas connu, nous voulons & ordonnons que les comptes en Banque ne puissent être saisis, sous quelque prétexte que ce puisse être, pas même pour nos propres deniers & affaires ; & en cas qu'il fût fait des saisies sur les fonds que les particuliers pourroient avoir en compte à la Banque, au préjudice de notre présente Déclaration, nous les avons déclaré & déclarons nulles & comme non avenues. Permettons néanmoins en cas de faillite ou banqueroute, aux termes de l'article premier du titre XI de l'Edit du mois de Mars 1673, ou en cas de décès, de faire saisir & arrêter entre les mains de la Banque les fonds que les particuliers banqueroutiers ou décédés y pourroient avoir en compte sur les livres, auquel cas de saisie la Banque ne sera tenue que de faire signifier aux saisissans dans huitaine du jour de la saisie, au domicile par eux élû, & ce par une simple déclaration signée du Trésorier, & visée par l'Inspecteur & le Contrôleur, de ce qui est dû aux personnes sur qui la saisie aura été faite, quoi faisant la Banque ne sera tenue de constituer Procureur ni de défendre à aucunes assignations ou demandes, mais seront les créanciers obligés de se rapporter à ladite déclaration, sans que la Banque soit obligée de faire voir ses livres, ni que les créanciers puissent établir des Commissaires ou Gardiens desdits effets saisis, déclarant nul tout ce qui pourroit être fait au préjudice du présent article, ainsi & de la

Les comptes des caisses des particuliers, seront tenus par la Banque sans frais, & ne pourront être saisis.

Exception au cas de faillite, banqueroute ou décès.

même maniere qu'il a été ordonné en faveur de la Compagnie d'Occident par l'article XII de notre Edit du mois de Décembre 1717. Ordonnons au surplus que lesdites Lettres Patentes du 2 & 20 Mai de l'année 1716, & de notre Déclaration du 25 Juillet ensuivant, seront exécutées selon leur forme & teneur en ce qui n'y est point dérogé ni innové par la présente Déclaration, dérogeant à toutes Lettres & dispositions contraires aux Présentes.

Si donnons en mandement à nos amés & féaux Conseillers les Gens tenant notre Cour de Parlement, Chambre des Comptes & Cour des Aydes à Paris, que ces Présentes ils ayent à faire lire, publier & regiſtrer, & le contenu en icelles exécuter selon leur forme & teneur; car tel est notre plaisir. En témoin de quoi nous avons fait mettre notre Scel à cesdites Présentes. DONNÉ à Paris le quatriéme jour de Décembre l'an de grace mil sept cent dix-huit, & de notre regne le quatriéme. Signé LOUIS. Et plus bas ; par le Roi, le Duc d'Orleans Régent présent, PHELYPEAUX. Et scellé du grand Sceau de cire jaune.

ARREST
DU CONSEIL D'ÉTAT
DU ROY,

Concernant la Banque Royale.

Du 27 Décembre 1718.

Extrait des Registres du Conseil d'Etat.

LE Roi s'étant fait représenter en son Conseil ses Lettres Patentes du 20 Mai 1716, registrées au Parlement le 23 du même mois, portant privilége en faveur du sieur Law & sa Compagnie pour l'établissement d'une Banque générale; sa Déclaration du 25 Juillet 1716 sur les endossemens des billets de ladite Banque; ensemble les Arrêts de son Conseil d'Etat successivement rendus pour perfectionner ledit établissement à l'avantage du commerce, & en vûe de procurer à ses sujets une plus grande facilité dans l'arrangement de leurs affaires particulieres; & Sa Majesté ayant acquis toutes les actions de ladite Banque, a crû qu'il étoit du bon ordre qu'elle fût connue & déclarée Royale, & s'en seroit ainsi expliquée par sa Déclaration du 4 du présent mois, envoyée au Parlement de Paris le 12 d'icelui, & par conséquent réputée & tenue pour enregistrée, aux termes de l'article II des Lettres Patentes du 26 Août dernier, registrées au Parlement le même jour, le Roi y séant en son Lit de Justice. Et d'autant que pour réprimer les bruits malicieusement répandus par gens mal intentionnés, soit en vûe de se maintenir dans l'usage des usures excessives dont ils se sont fait une espéce de profession, soit à dessein de diminuer le crédit que la Banque s'est acquise dans le Royaume & dans les pays étrangers, malgré les divers obstacles qu'on a affecté d'y opposer, il est nécessaire que les intentions de Sa Majesté, tant sur la régie intérieure, la forme & l'administration de ladite Banque, qu'à l'égard du crédit que doivent avoir ses billets, soient entierement connues du public, Sa Majesté a jugé à propos de s'en expliquer par le présent Arrêt d'une maniere à ne laisser plus aucun doute à ses sujets sur l'objet dudit établissement, ni sur les moyens qu'elle a dessein d'employer pour y concourir, persuadée qu'ils y trouveront de tels avantages, qu'il ne se peut que l'expérience qu'ils en feront ne prévale sur les préventions contraires. Sa Majesté étant aussi informée que la rareté apparente des espéces de billon & des monnoyes de cuivre dans les payemens, & le haut prix de l'argent dans le commerce ne proviennent pas du manque d'espéces, dont il y a une grande quantité dans le Royaume, mais du défaut de regle & d'ordre dans les payemens, & de ce que les billets de ladite Banque n'ont pas la même faveur que dans les autres pays & Villes de commerce où de pareilles Banques sont établies, a estimé qu'il convenoit d'y pourvoir : à l'effet de quoi, SA MAJESTÉ ÉTANT EN SON CONSEIL, de l'avis de M. le Duc d'Orleans Régent, a ordonné ce qui suit.

ARTICLE PREMIER.

Exécution de la Déclaration du 4 Décembre 1718, de l'Arrêt du Avril 1717.

LA Déclaration de Sa Majesté du 4 du présent mois, portée au Parlement de Paris le 12, & par conséquent réputée & tenue pour regiſtrée, aux termes de l'article II des Lettres Patentes regiſtrées audit Parlement, le Roi y séant en son Lit de Justice le 26 du mois d'Août dernier, sera exécutée selon sa forme & teneur, & attachée sous le contre-ſcel du présent Arrêt, ainsi qu'une expédition

des

des Lettres Patentes dudit jour 26 Août & de l'Arrêt du 10 Avril 1717, pour le tout être envoyé aux Bailliages & Sénéchauffées du reffort dudit Parlement de Paris, afin qu'il y foit enregiftré conjointement, & le contenu obfervé fous les peines y portées.

II.

VEUT Sa Majefté que dans le premier Mars prochain, outre le Bureau général de Paris, il foit établi dans les villes de Lyon, la Rochelle, Tours, Orleans & Amiens, un Bureau particulier de Banque, compofé de deux caiffes, l'une en argent pour acquitter à vûe les billets qui y feront préfentés, & l'autre en billets pour fournir à ceux qui en demanderont.

Etabliffement Bureaux de Banque dans les principales Villes.

III.

ORDONNE pareillement Sa Majefté que dans fa bonne ville de Paris, à commencer du jour de la publication du préfent Arrêt, & du premier Mars prochain dans les villes ci-deffus nommées, les efpéces de billon & monnoyes de cuivre ne pourront être données ni reçues dans les payemens qui pafferont fix livres, fi ce n'eft pour les appoints.

Reglement pour les payemens espèces de Billon.

IV.

ET à l'égard des efpéces d'argent, veut Sa Majefté qu'à commencer du jour de la publication du préfent Arrêt pour la ville de Paris, & dudit jour premier Mars pour lefdites villes où il y aura des Bureaux particuliers de Banque, elles ne puiffent être reçues ni données dans les payemens qui excéderont la fomme de fix cens livres, excepté pour les appoints, & que pour les fommes excédentes, le payement en foit fait en or ou en billets de la Banque.

IDEM. Pour les payemens en efpèces d'argent.

V.

ET attendu que les billets de Banque feront toujours payés à vûe, Sa Majefté défend après lefdits jours à tous Notaires, Sergens & Huiffiers de faire aucuns protefts ni autres actes contre ceux qui offriront lefdits billets en paye-

Défenfes aux Officiers de Juftice de faire aucuns protefts contre ceux qui offri-

Tome III. Bb

ont des Billets ment, à peine contre les contrevenans de perte de leurs
de Banque. Charges & Offices; & néanmoins ne sera la présente disposition exécutée que dans lesdites villes où il y aura des Bureaux de Banque établis, & sous l'expresse condition de l'article suivant.

VI.

Lesdits Billets POUR prévenir tous les bruits que les gens mal inten-
de Banque n'étant tionnés pourroient encore répandre, & convaincre de plus
payés à vûe esdits en plus les personnes qui désirent véritablement l'avantage
Bureaux, permet & la facilité du commerce, que ledit établissement ne sera
Sa Majesté de fai- susceptible d'aucun inconvénient, ni pour le présent ni pour
re les protests l'avenir, Sa Majesté veut & entend qu'au cas qu'il arrivât
contre les offres. dans quelqu'un des Bureaux de ladite Banque, que les billets d'icelle ne fussent pas payés sur le champ & à vûe, il soit permis aux Notaires, Huissiers & Sergens de protester contre les offres qui seroient faites de payer en billets de Banque, & de faire à cet effet tous actes qu'il appartiendra.

VII.

Fixation des POUR faire cesser les abus qui se commettent dans les
sommes dont les payemens, sous prétexte du droit qui est retenu sur les
sacs d'argent se- sacs d'argent, Sa Majesté ordonne qu'à l'avenir les sacs
ront faits. d'argent seront faits de six cens livres complets, sans qu'il
Tarre desdits puisse y entrer aucune petite monnoye, ou qu'il puisse être
sacs. rien retenu pour les sacs, excepté dans les Bureaux de la Banque, où il sera permis aux Caissiers de retenir quatre sols seulement pour chaque partie de six cens livres qu'ils payeront en espéces, & seront lesdits Caissiers tenus pareillement de faire bon des mêmes quatre sols à ceux qui apporteront des sacs d'argent à la Banque.

VIII.

Injonction aux MANDE & ordonne Sa Majesté aux sieurs Intendans &
Intendans. Commissaires départis dans les Provinces pour l'exécution de ses ordres, d'envoyer lesdites Déclaration, Lettres Patentes & Arrêt, ainsi que le présent Arrêt, aux Bailliages,

Sénéchauffées & Siéges Royaux de leur département, pour y être lûs, publiés, affichés & enregiftrés conjointement, & le contenu en iceux exécuté felon leur forme & teneur, même de tenir la main à leur entiere exécution : ordonne auffi que le préfent Arrêt fera exécuté, nonobftant toutes oppofitions & tous autres empêchemens quelconques, pour lefquels ne fera différé, & dont, fi aucuns interviennent, Sa Majefté s'en réferve & à fon Confeil la connoiffance, & l'interdit à tous autres Juges. FAIT au Confeil d'Etat du Roi, Sa Majefté y étant, tenu à Paris le vingt-feptiéme jour de Décembre mil fept cent dix-huit. *Signé* PHELYPEAUX.

LOUIS, PAR LA GRACE DE DIEU, ROI DE FRANCE ET DE NAVARRE, à nos amés & féaux Confeillers en nos Confeils les fieurs Intendans & Commiffaires départis pour l'exécution de nos ordres dans les Provinces & Généralités du reffort de notre Cour de Parlement de Paris, chacun en droit foi : SALUT. De l'avis de notre très-cher & très-amé oncle le Duc d'Orleans Régent, nous vous mandons & ordonnons par ces Préfentes fignées de notre main, que vous ayez à envoyer notre Déclaration du 4 du préfent mois, qui convertit la Banque générale en Banque Royale, enfemble nos Lettres Patentes du 26 Août 1718, regiftrées le même jour en Parlement, nous y féant en notre Lit de Juftice, l'Arrêt de notre Confeil du 10 Avril 1717, & celui de ce jourd'hui, le tout ci-attaché fous le contre-fcel de notre Chancellerie, aux Bailliages, Sénéchauffées & Siéges Royaux de vos départemens, pour y être lûs, publiés, affichés & enregiftrés conjointement, & le contenu en iceux exécuté felon leur forme & teneur, même de tenir la main à leur entiere exécution : ordonnons auffi que ledit Arrêt de notre Confeil de ce jourd'hui fera exécuté nonobftant toutes oppofitions & tous autres empêchemens quelconques, pour lefquels nous ne voulons être différé, & dont, fi aucuns interviennent, nous nous en réfervons & à notre Confeil la connoiffance, & l'interdifons à tous autres Juges : commandons au premier notre

Huissier ou Sergent sur ce requis, de signifier ledit Arrêt à tous qu'il appartiendra, à ce que personne n'en ignore, & de faire pour son entiere exécution tous actes & exploits nécessaires, sans autre permission: voulons qu'aux copies dudit Arrêt & des Présentes, collationnées par l'un de nos amés & féaux Conseillers-Secrétaires, foi soit ajoûtée comme aux originaux; car tel est notre plaisir. DONNE' à Paris le vingt-septiéme jour de Décembre l'an de grace mil sept cent dix-huit, & de notre regne le quatriéme. *Signé* LOUIS. *Et plus bas*; par le Roi, le Duc d'Orleans Régent présent, PHELYPEAUX. Et scellé du grand Sceau de cire jaune.

Traité entre la Compagnie & Messieurs de S. Malo.

Du 4 Janvier 1719.

PAr le traité fait entre la Compagnie des Indes Orientales & messieurs les Négocians de saint Malo le 5 Décembre 1714, homologué par Arrêt du Conseil du 29 du même mois, lesdits sieurs Négocians s'étoient entr'autres choses engagés à prêter à la Compagnie douze cens mille livres pour être portées aux Indes en diverses années, & y être employées au payement des dettes de la Compagnie dont le remboursement leur devoit être fait suivant qu'il étoit stipulé par ledit traité, sur laquelle somme il n'a été effectivement prêté que celle de deux cens mille livres.

Par autre traité fait avec lesdits Négocians le 23 Décembre 1716, homologué par Arrêt du 7 Octobre 1718, la Compagnie a été obligée par les raisons y énoncées de se départir de quelques-unes des conditions principales de ce traité, entr'autres de ce qui restoit du prêt des douze cens mille livres, & de se charger de pourvoir par elle-même à l'acquittement de ses dettes aux Indes, ainsi qu'elle le jugeroit à propos, & qu'elle seroit en état de le faire.

Comme ces dettes sont encore très-considérables, & donnent de l'inquiétude à Messieurs de saint Malo, que même ils se persuadent pendant qu'elles subsisteront ne pouvoir continuer leurs envois aux Indes sans être exposés à diverses avanies de la part des créanciers, & que supposé qu'il y fût retenu quelques fonds pour le payement des dettes de la Compagnie, elle seroit obligée de leur rendre le double en France suivant qu'il est convenu par ledit traité, il a été jugé très-important pour le bien commun des deux Compagnies d'y pourvoir de même qu'aux autres dépenses extraordinaires à faire aux Indes, les revenus annuels de Pondichery n'y étant pas suffisans.

Pour cet effet Messieurs de saint Malo ont été prié de

faire un nouveau prêt de quatre cens mille livres à la Compagnie pour être par elle acquitté, moitié à la premiere vente avec les intérêts à cinq pour cent, & l'autre moitié à la seconde, &, si elle ne suffisoit pas, dans les suivantes avec les intérêts aussi à cinq pour cent jusqu'au parfait payement, à quoi il y a lieu de croire qu'ils se porteront d'autant plus volontiers qu'ils ont été remboursés à la derniere vente des deux cens mille livres que la Compagnie leur devoit avec les intérêts & les assurances suivant la convention qui avoit été faite entr'eux, & que le dixiéme qui doit revenir à la Compagnie à l'occasion des marchandises des Indes qui sont actuellement en France, dont la vente est indiquée au mois de Septembre prochain, avec l'intérêt qu'elle a dans l'armement, est suffisant pour satisfaire au payement de la premiere moitié dudit prêt, & encore pour acquitter partie de ses dettes en France. Qu'à l'égard de l'autre moitié dudit prêt, le dixiéme qui lui reviendra du produit de la vente suivante sera probablement plus que suffisant pour l'acquitter.

Par toutes ces considérations Messieurs de saint Malo sont convenus de prêter & faire prêter à la Compagnie la susdite somme de quatre cens mille livres qu'ils employeront en achat de Piastres & matieres d'argent, au meilleur prix que faire se pourra dont ils enverront le compte à la Compagnie, pour être lesdites piastres envoyées aux Indes, pour les comptes & risques de ladite Compagnie, sur le Vaisseau les deux Couronnes, qui doit partir incessamment à la consignasion du sieur de la Vigne Buisson, Directeur de Messieurs de saint Malo à Pondichery, pour tenir lesdites Piastres & matieres à la disposition du sieur le Noir que la Compagnie a résolu d'y envoyer sur le même Vaisseau, pour y traiter avec ses créanciers suivant les ordres & instructions qui lui seront par elle donnés, en conformité desquels ladite somme de quatre cens mille livres en piastres achat de France sera par lui employée, sçavoir;

I,

A payer ce qui est du prix du firman pour Bengale, suivant la convention faite par feu Monsieur Hardancourt avec Monsieur Martin, qui est auprès du Mogol dans les termes y portés.

II.

A faire les réparations convenables & indispensables à la Loge de Bengale, pour rendre les magasins commodes & bien clos, pour la sureté & conservation des marchandises sans aucun superflu.

III.

A payer ce qui sera nécessaire pour la subsistance de la garnison de Pondichery & des employés au comptoir dudit lieu, ainsi qu'à ceux de Bengale & autres, qui en dépendent, le tout jusqu'à concurrence de dix mille piastres pour l'année courante & non au-delà, conformément au dernier traité avec Messieurs de saint Malo.

IV.

D'EMPLOYER ce qui restera de ladite somme de quatre cens mille livres en piastres & matieres prix de France à l'acquittement des dettes de Pondichery & Bengale suivant les compositions qui en seront faites par ledit sieur le Noir, en conformité des ordres & instructions qui lui seront donnés par la Compagnie.

V.

EST convenu entre Messieurs de saint Malo & la Compagnie que le remboursement des quatre cens mille livres en question avec les intérêts au denier vingt à compter du jour que les prêts seront faits jusqu'au parfait acquittement, sera fait tant en espéce sonnantes sans aucuns billets de telle nature qu'ils puissent être, sçavoir la premiere moitié après la vente qui sera faite dans le cours de la présente année, & l'autre moitié après la vente qui sera faite l'année prochaine, ou les années suivantes.

VI.

Que pour plus grande sureté desdits payemens la Compagnie affecte par privilége & préférence le dixiéme du produit des ventes qui se feront des marchandises des Indes, sçavoir celui de la vente indiquée au mois de Septembre prochain jusqu'à concurrence de ce à quoi montera le premier payement, pour la moitié du prêt desdites quatre cens mille livres & les intérêts, & celui des autres ventes, soit dans l'année 1720 ou les suivantes, aussi jusqu'à concurrence de ce qui restera dû dudit prêt de quatre cens mille livres & intérêts jusqu'au parfait payement, consentant que Messieurs de saint Malo en exécution du présent article retiennent par leurs mains les deniers provenans desdits dixiémes jusqu'à concurrence du remboursement à faire ainsi qu'ils sont ci-dessus expliqués, & qu'ils en fassent les payemens à ceux qui auront prêté conjointement avec eux lesdites quatre cens mille livres dont il leur sera tenu compte sur le produit desdits dixiémes, en rapportant les décharges nécessaires à la Compagnie.

VII.

Messieurs de saint Malo sont priés de faire assurer pour le compte & risques de la Compagnie, au meilleur prix qu'ils pourront lesdites quatre cens mille livres, ou partie si le tout n'est pas possible, jusqu'à Pondichery seulement, la prime payable en France un mois après la nouvelle recue de l'arrivée dudit navire les deux Couronnes au lieu de sa destination avec lesdites quatre cens mille livres, promettant les rembourser desdites primes & des intérêts en cas de retard jusqu'au parfait payement.

VIII.

Au moyen dudit emprunt la Compagnie a dispensé Messieurs de saint Malo pour cette année seulement du prêt de dix mille piastres qu'ils sont obligés de lui faire tous les ans pour le payement de la garnison de Pondichery en conformité

conformité dudit traité du 23 Décembre 1716.

IX.

Comme il pourroit arriver qu'avant l'arrivée dudit Vaisseau les deux Couronnes à Pondichery, on eût exigé des Directeurs de Messieurs de S. Malo aux Indes, de payer quelques sommes pour ou à compte du firman ou pour les dettes ou autres besoins de la Compagnie, elle est convenue que ces sommes, ainsi que les mille Pagodes, qui ont été présentées au comptoir de Pondichery par Monsieur de la Vigne Buisson pour payer Cojasaffard, seront reprises aux Indes avant toutes choses sur les fonds qui y seront envoyés provenant du prêt ci-dessus, pourquoi la Compagnie donnera ses ordres à Monsieur le Noir pour y satisfaire.

X.

Le Roi sera très-humblement supplié d'homologuer le présent traité fait & arrêté à Paris le 4 Janvier 1719. *Signé* Soullet, Champigny, Landais, Sandrier, *&* Desvieux.

Nous approuvons la Délibération ci-dessus pour l'exécuter de notre part. Fait à saint Malo le 18 Février 1719. *Signé* La Saudre le Fer, de Beauvais le Fer, De Carmanlon, Magon de la Balue, &c.

ARREST
DU CONSEIL D'ÉTAT
DU ROY,

QUI nomme le Directeur, l'Inspecteur, le Trésorier & le Contrôleur de la Banque Royale.

Du 5 Janvier 1719.

Extrait des Registres du Conseil d'Etat.

LE Roi s'étant fait représenter, étant en son Conseil, sa Déclaration du 4 Décembre dernier, qui ordonne la conversion de la Banque établie en faveur du sieur Law & sa Compagnie, en Banque Royale, & par laquelle Sa Majesté se reserve de nommer & commettre le Directeur, l'Inspecteur le Trésorier, le Contrôleur, & tels autres Officiers qu'il appartiendra pour la regie de sa Banque; SA MAJESTE'E'TANT EN SON CONSEIL, de l'avis de Monsieur le Duc d'Orleans Régent, a nommé & commis le sieur Law Directeur de sa Banque, le sieur Fénelon Inspecteur, le sieur Bourgeois Trésorier, & le sieur Durevest Contrôleur : ordonne que la regie de ladite Banque sera faite suivant & conformément à sadite Déclaration du 4 Décembre dernier. Fait au Conseil d'Etat du Roi, Sa Majesté y étant, tenu à Paris le cinquiéme jour de Décembre mil sept cent dix-neuf.

Signé PHELYPEAUX.

ARREST
DU CONSEIL D'ÉTAT
DU ROY,

QUI nomme Commissaires Messieurs Bignon, Pelletier des Forts, Pelletier de la Houssaye, Rouillé du Coudray; M. de Machault Rapporteur.

Du 21 Janvier 1719.

Extrait des Registres du Conseil d'Etat.

SUR la requête présentée au Roi étant en son Conseil par les Directeurs généraux de la Compagnie Royale des Indes Orientales, contenant que par Arrêt du Conseil d'Etat rendu, Sa Majesté y étant, le douze Novembre 1708, il a plû à Sa Majesté de commettre pour connoître de toutes les affaires & dettes de la Compagnie des Indes, & pour donner leur avis à Sa Majesté, sur tout ce qui pourroit concerner lesdites affaires & dettes, les sieurs Daguesseau, Conseiller d'Etat ordinaire & au Conseil Royal, Phelypeaux de Pontchartrain, Secrétaire d'Etat, Bignon, Béchameil de Nointel & Rouillé du Coudray, Conseillers d'Etat ordinaires, Desmarêts, Contrôleur général des Finances, & Boucher d'Orsay, Maître des Requêtes & Intendant du Commerce, au lieu & place duquel le sieur de Machault a depuis été commis: & comme il étoit très-difficile d'assembler plus de trois desdits sieurs Commissaires à cause du grand nombre de différentes affaires, dont chacun d'eux se trouvoit chargé, & que l'expédition des affaires de la Compagnie auroit souffert un retardement qui lui auroit été préjudiciable, s'il n'avoit plû à Sa Majesté d'y pourvoir, il a été ordonné par autre Arrêt du Conseil d'Etat rendu aussi, Sa Majesté y étant, le cinquiéme Décembre 1712, que lesdits sieurs Commissaires commis par ledit Arrêt du Conseil d'Etat du douziéme Novembre 1708, & le sieur de Machault, Maître des Requêtes & Intendant du Commerce, pourroient au nombre de trois au moins connoître de tout ce qui concerne les affaires & dettes de la Compagnie des Indes Orientales, & donner au même nombre leur avis à Sa Majesté sur la liquidation & acquittement desdites dettes, & généralement sur tout ce qui concerne l'exécution tant dudit Arrêt du 12 Novembre 1708 que de celui du sixiéme du même mois; & attendu que desdits sieurs Commissaires nommés par ledit Arrêt du 12 Novembre 1708, il n'y avoit que les sieurs Bignon, Béchameil & Roüillé qui prissent connoissance des affaire de la Compagnie au Bureau du sieur Bignon le plus ancien d'eux au rapport du sieur de Machault, que les sieurs Daguesseau Conseiller d'Etat & au Conseil Royal, & Béchameil Conseiller d'Etat, sont décédés, & que le sieur de Machault n'est plus Maître des Requêtes, mais qu'il est toujours Commissaire du Conseil pour ce qui concerne le commerce; que depuis plus de huit années il a été seul rapporteur de toutes les affaires de la Compagnie; que depuis ce tems-là il a été rendu à son rapport un très-grand nombre d'Arrêts fort importans pour la condition & l'ordre de la Compagnie, & la liquidation & acquittement de ses dettes; qu'il est profondément instruit de tout ce qui la concerne, qu'actuellement il a sous les yeux & est instruit d'un nombre d'affaires qui sont entiérement en état d'être jugées à son rapport; que même les parties, & entr'autres les sieurs de Mathé de Vitry la Ville qui sont les parties adverses de la Compagnie dans la plus grosse & importante de ses affaires, consentent que ledit sieur de Machault demeure rapporteur: requéroient à ces causes les suppliants qu'il plût à Sa Majesté ordonner que lesdits Arrêts du Conseil d'Etat des 12 Novembre 1708, & 5 Décembre 1712, seront exécutés selon leur forme & teneur, & en conséquence commettre deux des sieurs Conseillers d'Etat tels qu'il plaira à Sa Majesté au lieu & place des sieurs Daguesseau & Béchameil, pour conjointement avec les autres Commissaires nommés par ledit Arrêt du 12 Novembre 1708 & le sieur de Machault qu'il plaira aussi à Sa Majesté de commettre pour rapporteur au nombre de trois au moins, connoître de tout ce qui concerne les affaires & dettes de la Compagnie des Indes Orientales, & donner au même nombre leur avis à Sa Majesté sur la liquidation & acquittement desdites dettes, & généralement sur tout ce qui concerne l'exécution tant dudit Arrêt du 12 Novembre 1708 que celui du six du même mois. Vû ladite requête, oui le rapport & tout considéré, SA MAJESTE' ETANT EN SON CONSEIL, de l'avis de Monsieur le Duc d'Orleans Régent, a ordonné & ordonne que les Arrêts de son Conseil du 12 Novembre 1708, & 5 Décembre 1712, seront exécutés selon leur forme & teneur, ce faisant a commis & commet au lieu & place desdits feu sieurs Daguesseau & Béchameil de Nointel Conseillers d'Etat ordinaires, les sieurs le Pelletier des Forts & le Pelletier de la Houssaye, Conseillers d'Etat, pour connoître conjointement avec les autres Commissaires à ce députés, ou en cas d'absence au nombre de trois seulement au rapport du sieur de Machault Conseiller au Conseil du Commerce, que Sa Majesté a de nouveau commis & continué en tant que de besoin, de toutes les affaires & dettes de la Compagnie des Indes Orientales, & donner en même nombre leur avis à Sa Majesté sur la liquidation & acquittement des dettes & généralement sur tout ce qui concerne l'exécution des susdits Arrêts ainsi qu'il appartiendra. FAIT au Conseil d'Etat du Roi, Sa Majesté y étant, tenu à Paris le vingt-un Janvier mil sept cent dix-neuf. *Signé* PHELYPEAUX.

Assemblée générale de la Compagnie des Indes.

Du 27 Mars 1719.

L'Assemblée générale de la Compagnie d'Occident convoquée par affiche en exécution de l'article XVIII de l'Edit du mois de Décembre de l'année 1717, & tenüe en présence de son Altesse Royale Monseigneur le Duc d'Orleans Régent du Royaume, de son Altesse Sérénissime Monseigneur le Duc de Bourbon, & de son Altesse Sérénissime Monseigneur le Prince de Conty, Princes du Sang, ayant été instruite des affaires de ladite Compagnie, il est proposé à ladite assemblée générale de la Compagnie;

ARTICLE PREMIER.

De remercier son Altesse Royale des dispositions contenues dans l'Edit du mois de Septembre 1718, par lequel Sa Majesté a affecté & hypothéqué sur la Ferme du Tabac les trois millions de livres de rente que la Compagnie avoit tant sur la Ferme des actes des Notaires, petits sceaux & insinuations laïques, que sur celle des Postes, & a ordonné que la Compagnie pourroit retenir par ses mains les quatre millions de rente qui lui sont dûs sur ladite Ferme du Tabac, au moyen du premier million créé, & que ladite Ferme du Tabac ne pourra être adjugée à l'avenir que sous la condition expresse de payer à la Compagnie lesdits quatre millions de rente.

De remercier aussi son Altesse Royale, non-seulement de la prorogation de trois années du bail de la Ferme du Tabac qui a été accordée à ladite Compagnie par Arrêt du 4 Septembre 1718, aux conditions y portées, mais encore de ce qu'il est ordonné par ledit Arrêt que les Fermiers de la Ferme du Tabac qui succéderont à la Compagnie seront tenus d'acheter d'elle pendant le cours de leurs baux des Tabacs propres à être rappés & fumés, provenant du crû & culture de la Louïsianne, jusqu'à la concurrence de ce qu'il en faudra pour la moitié de la consommation du Royaume, lequel tabac sera payé à la Compagnie au même prix que le tabac étranger couteroit rendu dans les ports du Royaume.

II.

De supplier son Altesse Royale de continuer à la Compagnie la protection dont elle veut bien l'honorer, & de vouloir bien prendre le titre de Protecteur de la Compagnie.

III.

D'approuver & ratifier l'adjudication qui a été faite de la Compagnie, de la Ferme de la vente exclusive des Tabacs de toute nature dans le Royaume sous le nom de Jean l'Admiral pour le temps & aux prix, clauses & conditions portées par le resultat du Conseil du 16 Septembre 1718, & Lettres Patentes sur icelui du 22 du même mois, ensemble le bail de la Ferme du Tabac dans la Principauté de Charleville fait à la Compagnie par son Altesse Sérénissime Madame la Princesse, en date du 10 Janvier 1719, & les retrocessions faites par les anciens Fermiers du Tabac à la Compagnie, tant de ladite Ferme de Charleville que de celle de Lorraine Comte de Lignie, Clermontois, & Principauté de Dombes, le tout pour le temps & aux prix, clauses & conditions portées par ledit bail & lesdites rétrocessions, en date des 11 & 24 Janvier 1719.

IV.

D'approuver & ratifier que le castor se soit payé à trente-quatre sols la livre au lieu de trente sols fixé par l'Arrêt du 11 Juillet 1718, & ce pour soutenir le commerce des castors en Canada, & empêcher qu'il n'en passe en fraude dans les pays étrangers.

V.

D'approuver & ratifier l'acquisition faite par la Compagnie

pagnie des priviléges, concessions, Forts, habitations, Vaisseaux, marchandises, Négres & effets appartenans à la derniere Compagnie du Sénégal suivant la délibération du 15 Décembre 1718 & l'Arrêt du Conseil d'homologation du 10 Janvier dernier.

VI.

D'APPROUVER & de ratifier qu'outre les quatre millions de fond destinés par les Lettres Patentes d'établissement pour le commerce de la Compagnie, il soit permis d'employer les trois millions de nouveaux fonds que la Compagnie trouve en elle-même par la maniere dont les intérêts des actions sont payés conformément auxdites Lettres Patentes, non-seulement à faire les achats nécessaires de tabacs pour que les Bureaux & manufactures soient toujours fournis, mais encore à augmenter le commerce de la Compagnie.

VII.

D'APPROUVER & de ratifier que les fonds de la Compagnie, provenant tant de la Ferme du Tabac que de son commerce ou autrement, ayent été & continuent d'être déposés à la Banque Royale, & tenus en compte ouvert, & ce pour épargner la dépense d'un nouveau Caissier & tenir ses affaires dans une plus grande régle.

VIII.

D'APPROUVER & de ratifier que le siége du commerce de la Compagnie en France soit établi au Port Louis, étant le Port le plus commode pour l'armement & desarmement de ses Vaisseaux.

IX.

D'APPROUVER & de ratifier l'achapt & construction des Vaisseaux, marchandises, armes, munitions de guerre & de bouche, transport d'habitans & de troupes; les conditions auxquelles les terres ont été concédées aux habitans; achats de tabac gratifications & présens en tabac que les anciens

Fermiers faisoient, & que les Directeurs ont jugé indispensable de continuer, & généralement tout ce qui a été fait par lesdits sieurs Directeurs.

X.

De faire choix des Directeurs pour régir & administrer les affaires de la Compagnie, acheter, vendre, contester, transiger, continuer, ou changer la régie de la Ferme du Tabac, se rendre adjudicataires pour la Compagnie des Fermes particuliéres du Tabac dans le Royaume, s'ils l'estiment à propos & au prix, charges, clauses & conditions qu'ils aviseront bon être, augmenter ou diminuer le nombre des Vaisseaux de la Compagnie & de ses troupes dans ses Colonies, & pour généralement faire tout ce qu'ils jugeront à propos & convenable au soutien & l'avancement du commerce de la Compagnie, & au plus grand avantage de la Ferme du Tabac, soit en augmentant le prix du Tabac conformément au resultat, soit en réunissant différentes manufactures ou en en faisant de nouvelles, ou autrement, & de déclarer qu'elle approuve tout ce qui sera par eux fait, comme si elle y avoit été présente.

XI.

De regler les honoraires des Directeurs.

XII.

Et de les autoriser à demander à Sa Majesté au nom de la Compagnie l'homologation de la délibération qui interviendra sur les présentes propositions.

ARREST
DU CONSEIL D'ÉTAT
DU ROY,

QUI homologue la Délibération du 4 Janvier audit an.

Du 8 Mai 1719.

Extrait des Regiſtres du Conſeil d'Etat.

VU par le Roi étant en ſon Conſeil la délibération de la Compagnie des Indes Orientales du 4 Janvier 1719, ſignée des ſieurs Soullet, Deſvieux, Champigy, Landais & Sandrier, Directeurs généraux d'icelle, approuvée par les ſieurs Négocians de ſaint Malo le 18 Février ſuivant, ſigné Laſaudre le Fer, de Beauvais le Fer, de Carman-Eon, Magon de la Balue, Loquet de Grandville, Martin de la Chapelle, de Lalande Magon, Duval Baude, de Fougeray Nouail & Perrine Cheville, pour Jean Gaubert ſon mari, ayant procuration de lui, par laquelle délibération & pour les cauſes y contenues, leſdits ſieurs Négocians ſe ſont engagés de prêter à la Compagnie la ſomme de quatre cens mille livres pour envoyer aux Indes, & y être employée au payement de partie de ſes dettes à l'obtention du firman pour Bengale, & autres dépenſes extraordinaires ſuivant les ordres & inſtructions de la Compagnie, de laquelle ſomme leſdits ſieurs Négocians ſe rembourſeront ſur le produit du dixié-

D d ij

me appartenant à ladite Compagnie, le tout suivant & conformément aux dix articles contenus en ladite délibération. Oui le rapport, SA MAJESTÉ ETANT EN SON CONSEIL, de l'avis de M. le Duc D'Orleans Régent, a homologué & homologue ladite délibération, signée le 4 Janvier 1719 par les Directeurs de la Compagnie des Indes, & approuvée le 18 Février suivant à saint Malo par lesdits sieurs Négocians, laquelle demeurera jointe à la minute du présent Arrêt : ordonne Sa Majesté que ladite délibération sera exécutée selon sa forme & teneur. FAIT au Conseil d'Etat du Roi, Sa Majesté y étant, tenu à Paris le huit Mai mil sept cent dix-neuf. *Signé* FLEURIAU.

ARREST
DU CONSEIL D'ÉTAT
DU ROY,

QUI homologue la délibération du 27 Mars 1719.

Du 9 Mai 1719.

Extrait des Regiſtres du Conſeil d'État.

SUR ce qui a été repréſenté au Roi étant en ſon Conſeil, par les Directeurs & Actionnaires de la Compagnie d'Occident, que dans l'aſſemblée générale de la Compagnie, tenue le vingt-ſept Mars de la préſente année, & convoquée par affiche en exécution de l'article XVIII de l'Edit du mois de Décembre 1717, il a été pris au ſujet de la régie & de l'adminiſtration des affaires de la Compagnie, une délibération compoſée de douze Articles, de laquelle la Compagnie ſupplie Sa Majeſté de vouloir ordonner l'homologation. Vû ladite délibération, oui le rapport, SA MAJESTÉ E'TANT EN SON CONSEIL, de l'avis de M. le Duc d'Orleans Régent, a approuvé & homologué, approuve & homologue la délibération priſe le vingt-ſept Mars dernier, par la Compagnie d'Occident dans ſon aſſemblée générale; veut Sa Majeſté que ladite délibération dont copie collationnée & ſignée par les Directeurs de la Compagnie eſt ci-jointe, duement paraphée & annéxée à la minute du préſent Arrêt, ait ſon entiere exécution.

Fait au Conseil d'Etat du Roi, Sa Majesté y étant M. le Duc d'Orleans Régent présent, tenu à Paris le neuviéme jour de Mai mil sept-cent dix-neuf. *Signé* PHELYPEAUX.

Ensuit la teneur des résolutions prises dans l'assemblée générale des Actionnaires de la Compagnie d'Occident.

Extrait du regiſtre des délibérations de la Compagnie d'Occident.

L'assemblée générale de la Compagnie d'Occident convoquée par affiche en exécution de l'article XVIII de l'Edit du mois de Décembre 1717, & tenue en présence de son Alteſſe Royale Monseigneur le Duc d'Orleans Régent du Royaume, de son Alteſſe Sérénissime Monseigneur le Duc de Bourbon, & de son Alteſſe Sérénissime Monseigneur le Prince de Conty, Princes du Sang, ayant été instruite des affaires de ladite Compagnie, il est proposé à ladite assemblée générale de la Compagnie,

ARTICLE PREMIER.

Approuvé par l'assemblée générale des Actionnaires, signé de Serival.

DE remercier son Alteſſe Royale des dispositions contenues dans l'Edit du mois de Septembre 1718, par lequel Sa Majesté a affecté & hypothéqué sur la Ferme du Tabac les trois millions de livres de rente que la Compagnie avoit tant sur la Ferme des actes des Notaires, petits sceaux & insinuations laïques, que sur celle des Postes, & a ordonné que la Compagnie pourroit retenir par ses mains, les quatre millions de rente qui lui sont dûs sur ladite Ferme du Tabac au moyen du premier million créé, & que ladite Ferme du Tabac ne pourra être adjugée à l'avenir que sous la condition expresse de payer à la Compagnie les quatre millions de rente.

Approuvé par l'assemblée générale, signé de Serival.

De remercier aussi son Alteſſe Royale, non-seulement de la prorogation de trois années du bail de la Ferme du Tabac qui a été accordée à ladite Compagnie par Arrêt du 4 Septembre 1718 aux conditions y portées, mais encore de ce qu'il est ordonné par ledit Arrêt que les Fermiers de la Ferme du Tabac qui succéderont à la Compagnie feront tenus d'acheter d'elle pendant le cours de leurs baux des Tabacs propres à être rappés & fumés provenant du crû & culture de la Louisianne jusqu'à la concurrence de ce qu'il en faudra pour la moitié de la consommation du Royaume, lequel Tabac sera payé à la Compagnie au même prix que le Tabac étranger coûteroit rendu dans les Ports du Royaume.

II.

DE supplier son Altesse Royale de continuer à la Compagnie la protection dont elle veut bien l'honorer, & de vouloir bien prendre le titre de Protecteur de la Compagnie.

Approuvé par l'assemblée générale, signé de Serival.

III.

D'APPROUVER & ratifier l'adjudication qui a été faite à la Compagnie de la Ferme de la vente exclusive des Tabacs de toute nature dans le Royaume sous le nom de Jean l'Admiral pour le temps, & aux prix, charges, clauses & conditions portées par le résultat du Conseil du 16 Septembre 1718, & Lettres Patentes sur icelui du 22 du même mois, ensemble le bail de la Ferme du Tabac dans la Principauté de Charleville fait à la Compagnie, par son Altesse Sérénissime Madame la Princesse, en date du 10 Janvier 1719, & les rétrocessions faites par les anciens Fermiers du Tabac à la Compagnie, tant de ladite Ferme de Charleville que de celles de Lorraine, Comté de Ligny, Clermontois & Principauté de Dombes; le tout pour le temps, & aux prix, charges, clauses & conditions portées par ledit bail & lesdites retrocessions, en date des 11 & 24 Janvier 1719.

Approuvé & ratifié par l'assemblée générale, signé de Serival.

IV.

D'APPROUVER & ratifier que le Castor se soit payé à trente-quatre sols la livre au lieu de trente sols fixé par l'Arrêt du 11 Juillet 1718, & ce pour soutenir le commerce des Castors du Canada, & empêcher qu'il n'en passe en fraude dans les pays étrangers.

Approuvé & ratifié par l'assemblée générale, signé de Serival.

V.

<small>Approuvé & ratifié par l'assemblée générale, signé de Serival.</small>

D'APPROUVER & ratifier l'acquisition faite pour la Compagnie des priviléges, concessions, Forts, habitations, Vaisseaux, marchandises, Negres & effets appartenans à la derniere Compagnie du Sénégal suivant la derniere délibération du 15 Décembre 1718, & l'Arrêt du Conseil d'homologation du 10 Janvier 1719.

VI.

<small>Approuvé & ratifié par l'assemblée générale, signé de Serival.</small>

D'APPROUVER & de ratifier qu'outre les quatre millions de fonds destinés par les Lettres Patentes d'établissement pour le commerce de la Compagnie, il soit permis d'employer les trois millions de nouveaux fonds que la Compagnie trouve en elle-même par la maniere dont les intérêts des actions sont payés conformément auxdites Lettres Patentes, non-seulement à faire les achats nécessaires de tabacs pour que les Bureaux & manufactures soient toujours fournis, mais encore à augmenter le commerce de la Compagnie.

VII.

<small>Approuvé & ratifié par l'assemblée général, signé de Serival.</small>

D'APPROUVER & de ratifier que les fonds de la Compagnie, provenant tant de la Ferme du Tabac, que de son commerce ou autrement, ayent été & continuent d'être déposés à la Banque Royale, & tenus en compte ouvert, & ce pour épargner la dépense d'un nouveau Caissier à la Compagnie, & tenir ses affaires dans une plus grande régle.

VIII.

<small>Approuvé & ratifié par l'assemblée générale, signé de Serival.</small>

D'APPROUVER & de ratifier que le siége du commerce de la Compagnie en France soit établi au Port Louis étant le port le plus commode pour l'armement & desarmement de ses Vaisseaux.

IX.

D'APPROUVER & de ratifier l'achat & construction des Vaisseaux,

Vaisseaux, marchandises, armes, munitions de guerre, ou de bouche, transport d'habitans & de troupes, les conditions auxquelles les terres ont été concédées aux habitans, achats de tabac, gratifications & présens en tabac que les anciens Fermiers faisoient, & que les Directeurs ont jugé indispensable de continuer, & généralement tout ce qui a été fait par lesdits Directeurs

X.

De faire choix de Directeurs pour régir & administrer les affaires de la Compagnie, acheter, vendre, contester, transiger, continuer ou changer la régie de la Ferme du Tabac; se rendre Adjudicataire pour la Compagnie des Fermes particulieres du Tabac dans le Royaume s'ils l'estiment à propos, & aux prix, charges, clauses & conditions qu'ils aviseront bon être; augmenter ou diminuer le nombre des Vaisseaux de la Compagnie & de ses troupes dans ses Colonies, & pour généralement faire tout ce qu'ils jugeront à propos & convenable au soûtien & à l'avancement du commerce de la Compagnie, & au plus grand avantage de la Ferme du Tabac, soit en augmentant le prix du Tabac conformément au resultat, soit en réunissant différentes manufactures, ou en faisant de nouvelles, ou autrement, ou de déclarer qu'elle approuve tout ce qui sera par eux fait comme si elle y avoit été présente.

Approuvé l'assemblée générale qui a choix & contin les douze Directeurs qui sont tuellement en p ce, signé de S rival,

XI.

A regler les honoraires des Directeurs.

Aprouvé à s mille livres ch cun, signé de S rival.

XII.

Et de les autoriser & demander à Sa Majesté au nom de la Compagnie l'homologation de la délibération qui interviendra sur les présentes propositions. *Ainsi signé* LAW, JEAN GATEBOIS, D'ARTAGUIETTE DIRON, RIGBY, GILLY DE MONTAUD, CASTANIER, FROMAGET, JEAN MORIN, RAUDOT, PIOU, BOYVIN D'HARDANCOURT, & FRANÇOIS MOUCHARD,

Approuvé pa l'assemblée géné rale, signé de S rival.

Dudit jour 27 Mars 1719, l'assemblée générale de la Compagnie d'Occident convoquée par affiche en exécution de l'article XVIII de l'Edit du mois de Décembre 1717, après avoir délibéré sur les proposition transcrites ci-dessus en douze articles, les a approuvés & ratifiés en tout leur contenu sans en rien diminuer ni excepter.

Son Altesse Royale a bien voulu accepter le titre de Protecteur de la Compagnie, à laquelle elle accorde une gratification annuelle de trois cens mille livres à prendre sur le produit de la Banque Royale, pour servir à la construction des fortifications dans la Colonie en payement des troupes.

Son Altesse Royale contente de la conduite des Directeurs, veut bien accorder des gratifications pour leur tenir lieu d'honoraires jusqu'à ce jour, & ladite assemblée générale a reglé les honoraires des Directeurs à commencer de ce jour à six mille livres par an, & a continué les Directeurs qui sont en place. Fait à Paris en l'hôtel de la Banque Royale le 27 Mars 1719. *Et plus bas & au-dessous est écrit de la main de son Altesse Royale,* Approuvé. *Et ainsi signé* PHILIPPES D'ORLEANS, LOUIS-HENRY DE BOURBON, LOUIS-ARMAND DE BOURBON, LE MARECHAL D'ESTRE'ES, LE BARON DE BRETEUIL, L'ASSAY, LAW, LAW DE VAUVRE', DURET, FONTPERTUIS, DANIEAN DE LANDIVISIAU, DE LAUNAY, BOULA, GRUIN, GRASSIN, BALLIN, DEMEUVE fils, BELLANGER, MOLLET, GLUC DE SAINT PORT, FENEL, KOLLY, CARQUEVILLE, DUJARDIN, DUPILLE', ANDRE', TURRETIN, FARGE'S, TERRE', FENELON, JEAN VASSEROT, PERION VASSEROT, REMONVILLE, DUBOIS, BUSSY, DE VILLERS, PAPILLON, CHAUNY, LOMBARD, D'ERMENONVILLE, LARINE, HALLE'E, DUREVEN, LALIVE PAMPERT, PECHEVIN, VERNEZOBRE, DE LAURIEUX, DE LAMOTHE, MORIN DE TOURVILLE, BOURGEOIS, THOMAS PLANTEROZE, COETLOGON, P. HEUSCHE, BRAGOUZE, BONNET, RIGBY, BOYVIN D'HARDANCOURT, D'ARTAGUIETTE DIRON, FRANÇOIS MOUCHARD, GOULLET DE RUGY, JEAN GA-

TEBOIS, JEAN MORIN, FROMAGET, RAUDOT, CASTANIER, GILLY DE MONTAUD, & PIOU. *Et plus bas est écrit*, Par la Compagnie générale des Actionnaires assemblés en présence de son Altesse Royale Monseigneur le Duc d'Orleans Régent du Royaume, de son Altesse Sérénissime Monseigneur le Duc Bourbon, & de son Altesse Sérénissime Monseigneur le Prince de Comty, *signé* DE SERIVAL. Collationné à l'Original transcrit sur le registre des délibérations de la Compagnie d'Occident par nous soussignés Directeurs de ladite Compagnie. *Ainsi signé* LAW, RAUDOT, JEAN GATEBOIS, PIOU, GILLY DE MONTAUD, CASTANIER, RIGBY, F. MOUCHARD, FROMAGET, D'ARTAGUIETTE DIRON, BOYVIN D'HARDANCOURT, JEAN MORIN. *Et au-dessous* PHELYPEAUX.

EDIT DU ROY,

PORTANT réunion des Compagnies des Indes Orientales & de la Chine, à la Compagnie d'Occident.

Donné à Paris au mois de Mai 1719.

LOUIS, PAR LA GRACE DE DIEU, ROI DE FRANCE ET DE NAVARRE, à tous présens & à venir: SALUT. Depuis notre avenement à la Couronne, nous avons été occupés à chercher les moyens de réparer les épuisemens que de longues guerres avoient causés à l'Etat, & à procurer à nos sujets la félicité & l'abondance qu'ils méritent ; nous voyons avec satisfaction que la circulation de l'argent est très-vive, & que le commerce se rétablit : mais notre objet ne peut être rempli que par de plus grands avantages. Le crédit que la Compagnie d'Occident s'est acquis, quoique nouvellement formée, nous a déterminés d'examiner la situation des anciennes Compagnies, & nous avons vû avec douleur que malgré les bienfaits qu'elles ont reçûs de la libéralité du feu Roi notre très-honoré Seigneur & Bisayeul, elles n'ont pû se soutenir. La Compagnie des Indes Orientales, établie par Edit du mois d'Août 1664, au lieu d'employer à l'agrandissement du commerce le privilége exclusif qui lui avoit été accordé pendant cinquante années, & les secours réitérés d'argent & de Vaisseaux, que le feu Roi lui avoit donnés, après avoir contracté des dettes dans le Royaume & aux Indes, a totalement abandonné sa navigation, & s'est déterminée à céder son privilége à des particuliers moyennant dix pour cent du produit des ventes en France, &

cinq pour cent des prises, & la retenue des cinquante livres par tonneau des marchandises de sortie, & des soixante-quinze livres de celles d'entrée qui lui avoient été accordés par forme de gratification : nous sçavons que ce n'est point à la nature de ce commerce que le manque de succès doit être attribué, mais à la mauvaise régie, & que cette Compagnie, à l'exemple de celles des Etats voisins, auroit pû rendre ce commerce utile à ses Actionnaires & au Royaume. L'entreprise avoit été formée avec un fonds qui n'étoit pas suffisant, les Directeurs ont consommé une partie de ces fonds par des répartitions prématurées, & des droits de présence dans un tems où il n'y avoit aucuns profits ; & pour suppléer à ces fonds l'on avoit fait des emprunts sur la place à des intérêts excessifs, jusqu'à dix pour cent, & l'on avoit pris en d'autres tems de l'argent à la grosse aventure, à raison de cinq pour cent par mois, en sorte que le bénéfice du commerce se trouvoit épuisé & au-delà, par les charges que l'on y avoit mises. Cependant malgré cette mauvaise administration, le feu Roi continuant toujours la protection qu'il avoit accordée à cette Compagnie, & dans la vûe de la mettre en état de payer ses dettes, lui a accordé par la Déclaration du 29 Septembre 1714 la continuation de son privilége pendant dix années, à commencer du premier Avril 1715 ; mais au lieu de remplir un objet aussi légitime, les Indiens nous ont porté des plaintes réitérées que la Compagnie ne leur payoit ni intérêts ni capitaux, & que depuis plus de seize ans, elle n'avoit envoyé aucuns Vaisseaux à Surate ; ainsi ce commerce devenu languissant depuis plusieurs années, se perdroit entierement s'il n'y étoit pourvû, parce que les particuliers qui ont acquis le privilége de la Compagnie, étant chargés de lui payer un droit de dix pour cent, ne peuvent faire un commerce de concurrence avec l'Etranger ; & que d'ailleurs dans la crainte d'être arrêtés par les dettes de la Compagnie, ils n'osent envoyer leurs Vaisseaux à Surate, Ville principale du Mogol, d'où se tirent les cotons en laine & filés, & presque toutes les drogueries & épiceries des Indes & de l'Arabie ; en sorte que nos sujets sont obligés de tirer de l'Etranger la plus grande partie des marchandises des Indes qui se consomment dans le Royaume, & de celles propres pour le commerce de la côte de Guinée & du Sénégal, qu'ils payent au triple de la valeur, & se verroient frustrés pour toujours de l'avantage d'avoir dans le Royaume ces sortes de marchandises : nous avons aussi été informés que la Compagnie particuliere de la Chine, établie par Arrêt de notre Conseil du 28 Novembre 1712, & par les Lettres Patentes expédiées en conséquence le 19 Février 1713, & qui faisoit ci-devant partie de la concession de ladite Compagnie des Indes, n'a fait aucun usage du privilége exclusif qui lui a été attribué, & que ce commerce est encore dans un plus grand dérangement, s'il est possible, que celui des Indes. Ce seroit manquer à ce que nous devons à nous-mêmes & à nos sujets, de laisser subsister plus long-tems un pareil désordre dans un des plus considérables commerces de notre Royaume, & nous avons crû qu'il étoit convenable au bien de notre Etat, de rétablir & d'augmenter le commerce des François aux Indes, & de conserver l'honneur de la Nation, en payant à ces peuples les dettes contractées par la Compagnie : pour parvenir à l'exécution de ce dessein, nous avons résolu de supprimer les priviléges accordés aux Compagnies des Indes & de la Chine, & de les réunir à celle d'Occident : l'établissement de cette Compagnie formée depuis quelque tems, la protection que nous lui accordons, sa bonne administration, le crédit qu'elle s'est acquis, les fonds considérables qu'elle aura par la jonction de ces différentes Compagnies ; tous ces avantages nous font juger que nous ne pouvons remettre en de meilleures mains le commerce des Indes & de la Chine ; d'ailleurs par ce moyen & par la jonction qui a été faite à la Compagnie d'Occident de celle du Sénégal, nous réunissons dans une seule Compagnie un commerce qui s'étend aux quatre parties du monde : cette Compagnie trouvera dans elle-même tout ce qui sera nécessaire pour faire ces différens commerces ; elle apportera dans notre Royaume les choses nécessaires, utiles & commodes ; elle enverra les superflues à l'Etranger ; elle entretiendra la navigation, & formera des Officiers, des Pilotes & des Matelots, & toute sa régie se faisant dans le même esprit, il en naîtra l'union & l'économie dont dépend le succès de toutes les entreprises de commerce. A CES CAUSES & autres à ce nous mouvans, de l'avis de notre très-cher & très-amé oncle le Duc d'Orleans petit-fils de France Régent, de notre très-cher & très-amé oncle le Duc de Chartres, premier Prince de notre Sang, de notre très-cher & très-amé cousin le Duc de Bourbon, Prince de notre Sang, de notre très-cher & très-amé oncle le Comte de Toulouse, Prince légitimé, & autres Pairs de France, grands & notables personnages de notre Royaume, & de notre certaine science, pleine puissance & autorité Royale, nous avons par le présent Edit, perpétuel & irrévocable, dit, statué & ordonné, disons, statuons & ordonnons, voulons & nous plaît :

ARTICLE PREMIER.

QUE les priviléges accordés à la Compagnie des Indes Orientales, par Edit du mois d'Août 1664, confirmés & augmentés par la Déclaration du mois de Février 1685, & par plusieurs Arrêts & autres Déclarations, & prorogés par celle du 29 Septembre 1714, & ceux accordés à la Compagnie particuliere de la Chine, par Arrêt de notre Conseil du 28 Novembre 1712, & les Lettres Patentes expédiées en conséquence le 19 Février 1713, demeurent éteints, révoqués & supprimés, ainsi que nous les éteignons, révoquons & supprimons.

II.

AVONS accordé & accordons à la Compagnie d'Occident, le privilége de négocier seule, à l'exclusion de tous nos autres sujets, depuis le Cap de Bonne Espérance, jusques dans toutes les mers des Indes Orientales, Iles de

Madagafcar, Bourbon & France, côte de Sofola en Afrique, mer Rouge, Perfe, Mogol, Siam, la Chine & le Japon, même depuis le détroit de Magellan & le Maire dans toutes les mers du Sud, pour le tems qui refte à expirer de celui accordé à ladite Compagnie d'Occident par l'article II de nos Lettres Patentes du mois d'Août 1717.

III.

Faisons défenfes à tous nos autres fujets, de faire aucun commerce dans lefdits lieux pendant la durée du privilége attribué à la Compagnie d'Occident, à peine de confifcation à fon profit, des Vaiffeaux, armes, munitions & marchandifes.

IV.

Nous donnons & concédons à la Compagnie d'Occident en toute propriété, les terres, Ifles, Forts, habitations, magafins, meubles, immeubles, droits, rentes, Vaiffeaux, barques, munitions de guerre & de bouche, Négres, beftiaux, marchandifes, & généralement tout ce que la Compagnie des Indes Orientales & celle de la Chine ont pû acquerir ou conquerir, ou qui leur a été concédé, tant en France, qu'aux Indes & à la Chine, fuivant l'eftimation qui en fera faite fur les livres, regiftres, lettres, papiers, factures, titres & enfeignemens qu'elles feront tenues de repréfenter à cet effet, huitaine après l'enregiftrement du préfent Edit, pour en joüir par ladite nouvelle Compagnie, comme de chofe à elle appartenante, ainfi qu'en ont joüi ou dû joüir les Compagnies des Indes & de la Chine, à la charge feulement de payer, tant aux François qu'aux Indiens, toutes les dettes légitimes de la Compagnie des Indes & de la Chine, à moins qu'après l'eftimation defdits effets, & la liquidation des dettes, il n'y eût de l'excédent dans lefdits effets, auquel cas la Compagnie d'Occident fera tenuë auffi de payer ledit excédent, de maniere qu'elles n'en puiffent être recherchées ni inquiétées, duquel payement ladite Compagnie fera tenue de rapporter les preuves & titres juſtificatifs, & fans que ladite Compagnie d'Occident ſoit tenue de payer aucune autre choſe à celle des Indes & de la Chine.

V.

LES cinquante livres par chaque tonneau de marchandiſes de France, & ſoixante-quinze livres auſſi pour chaque tonneau de marchandiſes des Indes, que nous faiſons payer à la Compagnie par forme de gratification, enſemble les dix pour cent ſur le produit des ventes des marchandiſes venues ou à venir ſur les Vaiſſeaux des particuliers à qui elle a cédé ſon privilége, appartiendront à la Compagnie d'Occident.

V I.

ET pour mettre la Compagnie d'Occident en état de ſatisfaire les créanciers de celle d'Orient, tant en France qu'aux Indes, & de porter à l'avenir ſon commerce à toute l'étendue qu'il doit avoir, ce qui ne ſe peut exécuter que par un fonds conſidérable; nous lui avons permis & permettons de faire pour vingt-cinq millions de nouvelles actions, qui ne pourront être acquiſes qu'en argent comptant, & en payant au Caiſſier de ladite Compagnie d'Occident cinq cens cinquante livres pour chaque action, leſquelles ſeront de même nature que les cent millions de ladite Compagnie d'Occident qui ſont dans le public, & dont les numéros ſuivront immédiatement celui des derniers numéros des actions qui compoſent les cent premiers millions; & en conſidération des dix pour cent que les acquéreurs payeront au-deſſus du pair, nous voulons qu'elles joüiſſent des mêmes avantages que les autres actions.

V I I.

LESDITES actions ſeront ſignées par le Caiſſier de la Compagnie, viſées de l'un des Directeurs & ſcellées de ſon ſceau; & pour en faciliter l'acquiſition, il ſera ouvert un livre dans lequel, tant nos ſujets que les étrangers pourront souscrire, en payant comptant les dix pour cent d'excédent, & le capital de l'action en vingt mois, par portions égales de cinq pour cent par mois, sauf à ceux qui voudront payer comptant, de remettre leurs fonds à la Caisse de la Compagnie, sans prétendre aucun escompte pour le prompt payement.

VIII.

Le Caissier de ladite Compagnie ne délivrera aucune action qu'au fur & à mesure des payemens effectifs du capital qui lui seront faits; & faute par lesdits Actionnaires de remplir leurs soumissions dans les termes portés par le présent Edit, ils perdront les dix pour cent excédens du capital qu'ils auront payés.

IX.

Permettons à ladite Compagnie de faire venir des pays de sa concession, toutes sortes d'étoffes de soye pure & de soye & coton mêlées d'or & d'argent, & d'écorces d'arbres, & des toiles de coton teintes, peintes & rayées de couleurs: voulons que lesdites marchandises prohibées dans le Royaume ne puissent être vendues que sous la condition expresse de la sortie pour l'Etranger, & qu'à cet effet elles soient mises en entrepôt dans les magasins de notre Ferme générale, sous deux clefs, dont les Fermiers généraux ou leurs Commis en auront une, & les Directeurs de la Compagnie ou leurs Préposés l'autre; & en prenant les autres précautions nécessaires pour empêcher que lesdites marchandises ne soient vendues pour la consommation du Royaume.

X.

Pourra ladite Compagnie faire aussi venir des pays de sa concession, toutes sortes de toiles de coton blanches, soyes crues, caffé, drogueries, épiceries, métaux & autres, excepté celles prohibées par le précédent article, en payant les droits qui se payent actuellement par la Compagnie des Indes, suivant & conformément aux Edits, Déclarations des Rois nos prédécesseurs, Arrêts & Réglemens.

XI.

S'IL est resté aux Indes quelques marchandises ou effets appartenans à des particuliers, dont les Vaisseaux y auront été en vertu des permissions, traités ou concessions de privilége de ladite Compagnie des Indes, la valeur leur en sera remboursée par ladite Compagnie d'Occident.

XII.

VOULONS que la Compagnie d'Occident soit dorénavant nommée & qualifiée *Compagnie des Indes*, & qu'elle porte les mêmes armes dont la Compagnie d'Occident s'est servi jusqu'à présent.

XIII.

MAINTENONS & confirmons ladite Compagnie dans tous les droits & priviléges à elle accordés par Edit du mois d'Août 1664, Déclaration du mois de Février 1685, & autres Déclarations & Réglemens rendus en faveur de son commerce, sans aucune exception, comme s'ils étoient tous rappellés par ces Présentes, tout ainsi que la Compagnie des Indes en joüit, excepté ceux qui ont été révoqués ou modifiés, & sans préjudice des droits de l'Amiral de France, dont il a joüi ou dû joüir, conformément à la Déclaration du 4 Septembre 1712, & Réglemens faits en conséquence.

Si donnons en mandement à nos amés & féaux Conseillers les Gens tenant notre Cour de Parlement, Chambre des Comptes & Cour des Aydes à Paris, que ces Présentes ils ayent à faire lire, publier & registrer, & le contenu en icelles, garder, observer & exécuter selon leur forme & teneur, nonobstant tous Edits & Déclarations à ce contraires : voulons qu'aux copies d'icelles collationnées par l'un de nos amés & féaux Conseillers-Secrétaires foi soit ajoutée comme à l'original ; car tel est notre plaisir : & afin que ce soit chose ferme & stable à toujours, nous y avons fait mettre nôtre Scel. DONNÉ à Paris au mois de Mai, l'an de grace mil sept cent dix-neuf, & de notre regne le quatriéme. *Signé* LOUIS. *Et plus bas* ; par le Roi, le Duc d'Orleans Régent présent, PHELYPEAUX. *Visa* DE VOYER D'ARGENSON. Vû au Conseil VILLEROI. Et scellé du grand Sceau de cire verte.

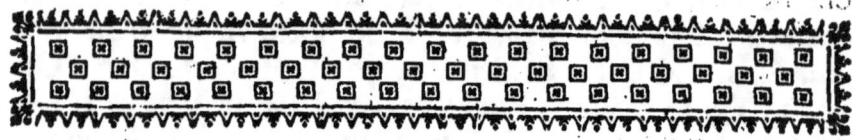

ARREST
DU CONSEIL D'ÉTAT
DU ROY.

QUI nomme M. Beauvais le Fer & autres pour signer les marques en parchemin.

Du 21 Mai 1719.

Extrait des Registres du Conseil d'Etat.

LE Roi ayant ordonné par Arrêt de son Conseil, du 23 Septembre 1716, que toutes les piéces de toiles de coton blanches & mousselines provenant du commerce de la Compagnie des Indes Orientales, seroient marquées aux deux bouts de chaque piéce d'une marque pareille à l'empreinte étant au pied de l'Arrêt du 28 Avril 1711, imprimé sur un morceau de parchemin, signée par les sieurs Moreau, Piou, Philippe, Godeheu & Mouchard, députés au Conseil de Commerce, ou par le sieur de Monhers, Secrétaire général de la Compagnie des Indes, & Boyvin d'Hardancourt, intéressé dans ledit commerce ; & Sa Majesté étant informée, que les sieurs Philippe & de Monhers sont actuellement domiciliés dans la ville de Marseille, & que les autres personnes ci-dessus nommées ne peuvent suffire pour les signatures des marques en parchemin, qui sont nécessaires pour la vente pro-

Ff iij

chaîne & autres suivantes, attendu la grande quantité qu'il en faut pour marquer lesdites toiles de coton blanches & mousselines aux deux bouts de chaque piéce, au lieu d'une seule marque, qui étoit ci-devant attachée à un des bouts; à quoi étant nécessaire de pourvoir; oui le rapport : SA MAJESTE' ÉTANT EN SON CONSEIL, de l'avis de M. le Duc d'Orleans Régent, a commis & commet les sieurs *Beauvais le Fer, la Saudre le Fer & Chapelle Martin*, Directeurs établis à saint Malo de la Compagnie des Indes Orientales, pour signer conjointement avec les sieurs Moreau, Piou, Godeheu, Mouchard & Boyvin d'Hardancourt, lesdites marques en parchemin qui doivent être attachées au chef & à la queue de chaque piéce de mousselines & toiles de coton blanches, provenant du commerce de ladite Compagnie des Indes, en la forme prescrite par les précédens Arrêts. FAIT au Conseil d'Etat du Roi, Sa Majesté y étant, tenu à Paris le vingt-un Mai mil sept cent dix-neuf.

Signé PHELYPEAUX.

ARREST
DU CONSEIL D'ÉTAT
DU ROY,

CONCERNANT la réunion des Compagnies des Indes Orientales & de la Chine, à la Compagnie d'Occident.

Du 17 Juin 1719.

Extrait des Regiſtres du Conſeil d'Etat.

LE Roi s'étant fait repréſenter en ſon Conſeil ſon Edit du mois de Mai dernier, envoyé au Parlement de Paris le 23 dudit mois, & par conſéquent réputé & tenu pour enregiſtré, ſuivant les Lettres Patentes de Sa Majeſté du 26 Août 1718, regiſtrées audit Parlement le même jour, le Roi y ſéant en ſon Lit de Juſtice; par lequel Edit Sa Majeſté auroit réuni à la Compagnie d'Occident le privilége excluſif de faire ſeule à l'avenir le commerce des Indes Orientales, ainſi qu'il eſt plus amplement porté par ledit Edit; oui le rapport, & tout conſidéré : SA MAJESTÉ ÉTANT EN SON CONSEIL, de l'avis de M. le Duc d'Orleans Régent, a ordonné & ordonne, que ſon Edit du mois de Mai dernier, porté au Parlement de Paris le 23 dudit mois de Mai, & par conſéquent réputé & tenu pour enregiſtré, au terme de l'article II des Lettres Patentes regiſtrées audit Parlement, le Roi y ſéant en ſon Lit de Juſtice, le 26 du mois d'Août 1718, ſera exécuté ſelon ſa forme & teneur, & attaché ſous le contre-ſcel du présent Arrêt, ainsi qu'une expédition des Lettres Patentes dudit jour 26 Août, pour le tout être envoyé aux Bailliages & Sénéchaussées du ressort dudit Parlement de Paris, afin qu'il y soit regîtré conjointement ; & le contenu observé sous les peines y portées : ordonne aussi que le présent Arrêt sera exécuté nonobstant toutes oppositions & tous autres empêchemens quelconques, pour lesquels ne sera différé, & dont si aucuns interviennent, Sa Majesté s'en réserve & à son Conseil la connoissance, & l'interdit à tous autres Juges. Fait au Conseil d'Etat du Roi, Sa Majesté y étant, tenu à Paris le dix-septiéme jour de Juin mil sept cent dix-neuf. *Signé* Phelypeaux.

Louis, par la grace de Dieu, Roi de France et de Navarre, à nos amés & féaux Conseillers en nos Conseils, les sieurs Intendans & Commissaires départis pour l'exécution de nos ordres dans les Provinces & Généralités du ressort de notre Cour de Parlement de Paris, chacun en droit soi : Salut. De l'avis de notre très-cher & très-amé oncle le Duc d'Orléans Régent, nous vous mandons & enjoignons par ces Présentes, signées de nous, de tenir la main à l'exécution de l'Arrêt ci-attaché sous le contre-sceau de notre Chancellerie, ce jour d'hui donné en notre Conseil d'Etat, nous y étant, concernant la réunion des Compagnies des Indes & de la Chine, à la Compagnie d'Occident. Commandons au premier notre Huissier ou Sergent sur ce requis, de signifier ledit Arrêt à tous qu'il appartiendra, à ce que personne n'en ignore, & de faire pour son entiere exécution tous actes & exploits nécessaire sans autre permission : voulons qu'aux copies dudit Arrêt & des Présentes collationnées par l'un de nos amés & féaux Conseillers-Secrétaires, foi soit ajoutée comme aux originaux ; car tel est notre plaisir. Donné à Paris le dix-septiéme jour de Juin, l'an de grace mil sept cent dix-neuf, & de notre regne le quatriéme. *Signé* LOUIS. *Et plus bas* ; par le Roi, le Duc d'Orleans Régent présent, Phelypeaux. Et scellé.

Soumission

Soumission des Directeurs des Compagnies des Indes & de la Chine, au sujet de l'Edit de réunion.

Du 23 Juin 1719.

LES Directeurs de la Compagnie, & les Syndics des Actionnaires, ont été convoqués extraordinairement pour prendre communication de l'Edit du mois dernier, qui ordonne la réunion du commerce d'Orient à la Compagnie d'Occident. Les Syndics des Actionnaires n'y sont pas venus, parce qu'ils ont jugé à propos de se séparer des Directeurs, & donner des mémoires contre eux à S. A. R. & au Parlement.

L'Edit a été lû & examiné avec toute la réflexion qu'il mérite.

Il supprime le privilége de la Compagnie d'Orient, & l'accorde à la Compagnie d'Occident.

Le Roi donne à la Compagnie d'Occident tous les établissemens & les effets de la Compagnie d'Orient, tant en France qu'aux Indes, suivant l'estimation qui en sera faite, à la charge seulement de payer, tant aux François qu'aux Indiens, toutes les dettes légitimes de la Compagnie d'Orient, à moins qu'après l'estimation desdits effets, & la liquidation des dettes, il n'y eût de l'excédent dans lesdits effets, auquel cas la Compagnie d'Occident sera aussi tenue de payer ledit excédent, ainsi qu'il est plus au long porté par l'article IV dudit Edit.

Sa Majesté donne aussi à la Compagnie d'Occident les cinquante & soixante-quinze livres par tonneau qu'elle avoit accordé à la Compagnie d'Orient, & les dix pour cent sur le produit des ventes des marchandises venues ou à venir sur les Vaisseaux des particuliers, à qui elle a cédé son privilége.

Les Directeurs soussignés se soumettent très-respectueusement à la réunion ordonnée aux conditions portées par l'Edit.

Ils supplient très-humblement S. A. R. d'avoir la bonté de leur permettre de lui rendre compte de leur situation, & de se justifier sur la mauvaise administration que les Actionnaires leur imputent par leur mémoire. Ils sont plus sensibles à cette injure qu'ils ne le seroient à la perte de leurs biens. La présente délibération sera portée incessamment à Son Altesse Royale. *Signé* LE MERCIER, LE FEBVRE, DODUN, LANDAIS, DE LAGNY, CHAMPIGNY, SOULLET, SANDRIER, DESVIEUX.

ARREST
DU CONSEIL D'ÉTAT DU ROY,

QUI nomme des Directeurs de la Compagnie pour signer les marques des Mousselines.

Du 4 Juillet 1719.

Extrait des Registres du Conseil d'Etat.

LE Roi ayant par Arrêt de son Conseil des 23 Septembre 1716 & 21 Mai dernier, les sieurs Moreau, Piou, Godheu, Mouchard, Boyvin d'Hardancourt, Beauvais le Fer, la Saudre le Fer & Chapelle Martin pour les signatures des marques en parchemin qui doivent être attachées au chef & à la queue de toutes les piéces de coton blanches & mousselines provenant du commerce de la Compagnie des Indes Orientales, d'une marque pareille à l'empreinte étant au pied de l'Arrêt du 28 Juin 1711, imprimée sur un morceau de parchemin, & Sa Majesté étant informée que le nombre des personnes ci-dessus ne peuvent suffire pour les signatures desdites marques en parchemin qui seront nécessaires pour la vente prochaine, attendu la grande quantité qu'il en faut pour marquer lesdites toiles de coton blanches & mousselines aux deux bouts de chaque piéce, au lieu d'une seule marque

G g ij

qui y étoit ci-devant attachée à un des bouts, outre que la plûpart des personnes dessus nommées sont chargées d'affaires extraordinaires, qui ne leur permettent pas de donner leur temps à ces signatures, ce qui pourroit faire manquer la vente prochaine, fixée au 11 Septembre 1719; à quoi étant nécessaire de pourvoir, oüi le rapport, SA MAJESTE' ÉTANT EN SON CONSEIL, de l'avis de M. le Duc d'Orleans Régent, a commis & commet les sieurs Raudot, Diron, Castanier, Gilly, Fromaget, Gatebois & Morin, tous Directeurs de la Compagnie des Indes, pour signer conjointement avec les sieurs Moreau, Piou, Godheu, Mouchard, Boyvin d'Hardancourt, Beauvais le Fer, la Saudre le Fer & Chapelle Martin, lesdites marques en parchemin qui doivent être attachées au chef & à la queue de chaque piéce de mousselines & toiles de coton blanches provenant du commerce de la Compagnie des Indes, en la forme prescrite par les différens Arrêts. FAIT au Conseil d'Etat du Roi, Sa Majesté y étant, tenu à Paris le quatriéme Juillet mil sept cent dix-neuf.

Signé PHELYPEAUX.

ARREST
DU CONSEIL D'ÉTAT DU ROY,

EN faveur de la Compagnie des Indes contre les Armateurs de S. Malo.

Du 8 Juillet 1719.

Extrait des Regiſtres du Conſeil d'Etat.

VU par le Roi étant en ſon Conſeil le mémoire préſenté par les Négocians & Armateurs de S. Malo, tendant à ce qu'il plaiſe à Sa Majeſté ordonner que le traité fait le 5 Décembre 1714 entre les Directeurs de l'ancienne Compagnie des Indes & eux, homologué par Arrêt de ſon Conſeil du 29 du même mois, ſera exécuté, & en conſéquence qu'ils joüiront de la conceſſion du privilége de ladite Compagnie pendant le temps qui reſte à expirer des dix années portées par leur traité, aux offres de payer les dix pour cent du prix de la vente des marchandiſes des retours à qui par Sa Majeſté ſera ordonné. Autre mémoire préſenté par les Directeurs de la nouvelle Compagnie des Indes, contenant leur réponſe à celui des Négocians & Armateurs de S. Malo, tendant à ce qu'il plaiſe à Sa Majeſté d'ordonner que ſon Edit du mois de Mai dernier, portant réunion des Compagnies des Indes & de la Chine à celle d'Occident ſera exécuté, en conſéquence débouter les Négocians & Armateurs de ſaint Malo de leur demande, fauf à eux à fe pourvoir en exécution dudit Edit ainfi qu'il appartiendra. Vû auffi ledit traité du 5 Décembre 1714, l'Arrêt du Confeil du 29 du même mois, qui l'homologue, & l'Edit du mois de Mai dernier; oui le rapport, SA MAJESTE' E'TANT EN SON CONSEIL, de l'avis de M. le Duc d'Orleans Régent, a ordonné & ordonne que l'Edit du mois de Mai dernier, portant réunion des Compagnies des Indes & de la Chine à celle d'Occident, fera exécuté felon fa forme & teneur ; en conféquence déboute les Négocians & Armateurs de faint Malo de leur demande, fauf à eux à fe pourvoir en exécution dudit Edit ainfi qu'il appartiendra. FAIT au Confeil d'Etat du Roi, Sa Majefté y étant, tenu à Paris le huitiéme jour de Juillet mil fept cent dix-neuf. *Signé* FLEURIAU.

ARREST
DU CONSEIL D'ÉTAT
DU ROY,

QUI permet la Vente à Nantes, des Marchandises, venues des Indes, par les Vaisseaux de la Compagnie de France.

Du 13 Août 1719.

Extrait des Regiſtres du Conſeil d'Etat.

SUR la requête préſentée au Roi étant en ſon Conſeil par les Directeurs généraux de la Compagnie Royale des Indes Orientales, contenant qu'il eſt arrivé à S. Malo en Février & Avril 1716, & au Port-Louis en Mai & Juin 1719, les Vaiſſeaux le Chaſſeur, l'Auguſte, la Comteſſe de Pontchartrain & le Comte de Toulouſe, venant des Ports de leurs conceſſions, chargés de poivre, ſalpêtre, bois de ſapan, bois rouge, cauris, laque plate ou en feuille, laque en bois, benjoüin, rotins, cannes à la main, thé, toiles de coton blanches & mouſſelines, toiles teintes ou rayées de couleurs, mouchoirs de coton & autres, de toutes leſquelles marchandiſes, tant permiſes que prohibées, la vente doit être faite dans la ville de Nantes, après cependant que ſur les mouſſelines & toiles de coton blanches ſujettes à la marque, il aura été appoſé celle qu'il plaira à Sa Majeſté d'ordonner, à l'effet qu'il n'en ſoit débité aucunes dans le Royaume que celles de ladite Compagnie ou de ceux qui font en fes droits, conformément aux Arrêts des 10, 24 Février & 13 Mars 1691, 11 Novembre 1700, Déclaration de Sa Majefté du 9 Mai 1702, & autres Arrêts & Réglemens rendus en conféquence, concernant le commerce de ladite Compagnie, & notamment à ceux des 10 Décembre 1709, 11 Juin 1714, 4 Juin 1715, rendus en interprétation de celui du 27 Août 1709, des Arrêts des 20 Janvier & 22 Février 1716, & de l'Edit du mois de Mai dernier, portant réunion des Compagnies des Indes Orientales & de la Chine, à la Compagnie d'Occident, nommée à préfent *Compagnie des Indes*, qui permettent à ladite Compagnie de vendre dans le Royaume des moufselinés & toiles de coton blanches apportées par fes Vaifseaux, & à tous Négocians, Marchands & autres particuliers qui les ont achetées de ladite Compagnie, d'en faire débit & ufage, en payant feulement les droits d'entrée portés par le Tarif de 1664, pour les marchandifes qui y font dénommées & contenues, & trois pour cent de la valeur de celles qui n'y font pas comprifes, fuivant & conformément à l'article XLIV de l'Edit d'établifsement de ladite Compagnie, & Arrêts rendus en conféquence : & d'autant que par l'Arrêt du 28 Avril 1711, rendu pour empêcher l'introduction en fraude dans le Royaume des moufselines & toiles de coton blanches qui proviennent du commerce des Etats voifins & étrangers, il a été entr'autres chofes ordonné qu'il feroit appofé à chacune des piéces qui fe trouveront chez les Marchands à Paris & dans les Provinces, & qu'ils juftifieront provenir des prifes faites fur mer, ou des ventes faites par la Compagnie des Indes Orientales, une marque pareille à l'empreinte étant au pied dudit Arrêt, laquelle feroit imprimée fur un morceau de parchemin, fignée & paraphée par les fieurs Mefnager & Chauvin, que Sa Majefté avoit commis à cet effet, au lieu defquels les fieurs Heron & Moreau, Députés au Confeil de Commerce, avoient depuis été commis par Arrêts des 25 Août 1711 & 6 Février 1712, ce qui auroit

été

été pareillement ordonné par autre Arrêt du 29 Mars 1712, par rapport aux piéces de mouffelines & toiles de coton blanches, dont la vente fe fit alors, en fubftituant le fieur Piou au lieu & place du feu fieur Heron, & ajoûtant que ladite marque pourroit n'être fignée que par l'un defdits fieurs Moreau & Piou feulement, au moyen de laquelle marque le plomb de la Compagnie attaché à ladite marque ayant été jugé fuffifant, fans l'appofition du cachet que le fieur Lieutenant général de Police à Paris & les fieurs Intendans & Commiffaires départis dans les Provinces, y faifoient appofer précédemment ; il eft feulement prefcrit par ledit Arrêt que ladite marque en parchemin & ledit plomb de la Compagnie feront appofés en préfence du Subdélégué ou autre qui feroit commis par le fieur Ferrand, alors Commiffaire départi en la Province de Bretagne ; en conféquence duquel Arrêt celui du 28 Mai 1712 auroit difpenfé & déchargé les Marchands & Négocians du rapport defdites marques, ordonné par lefdits Arrêts des 28 Avril 1711 & 29 Mars 1712, & de l'obligation de marquer fur leurs regiftres les noms des particuliers auxquels ils auroient vendu des piéces entieres. A ces caufes, requéroient lefdits Directeurs de ladite Compagnie des Indes Orientales qu'il plût à Sa Majefté fur ce leur pourvoir. Vû lefdits Arrêts des 27 Août 1709, 28 Avril & 25 Août 1711, 6 Février, 29 Mars & 28 Mai 1712, 11 Juin 1714, 4 Juin 1715, 20 Janvier & 22 Février 1716, Réglement du 24 Mars 1703, & autres Arrêts & Réglemens rendus fur le fait des marchandifes des Indes provenant des prifes & échouemens, & l'Edit du mois de Mai dernier, portant réunion des Compagnies des Indes Orientales & de la Chine à celle d'Occident ; oui le rapport, LE ROI E'TANT EN SON CONSEIL, de l'avis de M. le Duc d'Orleans Régent, a ordonné & ordonne que par le fieur Feydeau de Brou, Confeiller en fes Confeils, Maître des Requêtes ordinaire de fon Hôtel, Commiffaire départi en la Province de Bretagne, ou par celui qu'il fubdéleguera à cet effet, il fera fait inventaire de toutes les marchandifes

Tome III. H h

qui composent le chargement desdits Vaisseaux le Chasseur, l'Auguste, la Comtesse de Pontchartrain & le Comte de Toulouse, lequel inventaire sera divisé en trois chapitres, dont le premier comprendra les marchandises sujettes à la marque, comme mousselines & toiles de coton blanches; le second les drogueries & épiceries, sçavoir, poivre, salpêtre, bois de sapan, bois rouge, cauris, laque plate ou en feuille, laque en bois, benjoüin & thé; & le troisième chapitre sera composé des toiles teintes ou rayées de couleurs, mouchoirs de coton & autres espéces d'étoffes dont l'usage & le débit sont prohibés dans le Royaume, & qui, quoique chargées sur les Vaisseaux de la Compagnie des Indes, ne peuvent y être vendues qu'à condition qu'elles seront renvoyées à l'étranger. Ordonne aussi Sa Majesté que toutes lesdites piéces de mousselines & toiles de coton blanches spécifiées par le premier chapitre dudit inventaire, seront marquées aux deux bouts de chaque piéce d'une marque pareille à l'empreinte étant au pied dudit Arrêt du 28 Avril 1711, imprimée sur un morceau de parchemin, signé par les sieurs Moreau, Piou, Godheu & Mouchard, Députés au Conseil de Commerce, & par le sieur Boyvin d'Hardancourt, ou par les sieurs Raudot, Diron, Castanier, Gilly, Fromaget, Gatebois & Morin, tous Directeurs de la Compagnie des Indes Orientales, que Sa Majesté a commis pour cet effet par Arrêt du 4 Juillet 1719, conjointement avec les sieur Beauvais le Fer, la Saudre le Fer & Chapelle Martin, Directeurs de ladite Compagnie établie à saint Malo, aussi nommés par Arrêt du 21 Mai précédent, ou par l'un d'eux seulement, laquelle marque sera attachée au chef & à la queue de chaque piéce avec le plomb de ladite Compagnie, en présence dudit sieur Subdélegué ou autre qui sera commis par ledit sieur Feydeau de Brou, sans que lesdits Marchands ou Négocians puissent être tenus de rapporter lesdites marques, ni de faire mention sur leurs registres des noms de ceux auxquels ils pourront vendre des piéces entieres, à condition néanmoins que les Marchands & Négocians seront tenus de faire immédiatement après chaque vente publique une déclaration expresse de la quantité desdites toiles de coton blanches & mousselines qu'ils auront achetées, lesquelles déclarations seront faites à Paris audit sieur Lieutenant général de Police, ou à celui qu'il commettra, & dans les Provinces auxdits sieurs Intendans & Commissaires départis, ou aux personnes qui seront par eux commises, lesquelles déclarations seront insérées dans un registre particulier, paraphé par ceux qui les recevront, dans lequel registre lesdites marchandises seront spécifiées par des chapitres distincts & séparés pour chacun des déclarans, sans que lesdits Marchands de la ville de Paris, détailleurs ou autres, puissent tirer des Provinces aucunes mousselines & toiles de coton blanches, même de celles marquées de la marque desdits sieurs Intendans & Commissaires départis, s'ils n'en ont obtenu du sieur Lieutenant géral de Police une permission expresse. Ordonne Sa Majesté qu'après l'apposition desdites marques sur lesdites piéces de mousselines & toiles de coton blanches, toutes lesdites marchandises venues des Indes sur lesdits Vaisseaux, seront vendues en la ville de Nantes en la maniere accoûtumée, en payant les droits d'entrée, conformément au Tarif de 1664, à l'article XLIV de l'Edit du mois d'Août de la même année, & aux Arrêts des 29 Avril & 22 Novembre 1692, & 2 Novembre 1700, à l'exception néanmoins des toiles teintes & rayées de couleurs, mouchoirs de coton & autres sortes d'étoffes provenant des Indes, à l'égard desquelles seront observées les formalités prescrites par l'Arrêt de Réglement du 24 Mars 1703, intervenu pour raison des marchandises qui proviennent d'échouemens & des prises faites ou à faire sur les ennemis de l'Etat, & autres Arrêts rendus en conséquence, & que la vente & adjudication n'en pourra être faite qu'à condition qu'elles seront envoyées à l'étranger par les adjudicataires dans la forme pour les pays, & avec les autres précautions prescrites par l'article VII de l'Arrêt du 11 Juin 1714. Ordonne en outre Sa Majesté, conformément à l'article VIII de l'Arrêt du 20 Janvier 1716, que les toiles de coton blanches & mousselines ne pourront être vendues dans aucunes villes jusqu'à ce qu'il y ait été apposé une seconde marque au chef & à la queue ; sçavoir, à Paris par le sieur Lieutenant général de Police, qui pourra même numéroter & parapher chacune des marques en parchemin, s'il le juge à propos, ou par les Commissaires du Châtelet, les Inspecteurs de Police ou telles autres personnes qu'il voudra commettre, & dans les Provinces par les sieurs Intendans & Commissaires départis ou leurs Subdélegués, en sorte que les mousselines & toiles de coton blanches, soit en piéce ou en coupon, qui se trouveront sans lesdites premieres ou secondes marques, seront réputées en contravention, confisquées comme telles, & ceux qui s'en trouveront saisis condamnés aux amendes & autres peines spécifiées par les Arrêts des 20 Janvier & 22 Février 1716, qui seront exécutés selon leur forme & teneur. Veut Sa Majesté qu'à la réquisition des Directeurs de la Compagnie des Indes il soit fait une visite desdites marchandises des Indes qui se trouveront chez lesdits Marchands & Négocians, & tous autres de quelque qualité & condition qu'ils puissent être, même qu'il leur soit permis de faire saisir celles qui ne seront point marquées des marques prescrites par les Arrêts ci-dessus datés ; & Sa Majesté voulant assurer de plus en plus l'exécution desdits Arrêts dans la ville de Paris, & favoriser le débit des Marchands qui font un commerce loyal desdites marchandises, lequel est souvent dérangé par les fraudeurs & colporteurs inconnus, même empêcher que les détailleurs & détailleuses, qui s'excusent ordinairement des contraventions qu'on leur impute par le peu de connoissance qu'ils disent avoir des véritables marques, ne puissent être trompés, fait très-expresses inhibitions & défenses, sous peine de trois mille livres d'amende, à tous détailleurs & détailleuses qui employent lesdites mousselines & toiles de coton blanches, d'acheter aucunes piéces que des Marchands connus & domiciliés, sauf auxdits détailleurs & détailleuses, pour plus grande sûreté, à obliger lesdits Marchands de signer leur nom au dos de chaque marque en parchemin qui sera appofée fur les pièces vendues, pour y avoir recours en cas de besoin. Enjoint Sa Majesté au sieur Machault, Conseiller du Roi en ses Conseils, Maître des Requêtes honoraire, Lieutenant général de Police de la ville de Paris, & aux sieurs Intendans & Commissaires départis dans les Provinces & Généralités du Royaume, de tenir la main à l'exécution du préfent Arrêt, qui sera lû, publié & affiché partout où besoin sera, & exécuté nonobstant toutes oppositions ou appellations quelconques, pour lesquelles ne sera différé. FAIT au Conseil d'Etat du Roi, Sa Majesté y étant, tenu à Paris le treiziéme jour d'Août mil sept cent dix-neuf. *Signé* FLEURIAU.

LOUIS, PAR LA GRACE DE DIEU, ROI DE FRANCE ET DE NAVARRE, Dauphin de Viennois, Comte de Valentinois & Diois, Provence, Forcalquier & terres adjacentes : à notre amé & féal Conseiller en nos Conseils, Maître des Requêtes honoraire de notre Hôtel, le sieur de Machault, Lieutenant général de Police de notre bonne ville de Paris, & à nos amés & féaux Conseillers en nos Conseils les sieurs Intendans & Commissaires départis pour l'exécution de nos ordres dans les Provinces de notre Royaume : SALUT. Nous vous mandons & enjoignons par ces Préfentes, signées de nous, de tenir chacun en droit soi la main à l'exécution de l'Arrêt ci-attaché fous le contre-scel de notre Chancellerie, ce jourd'hui donné en notre Conseil d'Etat, nous y étant : commandons au premier notre Huissier ou Sergent sur ce requis, de signifier ledit Arrêt à tous qu'il appartiendra, à ce que personne n'en ignore, & de faire pour son entiere exécution tous actes & exploits nécessaires, sans autre permission, nonobstant clameur de Haro, Charte Normande & Lettres à ce contraires : voulons qu'aux copies dudit Arrêt & des Présentes, collationnées par l'un de nos amés & féaux Conseillers-Secrétaires, foi soit ajoutée comme aux originaux ; car tel eſt notre plaiſir. Donné à Paris le treiziéme jour d'Août l'an de grace mil ſept cent dix-neuf, & de notre regne le quatriéme. *Signé* LOUIS. *Et plus bas*; par le Roi Dauphin, Comte de Provence, le Duc d'Orleans Régent préſent, FLEURIAU. Et ſcellé.

Paul-Eſprit Feydeau, Chevalier, Seigneur de Brou, la Ville-Neuve, aux Aulnes, Calandes, le Chariot & autres lieux, Conſeiller du Roi en ſes Conſeils, Maître des Requêtes ordinaire de ſon Hôtel, Commiſſaire départi par Sa Majeſté pour l'exécution de ſes ordres en la Province de Bretagne. Vû l'Arrêt du Conſeil ci-deſſus du 13 Août 1719, & Lettres de commiſſion ſur icelui du même jour, dûement ſcellés, nous, Maître des Requêtes & Commiſſaire ſuſdit, ordonnons que ledit Arrêt du Conſeil ſera exécuté ſelon ſa forme & teneur, & qu'à cet effet il ſera par le ſieur Mellier, Général des Finances, & notre Subdélégué à Nantes, que nous avons à cette fin commis, procédé à l'inventaire de toutes les marchandiſes qui compoſent le chargement deſdits Vaiſſeaux le Chaſſeur, l'Auguſte, la Comteſſe de Pontchartrain & le Comte de Touloufe, & à tout ce qui concerne généralement l'exécution dudit Arrêt. Fait à Rennes le trentiéme Août mil ſept cent dix-neuf. *Signé* FEYDEAU. *Et plus bas*, par Monſeigneur, *ſigné* RONDEAU.

Gerárd Mellier, Conſeiller du Roi, Tréſorier de France & Général des Finances en Bretagne, Commiſſaire & Subdélegué de M. l'Intendant de ladite Province. Vû l'Arrêt du Conſeil, Lettres de commiſſion & Ordonnance ci-deſſus des 13 & 30 Août 1719, nous ordonnons que leſdits Arrêt du Conſeil & Ordonnance ſeront exécutés ſelon leur forme & teneur, lûs, publiés & affichés où il appartiendra, à ce qu'aucun n'en ignore. Fait à Nantes le premier Septembre mil ſept cent dix-neuf. *Signé* MELLIER.

ARREST
DU CONSEIL D'ÉTAT
DU ROY,

QUI renouvelle les défenses d'introduire dans le Royaume ou faire aucun commerce ni usage de Toiles peintes ou étoffes des Indes, de la Chine ou du Levant, même des Toiles de coton blanches & Mousselines, autres que les Mousselines & Toiles de coton blanches, provenant des Ventes faites par les Directeurs de la Compagnie des Indes.

Du 27 Septembre 1719.

Extrait des Registres du Conseil d'Etat.

LE Roi étant informé qu'il a été, sans aucun fondement, répandu un bruit dans le public que l'usage des toiles peintes & des étoffes des Indes ou de la Chine étoit toléré & permis, quoiqu'il soit expressément prohibé par l'article IX de l'Edit du mois de Mai dernier, portant réunion des Compagnies des Indes & de la Chine à celle d'Occident, qui ordonne que ces étoffes & toiles ne pourront être vendues que sous la condition formelle de les faire sortir pour l'étranger, à l'effet de quoi elles seront entreposées dans les magasins de la Ferme générale, avec les précautions nécessaires pour empêcher qu'elles ne se consomment dans le Royaume; & Sa Majesté désirant donner des marques de son attention à la conservation & à l'accroissement des Manufactures, dont elle connoît l'utilité & l'importance, a jugé nécessaire de renouveller les dispositions des différens Arrêts intervenus sur ce sujet, & d'expliquer ses intentions; oui le rapport, SA MAJESTE' E'TANT EN SON CONSEIL, de l'avis de M. le Duc d'Orleans Régent, a ordonné & ordonne ce qui suit.

ARTICLE PREMIER.

LES précédens Arrêts & Réglemens, notamment les Arrêts des 27 Août 1709, 29 Juillet 1710, 11 Juin 1714, 20 Janvier & 22 Février 1716, ensemble l'Edit du mois de Juillet 1717, seront exécutés selon leur forme & teneur, & en conséquence fait Sa Majesté très-expresses inhibitions & défenses à tous Négocians, Marchands & autres personnes de quelque qualité & condition qu'elles soient, de faire commerce, exposer en vente, colporter, débiter ni acheter en gros ou en détail, soit par eux ou par personnes interposées, aucunes étoffes des Indes, de la Chine ou du Levant, tant les étoffes de soye pure que celles mêlées d'or ou d'argent, celles d'écorce d'arbre, laine, fil ou coton, & généralement toutes sortes d'étoffes provenant du cru & fabrique desdits pays; comme aussi celles peintes en furies & à fleurs, les toiles peintes & imprimées de la fabrique des Indes, ou contrefaites dans le pays étranger, même celles du cru du Royaume qui y auroient été peintes ou imprimées à l'imitation de celles des Indes, vieilles ou neuves, en piéces ou en coupons, meubles, habits & autres vêtemens, à peine pour chacune contravention de trois mille livres d'amende, payable par corps, & de confiscation desdites marchandises: veut de plus Sa Majesté que les Marchands & Négocians qui auront contrevenu auxdites défenses, demeurent interdits du commerce pour toujours; qu'à cet effet leurs noms soient inscrits dans des tableaux qui seront affichés dans l'auditoire de la Jurisdiction Consulaire du lieu, ou de la plus prochaine; qu'il en

soit

soit aussi fait mention sur le registre de leur corps, où leurs noms seront rayés & biffés, & que leurs garçons, apprentifs & autres qui auront participé auxdites contraventions, soient & demeurent incapables d'être admis à aucune maîtrise.

II.

Defend aussi Sa Majesté, sous les mêmes peines, auxdits Négocians, Marchands & à toutes autres personnes, de faire aucun commerce ni trafic, vendre ni acheter directement ni indirectement, en gros ou en détail, aucunes mousselines & toiles de coton des Indes, de la Chine ou du Levant, à l'exception néanmoins des toiles de coton blanches & mousselines provenant des ventes qui ont été ou seront faites par les Directeurs de la Compagnie des Indes, & qui se trouveront marquées aux deux bouts de chaque pièce d'une marque pareille à l'empreinte étant au pied de l'Arrêt du Conseil du 28 Avril 1711, imprimée sur un morceau de parchemin signé par les sieurs Moreau, Piou, Godeheu & Mouchard, Députés au Conseil de Commerce, & par le sieur Boivin d'Hardancourt, ou par les sieurs Raudot, Diron, Castanier, Gilly, Fromaget, Gattebois & Morin, tous Directeurs de la Compagnie des Indes, que Sa Majesté a commis pour cet effet par Arrêt du 4 Juillet 1719, conjointement avec les sieurs Beauvais le Fer, la Saudre le Fer & Chapelle-Martin, Directeurs de ladite Compagnie établie à saint Malo, aussi nommés par Arrêt du 21 Mai précédent, ou par l'un d'eux seulement; laquelle marque aura été attachée au chef ou à la queue de chaque pièce avec le plomb de ladite Compagnie en forme de cœur, sans que lesdites toiles & mousselines puissent être vendues dans aucunes Villes jusqu'à ce qu'il y ait été apposé une seconde marque au chef & à la queue; sçavoir, à Paris par le sieur Lieutenant général de Police, ou telles autres personnes qu'il voudra commettre, & dans les Provinces par les sieurs Intendans & Commissaires départis, ou leurs Subdélegués; en sorte que les mousselines & toiles de coton blanches qui seront trouvées sans lesdites premieres & secondes marques, seront réputées en contravention, confisquées comme telles, & lesdits Marchands & autres personnes condamnés à l'amende & aux autres peines ordonnées par l'article précédent.

III.

DEFEND pareillement Sa Majesté à toutes personnes de falsifier, imiter ou contrefaire lesdites marques, à peine de quinze cens livres d'amende & de punition corporelle.

IV.

FAIT Sa Majesté très-expresses défenses à ses Fermiers, Directeurs, Receveurs, Commis, Contrôleurs, Visiteurs, Brigadiers, Gardes & autres Employés dans ses Fermes, de laisser passer aucunes desdites toiles & étoffes prohibées par les Bureaux d'entrée, à peine de semblable amende de trois mille livres, & des peines portées par sa Déclaration du 20 Septembre 1701, contre ceux qui laissent entrer des marchandises dans le Royaume au préjudice de ses défenses ; comme aussi à tous Aubergistes, Hôteliers, Cabaretiers & autres personnes de retirer avec connoissance de cause les Voituriers & Porteurs desdites marchandises, ni de donner retraite à icelles, à peine d'être déclarés complices de la fraude, & tenus solidairement de l'amende.

V.

ORDONNE Sa Majesté que toutes personnes de quelque qualité & condition qu'elles soient, qui introduiront dans le Royaume à main armée lesdites étoffes & toiles, soient condamnées aux galeres à perpétuité, & même à plus grande peine, s'il y échet, & pour trois ans ceux qui les introduiront avec attroupement de cinq personnes & au-dessus, quoique sans armes, le tout outre l'amende qui sera réglée par les Juges : veut Sa Majesté que ceux qui sans attroupement & sans armes introduiront lesdites étoffes & toiles, ou en favoriseront le commerce par commission, par assurance ou autrement, soient condamnés pour la premiere fois en quinze cens livres d'amende, qui ne pourra être modérée, & qu'en cas de recidive, les hommes soient condamnés au carcan pendant trois jours de marché, & les femmes au foüet & à être renfermées pendant trois années. Ordonne en outre Sa Majesté que les particuliers qui seront trouvés colportans ou voiturans lesdites marchandises prohibées, ainsi que les Marchands, Négocians & autres chez lesquels il s'en trouvera des magasins & entrepôts, seront sur le champ conduits en prison, condamnés en trois mille livres d'amende, & leurs marchandises, chevaux, mulets, bateaux & autres voitures, même les marchandises permises dont elles se trouveront accompagnées appartenant au même propriétaire, seront & demeureront confisquées, & que les marchandises qui sont prohibées, seront remises sans aucun délai par ceux qui en auront fait la saisie, au Bureau des Fermes le plus prochain entre les mains des Receveurs & Contrôleurs, qui seront tenus immédiatement après le jugement de confiscation, de les envoyer au dépôt général établi à Paris dans le Bureau de la Doüane, à l'effet qu'après l'inventaire qui en sera fait tous les trois mois elles y soient brûlées en vertu de l'Ordonnance du sieur Lieutenant général de Police, qui en dressera son procès-verbal, duquel ainsi que dudit inventaire, il sera fourni sans frais une copie signée de lui aux Fermiers généraux, sur laquelle ils seront remboursés par Sa Majesté, tant des gratification qu'ils auront payées à ceux qui auront fait les saisies, que des frais d'icelles, des vérifications par experts, frais de voitures des lieux où les saisies auront été faites jusqu'à Paris, du Commis à la garde du dépôt, & autres frais, ledit remboursement fixé conformément à l'Arrêt du Conseil du 22 Février 1716; sçavoir, à quinze sols par aune de toile de coton blanche, trente sols par aune de mousseline ou d'étoffes appellées écorces d'arbre, furies, satin, gaze ou taffetas, & quatre livres par aune de damas ou d'étoffes de soye mêlée d'or ou d'argent; suivant l'arrêté qui en sera fait par ledit sieur Lieutenant général de Police, lequel en referera au Conseil de Commerce, pour être enfuite expédié une ordonnance fur le Tréfor Royal pour le montant dudit arrêté.

VI.

N'ENTEND néanmoins Sa Majefté comprendre dans les défenfes ci-deſſus la Compagnie des Indes, laquelle conformément à l'article IX de l'Edit de fon établiſſement du mois de Mai dernier, pourra faire venir des pays de fa conceſſion toutes fortes d'étoffes de foye pure, de foye & coton mêlées d'or & d'argent, & écorces d'arbre, même des toiles de coton teintes, peintes & rayées de couleurs, fous la condition expreſſe de les entrepofer à l'arrivée des Vaiſſeaux dans les magafins de la Ferme générale, fous deux clefs, dont l'une fera gardée par les Fermiers généraux ou leurs Commis, & l'autre fera remife aux Directeurs de ladite Compagnie ou à leurs Prépofés, fans que lefdites marchandifes puiſſent fortir defdits magafins que pour être envoyées à l'étranger fous acquit à caution, & en donnant par lefdits Directeurs ou Prépofés leur foumiſſion de rapporter dans fix mois au plus tard des certificats du Commis des Fermes établi dans le dernier Bureau de fortie par eux indiqué, pour juſtifier le tranſport defdites étoffes & toiles hors du Royaume, comme auſſi du Conful de la nation Françoife ou de deux Négocians & Marchands François, pour en prouver le déchargement dans les pays étrangers.

VII.

N'ENTEND non plus Sa Majefté déroger par le préfent Arrêt aux Arrêts du 10 Juillet 1703 & 16 Janvier 1706 pour la ville, port & territoire de Marfeille feulement.

VIII.

DEFEND Sa Majefté à toutes perfonnes de quelque fexe, qualité & condition qu'elles foient, de porter dedans ou dehors leurs maifons, ou de faire faire aucuns habits, vêtemens ni meubles defdites étoffes & toiles, ni d'en avoir dans leurs maifons qui foient en piéces & non employées, à peine de confifcation & de trois mille livres d'amende: veut & ordonne Sa Majefté que les maris & peres de famille foient civilement refponfables des amendes auxquelles leurs femmes & enfans étant en leur puiffance auront été condamnés; permet néanmoins à toutes perfonnes de fe fervir des meubles compofés defdites étoffes & toiles dont ils fe trouveront avoir fait une déclaration fidéle en la forme & dans les termes prefcrits par les Arrêts du Confeil des 11 Juin 1714, 16 Février & 21 Mai 1715.

IX.

Defend pareillement Sa Majefté à tous Fripiers, Tailleurs, Couturiers, Tapiffiers, Brodeurs & autres ouvriers d'employer chez eux ou dans les maifons particulieres, ni d'avoir dans leurs magafins, boutiques ou chambres aucunes defdites étoffes & toiles, ni aucuns habits, vêtemens ou meubles faits d'icelles, neufs ou vieux, à peine de confifcation, de trois mille livres d'amende & d'interdiction perpétuelle de tout art & métier contre lefdits ouvriers, & d'incapacité d'être reçûs à aucune maîtrife contre leurs garçons, compagnons, apprentifs & autres participant auxdites fraudes: ordonne en outre Sa Majefté que les noms defdits Fripiers, Tailleurs & autres ouvriers qui auront contrevenu auxdites défenfes, feront infcrits dans un tableau qui fera affiché dans le Bureau de leurs communautés.

X.

Fait Sa Majefté très-expreffes défenfes à tous fes fujets de peindre, imprimer ou faire peindre & imprimer fur aucune toile blanche de coton, chanvre, lin, ni étoffe compofée de coton, fil, foye ou fleuret, & généralement fur toute autre efpéce d'étoffe & toile neuve ou vieille, même du cru & fabrique du Royaume, & à tous Graveurs & autres ouvriers de faire aucuns moules ni inftrumens fervant auxdites impreſſions : veut & ordonne Sa Majeſté que leſdits moules & inſtrumens ſoient rompus & brûlés, leſdites toiles & étoffes confiſquées, & que les fabriquans, Graveurs & autres ouvriers qui auront travaillé auxdits moules, inſtrumens, peinture & impreſſion, ſoient condamnés par empriſonnement de leurs perſonnes, à pareille amende de trois mille livres, & demeurent pour toujours interdits de tout métier, art & profeſſion.

XI.

VEUT & entend Sa Majeſté que les défenſes contenues dans tous les articles ci-deſſus ſoient exécutées, même dans les lieux prétendus privilégiés ; & pour faire ceſſer les abus qui ſe commettent dans leſdits lieux prétendus privilégiés de la ville, fauxbourgs & banlieue de Paris, tels que les enclos du Temple, de ſaint Jean de Latran, de l'Abbaye ſaint Germain des Prés & autres, permet Sa Majeſté au ſieur Lieutenant général de Police de ladite ville de Paris d'y faire ou faire faire des viſites par telles perſonnes qu'il prepoſera pour cet effet, & lui donne pouvoir de juger des contraventions qui y auront été pratiquées, ainſi & en la même forme que de celles qui auront été commiſes dans le ſurplus de l'étendue de ladite ville.

XII.

DEFEND auſſi Sa Majeſté à tous Marchands, Négocians, Capitaines & autres Officiers des Vaiſſeaux & bâtimens François, & toutes autres perſonnes de quelque qualité & condition qu'elles ſoient, de tranſporter dans aucune Colonie Françoiſe aucune deſdites étoffes & toiles, & aux habitans deſdites Colonies d'en faire aucun commerce ni uſage en meubles & habillemens, ainſi & ſous les mêmes peines que celles ci-devant exprimées pour les habitans du Royaume.

XIII.

ET pour exciter ceux qui auront connoiſſance de quelques contraventions au préſent Arrêt, à les dénoncer, & les Inſpecteurs des manufactures, Commis des Fermes & autres particuliers employés à les découvrir, à redoubler leur vigilance, veut Sa Majeſté que conformément aux Arrêts du Conſeil des 11 Juin 1714 & 22 Février 1716, il ſoit payé par les Fermiers généraux aux dénonciateurs ou autres qui auront procuré ou fait quelques ſaiſies, outre les deux tiers du produit des amendes dont ils auront fait le recouvrement, dix ſols par aune de toiles de coton blanches ou peintes, vieilles ou neuves, de quelque eſpéce & qualité qu'elles ſoient, vingt ſols par aune de mouſſelines ou d'étoffes appellées écorces d'arbre, furies, ſatins, gazes ou taffetas, & trois livres par aune de damas ou d'étoffes de ſoye mêlées d'or ou d'argent, par forme de gratification, pour le payement de laquelle il ſera expédié à leur profit par les Fermiers généraux, huitaine après l'arrivée deſdites étoffes & toiles à la Doüane de Paris, un ordre ſur le Receveur général des Fermes du lieu auquel la ſaiſie aura été faite.

XIV.

MAINTIENT Sa Majeſté ladite Compagnie des Indes dans le droit de nommer & établir des Commis en tel nombre & dans les lieux qu'elle jugera convenable pour la viſite des maiſons, boutiques & lieux prétendus privilégiés, & leſdits Commis prêteront ſerment dans la ville de Paris pardevant le ſieur Lieutenant général de Police, & dans les Provinces pardevant les ſieurs Intendans & Commiſſaires départis.

XV.

LES colporteurs & porte-bales, les revendeuſes à la toilette, & les gens ſans aveu ni domicile qui ſe trouveront ſaiſis de toile de coton & mouſſelines introduites en fraude dans le Royaume, ou d'étoffes des Indes & de la Chine, pourront être arrêtés & conduits dans les priſons par deux deſdits Commis, qui en dreſſeront leurs procès-verbaux, & ſeront tenus de les faire décréter dans les vingt-quatre heures par le sieur Lieutenant général de Police dans la ville, fauxbourgs & banlieue de Paris, & dans les autres Villes & lieux du Royaume par lesdits sieurs Intendans, leurs Subdélegués ou autres Juges par eux commis.

XVI.

ET pour ce qui concerne les visites que lesdits Commis pourront faire dans les maisons & boutiques des personnes domiciliées, & dans lesdits lieux prétendus privilégiés, ils seront tenus de se faire assister dans la ville, fauxbourgs & banlieue de Paris par les Commissaires du Châtelet, & dans les Provinces par les Subdélegués desdits sieurs Intendans ou autres Juges par eux commis dans les lieux esquels lesdites voitures seront faites.

XVII.

ORDONNE Sa Majesté que conformément à l'article XII de l'Arrêt du Conseil du 27 Août 1709, le sieur Lieutenant général de Police à Paris, & les sieurs Intendans & Commissaires départis dans les Provinces, connoîtront de toutes les contraventions au présent Arrêt, circonstances & dépendances, leur en attribuant pour cet effet toute Cour, Jurisdiction & connoissance, qu'elle interdit à tous autres Juges : veut & entend que ce qui sera par eux ordonné soit exécuté nonobstant opposition ou appellation quelconque, dont si aucune intervient, Sa Majesté se réserve la connoissance.

XVIII.

ORDONNE aussi Sa Majesté qu'en cas de contravention il en sera informé dans la ville & banlieue de Paris par le sieur Lieutenant général de Police, & dans les Provinces par les sieurs Intendans & Commissaires départis, ou par leurs Subdélegués, & que sur l'information il sera décerné par lesdits sieurs Commissaires tel decret qu'il appartiendra.

XIX.

FAUTE par les contrevenans de se représenter sur lesdits

dits decrets, ils seront condamnés diffinitivement aux peines portées par le présent Arrêt, sans aucune procédure ni formalité.

XX.

EN cas de comparition pourront lesdits sieurs Lieutenant général de Police & Commissaires départis, après avoir oui les contrevenans, les condamner aux susdites peines, ou convertir les informations en enquêtes, & permettre aux parties de faire preuve au contraire, s'ils en sont requis, pour être sur les deux enquêtes rapportées fait droit ainsi qu'il appartiendra.

XXI.

ENJOINT Sa Majesté à tous Juges, Commissaires, Notaires, Sergens, Huissiers & autres Officiers de Justice, même à ceux des Seigneurs, à peine d'interdiction, de l'amende de trois mille livres, & d'en répondre en leurs propres & privés noms, sans que lesdites peines puissent être réputées comminatoires, de donner avis aux sieurs Lieutenant général de Police à Paris, Intendans & Commissaires départis dans les Provinces, de tous les meubles composés desdites étoffes & toiles qui se trouveront parmi les autres meubles & effets des parties saisies ou décédées, pour être vérifié s'ils sont compris dans les déclarations qui ont dû être faites desdits meubles en exécution des Arrêts du Conseil des 11 Juin 1714, 16 Février & 21 Mai 1715, sans que pour aucune cause ni sous aucun prétexte il puisse être accordé main-levée, procédé à la vente judiciaire ni à la confection de l'inventaire, qu'après ladite vérification.

XXII.

ORDONNE Sa Majesté que lesdits sieurs Lieutenant général de Police, Intendans & Commissaires départis, sur les avis qui pourront leur être donnés des contraventions au précédent article, puissent nommer des Commissaires du Châtelet, Inspecteurs de Police, Subdélégués ou autres personnes pour assister sans frais aux inventaires des meubles meublans & aux ventes d'iceux : ordonne aussi Sa Majesté que ceux desdits meubles qui seront trouvés en contravention, ainsi que les habits, étoffes & toiles en pièces ou coupons, & autres prohibées par le présent Arrêt, soient confisqués & brûlés, & que faute par les créanciers opposans, légataires universels ou héritiers d'avoir informé lesdits sieurs Lieutenant général de Police & Intendans, & de leur avoir indiqué lesdits meubles, étoffes ou habits, ils soient personnellement condamnés chacun en trois mille livres d'amende.

XXIII.

VEUT & entend Sa Majesté que le présent Arrêt soit publié & affiché de six mois en six mois par-tout où besoin sera, en vertu d'Ordonnance du sieur Lieutenant général de Police à Paris, & des sieurs Intendans & Commissaires départis dans les Provinces de son Royaume, pays, terres & Seigneuries de son obéissance, auxquels Sa Majesté enjoint de tenir la main à l'exécution dudit Arrêt, & de faire faire de fréquentes visites dans les boutiques & magasins des Négocians, Marchands & autres, même de ceux établis dans les lieux prétendus privilégiés. FAIT au Conseil d'Etat du Roi, Sa Majesté y étant, tenu à Paris le vingt-septiéme jour de Septembre mil sept cent dix-neuf.

Signé PHELYPEAUX.

LOUIS, PAR LA GRACE DE DIEU, ROI DE FRANCE ET DE NAVARRE, Dauphin de Viennois, Comte de Valentinois & Diois, Provence, Forcalquier & terres adjacentes : à notre amé & féal Conseiller en nos Conseils, Maître des Requêtes honoraire de notre Hôtel, le sieur de Machault, Lieutenant général de Police de notre bonne ville, Prévôté & Vicomté de Paris, & à nos amés & féaux Conseillers en nos Conseils les sieurs Intendans & Commissaires départis pour l'exécution de nos ordres dans les Provinces & Généralités de notre Royaume : SALUT.

Nous vous mandons & enjoignons par ces Préfentes, fignées de nous, de tenir chacun en droit foi la main à l'exécution de l'Arrêt ci-attaché fous le contre-fcel de notre Chancellerie, ce jour d'hui donné en notre Confeil d'Etat, nous y étant, pour les caufes y contenues : commandons au premier notre Huiffier ou Sergent fur ce requis, de fignifier ledit Arrêt à tous qu'il appartiendra, à ce que perfonne n'en ignore, & de faire pour fon entiere exécution tous actes & exploits néceffaires, fans autre permiffion, nonobftant clameur de Haro, Charte Normande & Lettres à ce contraires : voulons qu'aux copies dudit Arrêt & des Préfentes, collationnées par l'un de nos amés & féaux Confeillers-Secrétaires, foi foit ajoutée comme aux originaux ; car tel eft notre plaifir. DONNÉ à Paris le vingt-feptiéme jour de Septembre l'an de grace mil fept cent dix-neuf, & de notre regne le cinquiéme. *Signé* LOUIS. *Et plus bas* ; par le Roi Dauphin, Comte de Provence, le Duc d'Orleans Régent préfent, PHELYPEAUX. Et fcellé.

Louis-Charles de Machault, Chevalier, Seigneur d'Arnouville & autres lieux, Confeiller du Roi en fes Confeils, Maître des Requêtes honoraire de fon Hôtel, Lieutenant général de Police de la ville, Prévôté & Vicomté de Paris, Commiffaire député par le Roi en cette partie. Vû le préfent Arrêt du Confeil d'Etat, nous ordonnons qu'il fera exécuté felon fa forme & teneur, & en conféquence qu'il fera lû, publié & affiché dans les places publiques ordinaires & accoûtumées de cette ville de Paris, à ce que nul n'en prétende caufe d'ignorance. Fait en notre Hôtel le fixiéme jour d'Octobre mil fept cent dix-neuf.

DE MACHAULT.

ARREST
DU CONSEIL D'ÉTAT DU ROY,

QUI permet à la Compagnie des Indes d'employer telle partie de ses fonds, qui sera convenable, pour l'accroissement du Commerce de la Pêche & l'établissement des Manufactures.

Du 10 Novembre 1719.

Extrait des Registres du Conseil d'Etat.

LE Roi voulant encourager ses sujets à l'accroissement du commerce de la pêche & du travail des manufactures, Sa Majesté a fait examiner en son Conseil la proposition qui lui a été faite d'établir une Compagnie qui auroit pour objet l'un & l'autre commerce ; mais les Directeurs de la Compagnie des Indes ayant représenté qu'ils peuvent remplir les vûes de Sa Majesté à cet égard sans demander aucun Privilége exclusif ni autre faveur que celle accordée à tous les sujets de Sa Majesté qui font ces mêmes commerces, pourvû qu'ils soient autorisés à se servir pour cela d'une partie des fonds de la Compagnie ; & Sa Majesté ayant jugé d'ailleurs qu'il convient au bien de l'Etat qu'il n'y ait d'autre Compagnie dans le Royaume que celle des Indes, & voulant faire connoître ses intentions ;

oui le rapport, SA MAJESTÉ, ÉTANT EN SON CONSEIL, de l'avis de Monsieur le Duc d'Orleans Régent, a permis & permet aux Directeurs de la Compagnie des Indes d'employer telle partie des fonds de la Compagnie qu'ils jugeront convenable pour l'accroissement du commerce de la pêche & l'établissement des manufactures, sans que sous prétexte de ce nouveau commerce ni pour quelque autre raison & motifs que ce soit, il puisse être fait de nouvelles actions de la Compagnie des Indes, ni être établi aucune autre Compagnie publique qui soit autorisée de Sa Majesté à faire des actions qui soient commerçables. Entend Sa Majesté que la permission qu'elle accorde à la Compagnie des Indes ne puisse empêcher ses autres sujets de faire les mêmes commerces de la pêche & des manufactures. FAIT au Conseil d'Etat du Roi, Sa Majesté y étant, tenu à Paris le dix Novembre mil sept cent dix-neuf. *Signé* PHELYPEAUX.

ARREST
DU CONSEIL D'ÉTAT DU ROY,

QUI commet les Sieurs Robineau & Cochois, pour signer au lieu & place des Directeurs de la Compagnie des Indes les marques en parchemin qui doivent être attachées au chef & à la queue de chaque piéce de mousseline & Toile de coton blanches, provenant du commerce de ladite Compagnie.

Du 20 Décembre 1719.

Extrait des Registres du Conseil d'Etat.

LE Roi s'étant fait représenter l'Arrêt de son Conseil du 4 Juillet dernier, par lequel Sa Majesté a commis les sieurs Raudot, Diron, Castannier, Gilly, Fromaget, Gattebois, & Morin, tous Directeurs de la Compagnie des Indes pour signer conjointement avec les sieurs Piou, Mouchard & Boivin d'Hardancourt, aussi Directeurs de la même Compagnie, les marques en parchemin qui doivent être attachées au chef & à la queue de chaque piéce de mousselines & toiles de coton blanches, provenant du commerce de la Compagnie des Indes; Sa Majesté a été informée que les nombreuses affaires dont lesdits Directeurs sont chargés, les occupoient tellement qu'il ne leur étoit pas possible de continuer les signatures desdites marques; à quoi Sa Majesté voulant pourvoir, ouï le rapport; SA MAJESTE' E'TANT EN SON CONSEIL, de l'avis de Monsieur le Duc d'Orléans Régent, a commis & commet les sieurs Robinot & Cochois, pour signer, au lieu & place des Directeurs de la Compagnie des Indes les marques en parchemin qui doivent être attachées au chef & à la queue de chaque piéce de mousseline & toile de coton blanches, provenant du commerce de ladite Compagnie, & en la forme prescrite par les différens Arrêts du Conseil. Fait au Conseil d'Etat du Roi, Sa Majesté y étant, tenu à Paris le vingtiéme jour de Décembre mil sept cent dix-neuf.

Signé PHELYPEAUX.

ARREST
DU CONSEIL D'ÉTAT
DU ROY,

CONCERNANT LA BANQUE & la Compagnie des Indes.

Du 23 Février 1720.

Extrait des Registres du Conseil d'Etat.

LE Roi étant informé, que les opérations de la Banque ont une étroite liaison avec celles de la Compagnie des Indes, & Sa Majesté regardant ces deux établissemens comme le soutien de l'Etat; elle a jugé à propos pour les assurer de plus en plus de faire faire à la Compagnie des Indes différentes propositions, lesquelles ayant été acceptées dans l'assemblée générale de la Compagnie, suivant la délibération prise le 22 du présent mois, qui demeurera jointe à la minute du présent Arrêt, Sa Majesté a resolu de faire connoître sur cela ses intentions. Vû ladite délibération de la Compagnie des Indes du 22 du présent mois: oui le rapport du sieur Law Conseiller du Roi en tous ses Conseils, Contrôleur général des Finances; SA MAJESTÉ E'TANT EN SON CONSEIL, de l'avis de Monsieur le Duc d'Orleans Régent, a ordonné & ordonne ce qui suit.

ARTICLE PREMIER.

SA Majesté a chargé la Compagnie des Indes de la régie & administration

administration de la Banque pour tout le temps qui reste à expirer du privilége de ladite Compagnie. Veut que ladite Compagnie joüisse des profits & bénéfices de la Banque, même de ceux faits depuis la Déclaration du 4 Décembre 1718, qui l'a convertie en Banque Royale; lui permet de commettre telles personnes, en tel nombre & en tels lieux qu'elle jugera convenable pour les opérations de la Banque.

II.

ATTENDU que la Banque étant Royale, le Roi demeure garant envers le public de la valeur des billets de la Banque, la Compagnie des Indes sera responsable envers Sa Majesté de l'administration & maniement de la Banque; à l'effet de quoi les seize cens millions prêtés à Sa Majesté par ladite Compagnie, & les fonds de ses actions demeureront spécialement affectés; fait au surplus sa Majesté défenses aux Directeurs de faire de nouveaux billets de Banque, qu'en vertu d'Arrêts du Conseil obtenus sur les délibérations des assemblées générales de la Compagnie des Indes.

III.

ORDONNE Sa Majesté que la Compagnie des Indes comptera de la recette & dépense, tant par état au vrai au Conseil, qu'en la Chambre des Comptes, en la forme & maniere prescrite par les Articles XIII, XIV & XV de la Déclaration du 4 Décembre 1718, & que pour faire connoître à la Compagnie des Indes l'état de la Banque, le Trésorier rendra compte à la Compagnie, en la personne de ses Directeurs par bordereau & bref état dans le courant du mois de Mars prochain, & ne sera passé en compte au Trésorier pour sa charge, autre nature de fonds que les billets de la Banque, l'argent en caisse, & les actions déposées pour sûreté des prêts qu'il aura faits.

IV.

ET attendu la remise à la Compagnie des Indes des profits & bénéfices de la Banque, Sa Majesté ordonne que la

Tome III.

dite Banque ne pourra exiger les cinq pour cent sur l'argent qui sera porté aux Bureaux de la Banque, ni recevoir & donner les espéces qu'au prix courant. Veut aussi Sa Majesté que les payemens au-dessous de cent livres soient faits en espéces, & qu'il ne soit délivré à l'avenir que des billets de dix mille livres, mille livres & cent livres. A l'égard des billets de dix livres, ils seront reçus pendant le cours de deux mois aux Bureaux des recettes de Sa Majesté, soit en payement des droits de Sa Majesté avec la décharge & exemption des quatre sols pour livres, conformément à l'Arrêt du 29 Janvier dernier, où ils y seront acquittés en espéces, ou au Bureau de la Banque à la volonté des porteurs.

V.

Sa Majesté a cédé & céde à la Compagnie des Indes cinquante millions d'actions de ladite Compagnie appartenantes à Sa Majesté, avec la cinquiéme repartition; lesquelles actions seront remises au Caissier de ladite Compagnie par le Trésorier de la Banque.

VI.

Pour le prix & valeur desdits cinquante millions d'actions, la Compagnie des Indes payera à Sa Majesté la somme de neuf cens millions de livres; sçavoir, trois cens millions dans tout le courant de la présente année 1720, & les six cens millions restans en dix années de mois en mois, à compter du premier Janvier 1721, à raison de cinq millions par mois, sans qu'il puisse être fait aucune compensation desdits neuf cens millions avec les sommes que Sa Majesté doit à la Compagnie des Indes, attendu que Sa Majesté s'est engagée par l'article XII de l'Arrêt du 31 Août dernier, & par celui du 12 Octobre suivant, de ne point amortir pendant vingt-cinq ans les rentes par elle constituées au profit de ladite Compagnie, lesquelles Sa Majesté continuera de payer à raison de trois pour cent.

VII.

VEUT Sa Majesté que les trois cens millions payables dans le courant de la présente année soient déposés en Banque au compte de Sa Majesté pour servir dans ses besoins extraordinaires, & que les six cens millions restans payables dans les termes indiqués par le précédent article soient remis au fur & à mesure des échéances à qui sera par Sa Majesté ordonné.

VIII.

DECLARE Sa Majesté que dans aucuns temps, & pour quelque cause & prétexte que ce soit, la Compagnie des Indes ne sera tenue de faire des avances pour son service, & que la Banque ne fera de payemens pour Sa Majesté, qu'après que les fonds seront entrés en Banque, en conséquence fait défenses aux Gardes de son Trésor Royal, de tirer sur la Compagnie ou sur la Banque au-delà des sommes que Sa Majesté aura en caisse, & aux Caissiers & Trésoriers de la Compagnie & de la Banque de payer au de-là desdites sommes, à peine d'en demeurer les uns & les autres garants & responsables en leur propre & privé nom.

IX.

SA Majesté voulant procurer à ses sujets la sureté de leurs billets de Banque & actions de la Compagnie, & même leur donner les moyens d'assurer sur lesdites actions des hypotheques & créances, a ordonné qu'il sera ouvert incessamment par ladite Compagnie trois livres, dans l'un desquels seront inscrits les billets de Banque qui auront été remis en dépôt au Trésorier de la Banque, & il sera ouvert un compte à chaque particulier pour porter à son crédit lesdits billets & à son debit ceux qu'il retirera. Dans le second seront inscrites les actions de la Compagnie qui auront été remises en dépôt au Trésorier de la Banque, & sera pareillement ouvert un compte à chaque particulier pour porter à son crédit lesdites actions avec les dividendes & à son debit les actions ou dividendes qu'il retirera, lesquels billets de Banque & actions ou dividendes ne seront susceptibles d'aucune saisie pour quelque cause & prétexte que ce soit ; & dans le troisiéme seront inscrites les actions que les particuliers voudront déposer à la Banque pour être sujettes aux dots, doüaires & autres hypotheques, lesquelles seront susceptibles de saisies; veut Sa Majesté que lesdits dépôts soient faits, & les livres tenus sans aucun frais, suivant le Réglement particulier qui sera fait dans la suite par Sa Majesté & rendu public.

X.

ET comme l'intention de Sa Majesté est d'éteindre totalement les rentes perpétuelles constituées sur l'Hôtel de ville même celles qui ne sont pas libres à cause des saisies & autres empêchemens apportés aux Rentiers, & que cependant elle veut bien procurer à ses sujets les moyens de s'assurer un revenu fixe, & d'employer utilement des fonds dont ils ne pourroient disposer ; elle a permis & permet à la Compagnie des Indes, de créer pour dix millions d'actions rentieres à raison de deux pour cent par an, faisant cinq cens millions de capital, lesquelles actions pourront être déposées à la volonté des porteurs, & inscrites dans le livre des actions libres, ou dans celui des actions sujettes à hypothéques, dans la forme & ainsi que Sa Majesté le réglera dans la suite.

XI.

SA Majesté a nommé le sieur Contrôleur général de ses finances, Inspecteur général de la Compagnie des Indes & de la Banque, & ordonne au sieur le Pelletier de la Houssaye, Conseiller d'Etat ordinaire, au sieur Prévôt des Marchands de Paris assisté de deux des plus anciens Echevins lors en charge, avec le Juge & le premier Consul de la Jurisdiction Consulaire, de faire la visite des caisses & livres de la Banque quatre fois par année, & plus souvent s'ils le jugent à propos, fans être tenus d'en donner aucun avertiſſement; & feront pour l'exécution du préſent Arrêt toutes Lettres Patentes néceſſaires expédiées. FAIT au Conſeil d'Etat du Roi, Sa Majeſté y étant, tenu à Paris le vingt-troiſiéme jour de Février mil ſept cent vingt.

Signé PHELYPEAUX.

EXTRAIT DU REGISTRE

Des délibérations de la Compagnie des Indes.

Aujourd'hui 22 Février 1720 en l'assemblée générale de la Compagnie des Indes, convoquée par affiches & tenue en l'Hôtel de la Banque Royale en présence de son Altesse Royale Monseigneur le Duc d'Orleans Régent, & de son Altesse Sérénissime Monseigneur le Duc de Bourbon, les proposition suivantes ont été faites au nom de Sa Majesté à la Compagnie des Indes par son Altesse Royale Monseigneur le Duc d'Orleans Régent.

Article premier.

Sa Majesté chargera la Compagnie des Indes de la régie & administration de la Banque, pour tout le temps qui reste à expirer du privilége de la Compagnie, avec la cession & remise des profits & bénéfices faits par Sa Majesté depuis que la Banque est Royale, & de ceux qui seront faits dans la suite; & permission à la Compagnie de commettre telles personnes, en tel nombre & en tels lieux qu'elle jugera convenable pour les opérations de la Banque.

II.

La Banque sera & demeurera Royale, & Sa Majesté restera garante envers le public du payement & de la valeur des billets; la Compagnie sera aussi garante envers Sa Majesté de l'administration & maniement de la Banque; à l'effet de quoi les seize cens millions prêtés à Sa Majesté par la Compagnie, & le fonds de ses actions demeureront spécialement affectés; il ne pourra être fait des augmentations de billets de Banque, qu'en vertu d'Arrêts du Conseil qui seront rendus sur les délibérations prises en l'assemblée générale de la Compagnie.

III.

La Compagnie comptera de la recette & dépense de la

Banque, tant par état au vrai au Conseil, qu'en la Chambre des Comptes, en la forme & maniere prescrites par les articles XIII XIV, & XV de la Déclaration du 4 Décembre 1718, & le Trésorier de la Banque rendra compte à la Compagnie dans le courant du mois de Mars prochain en la personne de ses Directeurs, par bordereau & bref état, de la situation & de l'état de la Banque, dans lequel compte il ne sera passé & alloué autres natures de fonds que les billets de Banque, l'argent en caisse & les actions déposées pour sûreté des prêts que le Trésorier aura faits.

IV.

LA Compagnie des Indes ne pourra exiger les cinq pour cent sur l'argent qui sera porté aux Bureaux de la Banque, ni recevoir & donner les espéces qu'au prix courant; les payemens en espéces seront autorisés au-dessous de cent livres, & la Banque ne délivrera à l'avenir que des billets de dix mille livres, mille livres & cent livres; à l'égard des billets de dix livres ils seront rapportés dans le cours de deux mois aux Bureaux des recettes, ou à ceux de la Banque pour être acquittés en espéces.

V.

SA Majesté cédera à la Compagnie des Indes cinquante millions d'actions de ladite Compagnie appartenantes à Sa Majesté avec la cinquiéme repartition; lesquelles actions seront remises au Caissier de la Compagnie par le Trésorier de la Banque.

VI.

POUR le prix & valeur desdites actions, la Compagnie payera à Sa Majesté la somme de neuf cens millions de livres; sçavoir, trois cens millions dans tout le courant de la présente année 1720 & les six cens millions restans en dix années de mois en mois, à compter du premier Janvier 1721, à raison de cinq millions par mois, sans qu'il puisse être fait aucune compensation desdits neuf cens millions avec la somme que Sa Majesté s'est engagée par l'article XII de l'Arrêt du 31 Août dernier, & par celui du 12 Octobre suivant, de ne point amortir pendant vingt-cinq ans les rentes par elle constituées au profit de la Compagnie, lesquelles Sa Majesté continuera de payer à raison de trois pour cent.

VII.

Les trois cens millions payables dans le courant de la présente année, seront déposés en Banque au compte de Sa Majesté, pour servir dans ses besoins extraordinaires, & les six cens millions restans seront remis au fur & à mesure des échéances, à qui sera par Sa Majesté ordonné.

VIII.

La Compagnie ne sera tenue dans aucun temps, & pour quelque cause que ce soit, de faire des avances pour le service de Sa Majesté, & la Banque ne fera de payement pour Sa Majesté qu'après que les fonds seront entrés en Banque; & en consequence il sera fait défenses aux Gardes du Trésor Royal de tirer sur la Compagnie, ou sur la Banque, au-delà des sommes que Sa Majesté aura en caisse; & aux Trésoriers & Caissiers de la Banque & de la Compagnie de payer au-delà desdites sommes, à peine d'en demeurer les uns & les autres garants & responsables en leur propre & privé nom.

IX.

Il sera ouvert incessamment par la Compagnie trois livres, dans l'un desquels seront inscrits les billets de Banque qui auront été remis en dépôt au Trésorier de la Banque, & il sera ouvert un compte à chaque particulier pour porter à son crédit lesdits billets, & à son debit ceux qu'il retirera; dans le second seront inscrites les actions de la Compagnie qui auront été remises en dépôt au Trésorier de la Banque, & il sera pareillement ouvert un compte à chaque particulier pour
porter

porter à son crédit lesdites actions avec les dividendes, & à son debit les actions ou dividentes qu'il retirera; lesquelles billets, actions & dividendes ne feront fusceptibles d'aucunes faifies pour quelque cause & prétexte que ce foit ; & dans le troifiéme feront infcrites les actions que les particuliers voudront dépofer à la Banque pour être fujettes aux dots, douaires & autres hypotheques, lesquelles feront fufceptibles de faifies ; les dépôts feront faits & les livres tenus fans aucuns frais, fuivant le réglement qui fera fait dans la fuite par Sa Majefté & rendu public.

X.

Sa Majefté ayant deffein de fupprimer & éteindre totalement les rentes perpétuelles conftituées fur l'Hôtel de Ville, même celles fujettes aux douaires & fubftitutions, & les rentes appartenantes aux Eccléfiaftiques, aux Communautés féculieres & regulieres, aux mineurs, & autres rentes non libres, pour donner les moyens auxdits rentiers d'employer leurs fonds; la Compagnie créera fur elle pour dix millions d'actions rentieres à raifon de deux pour cent par an, faifant en principal cinq cens millions, lesquelles actions pourront être dépofées à la volonté du porteur & infcrites dans le livre des actions libres, ou dans celui des actions fujettes à hypotheques, dans la forme & ainfi que Sa Majefté le réglera dans la fuite.

Propofitions des Directeurs.

XI.

Les Directeurs ont propofé à la Compagnie d'agréer qu'il n'y ait plus de Bureaux à la Compagnie d'achapt & vente des actions, foufcriptions & autres papiers de la Compagnie, & que les Directeurs & Employés dans la Compagnie & la Banque ne puiffent faire aucun commerce particulier de quelque nature que ce puiffe être, ni aucune négociation des effets de la Compagnie, qu'en compte ou vert & par transport sur les livres de la Compagnie.

XII.

Les Directeurs ont représenté à la Compagnie que le travail & les opérations étant considérablement augmentées, il étoit nécessaire d'augmenter le nombre des Directeurs. Ils ont proposé Messieurs Law, Godeheu de la Palissade, la Franquerie, de saint Juan, Hebert, Dupile, Loubert, & de la Live.

La Compagnie a agréé & approuvé les propositions contenues dans les douze articles ci-dessus; consent que les Directeurs fassent en conséquence au nom de la Compagnie toutes les soumissions à ce nécessaires. Fait en l'assemblée générale de la Compagnie, tenue les jour & an que dessus. *Signé* Philippe d'Orleans, Louis-Henri de Bourbon, Law, William, Law, le Prince de Talmont, Louis d'Aumont Duc d'Aumont, l'Estendart, M. de Bully, le Baron de Breteuil, le Marechal d'Estre'es, le Prince de Leon, Landivisiau, Boula, Barbier, Blonde', Duperche Lemessier, Darcy, Terre de Saint Memyn, le Marquis de Villyers, Le Blanc, Cartigny, de Neilson, Candoy, Pasquier, Gilly de Montaud, Duplex, le Borgne, Massan, de Villemur, Turretin, Petit, Lamotte, Boyer, Saure, Jacques de Monsaint Pere, Garsault, de Forstan, Lallemand de Betz, Fenellon, Matagny Desmeurs, de la Tour, le Juge, Cannas, de Varennes, de la Haye, de Saint Edme, Bubord de Lutel, de Losnel, Pendron, Septier, le M. de Plaisance, de Bernieres, Vassent, le Marinier de Cany, Farge's, de la Porte de Feraucourt, de Vauvre', Corneau, Taillevin, Masson, le Maistre, Doyse, Legendre, Lapeiris, Crom, Salier, Boyvin d'Hardancourt, la Porte, Godin, Lenormant, Raudot, Dartaguiette Diron, Perrinet, Castanier, Savalette, Gattebois, Fromaget, Chevalier.

ARREST
DU CONSEIL D'ÉTAT
DU ROY,

QUI accorde à la Compagnie des Indes le Privilége de négocier seule, à l'exclusion de tous ses autres sujets, depuis la riviere de Riogrande de la Goa, jusqu'au détroit de Magellan, pour tout le tems qui reste à courir de ses Priviléges.

Du 11 Avril 1720.

Extrait des Registres du Conseil d'Etat.

LE Roi s'étant fait représenter en son Conseil l'Edit du mois de Mai 1719, portant réunion de la Compagnie des Indes Orientales à la Compagnie d'Occident ; & Sa Majesté étant informée qu'il y a une grande étendue de pays dans l'Amérique méridionale, qui n'est occupée par aucune puissance de l'Europe, qu'on pourroit penser n'être pas comprise dans la concession de la Compagnie des Indes, quoique son intention ait été de l'y comprendre, & désirant prévenir toutes les discussions qui pourroient arriver entre ladite Compagnie & ses sujets, pour raison du commerce de ces pays ; oui le rapport du sieur Law, Conseiller du Roi en tous ses Conseils, Contrôleur général des Finances : SA MAJESTE' E'TANT EN SON CONSEIL, de l'avis de Monsieur le Duc d'Orleans Régent, a accordé & accorde à la Compagnie des Indes le privilége de négocier seule à l'exclusion de tous ses autres sujets, depuis la riviere de Liogrande de la Goa, jusqu'au détroit de Magellan, pour tout le tems qui reste à courir de ses priviléges, pendant lequel elle pourra y faire tels établissemens qu'elle jugera nécessaire pour l'honneur de la Nation, & la sûreté de son commerce, à l'instar de ce qui lui est permis de faire dans les autres pays qui lui sont concédés : veut Sa Majesté que les marchandises desdits pays que la Compagnie des Indes fera venir en France sur ses Vaisseaux, ne payent que les mêmes droits que celles de la même qualité qui viendront de la Louisianne, & pour les autres droits du Tarif de 1664, avec la faculté de pouvoir les entreposer & envoyer à l'Etranger, avec exemption de tous droits, même de ceux du Domaine d'Occident : ordonne Sa Majesté que les marchandises que la Compagnie des Indes enverra auxdits pays par ses Vaisseaux, seront exemptes de tous droits d'entrée, de sortie, de passage, tant des Fermes que locaux, droits de villes, & autres généralement quelconques mis ou à mettre, sous quelque dénomination que ce puisse être, & pour l'exécution du présent Arrêt seront toutes lettres nécessaires expédiées. FAIT au Conseil d'Etat du Roi, Sa Majesté y étant, tenu à Paris le onziéme Avril mil sept cent vingt.

Signé PHELYPEAUX.

ARREST
DU CONSEIL D'ÉTAT
DU ROY,

QUI ordonne que le commerce du Castor demeurera libre, & convertit le Privilége exclusif de la Compagnie des Indes, en un Droit qui lui sera payé à l'entrée du Royaume, à raison de neuf sols par livre pesant de Castor gras, & six sols de Castor sec.

Du 16 Mai 1720.

Extrait des Regiſtres du Conſeil d'Etat.

SUr ce qui a été repréſenté au Roi, étant en ſon Conſeil, par les Directeurs de la Compagnie des Indes, que la conſommation du caſtor devenant tous les jours plus conſidérable, & devant augmenter de plus en plus, ils ont crû qu'il convenoit au bien de l'Etat & à celui de la Colonie du Canada, de rendre ce commerce libre ; & pour tenir lieu à la Compagnie de la joüiſſance de ſon privilége excluſif pendant le tems qu'il lui en reſte, & d'indemnité des dépenſes qu'elle a faites, ils ont ſupplié Sa Majeſté de vouloir fixer un droit ſur ledit caſtor, qui ſera payé à ladite Compagnie à l'entrée dans le Royaume ; à quoi Sa Majeſté voulant pourvoir, vû la délibération des Directeurs généraux de la Compagnie des Indes, & l'Arrêt du Conſeil du 11 Juillet 1718 ; oui le rapport du ſieur

Mm iij

Law, Conseiller du Roi en tous ses Conseils, Contrôleur général des Finances, SA MAJESTÉ E'TANT EN SON CONSEIL, de l'avis de Monsieur le Duc d'Orleans Régent, a ordonné & ordonne, qu'à commencer du jour de la publication du présent Arrêt, le commerce du castor sera & demeurera libre ; en conséquence a converti le privilége exclusif de ladite Compagnie, en un droit qui lui sera payé à l'entrée dans le Royaume, à raison de neuf sols par livre pesant de castor gras, & six sols par livre pesant de castor sec, pendant tout le tems de son privilége : fait défenses de faire sortir du castor du Royaume, à peine de confiscation, tant du castor, que des Vaisseaux, barques, voitures & équipages sur lesquels il se trouvera chargé, & de trois mille livres d'amende au profit de ladite Compagnie ; & pour l'exécution du présent Arrêt seront toutes lettres nécessaires expédiées. FAIT au Conseil d'Etat du Roi, Sa Majesté y étant, tenu à Paris le seizième jour de Mai mil sept cent vingt. *Signé* FLEURIAU.

ARREST
DU CONSEIL D'ÉTAT
DU ROY,

PORTANT Réglement pour l'entrepôt des Marchandises prohibées, & qui renouvelle les défenses du port & de l'usage des étoffes des Indes & de la Chine.

Du 18 Mai 1720.

Extrait des Registres du Conseil d'Etat.

VU au Conseil d'Etat du Roi les mémoires respectivement présentés par les Prévôt des Marchands & Echevins de la ville de Lyon, & par les Directeurs de la Compagnie des Indes, sur l'interprétation des articles IX & X de l'Edit de réunion des Compagnies des Indes Orientales & de la Chine à la Compagnie d'Occident, du mois de Mai 1719; l'Arrêt du 2 Septembre ensuivant, & ceux donnés en forme de réglement pour défendre le port & l'usage des étoffes des Indes & de la Chine; & Sa Majesté voulant assurer de plus en plus l'exécution de ces réglemens, & contribuer au soutien & à l'augmentation des manufactures & du commerce du Royaume; oui le rapport du sieur Law, Conseiller du Roi en tous ses Conseils, Contrôleur général des Finances, LE ROI ÉTANT EN SON CONSEIL, de l'avis de Monsieur le Duc d'Orleans Régent, en interprétant en tant que de besoin les articles IX & X de l'Edit du mois de Mai 1719, a ordonné & ordonne, que conformément à l'article X dudit Edit les foyes que la Compagnie des Indes fera venir des pays de fa conceffion, feront foyes crues, & qu'elles ne pourront entrer dans le Royaume que par les Ports indiqués par l'article III de l'Arrêt du Confeil de ce jour; & à l'égard des étoffes des Indes & autres marchandifes prohibées que la Compagnie fera venir fur fes Vaiffeaux: veut Sa Majefté qu'elles ne puiffent entrer que par les Ports de l'Orient & de Nantes, où elles feront entrepofées dans des magafins fermans à deux clefs, dont l'une fera remife aux Directeurs de la Compagnie des Indes ou leurs Commis, & l'autre à celui qui fera prépofé par Sa Majefté fur la nomination du Confeil de Commerce, en préfence duquel prépofé la vente defdites marchandifes fera faite fous la condition expreffe de l'envoi à l'Etranger, & jufqu'audit envoi elles feront remifes dans les magafins d'entrepôt: veut Sa Majefté que ledit prépofé reçoive fes inftructions du Confeil de Commerce, & que les ventes générales foient faites en préfence d'un ou de deux Directeurs généraux de la Compagnie des Indes: fait Sa Majefté très-expreffes inhibitions & défenfes aux Adjudicataires de laiffer aucune pièce defdites étoffes dans le Royaume, ni de les faire rentrer en fraude, à peine de confifcation, de vingt mille livres d'amende, & de déchéance de toute maîtrife & commerce: veut & entend Sa Majefté que lefdits Adjudicataires faffent leurs foumiffions de rapporter des certificats en forme & duement légalifés, de la fortie du Royaume, & de la décharge defdites marchandifes dans les pays étrangers; ordonne au furplus Sa Majefté, que les Ordonnances, Arrêts & Réglemens concernant les entrepôts, la défenfe du port, de l'ufage & de la vente des étoffes des Indes & de la Chine, feront exécutées felon leur forme & teneur. FAIT au Confeil d'Etat du Roi, Sa Majefté y étant, tenu à Paris le dix-huitième jour de Mai mil fept cent vingt.

Signé FLEURIAU.

ARREST

ARREST
DU CONSEIL D'ÉTAT
DU ROY,

PORTANT suppression des droits de Tiers-Surtaux & Quarantiéme, & de tous les droits établis sur les Soyes, tant originaires qu'étrangeres.

Du 18 Mai 1720.

Extrait des Regiſtres du Conseil d'Etat.

LE Roi ayant fait examiner dans son Conseil, Sa Majesté y étant, les mémoires de la Compagnie des Indes, ceux des Prévôt des Marchands & Echevins de la ville de Lyon, & des autres principales Villes commerçantes du Royaume, contenant que pour le bien général du commerce & l'augmentation des manufactures, ils se croyent obligés de supplier très-humblement Sa Majesté de supprimer les droits de tiers-surtaux & quarantiéme établis dans la ville de Lyon; ceux de sept sols six deniers sur chaque livre pesant de soyes étrangeres, & de deux sols six deniers sur les originaires; les droits de la Douane de la même Ville, de celle de Valence, de la Table de Mer, & tous autres droits qui se levent sur les soyes, tant originaires qu'étrangeres; que ces différens droits ayant été établis en différens tems pour fournir aux besoins de l'Etat,

& nonobſtant les repréſentations des Prévôt des Marchands & Echevins de la ville de Lyon, qui les ont toujours regardés comme infiniment préjudiciables au commerce, il y a lieu de croire que l'arrangement que Sa Majeſté a mis dans ſes finances la déterminera d'accorder cette ſuppreſſion aux inſtances de tous les Négocians de ſon Royaume; mais qu'à l'occaſion de l'établiſſement de ces droits, la ville de Lyon en faveur de laquelle une partie a été aliénée, & la joüiſſance des autres accordée pour certain tems, ayant été obligée de faire des emprunts conſidérables, ſuivant l'état qui en a été repréſenté, elle eſpére de la juſtice de Sa Majeſté qu'elle voudra bien pourvoir au remourſement, tant de ce qui reſte dû de ces emprunts, qui n'ont été faits que pour porter dans les coffres de Sa Majeſté, & pour fournir aux preſſans beſoins du ſervice, que des ſommes qui ont été aſſignées & déleguées ſur le produit deſdits droits, & aſſurer le payement des ſoixante mille livres d'octroi perpétuel dont les Prévôt des Marchands & Echevins ont toujours joüi, & qui ſont partie de leur patrimoine; à quoi Sa Majeſté voulant pourvoir & donner à ſes ſujets de nouvelles marques de l'attention qu'elle a pour le bien & l'accroiſſement du commerce; ouï le rapport du ſieur Law, Conſeiller du Roi en tous ſes Conſeils, Contrôleur général des Finances : SA MAJESTÉ ÉTANT EN SON CONSEIL, de l'avis de M. le Duc d'Orleans Régent, a ordonné & ordonne :

ARTICLE PREMIER.

Qu'à commencer au premier Juin prochain, les droits de tiers-ſurtaux & quarantiéme, ſeront & demeureront éteints & ſupprimés, & en conséquence que le bail qui a été fait & paſſé aux Prévôt des Marchands & Echevins de la ville de Lyon des deux tiers deſdits droits le 23 Mai 1713 demeurera nul & réſolu.

II.

ORDONNE pareillement Sa Majeſté, qu'à compter du

même jour premier Juin prochain les droits de la Douane de Lyon, de celle de Valence, de la Table de Mer, ensemble ceux établis par l'Edit du mois de Juin 1711, & tous autres droits sans aucune exception qui se levent sur les soyes, tant étrangeres qu'originaires, demeureront éteints & supprimés.

III.

VEUT Sa Majesté qu'à l'avenir, & à commencer audit jour premier Juin prochain, il soit seulement levé à son profit vingt sols par quintal sur toutes les soyes étrangeres, même sur celles d'Avignon & du Comtat, & que lesdites soyes ne puissent entrer dans le Royaume par mer du côté du midi que par le port de Marseille, & par terre par le pont de Beauvoisin, & du côté du Ponant que par les ports de Calais, Dieppe, le Havre, Rouen, Honfleur, saint Malo, l'Orient, Morlaix, Brest, Nantes, la Rochelle & Bordeaux; & après le payement dudit droit qui sera fait dans lesdits Ports & dans le Bureau d'Avignon pour celles d'Avignon & du Comtat, elles pourront être transportées librement dans toutes les Villes du Royaume.

IV.

FAIT Sa Majesté défenses, conformément aux anciennes & nouvelles Ordonnances de la Douane de Lyon, de faire entrer dans le Royaume les étoffes de soyes & dorures étrangeres autrement que par le port de Marseille & le pont de Beauvoisin, pour être conduites directement dans la ville de Lyon, ainsi que celles d'Avignon & du Comtat, en exécution de l'Arrêt du 13 Mars 1717, conformément auquel elles seront marquées & plombées, & payeront les mêmes droits que les autres étoffes étrangeres : excepte néanmoins Sa Majesté les étoffes de soye & dorures étrangeres que la Compagnie des Indes fera venir pour son commerce, lesquelles pourront entrer par les ports de l'Orient & de Nantes, où elles resteront en entrepôt jufqu'à ce qu'elles foient chargées fur les Vaiffeaux de ladite Compagnie, & fans qu'elles foient fujettes à aucuns droits, attendu l'entrepôt.

V.

VEUT Sa Majefté que les droits fur toutes lefdites étoffes de foye & dorures étrangeres, même fur celles d'Avignon & du Comtat, à l'exception de celles deftinées par entrepôt pour le commerce de la Compagnie des Indes, continuent d'être levés, comme ils l'ont été par le paffé, fur le pied fixé par l'Arrêt du premier Août 1716, la moitié defquels droits Sa Majefté deftine & affecte pour des gratifications en faveur de ceux des Marchands & Fabriquans de la ville de Lyon, qui augmenteront le commerce & les manufactures ; à l'effet de quoi ladite moitié fera délivrée par le Receveur defdits droits tous les fix mois aux Prévôt des Marchands & Echevins de ladite Ville, fur la quittance du Receveur de la Ville, & la diftribution faite auxdits Marchands & Fabriquans fur l'état qui en fera arrêté de fix mois en fix mois en l'Hôtel de Ville, & dont il fera envoyé chaque fois au fieur Contrôleur général des Finances un double figné defdits Prévôt des Marchands & Echevins.

VI.

SA MAJESTE' voulant pourvoir au remboursement des deux millions cent foixante mille livres payés par les Prévôt des Marchands & Echevins de la ville de Lyon, en exécution de l'Edit du mois d'Avril 1713, pour le prix de l'aliénation du tiers des droits de tiers-furtaux & quarantiéme, & des fommes par eux avancées & déléguées fur le prix du bail des deux autres tiers, & affurer en même-tems le payement des fommes reftantes des emprunts faits par lefdits Prévôt des Marchands & Echevins fur le produit des droits établis par l'Edit du mois de Juin 1711, même des deux cens foixante mille écus monnoye de Genes, empruntés par la ville de Lyon de plufieurs particuliers de la ville de Genes, par contrats des 16 Novembre 1709, &

30 Mars 1716, montant toutes lesdites sommes en total, suivant l'état annexé à la minute du présent Arrêt, à la somme de huit millions trois cens dix mille quatre-vingt-cinq livres: ordonne Sa Majesté qu'il sera expédié une ordonnance de comptant de ladite somme de huit millions trois cens dix mille quatre-vingt-cinq livres au nom des Prévôt des Marchands & Echevins de ladite ville de Lyon, laquelle leur sera payée par le Garde du Trésor Royal, sur la quittance de Camille Perrichon leur Député, & fondé de leur pouvoir, par acte du 20 Octobre 1719, en remettant audit Garde du Trésor Royal ledit acte, ensemble les quittances de finance des 26 Août 1711, 20 & 23 Mai 1712, 20 Mai 1713, 18 Janvier 1714 & 26 Mars 1715, montant ensemble à la somme de trois millions sept cens soixante mille livres; pour la valeur de laquelle ordonnance il sera délivré audit Perrichon par ledit Garde du Trésor Royal un récépissé de pareille somme sur le Caissier de la Compagnie des Indes, à valoir sur les quinze cens millions que ladite Compagnie s'est engagée de prêter à Sa Majesté.

VII.

ET attendu que ladite somme de huit millions trois cens dix mille quatre-vingt-cinq livres est spécialement affectée au payement des emprunts faits par la ville de Lyon, & qui avoient été assignés sur les droits ci-dessus supprimés: veut & ordonne Sa Majesté que dans le courant du mois de Juillet prochain, pour tout délai, les Créanciers dont le payement a été assigné sur lesdits droits, soient tenus de rapporter aux Prévôt des Marchands & Echevins de ladite Ville leurs contrats ou obligations, pour être remboursés, tant en capitaux, qu'arrérages & intérêts; à l'effet de quoi les arrérages & intérêts cesseront, à commencer du premier dudit mois de Juillet prochain, desquels remboursemens, même du payement des emprunts faits dans la ville de Genes, il sera envoyé dans le mois d'Août prochain au sieur Contrôleur général des Finances par les

Prévôt des Marchands & Echevins de ladite Ville un état d'eux signé & certifié.

VIII.

POUR tenir lieu à ladite ville de Lyon de l'octroi de soixante mille livres, faisant partie de son ancien patrimoine, & qu'elle a toujours retenu sur le prix des baux des droits de tiers-surtaux & quarantiéme, Sa Majesté ordonne que les Prévôt des Marchands & Echevins de ladite Ville joüiront à perpétuité de pareille somme de soixante mille livres par an, à commencer du premier Juillet prochain, que Sa Majesté a assigné & assigne sur les premiers deniers de la recette générale des finances de la Généralité de Lyon, par préférence à toute autre partie, même à celle du Trésor Royal, pour laquelle dite somme de soixante mille livres par an, lesdits Prévôt des Marchands & Echevins seront employés dans les états du Roi, & le payement leur en sera fait dans ladite ville de Lyon par le commis à la recette générale des finances, sur la quittance de leur Receveur.

IX.

VEUT aussi Sa Majesté que les vingt mille livres de pension ci-devant accordées aux sieurs Maréchal & Duc de Villeroy, Gouverneur & Lieutenant de Roi de ladite ville de Lyon, & des Provinces de Lyonnois, Forêt & Beaujollois, qui étoient assignées sur les octrois & sur les droits de tiers-surtaux & quarantiéme, conformément aux Lettres Patentes des 17 Mai 1669 & 10 Juin 1695, soient & demeurent à l'avenir imposés sur les biens patrimoniaux & octrois de ladite Ville, & qu'elles soient payées par le Receveur d'icelle, ainsi qu'il a été fait par le passé.

X.

ORDONNE Sa Majesté que le droit de vingt sols par quintal sur les soyes, établi par l'article III du présent Arrêt, sera & demeurera réuni aux Fermes unies, pour faire partie du bail d'*Armand Pillavoine*, Sa Majesté se réservant d'indemnifer au furplus la Compagnie des Indes, au fujet de la fuppreffion des droits de la Douane de Lyon, de celle de Valence, de la Table de Mer, & des autres droits qui fe perçoivent fur les foyes, tant originaires, qu'étrangeres, & faifoient partie du bail des Fermes unies, enfemble de la moitié des droits fur les foyeries & dorures étrangeres, que Sa Majefté a accordé par l'article V du préfent Arrêt aux Prévôt des Marchands & Echevins de la ville de Lyon, & feront pour l'exécution du préfent Arrêt toutes Lettres néceffaires expédiées. FAIT au Confeil d'Etat du Roi, Sa Majefté y étant, tenu à Paris le dix-huitiéme jour de Mai mil fept cent vingt. *Signé* FLEURIAU.

ARREST
DU CONSEIL D'ÉTAT
DU ROY,

PORTANT Réglement pour le commerce qui se fait à Marseille des Toiles de coton blanches, étoffes de soye pure ou mêlées d'or & d'argent, d'écorces d'arbres du crû ou fabrique du Levant.

Du 20 Mai 1720.

Extrait des Registres du Conseil d'Etat.

SUR ce qui a été représenté au Roi, étant en son Conseil, par la Compagnie des Indes, que pour favoriser les manufactures du Royaume, l'entrée par tous les Ports & passages, & l'usage des toiles peintes & étoffes des Indes, de la Chine & du Levant ont été prohibés par plusieurs Arrêts sous des peines très-sevéres : que celui du 10 Juillet 1703, par lequel les Maires, Echevins & habitans de la ville de Marseille ont obtenu la confirmation des exemptions, priviléges & franchises à eux précédemment accordés, n'a permis dans la Ville, Port & territoire de Marseille que le commerce & l'usage des toiles blanches, peintes, teintes ou à carreaux venant à droiture du Levant : qu'en conformité de cet Arrêt, & de celui du 16 Janvier 1706, ils ont été exceptés des défenses

ses générales portées par ceux du 27 Août 1709, & 27 Septembre 1719 ; mais que Sa Majesté ayant depuis reconnu que cette expédition indéfinie étoit très-préjudiciable aux manufactures du Royaume, en ce qu'elle autorisoit les habitans de la ville de Marseille à employer aux meubles & habillemens pour leurs usages lesdites toiles blanches, peintes, teintes ou à carreaux, venant à droiture du Levant, & même à introduire dans les Provinces voisines, il seroit intervenu le 20 Mars dernier un Arrêt qui fait très-expresses inhibitions & défenses aux Marchands, Négocians & autres habitans de ladite ville de Marseille de faire aucun usage pour meubles, habillemens, ou en quelqu'autre maniere que ce soit, des étoffes de soye pure, ou mêlées d'or & d'argent, d'écorces d'arbres, laine, fil & coton, ou autres sortes d'étoffes du cru ou fabrique du Levant, des Indes ou de la Chine, de celles peintes en furies ou à fleurs, des toiles peintes provenantes desdits pays ou contrefaites en d'autres lieux, & même des toiles teintes & à carreaux, étant du crû & fabrique du Levant, des Indes & de la Chine, & ne permet que le commerce & l'usage des toiles de coton blanches venant à droiture du Levant, qui ne pourront être introduites dans le Royaume qu'après avoir été piquées & employées en couvertures, bonnets & autres ouvrages faits en ladite ville de Marseille; mais que ce même Arrêt, en ordonnant que les étoffes & toiles peintes de toutes espéces pourront entrer dans le port, ville & territoire de Marseille, pour être ensuite transportées dans les pays étrangers, donne aux habitans de ladite ville de Marseille plus qu'il ne leur avoit été accordé par les précédents Arrêts, suivant lesquels l'entrée des seules toiles blanches, peintes, teintes & à carreaux, venant à droiture du Levant, avoit été autorisée dans lesdits port ville & territoire de Marseille, ce qui est contraire aux intentions de Sa Majesté qui par ledit Arrêt s'est opposé de restraindre le commerce & l'usage desdites toiles, & autres priviléges de la Compagnie des Indes, qui par l'article IX. de l'Edit du mois de Mai 1719, a seule la fa-

Tome III. Oo

culté de faire venir des Indes, de la Chine & autres pays de sa conceſſion toutes ſortes d'étoffes, & toiles teintes, peintes & rayées de couleurs, ouï le rapport du ſieur Law, Conſeiller du Roi en tous ſes Conſeils, Contrôleur général des Finances, LE ROI E'TANT EN SON CONSEIL, de l'avis de Monſieur le Duc d'Orleans Régent, a ordonné & ordonne que conformément auxdits Arrêts des 10 Juillet 1703, 16 Janvier 1709, 27 Août 1709, & 27 Septembre 1719, les toiles de coton blanches, peintes, teintes & à carreaux, ſeulement venant à droiture du Levant, pourront entrer dans le port, ville & territoire de Marſeille; permet Sa Majeſté d'y faire commerce & uſage deſdites toiles de coton blanches, qui ne pourront néanmoins être introduites dans le Royaume, qu'après avoir été piquées & employées en couvertures, bonnets & autres ouvrages; fait Sa Majeſté très-expreſſe inhibitions & défenſes ſous les peines portées par leſdits Arrêts des 27 Août 1709, & 27 Septembre 1719, aux habitans de ladite ville de Marſeille de faire aucun uſage en meubles, habillemens, ou en quelque maniere que ce ſoit deſdites toiles peintes, teintes & à carreaux venant à droiture du Levant, qui ne pourront y être introduites que pour être enſuite tranſportées en pays étranger; défend pareillement Sa Majeſté ſous les mêmes peines de faire entrer dans ledit Port, Ville & territoire, ſous aucun prétexte, même de deſtination pour l'Etranger, aucunes étoffes de ſoye pure ou mêlées d'or & d'argent, d'écorces d'arbres, laine, fil & coton ou autres ſortes d'étoffes du crû & fabrique du Levant, des Indes ou de la Chine, celles peintes en furies ou à fleurs, ni même aucunes toiles peintes, teintes ou à carreaux, ſi leſdits toiles peintes, teintes ou à carreaux ne proviennent en droiture du Levant. Enjoint Sa Majeſté aux ſieur Intendans & Commiſſaires départis en Provence & dans les autres Provinces du Royaume, de tenir la main à l'exécution du préſent Arrêt. FAIT au Conſeil d'Etat du Roi, Sa Majeſté y étant, tenu à Paris le vingtiéme jour de Mai mil ſept cent vingt. *Signé* PHELYPEAUX.

ARREST
DU CONSEIL D'ÉTAT
DU ROY,

EN faveur de la Compagnie des Indes.

Du 20 Mai 1720.

Extrait des Regiſtres du Conſeil d'Etat.

SUR ce qui a été repréſenté au Roi, étant en ſon Conſeil, par la Compagnie des Indes, que Sa Majeſté auroit par l'article IX de l'Edit du mois de Mai 1719, portant réunion des Compagnies des Indes Orientales & de la Chine à celle d'Occident, permis à ladite Compagnie de faire venir des pays de ſa conceſſion toutes ſortes d'étoffes de ſoye pure, & de ſoye & coton, mêlées d'or & d'argent, & d'écorces d'arbres, comme auſſi des toiles de coton teintes, peintes & rayées de couleurs, pourvû néanmoins que celles dont l'uſage & la conſommation ſont prohibées dans le Royaume, ne puſſent être vendues que ſous la condition expreſſe de la ſortie pour l'Etranger, à l'effet de quoi elles ſeroient miſes en entrepôt dans les magaſins de la Ferme générale ſous deux clefs, dont les Fermiers généraux ou leurs Commis en auroient une, & les Directeurs de la Compagnie ou leurs Prépoſés l'autre, & en prenant les précautions néceſſaires pour empêcher que leſdites marchandiſes

O o ij

ne fuffent vendues pour être confommées dans le Royaume: que depuis, Sa Majefté auroit par Arrêt du 27 Août 1709, caffé & annullé à commencer au premier Octobre fuivant le Bail des Fermes générales fait à *Aymard Lambert* pour les cinq années qui en reftoient à expirer, & accordé le bail defdites Fermes générales à la Compagnie des Indes pour neuf années; que Sa Majefté & ladite Compagnie fouffriroient un préjudice confidérable, fi conformément aux Arrêts des 27 Août 1709, 20 Janvier & 22 Février 1716, 27 Septembre 1719, tant les toiles de coton blanches & mouffelines, que les toiles peintes & autres toiles & étoffes dont l'ufage & la confommation font défendus, étoient brûlées en conféquence d'une Ordonnance du fieur Lieutenant général de Police à Paris, d'autant que Sa Majefté s'eft obligée par lefdits Arrêts de rembourfer à l'Adjudicataire de fes Fermes le montant des gratifications reglées en faveur des particuliers qui ont fait ou procuré la faifie defdites étoffes & toiles, comme auffi de tous les frais faits tant à l'occafion defdites faifies, que pour les vérifications d'experts, jugement de confifcation, tranfport defdites marchandifes à la Douane de Paris & autres, & que ladite Compagnie feroit privée du profit qu'elle pourroit faire en difpofant defdites toiles & étoffes conjointement avec celles qu'il lui a été permis de faire venir des pays de fa conceffion: c'eft pourquoi elle ne demanderoit à Sa Majefté aucun rembourfement defdites gratifications defdits frais, fi Sa Majefté lui accordoit la difpofition defdites marchandifes, & elle fe chargeroit de prendre toutes les précautions neceffaires pour affurer le tranfport & la vente en pays étrangers, de celles dont le commerce & l'ufage font prohibés, dans le Royaume, d'autant plus qu'elle a un intérêt très-fenfible d'y veiller pour foutenir fon commerce & pour faire valoir les droits des Fermes générales. Vû lefdits Arrêts des 27 Août 1709, 20 Janvier & 22 Février 1716, & 27 Septembre 1719, oui le rapport du fieur Law, Confeiller du Roi en tous fes Confeils, Contrôleur général des Finances, LE ROI

ÉTANT EN SON CONSEIL, de l'avis de Monsieur le Duc d'Orleans Régent, a ordonné & ordonne que les toiles peintes, teintes, & étoffes de toute sorte provenant des Indes, de la Chine & du Levant, & autres denommées dans lesdits Arrêts des 27 Août 1709, 20 Janvier & 22 Février 1716, & 27 Septembre 1719, saisies & confisquées sur les particuliers qui les auront introduites dans le Royaume, vendu, acheté, trafiqué, employé, ou qui en auront fait usage au préjudice des défenses portées par lesdits Arrêts, ne seront plus brûlées à l'avenir. Permet Sa Majesté à ladite Compagnie de vendre à son profit & de débiter dans le Royaume les toiles de coton blanches & mousselines confisquées, après néanmoins qu'il y aura été apposé des marques de parchemin signées ou paraphées, & des plombs en conformité desdits Arrêts ; & à l'égard des autres toiles & étoffes dont le débit & l'usage sont prohibés par lesdits Arrêts, permet aussi Sa Majesté à ladite Compagnie des Indes de les faire transporter en pays étrangers pour y être vendues, & le prix en provenant appartenir à ladite Compagnie, qui suivant ses offres sera tenue de payer à ses dépens tous les frais de procédures & de transport, & les recompenses accordées aux dénonciateurs & saisissans par les Réglemens & Arrêts du Conseil, pour raison des saisies & confiscations desdites étoffes & toiles. Ordonne Sa Majesté que ladite Compagnie sera tenue de représenter au Conseil de Commerce des états de chargemens qui en auront été faits, lesquels états seront signés par deux Directeurs d'icelle, comme aussi les états desdites marchandises qui auront été vendues en pays étrangers, & lesdits états seront signés par les Consuls de la nation Françoise, ou à leur défaut par deux Négocians François residens ès lieux esquels lesdites ventes auront été faites, & rapportés trois mois au plutard après lesdites ventes. Ordonne au surplus Sa Majesté que lesdits Arrêts du Conseil & autres intervenus pour raison desdites marchandises prohibées, seront exécutés selon leur forme & teneur. FAIT au Conseil d'Etat du Roi, Sa Majesté y étant, tenu à Pa-

ris le vingtiéme jour de Mai mil sept cent vingt.
Signé PHELYPEAUX.

LOUIS, PAR LA GRACE DE DIEU, ROI DE FRANCE ET DE NAVARRE, Dauphin de Viennois, Comte de Valentinois & Diois, Provence, Forcalquier & Terres adjacentes : au premier notre Huissier ou Sergent sur ce requis. Nous te mandons & commandons par ces Présentes signées de notre main, que l'Arrêt ci-attaché sous le contre-scel de notre Chancellerie, ce jourd'hui donné en notre Conseil d'Etat, nous y étant, tu signifies à tous qu'il appartiendra, à ce que personne n'en ignore, & fais en outre pour l'entiere exécution d'icelui tous actes & exploits nécessaires sans autre permission ; car tel est notre plaisir. DONNÉ à Paris le vingtiéme jour de Mai, l'an de grace mil sept cent vingt, & de notre regne le cinquiéme. *Signé* LOUIS. *Et plus bas ;* Par le Roi, Dauphin Comte de Provence, le Duc d'Orleans Régent présent. PHELYPEAUX, Et scellé.

ARREST
DU CONSEIL D'ÉTAT
DU ROY,

QUI ordonne que celui du 18 Mai 1720 portant suppression des droits de Tiers-surtaux, Quarantiéme, & tous autres droits, sur les soyes, tant étrangeres qu'originaires, n'aura son exécution qu'à commencer du premier Juillet prochain.

Du 18 Juin 1720.

Extrait des Regiſtres du Conſeil d'Etat.

LE Roi s'étant fait repréſenter en ſon Conſeil l'Arrêt rendu en icelui, le 18 Mai dernier, par lequel il a été entr'autres choſes ordonné, qu'à commencer au premier jour du préſent mois de Juin, les droits de tiers-surtaux & quarantiéme, ceux de la Douane de Lyon, & celle de Valence, de la Table de Mer, enſemble ceux établis par l'Edit du mois de Juin 1711, & tous autres droits ſans aucune exception, qui ſe levent ſur les ſoyes, tant étrangeres qu'originaires, demeureroient éteints & ſupprimés, & qu'à l'avenir à commencer au premier Juin, il ſeroit levé, au profit de Sa Majeſté vingt ſols par quintal ſur toutes les ſoyes étrangeres, même ſur celles d'Avignon & du Comtat; & ayant été depuis repréſenté à Sa Majeſté que ledit Arrêt n'ayant point été publié, & les droits supprimés par ledit Arrêt ayant été levés à l'ordinaire depuis ledit jour 18 Mai, il conviendroit que ledit Arrêt n'eût son exécution que du premier Juillet prochain, à quoi étant nécessaire de pourvoir; oui le rapport, SA MAJESTE' E'TANT EN SON CONSEIL, de l'avis de Monsieur le Duc d'Orleans Régent, a ordonné & ordonne que ledit Arrêt du 18 Mai dernier n'aura son exécution qu'à commencer du premier jour de Juillet prochain, Sa Majesté validant, en tant que de besoin, la perception qui a été ou sera faite jusqu'audit jour, des droits supprimés par icelui. FAIT au Conseil d'Etat du Roi, Sa Majesté y étant, tenu à Paris le dix-huitiéme jour de Juin mil sept cent vingt. *Signé* FLEURIAU.

ARREST

ARREST
DU CONSEIL D'ÉTAT
DU ROY,

PORTANT qu'il sera ouvert à l'Hôtel de la Banque à Paris, & dans toutes les Villes du Royaume où il y a des Hôtels des Monnoyes, un livre de comptes courants & de viremens de parties, dont le fonds ne pourra passer six cens millions.

Du 13 Juillet 1720.

Extrait des Registres du Conseil d'Etat.

SUR ce qui a été représenté au Roi en son Conseil par les principaux Négocians du Royaume, que l'arrangement que Sa Majesté a pris par la création des rentes sur l'Hôtel de Ville de Paris, pour retirer les billets qui sont sur la place, pouvoit convenir à ceux de ses sujets qui veulent aliéner leurs fonds dans la vûe de s'en faire un revenu, mais qu'il n'est d'aucune utilité pour le commerce, & que si Sa Majesté vouloit bien leur accorder, à l'exemple des Etats voisins, des comptes courans en banque, & des viremens de parties, tant pour la ville de Paris, que pour les principales Villes de commerce du Royaume, cet établissement seroit utile & avantageux au commerce en général, & à chaque Négociant en particulier, par les facilités qu'il donneroit pour les remises de place en place sans frais & sans risques, & par la sûreté qu'il procureroit dans les payemens ; à quoi Sa Majesté voulant pourvoir, conformément à ce qui s'observe dans les pays où pareils établissemens ont été faits ; oui le rapport, SA MAJESTÉ E'TANT EN SON CONSEIL, de l'avis de M. le Duc d'Orleans Régent, a ordonné & ordonne :

ARTICLE PREMIER.

QU'IL sera ouvert à l'Hôtel de la Banque à Paris le 20 du présent mois, & le 20 du mois d'Août prochain dans toutes les Villes du Royaume où il y a des Hôtels des Monnoyes ; sçavoir, Tours, Rouen, Caen, Lyon, Poitiers, la Rochelle, Limoges, Bordeaux, Bayonne, Toulouse, Montpellier, Riom, Dijon, Perpignan, Orleans, Reims, Nantes, Troyes, Amiens, Bourges, Grenoble, Aix, Rennes, Metz, Strasbourg, Lille, Besançon & Pau, & dans toutes celles où il sera jugé nécessaire de faire de pareils établissemens, un livre de comptes courans & de viremens de parties, dont le fonds ne pourra passer six cens millions.

II.

VEUT Sa Majesté que sur ledit fonds de six cens millions, il en soit réservé trois cens millions pour les Villes de Provinces mentionnées au précédent article.

III.

LE fonds de trois cens millions pour Paris, sera fait à l'Hôtel de la Banque en billets de Banque de dix mille livres & de mille livres seulement, qui seront reçûs par le Trésorier de la Banque, par lui biffés en présence des porteurs, & ensuite brûlés en la forme & maniere prescrites par l'Arrêt du 11 Juin dernier, dont sera dressé procès-verbal, qui servira de décharge au Trésorier de la Banque, & il sera donné crédit au porteur du montant des billets par eux remis.

IV.

Le fonds des trois cens millions réservés pour les Villes de Provinces mentionnées au second article, sera pareillement fait en billets de Banque de dix mille livres, & de mille livres, lesquels seront reçus par les Directeurs des Hôtels des Monnoyes desdites Villes, & par eux biffés en présence des porteurs, après quoi ils seront envoyés par lesdits Directeurs au Tréforier de la Banque à Paris, pour être brûlés en la forme portée par le précédent article.

V.

Les six cens millions qui composeront le fonds des comptes courans & viremens de parties seront stipulés en livres tournois, & ne pourront être sujets à aucunes variations, quelque diminution qui survienne dans le prix courant des espéces.

VI.

Toutes lettres de change & billets de commerce de cinq cens livres & au-dessus, ensemble les ventes de marchandises en gros dans les Villes où les livres des comptes courans & de viremens de parties seront établis, seront acquittés en écritures, à peine de nullité du payement, & de cinq cens livres d'amende au profit de la Banque, tant contre le créancier, que contre le débiteur.

VII.

Ceux qui auront compte en Banque dans quelqu'une des Villes mentionnées au premier article du présent Arrêt, & qui voudront faire des payemens dans quelques autres des mêmes Villes, le pourront faire par virement de parties de Ville en Ville, suivant l'instruction qui sera rendue publique avant l'ouverture des livres.

VIII.

Ne pourront les fonds que les sujets de Sa Majesté auront

en compte courant en Banque, être sujets à aucunes saisies, sous quelque prétexte que ce soit, pas même pour les propres deniers & affaires de Sa Majesté.

IX.

Les Etrangers pourront avoir des comptes courans en Banque, & leurs fonds ne pourront être sujets à aucune saisie ou confiscation sous prétexte de guerre, représailles, d'aubeine, ni à aucune autre saisie de la part de leurs créanciers.

X.

Les écritures pourront être négociées contre argent courant, à quelques sommes qu'elles se montent.

XI.

Le Prévôt des Marchands de la ville de Paris, assisté de l'ancien Echevin, tiré de l'ordre des Marchands, aura l'inspection générale des écritures; il cottera & paraphera les registres, & se les fera représenter toutes les fois qu'il le jugera à propos.

XII.

La régie desdites écritures sera faite par quatre Directeurs, sous les ordres d'un Contrôleur général; ils seront à cet effet nommés par Sa Majesté, & prêteront serment entre les mains dudit Prévôt des Marchands.

XIII.

Le bilan général des livres sera fait deux fois l'année; sçavoir, en Décembre & en Juin; à l'effet de quoi les livres seront fermés depuis le 20 desdits mois jusqu'à la fin, pendant lequel tems il ne pourra être fait aucun protest de lettres ou billets de change : veut Sa Majesté que les protests faits dans les trois jours après l'ouverture des livres, ayent le même effet que s'ils avoient été faits aux jours des échéances survenues dans le tems que les livres ont été fermés.

XIV.

Pour la sûreté & conservation des écritures, les livres seront tenus doubles par les teneurs de livres & leurs contrôleurs, & ils seront déposés en différens lieux desdites Villes où les comptes seront ouverts.

XV.

Ceux qui auront des payemens à faire en Banque, porteront au teneur de livres un billet signé d'eux, suivant le modéle joint à la minute du présent Arrêt, ou s'ils ne peuvent s'y transporter ils l'enverront par un Commis, ou autre chargé d'un pouvoir conforme au modéle pareillement attaché à la minute du présent Arrêt, à la vûe duquel billet le teneur de livres donnera crédit du montant d'icelui au créancier.

XVI.

Tous ceux qui auront compte ouvert en Banque, seront tenus de signer à la marge du folio où leur compte aura été ouvert.

XVII.

Au cas qu'il arrive à quelque Négociant de tirer sur la Banque au-delà du crédit qu'il y a, il sera tenu de payer par forme d'amende la somme de cinq cens livres au profit de ladite Banque.

XVIII.

S'il survient quelques contestations en exécution du présent Arrêt, Sa Majesté ordonne qu'elles seront jugées par les Juges Consuls, & par appel au Conseil, en interdisant la connoissance à toutes ses Cours & Juges; & pour l'exécution d'icelui seront toutes Lettres Patentes à ce nécessaires expédiées. Fait au Conseil d'Etat du Roi, Sa Majesté y étant, tenu à Paris le treiziéme jour de Juillet mil sept cent vingt. *Signé* PHELYPEAUX.

MODÈLE DE POUVOIR.

Fo.

JE soussigné donne pouvoir au S.
de porter pour moi aux teneurs de livres de la Banque les billets que je fournirai sur les fonds que j'aurai en compte courant, & d'en faire passer écriture au debit de mon compte, & au crédit de ceux auxquels j'aurai assigné les sommes portées dans lesdits billets; comme aussi l'autorise à demander aux teneurs de livres quelles sommes auront été payées à mon crédit par mes débiteurs. Fait à
le   jour de   mil sept cent

MODÈLE DE BILLET.

Fo.

Mrs les Directeurs de la Banque payeront à M.
la somme de
valeur
à   le   jour de
mil sept cent

EDIT DU ROY,

PORTANT que la Compagnies des Indes jouira à perpétuité de tous les droits & privléges qui concernent son commerce.

Donné à Paris au mois de Juillet 1720.

LOUIS, PAR LA GRACE DE DIEU, ROI DE FRANCE ET DE NAVARRE, à tous préfens & à venir: SALUT. Par notre Edit du mois de Juin dernier, nous avons créé fur l'Hôtel de notre bonne ville de Paris, pour vingt-cinq millions de livres de rente, dont la valeur nous doit être payée, ainfi & en la forme qu'il eft porté par ledit Edit : mais comme le fonds defdits vingt-cinq millions de rente n'eft pas fuffifant pour retirer, fuivant notre intention, tous les billets qui font actuellement dans le commerce, la Compagnie des Indes nous a offert de retirer de mois en mois, à commencer du premier Août prochain, à raifon de cinquante millions par mois, & ce par les voyes qui feront trouvées les plus convenables, jufqu'à concurrence de fix cens millions de billets, au cas qu'il s'en trouve autant après les débouchemens ci-devant indiqués, en forte qu'au premier Août 1721, il ne refte aucuns billets dans le commerce, pourvû qu'il nous plaife de lui accorder à perpétuité la joüiſſance de tous les droits & priviléges qui concernent ſon commerce dans les différentes parties du monde où il s'étend ; & ayant fait examiner cette propoſition en notre Conſeil, elle nous a paru d'autant plus avantageuſe, qu'elle nous met en état, ſans impoſer aucune charge nouvelle ſur nous, ni ſur nos ſujets, d'achever de retirer du commerce tous les billets qui ne ſe trouveront pas conſommés par les débouchemens ci-devant indiqués. A CES CAUSES & autres à ce nous mouvans, de l'avis de notre très-cher & très-amé oncle le Duc d'Orleans, petit-fils de France Régent, de notre très-cher & très-amé oncle le Duc de Chartres premier Prince de notre Sang, de notre très-cher & très-amé couſin le Duc de Bourbon, de notre très-cher & très-amé couſin le Comte de Charollois, de notre très-cher & très-amé couſin le Prince de Conty, Princes de notre Sang, de notre très-cher & très-amé oncle le Comte de Touloufe, Prince légitimé, & autres Pairs de France, grands & notables perſonnages de notre Royaume, & de notre certaine ſcience, pleine puiſſance & autorité Royale, nous avons par notre préſent Edit perpétuel & irrévocable, dit, ſtatué & ordonné, diſons, ſtatuons & ordonnons, voulons & nous plaît ce qui ſuit.

ARTICLE PREMIER.

QUE la Compagnie des Indes joüiſſe à perpétuité des droits & priviléges ci-après ſpécifiés concernant ſon commerce, ſans pouvoir y être troublée en quelque ſorte & ſous quelque prétexte que ce ſoit ; à l'effet de quoi nous la créons, établiſſons & déclarons, en tant que de beſoin, Compagnie perpétuelle des Indes, à la charge toutefois par ladite Compagnie, ſuivant ſes offres, de retirer de mois en mois, à commencer du premier Août prochain, à raiſon de cinquante millions par mois, & ce par les voyes qui ſeront trouvées le plus convenables, juſqu'à concurrence de ſix cens millions de billets, au cas qu'il s'en trouve autant après les débouchemens ci-devant indiqués,

en

en sorte qu'au premier Août 1721 il ne reste aucuns billets dans le commerce.

II.

Voulons que tous lesdits billets soient brûlés en l'Hôtel de notre bonne ville de Paris, au fur & à mesure qu'ils seront retirés, après toutefois qu'il en aura été dressé des procès-verbaux, tant par les Commissaires de notre Conseil, que par les Prévôt des Marchands & Echevins.

III.

Jouira ladite Compagnie à perpétuité du droit de faire seule le commerce dans notre Province & Gouvernement de la Louisianne, ainsi que nous l'avons réglé par nos Edits des mois d'Août & Décembre 1717.

IV.

N'entendons comprendre dans la précédente disposition le privilége de recevoir, à l'exclusion de tous autres, dans notre Colonie de Canada tous les castors gras & secs que les habitans de ladite Colonie auront traités ; voulons que ledit commerce soit & demeure libre, & que ladite Compagnie jouisse à perpétuité, au lieu de son privilége exclusif, d'un droit de neuf sols par livre pesant de castor gras, & de six sols par livre pesant de castor sec, lequel droit lui sera payé à l'entrée dans le Royaume : faisons défenses de faire sortir du castor du Royaume, à peine de confiscation, tant du castor que des Vaisseaux, barques, voitures & équipages sur lesquels il sera trouvé chargé, & de trois mille livres d'amende, le tout au profit de ladite Compagnie.

V.

Attendu la cession faite le 15 Décembre 1718 par la Compagnie du Sénégal à la Compagnie des Indes de toutes les concessions, droits, priviléges & établissemens appartenans à ladite Compagnie du Sénégal, & le payement fait en conséquence du prix de ladite cession, ladite Compagnie des Indes joüira à perpétuité de toutes les concessions, droits & priviléges accordés à la Compagnie du Sénégal, ainsi que ladite Compagnie en a bien & dûement joüi ou dû joüir, suivant nos Lettres Patentes du mois de Mars 1696, & autres données, tant en faveur de la derniere Compagnie du Sénégal, que de celles qui l'ont précédée.

VI.

Joüira ladite Compagnie à perpétuité du privilége de négocier seule, depuis le Cap de Bonne Espérance jusques dans toutes les Mers des Indes Orientales, Isles de Madagascar, Bourbon & France, côte de Sofola en Afrique, Mer rouge, Perse, Mogol, Siam, la Chine & le Japon, même depuis le détroit de Magellan & le Maire, dans toutes les mers du Sud; faisons défenses à tous nos autres sujets de faire aucun commerce dans lesdits lieux, à peine de confiscation au profit de ladite Compagnie des Vaisseaux, des armes, munitions & marchandises.

VII.

Joüira pareillement ladite Compagnie à perpétuité, & en tous droits de propriété, des terres, Isles, Forts, habitations, magasins, meubles & immeubles, droits, rentes, Vaisseaux, barques, munitions de guerre & de bouche, Négres, bestiaux, marchandises, & généralement de tout ce que les Compagnies des Indes & de la Chine avoient pû acquerir ou conquerir, ou qui leur avoit été concédé, tant en France qu'aux Indes & à la Chine, ainsi qu'en ont joüi ou dû joüir lesdites Compagnies des Indes & de la Chine, à la charge seulement de payer, tant aux François qu'aux Indiens, toutes les dettes légitimes des Compagnies des Indes & de la Chine, & sans que ladite Compagnie soit tenue de payer aucune autre chose à celles des Indes & de la Chine, à moins qu'après l'estimation de leurs effets & la liquidation de leurs dettes, il n'y eût de l'excédent dans lesdits effets, auquel cas ladite Compagnie sera tenue de leur payer ledit excédent.

VIII.

Joüira aussi ladite Compagnie à perpétuité des cinquante livres par tonneau de marchandises de France, & des soixante-quinze livres par tonneau de marchandises des Indes, que nous faisions payer par forme de gratification à l'ancienne Compagnie des Indes ; & à l'égard des dix pour cent sur le produit des ventes des marchandises venues & à venir sur les Vaisseaux des particuliers à qui l'ancienne Compagnie a cédé son privilége, ils appartiendront à la nouvelle Compagnie.

IX.

Pourra ladite Compagnie faire venir des pays de sa concession, toutes sortes d'étoffes de soye pure, & de soye & coton, mêlées d'or & d'argent, & d'écorces d'arbres, & des toiles de coton teintes, peintes & rayées de couleurs ; voulons que lesdites marchandises prohibées dans le Royaume ne puissent entrer que par les ports de l'Orient & de Nantes, où elles seront entreposées dans les magasins à ce destinés fermans à deux clefs, dont l'une sera remise aux Directeurs généraux de la Compagnie des Indes ou leurs Commis, & l'autre à celui qui sera préposé par Sa Majesté sur la nomination du Conseil du Commerce ; voulons que les ventes générales desdites marchandises soient faites en présence d'un ou de deux Directeurs, & du Préposé par Sa Majesté, sous la condition expresse de l'envoi à l'Étranger, & que jusqu'audit envoi elles soient remises dans les magasins d'entrepôt.

X.

Pourra pareillement ladite Compagnie faire venir des pays de sa concession, pour l'usage & consommation du Royaume, toutes sortes de toiles de coton blanches, soyes crues, caffé, drogueries, épiceries, métaux & autres marchandises non prohibées, en payant les droits auxquels lesdites marchandises sont sujettes.

XI.

S'il est resté aux Indes quelques marchandises ou effets appartenans à des particuliers, dont les Vaisseaux y auront été en vertu de permissions, traités ou cessions de privilége de l'ancienne Compagnie, la valeur leur en sera remboursée par la nouvelle Compagnie.

XII.

Les contestations nées ou à naître entre les anciennes Compagnies des Indes & de la Chine, & la nouvelle Compagnie, seront réglées par les Commissaires que nous nommerons à cet effet.

XIII.

Voulons que ladite Compagnie soit & demeure maintenue & confirmée, ainsi que nous la maintenons & confirmons dans tous les droits & priviléges accordés aux anciennes Compagnies des Indes & de la Chine, par notre Edit du mois d'Août 1664, notre Déclaration du mois de Février 1685, & autres Déclarations & Réglemens rendus en faveur de son commerce, comme s'ils étoient tous rappellés par le présent Edit, tout ainsi que les anciennes Compagnies en ont joüi ou dû joüir, à l'exception de ceux qui ont été révoqués ou modifiés, & sans préjudice des droits de l'Amiral de France, dont il a joüi ou dû joüir conformément à la Déclaration du 3 Septembre 1712, & aux Réglemens faits en conséquence.

XIV.

Joüira ladite Compagnie à perpétuité de tous les droits, priviléges & exemptions, dont ont joüi ou dû joüir les Intéressés en l'ancienne Compagnie d'Afrique jusques au dernier Décembre 1718, tems auquel leur privilége est expiré, ensemble de la propriété des places en dépendantes, aux facultés, charges, clauses & conditions portées par les Traités faits avec les Puissances d'Alger & de Tunis, sans qu'à l'avenir ladite Compagnie puisse en être évincée, recherchée, ni inquiétée, sous quelque prétexte que ce soit : sauf auxdits Intéressés, & à tous autres particuliers qui peuvent avoir quelque prétention sur la propriété des concessions du Cap Negre & Bastion de France, de rapporter leurs titres à notre Conseil de la Marine, pour être par nous ordonné ce qu'il appartiendra.

Si donnons en mandement à nos amés & féaux Conseillers les Gens tenant notre Cour de Parlement à Paris, que notre présent Edit ils ayent à faire lire, publier & regiſtrer, & le contenu en icelui garder, observer & exécuter selon sa forme & teneur; car tel est notre plaisir : & afin que ce soit chose ferme & stable à toujours, nous y avons fait mettre notre Scel. DONNÉ à Paris au mois de Juillet, l'an de grace mil sept cent vingt, & de notre regne le cinquiéme. *Signé* LOUIS. *Et plus bas*; par le Roi, le Duc d'Orleans Régent présent, PHELYPEAUX. *Visa* DAGUESSEAU. Vû au Conseil LE PELETIER, & scellé du grand Sceau de cire verte.

ARREST
DU CONSEIL D'ÉTAT
DU ROY,

ORDONNE l'exécution de l'Edit du présent mois, qui accorde à la Compagnie des Indes la joüissance à perpétuité de tous les droits & priviléges concernant son Commerce.

Du 21 Juillet 1720.

LE Roi s'étant fait représenter en son Conseil son Edit du présent mois de Juillet, envoyé au Parlement de Paris le dix-sept dudit mois, par lequel Sa Majesté, dans la vûe de retirer du commerce tous les billets de Banque qui ne se trouveroient pas consommés par les différens débouchemens qu'elle a indiqués, auroit jugé à propos d'accorder à la Compagnie des Indes la joüissance à perpétuité des droits & privileges concernant son commerce, mentionnés dans ledit Edit, à la charge par ladite Compagnie de retirer, suivant ses offres, de mois en mois, à commencer du premier Août prochain, à raison de cinquante millions par mois, jusques à concurrence de six cens millions de billets : mais le Parlement de Paris ayant délibéré le 17 du présent mois, que Sa Majesté seroit très-humblement suppliée de retirer sondit Edit, sans même arrêter qu'il lui seroit fait de très-humbles remontrances ; & ce refus étant directement contraire à l'article III du titre premier de l'Ordonnance du mois d'Avril 1667,

& aux Lettres Patentes du 26 Août 1718 ; à quoi étant nécessaire de pourvoir, pour l'exécution d'un Edit qui ne tend qu'au soulagement des sujets de Sa Majesté ; ouï le rapport, LE ROI E'TANT EN SON CONSEIL, de l'avis de Monsieur le Duc d'Orleans Régent, a ordonné & ordonne que son Edit du présent mois sera réputé & tenu pour enregistré & publié, conformément à l'article III du titre premier de l'Ordonnance de 1667, & aux Lettres Patentes du 26 du mois d'Août 1718, & qu'il sera exécuté selon sa forme & teneur, auquel effet il sera attaché sous le contre-scel du présent Arrêt, lequel sera pareillement exécuté nonobstant toutes oppositions & tous autres empêchemens quelconques, pour lesquels ne sera différé, & dont si aucuns interviennent, Sa Majesté se réserve la connoissance & à son Conseil, & l'interdit à tous autres Juges. FAIT au Conseil d'Etat du Roi, Sa Majesté y étant, tenu à Paris le vingt-uniéme jour de Juillet mil sept cent vingt.

Signé PHELYPEAUX.

LOUIS, PAR LA GRACE DE DIEU, ROI DE FRANCE ET DE NAVARRE, Dauphin de Viennois, Comte de Valentinois & Diois, Provence, Forcalquier & terres adjacentes : à nos amés & féaux les sieurs Intendans & Commissaires départis pour l'exécution de nos ordres dans les Provinces & Généralités du Royaume : SALUT. Nous vous mandons & enjoignons par ces Présentes, signées de notre main, de tenir chacun en droit soi la main à l'exécution de l'Arrêt ci-attaché sous le contre-scel de notre Chancellerie, ce jourd'hui donné en notre Conseil d'Etat, nous y étant, de l'avis de notre très-cher & très-amé oncle le Duc d'Orleans Régent, pour les causes y contenues : commandons au premier notre Huissier ou Sergent sur ce requis, de signifier ledit Arrêt à tous qu'il appartiendra ; & de faire pour son entiere exécution tous actes & exploits nécessaires, sans autre permission, nonobstant clameur de Haro, Charte Normande & Lettres à ce contraires : voulons qu'aux copies dudit Arrêt & des Présentes, collationnées par l'un de nos amés & féaux Conseillers-Secrétaires, foi soit ajoutée comme aux originaux; car tel est notre plaisir. DONNÉ à Paris le vingt-uniéme jour de Juillet, l'an de grace mil sept cent vingt, & de notre regne le cinquiéme. *Signé* LOUIS. *Et plus bas*; par le Roi Dauphin, Comte de Provence, le Duc d'Orleans Régent présent, PHELYPEAUX. Et scellé.

ARREST

ARREST
DU CONSEIL D'ÉTAT
DU ROY,

PORTANT Réglement pour la Vente des Marchandises arrivées par les Vaisseaux la Paix, le Comte de Toulouse & les deux Couronnes.

Du 6 Août 1720.

Extrait des Registres du Conseil d'Etat.

SUR la requête présentée au Roi étant en son Conseil, par les Directeurs de la Compagnie Royale des Indes, contenant qu'il est arrivé à Saint Malo & au Port-Louis en Juin & Juillet 1720 les Vaisseaux la Paix, le Comte de Toulouse & les deux Couronnes, venant des Ports de leurs concessions, chargés de poivre, bois rouge, cauris, laque en bois, laque plate, borax, sucre candi, rhubarbe, esquine, caffé, thé, cannes à la main, soye crue, & autres épices & drogueries, étoffes de soye, toiles de coton blanches, mousselines, toiles teintes, peintes & rayées de couleur, mouchoirs de coton & autres, de toutes lesquelles marchandises, tant permises que prohibées, la vente doit être faite pour celles qui sont arrivées à Saint Malo, dans la ville de Saint Malo, & pour celles qui sont arrivées au Port-Louis, dans la ville de Nantes, après cependant que fur les mouffelines & toiles de coton blanches fujettes à la marque, il aura été appofé celle qu'il a plû à Sa Majefté d'ordonner par Arrêt du 28 Avril 1711, dont l'empreinte eft au pied dudit Arrêt, laquelle marque fera imprimée fur un morceau de parchemin figné & paraphé par les fieurs Cochois & Robineau, que Sa Majefté a commis par Arrêt du 20 Décembre 1719, ou par l'un defdits fieurs feulement, à l'effet qu'il n'en foit débité aucunes dans le Royaume que celles de ladite Compagnie, ou de ceux qui font en fes droits, conformément aux Arrêts des 10, 24 Février & 13 Mars 1691, 11 Novembre 1700, Déclaration de Sa Majefté du 9 Mai 1702, & autres Arrêts & Réglemens rendus en conféquence concernant le commerce de ladite Compagnie, & notamment à ceux des 10 Décembre 1709 & 4 Juin 1715, rendus en interprétation de celui du 27 Août 1709, des Arrêts des 11 Juin 1714, 20 Janvier & 22 Février 1716, & de l'Edit du mois de Mai 1719, portant réunion des Compagnies des Indes & de la Chine à la Compagnie d'Occident, à préfent nommée Compagnie des Indes, qui permettent à ladite Compagnie de vendre dans le Royaume des mouffelines & toiles de coton blanches apportées par fes Vaiffeaux, & à tous Négocians, Marchands & autres particuliers qui les ont acheté de ladite Compagnie, d'en faire débit & ufage, en payant feulement les droits d'entrée portés par le Tarif de 1664 pour les marchandifes qui y font dénommées & contenues, & trois pour cent de la valeur de celles qui n'y font point comprifes, fuivant & conformément à l'article XLIV de l'Edit d'établiffement de ladite Compagnie & Arrêts rendus en conféquence, & en outre les nouveaux droits fur le caffé de dix fols par chaque livre pefant : à ces caufes requéroient lefdits Directeurs de ladite Compagnie des Indes qu'il plût à Sa Majefté fur ce leur pourvoir. Vû lefdits Arrêts des 10, 24 Février & 13 Mars 1691, 11 Novembre 1700, Déclaration de Sa Majefté du 9 Mai 1702, 27 Août & 10 Décembre 1709, 28 Avril 1711, 11 Juin 1714, 20 Janvier & 22 Février 1716,

& l'Edit du mois de Mai 1719, portant réunion des Compagnies des Indes Orientales & de la Chine à celle d'Occident; oui le rapport, LE ROI ÉTANT EN SON CONSEIL, de l'avis de M. le Duc d'Orleans Régent, a ordonné & ordonne que par le sieur Feydeau de Brou, Conseiller en ses Conseils, Maître des Requêtes ordinaire de son Hôtel, Commissaire départi en la Province de Bretagne, ou par celui qu'il subdéleguera à cet effet, il sera fait en la présence du sieur Richard, commis par le Conseil pour l'exécution de l'Arrêt du 18 Mai 1720, inventaire de toutes les marchandises qui composent le chargement desdits Vaisseaux la Paix, le Comte de Toulouse & les deux Couronnes, lequel inventaire sera divisé en trois chapitres, dont le premier comprendra les marchandises sujettes à la marque, comme mousselines & toiles de coton blanches; le second les drogueries & épiceries, comme poivre, bois rouge, cauris, laque en bois, laque plate, borax, sucre candi, rhubarbe, esquine, caffé, thé & autres; & le troisiéme chapitre sera composé de toiles teintes, peintes ou rayées de couleurs, mouchoirs de coton & étoffes dont l'usage & le debit sont prohibés dans le Royaume, & qui, quoique chargées sur les Vaisseaux de ladite Compagnie des Indes, ne peuvent y être vendues qu'à condition qu'elles seront renvoyées à l'Etranger. Ordonne aussi Sa Majesté que toutes lesdites piéces de mousselines & toiles de coton blanches spécifiées par le premier chapitre dudit inventaire, seront marquées aux deux bouts de chaque piéce d'une marque pareille à l'empreinte étant au pied dudit Arrêt du 28 Avril 1711, imprimée sur un morceau de parchemin, signé par les sieurs Cochois & Robineau, que Sa Majesté a commis pour cet effet par Arrêt du 20 Décembre 1719, ou par l'un d'eux seulement, laquelle marque sera attachée au chef & à la queue de chaque piéce avec le plomb de ladite Compagnie, en présence dudit sieur Subdélegué ou autre qui sera commis par ledit sieur Feydeau de Brou, sans que lesdits Marchands ou Négocians puissent être tenus de rapporter lesdites marques, ni de faire mention sur leurs regiſtres des noms de ceux auxquels ils pourront vendre des piéces entieres, à condition néanmoins que les Marchands & Négocians feront tenus de faire immédiatement après chaque vente publique une déclaration expreſſe de la quantité deſdites toiles de coton blanches & mouſſelines qu'ils auront achetées, leſquelles déclarations feront faites à Paris au ſieur Lieutenant général de Police, ou à celui qu'il commettra, & dans les Provinces aux ſieurs Intendans & Commiſſaires départis, ou aux perſonnes qui feront par eux commiſes, leſquelles déclarations feront inſérées dans un regiſtre particulier, paraphé par ceux qui les recevront, dans lequel regiſtre leſdites marchandiſes feront ſpécifiées par des chapitres diſtincts & ſéparés par chacun des déclarans, ſans que leſdits Marchands de la ville de Paris, détailleurs ou autres, puiſſent tirer des Provinces aucunes mouſſelines & toiles de coton blanches, même de celles marquées de la marque deſdits ſieurs Intendans & Commiſſaires départis, s'ils n'en ont obtenu du ſieur Lieutenant géral de Police une permiſſion expreſſe. Ordonne Sa Majeſté qu'après l'appoſition deſdites marques ſur leſdites piéces de mouſſelines & toiles de coton blanches, toutes leſdites marchandiſes des Indes venues ſur leſdits Vaiſſeaux, feront vendues en la maniere accoûtumée, en préſence d'un ou de deux Directeurs de la Compagnie des Indes & dudit ſieur Richard, & le prix d'icelles payé par les adjudicataires en banque, conformément à l'article VI de l'Arrêt du 13 Juillet 1720 ; ſçavoir, les marchandiſes qui ſont arrivées à ſaint Malo, en la ville de ſaint Malo, & les marchandiſes qui ſont arrivées au Port-Louis, en la ville de Nantes, à moins que les propriétaires de celles qui ſont à ſaint Malo ne jugent à propos de les faire paſſer à Nantes pour y être vendues conjointement avec les autres, en payant les droits d'entrée de toutes leſdites marchandiſes, conformément au Tarif de 1664, à l'article XLIV de l'Edit du mois d'Août de la même année, & aux Arrêts des 29 Avril & 22 Novembre 1692, & 2 Novembre 1702, & en outre les nouveaux droits ſur le caffé de dix ſols par chaque livre pefant, & à l'égard des toiles de coton teintes, peintes & rayées de couleurs, mouchoirs de coton & étoffes provenant des Indes & de la Chine, la vente & adjudication n'en pourra être faite qu'à condition qu'elles feront envoyées à l'Etranger par les adjudicataires dans fix mois au plus tard du jour de l'adjudication dans la forme pour les pays, & avec les précautions prefcrites par l'article VII de l'Arrêt du 11 Juin 1714, & jufqu'audit envoi elles feront mifes dans le magafin d'entrepôt, conformément audit Arrêt du 18 Mai 1720. Ordonne en outre Sa Majefté, conformément à l'article VIII de l'Arrêt du 20 Janvier 1716, que les toiles de coton blanches & mouffelines ne pourront être vendues dans aucune ville jufqu'à ce qu'il y ait été appofé une feconde marque au chef & à la queue; fçavoir, à Paris par le fieur Lieutenant général de Police, qui pourra numéroter & parapher chacune des marques en parchemin, s'il le juge à propos, ou par les Commiffaires du Châtelet, les Infpecteurs de Police ou telles autres perfonnes qu'il voudra commettre, & dans les Provinces par les fieurs Intendans & Commiffaires départis ou leurs Subdélegués, en forte que les mouffelines & toiles de coton blanches, foit en piéces ou en coupons, qui fe trouveront fans lefdites premieres & fecondes marques, feront réputées en contravention, confifquées comme telles, & ceux qui s'en trouveront faifis condamnés aux amendes & aux autres peines fpécifiées par les Arrêts des 20 Janvier & 22 Février 1716, qui feront exécutés felon leur forme & teneur. Veut Sa Majefté qu'à la réquifition des Directeurs de la Compagnie des Indes, il foit fait une vifite defdites marchandifes des Indes qui fe trouveront chez lefdits Marchands, Négocians & tous autres de quelque qualité & condition qu'ils puiffent être, même qu'il leur foit permis de faire faifir celles qui ne feront point marquées des marques prefcrites par les Arrêts ci-deffus datés; & Sa Majefté voulant affurer de plus en plus l'exécution defdits Arrêts dans la ville de Paris, & favorifer le débit des Marchands qui font un commerce loyal defdites marchandifes, lequel est souvent dérangé par les fraudeurs & colporteurs inconnus, même empêcher que les détailleuses qui s'excusent ordinairement des contraventions qu'on leur impute, par le peu de connoissance qu'elles disent avoir des véritables marques, ne puissent être trompées, fait très-expresses inhibitions & défenses, sous peine de trois mille livres d'amende, à tous détailleurs & détailleuses qui employent lesdites mousselines & toiles de coton blanches, d'acheter aucune piéce que des Marchands connus & domiciliés, sauf auxdits détailleurs ou détailleuses à obliger lesdits Marchands de signer leurs noms au dos de chaque marque en parchemin qui sera apposée sur les piéces vendues, pour y avoir recours en cas de besoin. Enjoint Sa Majesté au sieur Tachereau de Baudry, Conseiller en ses Conseils, Maître des Requêtes ordinaire de son Hôtel, Lieutenant général de Police de la ville de Paris, & aux sieurs Intendans & Commissaires départis dans les Provinces & Généralités du Royaume, de tenir la main à l'exécution du présent Arrêt, qui sera lû, publié & affiché par-tout où besoin sera, & exécuté nonobstant toutes oppositions ou appellations quelconques, pour lesquelles ne sera différé. FAIT au Conseil d'Etat du Roi, Sa Majesté y étant, tenu à Paris le sixiéme jour d'Août mil sept cent vingt.

Signé PHELYPEAUX.

LOUIS, PAR LA GRACE DE DIEU, ROI DE FRANCE ET DE NAVARRE, à nos amés & féaux Conseillers en nos Conseils le sieur Feydeau de Brou, Maître des Requêtes & Intendant en notre Province de Bretagne, le sieur Tachereau de Baudry, Maître des Requêtes & Lieutenant général de Police en notre bonne ville de Paris, & les sieurs Intendans & Commissaires départis pour l'exécution de nos ordres dans les autres Provinces & Généralités de notre Royaume: SALUT. Nous vous mandons par ces Présentes, signées de notre main, d'exécuter chacun en ce qui vous regarde, & faire exécuter selon sa forme & teneur l'Arrêt dont l'extrait est ci-attaché sous le contre-scel de notre Chancellerie, ce jourd'hui donné en notre Conseil d'Etat, nous y étant, sur la requête des Directeurs de la Compagnie des Indes, concernant les marchandises chargées dans les Vaisseaux la Paix, le Comte de Toulouse & les deux Couronnes, venant des Ports de leur concession, de ce vous donnons pouvoir, commission & mandement spécial : commandons au premier notre Huissier ou Sergent sur ce requis, de signifier ledit Arrêt à tous qu'il appartiendra, à ce qu'ils n'en ignorent, & de faire en outre pour son entiere exécution tous exploits & autres actes de Justice que besoin sera, sans pour ce demander autre permission, & nonobstant clameur de Haro, Charte Normande & autres Lettres à ce contraires; car tel est notre plaisir. DONNÉ à Paris le sixiéme jour d'Août l'an de grace mil sept cent vingt, & de notre regne le cinquiéme. *Signé* LOUIS. *Et plus bas*; par le Roi, le Duc d'Orleans Régent présent, PHELYPEAUX. Et scellé.

PAul-Esprit Feydeau, Chevalier, Seigneur de Brou, la Ville-Neuve aux Aulnes, Calandes, le Chariot & autres lieux, Conseiller du Roi en ses Conseils, Maître des Requêtes ordinaire de son Hôtel, Commissaire départi pour l'exécution des ordres de Sa Majesté en la Province de Bretagne. Vû l'Arrêt du Conseil ci-dessus du 6 Août 1720, & Lettres de commission sur icelui, duement scellée, en date du même jour, nous, Maître des Requêtes & Commissaire susdit, ordonnons que ledit Arrêt du Conseil sera exécuté selon sa forme & teneur, & qu'à cet effet il sera par le sieur Mellier, Général des Finances, & notre Subdélegué à Nantes, que nous avons à cette fin commis, procédé en présence du sieur Richard à l'inventaire, en la forme & maniere accoutumée, de toutes les marchandises qui composent le chargement desdits Vaisseaux le Comte de Toulouse & les deux Couronnes, & à tout ce qui concerne généralement l'exécution dudit Arrêt. Fait à Ancenis le vingt-sixiéme Septembre mil sept cent vingt. *Signé* FEYDEAU. *Et plus bas*, par Monseigneur, *signé* CHARRON.

GErárd Mellier, Conseiller du Roi, Tréforier de France, Général des Finances en Bretagne, Chevalier de l'Ordre Royal, Militaire & Hofpitalier de Notre-Dame de Mont-Carmel & de faint Lazare de Jerufalem, Maire & Colonel de la Milice Bourgeoife de Nantes, Commiffaire & Subdélegué de Meffire Paul-Efprit Feydeau, Chevalier, Seigneur de Brou, la Ville-Neuve aux Aulnes, Calandes, le Chariot & autres lieux, Conseiller du Roi en fes Confeils, Maître des Requêtes ordinaire de fon Hôtel, Commiffaire départi pour l'exécution des ordres de Sa Majefté dans la Province de Bretagne. Vû l'Arrêt du Confeil ci-deffus, en date du 6 Août dernier & l'Ordonnance de mondit fieur l'Intendant du 26 de ce mois ; nous Commiffaire & Subdélegué fufdit, ordonnons que ledit Arrêt du Confeil & Ordonnance feront exécutés felon leur forme & teneur, lûs, publiés & affichés par-tout où il appartiendra, à ce que perfonne n'en ignore. Fait à Nantes le vingt-huit Septembre mil fept cent vingt. *Signé* MELLIER.

ARREST

ARREST
DU CONSEIL D'ÉTAT
DU ROY,

QUI permet aux Directeurs intéressés en l'armement du Vaisseau nommé la Paix, de vendre pour la consommation du Royaume les quinze cens balles de Caffé dont il est chargé.

Du 27 Août 1720.

Extrait des Regiſtres du Conſeil d'Etat.

LE Roi étant informé que le Vaiſſeau nommé la Paix, venant de Moka, & appartenant à des Négocians de ſaint Malo qui étoient aux droits de l'ancienne Compagnie des Indes, eſt arrivé à ſaint Malo dès le mois d'Avril dernier, chargé de quinze cens balles de caffé, leſquelles ces particuliers ſont ſur le point d'envoyer en Hollande, n'ayant pas la permiſſion d'en faire faire la vente pour la conſommation du Royaume; & comme le caffé y eſt extrêmement rare, ce qui en rend le prix exceſſif, Sa Majeſté voulant y pourvoir, oui le rapport, LE ROI E'TANT EN SON CONSEIL, de l'avis de M. le Duc d'Orleans Régent, a permis & permet aux Directeurs & Intéreſſés de l'armement du Vaiſſeau nommé la Paix, de faire la vente de toutes leſdites balles de caffé pour être conſommé dans le Royaume, en payant les mêmes droits qui ſe perçoivent ſur les caffés qui entrent par le port de Marſeille: défend Sa Majeſté de faire ſortir

Tome III.   S ſ aucun caffé hors du Royaume pour quelque cause ou sous quelque prétexte que ce puisse être, jusqu'à ce qu'autrement il en ait été ordonné par Sa Majesté : enjoint Sa Majesté aux sieurs Intendans & Commissaires départis dans ses Provinces, de tenir soigneusement la main à l'exécution du présent Arrêt. FAIT au Conseil d'Etat du Roi, Sa Majesté y étant, tenu à Paris le vingt-septiéme jour d'Août mil sept cent vingt. *Signé* PHELYPEAUX.

ARREST
DU CONSEIL D'ÉTAT
DU ROY,

PORTANT suppression des comptes en Banque & viremens de parties.

Du 26 Décembre 1720.

Extrait des Registres du Conseil d'Etat.

SA Majesté étant informée que l'établissement des comptes en Banque, demandé par plusieurs Marchands & Négocians du Royaume pour l'extinction d'une partie des billets de Banque, & pour procurer un crédit public, n'ayant pas le succès qui en avoit été espéré, cause beaucoup de trouble dans le commerce intérieur & extérieur du Royaume, par le peu de confiance que le public y a pris, à cause de l'impossibilité de le convertir en argent, & par la crainte que lesdits comptes en Banque ne deviennent dans la suite forcés pour le payement de toutes sortes de dettes, ce qui interrompt la circulation de l'argent, & empêche que le Roi & le public ne profitent de la liberté précédemment accordée de faire des stipulations en espéces d'or & d'argent. Vû les Arrêts du 13 Juillet, 15 Août, 15 & 18 Septembre, 10 Octobre, 8 & 24 Novembre, 3 & 16 de ce mois, & tout considéré; oui le rapport du sieur le Pelletier de la Houssaye, Conseiller d'Etat ordinaire & au Conseil de Régence pour les Finances, Contrôleur général des Finances, LE ROI E'TANT EN SON CONSEIL, de l'avis de M. le Duc d'Orléans Régent, a ordonné & ordonne ce qui enfuit.

ARTICLE PREMIER.

LES comptes en Banque & viremens de parties n'auront plus cours, à compter du jour de la publication du préfent Arrêt, & ne pourront plus être donnés en payement, même entre Marchands & Négocians, & pour lettres de change, billets de commerce & ventes de marchandifes en gros, s'ils n'ont été avant ladite publication valablement confignés ou offerts en Juftice; fur quoi il fera fait droit ainfi qu'il appartiendra par les Juges auxquels la connoiffance en a été attribuée par lefdits Arrêts des 13 Juillet & 16 de ce mois.

II.

VEUT & ordonne néanmoins Sa Majefté que les lettres de change qui ont été tiercées, & que les billets de commerce & les ventes de marchandifes en gros qui ont été faits & paffés pour la fomme de cinq cens livres & au-deffus avant ladite publication, foient payés fur le pied de la valeur effective qui aura été fournie pour avoir lefdites lettres de change & billets de commerce, ou pour le prix defdites marchandifes.

III.

PERMET Sa Majefté de faire pour toutes fortes de trafic & commerce les ftipulations en efpéces d'or & d'argent, même entre Marchands & Négocians, à quelque fomme que lefdites ftipulations puiffent fe monter.

IV.

LES porteurs & propriétaires defdits comptes en Banque feront tenus de les employer à leur choix avant le premier jour du mois de Mars prochain, en acquifition de rentes viageres fur les Aydes & Gabelles, ou de rentes fur les Tailles & autres impofitions, tant des pays d'Election que des pays d'Etat, créées par Edits du mois d'Août dernier ou d'actions & dixiéme d'actions fur la Compagnie des Indes, en obfervant la forme prefcrite par l'Arrêt du 18 Septembre dernier ; & feront lefdits comptes en Banque reçûs par lefdits emplois fans aucune réduction & pour toute leur valeur, nonobftant l'Arrêt du 15 Septembre dernier, auquel Sa Majefté a dérogé & déroge pour cet égard : ordonne Sa Majefté qu'après ledit temps paffé pour toute préfixion & délai, lefdits comptes en Banque feront & demeureront convertis en actions rentieres fur la Compagnie des Indes, à raifon de deux pour cent d'intérêt par an, defquelles actions & intérêts d'icelles Sa Majefté demeurera garante.

V.

ORDONNE en conféquence Sa Majefté que les droits d'entrée & de fortie du Royaume ne feront plus, à compter du jour de la publication du préfent Arrêt, acquittés en écritures en Banque, & ne pourront être payés qu'en efpéces d'or & d'argent, fuivant la valeur qu'elles auront lors defdits payemens : & fera le préfent Arrêt lû, publié & affiché par-tout où befoin fera, & fur icelui toutes Lettres néceffaires expédiées. FAIT au Confeil d'Etat du Roi, Sa Majefté y étant, tenu à Paris le vingt-fixiéme jour de Décembre mil fept cent vingt. *Signé* PHELYPEAUX.

ARREST
DU CONSEIL D'ÉTAT DU ROY,

QUI nomme des Commissaires du Conseil pour juger les contestations mues & à mouvoir sur l'exécution de l'Arrêt du 26 Décembre 1720, portant suppression des comptes en banque & viremens de parties.

Du 9 Janvier 1721.

Extrait des Registres du Conseil d'Etat.

LE Roi ayant par Arrêt de son Conseil du 13 Juillet dernier ordonné entr'autres choses que les différends & contestations qui pourroient survenir à l'occasion des payemens en écritures en Banque, seroient jugés en premiere instance par les Juges Consuls, & par appel au Conseil privativement à tous autres Juges, Sa Majesté auroit renvoyé par autre Arrêt du 16 Décembre dernier le jugement desdites appellations pardevant les Commissaires qu'elle a nommés à cet effet, & Sa Majesté ayant depuis ordonné par autre Arrêt du 26 dudit mois de Décembre dernier que les payemens en écritures en Banque n'auroient plus cours, à compter du jour de la publication dudit Arrêt; & voulant que les contestations qui peuvent naître à l'occasion de ce dernier Arrêt soient décidées & jugées en la forme & maniere portées par celui du 16 Décembre dernier; ouï le rapport du sieur le Pelletier de la Houssaye, Conseiller d'Etat ordinaire & au Conseil de Régence pour les Finances, Contrôleur général des Finances, LE ROI E'TANT EN SON CONSEIL, de l'avis de M. le Duc d'Orleans Régent, a ordonné & ordonne que les différends & contestations mûs & à mouvoir sur l'exécution de l'Arrêt du 26 Décembre dernier, portant suppression des comptes en Banque & viremens de parties, seront décidées & jugées en premiere instance par les Juges Consuls, établis tant à Paris que dans les autres Villes du Royaume ; & en cas qu'il y ait des appellations interjettées des Sentences & Jugemens qui ont été ou pourront être rendus à ce sujet par lesdits Juges Consuls, Sa Majesté a renvoyé & renvoye lesdites appellations, même les requêtes qui pourroient être présentées au Conseil au sujet dudit Arrêt du 26 Décembre dernier, par-devant les sieurs Amelot, le Pelletier Desfort, de saint Contest, Ferrand & de Machault, Conseillers d'Etat, Roujault, de Landivisiau, de Baudry, de Beaussan, Bidé de la Grandville, Angran & le Pelletier de Signy, Maîtres des Requêtes, pour être par eux jugées & décidées en dernier ressort, au nombre de cinq au moins, Sa Majesté leur attribuant à cet effet toute Cour, Jurisdiction & connoissance, & icelles interdisant à toutes ses Cours & autres Juges : ordonne Sa Majesté que toutes les demandes & instances d'appel en cette matiere, seront instruites sommairement par requêtes, qui seront communiquées aux parties par Ordonnance de l'un desdits sieurs Commissaires, avec une simple sommation de fournir de réponse dans la huitaine, après laquelle il sera procédé au jugement desdites instances d'appel & demandes par requêtes, sans autre sommation ni interpellation. FAIT au Conseil d'Etat du Roi, Sa Majesté y étant, tenu à Paris le neuviéme jour de Janvier mil sept cent vingt-un. *Signé* PHELYPEAUX.

ARREST
DU CONSEIL D'ÉTAT
DU ROY,

QUI ordonne que le Castor, de quelque qualité qu'il soit, ne pourra entrer dans le Royaume que par les Ports qui sont désignés.

Du 23 Janvier 1721.

Extrait des Registres du Conseil d'Etat.

LE Roi s'étant fait représenter en son Conseil l'Arrêt rendu en icelui le 16 Mai 1720, par lequel Sa Majesté a ordonné que du jour de la publication d'icelui le commerce du castor demeureroit libre, & converti le privilége exclusif de la Compagnie des Indes en un droit qui lui seroit payé à l'entrée dans le Royaume, à raison de neuf sols par livre pesant de castor gras, & six sols par livre pesant de castor sec, pendant tout le temps de son privilége ; & Sa Majesté étant informée qu'il seroit impossible d'empêcher les fraudes auxquelles cette liberté du commerce du castor pourroit donner lieu, si elle n'étoit restrainte en fixant les Ports par lesquels on pourra faire entrer le castor dans le Royaume ; à quoi voulant pourvoir, oui le rapport, SA MAJESTE' E'TANT EN SON CONSEIL, de l'avis de Monsieur le Duc d'Orleans Régent,

a

a ordonné & ordonne qu'à commencer du jour de la publication du préfent Arrêt, le caftor de quelque qualité qu'il foit ne pourra entrer dans le Royaume que par les ports de Calais, Dieppe, le Havre, Rouen, Honfleur, faint Malo, Morlaix, Breft, Nantes, la Rochelle, Bordeaux, Bayonne, Cette & Marfeille : fait Sa Majefté défenfes de le faire entrer par d'autres Ports que ceux ci-deffus defignés à peine de confifcation tant du caftor que des Vaiffeaux, barques, voitures & équipages fur lefquels il fe trouvera chargé, & de trois mille livres d'amende ; fera au furplus ledit Arrêt du Confeil du 16 Mai 1720 exécuté felon fa forme & teneur, & feront toutes Lettres néceffaires expédiées fur le préfent Arrêt qui fera lû & publié dans toutes les Villes maritimes & Ports du Royaume, & exécuté nonobftant oppofitions ou appellations quelconques, dont fi aucunes interviennent, Sa Majefté fe referve à foi & à fon Confeil la connoiffance, & icelle interdit à toutes fes Cours & autres Juges. FAIT au Confeil d'Etat du Roi, Sa Majefté y étant, tenu à Paris le vingt-troifiéme jour de Janvier mil fept cent vingt-un. *Signé* PHELYPEAUX.

ARREST
DU CONSEIL D'ÉTAT
DU ROY,

QUI ordonne que la Compagnie des Indes sera tenue de rendre compte de la banque qui lui a été unie par Arrêt du 23 Février 1720.

Du 26 Janvier 1721.

Extrait des Regiſtres du Conſeil d'Etat.

SUR ce qui a été repréſenté au Roi, étant en ſon Conſeil, par les Directeurs généraux de la Compagnie des Indes, pour & au nom de ladite Compagnie, qu'ils ſe ſont mis en état par les bordereaux & brefs états qu'ils ont dreſſés de recette & dépenſe des ſommes qui ont été remiſes au ſieur Deshayes leur Caiſſier, par le ſieur Bourgeois Tréſorier de la Banque, pour être employées aux différentes opérations ordonnées par Sa Majeſté, de faire connoître la ſituation de la Compagnie avec la Banque; mais que pour prevenir les difficultés qui pourroient leur être faites ſur le prétexte de l'Arrêt du 23 Février 1720, par lequel Sa Majeſté a chargé ladite Compagnie de la régie & adminiſtration de la Banque, au moyen de quoi il ſembleroit que la Compagnie dût rendre compte de cette prétendue régie, ils ont intérêt de ſupplier Sa Majeſté de vouloir expliquer ſur cela particulierement ſes intentions;

que Sa Majesté est instruite que cet Arrêt n'a eû aucune exécution, que suivant l'article III des propositions faites à la Compagnie, au nom de Sa Majesté, par Monsieur le Duc d'Orléans Régent, dans l'assemblée générale du 22 Février 1720, & la disposition de l'article III de l'Arrêt du 23 du même mois, le Trésorier de la Banque nommé & commis par Sa Majesté devoit rendre compte par bordereaux & bref état à la Compagnie en la personne de ses Directeurs, dans le courant du mois de Mars suivant, de la situation & de l'état de la Banque, dans lequel compte il ne devoit être passé & alloué autre nature de fonds que les billets de Banque, l'argent en caisse & les actions déposées pour sûreté des prêts que le Trésorier aura faits; ensorte que ce n'est qu'au premier Avril 1720, que la Compagnie devoit prendre possession de la Banque, après le compte qui lui en auroit été rendu par le Trésorier dans le courant du mois précédent. Mais que Sa Majesté n'ayant pas jugé à propos de faire rendre ce compte par le Trésorier de sa Banque, la Compagnie n'a pû s'en mettre en possession, ni exécuter de sa part cette partie des propositions & de l'Arrêt du mois de Février; qu'en effet Sa Majesté a si peu voulu que cette possession de la Banque passât entre les mains de la Compagnie, que par l'Arrêt rendu de son propre mouvement le 5 Mars 1720, elle a ordonné qu'au 20 du même mois il seroit ouvert un Bureau à la Banque, pour convertir sur le pied de neuf mille livres à la volonté des porteurs, les actions de la Compagnie en billets de Banque, & les billets de Banque en actions, ce qui n'auroit pu se faire pour le compte de la Compagnie, que dans le temps où elle auroit été en possession de la Banque, c'est-à-dire au premier Avril, après que le Trésorier auroit rendu son compte; & il auroit même fallu que cette conversion eût été délibérée & agréée dans une assemblée générale de la Compagnie, surtout ayant été arrêté dans celle du 22 Février, que le Bureau d'achat & de vente des actions seroit fermé; que s'il pouvoit rester quelque difficulté dans l'établissement du fait de l'inexécution des propofitions & de l'Arrêt du mois de Février, dans le chef de la régie & de l'adminiftration de la Banque, elle cefferoit à la vûe d'une multitude de circonftances qui en forment une demonftration; que par l'article II des propofitions & par le même article de l'Arrêt, il a été arrêté qu'il ne pourroit être fait des augmentations de billets de Banque qu'en vertu d'Arrêts du Confeil, qui feroient rendus fur les délibérations prifes en l'affemblée générale de la Compagnie, & que cependant il en a été fait depuis en vertu de différens Arrêts rendus du propre mouvement de Sa Majefté pour dix-fept cens cinquante-fix millions quatre cens mille livres, compris les deux cens foixante millions de billets de divifions; que par l'article IV des propofitions, & par le même article de l'Arrêt il ne devoit plus être délivré de billets de Banque de dix livres, & que cette difpofition n'a pas eû plus d'effet que les précédentes, puifque non-feulement le cours des billets de dix livres a été continué, mais que le nombre en a été augmenté d'une fomme de dix-fept millions par l'Arrêt rendu du propre mouvement de Sa Majefté le 19 Avril 1720; qu'enfin Sa Majefté ayant jugé à propos au mois de Mai dernier, de s'inftruire plus particulierement de l'état de fa Banque, elle auroit nommé des Commiffaires pour en faire la vérification, à quoi il a été procédé fans que les Directeurs de la Compagnie y ayent été préfens ni appellés; que tous ces faits particulierement connus de Sa Majefté, établiffent une preuve évidente que la Compagnie des Indes n'a jamais eû la régie & l'adminiftration de la Banque, & que les propofitions qui lui avoient été faites à ce fujet, & qu'elle avoit acceptées, font demeurées fans effet par le fait & la volonté de Sa Majefté; qu'ainfi ladite Compagnie ne peut être tenue d'aucun compte pour raifon de cette régie, mais feulement de l'employ des fommes qui ont été remifes à fon Caiffier par le Tréforier de la Banque, pour les opérations ordonnées par Sa Majefté : & Sa Majefté voulant fur ce expliquer plus particulierement fes intentions & affûrer l'état de ladite Compagnie ; Vû ladite requête & les Arrêts qui y sont mentionnés, au pied de laquelle requête est un projet d'Arrêt pour qu'il fût ordonné que les Directeurs de la Compagnie des Indes, pour & au nom de ladite Compagnie, remettront incessamment pardevant les Commissaires nommés à cet effet, un état certifié desdits Directeurs, audit nom, contenant les sommes reçues du sieur Bourgeois Trésorier de la Banque, par le sieur Deshayes Caissier de ladite Compagnie, pour les opérations ordonnées par Sa Majesté, & l'employ qui en a été fait, suivant les pièces justificatives qui en seront représentées auxdits sieurs Commissaires, dont sera par eux dressé procès-verbal, pour le tout vû & rapporté au Conseil avec leur avis, être par Sa Majesté pourvû à ladite Compagnie & aux décharges qui seront nécessaires audit sieur Bourgeois pour compter, tant au Conseil qu'en la Chambre des Comptes, des recettes & dépenses de ladite Banque Royale, en qualité de Trésorier d'icelle, en la forme & manière prescrites par la Déclaration du 4 Décembre 1718, sans que lesdits Directeurs, audit nom, puissent être recherchés ni inquiétés en quelque sorte & manière que ce soit, ou puisse être, pour raison de l'acceptation des offres faites à ladite Compagnie au nom de Sa Majesté dans l'assemblée générale du 22 Février 1720, & contenues en l'Arrêt du Conseil du 23 du même mois, lesquelles au moyen de leur inexécution demeurent nulles & de nul effet, imposant sur ce silence à ses Procureurs généraux & à tous autres, & pour l'exécution du présent Arrêt, seront toutes Lettres nécessaires expédiées. Oui le rapport du sieur le Pelletier de la Houssaye, Conseiller d'Etat ordinaire & au Conseil de Régence pour les Finances, Contrôleur général des Finances, SA MAJESTÉ ÉTANT EN SON CONSEIL, de l'avis de M. le Duc d'Orléans Régent, a ordonné & ordonne ce qui ensuit.

ARTICLE PREMIER.

L'ARREST du Conseil du 23 Février 1720 portant réunion de la Banque à la Compagnie des Indes, même avec un effet rétroactif pour la joüiſſance de tous les bénéfices faits depuis ſon établiſſement ſera exécuté ſelon ſa forme & teneur, & en conſéquence les Directeurs au nom de la Compagnie, ſeront tenus de ſe charger en recette dans le compte qu'ils préſenteront & affirmeront véritable devant les ſieurs Commiſſaires du Conſeil à ce députés par l'Arrêt du 16 Janvier de la préſente année, des billets de la Banque qui ont été faits.

II.

ORDONNE Sa Majeſté que toutes les négociations qui ont été faites par la Compagnie des Indes depuis le 5 Mars 1720, ſeront & demeureront pour le compte de ladite Compagnie & à ſes riſques, de même que les autres négociations qui ont été faites précédemment depuis l'établiſſement de ladite Banque.

III.

SA Majeſté ne voulant cauſer aucune interruption dans le cours du commerce de ladite Compagnie, & ſe propoſant au contraire de le faire fleurir de plus en plus, autant qu'il ſera poſſible, & par les voyes qui ſeront trouvées les plus convenables, ordonne aux Directeurs de ladite Compagnie de s'aſſembler inceſſamment pour dreſſer un projet de Réglement général pour la régie & adminiſtration de ladite Compagnie, auquel projet ils joindront des états ſignés d'eux & certifiés véritables, de tous les effets qui appartiennent à ladite Compagnie, de quelque nature & à quelque titre que ce ſoit, pour être ſur leſdits projet & états pourvû par Sa Majeſté ainſi qu'il appartiendra. FAIT au Conſeil d'Etat du Roi, Sa Majeſté y étant, tenu à Paris le vingt-ſixième jour de Janvier mil ſept cent vingt-un.

Signé PHELYPEAUX.

On ne rapporte point ici la Requête de la Compagnie du 3 Avril, parce qu'elle eſt contenue en ſon entier dans l'Arrêt du Conſeil qui ſuit.

ARREST
DU CONSEIL D'ÉTAT
DU ROY,

QUI déboute la Compagnie des Indes de l'opposition par elle formée à l'exécution de l'Arrêt du 26 Janvier dernier, & ordonne qu'elle sera tenue de compter de la recette & dépense, tant de ladite Compagnie, que de la Banque y jointe.

Du 7 Avril 1721.

Extrait des Registres du Conseil d'Etat.

VU la requête présentée au Roi étant en son Conseil, par la Compagnie des Indes, contenant que sur la communication qui lui a été faite dans son assemblée générale du 27 Février dernier, d'un Arrêt du Conseil intervenu le 26 Janvier précédent, elle a unanimement délibéré de se pourvoir contre cet Arrêt par la voye de l'opposition.

Cette opposition est fondée sur un intérêt si réel & sur des moyens si évidens, que la nécessité de la former l'a emporté sur la soumission respectueuse que la Compagnie a pour l'auguste Tribunal d'où l'Arrêt est émané ; elle ose même se promettre que ce Tribunal mieux instruit voudra bien rétracter l'Arrêt qu'il a rendu, & que Sa Majesté pénétrée du même esprit qui a fait parler les Empereurs Theodose & Valentinien dans une de leurs loix, donnera dans les prémices de son regne un exemple éclatant de la justice qu'elle doit à ses sujets, qu'elle maintiendra l'autorité des loix, qu'elle regardera leur inviolable observation comme la base & le fondement de sa domination, & qu'elle trouvera encore plus de grandeur de s'avouer soumise à la loi, que de commander à la nation Françoise.

Si jamais il y a eu occasion de faire usage de cette grande maxime de justice, c'est dans celle qui se présente. L'Arrêt du 26 Janvier, s'il subsiste, entraîne avec lui la destruction totale de la Compagnie; elle perd non-seulement les fonds immenses qu'elle a faits, & qui se montent à plus de treize cens millions, mais elle se trouve encore débitrice de Sa Majesté de plus de six cens cinquante millions: si au contraire l'Arrêt est rétracté, la Compagnie se trouve créanciere de Sa Majesté d'environ cinq cens trente-huit millions, créance peu considérable par rapport à ses fonds qui ont été employés au payement des dettes de l'Etat. Pour faire subsister l'Arrêt, Sa Majesté a en sa faveur l'autorité du Prince sur ses sujets: pour le détruire, la Compagnie réclame celle des loix; c'est-à-dire, suivant la définition des Jurisconsultes, la garantie commune de l'Etat, le titre respectif du Prince & des sujets: elle réclame la justice souveraine de Sa Majesté.

Mais ce qu'il y auroit de singulier, c'est qu'en faisant subsister l'Arrêt, la Compagnie se trouveroit détruite non-seulement sans son fait, mais par le seul fait de Sa Majesté.

Il n'est arrivé aucune perte à la Compagnie, ni par naufrages, ni par faillites, ni par dissipations; elle a même lieu d'attendre de son commerce des profits considérables; elle a trouvé plus de quinze millions de bénéfice sur les Fermes générales: cependant voilà plus de treize cens millions de fonds perdus pour la Compagnie, la voilà débitrice de Sa Majesté de plus de six cens cinquante millions; pourquoi? Parce qu'il a plû à Sa Majesté par un Arrêt de son propre mouvement & par des ordres particuliers, de faire acheter des actions, & pour fournir à ces achats,
d'ordonner

d'ordonner par de semblables Arrêts de son propre mouvement, une fabrication de billets de Banque, & cela non-seulement sans la participation de la Compagnie, mais au préjudice des engagemens contractés avec elle par Sa Majesté, par lesquels il a été stipulé qu'il ne pourroit être fait des billets de Banque d'augmentation que sur des délibérations prises en l'assemblée générale de la Compagnie, & qu'il n'y aura plus de Bureau d'achat & de vente des actions, souscriptions & autres papiers de la Compagnie.

Il n'est pas possible de résister aux conséquences qui résultent de l'idée générale de cette affaire; les faits sont vrais, & ils sont établis sur des dispositions publiques: mais dans une matiere aussi importante la Compagnie ne doit négliger aucun de ses avantages, elle en trouvera dans le détail & la discussion des circonstances particulieres & des moyens.

L'Arrêt que la Compagnie attaque contient trois dispositions.

Par la premiere, Sa Majesté déclare la Banque réunie à la Compagnie, & elle la charge de compter de tous les billets de Banque qui ont été faits.

Par la seconde, Sa Majesté juge que toutes les négociations qui ont été faites, même antérieurement à l'Arrêt du 5 Mars 1720, seront pour le compte de la Compagnie & à ses risques.

Et par la troisiéme, Sa Majesté ordonne que les Directeurs de la Compagnie remettront incessamment un état signé d'eux & certifié véritable, de tous les effets appartenant à la Compagnie.

Les moyens contre cet Arrêt résultent de la forme & du fond.

Dans la forme l'Arrêt paroît avoir été rendu sur une requête présentée par les Directeurs au nom de la Compagnie.

Mais les Directeurs ont désavoué cette requête par leur délibération du 4 Février dernier; ils ont déclaré qu'ils n'avoient donné aucun pouvoir, ni verbal ni par écrit, de la préfenter, & que l'on ne trouvera aucune délibération à ce fujet fur leur regiftre.

D'ailleurs ils n'étoient point partie capable de porter au Confeil, fans la participation de la Compagnie, une queftion auffi importante, ni d'ôter par cette conduite un moyen décifif en faveur de la Compagnie ; ce moyen naît du défaveu qu'elle a fait dans fon affemblée générale du 27 Février dernier, de tout ce qui peut avoir été fait par les Directeurs au préjudice de fa délibération du 22 Février 1720.

Ce feroit vainement que l'on voudroit oppofer à la Compagnie que tous ces moyens ont été difcutés, & qu'ils font contenus dans la requête inférée en l'Arrêt du 26 Janvier; car outre qu'il en a été omis plufieurs, le feul défaveu de fes Directeurs, en cas de contravention à fa délibération du 22 Février 1720, formant un moyen nouveau & particulier à la Compagnie, & que fes Directeurs ne pouvoient propofer, lui fourniroit la voye de droit de l'oppofition à l'Arrêt du 26 Janvier.

Ainfi tout concourt à admettre l'oppofition de la Compagnie : fes Directeurs ont défavoué la requête fur laquelle l'Arrêt paroît être intervenu, la Compagnie par fa délibération du 27 Février a auffi défavoué cette requête ; elle a plus fait, elle a défavoué fes Directeurs de tout ce qu'ils auroient pû faire contre la loi qui leur a été faite par la délibération du 22 Février 1720 : ce moyen ne pouvoit être propofé que par la Compagnie, il ne l'a pas été, & il ne pouvoit l'être dans la prétendue requête des Directeurs : la Compagnie n'a donc été ni entendue ni défendue. Or c'eft une maxime inconteftable qu'une partie qui n'a pas été entendue ni défendue, encore mieux celle qui n'a pas été appellée, peut fe pourvoir par la voye fimple de l'oppofition contre l'Arrêt qui la condamne.

Au fond la queftion fe réduit, par rapport à la premiere difpofition de l'Arrêt, à fçavoir fi une convention qui contient des engagemens réciproques & conditionnels, peut être oppofée par celui qui a manqué à fes propres engagemens, & aux conditions sous lesquelles la convention a été faite.

Quelque distance qu'il y ait entre Sa Majesté & ses sujets; cependant lorsque Sa Majesté veut bien contracter avec eux, elle ne refuse jamais de s'assujettir aux loix ordinaires des conventions; & c'est dans cette confiance que la Compagnie se propose de traiter cette premiere question.

Les principes sont certains.

1° En toutes conventions l'engagement de l'un étant le fondement de celui de l'autre, le premier effet de la convention est que chacun des contractans peut obliger l'autre à exécuter son engagement, en exécutant le sien de sa part.

2° Celui qui manque à l'exécution des engagemens qu'il a contractés dans la convention, est tenu des dommages & intérêts de l'autre.

3° Lorsque les parties contractantes ont respectivement manqué à leurs engagemens, la convention est présumée tacitement résolue, & les parties doivent être remises au même état qu'elles étoient avant la convention.

4° Toutes les clauses des conventions s'interprétent les unes par les autres, en donnant à chacune le sens qui résulte de l'acte entier.

Pour faire une juste application de ces principes, il faut exposer les principales circonstances du fait relatif à la premiere disposition de l'Arrêt.

Il a été fait le 22 Février 1720 dans l'assemblée générale de la Compagnie une convention entre Son Altesse Royale M. le Duc d'Orléans Régent, stipulant pour Sa Majesté, & la Compagnie; cette convention est contenue dans une délibération du même jour en douze articles, signée par M. le Régent & les Actionnaires.

Dans le premier article M. le Régent propose à la Compagnie de la charger de la régie & de l'administration de la Banque, avec la cession & remise de tous les profits faits depuis que la Banque est Royale, & de ceux qui se feront

V u ij

dans la suite ; Son Alteſſe Royale ne l'en charge pas ſur le champ, cela n'étoit pas poſſible, elle propoſe de l'en charger ; car c'eſt dans les termes ſuivans que l'article eſt conçû : *Sa Majeſté chargera la Compagnie des Indes de la régie & adminiſtration de la Banque.*

Le ſecond article contient quelques-unes des conditions ſous leſquelles la Compagnie doit être chargée de la régie de la Banque : comme ce n'étoit qu'une adminiſtration au ſujet de laquelle il falloit donner toute ſûreté au public, il eſt ſtipulé que la Banque ne changera pas de nature, qu'elle ſera & demeurera Royale ; que Sa Majeſté ſera garante envers le public du payement & de la valeur des billets ; que la Compagnie ſera auſſi garante envers Sa Majeſté de l'adminiſtration & maniement de la Banque, à l'effet de quoi la Compagnie affecte ſpécialement les ſommes prêtées à Sa Majeſté & le fonds de ſes actions, & qu'il ne pourra être fait des augmentations de billets de Banque qu'en vertu d'Arrêts du Conſeil rendus ſur les délibérations priſes en l'aſſemblée générale de la Compagnie.

Cette derniere condition étoit une ſage & légitime précaution priſe par la Compagnie, l'engagement qu'elle contractoit pour la garantie de l'adminiſtration de la Banque l'auroit pû conduire trop loin, ſi elle ne s'étoit pas réſervée le droit de conſentir ou refuſer l'augmentation des billets ; elle ne couroit aucun riſque pour le paſſé, parce qu'elle ne pouvoit & ne devoit ſe charger de la Banque qu'après la remiſe des fonds, & que par l'article III de la délibération elle n'étoit engagée d'allouer en dépenſe au Tréſorier que les billets de Banque, l'argent en caiſſe & les actions dépoſées pour ſûreté des prêts faits par la Banque ; l'argent en caiſſe & les billets de Banque étoient un fonds réel qui n'étoit ſuſceptible d'aucun inconvénient ; les actions miſes en nantiſſement avoient été reçues ſeulement ſur le pied de deux mille cinq cens livres chacune ; il n'y avoit donc aucun riſque pour la Compagnie dans le paſſé, il ne tomboit que ſur l'avenir ; & c'eſt pour ſe précautionner contre cet avenir qu'elle n'a pas cru devoir ſe repoſer sur ses Directeurs, quelque confiance qu'elle pût avoir en eux, elle s'est réservée à elle-même dans une assemblée générale la connoissance de l'augmentation des billets de Banque & le pouvoir de refuser cette augmentation.

L'article III de la délibération porte que la Compagnie comptera de la Banque, tant par état au vrai au Conseil qu'en la Chambre des Comptes, en la forme & maniere prescrites par la Déclaration du 4 Décembre 1718, & que le Trésorier de la Banque rendra compte à la Compagnie dans le courant du mois de Mars suivant en la personne de ses Directeurs, par bordereau & bref état, de la situation & de l'état de la Banque, dans lequel compte il ne sera passé & alloué autre nature de fonds que les billets de Banque, l'argent en caisse & les actions déposées pour sûreté des prêts que le Trésorier aura faits.

La Compagnie soutient que ce compte du Trésorier de la Banque étoit un préalable sans lequel elle ne pouvoit se charger de la régie de la Banque ; en sorte qu'ayant été accordé au Trésorier un délai de tout le courant du mois de Mars pour rendre son compte, ce n'étoit qu'au premier Avril 1720, après le compte rendu, que la régie de la Compagnie devoit commencer.

En effet, comment peut-on s'imaginer que la Compagnie ait pû commencer la régie de la Banque, sans avoir en sa possession les fonds qui composoient la Banque, sans connoître s'il n'y avoit point de vuide dans ces fonds, sans être assurée que tous les billets de Banque ordonnés par les Arrêts rendus antérieurement à sa régie, se trouvoient remplacés par l'argent en caisse, les billets de Banque non délivrés ou retirés & par les actions données en nantissement ? Si avant cette reconnoissance des fonds de la Banque la Compagnie s'en étoit mise en possession, elle auroit renoncé tacitement au droit de refuser cette régie, dans le cas où il se seroit trouvé des vuides ou des pertes ; ce seroit un piége qui lui auroit été tendu, ce qui ne peut être admis dans un acte de bonne foi tel que la convention dont il s'agit, moins encore présumé dans la personne du Prince avec lequel elle a contracté.

Il faut pousser le raisonnement plus loin : il étoit impossible que la Compagnie pût régir sans prendre possession des fonds de la Banque ; ces fonds consistoient en argent, en billets & en actions déposées ; il falloit que la remise lui en fût faite par le Trésorier, & que le Trésorier en retirât sa décharge, cela ne pouvoit se faire que par un inventaire & un compte ; le Trésorier avoit tout le courant du mois de Mars pour rendre son compte ; ce n'étoit donc qu'au premier Avril suivant que la Compagnie devoit commencer son administration. Cette conséquence est évidente & nécessaire ; elle résulte de la chose même & des termes de la convention, & elle est fondée sur le principe posé par la Compagnie, que toutes les clauses des conventions se doivent interpréter les unes par les autres, & que l'on doit donner à chacune le sens qui résulte de l'acte entier ; car l'on ne peut supposer la régie de la Banque, que l'on n'admette la possibilité de la régie ; & il n'y avoit de la possibilité dans cette régie, qu'après la remise des fonds & le compte du Trésorier, parce que pour régir il faut posséder, & il faut connoître ce que l'on possède.

Ce n'étoit pas seulement à la connoissance des fonds de la Banque que la Compagnie devoit s'appliquer avant d'en commencer la régie, elle devoit encore examiner si les dispositions de la Déclaration du 4 Décembre 1718, qui avoit fait l'établissement de la Banque Royale, avoient été exécutées par le Trésorier, l'Inspecteur & le Contrôleur de la Banque, parce que, suivant l'article III de la convention, la Compagnie s'étoit engagée de compter de la Banque conformément à cette Déclaration.

Par l'article XI de la Déclaration, Sa Majesté ordonne que par le Commissaire de son Conseil qui sera commis à cet effet, il sera fait une vérification générale en présence du Directeur, de l'Inspecteur & du Trésorier de la Banque, de tous les effets de la Banque, dont il sera dressé procès-verbal, qui sera signé par le Directeur, l'Inspecteur & le Trésorier ; & que la minute de ce procès-verbal sera déposée au Greffe du Conseil pour en être délivré trois expéditions, une au Directeur, une autre à l'Inspecteur, pour être par lui portée au Greffe de la Chambre des Comptes, & la troisiéme au Trésorier, pour servir à la reddition de son compte.

L'article XII porte que l'Inspecteur sera tenu de remettre au Greffe de la Chambre des Comptes l'expédition qui lui aura été délivrée du procès-verbal du Commissaire du Conseil, & que l'Inspecteur & le Contrôleur seront tenus de remettre au même Greffe à la fin de chaque année, chacun une copie d'eux certifiée véritable des regiſtres qu'ils auront tenus des billets de Banque qui auront été faits, & qu'ils auront visés & contrôlés, dont ils fourniront les actes de remiſe au Tréſorier, pour les rapporter ſur ſes comptes.

Il eſt ordonné par l'article XIII qu'il ſera arrêté au Conſeil de Sa Majeſté à la fin de chaque année un état de recettes & dépenſes de la Banque, ſur lequel le Tréſorier comptera par état au vrai au Conſeil, & enſuite à la Chambre des Comptes.

Si la Compagnie avoit été obligée de compter de la Banque, elle auroit dû le faire conformément à la Déclaration du 4 Décembre 1718, ainſi il falloit avant d'en accepter la régie qu'elle examinât ſi cette Banque avoit été adminiſtrée ſuivant les formalités preſcrites par la même Déclaration, & c'eſt ce qu'elle ne pouvoit reconnoître que par le compte & la remiſe des fonds & des papiers : ainſi ce fait important doit demeurer pour certain, que ce compte & cette remiſe étoient préalables à la régie de la Compagnie, & que le Tréſorier de la Banque avoit tout le courant du mois de Mars 1720 pour y ſatisfaire.

Il faut examiner à préſent ce qui s'eſt paſſé depuis la délibération du 22 Février.

Le Tréſorier n'a point rendu ſon compte, peut-être y avoit-il des raiſons d'Etat qui s'y oppoſoient ; ce n'eſt point à la Compagnie à les pénétrer : mais ce ne ſeroit pas pouſſer les conjectures trop loin de dire qu'il étoit impoſſible que le Tréſorier pût ſatisfaire à ce compte.

En effet, suivant la délibération du 22 Février la Compagnie ne devoit alouer au Trésorier en dépense que les billets en nature, l'argent en caisse & les actions déposées en nantissement pour sûreté des prêts que la Banque avoit faits; & la Compagnie est instruite que la Banque avoit pour deux cens soixante-seize millions d'actions qu'elle avoit prises sur le pied de neuf mille six cens livres chacune en payement des prêts, en conséquence d'un ordre de M. le Régent du 30 Janvier 1720, antérieur à la délibération; ce qui, conformément à cette même délibération, formoit un vuide dans la Banque de ces deux cens soixante-seize millions, parce que la Compagnie étoit seulement engagée d'alouer en dépense au Trésorier l'argent, les billets de Banque & les actions déposées, & non celles qui avoient été reçûes en payement.

Suivant la délibération la Compagnie devoit compter de la Banque dans la forme prescrite par la Déclaration du 4 Décembre 1718, & la Compagnie a appris par la voix publique que les formalités ordonnées par cette Déclaration n'ont point été observées; il n'a pas été tenu de regîstres de contrôle des billets de Banque.

Suivant la même délibération, la Compagnie avoit arrêté qu'il ne seroit plus acheté d'actions pour son compte; après avoir employé des fonds considérables à ces achats, elle avoit regardé la continuation de cette opération comme une conduite dangereuse qui tendoit à sa totale destruction, & c'est par ce motif important qu'elle a fait cesser les achats: cependant postérieurement à cette délibération qui forme l'engagement respectif de Sa Majesté & de la Compagnie, Sa Majesté par un Arrêt de son propre mouvement du 5 Mars 1720, ordonne qu'il sera ouvert à la Banque le 20 du même mois un Bureau pour convertir à la volonté des porteurs les actions de la Compagnie en billets de Banque, & les billets de Banque en actions sur le pied de neuf mille livres. Or rien ne prouvoit davantage le changement de volonté de Sa Majesté sur l'exécution de la délibération du 22 Février que la disposition de son Arrêt du 5 Mars, absolument

lument contraire à l'article XI de la délibération ; rien ne mettoit davantage la Compagnie dans l'impossibilité de prendre la régie de la Banque, qu'un nouvel achat d'actions opposé à la délibération qu'elle avoit prise de le discontinuer.

Enfin une autre preuve bien évidente que par le fait & la volonté de Sa Majesté la délibération du 22 Février est restée sans exécution, c'est qu'ayant été convenu par cette délibération qu'il ne pourroit être fait des billets de Banque d'augmentation qu'en vertu de délibérations prises en l'assemblée générale de la Compagnie, il en a été fait pour plus de dix-sept cens millions en conséquence d'Arrêts rendus du propre mouvement de Sa Majesté.

En vain l'on objecteroit à la Compagnie qu'elle n'a pas réclamé contre le défaut d'exécution de la délibération, qu'elle n'a fait aucune poursuite contre le Trésorier de la Banque pour lui faire rendre compte, aucune protestation contre les Arrêts intervenus au préjudice des conventions faites avec Sa Majesté.

Comme la Compagnie n'avoit point pris possession de la Banque, il ne lui convenoit pas de faire des représentations à Sa Majesté sur des Arrêts qui étoient l'effet de son autorité & de sa pure volonté, elle n'avoit même aucun droit de s'en plaindre : ce n'étoit point à la Compagnie à poursuivre le Trésorier de la Banque pour remettre à ses Directeurs le fonds des caisses & rendre son compte : Sa Majesté ayant proposé de charger la Compagnie de la régie de la Banque, c'étoit à l'homme de Sa Majesté de veiller à l'exécution de cette proposition. Il y a plus, quand le Trésorier se seroit présenté dans le courant du mois de Mars 1720 pour remettre ses fonds à la Compagnie & lui rendre son compte, la Compagnie l'auroit refusé, parce que les choses n'étoient plus entieres, elles avoient totalement changé par l'Arrêt du 5 Mars dans une des clauses les plus essentielles de la convention, c'est l'achat des actions ; il faut encore répéter que par la délibération du 22 Février la Compagnie avoit stipulé que le Bureau d'achat des actions feroit fermé, & que Sa Majesté l'avoit rétabli de son propre mouvement par l'Arrêt de son Conseil du 5 Mars. Rien de plus contraire à la convention que le rétablissement du Bureau d'achat des actions, & rien de plus certain dans les principes que la maxime qui exclud celui qui a contracté de demander l'exécution d'un engagement lorsqu'il n'a pas satisfait de sa part à la convention, à plus forte raison quand il y a contrevenu.

Mais pour ne laisser aucun doute dans l'établissement du droit de la Compagnie sur cette premiere question, il faut rapporter les termes dans lesquels est conçu l'engagement qu'elle a contracté par sa délibération du 22 Février : voici de quelle maniere elle s'est expliquée. *La Compagnie a agréé & approuvé les propositions contenues dans les douze articles ci-dessus, & consent que ses Directeurs fassent en conséquence au nom de la Compagnie toutes les soumissions à ce nécessaires.*

Si la délibération avoit été exécutée, le Trésorier de la Banque auroit remis ses fonds à la Compagnie en la personne de ses Directeurs, après un procès-verbal de vérification ; c'est ainsi qu'on l'a pratiqué en exécution de la Déclaration du 4 Décembre 1718, lorsque la Banque a été établie Banque Royale ; il auroit été fait un inventaire de tous les effets de la Banque, au pied duquel les Directeurs auroit donné une décharge au Trésorier, & ces mêmes Directeurs auroient fait leur soumission, tant par rapport aux fonds qui leur auroient été remis, que pour leur régie en conformité de la délibération. Rien de cela n'a été observé, point de procès-verbal de vérification, point d'inventaire d'effets, point de remise de fonds, point de compte, enfin point de soumission, & cependant ce n'est que par cette soumission que l'engagement de la Compagnie pouvoit se consommer.

Lorsqu'il y a du doute & de l'ambiguité, soit dans les clauses d'une convention, soit dans leur exécution, c'est un principe certain que l'on doit se déterminer pour en juger par la conduite que les parties contractantes ont tenue depuis la convention ; c'est cette conduite qui fait connoître leur intention, & c'est sur cette intention qu'il faut se regler pour décider si la convention a été tacitement résolue.

Or une multitude de faits & de circonstances forment une démonstration que l'intention de Sa Majesté n'a point été que la Compagnie eût la régie de sa Banque, & que la délibération du 22 Février fût exécutée.

A peine cette délibération a-t-elle été signée, que Sa Majesté ordonne par son Arrêt du 5 Mars qu'il sera établi un Bureau d'achat d'actions, au préjudice de la suppression de ce Bureau portée par la même délibération.

Suivant cette même délibération il ne pouvoit être fait de billets de Banque qu'en conséquence des délibérations de l'assemblée générale de la Compagnie, & cependant il en a été fait en vertu d'Arrêts rendus du propre mouvement de Sa Majesté, pour plus de dix-sept cens millions.

La régie de la Banque est continuée par l'homme de Sa Majesté, sous les ordres de M. le Régent ; ce sont les mêmes Officiers, le Trésorier, l'Inspecteur & le Contrôleur qui avoient été nommés par Sa Majesté, qui continuent de l'administrer ; nulle commission de la part de la Compagnie qui les y autorise, nulle administration de la part de ses Directeurs.

Enfin il est si certain que cette régie n'a jamais passé à la Compagnie, qu'après la destitution du sieur Law, Sa Majesté ayant nommé des Commissaires de son Conseil pour vérifier les caisses de la Banque, il a été procédé à cette vérification sans que les Directeurs de la Compagnie y ayent été présens ni appellés.

Après cette foule de faits, de moyens & de maximes, la Compagnie ose dire qu'elle a évidemment établi qu'elle n'est point comptable de la Banque, & que par conséquent la premiere disposition de l'Arrêt du 26 Janvier ne peut subsister. Il faut passer à la seconde.

Par cette disposition la Compagnie est condamnée de se charger de toutes les négociations qui ont été faites depuis l'établissement de la Banque, c'est-à-dire depuis le 4 Décembre 1718.

Comme cette décision est formellement opposée à la convention faite entre Sa Majesté & la Compagnie, il est difficile de prévoir quel peut en avoir été le prétexte.

La Compagnie croit l'entrevoir dans les termes qui expriment la premiere disposition de l'Arrêt; elle n'en juge que par conjectures.

Sa Majesté ordonne que l'Arrêt de son Conseil du 23 Février 1720, portant réunion de la Banque à la Compagnie, même avec un effet rétroactif pour la joüissance de tous les bénéfices faits depuis son établissement, sera exécuté selon sa forme & teneur; & voici le raisonnement que l'on aura pû faire : la Banque a été réunie à la Compagnie avec tous les profits faits depuis son établissement; au moyen de cette réunion la Banque doit être présumée avoir dès son institution appartenu à la Compagnie, & comme dans le cas où la Banque auroit dès son origine fait partie des attributions de la Compagnie, toutes les négociations de la Banque seroient pour le compte & aux risques de la Compagnie, il faut que la réunion avec tous les profits faits & à faire opere par une fiction de droit le même effet, & cela avec d'autant plus de raison qu'il est juste que celui qui a les profits supporte les pertes.

Pour faire sentir la fausseté de ce raisonnement, il faut d'abord observer que l'Arrêt du 24 Février 1720, daté par erreur du 23 dans l'impression qui en a été faite, n'ordonne point la réunion de la Banque à la Compagnie.

D'ailleurs cet Arrêt n'est pas un jugement qui prononce une condamnation contre la Compagnie, il n'est que l'homologation de la délibération du 22 du même mois, qui contient la convention faite entre Sa Majesté & la Compagnie; & si l'Arrêt portoit un engagement que la délibération ne contiendroit pas, il ne seroit d'aucun effet, parce que c'est par la délibération que la Compagnie est engagée, & non par l'Arrêt.

Mais & la délibération & l'Arrêt sont uniformes, & par l'un & l'autre la Compagnie doit être seulement chargée de l'administration de la Banque; cette administration n'est même stipulée que pour un temps, elle est fixée à ce qui reste à expirer du privilége de la Compagnie : nulle mention de réunion ; ainsi il faut effacer, il faut rejetter le terme de réunion, appliqué mal à propos à l'Arrêt du 24 Février, qui n'en contient aucune mention.

Ce seroit sans fondement que l'on voudroit dire que la Compagnie ayant été chargée de la régie de la Banque, avec cession de tous les profits faits & à faire, ces termes sont équipollens à une réunion, parce que la Banque n'avoit pour fonds que les profits qui avoient été faits, & qui ont été cédés à la Compagnie ; & l'argent en caisse qui appartenoit au public & qui tenoit lieu des billets que la Banque avoit donnés, & que ces profits & le fonds des caisses devoient passer entre les mains de la Compagnie, au moyen de la cession de l'un, & de la régie de l'autre.

Cette objection se détruit par la lecture de l'article II de la Déclaration du 4 Décembre 1718, qui porte que les six millions de livres remboursés par Sa Majesté aux Actionnaires de la Banque du sieur Law, & qui étoient actuellement dans la caisse générale de la Banque en billets d'actions de la Compagnie d'Occident, resteront dans cette caisse pour servir de fonds à la Banque Royale, & en assurer d'autant plus les opérations au public. Il est donc vrai que la Banque avoit un fonds de six millions de livres, & que ce fonds avoit été converti en douze mille actions d'Occident, & il est constant aussi que ce fonds n'a point été cédé à la Compagnie par la convention du 22 Février, & par conséquent qu'il n'y a pas eu réunion de la Banque à la Compagnie.

La maxime que celui qui a les profits d'une chose en doit supporter les pertes, est une regle générale qui souffre plusieurs exceptions ; il seroit inutile d'entrer sur cela dans une dissertation particuliere, il suffira d'observer que l'objet des profits de la Banque a été le motif & le fondement de la convention du 22 Février ; que ces profits étoient non-seulement une condition nécessaire par rapport à la régie de la Banque, dont la Compagnie se chargeoit, & qui ne pouvoit s'exécuter qu'avec des dépenses considérables ; mais que ce n'étoit qu'en considération de ces profits que la Compagnie avoit accepté la proposition d'acheter les actions de Sa Majesté. Ces profits étoient la condition sans laquelle & la régie de la Banque par la Compagnie, & l'achat des actions de Sa Majesté, ne pouvoient s'exécuter, & c'est par cette raison que la Compagnie n'a pas voulu se charger de la régie de la Banque, & entrer dans aucune exécution des engagemens contractés par la convention, qu'auparavant elle ne fût instruite de la réalité des profits qui en avoient été le motif : les temps ne sont pas assez reculés pour avoir oublié l'idée que le public s'étoit faite des bénéfices faits par la Banque, & de ceux qu'elle pouvoit produire ; il ne convenoit pas à la Compagnie de s'opposer aux arrangemens que l'idée de ces profits avoit pû suggérer au ministere ; mais il lui convenoit encore moins de s'engager sans être instruite par elle-même de la certitude des profits qui la déterminoient à s'engager, & c'est pour lui donner cette certitude qu'elle avoit stipulé le compte du Trésorier de la Banque, & que par l'article III de l'Arrêt du 24 Février 1720, il a été ordonné que pour faire connoître à la Compagnie l'état de la Banque, le Trésorier lui en rendra compte en la personne de ses Directeurs ; ainsi il faut diviser dans l'espéce présente, les profits & les pertes de la Banque ; les profits ayant été le motif de la convention du 22 Février, il falloit que ces profits fussent réels, & que les autres clauses de la convention eussent été exécutées par Sa Majesté pour avoir transferé à la Compagnie la régie de la Banque ; mais bien loin qu'il se fût trouvé des profits dans la Banque, il y avoit au contraire un vuide de deux cens soixante-seize millions, au moyen des actions prises en payement des prêts, & c'est précisément cet objet de pertes qui annulloit la convention. L'on ne peut donc appliquer au fait particulier la regle générale que celui qui a les profits doit avoir les pertes, parce que dans le fait il n'y avoit que des pertes dans la Banque au temps que la Compagnie devoit commencer sa régie, & que dans le droit c'est le seul objet des profits qui avoit causé l'engagement de la Compagnie, & que les pertes l'annulloient.

Mais si l'on entre dans l'examen particulier des différentes opérations de la Banque, qui au moyen de la seconde disposition de l'Arrêt du 26 Janvier devroient être pour le compte & aux risques de la Compagnie, il en résultera une démonstration de l'injustice évidente de cette disposition.

Suivant cette disposition la Compagnie devroit prendre pour son compte pour deux cens soixante-seize millions d'actions que la Banque a reçûes sur le pied de neuf mille six cens livres chacune ou environ, en payement des prêts qu'elle avoit faits, & cela en conséquence d'un ordre du 30 Janvier 1720, & par conséquent antérieurement à la convention du 22 Février suivant : cependant par cette convention il est dit que la Compagnie ne sera tenue d'allouer en dépense au Trésorier de la Banque dans le compte qu'il devoit rendre, que l'argent en caisse, les billets en nature & les actions déposées pour sûreté des prêts de la Banque; l'on a observé que ces actions n'avoient été reçûes en dépôt par la Banque, que sur le pied de deux mille cinq cens livres chacune, & qu'il n'y avoit aucun risque alors pour la Compagnie à accepter ce dépôt; la Compagnie n'étoit pas engagée d'allouer en dépense les actions reçûes par la Banque en payement, & elle n'avoit garde de contracter un pareil engagement dans le temps qu'elle éprouvoit le préjudice que lui avoit causé l'achat des actions, & qu'elle formoit la résolution de le cesser. Voilà pourtant la convention du 22 Février détruite par l'Arrêt du 26 Janvier, en supposant même l'exécution de cette convention; la convention exclud les actions reçûes en payement, l'Arrêt les admet, c'est un article de deux cens soixante-seize millions. Il ne faut pas un grand effort de pénétration & de raisonnement pour décider quel titre doit prévaloir, ou une convention qui fait loi entre Sa Majesté & la Compagnie, ou un Arrêt informe & irrégulier, rendu sans que la Compagnie ait été appellée, entendue ni défendue.

Suivant ce même Arrêt, la Compagnie seroit chargée des actions converties en billets de Banque, en exécution de l'Arrêt du 5 Mars, & de celles que son Caissier a reçues en conséquence d'ordres particuliers donnés par Monsieur le Régent, après que les Bureaux établis pour l'exécution de l'Arrêt du 5 Mars ont été fermés.

Il y auroit une injustice criante de faire supporter ces négociations à la Compagnie; & pour le faire connoître, il suffira d'exposer simplement la conduite qu'elle a tenue sur l'achat des actions.

L'établissement d'un Bureau d'achat & vente d'actions étoit une opération extraordinaire qui ne tomboit pas dans le cas de la régie des Directeurs; cet établissement ne pouvoit se faire que du consentement de la Compagnie.

L'établissement fut proposé & approuvé dans l'assemblée générale du 30 Décembre 1719, & l'opération fut commencée en vertu de la délibération prise dans cette assemblée.

Cette opération a été continuée jusqu'à l'assemblée du 22 Février 1720 que les Directeurs proposerent de la faire cesser.

Les motifs de cette proposition furent le préjudice que la Compagnie souffroit dans l'achat des actions; il y avoit été employé près de huit cens millions de ses fonds, & la continuation auroit entraîné sa totale destruction.

Voilà ce qui a déterminé la Compagnie à fermer ses Bureaux d'achats d'actions; cette résolution n'a pas été secrete & inconnue; elle a été prise dans une assemblée générale; elle fait partie de la convention faite avec Sa Majesté par la délibération du 22 Février.

Depuis cette délibération, la Compagnie n'en a pris aucune autre pour le rétablissement des Bureaux d'achat d'actions.

Dans ces circonstances, sur quels principes & sur quelles régles peut-on fonder la condamnation prononcée contre la Compagnie, pour lui faire supporter les risques & les évenemens des négociations & des achats d'actions faits depuis l'assemblée générale du 22 Février 1720, non-seulement sans sa participation mais au préjudice de la loi qu'elle s'est faite?

C'est

C'est une maxime puisée dans les seules lumieres naturelles, elle est de tout pays & de toutes nations, que chacun est le maître & l'administrateur de ses biens & de sa fortune, & que l'on ne peut engager personne sans son fait & son consentement.

Cette maxime se trouve détruite & renversée par la seconde disposition de l'Arrêt du 26 Janvier; & si cette disposition subsiste, il y aura dans la France un exemple public & authentique qu'une Compagnie de commerce aura été engagée sans son consentement; qu'elle n'aura pas eu la liberté d'employer ses fonds, suivant son objet & ses vûes; que les résolutions qu'elle aura prises dans une assemblée générale, en présence & du consentement du Prince qui gouverne, ne lui produiront aucun effet; qu'après avoir employé huit cens millions de fonds à une opération ruineuse, elle aura vainement délibéré de discontinuer cette opération, & que l'on aura pû la détruire par des négociations contraires aux loix qu'elle s'est prescrites. Il suffit d'exposer ces conséquences aux yeux de Sa Majesté pour espérer qu'elle en sera touchée.

L'on opposeroit en vain à la Compagnie l'Arrêt du 3 Juin 1720, & tous autres qui pourroient être intervenus sur des délibérations prises par ses Directeurs; parce que, ou ces Arrêts ne portent aucune atteinte à la délibération du 22 Février, ou ils y sont contraires; s'ils n'y donnent point d'atteinte, le droit de la Compagnie subsiste, & elle n'est pas tenue des négociations faites au préjudice de cette délibération; s'ils y donnent atteinte, la Compagnie ayant désavoué ses Directeurs par sa délibération du 27 Février 1721, de tout ce qu'ils auroient pû faire au préjudice de la délibération du 22 Février 1720, ce désaveu la met à couvert de toutes les approbations que ses Directeurs auroient pû faire de ce qui a été fait contre cette délibération.

Il est important de distinguer dans l'administration des Directeurs, ce qui est du fait de leur administration, & ce qui n'en est pas: à l'égard du fait de leur administration, comme l'achat & vente des marchandises & des Vaisseaux, la nomination des Officiers & employés, les comptes des correspondans, & autres choses de régie qui leur ont été commises par l'Edit d'établissement de la Compagnie, le désaveu que la Compagnie feroit de ses Directeurs ne la dispenseroit pas de l'exécution des engagemens qu'ils auroient contractés, parce que suivant les principes du droit, celui qui commet est tenu civilement des faits de son Commis dans l'exercice de sa commission, sauf son recours contre son Commis dans les cas où il peut avoir lieu : mais pour ce qui est hors de la régie des Directeurs, les engagemens qu'ils auroient pû contracter, les approbations qu'ils auroient pû faire, ne peuvent jamais être opposés à la Compagnie, & le désaveu qu'elle fait de ses Directeurs, la met à couvert de tous évenemens.

Ces maximes qui sont incontestables en général reçoivent une nouvelle force dans les circonstances particulieres : l'achat des actions est une opération extraordinaire, absolument indépendante de ce qui a été commis à l'administration des Directeurs; lorsque les Directeurs ont crû qu'il convenoit d'établir des Bureaux à ce sujet, il a fallu le consentement de la Compagnie; & c'est dans son assemblée générale du 30 Décembre 1719, que la proposition a été faite & approuvée; lorsqu'ils ont vû que cet établissement étoit ruineux pour la Compagnie, ils ont eu recours pour le faire cesser, à la même autorité qui l'avoit formé; & c'est dans l'assemblée générale du 22 Février 1720 qu'il a été résolu de fermer les Bureaux, & de discontinuer l'achat des actions; en sorte que cet achat d'actions étoit interdit aux Directeurs non-seulement parce qu'il étoit hors du cas de leur régie, mais encore parce que la Compagnie avoit pris dans son assemblée générale du 22 Février 1720 une résolution qui formoit une loi à laquelle ils n'ont pû contrevenir; & cette loi est d'autant plus authentique, qu'elle est contenue dans la convention faite avec Sa Majesté, & qu'elle a été publique.

Il est vrai que la Compagnie par la délibération prise en

son assemblée générale du 30 Décembre 1719, a autorisé ses Directeurs à faire & accepter telles propositions qu'ils jugeront à propos, & qu'elle a consenti que les engagemens qu'ils contracteront au nom de la Compagnie, ayent lieu de même que s'ils avoient été approuvés dans une assemblée générale.

Mais outre que ce pouvoir général & indéfini a été tacitement révoqué dans l'assemblée générale du 22 Février 1720, dont la délibération ne rappelle point le pouvoir contenu dans celle du 30 Décembre précédent, c'est que ce pouvoir ne peut jamais s'étendre à détruire une prohibition faite par une délibération postérieure. Or par la délibération du 22 Février 1720, la Compagnie s'étoit faite & à ses Directeurs la loi de discontinuer l'achat des actions ; & après une pareille délibération, l'achat des actions n'a jamais pû être repris pour le compte de la Compagnie, sans une autre délibération prise dans une assemblée générale, & il n'y en a point eu.

La décharge accordée à la Compagnie par l'Arrêt du 3 Juin des neuf cens millions qu'elle s'étoit engagée de payer par sa délibération du 22 Février précédent, pour les cent mille actions de Sa Majesté, n'est point un moyen qui puisse être opposé, parce que cet engagement du payement des neuf cens millions est relatif aux autres stipulations portées par la même délibération, lesquelles n'ayant point été exécutées, il en résulte une résolution de tout le contenu dans la délibération.

Au surplus cette décharge peut d'autant moins être tirée à conséquence, qu'il seroit facile à la Compagnie d'établir que les cens mille actions de Sa Majesté lui tenoient lieu d'un pur bénéfice qu'elle avoit trouvé dans la Compagnie.

L'augmentation de soixante livres de dividende par an accordée pour chacune action par l'Arrêt du 20 Juin 1720, ne peut point être opposée aux Actionnaires, comme une approbation de l'achat des actions fait depuis l'assemblée du 22 Février.

1°. Parce que cette augmentation n'a été accordée que

pour accélerer le supplément de trois mille livres par action ; & en effet, ce n'est qu'à ceux qui feroient le supplément qu'elle a été promise.

2º Parce que les actions achetées pour le compte de la Compagnie en conséquence de la délibération du 30 Décembre 1719, suffisoient pour procurer l'augmentation du dividende.

Ce seroit encore inutilement que l'on voudroit opposer à la Compagnie la disposition de l'article VI de l'Arrêt du 5 Mars, qui accorde aux Actionnaires qui n'auront pas converti leurs actions en billets de Banque, le produit des dividendes de celles qui auront été converties, à l'effet de quoi il en sera dressé tous les six mois un état, numero par numero. La réponse à cette objection est prompte.

Le bénéfice promis aux Actionnaires qui ne convertiroient pas leurs actions, n'a pas eu d'exécution ; il n'a point été fait d'état numero par numero des actions converties & de leurs dividendes ; la Compagnie n'a jamais accepté ce prétendu bénéfice, & c'est par cette raison que dans le compte qu'elle a présenté au sujet des opérations qu'elle a faites pour Sa Majesté, elle a porté au profit de Sa Majesté le dividende des actions achetées en conséquence de l'Arrêt du 5 Mars, & des ordres de Monsieur le Régent. Enfin c'est une maxime certaine, que l'on peut faire le bien d'autrui sans son fait, mais que l'on ne peut lui procurer du préjudice sans sa participation.

Il reste pour terminer l'examen & la discussion des deux dispositions de l'Arrêt du 26 Janvier, de répondre à une objection qui influe sur l'une & sur l'autre.

Cette objection naît du titre & du pouvoir que le sieur Law a eû dans la Compagnie des Indes : il a été l'homme de la Compagnie ; c'est sur lui que toutes les opérations de la Compagnie ont roulé ; & comme la Compagnie a pû gagner par son fait, il est juste qu'elle supporte les pertes que ses opérations lui ont causées. C'est à quoi l'objection se peut réduire.

La Compagnie se propose d'établir que le sieur Law dans

toutes les opérations qui ont été faites depuis la délibération du 22 Février 1720, a toujours été l'homme de Sa Majesté, & jamais celui de la Compagnie.

Lorsque cette délibération a été prise, le sieur Law étoit Contrôleur général des Finances, & par cette dignité il avoit quitté le titre de Directeur de la Compagnie des Indes.

Il n'y a rien dans la délibération du 22 Février 1720, qui donne au sieur Law le pouvoir de représenter, moins encore d'engager la Compagnie ; il n'est fait aucune mention de lui dans cette délibération.

C'est par l'Arrêt du 24 Février que Sa Majesté nomme de son propre mouvement, non pas le sieur Law personnellement, mais le Contrôleur général de ses Finances, Inspecteur général de la Compagnie des Indes & de la Banque ; en sorte que l'inspection que le sieur Law a eûe sur la Compagnie en qualité de Contrôleur général des Finances est un titre & un droit qui a été l'effet de la pure volonté & de la pure autorité de Sa Majesté, & auquel la Compagnie n'a en rien contribué.

Cette inspection du sieur Law sur la Compagnie a continué jusqu'à la fin du mois de Mai 1720, qu'elle cessa par sa destitution du titre de Contrôleur général des Finances.

Au lieu du sieur Law, Inspecteur de la Compagnie des Indes & de la Banque & pour lui succéder, Sa Majesté a nommé des Commissaires de son Conseil.

Cette administration des Commissaires du Conseil a duré jusqu'au 29 Août 1720, que par un Arrêt du propre mouvement de Sa Majesté le sieur Law a été nommé Directeur général de la Compagnie des Indes & de la Banque, & Rapporteur des affaires de la Compagnie au Conseil établi en conséquence du même Arrêt.

Ainsi voila trois époques depuis la délibération du 22 Février, dans lesquelles la Banque & la Compagnie ont toujours été sous la régie de l'homme du Roi.

Depuis le 24 Février jusqu'à la fin de Mai, la Compagnie & la Banque ont été régies par le sieur Law, Contrôleur général des Finances, établi par Sa Majesté Inspecteur général de la Compagnie & de la Banque.

Depuis la fin de Mai jusqu'au 29 Août suivant, la Compagnie & la Banque ont été régies par les Commissaires du Conseil.

Depuis le 29 Août le sieur Law les a régies en qualité de Directeur général nommé par Sa Majesté.

Il est donc évident que le sieur Law a toujours été dans la régie de la Banque & de la Compagnie l'homme de Sa Majesté & non l'homme de la Compagnie; & cela est si certain, que lorsque Sa Majesté a jugé à propos de le destituer, elle a aussitôt nommé des Commissaires de son Conseil pour lui succéder; par conséquent les faits du sieur Law ne peuvent jamais être imputés à la Compagnie.

La Compagnie est obligée de représenter à Sa Majesté que les actions achetées depuis la délibération du 22 Février, en conséquence de laquelle la Compagnie a fermé ses Bureaux d'achat, ont consommé un fonds de douze cens treize millions quatre cens soixante-seize mille cent seize livres suivant l'état joint à la présente requête, sçavoir six cens vingt-sept millions sept cens trente-neuf mille neuf cens livres, en conséquence de l'Arrêt du propre mouvement de Sa Majesté du 5 Mars; & cinq cens quatre-vingt-cinq millions sept cens trente-six mille deux cens seize livres suivant les ordres particuliers de Monsieur le Régent.

Seroit-il juste que la Compagnie, malgré toutes les précautions qu'elle a prises pour la discontinuation de l'achat des actions, fût chargée d'une dépense de plus de douze cens millions pour des actions achetées sans sa participation, & au préjudice de la loi qu'elle s'est faite par une délibération authentique? Quelle Compagnie pourroit jamais espérer de se mettre à couvert de sa totale destruction, si sans son fait & malgré ses délibérations, l'on peut lui faire contracter des engagemens? N'est-ce pas un sort assez triste pour la Compagnie d'avoir employé près de huit cens millions à une opération aussi ruineuse; faut-il encore la priver du fruit de son expérience, & rendre inutiles les mesures les plus justes & les plus conformes aux loix & aux maximes du Royaume?

Pour ce qui regarde la troisiéme disposition de l'Arrêt, comme elle est une suite des précédentes, elle ne demande pas une grande discussion.

Il est ordonné par cette disposition que les Directeurs remettront des états signés d'eux & certifiés véritables de tous les effets qui appartiennent à la Compagnie de quelque nature & à quelque titre que ce soit.

Si la Compagnie est jugée débitrice de Sa Majesté suivant les deux premieres dispositions de l'Arrêt, la remise des états ordonnée par la troisiéme disposition est juste; mais si la Compagnie est déchargée, comme elle l'espére, des condamnations prononcées par ces deux dispositions, la troisiéme tombe d'elle-même, il n'y a plus de remise d'états.

L'importance de cette affaire, & la multitude des faits & des moyens qu'elle embrasse, demanderoient peut-être une récapitulation qui les rappellât & les remit sous les yeux; mais la Compagnie craindroit de fatiguer le Conseil, & d'ailleurs elle compte trop sur les lumieres & l'attention de ses Juges, pour craindre qu'il leur échappe rien de sa défense. Elle supplie Sa Majesté de faire réflexion qu'il n'y a jamais eû d'établissement aussi grand & aussi promptement fait que celui de cette Compagnie; qu'elle a poussé son commerce au-delà de ce que l'on pouvoit attendre du peu de temps qu'elle est formée; qu'elle est en état de travailler utilement pour le Royaume; que Sa Majesté peut trouver des secours prompts dans ses Actionnaires; & qu'elle ne demande que la justice & la protection de Sa Majesté.

A CES CAUSES, requeroit ladite Compagnie qu'il plût à Sa Majesté la recevoir opposante à l'Arrêt de son Conseil du 26 Janvier dernier, lui donner acte de ce que pour causes & moyens d'opposition elle employe le contenu en la présente requête & les piéces qui y seront jointes par inventaire, ensemble le désaveu fait par la délibération de l'assemblée générale de ladite Compagnie du 27 Février 1721, de tout ce que ses Directeurs auroient pû faire au préjudice de sa délibération du 22 Février 1720, lequel désaveu elle réitere en tant que besoin ; en conséquence faisant droit sur son opposition la décharger des condamnations prononcées contre elle par ledit Arrêt, ladite requête signée, Lestendart, M. de Bully, Clermont de Chaste, Skelton, Brancas Villeneuve, le Chevalier de Rochepierre, Camus des Touches, Cartigny, Hamon, & Corneau.

Vû ladite requête ; l'Inventaire & induction des Piéces qui ont été jointes pour justifier les moyens d'opposition à l'Arrêt du 26 Janvier 1721, lesdites piéces, l'Arrêt du Conseil du huit Mars dernier, par lequel Sa Majesté avant faire droit sur ladite opposition, auroit ordonné que pardevant les sieurs d'Armenonville, Bignon de Blanzy, de Vaubourg & de la Bourdonnaye, Conseillers d'Etat ordinaires, ladite Compagnie représenteroit les requêtes, mémoires & piéces dont elle entendoit se servir, même les regîtres de ses délibérations, & tels autres que lesdits Commissaires jugeroient à propos, pour après ladite représentation, être, sur l'avis desdits sieurs Commissaires, ordonné par Sa Majesté ce qu'il appartiendroit ; l'Arrêt du Conseil du 14 dudit mois de Mars, portant que par les sieurs d'Armenonville, Bignon de Blanzy, de Vaubourg, Trudaine, de la Bourdonnaye, Fagon & de Machault, Conseillers d'Etat, il seroit procédé à l'examen, tant de ladite requête, que des mémoires & propositions tendans à régler l'état de ladite Compagnie, & pourvoir à la sûreté des Actionnaires, dont les actions représentent des fonds réels, & dont lesdits sieurs Commissaires feroient le rapport à Sa Majesté en son Conseil, pour être par elle ordonné ce qu'il appartiendroit ; & celui du troisiéme du présent mois, par lequel, pour les causes y contenues, il auroit été ordonné que par les sieurs Bignon de Blanzy, de Vaubourg, Trudaine, de la Bourdonnaye, Fagon & de Machault seulement, il seroit procédé à l'exécution desdits

Arrêts

Arrêts des 8 & 14 dudit mois de Mars dernier, & tout consideré; oui le rapport, LE ROI ÉTANT EN SON CONSEIL, de l'avis de Monsieur le Duc d'Orleans Régent, sans s'arrêter au désaveu formé par ladite Compagnie le 27 Février dernier, de tout ce que ses Directeurs ont pû faire au préjudice de la délibération du 22 Février 1720, & sans avoir égard à l'opposition formée par ladite Compagnie à l'exécution de l'Arrêt du 26 Janvier dernier, dont Sa Majesté l'a débouté, a ordonné & ordonne, que l'Arrêt du 24 Février 1720, daté par erreur du 23 Février dans les exemplaires imprimés, ensemble ledit Arrêt du 26 Janvier dernier, seront exécutés selon leur forme & teneur; ce faisant que dans un mois pour toute préfixion & délai, ladite Compagnie des Indes, en la personne de ses Directeurs, sera tenue de compter par état au vrai au Conseil, de la recette & dépense, tant de ladite Compagnie que de la Banque y jointe, sinon & à faute de ce faire dans ledit temps, & icelui passé, lesdits Directeurs y seront contraints à la poursuite de Mᵉ Tartel, Contrôleur général des Restes, que Sa Majesté a commis pour cet effet : le tout sans préjudice des prétention de ladite Compagnie pour les trois parties de deux cens soixante seize millions, de vingt-neuf millions trois cens quatre-vingt-dix-huit mille cent trente-six livres neuf sols, & de deux millions sept cens mille livres, concernant l'achat & les négociations d'actions, lesquelles trois parties seulement, elle pourra employer dans la dépense dudit état au vrai, sauf le débat, pour y être pourvû par Sa Majesté, en statuant sur ledit état au vrai, ainsi qu'il appartiendra. FAIT au Conseil d'Etat du Roi, Sa Majesté y étant, tenu à Paris le septiéme jour d'Avril mil sept cent vingt-un.

Signé PHELYPEAUX.

ARREST
DU CONSEIL D'ÉTAT
DU ROY,

*QUI commet M**rs**. Trudaine, Fagon, Ferrand & de Machault, Conseillers d'Etat, pour dresser Procès-verbal & inventaire des registres, papiers & effets de ladite Compagnie & Banque y jointe.*

Du 7 Avril 1721.

Extrait des Registres du Conseil d'Etat.

LE Roi ayant par Arrêt de ce jour débouté la Compagnie des Indes de l'opposition par elle formée à l'Arrêt du 26 Janvier dernier, & ayant vû par la requête contenant ladite opposition, que ladite Compagnie a reconnu qu'en cas qu'elle en fût déboutée, elle se trouveroit débitrice de plus de six cens cinquante millions envers Sa Majesté, ensorte que quand même les trois parties de deux cens soixante-seize millions, de vingt-neuf millions trois cens quatre-vingt-dix-huit mille cent trente-six livres neuf sols, & de deux millions sept cens mille livres, qu'il lui a été permis d'employer en dépense, sauf le débat, dans l'état au vrai qu'elle doit présenter au Conseil, lui seroient allouées, elle seroit encore suivant sa propre reconnoissance redevable de plus de trois cens quarante millions, non compris le fonds des actions rentieres, & rentes viageres créées sur ladite Compagnie, montant à cent quatre-vingt-six millions ou environ, dont elle est tenue d'acquitter & indemniser Sa Majesté, & autres droits & prétentions de Sadite Majesté contre ladite Compagnie; & comme après cet aveu qu'elle a fait par sadite requête, on ne sçauroit différer plus long-temps de prendre les précautions nécessaires pour la conservation de ce qui est dû à Sa Majesté; que d'ailleurs le principal objet de Sadite Majesté est d'assûrer l'état & de pourvoir à l'intérêt des Actionnaires qui auront justifié, conformément aux Arrêts des 26 Janvier & 16 Février derniers, que leurs actions représentent des fonds réels & effectifs, & dont la bonne foi mérite que Sa Majesté par un effet de sa bonté & de sa justice leur accorde les secours dont ils ont besoin, pour les dédommager des pertes qu'ils ont faites; qu'enfin il est également important de veiller à ce que toutes les parties du commerce, dont la Compagnie des Indes a été chargée, ne souffrent aucun retardement, ni aucune interruption à l'occasion des mesures présentes que Sa Majesté est obligée de prendre pour la sûreté du debet de ladite Compagnie, & pour celle desdits Actionnaires; à quoi étant nécessaire de pourvoir, oui le rapport du sieur le Pelletier de la Houssaye, Conseiller d'État ordinaire & au Conseil de Régence pour les Finances, Contrôleur général des Finances, SA MAJESTÉ ÉTANT EN SON CONSEIL, de l'avis de Monsieur le Duc d'Orléans Régent, a ordonné & ordonne que par les sieurs Trudaine, Fagon, Ferrand & de Machault, Conseillers d'État, conjointement ou séparément, il sera dressé procès-verbal, & fait inventaire des registres, papiers & effets de ladite Compagnie & Banque y jointe, dont les sieurs Deshayes & Bourgeois Caissiers de ladite Compagnie & Banque demeureront chargés comme dépositaires & gardiens, & en feront leurs soumissions, pour être ensuite les effets de ladite Compagnie régis & administrés par des personnes expérimentées au fait du commerce, qui seront incessamment commises & préposées par Sa Majesté pour cet effet, jusqu'à ce que sur la connoissance plus exacte que Sa Majesté aura de l'état des affaires de ladite Compagnie, & de l'impossibilité où elle se trouvera d'acquitter son debet, Sa Majesté puisse pourvoir à la sûreté & à l'intérêt desdits Actionnaires légitimes, par l'établissement d'une nouvelle Compagnie dans la forme qui sera jugée la plus convenable : veut & entend Sa Majesté que ce qui sera ordonné par lesdits sieurs Commissaires pour l'exécution du présent Arrêt, circonstances & dépendances, soit exécuté nonobstant oppositions ou empêchemens quelconque, pour lesquels ne sera différé, & dont si aucuns interviennent, Sa Majesté s'en reserve la connoissance & à son Conseil, & icelle interdit à toutes ses Cours & autres Juges. FAIT au Conseil d'Etat du Roi, Sa Majesté y étant, tenu à Paris le septiéme jour d'Avril mil sept cent vingt-un. *Signé* PHELYPEAUX.

NOMS ET DEMEURES
DE MESSIEURS
LES COMMISSAIRES DU CONSEIL,

Pour dresser Procès-verbal & Inventaires des regis-tres, papiers & effets de la Compagnie des Indes & banque y jointe en exécution de l'Arrêt du 7 Avril 1721.

CONSEILLERS D'ETAT,

Messieurs

TRUDAINE, rue du grand Chantier, près les Enfans Rouges,
FAGON, rue neuve des Petits Champs, au coin de la rue Dantin,
FERRAND, rue de l'Université,
DE MACHAULT, rue du grand Chantier.

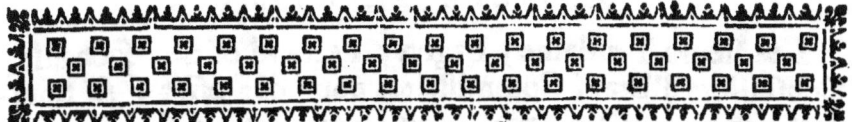

ARREST
DU CONSEIL D'ÉTAT
DU ROY,

CONCERNANT la Compagnie des Indes.

Du 15 Avril 1721.

Extrait des Regiſtres du Conſeil d'Etat.

LE Roi ayant par Arrêt de ſon Conſeil du 7 du préſent mois ordonné que par les ſieurs Trudaine, Fagon, Ferrand & de Machault, Conſeillers d'Etat, il ſeroit fait inventaire des regiſtres, papiers & effets de la Compagnie des Indes, & Banque y jointe; & Sa Majeſté voulant pourvoir à l'adminiſtration & régie, tant deſdits effets, que du commerce, dont les priviléges ont été accordés à ladite Compagnie, juſqu'à ce que ſur la connoiſſance plus exacte que Sa Majeſté aura des affaires de ladite Compagnie, elle puiſſe en établir une nouvelle, Sa Majeſté voulant expliquer plus particulierement ſes intentions à ce ſujet; oui le rapport du ſieur le Pelletier de la Houſſaye, Conſeiller d'Etat ordinaire & au Conſeil de Régence pour les Finances, Contrôleur général des Finances, SA MAJESTE' E'TANT EN SON CONSEIL, de l'avis de Monſieur le Duc d'Orleans Régent, a ordonné & ordonne ce qui ſuit.

ARTICLE PREMIER.

Les sieurs Trudaine, Fagon, Ferrand & de Machault, Conseillers d'Etat, Commissaires pour cet effet, se transporteront incessamment, conjointement ou séparément, aux Hôtels de ladite Compagnie, & Banque y jointe, en présence des Directeurs de ladite Compagnie, ou eux dûement appellés, à la poursuite & diligence de Me Tartel, Contrôleur général des Restes, que Sa Majesté a commis à cet effet, pour dresser procès-verbal & faire inventaire des registres, papiers & effets de ladite Compagnie & Banque, à l'effet de quoi ceux qui en sont chargés seront tenus de les leur représenter; pourront en outre lesdits sieurs Commissaires se faire rendre compte par les Trésoriers, Receveurs & Caissiers généraux & particuliers de l'état de leur caisse & affaires dont ils ont été chargés, & de tout le maniment qu'ils ont eû dans ladite Compagnie & Banque, pour parvenir à la confection du bilan général, voulant Sa Majesté que lesdits sieurs Commissaires puissent rendre toutes les Ordonnances qu'ils jugeront nécessaires, tant pour l'exécution du présent Arrêt, que pour celle de l'Arrêt du 7 du présent mois.

I I.

Sa Majesté a commis & commet les sieurs Baillon de Blampignon, Begon, Duché, Dumoulin & Moreau, pour veiller à la conduite & direction des affaires de ladite Compagnie & Banque, en faire le rapport aux susdits sieurs Commissaires, suivre l'exécution de leurs ordonnances, ensemble des états qui seront arrêtés, ainsi qu'il sera dit ci-après.

III.

Ladite régie commencera du jour de la date du présent Arrêt, & il sera tenu un registre des ordonnances desdits sieurs Commissaires.

IV.

Il sera établi un Commis Directeur général à Paris, un

Caissier, un Secrétaire & un Teneur de livres de la caisse générale.

V.

Le Directeur signera les lettres de correspondance, & donnera les ordres au Caissier pour toutes les dépenses qui ne pourront être valables que les ordres n'en ayent été signés par le Directeur, en conséquence des états qui en seront arrêtés par Monsieur le Duc d'Orléans Régent, sur l'avis des susdits Commissaires.

VI.

Le Directeur sera chargé de rendre le compte d'ordre.

VII.

Le Caissier recevra les fonds, & fera les dépenses, ainsi qu'il est ordonné par l'article V: le Secrétaire tiendra le regiftre des ordonnances desdits sieurs Commissaires, ainsi que des ordres & des commissions, lesquelles seront expédiées & signées par le Directeur, conformément audit regiftre.

VIII.

Le Teneur de livres de la caisse générale aura inspection sur les Teneurs de livres particuliers, & sera chargé de dresser les bilans. Fait au Conseil d'Etat du Roi, Sa Majesté y étant, tenu à Paris le quinziéme jour d'Avril mil sept cent vingt-un. *Signé* Phelypeaux.

ARREST
DU CONSEIL D'ÉTAT
DU ROY,

QUI renvoye pardevant les Commissaires du Conseil les contestations mûes & à mouvoir entre Sa Majesté ou la Compagnie des Indes, & le Sieur Jean Law.

Du 29 Avril 1721.

Extrait des Registres du Conseil d'Etat.

LE Roi s'étant fait représenter en son Conseil l'Arrêt rendu en icelui le 9 Janvier dernier, par lequel Sa Majesté auroit évoqué à soi & à son Conseil toutes les affaires & contestations mûes & à mouvoir, dans lesquelles le sieur Jean Law peut avoir intérêt, soit à l'égard de Sa Majesté, soit avec ses sujets ou autres, à l'exception néanmoins de celles qui peuvent survenir entre ledit sieur Law & la Compagnie des Indes, & a renvoyé lesdites affaires & contestations, circonstances & dépendances pardevant les sieurs Amelot, Bignon, Trudaine, le Guerchois, Ferrand & de Machault, Conseillers d'Etat, & les

Tome III.   Aaa

sieurs d'Herbigny, Hebert, de la Grandville, Angrand, Poncher, de Vastan, de Villayer, le Gras du Luart, de Fontanieu & Pinon d'Avaur, Maîtres des Requêtes; & Sa Majesté étant informée que ledit sieur Law est redevable de sommes considérables envers la Compagnie des Indes, laquelle est elle-même redevable envers Sa Majesté, suivant sa propre reconnoissance, de sommes beaucoup plus fortes, à quoi il est nécessaire de pourvoir; oui le rapport du sieur le Pelletier de la Houssaye, Conseiller d'Etat ordinaire & au Conseil de Régence pour les Finances, Contrôleur général des Finances: SA MAJESTE', de l'avis de Monsieur le Duc d'Orléans, a évoqué à soi & à son Conseil toutes les affaires & contestations mûes & à mouvoir entre ledit sieur Law & la Compagnie des Indes, & a Sa Majesté renvoyé & renvoye lesdites affaires & contestations, circonstances & dépendances pardevant les sieurs Commissaires députés par l'Arrêt de son Conseil du 9 Janvier dernier, pour y être lesdites affaires & contestations, ensemble toutes celles dans lesquelles ledit sieur Law peut avoir intérêt personnellement, en demandant ou en défendant, soit à l'égard de Sa Majesté, soit avec ses sujets ou autres, jugées par lesdits sieurs Commissaires souverainement & en dernier ressort; à la requête, poursuite & diligence du sieur Tartel, Contrôleur général des Restes, Sa Majesté en attribuant auxdits sieurs Commissaires toute Cour, Jurisdiction & connoissance, & icelle interdisant à toutes ses Cours & Juges: fait défenses Sa Majesté aux Parties de se pourvoir ailleurs que pardevant lesdits sieurs Commissaires, à peine de nullité, cassation des Jugemens qui pourroient intervenir, de tous dépens, dommages & intérêts, & de trois mille livres d'amende. FAIT au Conseil d'Etat du Roi, Sa Majesté y étant, tenu à Paris le vingt-neuviéme jour d'Avril mil sept cent vingt-un.

Signé PHELYPEAUX.

ARREST
DU CONSEIL D'ÉTAT
DU ROY,

QUI nomme des Commissaires pour juger les contestations contre la Compagnie des Indes.

Du 18. Mai 1718.

Extrait des Registres du Conseil d'Etat.

LE Roi étant informé qu'il est nécessaire pour l'avantage des Actionnaires de la Compagnie des Indes d'instruire & de faire juger plusieurs demandes qui concernent la régie & administration précédemment faites des affaires de ladite Compagnie & Banque y jointe, comme aussi de faire rendre compte aux Commis & Employés, & de leur faire payer les sommes dont ils sont ou se trouveront débiteurs, ce qui causeroit des frais & des longueurs considérables si les contestations qui naîtront en conséquence étoient portées en différentes Jurisdictions; à quoi Sa Majesté désirant pourvoir, oui le rapport du sieur le Pelletier de la Houssaye, Conseiller d'Etat ordinaire & au Conseil de Régence pour les Finances, Contrôleur général des Finances, SA MAJESTE' ÉTANT EN SON CONSEIL, de l'avis de M. le Duc d'Orleans Régent, a évoqué & évoque à soi & à son Conseil toutes les demandes & contestations formées & à former pour & au nom de ladite Compagnie des Indes & Banque y jointe, contre ses Directeurs, Commis, Correspondans, Agens & autres qui, sous quelque titre & qualité que ce soit, ont géré & administré les affaires de ladite Compagnie & Banque y jointe, ou s'y sont immiscés; & a Sa Majesté lesdites demandes & contestations, circonstances & dépendances, renvoyé & renvoye pardevant les sieurs Trudaine, Fagon, Ferrand & de Machault, Conseillers d'Etat, de Richebourg, de Beauffan, de la Grandville & Angran, Maîtres des Requêtes, pour le tout, à la requête, poursuite & diligence du sieur Tartel, Contrôleur général des Restes, être instruit & jugé définitivement & en dernier ressort par lesdits sieur Conseillers d'Etat & Maîtres des Requêtes au nombre de cinq, Sa Majesté les commettant & leur attribuant à cet effet toute cour, jurisdiction & connoissance, icelle interdisant à toutes ses Cours & autres Juges : fait défenses aux parties de se pourvoir ailleurs que pardevant lesdits sieurs Commissaires pour raison desdites demandes & contestations, à peine de nullité, cassation de procédures, de trois mille livres d'amende, & de tous dépens, dommages & intérêts; & sera le présent Arrêt exécuté nonobstant oppositions ou autres empêchemens quelconques, pour lesquels ne sera différé, & dont, si aucuns interviennent, Sa Majesté s'en réserve & à son Conseil la connoissance. FAIT au Conseil d'Etat du Roi, Sa Majesté y étant, tenu à Paris le dix-huitième jour de Mai mil sept cent vingt-un.

Signé PHELYPEAUX.

ARREST
DU CONSEIL D'ÉTAT
DU ROY,

PORTANT rétablissement du Privilége exclusif de la Vente du Castor, en faveur de la Compagnie des Indes.

Du 30 Mai 1721.

Extrait des Registres du Conseil d'Etat.

LE Roi s'étant fait représenter l'Arrêt de son Conseil, rendu sur la requête des Directeurs de la Compagnie des Indes du 16 Mai 1720, par lequel Sa Majesté a ordonné que le commerce du castor demeureroit libre, & a converti le privilége exclusif de la vente dudit castor, accordé à ladite Compagnie par Lettres Patentes du mois d'Août 1717, en un droit de neuf sols par livre de castor gras, & de six sols par livre de castor sec, qui doit être payé à l'entrée du Royaume au profit de ladite Compagnie pendant tout le tems de son privilége ; & Sa Majesté ayant reconnu que la liberté du commerce dudit castor est également contraire au bien du commerce général du Royaume, à celui des habitans de la Province du Canada & nouvelle France, & aux intérêts de la Compagnie des Indes ; oui le rapport du sieur le Pelletier de la Houssaye, Conseiller d'Etat ordinaire & au Conseil de Régence pour les Finances, Contrôleur général des Finan-

A aa iij

ces : SA MAJESTÉ E'TANT EN SON CONSEIL, de l'avis de Monsieur le Duc d'Orleans Régent, a révoqué & révoque la liberté du commerce du castor accordé par l'Arrêt de son Conseil du 16 Mai 1720; en conséquence ordonne Sa Majesté, que la Compagnie des Indes joüira du privilége exclusif du commerce du castor, conformément aux Lettres Patentes du mois d'Août 1717, portant établissement de la Compagnie d'Occident, nommée depuis *Compagnie des Indes*, & à l'Arrêt du Conseil de Sa Majesté du 18 Juillet 1718; Sa Majesté permet aux Négocians & autres particuliers de son Royaume, qui peuvent avoir acheté du castor en conséquence de la liberté de ce commerce, accordée par l'Arrêt de son Conseil du 16 Mai 1720, de le vendre & débiter aux Chapeliers fabriquans avant le premier Décembre prochain pour tout délai, passé lequel tems, ordonne Sa Majesté que ceux à qui il en restera seront tenus de le déclarer & remettre à la Compagnie des Indes dans les quinze premiers jours dudit mois de Décembre, laquelle Compagnie le payera au même prix qu'elle l'aura payé en Canada pendant la présente année : défend Sa Majesté très-expressément à tous ses sujets de quelque qualité & condition qu'ils soient, autres que les Chapeliers fabriquans, de garder aucun castor dans le Royaume, après ledit jour premier Décembre de la présente année, à peine de confiscation du castor au profit de la Compagnie, & de trois mille livres d'amende, dont moitié applicable à la Compagnie, & l'autre moitié au dénonciateur. FAIT au Conseil d'Etat du Roi, Sa Majesté y étant, tenu à Paris le trentiéme jour de Mai mil sept cent vingt-un.

Signé PHELYPEAUX.

ARREST
DU CONSEIL D'ÉTAT
DU ROY,

QUI commet le Sieur Camiaille à la place du Sieur Cochois, pour signer les marques des Mousselines & Toiles de coton blanches.

Du 30 Mai 1721.

Extrait des Registres du Conseil d'Etat.

LE Roi s'étant fait représenter l'Arrêt de son Conseil rendu le vingtiéme jour de Décembre 1719, par lequel Sa Majesté auroit commis les nommés Robinot & Cochois, pour signer au lieu & place des Directeurs de la Compagnie des Indes, les marques en parchemin qui doivent être attachées au chef & à la queue de chaque piéce de mousselines & toiles de coton blanches provenant du commerce de ladite Compagnie, & ce en la forme prescrite par les différens Arrêts du Conseil ; & Sa Majesté ayant jugé à propos de proposer pour ladite signature un particulier autre que ledit Cochois ; oui le rapport du sieur le Pelletier de la Houssaye, Conseiller d'Etat ordinaire & au Conseil de Régence pour les Finances, Contrôleur général des Finances, SA MAJESTE' E'TANT EN SON CONSEIL, de l'avis de Monsieur le Duc d'Orléans Régent, a commis & commet Jean Camiaille pour signer au lieu & place dudit Cochois les marques en parchemin qui doivent être attachées au chef & à la queue de chaque piéce de mousselines & toiles de coton blanches provenant du commerce de ladite Compagnie, conformément à l'Arrêt du 28 Avril 1711, & autres Arrêts intervenus depuis. FAIT au Conseil d'Etat du Roi, Sa Majesté y étant, tenu à Paris le trentiéme jour de Mai mil sept cent vingt-un.

Signé PHELYPEAUX.

ARREST
DU CONSEIL D'ÉTAT
DU ROY,

QUI renouvelle les défenses ci-devant faites de l'introduction dans le Royaume, & du commerce, port & usage des étoffes des Indes, de la Chine & du Levant, & des Toiles peintes & autres, venant desdits pays.

Du 10 Juin 1721.

Extrait des Registres du Conseil d'Etat.

LE Roi étant informé, qu'au préjudice des différens Edits, Déclarations & Arrêts de son Conseil, qui depuis plus de trente ans sont successivement intervenus, & ont été publiés dans le Royaume, tant sous le regne du feu Roi Louis XIV de glorieuse mémoire, que depuis l'avenement à la Couronne de Sa Majesté aujourd'hui régnante, pour empêcher & défendre sous de severes peines l'introduction dans le Royaume, le commerce, le port & l'usage des étoffes des Indes, de la Chine & du Levant, & des toiles peintes, & autres venant desdits pays, & ce par des motifs assez connus, principalement par rapport à la conservation & accroissement d'un grand nombre de fabriques & manufactures établies dans le Royaume, qui font la subsistance d'une infinité de familles, & qui empêchent la fortie de l'or & de l'argent à l'Etranger ; fes fujets de toutes conditions de l'un & de l'autre fexe, tant à Paris que dans les autres Villes & Provinces, tombent dans de continuelles contraventions auxdits Edits, Déclarations & Arrêts, en ne ceffant de faire ufage, même publiquement, tant en meubles & habits, qu'autrement, defdites étoffes & toiles prohibées, & que le défordre à cet égard eft venu à un tel point, qu'il n'eft plus poffible de le diffimuler & de laiffer plus long-tems impuni un excès fi préjudiciable au bien de l'Etat, & fi contraire au refpect dû à l'autorité fouveraine, & aux Réglemens qui en font émanés : & Sa Majefté faifant réflexion qu'à un motif auffi important par lui-même, il s'en joint aujourd'hui un autre qui intéreffe plus fenfiblement encore, & plus généralement tout le Royaume fans diftinction, qui eft la crainte du mal contagieux, fleau dont la Provence eft affligée depuis près d'un an, & dont l'on ne peut trop veiller à prévenir par toutes fortes de moyens la communication. Rien dans ces circonftances n'a paru plus digne de l'attention de Sa Majefté, que de renouveller les défenfes fi fouvent réitérées de l'introduction, commerce, port & ufage defdites étoffes & toiles, puifqu'il eft de notoriété publique que nulles autres marchandifes ne font plus fufceptibles de l'air contagieux ; que c'eft par l'introduction frauduleufe qui en a été faite dans les principales Villes de Provence, que la pefte s'y eft répandue, & qu'il y a encore des gens affez avides d'un gain illicite & criminel, pour continuer fecretement un commerce auffi pernicieux & puniffable ; & Sa Majefté regardant comme un devoir des plus effentiels de la Royauté de pourvoir, autant qu'il eft en elle, à la confervation de tant de millions de fujets que Dieu a foumis à fa domination, a jugé indifpenfable d'expliquer de nouveau fes intentions fur cette matiere : vû les repréfentations des Députés au Confeil de Commerce, enfemble les Edits, Déclarations & Arrêts fur ce intervenus, que Sa Majefté s'eft fait repréfenter ; oui le rapport du fieur le Pelletier de la Houffaye, Confeiller d'Etat ordinaire & au

Conseil de Régence pour les Finances, Contrôleur général des Finances, LE ROI E'TANT EN SON CONSEIL, de l'avis de Monsieur le Duc d'Orleans Régent, a ordonné & ordonne que lesdits Edits, Déclarations & Arrêts de réglemens, notamment les Arrêts de son Conseil des 27 Août 1709, 29 Juillet 1710, 11 Juin 1714, 20 Janvier & 22 Février 1716, ensemble l'Edit du mois de Juillet 1717, & les Arrêts des 27 Septembre 1719, & 11 Octobre 1720, portant défenses d'introduire dans le Royaume, & faire aucun commerce ni usage de toiles peintes & étoffes des Indes, de la Chine ou du Levant, même des toiles de coton blanches & mousselines, autres que les toiles de coton blanches & mousselines provenant des ventes faites par les Directeurs de la Compagnie des Indes, seront exécutés selon leur forme & teneur: veut & entend Sa Majesté, que les peines y exprimées contre les contrevenans, de quelque qualité & condition qu'ils soient, ne puissent être remises ni modérées, sous quelque prétexte & occasion que ce soit; enjoint expressément au sieur Lieutenant général de Police à Paris, & aux sieurs Intendans & Commissaires départis dans les Provinces, de tenir exactement la main, chacun en droit soi, à l'exécution du présent Arrêt, & de rendre compte à Sa Majesté de mois en mois, de ce qui se sera passé à ce sujet dans leurs différens départemens. FAIT au Conseil d'Etat du Roi, Sa Majesté y étant, tenu à Paris le dixiéme jour de Juin mil sept cent vingt-un. *Signé* PHELYPEAUX.

LOUIS, PAR LA GRACE DE DIEU, ROI DE FRANCE ET DE NAVARRE, Dauphin de Viennois, Comte de Valentinois & Diois, Provence, Forcalquier & terres adjacentes: à nos amés & féaux Conseillers en nos Conseils, le sieur Lieutenant général de Police de notre bonne ville & fauxbourgs de Paris, & les sieurs Intendans & Commissaires départis pour l'exécution de nos ordres dans les Provinces & Généralités du Royaume: SALUT. Nous vous mandons & enjoignons expressément par ces Préfentes, fignées de nous, de tenir chacun en droit foi exactement la main à l'exécution de l'Arrêt ci-attaché fous le contre-fcel de notre Chancellerie, ce jourd'hui donné en notre Confeil d'Etat, nous y étant, pour les caufes y contenues : commandons au premier notre Huiffier ou Sergent fur ce requis, de fignifier ledit Arrêt à tous qu'il appartiendra, à ce que perfonne n'en ignore ; & de faire pour fon entiere exécution tous actes & exploits néceffaires, fans autre permiffion : voulons qu'aux copies dudit Arrêt & des Préfentes, collationnées par l'un de nos amés & féaux Confeillers-Secrétaires, foi foit ajoutée comme aux originaux ; car tel eft notre plaifir. DONNÉ à Paris le dixiéme jour de Juin, l'an de grace mil fept cent vingt-un, & de notre regne le fixiéme. *Signé* LOUIS. *Et plus bas* ; par le Roi Dauphin, Comte de Provence, le Duc d'Orleans Régent préfent, PHELYPEAUX. Et fcellé.

ARREST
DU CONSEIL D'ÉTAT
DU ROY,

QUI commet le Sieur de la Bruyere pour informer contre les malversations commises par le Sieur Rodolet.

Du 10 Juin 1721.

Extrait des Registres du Conseil d'Etat.

LE Roi étant informé qu'il a été commis plusieurs abus & malversations par ceux qui ont géré & administré les affaires de la Compagnie des Indes dans le port de l'Orient, & notamment par le nommé Rodolet, Caissier de ladite Compagnie; & voulant, tant pour la conservation des intérêts de Sa Majesté que des Actionnaires de ladite Compagnie, qu'il soit procédé incessamment contre ledit Rodolet pour raison desdites malversations suivant la rigueur des Ordonnances; oui le rapport du sieur le Pelletier de la Houssaye, Conseiller d'Etat ordinaire & au Conseil de Régence pour les Finances, Contrôleur général des Finances, SA MAJESTE' E'TANT EN SON CONSEIL, de l'avis de M. le Duc d'Orleans Régent, a commis & commet le sieur de la Bruyere pour informer des abus & malversations commises par ledit Rodolet & autres, circonstances & dépendances, pour sur l'information rapportée & vûe par Sa Majesté, être ordonné ce qu'il appartiendra : permet Sa Majesté audit sieur de la Bruyere de nommer pour Procureur de Sa Majesté pour ladite information tel Officier ou Gradué qu'il jugera à propos : & sera le présent Arrêt exécuté, ensemble ce qui sera fait & ordonné par ledit sieur de la Bruyere, nonobstant oppositions, récusations, prises à partie & autres empêchemens quelconques, pour lesquelles ne sera différé, & dont, si aucunes interviennent, Sa Majesté s'est réservée la connoissance, & icelle interdite à toutes ses autres Cours & Juges. FAIT au Conseil d'Etat du Roi, Sa Majesté y étant, tenu à Paris le dixiéme jour de Juin mil sept cent vingt-un. *Signé* PHELYPEAUX.

ARREST
DU CONSEIL D'ÉTAT
DU ROY,

QUI ordonne que tous les Directeurs, Commis & Employés de la Compagnie des Indes, fourniront des états à M^{rs}. les Commissaires.

Du 10 Juin 1721.

Extrait des Regiſtres du Conſeil d'Etat.

LE Roi s'étant fait repréſenter les Arrêts du Conſeil des 7 & 15 du mois d'Avril dernier, par leſquels Sa Majeſté a ordonné que par les ſieurs Trudaine, Fagon, Ferrand & de Machault, Conſeillers d'Etat, il ſeroit dreſſé procès-verbal & fait inventaire des regiſtres, papiers & effets de la Compagnie des Indes & Banque y jointe, en préſence des Directeurs de ladite Compagnie, ou eux dûement appellés; & Sa Majeſté étant informée qu'il eſt abſolument néceſſaire de dreſſer procès-verbal & faire inventaire des regiſtres, papiers & effets appartenans à ladite Compagnie dans tous les Ports & autres lieux du Royaume, & que pour mettre en regle la régie des affaires de ladite Compagnie, il convient d'ordonner à tous les Directeurs, Commis principaux ou autres chargés ci-devant des affaires de la Compagnie dans tous les Ports & autres lieux du Royaume, de fournir incessamment un état détaillé de tous les effets de ladite Compagnie des Indes; comme aussi des navires & armemens, & des effets qui y ont été embarqués ou qui sont à la mer, ou qui ne sont pas revenus des lieux de leur destination ; ouï le rapport du sieur le Pelletier de la Houssaye, Conseiller d'Etat ordinaire & au Conseil de Régence pour les Finances, Contrôleur général des Finances, SA MAJESTE' E'TANT EN SON CONSEIL, de l'avis de M. le Duc d'Orleans Régent, a ordonné & ordonne que tous les Directeurs, Commis principaux & autres ci-devant chargés des affaires de la Compagnie des Indes dans tous les Ports & Villes du Royaume, fourniront chacun en droit soi, avant le 15 du mois de Juillet prochain pour toute préfixion & délai, aux sieurs Intendans & autres commis par Arrêt du Conseil pour faire les inventaires & dresser procès-verbal des registres, papiers & effets appartenans à ladite Compagnie, un état détaillé & distingué de tous les effets de ladite Compagnie des Indes qui concernent l'exercice de leurs emplois, lesquels états seront par eux certifiés véritables, & visés par lesdits Directeurs ou Commis principaux de ladite Compagnie dans lesdits Ports & Villes du Royaume ; comme aussi des états de tous les navires, armemens & effets qui y ont été embarqués ou qui sont à la mer, ou qui ne sont pas revenus des lieux de leur destination : enjoint Sa Majesté auxdits Directeurs ou Commis principaux dans lesdits Ports & Villes du Royaume, de tenir la main à ce que lesdits états soient fournis avant le 15 du mois de Juillet prochain auxdits sieurs Intendans & autres Députés par Arrêt du Conseil, ensemble l'état des dettes de ladite Compagnie, mentionnées sur les registres & papiers de ladite Compagnie : & sera le présent Arrêt exécuté nonobstant opposition ou appellation quelconque. FAIT au Conseil d'Etat du Roi, Sa Majesté y étant, tenu à Paris le dixiéme jour de Juin mil sept cent vingt-un. *Signé* PHELYPEAUX.

ORDONNANCE

ORDONNANCE DU ROY,

QUI défend l'usage & le Commerce des Toiles peintes, étoffes des Indes & autres Marchandises de contrebande.

Du 21 Juin 1721.

SA Majesté ayant par Arrêt du 10 du présent mois, renouvellé les défenses de l'introduction, port & usage des étoffes des Indes, de la Chine & du Levant, & des toiles peintes & autres venant des pays étrangers, & ordonné l'exécution des précédens Arrêts; & désirant que pour l'entiere exécution de ces défenses, il soit fait des visites & des perquisitions très-exactes dans la ville, fauxbourgs & banlieue de Paris, même dans tous les lieux prétendus privilégiés; Sa Majesté, de l'avis de Monsieur le Duc d'Orleans Régent, a commis & commet les sieurs

pour veiller à l'exécution des Ordonnances, Réglemens & Arrêts concernant la prohibition du port, usage & commerce desdites toiles peintes, étoffes des Indes & autres marchandises de contrebande, leur enjoignant de se transporter dans tous les lieux où ils auront avis qu'il pourra y avoir des marchandises prohibées par lesdits Réglemens &

Tome III. Ccc

Arrêts, dans l'enclos de l'Abbaye de saint Germain, dans celui du Temple, dans celui de saint Jean de Latran, dans les Colléges, Hôpitaux & autres lieux prétendus privilégiés de la ville, fauxbourgs & banlieue de Paris, même dans les Maisons Royales, pour y faire ou faire faire recherche & perquisition desdites toiles peintes, étoffes des Indes & autres marchandises de contrebande; enjoignant aux Capitaines & Concierges desdites Maisons Royales, aux Officiers étant dans l'enclos du Temple, de saint Jean de Latran & de l'Abbaye saint Germain, comme aussi aux Principaux des Colléges, Supérieurs des Couvents, Directeurs des Hôpitaux, & à toutes sortes de personnes de quelque qualité & condition qu'elles puissent être, de donner auxdits

& aux Officiers de Justice dont ils seront accompagnés, l'entrée libre dans lesdits lieux, pour l'entiere exécution des ordres de Sa Majesté, à peine de désobéissance & d'en répondre en leurs propres & privés noms; enjoint pareillement Sa Majesté au sieur de Baudry, Conseiller en ses Conseils, Maître des Requêtes ordinaire de son Hôtel, Lieutenant général de Police de la Ville, Prévôté & Vicomté de Paris, de tenir la main à l'exécution tant du présent ordre que de ses Ordonnances sur le fait desdites toiles peintes & autres marchandises de contrebande, à l'effet de quoi lesdits lui remettront leurs procès-verbaux de saisies desdites toiles peintes, étoffes des Indes & autres marchandises de contrebande, & assignations données en conséquence, pour y être par lui pourvû ainsi qu'il appartiendra: & sera le présent ordre lû, publié & affiché partout où besoin sera, à ce qu'aucun n'en prétende cause d'ignorance. FAIT à Paris le vingt Juin mil sept cent vingt-un. *Signé* LOUIS. *Et plus bas*, PHELYPEAUX.

NOus Gabriel Taschereau, Chevalier, Seigneur de Baudry, Lignieres & autres lieux, Conseiller du Roi en ses Conseils, Maître des Requêtes ordinaire de son

Hôtel, Secrétaire des commandemens de Madame, Intendant de ses maison & finances, & Lieutenant général de Police de la Ville, Prévôté & Vicomté de Paris, enjoignons à Jean le Moyne, Huissier au Châtelet de Paris, & commis à l'exercice de Juré-Crieur ordinaire du Roi, de lire, publier & de faire afficher la présente Ordonnance dans les lieux ordinaires & accoûtumés, à ce que nul n'en prétende cause d'ignorance. Fait ce vingt-trois Juin mil sept cent vingt-un. *Signé* TASCHEREAU DE BAUDRY. *Et plus bas*, par Monseigneur, DUGAY.

L'Ordonnance ci-dessus a été lûe & publiée à haute & intelligible voix, à son de trompe & cri public, en tous les lieux ordinaires & accoûtumés par moi Jean le Moyne, Huissier au Châtelet de Paris, & commis à l'exercice de Juré-Crieur de la Ville, Prévôté & Vicomté de Paris, y demeurant rue de la Tixeranderie, accompagné de Louis Ambezar, Nicolas Ambezar & Claude Craponne, Jurés-Trompettes, le 25 Juin 1721, à ce que personne n'en prétende cause d'ignorance, & affichée ledit jour esdits lieux. Signé LE MOYNE.

ARREST
DU CONSEIL D'ÉTAT
DU ROY,

EN *interprétation de celui du* 10 *Juin* 1721 *qui renouvelle les défenses de l'introduction dans le Royaume, & du commerce, port & usage des étoffes des Indes, de la Chine & du Levant, & des Toiles peintes & autres étoffes venant desdits pays.*

Du 8 Juillet 1721.

Extrait des Registres du Conseil d'Etat.

LE Roi s'étant fait représenter l'Arrêt rendu en son Conseil d'Etat, Sa Majesté y étant, le 10 du mois de Juin dernier, par lequel elle auroit ordonné que les Edits, Déclarations, Arrêts & Réglemens, notamment les Arrêts de son Conseil des 27 Août 1709, 29 Juillet 1710, 11 Juin 1714, 20 Janvier & 22 Février 1716, ensemble l'Edit du mois de Juillet 1717 & les Arrêts des 27 Septembre 1719 & 11 Octobre 1720, portant défenses d'introduire dans le Royaume ou faire aucun commerce ni usage des toiles peintes ou étoffes des Indes, de la Chine ou du Levant, même des toiles de coton blanches & mousselines, autres que les toiles de coton blanches & mousselines provenant des ventes faites par les Directeurs de la Compagnie des Indes, seront exécutés selon leur forme & teneur, voulant Sa Majesté que les peines y exprimées contre les contrevenans, de quelque qualité & condition qu'ils soient, ne puissent être remises ni modérées sous quelque prétexte & occasion que ce soit : & Sa Majesté étant informée que nombre de gens semblent se croire dispensés d'observer ce qui est porté par ledit Arrêt, sous prétexte qu'on n'y a point spécifié en détail les marchandises dont l'introduction dans le Royaume, le commerce & l'usage sont défendus par les précédens Edits, Déclarations & Arrêts, dont il ordonne l'exécution ; que d'ailleurs partie de ceux auxquels l'exécution dudit Arrêt est confiée, peuvent ignorer les différentes peines prononcées par les divers Réglemens intervenus sur ce sujet contre ceux qui y contreviennent, & que le motif de la crainte où l'on est que le mal contagieux ne se communique dans les Provinces du Royaume, demande qu'on reprime avec la derniere severité ceux qui se trouveront surpris en contravention de ces mêmes Réglemens : à quoi Sa Majesté voulant pourvoir, oui le rapport du sieur le Pelletier de la Houssaye, Conseiller d'Etat ordinaire & au Conseil de Régence pour les Finances, Contrôleur général des Finances, LE ROI E'TANT EN SON CONSEIL, de l'avis de M. le Duc d'Orleans Régent, expliquant & interprétant en tant que besoin est ou seroit, ledit Arrêt du 10 Juin dernier, a ordonné & ordonne ce qui ensuit.

ARTICLE PREMIER.

FAIT Sa Majesté très-expresses & itératives inhibitions & défenses, sous peine de la vie, à tous Négocians, Marchands, colporteurs, porte-bales & revendeuses à la toilette, & autres personnes de quelque qualité & condition qu'elles soient, d'introduire dans le Royaume, faire commerce, exposer en vente, colporter, débiter ni acheter pour revendre en gros ou en détail aucunes étoffes des Indes, de la Chine, de Perse ou du Levant, tant les étoffes de soye pure que celles mêlées d'or ou d'argent, celles d'écorce d'arbre, laine, fil, poil de chevre ou coton, satins, taffetas, gazes, & généralement toutes sortes d'étoffes brodées ou autrement, fous quelque dénomination que ce foit, provenant du crû & fabrique defdits pays, comme auffi celles peintes en furies & à fleurs, les toiles peintes, teintes & rayées de couleur ou à carreaux, & imprimées de la fabrique des Indes ou contrefaites dans le pays étranger, qui auront été peintes, teintes ou imprimées à l'imitation de celles des Indes, vieilles ou neuves, en piéces ou en coupons, couvertures, toilettes, habits & autres vêtemens; enfemble les meubles de toutes fortes, compofés defdites étoffes & toiles; comme auffi les étoffes fabriquées dans la ville de Marfeille, de quelque matiere qu'elles foient compofées, même les toiles de coton blanches & mouffelines des Indes autres que les toiles de coton blanches & mouffelines venues directement des Indes Orientales, & provenant des ventes faites ou à faire par les Directeurs de la Compagnie des Indes.

II.

DEFEND pareillement Sa Majefté, fous la même peine de la vie, à tous Directeurs, Receveurs, Commis, Contrôleurs, Vifiteurs, Brigadiers, Gardes & autres Employés dans fes Fermes, de laiffer entrer dans le Royaume aucunes defdites étoffes & toiles prohibées & énoncées dans l'article précédent, par les Bureaux d'entrée; comme auffi à tous Aubergiftes, Hôteliers, Cabaretiers & autres perfonnes, de retirer fciemment dans leurs maifons les Voituriers & porteurs defdites marchandifes, ni recevoir icelles en dépôt.

III.

FAIT Sa Majefté très-expreffes défenfes à tous Fripiers, Tailleurs, Couturieres, Tapiffiers, Brodeurs & autres ouvriers & ouvrieres, d'employer chez eux ou dans des maifons particulieres, ni d'avoir dans leurs magafins, boutiques ou chambres aucunes defdites étoffes & toiles, ni aucuns habits, vêtemens ou meubles faits d'icelles, neuf ou vieux, à peine du foüet & du banniffement à temps pour la premiere contravention, & en cas de récidive, des galeres contre les hommes, & du banniſſement perpétuel contre les femmes.

IV.

Defend pareillement Sa Majeſté à toutes perſonnes de quelque qualité & condition qu'elles ſoient, de porter dedans ou dehors leurs maiſons, ou de faire faire aucuns habits, vêtemens ni meubles deſdites étoffes & toiles, ni d'en avoir dans leurs maiſons qui ſoient en piéces ou coupons, & non employées, à peine de confiſcation & de trois mille livres d'amende. Veut & ordonne Sa Majeſté que les maris & peres de famille ſoient civilement reſponſables des amendes auxquelles leurs femmes & enfans étant en leur puiſſance, auront été condamnés : permet néanmoins à toutes perſonnes de ſe ſervir des meubles compoſés deſdites étoffes & toiles, dont ils ſe trouveront avoir fait une déclaration fidéle en la forme & dans les termes preſcrits par les Arrêts du Conſeil des 11 Juin 1714, 16 Février & 21 Mai 1715, & 20 Janvier 1717.

V.

Veut & entend Sa Majeſté que les défenſes contenues dans tous les articles ci-deſſus, ſoient exécutées, même dans les lieux prétendus privilégiés; & pour faire ceſſer les abus qui ſe commettent dans leſdits lieux prétendus privilégiés de la ville, fauxbourgs & banlieue de Paris, tels que les enclos du Temple, de ſaint Jean de Latran, de l'Abbaye ſaint Germain des Prés, & autres, permet Sa Majeſté au ſieur Lieutenant général de Police de ladite ville de Paris d'y faire ou faire faire des viſites par telles perſonnes qu'il prépoſera pour cet effet, & lui donne pouvoir de juger des contraventions qui y auront été pratiquées, ainſi & en la même forme que de celles qui auront été commiſes dans le ſurplus de l'étendue de ladite ville.

VI.

ENJOINT Sa Majesté au sieur Lieutenant général de Police à Paris, & aux sieurs Intendans & Commissaires départis dans les Provinces, de tenir la main à ce que toutes les étoffes & toiles, les meubles & les habits des qualités ci-dessus, qui auront été saisis en contravention, soient brûlés par les mains de l'Exécuteur de la Haute-Justice.

VII.

VEUT & entend Sa Majesté que le présent Arrêt soit publié & affiché de six mois en six mois par-tout où besoin sera, en vertu de l'Ordonnance du Lieutenant général de Police à Paris, & des sieurs Intendans & Commissaires départis dans les Provinces de son Royaume, pays, terres & Seigneuries de son obéissance, auxquels Sa Majesté enjoint de tenir la main à l'exécution dudit Arrêt, & de faire faire de fréquentes visites par les Inspecteurs des manufactures & autres personnes à ce préposées, dans les boutiques & magasins des Négocians, Marchands & autres, même de ceux établis dans les lieux prétendus privilégiés : & seront au surplus les Edits, Déclarations & Arrêts rendus sur cette matiere, notamment ceux du 27 Septembre 1719 & 10 Juin dernier, exécutés selon leur forme & teneur. FAIT au Conseil d'Etat du Roi, Sa Majesté y étant, tenu à Paris le huitiéme jour de Juillet mil sept cent vingt-un.

Signé PHELYPEAUX.

LOUIS, PAR LA GRACE DE DIEU, ROI DE FRANCE ET DE NAVARRE, Dauphin de Viennois, Comte de Valentinois & Diois, Provence, Forcalquier & terres adjacentes ; à nos amés & féaux Conseillers en nos Conseils le sieur Lieutenant général de Police de notre bonne ville & fauxbourgs de Paris, & les sieurs Intendans & Commissaires départis pour l'exécution de nos ordres dans les Provinces & Généralités de notre Royaume : SALUT. Nous vous mandons & enjoignons par ces Présentes, signées de nous,

nous, de tenir chacun en droit foi la main à l'exécution de l'Arrêt ci-attaché fous le contre-fcel de notre Chancellerie, ce jourd'hui donné en notre Confeil d'Etat, nous y étant, pour les caufes y contenues : commandons au premier notre Huiffier ou Sergent fur ce requis, de fignifier ledit Arrêt à tous qu'il appartiendra, à ce que perfonne n'en ignore, & de faire pour fon entiere exécution tous actes & exploits néceffaires, fans autre permiffion, nonobftant clameur de Haro, Charte Normande & Lettres à ce contraires : voulons qu'aux copies dudit Arrêt & des Préfentes, collationnées par l'un de nos amés & féaux Confeillers-Secrétaires, foi foit ajoûtée comme aux originaux ; car tel eft notre plaifir. DONNÉ à Paris le huitiéme jour de Juillet l'an de grace mil fept cent vingt-un, & de notre regne le fixiéme. *Signé* LOUIS. *Et plus bas* ; par le Roi Dauphin, Comte de Provence, le Duc d'Orleans Régent préfent, PHELYPEAUX. Et fcellé.

Tome III.   D d d

ARREST
DU CONSEIL D'ÉTAT
DU ROY,

QUI évoque toutes les demandes & contestations contre la Compagnie.

Du 12 Juillet 1721.

Extrait des Regiſtres du Conſeil d'Etat.

LE Roi s'étant fait repréſenter l'Arrêt du Conſeil du dix-huit Mai dernier, par lequel Sa Majeſté a évoqué & évoque à ſoi & à ſon Conſeil toutes les demandes & conteſtations formées & à former, pour & au nom de la Compagnie des Indes & Banque y jointe, contre ſes Directeurs, Commis, Correſpondans, Agens & autres, qui ſous quelque titre & qualité que ce ſoit ont geré & adminiſtré les affaires de ladite Compagnie & Banque, ou s'y ſont immiſcés; & a Sa Majeſté leſdites demandes & conteſtations, circonſtances & dépendances, renvoyé, & renvoye pardevant les ſieurs Trudaine, Fagon, Ferrand & de Machault, Conſeillers d'Etat, de Richebourg, de la Grandville, de Beauſſan & Angran, Maîtres des Requêtes pour le tout à la requête, pourſuite & diligence du ſieur Tartel, Contrôleur général des Reſtes, être inſtruit & jugé définitivement & en dernier reſſort, par leſdits ſieurs Conſeillers d'Etat & Maîtres des Requêtes, au nombre de cinq, Sa Majeſté les commettant &

leur attribuant à cet effet toutes Cours , Jurisdictions , connoissance, icelle interdisant à toutes ses Cours & autres Juges, avec défense de se pourvoir ailleurs, que pardevant les sieurs Commissaires, pour raison desdites demandes & contestations, à peine de nullité, cassation de procédures, de trois mille livres d'amende, & de tous dépens, dommages & intérêts ; & Sa Majesté étant informée qu'il est dû à la Compagnie des Indes par plusieurs Négocians & autres particuliers, différentes sommes dont le recouvrement seroit très-long & causeroit beaucoup de frais si les débiteurs étoient poursuivis par devant les Juges de leur domicile, ce qui est contraire aux intentions, qu'a Sa Majesté d'être promptement instruite de l'état des affaires de ladite Compagnie, & de prendre ensuite les mesures convenables pour le soulagement des Actionnaires, qui ont placé le bien qu'ils possédoient anciennement; oui le rapport du sieur le Pelletier de la Houssaye, Conseiller d'État ordinaire & au Conseil de Régence pour les Finances, Contrôleur général des Finances, LE ROI E'TANT EN SON CONSEIL, de l'avis de Monsieur le Duc d'Orleans Régent, a évoqué à soi & à son Conseil, toutes les demandes & contestations formées & à former, pour & au nom de ladite Compagnie des Indes & Banque y jointe, contre les Négocians, Marchands, & autres personnes de quelque qualité & condition qu'elles soient, qui sont, ou seront dans la suite débiteurs de ladite Compagnie pour quelque cause & occasion que ce soit, & a Sa Majesté lesdites demandes & contestations, circonstances & dependances, renvoyé & renvoye pardevant lesdits sieurs Commissaires nommés par ledit Arrêt du dix-huit Mai dernier, pour le tout à la requête & diligence du sieur Tartel, Contrôleur général des Restes, que Sa Majesté a préposé pour cet effet, être instruit & jugé définitivement, & en dernier ressort, par lesdits sieurs Commissaires, au nombre de cinq, Sa Majesté en attribuant toute Cour, Juridiction, & connoissance, qu'elle interdit à ses Cours & autres Juges ; fait défenses aux parties de se pourvoir ailleurs, à peine de nullité, cassation de procédures, de trois mille livres d'amende, & de tous dépens, dommages & intérêts, nonobstant tous priviléges à ce contraires, auxquels Sa Majesté a dérogé & déroge en tant que besoin est ou seroit; & sera le présent Arrêt exécuté nonobstant oppositions, ou autres empêchemens quelconques, pour lesquels ne sera différé, & dont si aucuns interviennent, Sa Majesté s'est reservé & à son Conseil la connoissance. Fait au Conseil d'Etat du Roi, Sa Majesté y étant, tenu à Paris le douze Juillet mil sept cent vingt-un. *Signé* PHELYPEAUX.

ARREST
DU CONSEIL D'ÉTAT
DU ROY,

QUI commet le Sieur Dubois pour signer les Bulletins.

Du 15 Juillet 1721.

Extrait des Registres du Conseil d'Etat.

LE Roi s'étant fait représenter l'Arrêt de son Conseil du 20 Décembre 1719, par lequel Sa Majesté avoit commis les nommés Robinot & Cochois pour signer au lieu & place des Directeurs de la Compagnie des Indes, les marques en parchemin qui doivent être attachées au chef & à la queue de chaque piéce de mousselines & toiles de coton blanches, provenant du commerce de ladite Compagnie; un autre Arrêt de son Conseil du trentiéme de Mai dernier, par lequel Sa Majesté a commis le nommé Jean Camiaille pour signer lesdites marques au lieu & place dudit Cochois; & Sa Majesté voulant aussi préposer pour ladite signature un particulier autre que ledit Robinot; oui le rapport du sieur le Pelletier de la Houssaye, Conseiller d'Etat ordinaire & au Conseil de Régence pour les Finances, Contrôleur général des Finances, SA MAJESTÉ E'TANT EN SON CONSEIL, de l'avis de Monsieur le Duc d'Orleans Régent, a commis & commet Jacques Dubois, pour signer au lieu & place dudit Robinot, les marques en parchemin qui doivent être attachées au chef & à la queue de chaque piéce de mousselines & toiles de coton blanches, provenant du commerce de ladite Compagnie, conformément à l'Arrêt du vingt-huitiéme Avril 1711, & autres Arrêts intervenus depuis. FAIT au Conseil d'Etat du Roi, Sa Majesté y étant, tenu à Paris le quinziéme jour de Juillet mil sept cent vingt-un. *Signé* PHELYPEAUX.

ARREST
DU CONSEIL D'ÉTAT
DU ROY,

QUI ordonne que pardevant M^{rs}. les Commissaires du Conseil y dénommés, le Sieur Tartel, Contrôleur général des Restes, défendra pour & au nom de la Compagnie des Indes, aux demandes & prétentions qui seront formées contre elle.

Du 15 Juillet 1721.

Extrait des Registres du Conseil d'État.

LE Roi s'étant fait représenter l'Arrêt du 18 Mai dernier, par lequel Sa Majesté a évoqué & évoque à soi & à son Conseil toutes les demandes & contestations formées & à former, pour & au nom de la Compagnie des Indes & Banque y jointe, contre ses Directeurs, Commis, Correspondans, Agens & autres, qui sous quelque titre & qualité que ce soit, ont géré & administré les affaires de ladite Compagnie & Banque, ou s'y sont immiscés ; & a Sa Majesté lesdites demandes & contestations, circonstances & dépendances, renvoyé & renvoye pardevant les sieurs Trudaine, Fagon, Ferrand & de Machault, Conseillers d'Etat, de Richebourg, de la Grandville, de Beaussan & Angran, Maîtres des Requêtes, pour le tout à la requête, poursuite & diligence du sieur Tartel, Contrôleur général des Restes, être instruit & jugé définitivement & en dernier reſſort par leſdits ſieurs Conſeillers d'Etat, & Maîtres des Requêtes, au nombre de cinq, Sa Majeſté les commettant & leur attribuant à cet effet toute Cour, Juriſdiction & connoiſſance, icelle interdiſant à toutes ſes Cours & autres Juges, avec défenſes aux parties de ſe pourvoir ailleurs que pardevant leſdits ſieurs Commiſſaires, pour raiſon deſdites demandes & conteſtations, à peine de nullité, caſſation de procédures, de trois mille livres d'amende, & de tous dépens, dommages & intérêts ; & l'Arrêt du Conſeil du 12 du préſent mois, par lequel Sa Majeſté a évoqué à ſoi & à ſon Conſeil, toutes les demandes & conteſtations formées & à former, pour & au nom de ladite Compagnie des Indes & Banque y jointe, contre les Négocians & autres perſonnes de quelque qualité & condition qu'elles ſoient, qui ſont, ou ſeront dans la ſuite débiteurs de ladite Compagnie, pour quelque cauſe & occaſion que ce ſoit, & a Sa Majeſté leſdites demandes, conteſtations & dépendances, renvoyé pardevant leſdits ſieurs Commiſſaires nommés par ledit Arrêt du 18 Mai dernier, pour le tout à la requête & diligence du ſieur Tartel, Contrôleur général des Reſtes, que Sa Majeſté a prépoſé à cet effet, être inſtruit & jugé définitivement, & en dernier reſſort par leſdits ſieurs Commiſſaires, au nombre de cinq, Sa Majeſté leur en attribuant toute Cour, Juriſdiction & connoiſſance qu'elle a interdite à ſes Cours & autres Juges : & Sa Majeſté étant informée que pluſieurs particuliers qui ſe prétendent créanciers de ladite Compagnie des Indes, ſe pourvoyent en différentes Juriſdictions, ce qui multiplieroit les procédures & frais, auxquels ladite Compagnie ſe trouveroit expoſée, & éloigneroit la connoiſſance parfaite que Sa Majeſté deſire avoir des effets de ladite Compagnie ; oui le rapport du ſieur le Pelletier de la Houſſaye, Conſeiller d'Etat ordinaire & au Conſeil de Régence pour les Finances, Contrôleur général des Finances ; LE ROI ÉTANT EN SON CONSEIL, de l'avis de M. le Duc d'Orléans Régent, a évoqué & évoque à ſoi & à ſon Conſeil toutes les demandes

&

& contestations formées & à former par tous Négocians, Marchands, ouvriers & autres personnes de quelque qualité & condition qu'elles soient, qui prétendront avoir quelque créance ou droit à exercer contre ladite Compagnie, & a Sa Majesté lesdites demandes & contestations, circonstances & dépendances, renvoyé & renvoye pardevant lesdits sieurs Commissaires nommés par ledit Arrêt du 18 Mai dernier; ordonne aussi Sa Majesté, que le sieur Tartel, Contrôleur général des Restes, que Sa Majesté a préposé pour cet effet, défendra pour & au nom de ladite Compagnie, auxdites demandes & prétentions, qui seront jugées définitivement & en dernier ressort par lesdits sieurs Commissaires, au nombre de cinq, Sa Majesté leur en attribuant toute Cour, Jurisdiction & connoissance qu'elle interdit à ses Cours & autres Juges: fait défenses aux parties de se pourvoir ailleurs, à peine de nullité, cassation de procédures, de trois mille livres d'amende, & de tous dépens, dommages & intérêts, nonobstant tous priviléges à ce contraires, auxquels Sa Majesté a dérogé & déroge en tant que besoin est où seroit; & sera le présent Arrêt exécuté nonobstant oppositions, ou autres empêchemens quelconques, pour lesquels ne sera différé, & dont si aucuns interviennent, Sa Majesté s'est réservé & à son Conseil la connoissance. FAIT au Conseil d'Etat du Roi, Sa Majesté y étant, tenu à Paris le quinziéme jour de Juillet mil sept cent vingt-un. *Signé* PHELYPEAUX.

ARREST
DU CONSEIL D'ETAT
DU ROY.

QUI surseoit l'exécution de celui du 30 Mai 1721, qui rétablit en faveur de la Compagnie des Indes le Privilége exclusif de la Vente du Castor.

Du 20 Juillet 1721.

Extrait des Registres du Conseil d'Etat.

LE Roi ayant jugé à propos par les motifs expliqués dans l'Arrêt de son Conseil du trente Mai dernier, de rétablir le privilége exclusif de la vente du castor en faveur de la Compagnie des Indes ; & Sa Majesté étant informée des représentations qui ont été faites par les Marchands & Négocians de la Rochelle, & par plusieurs des principaux habitans du Canada qui se sont trouvés dans ladite Ville pour leurs affaires ; lesdites représentations tendantes à ce qu'il plût à Sa Majesté révoquer ledit Arrêt comme contraire au commerce du Royaume en général, & à l'intérêt de ladite Colonie : vû par Sa Majesté la réponse faite par la Compagnie des Indes auxdites repréfentations, qui lui ont été communiquées, enfemble l'avis des Députés au Confeil de Commerce; oui le rapport du fieur le Pelletier de la Houffaye, Confeiller d'État ordinaire & au Confeil de Régence pour les Finances, Contrôleur général des Finances, LE ROI E'TANT EN SON CONSEIL, de l'avis de Monfieur le Duc d'Orleans Régent, a ordonné & ordonne qu'il fera furfis à l'exécution dudit Arrêt du trente Mai dernier, jufqu'à ce que par Sa Majefté il en ait été autrement ordonné. FAIT au Confeil d'Etat du Roi, Sa Majefté y étant, tenu à Paris le vingtiéme jour de Juillet mil fept cent vingt-un.

Signé PHELYPEAUX.

ARREST
DU CONSEIL D'ÉTAT
DU ROY,

QUI commet le Sieur de la Bruyere pour informer contre le nommé Rodolet & autres.

Du 1 Août 1721.

Extrait des Regiſtres du Conſeil d'Etat.

LE Roi s'étant fait repréſenter l'Arrêt rendu en ſon Conſeil le 10 Juin dernier, par lequel Sa Majeſté a commis le ſieur de la Bruyere pour informer des abus & malverſations commiſes au port de l'Orient par le nommé Rodolet, Caiſſier de la Compagnie des Indes, & autres circonſtances & dépendances, pour, ſur l'information rapportée & vûe par Sa Majeſté, être ordonné ce qu'il appartiendra; & Sa Majeſté étant informée que pluſieurs particuliers ſont chargés & impliqués dans les informations qui ont été faites des abus & malverſations commiſes par ledit Rodolet, & qu'il eſt également néceſſaire de leur faire prêter interrogatoire, & d'inſtruire leur procès juſqu'à jugement définitif excluſivement; oui le rapport du ſieur le Pelletier de la Houſſaye, Conſeiller d'Etat ordinaire & au Conſeil de Régence pour les Finances, Contrôleur général des Finances, LE ROI E'TANT EN SON CONSEIL, de l'avis de M. le Duc d'Orleans Régent, a commis & commet ledit sieur de la Bruyere, pour informer & faire prêter interrogatoire à tous les particuliers qui se trouveront chargés par les informations contre ledit Rodolet, & qui se trouveront avoir part auxdits abus & malversations : ordonne Sa Majesté que le procès desdits Rodolet & autres particuliers sera instruit par ledit sieur de la Bruyere jusqu'à jugement définitif exclusivement : permet Sa Majesté audit sieur de la Bruyere de nommer pour Procureur de Sa Majesté pour les informations & interrogatoires tel Officier gradué qu'il jugera à propos ; & sera le présent Arrêt, ensemble ce qui sera fait & ordonné par ledit sieur de la Bruyere, exécuté nonobstant oppositions, récusations, prises à partie, & autres empêchemens quelconques pour lesquels ne sera différé, & dont si aucuns interviennent, Sa Majesté s'est réservé la connoissance qu'elle interdit à toutes ses Cours & Juges : voulant au surplus Sa Majesté que ledit Arrêt du 10 Juin dernier, soit exécuté selon sa forme & teneur. Fait au Conseil d'Etat du Roi, Sa Majesté y étant, tenu à Paris le premier jour d'Août mil sept cent vingt-un. *Signé* PHELYPEAUX.

ARREST
DU CONSEIL D'ÉTAT
DU ROY,

QUI commet M. Dodun à la place de M. Trudaine, Commissaire de la Compagnie des Indes.

Du 23 Août 1721.

Extrait des Registres du Conseil d'Etat.

LE Roi ayant par Arrêts de son Conseil d'Etat des 18 Mai, 12 & 15 Juillet dernier, commis les sieurs Trudaine, Fagon, Ferrand & Machault, Conseiller d'Etat, de Richebourg, de Beaussan, de la Grandville & Angran, Maîtres des Requêtes, pour juger en dernier ressort, au nombre de cinq, toutes les demandes & contestations formées & à former, évoquées & renvoyées par lesdits Arrêts, pour & au nom de la Compagnie des Indes & Banque y jointe contre les Directeurs, Commis, Correspondans, Agens & autres, qui sous quelque titre & qualité que ce soit, ont géré & administré les affaires de ladite Compagnie & Banque, ou s'y sont immiscés contre les Négocians, Marchands & autres personnes de quelque qualité & condition qu'elles soient, qui sont ou seront dans la suite débiteurs de ladite Compagnie pour quelque cause ou occasion que ce soit, & toutes les demandes & contestations formées & à former par tous Négocians, Marchands, ouvriers & autres personnes de quelque qualité & condition qu'elles soient, qui prétendront avoir quelque créance ou droit à exercer contre ladite Compagnie des Indes; & Sa Majesté désirant pourvoir & remplir la place vacante dans ladite Commission par la mort dudit sieur Trudaine; oui le rapport du sieur le Pelletier de la Houssaye, Conseiller d'Etat ordinaire & au Conseil de Régence pour les Finances, Contrôleur général des Finances: SA MAJESTE' E'TANT EN SON CONSEIL, de l'avis de M. le Duc d'Orleans Régent, a commis & commet en la place dudit sieur Trudaine le sieur Dodun, Maître des Requêtes, Commissaire des finances, Président aux Enquêtes du Parlement, pour conjointement avec lesdits sieurs Fagon, Ferrand, de Machault, de Richebourg, de Beaussan, de la Grandville & Angran, procéder au jugement des demandes & contestations évoquées & à eux renvoyées par lesdits Arrêts des 18 Mai, 12 & 15 Juillet dernier, & en la forme portée par iceux. FAIT au Conseil d'Etat du Roi, Sa Majesté y étant, tenu à Paris le vingt-troisiéme jour d'Août mil sept cent vingt-un.

Signé PHELYPEAUX.

ARREST
DU CONSEIL D'ÉTAT
DU ROY,

QUI nomme M. Dodun à la place de M. Trudaine.

Du 23 Août 1721.

Extrait des Regiſtres du Conſeil d'Etat.

LE Roi s'étant fait repréſenter les Arrêts de ſon Conſeil d'Etat des ſept & quinze Avril dernier, par leſquels Sa Majeſté a commis les ſieurs Trudaine, Fagon, Ferrand & de Machault, Conſeillers d'Etat, pour conjointement ou ſéparément dreſſer procès-verbal & faire inventaire des regiſtres, papiers & effets de la Compagnie des Indes & Banque y jointe, ſe faire rendre compte par les Tréſoriers, Receveurs & Caiſſiers généraux & particuliers de l'état de leurs caiſſes & affaires dont ils ont été chargés, & de tout le maniment qu'ils ont eû dans ladite Compagnie & Banque, pour parvenir à la confection du bilan général de ladite Compagnie, rendre à cet effet toutes les ordonnances qu'ils jugeront néceſſaires pour l'exécution deſdits Arrêts, & faire tout ce qui eſt porté par iceux, pour la régie & adminiſtration des affaires de ladite Compagnie & Banque; & d'autant que ledit ſieur Trudaine eſt depuis décédé, & qu'il eſt néceſſaire de pourvoir à remplir ſa place; oui le rapport du ſieur le Pelletier de la Houſſaye,

faye, Conseiller d'Etat ordinaire & au Conseil de Régence pour les Finances, Contrôleur général des Finances, SA MAJESTÉ ÉTANT EN SON CONSEIL, de l'avis de M. le Duc d'Orleans Régent, a commis & commet le sieur Dodun, Maître des Requêtes, Commissaire des Finances, Président aux Enquêtes du Parlement, pour au lieu & place dudit sieur Trudaine, procéder conjointement ou séparément avec lesdits sieurs Fagon, Ferrand & de Machault à la continuation du procès-verbal & inventaire des registres, papiers & effets de ladite Compagnie des Indes & Banque y jointe, & à la régie & administration des affaires concernant ladite Compagnie & Banque, suivant & en la maniere portée par lesdits Arrêts des 7 & 15 Avril dernier. FAIT au Conseil d'Etat du Roi, Sa Majesté y étant, tenu à Paris le vingt-troisiéme jour d'Août mil sept cent vingt-un. *Signé* PHELYPEAUX.

ARREST
DU CONSEIL D'ÉTAT
DU ROY,

QUI commet le Sieur le Cordier Directeur général de la Compagnie des Indes, pour arrêter les comptes & mémoires de tous les Correspondans.

Du 30 Août 1721.

Extrait des Regiſtres du Conſeil d'Etat.

LE Roi étant informé qu'il eſt important de nommer une perſonne capable pour arrêter les comptes & mémoires des Correſpondans de la Compagnie des Indes & autres, depuis la régie établie en conſéquence des Arrêts du Conſeil d'Etat des 7 & 15 Avril dernier, & voulant y pourvoir ; oui le rapport du ſieur le Pelletier de la Houſſaye, Conſeiller d'Etat ordinaire & au Conſeil de Régence pour les Finances : SA MAJESTÉ E'TANT EN SON CONSEIL, de l'avis de M. le Duc d'Orleans Régent, a commis & commet le ſieur le Cordier, Commis, Directeur général de ladite Compagnie des Indes à Paris, pour arrêter les comptes & mémoires de tous les Correſpondans de la Compagnie des Indes & autres, ſoit débiteurs ou créanciers, depuis la régie établie par leſdits Arrêts du Conſeil d'Etat des 7 & 15 Avril dernier, après toutefois que lefdits comptes & mémoires auront été vûs, examinés & certifiés bons par les fieurs Grenon & Blanchard, Infpecteurs & teneurs de livres de ladite Compagnie des Indes à Paris, au moyen de quoi ledit fieur le Cordier fera bien & valablement déchargé de l'arrêté defdits comptes & mémoires. FAIT au Confeil d'Etat du Roi, Sa Majefté y étant, tenu à Paris le trentiéme jour d'Août mil fept cent vingt-un. *Signé* PHELYPEAUX,

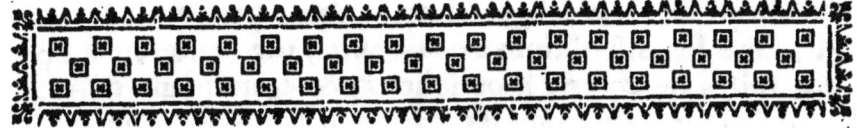

ARREST
DU CONSEIL D'ÉTAT
DU ROY,

QUI décharge la Compagnie des droits de la Prévôté de Nantes.

Du 16 Septembre 1721.

Extrait des Regiſtres du Conſeil d'Etat.

SUR ce qui a été repréſenté au Roi par le ſieur Etienne le Cordier, Commis Directeur général de la Compagnie des Indes, que les Vaiſſeaux partis des Ports de France pour les Indes Orientales, ſont précédemment revenus dans le royaume dès les premiers jours de Juillet, & que les Vaiſſeaux le Solide, la Vierge de grace & l'Amphitrite, n'étant arrivés des Indes Orientales au Port de l'Orient que les 22 & 24 du mois d'Août dernier, il eſt important que les marchandiſes, dont ils ſont chargés ſoient vendues inceſſamment, tant pour procurer à ladite Compagnie les fonds dont elle a un beſoin preſſant pour ſoutenir les différentes parties de ſon commerce, que pour fournir le Royaume de ces mêmes marchandiſes & empêcher la conſommation de pareilles marchandiſes venant de l'Etranger, qui pourroient y être introduites; que ces Vaiſſeaux étant arrivés un mois plûtard qu'à l'ordinaire, la Compagnie trouve de grandes difficultés à faire tranſporter à Nantes leur chargement, qui est de plus de six cens tonneaux avec la diligence convenable pour avoir le temps d'y faire les dispositions de la vente, particulierement pour les toiles de coton, mousselines, & étoffes tant de coton que de soye, ainsi que les soyes non fabriquées qui ont accoutumé d'être transportées par terre, attendu la rareté des rouilliers & voituriers, & la saison avancée, les chemins étant ordinairement impraticables de l'Orient à Nantes vers la fin d'Octobre, à quoi la Compagnie ne pourroit remédier qu'en faisant passer lesdites marchandises à Nantes par mer, ce qui la constitueroit dans une dépense considérable pour les payemens des droits qui sont dus par mer, & dont lesdites marchandises allant par terre sont exemptes, à moins qu'en considération de la nécessité qu'il y a que lesdites marchandises soient vendues promptement, Sa Majesté ne veuille bien faire la grace à la Compagnie des Indes de l'exempter du payement des droits sur lesdites marchandises qui seront transportées de l'Orient à Nantes par mer, en payant seulement les droits auxquels lesdites marchandises seroient sujettes, si elles étoient transportées par terre, ce qui ne portera aucun préjudice aux Fermes de Sa Majesté, puisque ces sortes de marchandises n'ont jamais été transportées autrement que par terre; oui le rapport du sieur le Pelletier de la Houssaye, Conseiller d'Etat ordinaire & au Conseil de Régence pour les Finances, Contrôleur général des Finances, SA MAJESTE' E'TANT EN SON CONSEIL, de l'avis de Monsieur le Duc d'Orleans Régent, a déchargé & décharge pour cette fois seulement, & sans tirer à consequence, des droits de la Prévôté de Nantes dus pour les marchandises allant par mer de l'Orient à Nantes, les toiles de coton, mousselines, & étoffes tant de coton que de soye, ainsi que les soyes non fabriquées, que la Compagnie des Indes fera transporter de l'Orient à Nantes par mer, provenant des cargaisons des Vaisseaux le Solide, l'Amphitrite, la Vierge de grace, arrivés des Indes Orientales au mois d'Août dernier, & qui seront accompagnées des certificats du sieur de l'Estobre, Directeur de ladite Compagnie des Indes ; ordonne Sa Majesté que lesdites marchandises ne payeront d'autres ni plus grands droits que ceux auxquels elles seroient sujettes si elles étoient transportées de l'Orient à Nantes par terre. FAIT au Conseil d'Etat du Roi, Sa Majesté y étant, tenu à Paris le seiziéme Septembre mil sept cent vingt-un.

Signé PHELYPEAUX.

ARREST
DU CONSEIL D'ÉTAT
DU ROY,

PORTANT Réglement pour la Vente des Marchandises arrivées des Indes, par les Vaisseaux le Solide, la Vierge de grace & l'Amphitrite.

ET l'Ordonnance de M. de Brou, Intendant de Bretagne du 24 dudit mois, qui commet M. Mellier, Général des Finances, pour procéder à l'inventaire de toutes les Marchandises qui composent le chargement desdits Vaisseaux, & pour tenir la main aux autres dispositions dudit Arrêt qui le concernent.

Du 16 Septembre 1721.

Extrait des Registres du Conseil d'Etat.

SUR la requête présentée au Roi étant en son Conseil, par le sieur le Cordier, nommé Commis, Directeur général de la Compagnie des Indes par l'Arrêt du 15 Avril 1721, contenant qu'il est arrivé au Port-Louis en Août 1721 les Vaisseaux le Solide, la Vierge de Grace & l'Amphitrite, venant des Ports des concessions de la Compagnie des Indes, chargés de poivre, bois rouge, cauris, laque en bois, laque platte, borax, sucre candie, rubarbe, esquine, thé, canne à la main, soye crûe, & autres épiceries & drogueries, étoffes de soye, toiles de coton blanches, mousselines, toiles teintes, peintes & rayées de couleurs, mouchoirs de coton & autres, de toutes lesquelles marchandises tant permises que prohibées, la vente doit être faite dans la ville de Nantes, après cependant que sur les mousselines & toiles de coton blanches, sujettes à la marque, il aura été apposé celles qu'il a plû à Sa Majesté d'ordonner par Arrêt du 28 Avril 1711, dont l'empreinte est au pied dudit Arrêt, laquelle marque sera imprimée sur un morceau de parchemin, signé & paraphé par les sieurs Cochois & Robineau, que Sa Majesté a commis par Arrêt du 20 Décembre 1719, ou par le sieur Camiaille aussi commis par Arrêt du 30 Mai 1721, ou par le sieur Dubois aussi commis par Arrêt du 15 Juillet 1721, ou par l'un desdits sieurs seulement, à l'effet qu'il n'en soit débité aucune dans le Royaume que celles de ladite Compagnie, conformément aux Arrêts des 10, 24 Février & 13 Mars 1691, 11 Novembre 1700, Déclaration de Sa Majesté du 9 Mai 1702, & autres Arrêts & Réglemens rendus en conséquence, concernant le commerce de ladite Compagnie, & notamment à ceux des 10 Décembre 1709, & 4 Juin 1715, rendus en interprétation de celui du 27 Août 1709, des Arrêts des 11 Juin 1714, 20 Janvier & 22 Février 1716, & de l'Edit du mois de Mai 1719, portant réunion des Compagnies des Indes & de la Chine à la Compagnie d'Occident, à présent nommée Compagnie des Indes, qui permettent à ladite Compagnie de vendre dans le Royaume des mousselines & toiles de coton blanches apportées par ses Vaisseaux, à tous Négocians, Marchands & autres particuliers qui les ont achetées de ladite Compagnie, d'en faire débit & usage, en payant seulement les droits d'entrées, portés par le Tarif de 1664, pour les marchandises, qui y sont dénommées & contenues, & trois pour cent de la valeur de celles qui n'y sont point comprises, suivant & conformément à l'article XLIV. de l'Edit d'établissement de ladite Compagnie, & Arrêt rendus en conséquence; & en outre les nouveaux droits sur les caffés de dix sols par chaque livre pesant. A ces

causes

caufes, requeroit ledit fieur le Cordier qu'il plût à Sa Majefté fur ce pourvoir. Vû lefdits Arrêts des 10, 24 Février, & 13 Mars 1691, 11 Novembre 1700, Déclaration de Sa Majefté du 9 Mai 1702, 27 Août & 10 Décembre 1709, 28 Avril 1711, 11 Juin 1714, 20 Janvier & 22 Février 1716, & l'Edit du mois de Mai 1719, portant réunion des Compagnies des Indes Orientales & de la Chine à celle d'Occident ; oui le rapport du fieur le Pelletier de la Houffaye, Confeiller d'Etat ordinaire & au Confeil de Régence pour les Finances, Contrôleur général des Finances, LE ROI ÉTANT EN SON CONSEIL de l'avis de Monfieur le Duc d'Orleans Régent, a ordonné & ordonne que par le fieur Feydeau de Brou, Intendant & Commiffaire départi en la Province de Bretagne, ou par celui qu'il fubdéleguera à cet effet, il fera fait en la préfence du fieur Richard, commis par le Confeil pour l'exécution de l'arrêt du 18 Mai 1720, inventaire de toutes les marchandifes qui compofent le chargement defdits Vaiffeaux le Solide, la Vierge de Grace, & l'Amphitrite ; lequel inventaire fera divifé en trois chapitres, dont le premier comprendra les marchandifes fujettes à la marque, comme mouffelines & toiles de coton blanches ; le fecond, les drogueries & épiceries, comme poivre, bois rouge, cauris, laque en bois, laque platte, borax, fucre candie, rubarbe, efquine, caffés, thé, & autres ; & le troifiéme chapitre fera compofé de toiles teintes, peintes, ou rayées de couleurs, mouchoirs de coton & étoffes, dont l'ufage & le débit font prohibés dans le Royaume, & qui quoique chargées fur les Vaiffeaux de ladite Compagnie des Indes, ne peuvent être vendues qu'à condition qu'elles feront renvoyées à l'Etranger ; ordonne auffi Sa Majefté que toutes lefdites piéces de mouffelines & toiles de coton blanches, fpécifiées par le premier chapitre dudit inventaire feront marquées aux deux bouts de chaque piéce d'une marque pareille à l'empreinte étant au pied dudit Arrêt du 28 Avril 1711, imprimé fur un morceau de parchemin, figné par le fieur Cochois & Robineau que Sa Majefté a commis pour cet effet par Arrêt du 20 Décembre 1719, ou par le sieur Camiaille aussi commis par Arrêt du 30 Mai 1721, & par le sieur Dubois aussi commis par Arrêt du 15 Juillet 1721, ou par un d'eux seulement, laquelle marque sera attachée au chef & à la queue de chaque piéce, avec le plomb de ladite Compagnie, en présence dudit sieur Subdélégué ou autre qui sera commis par ledit sieur Feydeau de Brou, sans que lesdits Marchands ou Négocians puissent être tenus de rapporter lesdites marques, ni de faire mention sur leurs registres des noms de ceux auxquels ils pourront vendre des piéces entieres, à condition néanmoins que les Marchands & Négocians seront tenus de faire immédiatement après chaque vente publique, une déclaration expresse de la quantité desdites toiles de coton blanches & mousselines qu'ils auront achetées, lesquelles déclarations seront faites à Paris au sieur Lieutenant général de Police, ou à celui qu'il commettra, & dans les Provinces aux sieurs Intendans & Commissaires, départis ou aux personnes qui seront par eux commises, lesquelles déclarations seront insérées dans un registre particulier paraphé par ceux qui les recevront, dans lequel registre lesdites marchandises seront spécifiées par des chapitres distincts & séparés par chacun des Déclarans, sans que lesdits Marchands de la ville de Paris, détailleurs ou autres, puissent tirer des Provinces aucunes mousselines & toiles de coton blanches, même de celles marquées à la marque desdits sieurs Intendans & Commissaires départis, s'ils n'en ont obtenu dudit sieur Lieutenant général de Police une permission expresse; ordonne Sa Majesté qu'après l'apposition desdites marques sur lesdites piéces de mousselines & toiles de coton blanches, toutes lesdites marchandises des Indes, venues sur lesdits Vaisseaux, seront incessamment vendues en la maniére accoutumée, en présence dudit sieur le Cordier, Commis Directeur général de la Compagnie des Indes ou de celui qui sera nommé à effet, & dudit sieur Richard, en payant les droits d'entrées de toutes lesdites marchandises, conformément au Tarif de 1664, à l'article XLIV de l'Edit du mois d'Août de la même année, & aux Arrêts des 29 Avril & 22 Novembre 1692 & 2 Novembre 1702, & en outre les nouveaux droits sur le caffé de dix sols par chaque livre pesant; & à l'égard des toiles de coton teintes, peintes & rayées de couleurs, mouchoirs de coton & étoffes provenant des Indes & de la Chine, la vente & adjudication n'en pourra être faite qu'à condition qu'elles seront envoyées à l'Etranger par les Adjudicataires dans six mois au plûtard du jour de l'adjudication, dans la forme, pour les pays, & avec les précautions prescrites par l'article VII de l'Arrêt du 11 Juin 1714, & jusqu'audit envoi, elles seront mises dans le magasin d'entrepôt, conformément audit Arrêt du 18 Mai 1720; ordonne en outre Sa Majesté, conformément à l'article VIII de l'Arrêt du 20 Janvier 1716, que les toiles de coton blanches & mousselines ne pourront être vendues dans aucune Ville, jusqu'à ce qu'il y ait été apposé une seconde marque au chef & à la queue; sçavoir, à Paris par le sieur Lieutenant général de Police qui pourra numéroter, & parapher chacune des marques en parchemin, s'il le juge à propos, ou par les Commissaires du Châtelet, les Inspecteurs de Police, ou telles autres personnes qu'il voudra commettre, & dans les Provinces par les sieurs Intendans & Commissaires départis ou leurs Subdélegués; ensorte que les mousselines & toiles de coton blanches soit en piéces ou en coupons qui se trouveront sans lesdites premieres & secondes marques, seront reputées en contravention, & confisquées comme telles, & ceux qui s'en trouveront saisis condamnés aux amendes & autres peines spécifiées par les Arrêts des 20 Janvier & 22 Février 1716, qui seront exécutés selon leur forme & teneur. Veut Sa Majesté qu'à la requisition dudit sieur le Cordier, Commis Directeur général de la Compagnie des Indes, il soit fait une visite desdites marchandises des Indes, qui se trouveront chez lesdits Marchands Négocians, & tous autres de quelque qualité & condition qu'ils puissent être, même qu'il lui soit permis de faire saisir celles qui ne seront pas marquées des marques prescrites par les Arrêts ci-devant datés : & Sa Majesté voulant assurer de plus en plus l'exécution desdits Arrêts dans la ville de Paris, & favoriser le débit des Marchands qui font un commerce loyal desdites marchandises, lequel est souvent dérangé par les fraudeurs & colporteurs inconnus, même empêcher que les détailleurs qui s'excusent ordinairement des contraventions qu'on leur impute, par le peu de connoissance qu'ils disent avoir des véritables marques, ne puissent être trompés. Fait très-expresses inhibitions & défenses sous peine de trois mille livres d'amende à tous détailleurs & détailleuses qui employent lesdites mousselines & toiles de coton blanches, d'acheter aucunes piéces que des Marchands connus & domiciliés, sauf aux détailleurs & détailleuses à obliger les Marchands de signer leurs noms au dos de chaque marque en parchemin qui sera apposé sur les piéces vendues pour y avoir recours en cas de besoin. Enjoint Sa Majesté au sieur Tachereau de Baudry Conseiller en ses Conseils, Maître des Requêtes ordinaire de son Hôtel, Lieutenant général de Police de la ville de Paris, & aux sieurs Intendans & Commissaires départis dans les Provinces & Généralités du Royaume, de tenir la main à l'exécution du présent Arrêt, qui sera lû, publié & affiché par-tout où besoin sera, & exécuté nonobstant toutes oppositions ou appellations quelconques, pour lesquelles ne sera différé. FAIT au Conseil d'Etat du Roi, Sa Majesté y étant, tenu à Paris le seiziéme jour de Septembre mil sept cent vingt-un. *Signé* PHELYPEAUX.

LOUIS, PAR LA GRACE DE DIEU, ROI DE FRANCE ET DE NAVARRE, Dauphin de Viennois, Comte de Valentinois, Dyois, Provence, & terres adjacentes : à nos amés & féaux Conseillers en nos Conseils, le sieur Tachereau de Baudry, Lieutenant général de Police de notre bonne Ville, Prevôté & Vicomté de Paris, & les sieurs Intendans & Commissaires départis pour l'exécution de nos ordres dans les Provinces & Généralités de notre Royaume, SALUT. De l'avis de notre très-cher

& très-amé oncle le Duc d'Orléans Régent, nous vous mandons & enjoignons par ces Préfentes, fignées de nous, de tenir chacun en droit foi la main à l'exécution de l'Arrêt ci-attaché fous le contre-fcel de notre Chancellerie, ce jourd'hui donné en notre Confeil d'Etat, nous y étant, pour les caufes y contenues, commandons au premier notre Huiffier ou Sergent fur ce requis, de fignifier ledit Arrêt à tous qu'il appartiendra, à ce que perfonne n'en ignore, & de faire pour fon entiere exécution tous actes & exploits néceffaires fans autre permiffion, nonobftant clameur de Haro, Charte Normande & Lettres à ce contraires : voulons qu'aux copies dudit Arrêt & des Préfentes, collationnées par l'un de nos amés & féaux Confeillers-Secretaires, foi foit ajoutée comme à l'original ; car tel eft notre plaifir. DONNÉ à Paris le feiziéme jour de Septembre, l'an de grace mil fept cent vingt-un, & de notre regne le feptiéme. *Signé* LOUIS. *Et plus bas* ; par le Roi Dauphin, Comte de Provence, le Duc d'Orleans Régent préfent. *Signé* PHELYPEAUX. *Et enfuite de l'Arrêt eft écrit*,

PAUL Efprit Feydeau, Seigneur de Brou, la Villeneuve aux Aulnes, Calendes, le Chariot, & autres lieux, Confeiller du Roi en fes Confeils, Maître des Requêtes ordinaire de fon Hôtel, Commiffaire départi pour l'exécution des ordres de Sa Majefté en Bretagne. Vû le préfent Arrêt & Commiffion fur icelui, expédié, dûement fcellé du grand Sceau de cire jaune. Nous Maître des Requêtes, & Commiffaire fufdit, ordonnons que ledit Arrêt du Confeil fera exécuté felon fa forme & teneur dans l'étendue de notre département, & avons commis le fieur Mellier, Général des Finances, & notre Subdélegué à Nantes, pour tenir la main à l'exécution des difpofitions dudit Arrêt qui nous concernent. Fait ce vingt-quatre Septembre mil fept cent vingt-un. *Signé* FEYDEAU. *Et plus bas*, Par Monfeigneur, RONDEAU.

GERARD Mellier, Confeiller du Roi, Tréforier de France, Général des Finances en Bretagne, Chevalier des Ordres Royaux, Militaires & Hospitaliers de Notre-Dame de Mont-Carmel, & de saint Lazare de Jérusalem, Commissaire député du Conseil pour les affaires de la Compagnie des Indes dans le port de Nantes, lieux circonvoisins, Maire & Colonel de la Milice Bourgeoise, & Président du Bureau de Santé de Nantes, Commissaire & Subdélegué de Messire Paul Esprit Feydeau, Chevalier, Seigneur de Brou, la Villeneuve aux Aulnes, Calandes, le Chariot, & autres lieux, Conseiller du Roi en ses Conseils, Maître des Requêtes ordinaire de son Hôtel, Commissaire départi pour l'exécution des ordres de Sa Majesté, dans la Province de Bretagne. Vû l'Arrêt du Conseil ci-dessus, en date du seiziéme Septembre dernier, les Lettres de Commission sur icelui du même jour, & l'Ordonnance de Monditsieur l'Intendant du 24 dudit mois. Nous Commissaire & Subdélegué susdit, ordonnons que ledit Arrêt du Conseil & Ordonnance, seront exécutés selon leur forme & teneur, & affichés par-tout où il appartiendra, à ce que personne n'en ignore. Fait à Nantes le quatriéme Octobre mil sept cent vingt-un.

ARREST
DU CONSEIL D'ÉTAT
DU ROY,

QUI ordonne de dresser Procès-verbal des Pacotilles.

Du 16 Septembre 1721.

Extrait des Regiſtres du Conſeil d'Etat.

LE Roi étant informé qu'au préjudice des défenſes portées par l'Arrêt du 22 Février 1717, les Officiers des Vaiſſeaux le Solide, l'Amphitrite & la Vierge de grace, venant des Indes, arrivés au Port de l'Orient le 22 & 24 d'Août dernier, ont chargé des pacotilles dans les comptoirs de la Compagnie aux Indes pour les débarquer frauduleuſement, & en faire le verſement dans le Royaume; & Sa Majeſté ayant précédemment ordonné qu'à l'arrivée deſdits Vaiſſeaux il ſeroit appoſé un ſcellé ſur toutes les écoutilles & chambres des Officiers deſdits Vaiſſeaux, pour reconnoître plus ſûrement les pacotilles & marchandiſes chargées en fraude, en être dreſſé procès-verbal, & être leſdites pacotilles & marchandiſes déchargées dans les magaſins de la Compagnie à l'Orient d'où après la confiſcation ordonnée, elles ſeroient tranſportées à Nantes pour y être vendues au profit de ladite Compagnie; oui le rapport du ſieur le Pelletier de la Houſſaye, Conſeiller d'Etat ordinaire & au Conſeil de Régence pour les Finances, Contrôleur général des Finances, LE ROI ÉTANT EN SON CONSEIL, de l'avis de Monsieur le Duc d'Orleans Régent, a commis & commet le sieur de la Bruyere pour dresser procès-verbal de toutes les marchandises & pacotilles qui se trouveront sous les scellés apposés sur les chambres, écoutilles & autres endroits des Vaisseaux le Solide, l'Amphitrite & la Vierge de Grace, venant des Indes, appartenant à ladite Compagnie des Indes, & qui ne seront pas comprises dans les factures du chargement envoyées par les Directeurs de ladite Compagnie établis dans ces différens endroits & comptoirs des Indes. Ordonne Sa Majesté que lesdites pacotilles & marchandises chargées en fraude sur lesdits Vaisseaux seront confisquées au profit de ladite Compagnie des Indes, & déchargées dans ses magasins de l'Orient, pour être ensuite transportées à Nantes, & y être vendues au profit de ladite Compagnie, conjointement avec les autres marchandises du chargement desdits Vaisseaux ; & sera le présent Arrêt exécuté nonobstant opposition, recusations prises à parties, & autres empêchemens quelconques, pour lesquels ne sera différé, & dont si aucuns interviennent, Sa Majesté s'est reservé & à son Conseil la connoissance, icelle interdite à toutes ses Cours & autres Juges. FAIT au Conseil d'Etat du Roi, Sa Majesté y étant, tenu à Paris le seiziéme jour de Septembre mil sept cent vingt-un. *Signé* PHELYPEAUX.

LOUIS, PAR LA GRACE DE DIEU, ROI DE FRANCE ET DE NAVARRE, à notre cher & bien amé le sieur de la Bruyere, SALUT. De l'avis de notre très-cher & bien amé oncle le Duc d'Orleans Régent, suivant l'Arrêt ci-attaché sous le contre-scel de notre Chancellerie ce jourd'hui donné en notre Conseil d'Etat, nous y étant, nous vous avons commis & commettons par ces Présentes, signées de notre main, pour dresser procès-verbal de toutes les pacotilles & marchandises qui se trouveront sous les scellés apposés sur les chambres, écoutilles & autres endroits des Vaisseaux le Solide, l'Amphitrite & la Vierge de grace,
venant

venant des Indes, & qui ne feront pas comprifes dans les factures de chargement envoyées par les Directeurs de ladite Compagnie établis dans fes différens comptoirs : commandons au premier notre Huiffier ou Sergent fur ce requis de fignifier ledit Arrêt à tous qu'il appartiendra à ce que perfonne n'en ignore, & de faire pour fon entiere exécution tous les actes & exploits néceffaires fans autre permiffion ; car tel eft notre plaifir. DONNE' à Paris le seiziéme jour de Septembre, l'an de grace mil fept cent vingt-un, & de notre regne le feptiéme. *Signé* LOUIS. *Et plus bas*; Par le Roi, le Duc d'Orléans Régent préfent ; *& figné plus bas* PHELYPEAUX. Scellé du grand Sceau de cire jaune.

ORDONNANCE DU ROY,

POUR la levée d'une Compagnie d'Infanterie, au service & à la solde de la Compagnie des Indes.

Du 1 Octobre 1721.

DE PAR LE ROY.

SA Majesté étant informée que la Compagnie des Indes a un grand nombre de Vaisseaux au port de l'Orient, & des magasins considérables dans le Parc dudit Port, remplis de toutes les marchandises nécessaires à son commerce, dont la conservation est importante ; Sa Majesté a jugé qu'il convient au bien de ladite Compagnie qu'il y ait une Compagnie d'Infanterie au service & à la solde de ladite Compagnie des Indes, tant pour la garde dudit port de l'Orient, que pour fournir aux détachemens qu'il sera nécessaire d'envoyer dans les Colonies de sa concession : SA MAJESTE', de l'avis de M. le Duc d'Orleans Régent, a ordonné & ordonne :

ARTICLE PREMIER.

Qu'il sera levé incessamment aux frais & par les ordres de la Compagnie des Indes une Compagnie d'Infanterie, composée d'un Capitaine, un Lieutenant, un sous-Lieutenant, deux enseignes, quatre sergens, quatre caporaux, quatre anspessades, quatre-vingt-six fusiliers & deux tambours.

II.

Le Capitaine sera payé par la Compagnie des Indes, à raison de quatre-vingt-dix livres par mois ; le Lieutenant de soixante livres ; le sous-Lieutenant de cinquante livres ; chacun des deux enseignes de quarante livres ; chacun des quatre sergens de dix-neuf livres dix sols ; chacun des quatre caporaux de treize livres dix sols ; chacun des quatre anspessades de douze livres ; chacun des quatre-vingt-six fusiliers de neuf livres, & chacun des deux tambours de treize livres dix sols.

III.

Les Officiers seront pourvûs par Sa Majesté sur la présentation de la Compagnie des Indes, à laquelle elle permet de les casser en cas qu'elle ne soit pas contente de leurs services, & de lui en présenter d'autres à leur place.

IV.

Pourra ladite Compagnie des Indes employer ladite Compagnie d'Infanterie à tout ce qu'elle jugera convenable à son service, & faire tels détachemens qu'elle jugera à propos pour les envoyer dans les Colonies de sa concession & sur ses Vaisseaux.

V.

Entend Sa Majesté que les sergens, caporaux, anspessades, fusilliers & tambours de cette Compagnie qui déserteront, soient punis des mêmes peines que les déserteurs des troupes de Sa Majesté. Fait à Paris le premier jour d'Octobre mil sept cent vingt-un. *Signé* LOUIS. *Et plus bas*, Le Blanc.

ARREST
DU CONSEIL D'ÉTAT
DU ROY,

POUR faire remettre à la Compagnie des Indes les étoffes des Indes & autres qui seront saisies par les Employés des Fermes.

Du 17 Octobre 1721.

Extrait des Registres du Conseil d'Etat.

LE Roi s'étant fait représenter l'Arrêt du 20 Mai 1720, par lequel Sa Majesté a ordonné que les toiles peintes, teintes, & étoffes de toutes sortes, provenant des Indes, de la Chine & du Levant, & autres dénommées dans les Arrêts des 27 Août 1709, 20 Janvier & 22 Février 1716, 27 Septembre 1719, saisies & confisquées sur les particuliers qui les auroient introduites dans le Royaume, vendues, achetées, trafiquées, ou qui en auroient fait usage au préjudice des défenses portées par lesdits Arrêts, ne seroient plus brûlées; Sa Majesté ayant permis à la Compagnie des Indes, alors Adjudicataire des Fermes générales, de vendre à son profit & débiter dans le Royaume les toiles de coton blanches, & mousselines confisquées, après néanmoins qu'il y aura été apposé des marques de parchemin signées ou paraphées, & des plombs, en conformité desdits Arrêts ; & à l'égard des autres toiles & étoffes dont le débit & l'usage sont prohibés par lesdits Arrêts, Sa Majesté ayant permis aussi à ladite Compagnie des Indes de les faire transporter en pays étrangers, pour y être vendues au profit de ladite Compagnie, laquelle suivant ses offres, est tenue de payer à ses dépens, tous les frais de procédures & de transport, & les récompenses accordées aux dénonciateurs & saisissans par les Réglemens & Arrêts du Conseil pour raison des saisies & confiscations desdites étoffes & toiles ; Sa Majesté ayant ordonné que ladite Compagnie seroit tenue de représenter au Conseil de Commerce des états des chargemens qui en auroient été faits, lesquels états devoient être signés par deux Directeurs d'icelle, comme aussi les états desdites marchandises qui auroient été vendues en pays étrangers, signés par les Consuls de la nation Françoise, ou à leur défaut par deux Négocians François résidens ès lieux esquels lesdites ventes auroient été faites, & rapportés au plûtard trois mois après lesdites ventes : & Sa Majesté ayant par Arrêt du 5 Janvier 1721 résilié le bail de ses Fermes, fait au profit de ladite Compagnie des Indes, sous le nom d'Armand Pillavoine, elle a trouvé qu'il étoit également juste que lesdites marchandises des Indes, de la Chine & du Levant, dont l'entrée est prohibée dans le Royaume, fussent confisquées au profit de ladite Compagnie, puisque le commerce qui se fait en fraude desdites marchandises, ne se peut faire qu'au détriment de celui de ladite Compagnie ; à la charge toutefois que ladite Compagnie payeroit les frais de procédures & autres, dont Sa Majesté faisoit ci-devant le remboursement aux Fermiers généraux ; oui le rapport du sieur le Pelletier de la Houssaye, Conseiller d'État ordinaire & au Conseil de Régence pour les Finances, Contrôleur général des Finances : SA MAJESTÉ ÉTANT EN SON CONSEIL, de l'avis de Monsieur le Duc d'Orléans Régent, a ordonné & ordonne ce qui suit.

ARTICLE PREMIER.

L'ARREST intervenu le 20 Mai 1720 en faveur de la Compagnie des Indes, sera exécuté selon sa forme & teneur, ainsi & de la même maniere qu'il l'étoit pendant que la Compagnie des Indes étoit Adjudicataire des Fermes, sous le nom d'Armand Pillavoine, à condition que ladite Compagnie payera aux Fermiers généraux des Fermes unies, quinze sols par aune de toile de coton blanche, teinte ou peinte ; trente sols par aune de mousseline ou d'étoffe, appellée écorce d'arbre, furie, satin, gaze ou taffetas ; & quatre livres par aune de damas ou d'étoffe de soye mêlée d'or ou d'argent, pour tenir lieu auxdits Fermiers généraux, tant de la moitié des amendes accordées par la Déclaration de Sa Majesté du 11 Juin 1714 à ceux qui auront fait les saisies, que des frais desdites saisies, vérifications par experts, jugemens, frais de voitures des lieux où les saisies auront été faites jusqu'à Paris, commis à la garde du dépôt & autres frais.

II.

Le sieur Lieutenant général de Police de la ville de Paris, ou tel Commissaire qui sera par lui nommé, fera incessamment sans frais, un inventaire de toutes les toiles de coton blanches, teintes ou peintes, mousselines & étoffes des Indes, de quelque qualité qu'elles soient, qui ont été saisies & confisquées depuis le premier Octobre de l'année derniere 1720, que la régie des Fermes générales, sous le nom de Me Charles Cordier a commencé, & qui se trouveront dans le dépôt général du Bureau de la Doüane de ladite Ville, pour être lesdites marchandises remises à la disposition de ladite Compagnie des Indes, en remboursant le Fermier des frais, suivant qu'il a été expliqué dans le précédent article, de laquelle remise il sera dressé procès-verbal par ledit sieur Lieutenant général de Police, lequel se transportera à l'avenir tous les trois mois audit Bureau de la Doüane, pour dresser pareil inventaire & procès-verbal de la quantité & qualité desdites marchandises des Indes, de la Chine & du Levant, qui auront été saisies & confisquées, tant dans ladite ville de

Paris, que dans les Provinces du Royaume, d'où elles y auront été voiturées, & de la remife qui en fera faite à ladite Compagnie. FAIT au Conſeil d'Etat du Roi, Sa Majeſté y étant, tenu à Paris le dix-ſeptiéme jour d'Octobre mil ſept cent vingt-un. *Signé* PHELYPEAUX.

ARREST
DU CONSEIL D'ÉTAT
DU ROY,

CONCERNANT la marque des Mousselines & Toiles de coton blanches.

Du 18 Octobre 1721.

Extrait des Regiſtres du Conſeil d'Etat.

LE Roi étant informé que la Compagnie des Indes ayant envoyé de Paris à Nantes une partie des bulletins en parchemin qui doivent être attachés aux deux bouts de chaque piéce de mouſſelines & de toiles de coton blanches venues en dernier lieu des Indes par les Vaiſſeaux le Solide, l'Amphitrite & la Vierge de grace, dont la vente a été indiquée pour le premier du mois de Décembre prochain dans ladite ville de Nantes, les ballots deſdits bulletins ont été embarqués à Orleans, dans un bateau ſur lequel il s'eſt trouvé des marchandiſes ſoupçonnées d'avoir été fabriquées dans les lieux qui ſont devenus ſuſpects à la contagion, ce qui a obligé le Conſeil de ſanté de la ville de Nantes, de les faire mettre dans l'entrepôt deſtiné né à la quarantaine, d'où il y auroit de l'imprudence de les faire sortir avant qu'il soit bien averé qu'il n'y a aucun danger ; que cependant il est impossible que ladite Compagnie des Indes puisse avant le jour de la vente, faire couper, timbrer & signer un nombre suffisant d'autres bulletins & parchemins, pour remplacer ceux qui sont en quarantaine, ce qui la mettroit hors d'état de faire la vente indiquée au premier Décembre prochain, ni même plusieurs mois après, d'où il s'ensuivroit un dérangement considérable dans les affaires & dans le commerce de la Compagnie : & comme le réglement qui a été fait de mettre un bulletin de parchemin à chacun des bouts desdites piéces de mousselines & de coton blanches, n'est qu'une précaution surabondante, ce qui n'est pratiqué que depuis peu d'années, Sa Majesté a jugé qu'il n'y auroit point d'inconvénient de permettre à la Compagnie des Indes pour cette fois seulement, de ne mettre de bulletin qu'à un des deux bouts de chaque piéce, à condition de mettre un plomb à chacun desdits deux bouts, à quoi étant nécessaire de pourvoir ; oui le rapport du sieur le Pelletier de la Houssaye, Conseiller d'Etat ordinaire & au Conseil de Régence pour les Finances, Contrôleur général des Finances, SA MAJESTE' E'TANT EN SON CONSEIL, de l'avis de Monsieur le Duc d'Orleans Régent, a ordonné & ordonne, que pour cette fois seulement, & sans tirer à conséquence, les piéces de mousselines & toiles de coton blanches, ne seront marquées qu'au chef, d'un bulletin de parchemin marqué de l'empreinte étant au pied de l'Arrêt du 18 Avril 1711, avec le plomb de la Compagnie, & à la queue de chaque piéce, avec ledit plomb seulement ; permet Sa Majesté à la Compagnie des Indes d'employer à ladite marque 15800 bulletins de parchemin restans de la vente de 1719, signés des sieurs Raudot, Fromaget, Mouchard, Gilly, Dirou, Castanier, Gattebois & Pion, alors Directeurs de la Compagnie des Indes, en cas qu'elle ne puisse pas avoir suffisamment desdits bulletins, signés des sieurs Cochois & Robineau, commis par l'Arrêt du 20 Décembre 1719, du sieur Camiaille, commis par Arrêt du 30 Mai 1721, ou du sieur Dubois, commis par Arrêt du 15 Juillet 1721. FAIT au Conseil d'Etat du Roi, Sa Majesté y étant, tenu à Paris le dix-huitiéme jour d'Octobre mil sept cent vingt-un.

Signé PHELYPEAUX.

ARREST
DU CONSEIL D'ÉTAT
DU ROY,

QUI commet le Sieur de la Bruyere pour juger définitivement le Procès criminel qui sera fait aux Sieurs Clerisseau & Duchemin, & leurs complices.

Du 21 Novembre 1721.

Extrait des Registres du Conseil d'Etat.

LE Roi étant informé qu'il a été volé des plombs & autres ustenciles dans les magasins de la Compagnie des Indes étant au port de l'Orient, & que le nommé Clerisseau, dit Duchemin, gardien & peseur de la manufacture des toiles, est soupçonné d'avoir acheté lesdits plombs & ustenciles ; & Sa Majesté voulant que cette malversation ne demeure pas impunie, & qu'il soit incessamment procédé à l'instruction & au jugement du procès dudit Clerisseau, dit Duchemin & de ses complices ; oui le rapport du sieur le Pelletier de la Houssaye, Conseiller d'Etat ordinaire & au Conseil de Régence pour les Finances, Contrôleur général des Finances, SA MAJESTÉ E'TANT EN SON CONSEIL, de l'avis de Monsieur le Duc d'Orleans Régent, a ordonné & ordonne, que par le sieur de la Bruyere que Sa Majesté a commis & commet à cet effet, il sera procédé à l'instruction & au jugement en dernier ressort du procès criminel qui sera fait audit Clérisseau, dit Duchemin, & à ses complices, conjointement avec les Officiers ou Gradués du Siége d'Hennebon, & autres que ledit sieur de la Bruyere choisira au nombre requis par l'Ordonnance, Sa Majesté leur attribuant à cet effet, toute Cour, Jurisdiction & connoissance, qu'elle interdit à toutes ses Cours & autres Juges : permet Sa Majesté audit sieur de la Bruyere de subdéleguer pour l'instruction, & de commettre pour Procureur du Roi, à l'effet de l'instruction & du jugement du procès, les Officiers ou Gradués qu'il jugera à propos ; & sera le présent Arrêt exécuté, ensemble ce qui sera fait & ordonné en conséquence par ledit sieur de la Bruyere, & nonobstant oppositions, récusations, prises à partie, & autres empêchemens quelconques, pour lesquels ne sera différé, & dont si aucuns interviennent Sa Majesté s'est réservé & à son Conseil la connoissance, icelle interdisant à toutes ses Cours & autres Juges. FAIT au Conseil d'Etat du Roi, Sa Majesté y étant, tenu à Paris le vingt-uniéme jour de Novembre mil sept cent vingt-un.

Signé PHELYPEAUX.

ARREST
DU CONSEIL D'ÉTAT
DU ROY,

QUI ordonne qu'on passera outre à la Vente à Nantes nonobstant les oppositions de M^{rs}. de S. Malo.

Du 22 Novembre 1721.

Extrait des Registres du Conseil d'Etat.

VU par le Roi étant en son Conseil les mémoires présentés par les Négocians de saint Malo, qui avoient traité du privilége de l'ancienne Compagnie des Indes, lesdits mémoires tendans à ce que distraction soit faite de l'état de la vente indiquée à Nantes au premier Décembre, de plusieurs ballots de marchandises venues des Indes par les Vaisseaux la Vierge de grace, l'Amphitrite & le Solide, appartenans & pour le compte de la Compagnie des Indes, prétendant que lesdits ballots de marchandises leur appartiennent, & qu'ils proviennent des achapts par eux faits dans les Indes dans le tems qu'ils joüissoient des priviléges de l'ancienne Compagnie, & qu'ils comptoient de faire rapporter en France par le Vaisseau l'Indien, qu'ils y avoient envoyé en conséquence de l'accord fait entre eux & l'ancienne Compagnie des Indes, au préjudice duquel les Commis de la Compagnie des Indes ont fait saisir dans les Indes le chargement dudit Vaisseau

Iiiiij

vû aussi la réponse du sieur Tartel, Contrôleur général des Restes, aux mémoires desdits Négocians de saint Malo, par laquelle il soutient qu'aux termes de l'article XI de l'Edit du mois de Mai 1719, portant réunion du privilége de la Compagnie des Indes à la Compagnie d'Occident, les Négocians de saint Malo ne peuvent prétendre que le remboursement des effets & marchandises qu'ils avoient dans les Indes au jour de la révocation de leurs priviléges, suivant le prix que lesdits effets & marchandises y pouvoient valoir, & qu'en cas que Sa Majesté ne jugeât pas à propos de décider dès-à-présent le fonds des contestations, la provision que Sa Majesté accordera à la Compagnie ne peut jamais nuire aux intérêts des Négocians de saint Malo, qui trouveront une égale sûreté sur le prix de la vente pour le remboursement de leurs prétentions à quelques sommes qu'elles puissent être réglées ; que cette provision est d'autant mieux fondée que la Compagnie tire son droit de la disposition précise de l'article XI de l'Edit, & que c'est sur la foi de cet Edit qu'ils ont compris dans l'état de leur vente les marchandises en question, avant même les mémoires présentés par les Négocians de saint Malo, à quoi Sa Majesté voulant pourvoir ; oui le rapport du sieur le Pelletier de la Houssaye, Conseiller d'Etat ordinaire & au Conseil de Régence pour les Finances, Contrôleur général des Finances ; LE ROI E'TANT EN SON CONSEIL, de l'avis de M. le Duc d'Orleans Régent, a ordonné & ordonne, que par provision & sans préjudice du droit des parties au principal, il sera passé outre à la vente des marchandises comprises dans l'état imprimé & affiché par la Compagnie des Indes, pour la vente indiquée à Nantes au premier Décembre prochain, provenant du chargement des Vaisseaux la Vierge de grace, l'Amphitrite & le Solide, aux termes & conditions portées par l'Arrêt du Conseil du   sauf à être fait droit auxdits Négocians de saint Malo sur les mémoires qui seront par eux présentés à cet effet en son Conseil ; & sera le présent Arrêt exécuté nonobstant oppositions, ou autres empêchemens quelconques, & dont si aucuns interviennent, Sa Majesté s'est réservé la connoissance & à son Conseil, & icelle interdit à toutes ses Cours & autres Juges. FAIT au Conseil d'Etat du Roi, Sa Majesté y étant, tenu à Paris le vingt-deuxiéme jour de Novembre mil sept cent vingt-un. *Signé* PHELYPEAUX.

ARREST
DU CONSEIL D'ÉTAT
DU ROY,

CONCERNANT l'Inventaire des effets de la Compagnie qui font à Rochefort.

Du 2 Décembre 1721.

Extrait des Regiftres du Confeil d'Etat.

LE Roi s'étant fait repréfenter l'Arrêt rendu en fon Confeil le 19 Avril dernier, par lequel Sa Majefté a commis le fieur Amelot de Chaillou, Intendant de la Rochelle, pour faire l'inventaire des regiftres, papiers & effets de la Compagnie des Indes dans le port de la Rochelle & lieux circonvoifins, & Sa Majefté ayant jugé qu'il étoit néceffaire également de faire l'eftimation defdits effets ; oui le rapport du fieur le Pelletier de la Houffaye, Confeiller d'Etat ordinaire & au Confeil de Régence pour les Finances, Contrôleur général des Finances, LE ROI E'TANT EN SON CONSEIL, de l'avis de M. le Duc d'Orleans Régent, a ordonné & ordonne que les effets de la Compagnie des Indes compris dans l'inventaire dreffé audit port de la Rochelle le 29 Mai 1721 par le fieur Amelot de Chaillou, & ceux compris dans l'inventaire dreffé à Rochefort le 4 Juillet 1721 par le fieur Guefdon, fon Subdélegué, feront eftimés au prix courant du jour de l'inventaire par trois Négocians

de

de la Rochelle & trois de Rochefort, convenus avec les principaux Commis ou Commissionnaires de ladite Compagnie des Indes, ou en cas de refus nommés d'office par ledit sieur Amelot de Chaillou ou son Subdélegué. FAIT au Conseil d'Etat du Roi, Sa Majesté y étant, tenu à Paris le deuxiéme jour de Décembre mil sept cent vingt-un.

Signé PHELYPEAUX.

ARREST
DU CONSEIL D'ÉTAT
DU ROY,

QUI commet le Sieur Charles Fosse, Secrétaire de la Compagnie des Indes, pour en l'absence du Sieur le Cordier, remplir les fonctions de Commis Directeur général de ladite Compagnie.

Du 5 Décembre 1721.

Extrait des Regiſtres du Conſeil d'Etat.

LE Roi s'étant fait repréſenter l'Arrêt rendu en ſon Conſeil le 15 Avril dernier, par lequel il eſt ordonné à l'article IV qu'il ſera établi un Commis Directeur général de la Compagnie des Indes à Paris, & à l'article V que ledit Directeur ſignera les lettres de correſpondance, & donnera les ordres au Caiſſier pour toutes les dépenſes qui ne pourront être valables que les ordres n'en ayent été ſignés par le Directeur, en conſéquence des états qui en ſeront arrêtés par M. le Duc d'Orleans, ſur l'avis des ſieurs Commiſſaires nommés par ledit Arrêt pour veiller à la régie & adminiſtration de ladite Compagnie; l'Arrêt du 15 Juillet dernier, par lequel Sa Majeſté ordonne que ledit Commis Directeur général de la Compagnie des Indes à Paris, ſur l'avis deſdits ſieurs Commiſſaires du Conſeil, donnera les ordres au Caiſſier de ladite Compagnie pour payer les lettres de change tirées par les correspondans de ladite Compagnie, & pour les autres dépenses journalieres & achats de marchandises, remises de deniers dans les Provinces & hors le Royaume, & autres de pareille nature, & que ledit Commis Directeur général donnera à la fin de chaque mois un état de la dépense qui aura été faite par ledit Caissier sur ses mandemens, & qui sera approuvé par M. le Duc d'Orleans Régent, au moyen de quoi lesdits Directeur & Caissier feront bien & valablement déchargés, en rapportant lesdits états signés pour justifier la dépense du compte d'ordre & de caisse qu'ils doivent rendre; l'Arrêt du 30 Août dernier, qui commet le sieur le Cordier, Commis Directeur général de la Compagnie des Indes, pour arrêter les comptes & mémoires de tous les correspondans de ladite Compagnie, soit débiteurs ou créanciers, depuis la régie établie par les Arrêts du Conseil des 7 & 15 Avril dernier, après toutefois que lesdits comptes & mémoires auront été vûs, examinés & certifiés bons par les sieurs Grenon & Blanchard, Inspecteur & Teneur de livres de ladite Compagnie, au moyen de quoi ledit sieur le Cordier sera bien & valablement déchargé de l'arrêté desdits comptes & mémoires: & sur ce qui a été représenté à Sa Majesté en son Conseil par lesdits sieurs Commissaires nommés pour la régie & administration des affaires de ladite Compagnie, qu'en conséquence de l'Arrêt du 16 Septembre aussi qui ordonne que les marchandises venues des Indes par les Vaisseaux le Solide, la Vierge de grace & l'Amphitrite, appartenant à ladite Compagnie, seront vendues à Nantes en la maniere accoutumée, en présence dudit sieur le Cordier, Commis Directeur général de ladite Compagnie, il a été obligé de s'y transporter, & qu'il est nécessaire en même-temps de nommer une personne de confiance & d'expérience pour en l'absence dudit sieur le Cordier exercer les fonctions de Commis Directeur général de la Compagnie des Indes à Paris, sous les ordres desdits sieurs Commissaires; oui le rapport du sieur le Pelletier de la Houssaye, Conseiller d'Etat ordinaire & au Conseil de Régence pour les Finances, Contrôleur général des Finances, LE ROI E'TANT EN SON CONSEIL, de l'avis de M. le Duc d'Orleans Régent, a commis & commet le sieur Charles Fosse, Secrétaire de ladite Compagnie des Indes, pour, en l'absence dudit sieur le Cordier, remplir les fonctions de Commis Directeur général de ladite Compagnie, conformément aux Arrêts du Conseil des 15 Avril, 15 Juillet & 30 Août dernier : ordonne Sa Majesté qu'après le retour dudit sieur le Cordier il sera dressé un état des mandemens que ledit sieur Fosse aura donné sur le sieur Deshayes, Caissier de ladite Compagnie, lequel sera signé par ledit sieur le Cordier, pour servir de décharge audit sieur Deshayes; & seront lesdits mandemens signés par ledit sieur Fosse, remis audit sieur le Cordier, qui les comprendra dans le compte d'ordre qu'il doit rendre de sa gestion. FAIT au Conseil d'Etat du Roi, Sa Majesté y étant, tenu à Paris le cinq Décembre mil sept cent vingt-un. *Signé* PHELYPEAUX.

EDIT DU ROY,

QUI établit un droit sur les soyes étrangeres & originaires, & ordonne le rétablissement du passage desdites soyes par la ville de Lyon.

Donné à Paris au mois de Janvier 1722.

Regiſtré en la Chambre des Comptes & Cour des Aydes.

LOUIS, PAR LA GRACE DE DIEU, ROI DE FRANCE ET DE NAVARRE, à tous préſens & à venir : SALUT. L'attention que nous avons donnée dans tous les temps à ſoutenir le commerce & les manufactures du Royaume, nous engagea d'écouter les propoſitions qui nous furent faites en l'année 1720 de ſupprimer non-ſeulement les droits de tiers-ſurtaux & quarantiéme, mais auſſi ceux de la Doüane de Lyon, de Valence, de la Table de Mer, même ceux établis par Edit de Juin 1711, & tous autres droits, ſans aucune exception, qui ſe levoient ſur les ſoyes, tant étrangeres qu'originaires, & nous avons ſupprimé tous ces droits par l'Arrêt du 18 Mai 1720, par lequel nous avons ordonné qu'il ſeroit ſeulement levé à notre profit vingt ſols par quintal ſur les ſoyes étrangeres, même ſur celles d'Avignon & du Comtat : mais ſur ce qui nous a été repréſenté qu'une partie de ces droits avoient été précédemment créés à l'occaſion de pluſieurs dettes contractées pour notre ſervice, même dans les pays étrangers, & affectés au payement d'icelles, leſquelles dettes ſubſiſtent encore, ſans qu'il ait été poſſible d'en faire le remboursement ; nous avons fait examiner quelle étoit la nature & l'origine de ces engagemens, & après qu'ils ont été reconnus légitimes, nous avons crû qu'il étoit de notre justice d'y pourvoir, en rétablissant en faveur de ceux qui y sont entrés ce qui avoit fait d'abord leur sûreté : pour y parvenir nous avons fait examiner en notre Conseil les différentes propositions qui nous ont été faites à ce sujet, ainsi que les mémoires des Députés du Commerce, auxquels elles ont été communiquées ; il nous a été représenté que le rétablissement du droit de tiers-surtaux & quarantiéme qui se levoit sur toutes sortes de marchandises, causeroit un préjudice considérable à nos sujets & au commerce, & que dans la nécessité de trouver des fonds pour acquitter des dettes qui sont véritablement dettes de l'Etat, il seroit moins onéreux d'imposer des droits sur les soyes, que sur toutes autres matieres ou marchandises ; sur-tout en les réduisant beaucoup au-dessous de ceux qui se payoient avant l'Arrêt du 18 Mai 1720 : & parce que d'ailleurs cette matiere étant précieuse & d'une grande valeur, elle pouvoit plus aisément supporter l'imposition dont il s'agit ; qui ne produira qu'une augmentation presque insensible sur le prix des étoffes à la fabrique desquelles les soyes sont destinées. Ces considérations nous ont déterminé à rétablir un droit unique sur chaque livre pesant de soye étrangere & originaire, pour le payement duquel & pour la conservation des principales manufactures du Royaume, & notamment de celles de la ville de Lyon, il est absolument nécessaire de rétablir aussi le passage de toutes les soyes par ladite ville de Lyon, prescrit par les anciennes & nouvelles Ordonnances, qui ont toujours été exécutées depuis l'année 1540 jusqu'à l'Arrêt de notre Conseil du 18 Mai 1720, qui a permis l'entrée des soyes par les différens Ports & passages qui y sont indiqués. A CES CAUSES, de l'avis de notre très-cher & très-amé oncle le Duc d'Orléans, petit-fils de France, Régent, de notre très-cher & très-amé oncle le Duc de Chartres, premier Prince de notre sang, de notre très-cher & très-amé cousin le Duc de Bourbon, de notre très-cher & très-amé cousin le Comte de Charollois, de notre très-cher & très-amé cousin le Prince de Conty, Princes de notre sang, de notre très-cher & très-amé oncle le Comte de Toulouse, Prince légitimé, & autres Pairs de France, grands & notables personnages de notre Royaume, & de notre certaine science, pleine puissance & autorité Royale, nous avons par le présent Edit, perpétuel & irrévocable, ordonné & ordonnons qu'il sera levé à notre profit dans la ville de Lyon, à compter du premier Février 1722, un droit unique de quatorze sols par chaque livre pesant de soye étrangere, de quelque qualité qu'elles soient, ouvrées & non ouvrées, crues, torses ou teintes, exemptes ou non exemptes, de quelque pays qu'elles viennent, même sur celles sortant d'Avignon & du Comtat, trois sols six deniers sur chaque livre pesant de toutes les soyes originaires, ouvrées & non ouvrées, comme ci-dessus : voulons & entendons que les Edits & Ordonnances des années 1540, 1566, 1583, 1605, 1613 & Juin 1711, & les Arrêts du Conseil des 3 Février & 10 Décembre 1670, 2 Juin 1674, 26 Juillet 1687, premier Février 1701, & 17 Février 1705, concernant le passage des soyes, tant originaires qu'étrangeres, par la ville de Lyon, soient exécutés suivant leur forme & teneur, & sous les peines y portées, nonobstant & sans avoir égard à l'article III de l'Arrêt du 18 Mai 1720, qui a fixé les lieux par lesquels les soyes pourroient entrer dans notre Royaume, & en conséquence faisons très-expresses inhibitions & défenses à toutes personnes de faire entrer aucunes soyes dans le Royaume, ni de les commercer sans avoir été transportées dans la ville de Lyon, & y avoir acquitté lesdits droits, même d'en faire aucune vente, débit ni entrepôt depuis les lieux par lesquels les soyes étrangeres entreront dans le Royaume jusqu'à leur arrivée dans la ville de Lyon, à peine de confiscation des soyes, des chevaux, charettes, mulets, bateaux & autres équipages, & de trois mille livres d'amende, au moyen de quoi nous avons éteint & supprimé le droit de vingt sols, établi sur chaque quintal de foye étrangere par ledit Arrêt du 18 Mai 1720. Si donnons en mandement à nos amés & féaux Conseillers les Gens tenant notre Chambre des Comptes & Cour des Aydes à Paris, que notre préfent Edit ils ayent à faire lire, publier & regiftrer, & le contenu en icelui garder, obferver & exécuter felon fa forme & teneur, ceffant & faifant ceffer tous troubles & empêchemens qui y pourroient être mis ou donnés, nonobftant tous Edits, Déclarations, Arrêts, Réglemens & autres chofes à ce contraires, auxquels nous avons dérogé & dérogeons par notredit préfent Edit ; car tel eft notre plaifir. Et afin que ce foit chofe ferme & ftable à toujours, nous y avons fait mettre notre Scel. DONNÉ à Paris au mois de Janvier, l'an de grace mil fept cent vingt-deux, & de notre regne le feptiéme. Signé LOUIS. Et plus bas ; par le Roi, le Duc d'Orleans Régent préfent, FLEURIAU, Vû au Confeil, LE PELLETIER DE LA HOUSSAYE. Vifa, DAGUESSEAU. Et fcellé du grand Sceau de cire verte.

Regiftrées en la Chambre des Comptes, oui le Procureur général du Roi, pour être exécutées felon leur forme & teneur, à la charge par ceux qui feront prépofés à la recette defdits droits, d'en compter en la Chambre en la maniere accoutumée ; les Bureaux affemblés, le cinquiéme jour de Février mil fept cent vingt-deux. Signé NOBLET.

Regiftrées en la Cour des Aydes, oui & ce requérant le Procureur général du Roi, pour être exécutées felon leur forme & teneur, & copie collationnée d'icelles fera envoyée au Siége de l'Election de Lyon, pour y être lûes, publiées & regiftrées l'Audience tenant ; enjoint au Subftitut du Procureur général du Roi d'y tenir la main & de certifier la Cour de fa diligence au mois, & toutes les conteftations qui furviendront pour raifon dudit droit, feront portées & jugées en premiere inftance pardevant les Officiers de ladite Election de Lyon, & autres Officiers du reffort de la Cour qui en doivent connoître, fauf l'appel en ladite Cour à Paris. En ladite Cour des Aydes, les Chambres affemblées, le feptiéme jour de Février mil fept cent vingt-deux. Collationné. Signé OLIVIER.

ARREST

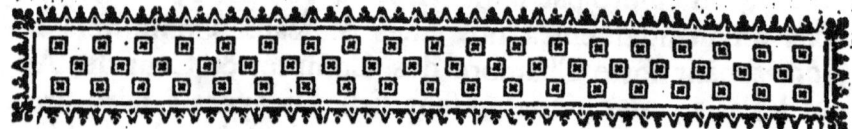

ARREST
DU CONSEIL D'ÉTAT DU ROY,

CONCERNANT la Dame veuve Bordenave de Brest, & le Sieur Lamothe.

Du 20 Janvier 1722.

Extrait des Registres du Conseil d'Etat.

SUR ce qui a été représenté au Roi étant en son Conseil que la veuve Bordenave, correspondante de la Compagnie des Indes à Brest, faisoit refus de remettre ès mains du sieur de Lamothe, Agent de ladite Compagnie audit Brest, des eaux-de-vie, chanvres & autres effets appartenant à la Compagnie, destinés pour l'armement du Vaisseau le Bourbon & autres bâtimens de mer destinés pour différens lieux, qu'on arme actuellement à Brest pour les Indes Orientales, sous prétexte qu'il lui est dû quelques sommes par ladite Compagnie, & qu'elle doit à différens particuliers qui lui ont fourni pour le compte de ladite Compagnie quelques effets qu'elle a entre ses mains, & qu'ils ont fait saisir pour nantissement de ce qui leur est dû; que quoique les sieurs Commissaires du Conseil nommés par Sa Majesté pour la régie & administration des affaires de ladite Compagnie, ayent fait écrire plusieurs fois à ladite Dame de Bordenave de faire remettre au Bureau de ladite

Compagnie à Paris son compte courant, & un état détaillé de ce qui pourroit être dû aux fournisseurs, elle n'a point encore remis lesdits comptes & état détaillé avec les piéces justificatives pour en constater la dépense, ce qui a empêché que son compte n'ait été arrêté, & qu'on ait pû sçavoir ce que la Compagnie lui peut devoir : mais comme il est d'une importance extrême que les opérations de commerce qui intéressent ladite Compagnie & les armemens de ses Vaisseaux ne souffrent aucun retardement, oui le rapport du sieur le Pelletier de la Houssaye, Conseiller d'Etat ordinaire & au Conseil de Régence pour les Finances, Contrôleur général des Finances, LE ROI ÉTANT EN SON CONSEIL, de l'avis de M. le Duc d'Orleans Régent, a ordonné & ordonne que ladite Dame veuve Bordenave remettra ès mains du sieur de Lamothe, Agent de la Compagnie des Indes à Brest, tous les effets qu'elle a entre ses mains, tant ceux appartenant à ladite Compagnie que ceux qui lui ont été livrés par lesdits fournisseurs pour le compte de ladite Compagnie, & ce sans avoir égard aux saisies faites ou à faire entre les mains de ladite Dame veuve Bordenave par lesdits fournisseurs ou autres, si aucuns y a, à quoi faire elle sera contrainte par toutes voyes, même par corps, sauf à ladite Dame veuve Bordenave à mettre son compte courant en état d'être arrêté par ladite Compagnie, pour lui être ensuite payé & aux fournisseurs ce qui paroîtra leur être légitimement dû. Et sera le présent Arrêt exécuté nonobstant opposition ou empêchement quelconque, dont, si aucuns interviennent, Sa Majesté s'en reserve la connoissance, & icelle interdit à ses Cours & autres Juges. FAIT au Conseil d'Etat du Roi, Sa Majesté y étant, tenu à Paris le vingtiéme Janvier mil sept cent vingt-deux.

Signé PHELYPEAUX.

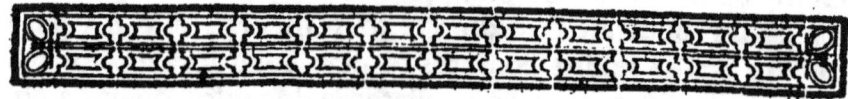

ARREST
DU CONSEIL D'ÉTAT
DU ROY,

QUI ordonne que la moitié des marchandises prohibées, saisies par les Commis de la Coutume de Bayonne, appartiendra à M. le Duc de Gramont.

Du 20 Janvier 1722.

Extrait des Registres du Conseil d'Etat.

VU au Conseil d'Etat du Roi les Arrêts & Réglemens rendus en icelui les 20 Septembre 1701, 27 Août 1709, 21 Avril 1711, 11 Juin 1714, 22 Février 1716, 27 Septembre 1719, 10 Juin & 8 Juillet 1721, portant défenses d'introduire dans le Royaume ou faire aucun commerce ni usage de toiles peintes ou étoffes des Indes, de la Chine ou du Levant, même des toiles de coton blanches & mousselines autres que les mousselines & toiles de coton blanches provenant des ventes faites par les Directeurs de la Compagnie des Indes, sous les peines y portées. La requête présentée par le sieur Duc de Gramont, propriétaire de la moitié des droits de la Coutume de Bayonne, contenant qu'en l'année 1720 il a été saisi par les Gardes de la Coutume de Bayonne, à S. Jean de Luz, Coutumat de Bayonne, cent six piéces de toiles peintes, & vingt piéces de toiles de coton, venues de faint Sebaſtien dans une pinace, & qui étoient entrées à ſaint Jean de Luz contre les défenſes portées ſur les marchandiſes venues des Indes; qu'encore que la moitié de la confiſcation de ces marchandiſes lui appartienne de plein droit, & qu'en pareil cas la choſe ait toujours été décidée en ſa faveur, néanmoins le Contrôleur ambulant des Fermes a prétendu que cette confiſcation devoit être ordonnée en faveur du Roi ſeulement, & que le ſuppliant ne pouvoit prétendre aucune part à cela, fondé ſur l'Arrêt du 27 Août 1709, qui porte que les confiſcations des marchandiſes prohibées ſeront ordonnées en faveur de Sa Majeſté, ne faiſant pas attention que le ſuppliant eſt au lieu & place de Sa Majeſté pour la moitié de la Coutume de Bayonne, & qu'il doit par conſéquent joüir de la moitié de tous les évenemens qui en proviennent; & comme cette difficulté, s'il pouvoit y en avoir, a été autentiquement décidée par les ordres du Roi portés par la lettre de feu ſieur Deſmarets aux Fermiers généraux, du premier Janvier de ladite année, par laquelle il leur marque préciſément que Sa Majeſté s'étoit déterminée, comme choſe de juſtice, à faire remettre au Duc de Gramont la moitié du prix qui devoit provenir de la partie des toiles ſaiſies qui devoit être vendue aux conditions portées par les Arrêts: requéroit à ces cauſes le ſuppliant qu'il plût à Sa Majeſté lui accorder un Arrêt pour prévenir les difficultés qui pourroient naître à l'avenir en pareil cas. Vû pareillement le mémoire fourni par les Fermiers généraux chargés de la régie des Fermes, ſous le nom de Charles Cordier; oui le rapport du ſieur le Pelletier de la Houſſaye, Conſeiller d'Etat ordinaire & au Conſeil de Régence pour les Finances, Contrôleur général des Finances, LE ROI EN SON CONSEIL, a ordonné & ordonne que les Arrêts & Réglemens de ſon Conſeil du 20 Septembre 1701, 27 Août 1709, 21 Avril 1711, 11 Juin 1714, 22 Février 1716, 8 Septembre 1719, 20 Mai 1720, 10 Juin, 21 Juillet & 17 Octobre 1721, ſeront exécutés ſelon leur forme & teneur; & ſans y déroger ordonne Sa Majesté que la moitié du bénéfice qui pourra revenir des ventes qui ont été ou pourront être faites par la Compagnie des Indes des marchandises de contrebande dénommées dans lesdits Arrêts, saisies par les Commis de la Coutume de Bayonne, ou qui seront saisies par la suite, appartiendra & sera délivrée audit sieur Duc de Gramont par les Directeurs de la Compagnie des Indes, après que sur le prix qui proviendra desdites ventes tous les frais auront été préalablement déduits. FAIT au Conseil d'Etat du Roi, tenu à Paris le vingt Janvier mil sept cent vingt-deux. *Collationné. Signé* GOUJON.

LOUIS, PAR LA GRACE DE DIEU, ROI DE FRANCE ET DE NAVARRE, au premier notre Huissier ou Sergent sur ce requis. Nous te mandons & commandons que l'Arrêt dont l'extrait est ci-attaché sous le contre-scel de notre Chancellerie, ce jourd'hui rendu en notre Conseil d'Etat, sur la requête à nous y présentée par le sieur Duc de Gramont, tu signifies à Charles Cordier, chargé de la régie de nos Fermes générales, & à tous autres qu'il appartiendra, à ce qu'aucun n'en ignore, & de faire en outre pour l'entiere exécution dudit Arrêt, à la requête du sieur Duc de Gramont, tous commandemens, sommations, & autres actes & exploits nécessaires, sans autre permission; car tel est notre plaisir. DONNÉ à Paris le vingtiéme jour de Janvier l'an de grace mil sept cent vingt-deux, & de notre regne le septiéme. *Signé* par le Roi en son Conseil, le Duc d'Orleans Régent présent, GOUJON. Et scellé de cire jaune.

ARREST
DU CONSEIL D'ÉTAT
DU ROY,

QUI ordonne que dans quinze jours pour toutes préfixions & délais, à compter du jour de la publication du présent Arrêt, les Actionnaires de l'ancienne Compagnie seront tenus de nommer des Syndics.

Du 17 Janvier 1722.

Extrait des Regiſtres du Conſeil d'Etat.

SUR ce qui a été repréſenté au Roi étant en ſon Conſeil que les Directeurs de l'ancienne Compagnie des Indes, établie par l'Edit du mois d'Août 1664, & confirmée par la Déclaration du 21 Février 1685, ont formé pluſieurs demandes contre la Compagnie des Indes, réunie à celle d'Occident, pour raiſon de l'union qui en a été faite par l'Edit du mois de Mai 1719; que ces anciens Directeurs ne ſont pas parties capables de former en leur nom les demandes, qui ne leur peuvent être valables ſans le concours des Actionnaires de ladite ancienne Compagnie, repréſentés par un ou pluſieurs Syndics nommés par leſdits Actionnaires pour agir conjointement avec les anciens Directeurs; & d'autant qu'il faudroit employer de trop longs délais pour faire aſſigner tous les Actionnaires à leurs domiciles, & Sa Majeſté voulant que les conteſtations nées & à naître entre les Intéreſſés à ladite ancienne

Compagnie & à la nouvelle Compagnie des Indes, soient incessamment décidées, de façon que les Actionnaires de l'ancienne ne puissent se plaindre de n'avoir pas été entendus dans leurs légitimes défenses; oui le rapport du sieur le Pelletier de la Houssaye, Conseiller d'Etat ordinaire & au Conseil de Régence pour les Finances, Contrôleur général des Finances, SA MAJESTE' E'TANT EN SON CONSEIL, de l'avis de M. le Duc d'Orleans Régent, a ordonné & ordonne que dans quinze jours pour toutes préfixions & délais, à compter du jour de la publication du présent Arrêt, les Actionnaires de l'ancienne Compagnie des Indes seront tenus de nommer & indiquer des Syndics pour former telles demandes qu'ils aviseront, & soutenir & désavouer les demandes & contestations qui ont été & qui pourront être formées pour les intérêts de ladite ancienne Compagnie des Indes contre la nouvelle Compagnie réunie à celle d'Occident, & ledit délai passé; veut Sa Majesté que par les Commissaires de son Conseil, nommés par l'Arrêt du 18 Mai 1721 pour juger les affaires concernant la Compagnie des Indes, il soit incessamment procédé au jugement desdites demandes & contestations, sur les requêtes & pièces qui auront été présentées par les Directeurs de l'ancienne Compagnie des Indes, que Sa Majesté autorise à poursuivre seuls, au défaut des Actionnaires, les droits & actions de ladite Compagnie. Et sera le présent Arrêt exécuté nonobstant oppositions ou empêchemens quelconques, & dont, si aucuns interviennent, Sa Majesté s'en reserve la connoissance, & icelle interdit à toutes ses Cours & Juges. FAIT au Conseil d'Etat du Roi, Sa Majesté y étant, tenu à Paris le vingt-septiéme jour de Janvier mil sept cent vingt-deux.

Signé PHELYPEAUX.

ARREST
DU CONSEIL D'ÉTAT
DU ROY,

QUI permet à la Compagnie des Indes de faire entrer par les Ports de l'Orient & de Nantes, les soyes crûes qu'elle fera venir des pays de sa concession, en payant six sols par chaque livre pésant.

Du 27 Janvier 1722.

Extrait des Regiſtres du Conſeil d'Etat.

VU au Conseil d'Etat du Roi, Sa Majesté y étant, l'Edit du présent mois de Janvier; par lequel Sa Majesté a entr'autres choses ordonné qu'il seroit levé à son profit, à compter du premier Février de la présente année, un droit unique de quatorze sols pour chaque livres pesant de soyes étrangeres, de quelque qualité qu'elles soient, exemptes ou non exemptes, & ordonne l'exécution des anciens Edits & Ordonnances concernant le passage des soyes par la ville de Lyon; les mémoires présentés par la Compagnie des Indes pour être confirmés dans les priviléges accordés à l'ancienne Compagnie des Indes, suivant lesquels les soyes que cette ancienne Compagnie faisoit venir sur ses Vaisseaux des Indes & de la Chine ne devoient payer, aux termes du Tarif de 1664, que seize livres par quintal de soye, & étoient exemptes du passage par la ville de Lyon, Vû aussi le Tarif de 1664, l'Arrêt

du

du Conseil du 14 Juin 1712, par lequel l'ancienne Compagnie des Indes a été assujettie au payement des sept sols six deniers par livre de soye, établis au profit de la ville de Lyon par Edit du mois de Juin 1711; l'Edit du mois de Mai 1719, portant réunion des Compagnies des Indes Orientales & de la Chine à la Compagnie d'Occident; l'Arrêt du Conseil du 2 Septembre 1719, donné en conséquence de cet Edit; l'Arrêt du Conseil du 18 Mai 1720, portant suppression de tous les droits sur les soyes, & qui en a permis l'entrée du côté du Ponant par les Ports qui y sont désignés; autre Arrêt du Conseil du même jour 18 Mai 1720, par lequel Sa Majesté a fixé les ports de l'Orient & de Nantes pour l'entrée & pour l'entrepôt des étoffes des Indes, & autres marchandises prohibées que la Compagnie des Indes feroit venir sur ses Vaisseaux; l'Arrêt du Conseil du 20 Janvier 1722, par lequel Sa Majesté, pour les causes y énoncées, a cédé aux sieurs Prévôt des Marchands & Echevins de la ville de Lyon la joüissance pendant vingt années des droits sur les soyes établis par l'Edit du même mois de Janvier: & Sa Majesté voulant donner des marques de sa protection à la Compagnie des Indes & la mettre en état de continuer & d'augmenter son commerce; oui le rapport du sieur le Pelletier de la Houssaye, Conseiller d'Etat ordinaire & au Conseil de Régence pour les Finances, Contrôleur général des Finances, LE ROI ÉTANT EN SON CONSEIL, de l'avis de M. le Duc d'Orleans Régent, a dispensé & dispense du passage par la ville de Lyon les soyes crues qu'il est permis à la Compagnie des Indes de faire venir sur ses Vaisseaux des pays de sa concession, à condition néanmoins qu'elles ne pourront entrer dans le Royaume que par les ports de l'Orient & de Nantes seulement, dans lesquels lesdites soyes ne payeront pour tous droits à leur arrivée dans lesdits Ports, que six sols par chaque livre pesant de soye crue: veut & entend Sa Majesté que ladite Compagnie demeure déchargée du surplus des droits établis par ledit Edit du mois de Janvier: permet Sa Majesté auxdits Prévôt des Marchands de la ville de Lyon & à leurs

Tome III.   M m m

Fermiers d'établir un ou plusieurs Commis dans lesdits ports de l'Orient & de Nantes pour la perception dudit droit de six sols sur chaque livre pesant de soye crue : & sera le présent Arrêt exécuté nonobstant oppositions ou empêchemens quelconques, pour lesquels ne sera différé. FAIT au Conseil d'Etat du Roi, Sa Majesté y étant, tenu à Paris le vingt-septiéme jour de Janvier mil sept cent vingt-deux.

Signé FLEURIAU.

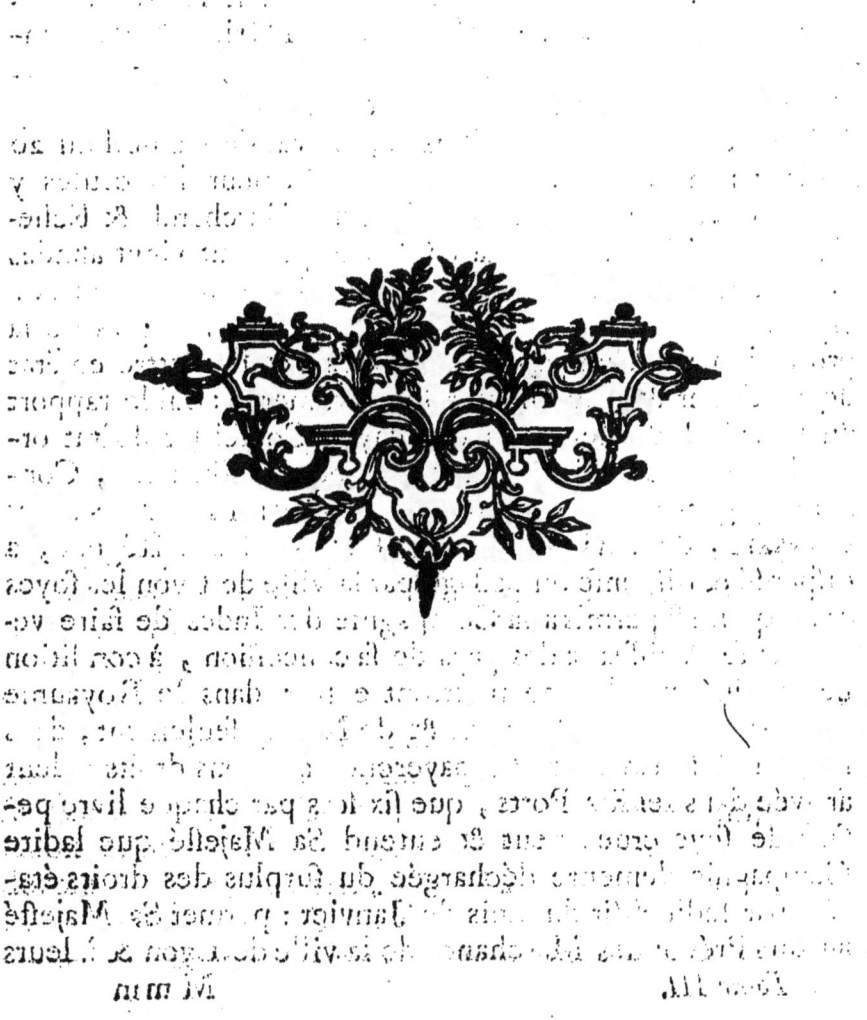

ARREST
DU CONSEIL D'ÉTAT
DU ROY,

QUI ordonne l'exécution de celui du 30 Mai 1721, portant établissement du Privilége exclusif de la vente du Castor, en faveur de la Compagnie des Indes.

Du 28 Janvier 1722.

Extrait des Registres du Conseil d'Etat.

LE Roi s'étant fait représenter l'Arrêt de son Conseil du 30 Mai 1721, portant établissement du privilége exclusif de la vente du castor en faveur de la Compagnie des Indes, dont Sa Majesté avoit bien voulu suspendre l'exécution par un autre Arrêt du 20 Juillet 1721, rendu sur les représentations de quelques Négocians de la Rochelle; ensemble les mémoires envoyés de Canada & ceux de ladite Compagnie des Indes, qui auroient représenté qu'encore que l'Arrêt du 20 Juillet 1721 ne fût pas connu en Canada, & que celui du 30 Mai de la même année y eut été publié, néanmoins les Agens des Négocians de la Rochelle & autres ont enlevé la plus grande quantité qu'ils ont pû de peaux de castor, en contravention dudit Arrêt, & ont seulement en conséquence de l'Ordonnance du sieur Begon, Intendant en Canada, fait leur soumission de remettre lesdits castors à la Compagnie des Indes, en cas qu'il fût ainsi ordonné; & que ladite Compagnie pour pro-

Mmmij

curer aux habitans du Canada un plus grand avantage, offre d'augmenter le prix dudit castor, & de payer quarante sols de la livre du castor sec, & quatre francs de la livre du castor gras; oui le rapport du sieur le Pelletier de la Houssaye, Conseiller d'Etat ordinaire & au Conseil de Régence pour les Finances, Contrôleur général des Finances, LE ROI ÉTANT EN SON CONSEIL, de l'avis de M. le Duc d'Orleans Régent, a ordonné & ordonne que l'Arrêt du 30 Mai dernier sera exécuté selon sa forme & teneur, & qu'en conséquence la Compagnie des Indes joüira du privilége exclusif de la vente du castor, conformément aux Lettres Patentes du mois d'Août 1717, portant établissement de la Compagnie d'Occident, qui est actuellement la Compagnie des Indes, & aux Arrêts des 11 Juillet 1718 & 4 Juin 1719, qui seront pareillement exécutés, à condition que ladite Compagnie, suivant ses offres, payera à l'avenir en Canada pour le castor gras quatre livres de la livre, & pour le castor sec quarante sols: ordonne Sa Majesté que tous particuliers, à l'exception des Chapeliers fabriquans qui ont des peaux de castor restantes de celles qu'ils ont fait venir de Canada, comme les ayant achetées en conséquence de la liberté du commerce de cette marchandise, accordée par l'Arrêt du 16 Mai 1720, seront tenus de les vendre avant le premier Mai prochain pour tout délai, sans pouvoir les faire sortir du Royaume, à peine de confiscation & de dix mille livres d'amende, passé lequel jour premier Mai ils seront tenus de remettre le castor qui leur restera à la Compagnie des Indes, laquelle le payera à raison de quarante sols la livre de sec, & quatre livres la livre de gras, la tare déduite suivant l'usage à la livraison de cette marchandise; & pour ce qui concerne le castor venu du Canada depuis le mois d'Octobre dernier, qui est dans les magasins de l'entrepôt de la Rochelle, Bordeaux ou autres Ports, & qui a été traité au préjudice de l'Arrêt du 30 Mai 1721, Sa Majesté ordonne qu'il sera dès-à-présent remis à la Compagnie des Indes, qui le payera à raison de quarante sols la livre de sec, & quatre livres la livre de gras, & un sol par livre pour le ffet, & qu'en conséquence les Commis des Fermes en feront la délivrance aux Commis ou Préposés de la Compagnie des Indes, les propriétaires présens ou dûement appellés, & faute par eux de comparoître sur l'assignation qui leur sera donnée, les Commis & Préposés de la Compagnie des Indes se pourvoiront pardevant le Juge des Traites, lequel fera délivrer lesdits castors en sa présence, & en dressera procès-verbal, sur lequel il sera pourvû au payement d'iceux. FAIT au Conseil d'Etat du Roi, Sa Majesté y étant, tenu à Paris le vingt-huitiéme jour de Janvier mil sept cent vingt-deux.

Signé PHELYPEAUX.

ORDONNANCE
DU ROY,

CONCERNANT le service de la Compagnie d'Infanterie, levée en conséquence de l'Ordonnance du 1 Octobre 1721.

Du 5 Février 1722.

DE PAR LE ROY.

SA Majesté ayant ordonné la levée d'une Compagnie d'infanterie de cent hommes à la solde & pour le service de la Compagnie des Indes, en donnant pouvoir en même-temps à cette Compagnie d'employer ladite troupe d'infanterie à tout ce qu'elle jugera convenable à son service, & d'en faire tels détachemens qu'elle jugera à propos, pour les envoyer dans les Colonies de sa concession & sur ses Vaisseaux, Sa Majesté a été informée que les Officiers de ladite troupe d'infanterie font difficulté d'obéir aux principaux Employés & Officiers des Vaisseaux de ladite Compagnie des Indes, ce qui est entierement contraire au service de Sa Majesté & à la destination qu'elle en a faite pour le bien de la Compagnie des Indes : Sa Majesté, de l'avis de M. le Duc d'Orleans Régent, a ordonné & ordonne que les Officiers de ladite Compagnie d'infanterie levée en conséquence de son Ordonnance du premier Octobre 1721, exécuteront sans difficulté ce dont ils seront requis par le Directeur de la Compagnie des Indes au Port où elle sera, ou par celui des sous-Directeur, Inspecteur & Contrôleur qui s'y trouvera ordonnateur par l'absence ou maladie du Directeur, à peine de désobéissance: veut aussi Sa Majesté que les Officiers & soldats de ladite troupe qui seront embarqués sur les Vaisseaux de la Compagnie des Indes, y reconnoissent les Capitaines & Officiers majors commandant lesdits Vaisseaux, & exécutent pareillement leurs ordres, à peine aux Officiers d'être cassés, & aux soldats d'être punis comme séditieux ; Sa Majesté entendant que les Officiers de ladite troupe d'infanterie ainsi embarqués, commandent les soldats qui composeront leur détachement, sous l'autorité du Capitaine & Officiers majors du Vaisseau, & qu'ils n'y prennent d'autre rang que celui que la Compagnie des Indes leur accordera par les commissions qu'elle leur expédiera, pour leur donner des grades sur les Vaisseaux où ils serviront : & sera au surplus l'Ordonnance du premier Octobre exécutée. FAIT à Paris le cinq Février mil sept cent vingt-deux. *Signé* LOUIS. *Et plus bas*, LE BLANC.

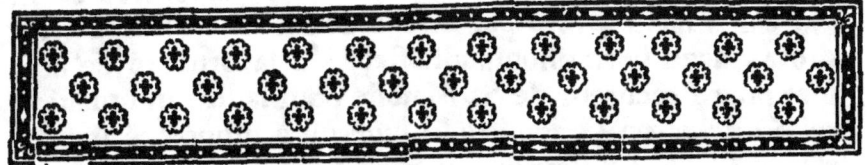

ARREST
DU CONSEIL D'ÉTAT
DU ROY,

QUI commet les Sieurs Fagon & autres Commissaires pour procéder contre le Sieur Rodollet.

Du 22 Février 1722.

Extrait des Regiſtres du Conſeil d'Etat.

VU au Conſeil d'Etat du Roi l'Arrêt rendu en icelui le 10 Juin 1721, par lequel Sa Majeſté ayant été informée de pluſieurs abus & malverſations commiſes par ceux qui ont géré & adminiſtré les affaires de la Compagnie dans les Indes, dans le port de l'Orient, notamment le ſieur Rodollet, Caiſſier de cette Compagnie ; Sadite Majeſté, tant pour la conſervation de ſes intérêts que des Actionnaires de la même Compagnie, ayant réſolu qu'il fût procédé inceſſamment contre ledit ſieur Rodollet pour raiſon deſdites malverſations ſuivant la rigueur des Ordonnances, auroit par ledit Arrêt commis le ſieur de la Bruyere pour informer deſdits abus & malverſations commiſes par ledit ſieur Rodollet & autres, circonſtances

&

& dépendances, pour sur l'information rapportée & vûe par Sa Majesté, être par elle ordonné ce qu'il appartiendroit, avec permission audit sieur de la Bruyere de nommer pour Procureur de Sa Majesté pour ladite information, tel Officier ou Gradué qu'il jugeroit à propos. Autre Arrêt du Conseil d'Etat du premier Août audit an 1721, par lequel Sa Majesté informée que plusieurs particuliers se trouvoient chargés & impliqués dans les informations qui avoient été faites pardevant ledit sieur de la Bruyere, en exécution dudit Arrêt du 10 Juin, des abus & malversations commises par ledit Rodollet, & qu'il étoit également nécessaire de leur faire prêter interrogatoire & d'instruire leur procès jusqu'à jugement définitif exclusivement, Sa Majesté auroit de nouveau commis ledit sieur de la Bruyere pour informer & faire prêter interrogatoire à tous les particuliers qui se trouveroient chargés par les informations faites contre ledit Rodollet, & qui se trouveroient avoir eu part auxdits abus & malversations; que le procès desdits Rodollet & autres particuliers seroit instruit par le sieur de la Bruyere jusqu'à jugement définitif exclusivement, avec permission audit sieur de la Bruyere de nommer pour Procureur de Sa Majesté pour lesdites informations & interrogatoires tel Officier ou Gradué qu'il jugeroit à propos, & que ledit second Arrêt, ensemble celui du 10 Juin, seroient, avec ce qui seroit fait & ordonné par ledit sieur de la Bruyere, exécutés nonobstant oppositions, récusations, prises à partie ou autres empêchemens quelconques, pour lesquels ne seroit différé, & dont, si aucuns intervenoient, Sa Majesté s'est réservé la connoissance, qu'elle a interdit à toutes ses autres Cours & autres Juges. Autre Arrêt du Conseil d'Etat du 16 Décembre audit an 1721, par lequel Sa Majesté a ordonné que les charges, informations & autres procédures du procès fait par ledit sieur de la Bruyere ausdits Rodollet & autres, en exécution desdits Arrêts du Conseil d'Etat des 10 Juin & premier Août, seroient incessamment envoyées à Paris, & remises entre les mains du sieur Passelaigue, Greffier des Commissions extraordinaires du

Conseil, pour sur le tout vû & rapporté à Sa Majesté, être par elle statué ce qu'il appartiendra. Vû aussi les informations & autres procédures remises audit sieur Passelaigue, en exécution dudit Arrêt : & Sa Majesté voulant qu'il soit passé outre à l'instruction & jugement définitif du procès qui a été ou sera fait audit sieur Rodollet & à ses complices ; oüi le rapport du sieur le Pelletier de la Houssaye, Conseiller d'Etat ordinaire & au Conseil de Régence pour les Finances, Contrôleur général des Finances, SA MAJESTÉ ÉTANT EN SON CONSEIL, de l'avis de M. le Duc d'Orleans Régent, a commis & commet les sieurs Fagon, Conseiller d'Etat & au Conseil Royal de Régence pour les Finances, Ferrand, de Machault, Conseillers d'Etat, Quantin de Richebourg, de Beaussan, Bidé de la Grandville, Orry de Vignory, Angran, Auberti de Vatan & Dodun, Maîtres des Requêtes, pour, au rapport dudit sieur de Machault, procéder définitivement & en dernier ressort à l'instruction & au jugement du procès commencé par ledit sieur de la Bruyere, en exécution desdits Arrêts du Conseil d'Etat des 10 Juin & premier Août 1721, tant audit Rodollet, Caissier de ladite Compagnie des Indes au port de l'Orient, qu'aux sieurs Rigby & de la Franquerie, Directeurs de ladite Compagnie des Indes, & autres qui se trouveront chargés & impliqués, circonstances & dépendances, suivant la rigueur des Ordonnances, Sa Majesté en attribuant auxdits sieurs Commissaires tout pouvoir, jurisdiction & connoissance, qu'elle interdit à ses autres Cours & autres Juges ; voulant qu'en cas d'absence, maladie ou autre légitime empêchement d'aucun desdits Commissaires, les autres puissent juger du moins au nombre de sept ; leur permet Sa Majesté de commettre & subdéléguer telles personnes qu'ils jugeront à propos pour l'instruction qui se trouvera nécessaire d'être faite sur les lieux ; a Sadite Majesté commis pour son Procureur général en ladite commission le sieur le Fevre, son Avocat en la Chambre du Domaine à Paris, auquel les charges, informations & autres procédures d'instruction dudit procès communiquées, pour sur le tout donner & prendre par lui telles conclusions définitives ou préparatoires qu'il appartiendra ; lui permet aussi Sa Majesté de commettre & subdéleguer telle personne qu'il voudra choisir pour les instructions qu'il conviendra faire sur les lieux ; & pour Greffier de la même commission Sa Majesté a aussi commis Me Jacques Passelaigue, Greffier des Commissions extraordinaires du Conseil : & sera le présent Arrêt exécuté nonobstant opposition ou autres empêchemens quelconques, pour lesquels ne sera différé, & dont, si aucuns interviennent, Sa Majesté s'en réserve la connoissance, & seront sur le présent Arrêt toutes Lettres nécessaires expédiées. FAIT au Conseil d'Etat du Roi, Sa Majesté y étant, tenu à Paris le vingt-deux Février mil sept cent vingt-deux. *Signé* PHELYPEAUX.

LETTRES PATENTES DU ROY,

QUI commettent M. Fagon & autres Commissaires, pour au rapport de M. de Machault procéder contre le Sieur Rodollet & autres.

Du 22 Février 1722.

LOUIS, PAR LA GRACE DE DIEU, ROI DE FRANCE ET DE NAVARRE, à nos amés & féaux Conseillers en nos Conseils les sieurs Fagon, Conseiller en notre Conseil d'Etat & au Conseil Royal de Régence pour les Finances, Ferrand, de Machault, aussi Conseillers en notre Conseil d'Etat, Quantin de Richebourg, de Beauffan, Aubry de Vatan & Dodun, Maîtres des Requêtes ordinaires de notre Hôtel, & le Fevre notre Avocat en la Chambre du Domaine de Paris : SALUT. De l'avis de notre très-cher & très-honoré oncle le Duc d'Orleans, petit-fils de France, Régent, de notre très-cher & très-amé oncle le Duc de Chartres, premier Prince de notre Sang, de notre très-cher & très-amé cousin le Duc de Bourbon, de notre très-cher & très-amé cousin le Comte de Charollois, de notre très-cher & très-amé cousin le Prince de Conty, Princes de notre Sang, de notre très-cher & très-amé oncle le Comte de Toulouse, Prince légitimé, & autres Pairs de France, grands & notables personnages de notre Royaume, & conformément à l'Arrêt ci-attaché sous le contre-scel de notre Chancellerie, ce jour-d'hui donné en notre Conseil d'Etat, nous y étant, nous vous avons commis & commettons par ces Présentes, signées de notre main, pour, au rapport dudit sieur de Machault, procéder définitivement & en dernier ressort à l'insf truction & au jugement du procès commencé par le sieur de la Bruyere, en exécution des Arrêts de notre Conseil des 10 Juin & premier Août 1721, tant au nommé Rodollet, Caissier de la Compagnie des Indes au port de l'Orient, qu'aux sieurs Rigby & la Franquerie, Directeurs de la Compagnie des Indes, & autres qui se trouveront chargés & impliqués, circonstances & dépendances, suivant la rigueur de nos Ordonnances, vous en attribuant tout pouvoir, jurisdiction & connoissance, que nous interdisons à toutes nos Cours & autres Juges : voulons qu'en cas d'absence, maladie ou autre légitime empêchement d'aucun de vous, les autres puissent juger au nombre de sept au moins : vous permettons de commettre & subdéleguer telles personnes que vous jugerez à propos pour l'instruction qui sera nécessaire d'être faite sur les lieux ; avons commis & commettons par cesdites Présentes pour notre Procureur général en la présente commission ledit sieur le Fevre, auquel les charges, informations & autres procédures d'instruction dudit procès seront communiquées, pour sur le tout donner & prendre par lui telles conclusions définitives ou préparatoires qu'il appartiendra ; lui permettons aussi de commettre & subdéleguer telle personne qu'il voudra choisir pour les instructions qu'il conviendra sur les lieux ; & pour Greffier de la présente commission, nous avons aussi commis & commettons par cesdites Présentes M⁰ Jacques Passelaigue, Greffier des Commissions extraordinaires de notre Conseil : de ce faire vous avons donné & donnons pouvoir, autorité & mandement spécial par ces Présentes. Commandons au premier notre Huissier ou Sergent sur ce requis de signifier ledit Arrêt à tous qu'il appartiendra, à ce que personne n'en ignore, & de faire pour leur entiere exécution & des Ordonnances & des Jugemens qui seront par vous sieurs Commissaires rendus en conséquence, tous actes & exploits requis & nécessaires, sans autre permission : voulons qu'aux copies collationnées d'iceux par l'un de nos amés & féaux Conseillers-Secrétaires, foi soit ajoûtée comme aux originaux; car tel est notre plaisir. DONNÉ à Paris le vingt-deuxiéme Février l'an de grace mil sept cent vingt-deux, & de notre regne le septiéme. *Signé* LOUIS. *Et plus bas*; par le Roi, le Duc d'Orleans Régent présent, PHELYPEAUX. Et scellé du grand & petit Sceau de cire jaune.

ARREST
DU CONSEIL D'ÉTAT
DU ROY,

QUI permet à la Compagnie d'intéresser dans la cargaison de chaque Vaisseau, destiné pour les Indes, les Officiers majors choisis par elle, à condition qu'ils remettront leurs fonds au Caissier de la Compagnie.

Du 25 Février 1722.

Extrait des Registres du Conseil d'Etat.

LE Roi s'étant fait représenter l'Arrêt rendu en son Conseil le 22 Février 1717, par lequel Sa Majesté fait très-expresses inhibitions & défenses à tous les Directeurs de la Compagnie des Indes Orientales de donner à l'avenir aucune permission, aux Officiers majors, Mariniers, Commis, Matelots, passagers, volontaires & autres personnes de quelque qualité & condition qu'elles puissent être, qui s'embarqueront sur les Vaisseaux destinés pour les Indes Orientales, de rapporter aucunes marchandises provenant des pays de leur concession, à peine d'en repondre par lesdits Directeurs en leurs propres & privés noms, faisant aussi Sa Majesté très-expresses inhibitions & défenses auxdits Officiers majors, Mariniers, Commis Matelots, passagers, volontaires & autres de quelque qualité & condition qu'ils soient, de porter aux Indes aucunes marchandises or, argent, ni autres de quelque nature qu'elles puissent être, directement ni indirectement, soit pour leur compte, ou pour celui d'aucuns autres particuliers, ni de rapporter des Indes aucunes sortes de marchandises, drogueries, épiceries, ni aucunes pierreries, si ce n'est pour le compte de ladite Compagnie des Indes, à peine contre les Officiers majors d'être privés de tous appointemens, salaires, gratifications & autres sommes qui pourroient leur être dues, & de trois mille livres d'amende, le tout au profit des intéressés en ladite Compagnie des Indes, & d'être déclarés incapables de commander; & contre les Officiers, Mariniers & Matelots, de privation aussi de leurs salaires pendant la campagne, & de confiscation desdites marchandises, drogueries, épiceries, & pierreries, lesquelles seront vendues conjointement avec celles de la cargaison en la maniere ordinaire & accoutumée, dont la moitié du net produit sera applicable au profit des intéressés en la Compagnie des Indes, & l'autre moitié aux Hopitaux de la ville de saint Malo, sans que les peines puissent être reputées comminatoires, à l'effet de quoi Sa Majesté auroit attribué aux Juges des amirautés des Ports du Royaume, où les Vaisseaux feront leurs retours, toute jurisdiction & connoissance pour ce nécessaire, & icelle interdit à tous autres Juges, faisant pareillement Sa Majesté très-expresses inhibitions & défenses aux Capitaines & Officiers des navires de laisser débarquer, ni debarquer eux-mêmes à l'arrivée des Vaisseaux dans les Ports du Royaume, aucunes marchandises, drogueries épiceries & pierreries, même les coffres des équipages, qu'en présence & du consentement d'un des Directeurs de la Compagnie des Indes Orientales de la ville de saint Malo, ou d'une personne par eux préposée; & au cas que les Capitaines se trouvassent dans la nécessité de faire relâcher leurs Vaisseaux dans quelques Ports avant que d'arriver aux côtes de France, Sa Majesté leur auroit défendu très-expressément de débarquer ni laisser débarquer aucunes marchandises & effets sous les mêmes peines ci-dessus spécifiées;

&

& Sa Majesté ayant jugé qu'il est convenable, que les Officiers qui montent des Vaisseaux de la Compagnie, en retirent quelque bénéfice au-delà de leurs appointemens, qui ne sont pas suffisans pour les dédommager des risques auxquels ils s'exposent pendant des voyages d'un aussi long cours que ceux des Indes, ce qui mettra d'ailleurs la Compagnie en état de choisir les Officiers les plus expérimentés, & les plus capables, qui au moyen de ce bénéfice auront un intérêt personnel de faire leurs retours avec plus de succès & de diligence; oui le rapport du sieur le Pelletier de la Houssaye, Conseiller d'Etat ordinaire & au Conseil de Régence pour les Finances, Contrôleur général des Finances, LE ROI E'TANT EN SON CONSEIL, de l'avis de M. le Duc d'Orleans Régent, a permis & permet à ladite Compagnie des Indes d'intéresser dans la cargaison de chaque Vaisseau destiné pour les Indes, les Officiers majors préposés & choisis par ladite Compagnie, ensorte que dans un chargement évalué cent mille Piastres & au-dessus, lesdits Officiers puissent avoir un intérêt de cinq mille piastres, & de cinq pour cent seulement, lorsque le chargement sera moindre de cent mille piastres, à condition que lesdits Officiers remettront au Caissier de ladite Compagnie en la Ville de Paris, ou au Caissier étant dans le Port auquel se fera l'armement, avant le départ desdits Vaisseaux, les sommes pour lesquelles ils seront intéressés à la cargaison, pour être employées dans les Indes par les Directeurs de ladite Compagnie en achats de marchandises, lesquelles seront sans aucune distinction chargées sur les Vaisseaux de ladite Compagnie, & aux risques desdits Officiers pour être au retour en France vendues en la maniere accoutumée par ladite Compagnie, & le bénéfice distribué après la vente auxdits Officiers à proportion des sommes qu'ils auront fournies à la caisse de ladite Compagnie, sans que lesdites marchandises puissent être sujettes à aucuns autres droits que ceux des ventes en France, voulant Sa Majesté qu'elles soient exemptes de fret. Ordonne au surplus Sa Majesté, que ledit Arrêt rendu en son

Conseil le 22 Février 1717, sera exécuté selon sa forme & teneur, & qu'en cas de contravention de la part desdits Officiers desdits Vaisseaux, toutes les marchandises généralement quelconques, dont ils se trouveront avoir fait commerce par contravention audit Arrêt, & même la part pour laquelle ils seront intéressés en exécution du présent Arrêt, seront & demeureront confisquées au profit de ladite Compagnie, laquelle pourra en disposer librement comme de ses autres marchandises; & sera le présent Arrêt exécuté nonobstant opposition quelconque dont si aucune intervient, Sa Majesté s'est reservé la connoissance, & icelle interdit à toutes ses Cours & autres Juges. FAIT au Conseil d'Etat du Roi, Sa Majesté y étant, tenu à Paris le vingt-cinquiéme jour de Février mil sept cent vingt-deux.

Signé PHELYPEAUX.

ARREST
DU CONSEIL D'ETAT
DU ROY,

QUI ordonne l'exécution de celui du 27 Janvier dernier; & que faute par les Actionnaires de l'ancienne Compagnie des Indes d'avoir nommé des Syndics en exécution dudit Arrêt, il sera procédé par les Commissaires du Conseil à ce députés, au jugement des demandes & contestations qui sont entre ladite ancienne Compagnie, & la nouvelle Compagnie des Indes réunie à celle d'Occident.

Du 14 Mars 1722.

Extrait des Registres du Conseil d'Etat.

LE Roi s'étant fait représenter l'Arrêt de son Conseil d'Etat du 27 Janvier dernier, par lequel Sa Majesté auroit ordonné, que dans quinze jours pour toute préfixion & délay, à compter du jour de la publication dudit Arrêt, les Actionnaires de l'ancienne Compagnie des Indes, établie par Edit du mois d'Août 1664, & confirmée par Déclaration du 21 Février 1685, seroient tenus de nommer & indiquer des Syndics, pour former telles demandes qu'ils aviseroient bon être, & soutenir, ou désavouer les demandes & contestations qui ont été, ou qui pourroient être formées pour les intérêts de ladite ancienne Compagnie des Indes, contre la nouvelle Compagnie des Indes réunie à celle d'Occident, pour raison de l'union qui en a été faite par Edit du mois de Mai 1719, sinon & à faute de ce faire, & ledit délay passé, qu'il seroit par les sieurs Commissaires nommés par Arrêt du Conseil d'Etat du 18 Mai 1721, pour juger les affaires concernant ladite nouvelle Compagnie des Indes, incessamment procédé au jugement desdites demandes & contestations, sur les requêtes & piéces qui auroient été présentées par les Directeurs de ladite ancienne Compagnie des Indes, que Sa Majesté auroit autorisés à poursuivre seuls au défaut des Actionnaires, les droits & actions de ladite ancienne Compagnie; & que ledit Arrêt seroit exécuté nonobstant oppositions ou empêchemens quelconques, & dont si aucuns intervenoient, Sa Majesté s'en seroit réservé la connoissance, qu'elle auroit interdite à toutes ses Cours & Juges. Et Sa Majesté étant informée, que quoique cet Arrêt du 27 Janvier ait été rendu public dès le 4 Février dernier, les Actionnaires de ladite ancienne Compagnie des Indes n'ont jusqu'à présent fait aucune diligence pour nommer & indiquer des Syndics dans le délay qui leur avoit été prescrit; & voulant que les contestations d'entre l'ancienne & la nouvelle Compagnie soient incessamment décidées pour le bien & l'avantage du commerce, vû le certificat du sieur Rigaud, Directeur de l'Imprimerie Royale du Louvre, contenant que ledit Arrêt du 27 Janvier a été rendu public, crié & affiché dans les rues & carrefours de Paris le 4 Février dernier; oui le rapport du sieur le Pelletier de la Houssaye, Conseiller d'Etat ordinaire & au Conseil de Régence, Contrôleur général des Finances, SA MAJESTE' E'TANT EN SON CONSEIL, de l'avis de Monsieur le Duc d'Orleans Régent, a ordonné & ordonne que l'Arrêt de son Conseil d'Etat du 27 Janvier dernier sera exécuté selon sa forme & teneur; & que conformément à icelui, faute par les Actionnaires de l'ancienne

Compagnie des Indes d'avoir dans le délay porté par ledit Arrêt, nommé & indiqué des Syndics à l'effet de former telles demandes qu'ils auroient pû intenter & soûtenir, ou désavouer les demandes & contestations qui ont été ou seront formées pour les intérêts de ladite ancienne Compagnie des Indes, contre la nouvelle Compagnie réunie à celle d'Occident, il sera par les sieurs Commissaires nommés par l'Arrêt du 18 Mai 1721 pour juger les affaires concernant la nouvelle Compagnie des Indes, procédé définitivement & en dernier ressort, au nombre de cinq, au jugement desdites demandes & contestations, sur les requêtes & pièces qui auront été ou seront présentées par les Directeurs de ladite ancienne Compagnie des Indes, lesquels Sa Majesté a autorisés & autorise d'abondant à poursuivre seuls au défaut des Actionnaires, les droits & actions de ladite ancienne Compagnie, sans que dans la suite lesdits Actionnaires puissent sous aucun prétexte être reçûs à se pourvoir contre les jugemens qui auront été rendus avec lesdits Directeurs; voulant Sa Majesté que lesdits jugemens soient censés & réputés rendus contradictoirement avec tous les Intéressés en ladite ancienne Compagnie des Indes, & attribuant en tant que besoin est ou seroit, auxdits sieurs Commissaires tout pouvoir, jurisdiction & connoissance, qu'elle interdit à ses Cours & autres Juges. Et sera le présent Arrêt exécuté nonobstant oppositions ou empêchemens quelconques, & dont si aucuns interviennent, Sa Majesté s'en est reservé la connoissance. FAIT au Conseil d'Etat du Roi, Sa Majesté y étant, tenu à Paris le quatorziéme jour de Mars mil sept cent vingt-deux.

Signé PHELYPEAUX.

ARREST
DU CONSEIL D'ÉTAT DU ROY,

QUI ordonne l'exécution de celui du 28 Janvier 1722, au sujet de la livraison du Castor par les particuliers.

Du 1 Juin 1722.

Extrait des Registres du Conseil d'Etat.

LE Roi s'étant fait représenter l'Arrêt du 28 Janvier dernier, par lequel Sa Majesté auroit ordonné que tous les particuliers, à l'exception des Fabriquans qui ont des peaux de castor restantes de celles qu'ils ont fait venir de Canada, comme les ayant achetées en conséquence de la liberté du commerce de cette marchandise accordée par l'Arrêt du 16 Mai 1720, seront tenus de les vendre avant le premier Mai dernier pour tout délay sans pouvoir les faire sortir du Royaume à peine de confiscation, & de dix mille livres d'amende, & que passé ledit jour premier de Mai, ils seroient tenus de remettre le castor qui leur resteroit à la Compagnie des Indes, laquelle en payeroit le prix à raison de quarante sols la livre de sec, & quatre livres la livre de gras, la tarre déduite suivant l'usage à la livraison de cette marchandise, pour ce qui concerne le castor venu de Canada depuis le mois d'Octobre dernier qui se trouveroit dans les magasins d'entrepôt de la Rochelle, Bordeaux, & autres Ports, & qui auroit été traitté au préjudice de l'Arrêt du 30 Mai 1721, Sa Majesté ordonnant qu'il seroit remis dès-à-présent à la Compagnie des Indes qui le payeroit à raison de quarante sols la livre de sec, & quatre livres la livre de gras, & un sol par livre pour le fret, & qu'en conséquence les Commis des Fermes en feroient la délivrance aux Commis ou Préposés de la Compagnie des Indes, les propriétaires présens ou dûement appellés, & que faute par eux de comparoître sur l'assignation qui leur seroit donnée, les Commis & Préposés de la Compagnie des Indes se pourvoiroient pardevant le Juge des traittes, lequel feroit délivrer lesdits castors en sa présence, & en dresseroit procès-verbal sur lequel il seroit pourvû au payement d'iceux. Et Sa Majesté étant informée que le 16 Mai dernier le Juge des traittes de la Rochelle ayant rendu jugement contre Marguerite Bonat veuve d'Antoine Pascaud, contre Charles Chambaut de Fleury, les sieurs Perdriau, de la Richardiere, la veuve Bonfils, tous habitans de la Rochelle, qui les condamne sur l'assignation à eux donnée de remettre aux Commis ou Préposés de la Compagnie des Indes tous les castors qu'ils ont reçûs de Canada depuis le mois d'Octobre dernier, & celui qui pourroit leur être resté en magasin passé le premier Mai aussi dernier; ladite Marguerite Bonat veuve Pascaud ne voulant se soumettre à l'exécution de l'Arrêt du 28 Janvier dernier, & du jugement rendu en conséquence par le Juge des traittes de la Rochelle le 16 Mai aussi dernier, auroit appellé dudit jugement comme rendu par un Juge imcompétent, a fait signifier le 19 Mai dernier aux Préposés de la Compagnie des Indes, un acte par lequel elle auroit déclaré qu'elle se pourvoiroit pardevant Juges compétens en protestant de nullité de tout ce qui pourroit être fait au préjudice de sondit appel, & qu'il y a lieu de craindre que d'autres particuliers n'ufaffent de pareils prétextes pour éluder l'exécution dudit Arrêt, à quoi étant nécessaire de pourvoir; oui le rapport du sieur Dodun, Conseiller d'Etat ordinaire & au Conseil de Régence, Contrôleur général des Finances, LE ROI E'TANT EN SON CONSEIL, de l'avis de Monsieur le Duc d'Orleans Régent, a ordonné & ordonne que l'Arrêt rendu en son Conseil le 28 Janvier dernier fera exécuté felon fa forme & teneur : déboute Sa Majefté ladite Marguerite Bonat veuve d'Antoine Pafcaud de l'appel qu'elle a interjetté le 19 Mai dernier du jugement rendu contre elle le 16 du même mois par le Juge des traittes de la Rochelle, voulant Sa Majefté qu'il ait son plein & entier effet, & en conféquence que ladite veuve Pafcaud & autres qui ont actuellement du caftor, foient contraints par toutes voyes, même par corps, de remettre aux Commis ou Prépofés de la Compagnie des Indes aux prix & conditions fixés par ledit Arrêt du 28 Janvier dernier, fans s'arrêter aux appellations qu'ils pourroient interjetter pour fe difpenfer de l'exécution des jugemens qui feront rendus contre eux: & fera le préfent Arrêt exécuté nonobftant oppofition ou empêchemens quelconques, & donc fi aucuns interviennent, Sa Majefté s'eft refervé la connoiffance, qu'elle interdit à toutes fes Cours & autres Juges. FAIT au Confeil d'Etat du Roi, Sa Majefté y étant, tenu à Paris le premier jour de Juin mil fept cent vingtdeux. *Signé* PHELYPEAUX,

LOUIS, PAR LA GRACE DE DIEU, ROI DE FRANCE ET DE NAVARRE, au premier des Huissiers de nos Confeils, ou autre notre Huiffier ou Sergent fur ce requis. De l'avis de notre très-cher & très-amé oncle le Duc d'Orleans Régent, nous te mandons & commandons par ces Préfentes, fignées de notre main, que l'Arrêt ci-attaché fous le contre-fcel de notre Chancellerie, ce jourd'hui donné en notre Confeil d'Etat, nous y étant,

pour

pour les caufes y contenues, tu fignifies à tous qu'il appartiendra à ce que perfonne n'en ignore, & faffe pour fon entiére exécution tous actes & exploits néceffaires, fans autre permiffion; car tel eft notre plaifir. DONNE' à Paris le premier jour de Juin l'an de grace mil fept cent vingt-deux, & de notre regne le feptiéme. *Signé* LOUIS. *Et plus bas*; par le Roi, le Duc d'Orleans Régent préfent.

Signé PHELYPEAUX.

ARREST
DU CONSEIL D'ÉTAT
DU ROY,

QUI ordonne que les Négocians de saint Malo seront payés par la Compagnie d'un million cinq cens huit mille cent huit livres treize sols sept deniers.

Du 16 Juin 1722.

Extrait des Regiſtres du Conſeil d'Etat.

VU au Conseil d'Etat du Roi l'instance de requêtes respectives d'entre les Négocians de saint Malo subrogés au privilége de l'ancienne Compagnie des Indes Orientales, & Guillaume Tartel, Contrôleur général des Restes, commis par Arrêt du Conseil pour la poursuite des affaires de la Compagnie des Indes, la requête desdits Négocians de saint Malo du 13 Novembre 1721, signifiée le 15 du même mois, tendante à ce qu'il plût à Sa Majesté ordonner que toutes les marchandises qu'ils prétendoient leur appartenir, & qui étoient venues sur les Vaisseaux le Solide, l'Amphitrite & la Vierge de grace, leur seroient rendues & restituées ; sçavoir, cent soixante-cinq balles de piéces de coton de Pondichery blanches, & quelques-unes bleues, quatre-vingt-deux mille trois cens trente livres pefant de poivre, foixante-un mille fix cens foixante-quinze livres pefant de cauris, trois cens dix-neuf mille trois cens vingt livres pefant de bois rouge, huit cens cannes à la main, douze cens foixante piéces de guinées, quatre-vingts piéces de guinées de même nature, deux mille trois cens quatre-vingts piéces de falempouris, mille foixante-dix piéces de guinées, fept cens dix piéces de falempouris, & trois cens vingt piéces auffi de falempouris, quatre-vingts piéces tanjebs jengale, trois cens vingt piéces caffes dites jengale en quatre articles de quatre-vingts piéces chacun, deux cens piéces de bafetas, deux cens piéces de cranattes, cent cinquante-deux demi piéces terindanes Japons, cent quatre-vingt-douze demi piéces terindanes maramet, deux cens quarante-deux demi piéces terindanes à fara, quatre-vingt-dix demi piéces terindanes maramet, quatre-vingt-feize piéces mallemolles brodées à fleurs, cent neuf piéces tanjebs auffi brodées à fleurs, & cent foixante-quatorze mille fix cens cinquante-fix livres pefant de cauris poids de France, provenant du marché fait par le fieur de la Vigne Buiffon, avec Demetrius Nicolas, Marchand Grec, aux offres que faifoient lefdits Négocians de faint Malo, de payer à la nouvelle Compagnie, les dix pour cent du produit de la vente qui feroit faite de ces mêmes marchandifes, par lefdits Négocians de faint Malo ; ordonner qu'il leur feroit délivré des marchandifes de l'Inde appartenantes à la nouvelle Compagnie venues par lefdits Vaiffeaux le Solide, l'Amphitrite & la Vierge de grace, fur le pied qu'elles avoient couté fur les lieux : 1.° jufqu'à concurrence de trente mille trois cent vingt-deux pagodes, vingt-deux fanons, foixante-deux caches, pour la valeur des marchandifes d'Europe trouvées dans les magafins de la fortereffe de Pondichery, comprifes dans l'état de ces mêmes marchandifes du 22 Juillet 1720 : 2.° jufqu'à concurrence de cent dix mille deux cens quarante-quatre roupies, douze anas pour la valeur des marchandises & autres effets compris dans l'état du 15 Décembre 1720, des marchandises d'Europe appartenantes auxdits Négocians de saint Malo, remises à la nouvelle Compagnie au comptoir d'Ougly établi à Chandernagor par le sieur du Coudray Bourgault : 3º jusqu'à concurrence de quatre-vingt-treize mille quatre cens trente-huit roupies onze anas, trente-quatre gandas pour les avances faites par les Directeurs desdits Négocians à divers particuliers, à compte des marchandises qui devoient leur être délivrées, lesquelles avances étoient comprises dans l'inventaire du 15 Décembre 1720, des fonds, effets & meubles appartenans auxdits Négocians, & trouvées dans le comptoir d'Ougly établi à Chandernagor : 4º jusqu'à concurrence de deux mille trente roupies six anas, comprises dans le même inventaire pour les meubles : 5º jusqu'à concurrence de deux mille huit cens quarante-neuf pagodes restantes de six mille cinq cens quatre-vingt-dix-huit seguins d'or trois quarts, de cent sept pagodes pour la valeur des emballages, & de cinq cens pagodes pour la valeur de la maison appellée le Domaine Girard, & pour les réparations, lesquels effets étoient compris dans l'état du 20 Juillet 1720, des marchandises des Indes trouvées dans les magasins de la forteresse de Pondichery, de deux cens cinquante pagodes avancées à Pedro, & de quatre cens pagodes aussi avancées à China Tamby, Malabar, toutes lesquelles parties montent ensemble à quatre mille cent six pagodes : 6º jusqu'à concurrence de quatre mille quatre cens une pagodes, un fanon, quarante caches employées par ledit la Vigne Buisson, Directeur desdits Négocians, pour le payement des salaires de l'équipage du Vaisseau l'Indien, & ordonner que sur les deniers qui proviendroient de la vente des marchandises de l'Inde appartenantes à la nouvelle Compagnie, venues sur lesdits Vaisseaux le Solide, l'Amphitrite & la Vierge de grace, lesdits Négocians seroient payés par privilége & préférence à tous créanciers de la somme de cent soixante-dix mille livres pour le prix du Vaisseau l'Indien, dont la nouvelle Compagnie s'est emparé, avec ses agrès & aparaux, le tout sans préjudice de tous les autres droits, actions & prétentions desdits Négocians, contre la nouvelle Compagnie & les Directeurs, & de prendre dans la suite telles autres conclusions qu'ils aviseront bon être. Requête dudit sieur Tartel, audit nom, signifiée le 5 Décembre audit an 1721, employée pour réponses à celle desdits Négocians de saint Malo, & tendante à ce qu'il plût à Sa Majesté ordonner, que les articles V & XI de l'Edit du mois de Mai 1719, qui ne regardent que les Négocians de saint Malo, seuls cessionnaires du privilége de l'ancienne Compagnie des Indes Orientales, seront exécutés selon leur forme & teneur, en conséquence donner acte à la Compagnie des Indes des offres qu'elle fait de payer aux Négocians de saint Malo, sur le pied de la valeur numéraire du marc d'argent au tems des payemens, les marchandises & effets qui ont été remis par les Agens desdits Négocians, aux Directeurs & employés de ladite Compagnie des Indes, tant à Pondichery qu'à Chandernagor, Royaume de Bengale, suivant les inventaires & estimations arrêtés entre eux, lui donner pareillement acte des offres qu'elle fait de rembourser auxdits Négocians de saint Malo en argent & sur le pied de la valeur numéraire du marc d'argent au tems des payemens, les sommes avancées par leurs Commis ou Marchands Indiens, pour marchandises à livrer, suivant les états arrêtés entre lesdits Commis de saint Malo, & ceux de la Compagnie des Indes, bien entendu que s'il s'y trouve des non valeurs par faillite, ou insolvabilité d'aucun desdits Marchands Indiens, il en sera tenu compte à la Compagnie des Indes, par les Négocians de saint Malo, lesquels payemens les Négocians de saint Malo seront tenus d'accepter & de recevoir dans la forme & maniere ci-dessus énoncée; lui donner pareillement acte de ses offres, de tenir compte aux Négocians de saint Malo de ce qui proviendra de la vente de leurs draps & coraux, & que pour en constater le produit, il leur sera libre de commettre qui ils jugeront à propos pour en faire la vente de concert avec les Directeurs &

Commis de la Compagnie des Indes à Pondichery & à Chandernagor, si mieux n'aiment lesdits Négocians de saint Malo convenir dès-à-préfent d'arbitres pour eftimer lefdits draps & coraux; eû égard à la longue durée de la vente, & aux rifques de la perdition des draps, ordonner que les parties nommeront deux Négocians, avec pouvoir de nommer entre eux un fur-arbitre pour faire eftimation du Vaiffeau l'Indien, fur l'inventaire arrêté le 14 Septembre 1720, & ce fuivant les régles & ufages obfervés en pareil cas entre Négocians; ce faifant, débouter les Négocians de faint Malo de toutes leurs demandes, & en particulier de celle de quatre mille quatre cens une pagodes, un fanon, quarante caches, pour remboursement de la folde par eux payée à l'équipage de leur Vaiffeau l'Indien, & les condamner folidairement aux dépens. Autre requête defdits Négocians de faint Malo, fignifiée le 22 Janvier dernier, en réponfe à celle dudit fieur Tartel: vû auffi les piéces juftificatives des parties jointes à leurs requêtes; oui le rapport du fieur Dodun, Confeiller d'Etat ordinaire & au Confeil de Régence, Contrôleur général des Finances, LE ROI ÉTANT EN SON CONSEIL, de l'avis de M. le Duc d'Orleans Régent, faifant droit fur le tout, ordonne que les articles cinq & onze de l'Edit du mois de Mai 1719, feront exécutés felon leur forme & teneur; en conféquence que lefdits Négocians de faint Malo feront payés par ladite Compagnie des Indes de la fomme de quinze cens huit mille cent huit livres treize fols fept deniers; fçavoir, celle de trois cens quatre-vingt-huit mille quatre cens quarante-quatre livres, pour trente-deux mille deux cens foixante-neuf pagodes onze fanons, dix-huit caches, à raifon de douze livres neuf deniers la pagode, montant du prix des marchandifes des Indes trouvées dans les magafins de Pondichery, fuivant l'état du 20 Juillet 1720; celle de cent quatre-vingt-dix-huit mille cent quatre-vingt-huit livres huit fols deux deniers, pour feize mille quatre cens foixante-quatre pagodes, fix fanons, avancées à divers Marchands Malabars;

celle de quatre cens seize mille dix livres, pour six mille six cens trois marcs un tiers d'argent, à soixante-trois livres le marc, provenant de cent dix-huit mille huit cens soixante roupies, cinq anas, trente-quatre gandas, à raison de dix-huit roupies au marc, pour le montant des marchandises trouvées au comptoir de Chandernagor, suivant l'inventaire du 15 Décembre 1720; celle de soixante-sept mille trois cens soixante-dix-huit livres dix sols, à laquelle ont été évalués mille soixante-neuf marcs & demi d'argent, à ladite raison de soixante-trois livres le marc, qui au tems de l'embarquement ne valoient que quarante-deux mille sept cens quatre-vingt-une livres, sur le pied de quarante livres chacun, provenant du prix des marchandises d'Europe trouvées à Pondichery, de la cargaison du Vaisseau le Comte de Toulouse, parti de saint Malo le 9 Mars 1718, suivant l'état du 20 Juillet 1720, dont vingt-cinq mille cinq cens trente-deux livres, pour deux cens trente-une piéces de draps tirant trois mille neuf cens vingt-huit aunes en quarante-sept balles, à six livres dix sols l'aune, onze mille cent quatre-vingt-sept livres, pour mille dix-sept aunes cinq sixiémes de drap fin en onze balles, à onze livres l'aune ; deux mille quatre cens quatre-vingt-cinq livres, pour deux cens treize livres de corail de Livourne, & trois mille cinq cens soixante-dix-sept livres, pour quatre mille neuf cens livres de poudre à canon à soixante-trois livres le quintal ; celle de quatre-vingt-deux mille cent soixante-trois livres seize sols trois deniers, à laquelle ont été évalués treize cens quatre marcs, une once quatre gros d'argent, à ladite raison de soixante-trois livres le marc, qui au tems de l'envoi ne valoient que soixante-dix-huit mille deux cens cinquante livres dix-sept sols, sur le pied de soixante livres chacun, provenant du prix & frais de vingt-six caisses de corail d'Europe de la premiere sorte, & vingt-quatre caisses de la seconde sorte, aussi trouvées à Pondichery de la cargaison du Vaisseau les deux Couronnes, parti de saint Malo en Mars 1719, suivant ledit état du 20 Juillet 1720; celle de cent trente mille sept cens vingt-huit livres quatorze sols deux deniers, à laquelle ont été évalués deux mille soixante-quinze marcs trois gros, deux deniers, six grains d'argent, à raison de soixante-trois livres le marc, qui au tems de l'embarquement ne valoient que quatre-vingt-trois mille deux livres quatorze sols un denier, sur le pied de quarante livres chacun, provenant du prix des marchandises d'Europe, trouvées dans les magasins de Chandernagor, des cargaisons des Vaisseaux l'Indien & le Comte de Toulouse, partis de saint Malo au mois de Février 1718, suivant l'inventaire du quinze Décembre 1720, dont trente-six mille dix-huit livres huit sols trois deniers, pour le prix & frais de douze caisses de corail de la premiere sorte, & de onze caisses de la seconde, mille soixante-une livres deux sols six deniers, pour cent soixante-trois aunes un quart gros drap, à six livres dix sols l'aune, vingt-un mille six cens deux livres trois sols quatre deniers, pour dix-neuf cens soixante-trois aunes cinq sixiémes de drap fin à onze livres l'aune; trois mille quatre cens quarante-deux livres dix sols, pour trois cens quatre-vingt-deux aunes & demie desdits draps avariés à neuf livres l'aune, & vingt mille huit cens soixante-dix-huit livres, pour deux mille cent quarante-un mans, douze serres fer d'Espagne, faisant seize cens six quintaux, à treize livres le quintal; celle de quarante-cinq mille huit cens seize livres quinze sols, à laquelle ont été évalués sept cens vingt-sept marcs deux onces d'argent, à soixante-trois livres le marc, qui au tems de l'embarquement ne valoient que quarante-trois mille six cens trente-cinq livres sept sols, sur le pied de soixante livres chacun, provenant du prix des marchandises d'Europe, trouvées dans lesdits magasins de Chandernagor, de la cargaison du Vaisseau les deux Couronnes, parti de saint Malo en Mars 1719, suivant ledit inventaire du 15 Décembre 1720, dont quarante-trois mille cinq cens cinq livres sept sols, pour le prix & frais de quatorze caisses de corail de la premiere sorte, & quatorze caisses de la seconde sorte, & cent trente livres, pour cent trente livres de poudre à mousquet,

mousquet, à vingt sols la livre ; celle de soixante-dix-neuf mille sept cens vingt-trois livres seize sols, pour les assurances, à raison de six pour cent, de treize cens vingt-huit mille sept cens trente livres trois sols sept deniers, à quoi se trouvent monter toutes les marchandises & effets ci-dessus, tant des Indes que d'Europe ; & celle de quatre-vingt-dix-neuf mille six cens cinquante-quatre livres quatorze sols, pour le frêt desdites marchandises de France aux Indes, à raison de sept & demi pour cent de leur valeur : ordonne en outre Sa Majesté, que la Compagnie des Indes payera auxdits Négocians de saint Malo la somme de quarante mille livres, pour le prix du Vaisseau l'Indien, si mieux n'aiment lesdits Négocians être payés sur le pied de l'estimation qui en sera faite par Experts & gens à ce connoissans, sur la représentation du compte de la construction & mise hors dudit Vaisseau, & de l'inventaire qui en a été fait, lorsque les Commis de ladite Compagnie s'en sont mis en possession, ce que lesdits Négocians seront tenus d'opter dans quinzaine du jour de la signification du présent Arrêt ; & sur le surplus des demandes & contestations des Parties, Sa Majesté les a mises hors de Cour. FAIT au Conseil d'Etat du Roi, Sa Majesté y étant, tenu à Versailles le seiziéme Juin mil sept cent vingt-deux.

Signé PHELYPEAUX.

LE 27 Juin 1722, à la requête de M. Guillaume Tartel, commis par Arrêt du Conseil pour la discussion des affaires de la Compagnie des Indes, qui a élu domicile en son Bureau rue de Clery, Paroisse saint Eustache, le présent Arrêt du Conseil a été signifié, & d'icelui laissé copie aux fins y contenues aux sieurs le Fer de la Saudre & Baude sieur Duval, tant pour eux que pour les Négocians de saint Malo, leurs Consorts subrogés au privilége de l'ancienne Compagnie des Indes, en leur domicile à Paris à l'Hôtel de Bourgogne, rue Traversine, parlant auxdits sieurs le Fer de la Saudre & Baude sieur Duval, par nous Huissier ordinaire des Conseils du Roi. Signé DE BRYE.

Tome III.

A la requête de M. Guillaume Tartel, commis par Arrêt du Conseil pour la discussion des affaires de la Compagnie des Indes, pour lequel sieur Tartel domicile est élu en son Bureau sis rue de Clery, soient sommés & interpellés les sieurs le Fer la Saudre, & Baude sieur Duval, tant pour eux que pour les Négocians de saint Malo, leurs Consorts subrogés au privilége de l'ancienne Compagnie des Indes, de satisfaire à l'Arrêt du 16 du présent mois à eux ce jourd'hui signifié, & en conséquence de déclarer dans la quinzaine s'ils entendent recevoir les 40000 livres portées par ledit Arrêt pour le prix du Vaisseau l'Indien, ou s'ils entendent en faire l'estimation en la maniere y portée, sinon leur est déclaré que ledit tems passé ils seront déchûs de ladite option, dont acte.

Le 27 Juin 1722, signifié & laissé copie auxdits sieurs le Fer de la Saudre, & Baude sieur Duval, tant pour eux que pour les Négocians de saint Malo, leurs Consorts subrogés au privilége de la Compagnie des Indes, en leur domicile à Paris à l'Hôtel de Bourgogne, rue Traversine, parlant à leurs personnes, par nous Huissier ordinaire du Roi en ses Conseils. Signé DE BRYE.

A la requête de Pierre le Fer de la Saudre, & Henri Baude sieur Duval, Directeurs de l'ancienne Compagnie des Indes établie à saint Malo, tant pour eux que pour les autres Directeurs de ladite Compagnie, qui ont élu leurs domiciles en cette ville de Paris, en leur demeure rue Traversine, à l'Hôtel garni, où pend pour enseigne l'Hôtel de Bourgogne, lesquels après avoir pris communication de la signification de l'Arrêt du Conseil d'Etat du 16 du présent mois, signifié le 27 du présent mois de Juin, à la requête de M. Guillaume Tartel, commis par Arrêt du Conseil pour la discussion des affaires de la Compagnie des Indes, déclarent audit M. Tartel, que par respect ils acceptent la liquidation de la somme de 40000 livres pour le prix du navire nommé l'Indien mentionné audit Arrêt. Signé LA SAUDRE LE FER, DUVAL BAUDE.

L'an 1722 le 30 Juin, à la requête des sieurs le Fer la

Saudre, & Baude sieur Duval, ci-dessus nommés, j'ai Girard la Plaine, Huissier ordinaire du Roi en sa Chambre des Comptes à Paris, demeurant rue Bailleul, Paroisse saint Germain l'Auxerrois, soussigné, signifié l'acte ci-dessus transcrit à M. Tartel, dénommé de l'autre part, en son domicile, rue de Clery, parlant à son portier, à ce qu'il n'en ignore, & lui ai laissé la présente copie. Signé LA PLAINE.

ARREST
DU CONSEIL D'ÉTAT
DU ROY,

QUI permet le déchargement de bord à bord des Marchandises venues dans les Ports de France pour être conduites à Nantes.

Du 8 Juillet 1722.

Extrait des Régistres du Conseil d'Etat.

SUR ce qui a été représenté au Roi par le sieur Etienne le Cordier, Commis Directeur général de la Compagnie des Indes, que les Vaisseaux partis des Ports de France pour la Chine, Surate & l'Isle de Bourbon, sont en partie revenus dans les Ports du Royaume, & les autres attendus à chaque instant, & qu'il est important que les marchandises dont lesdits Vaisseaux, tant ceux qui sont arrivés que ceux qu'on attend, sont chargés, soient vendues incessamment, tant pour procurer à ladite Compagnie les fonds dont elle a un pressant besoin pour soutenir les différentes parties de son commerce, que pour fournir le Royaume de ces mêmes marchandises, & empêcher la consommation de pareilles marchandises venant de l'Etranger qui pourroient y être introduites ; que trois de ces Vaisseaux nommés le Maure, la Galatée & le Prince de Conty, venant de la Chine, étant arrivés au port de l'Orient, & les Vaisseaux la Syrenne, venant de Surate & l'Indien, venant de l'Ifle de Bourbon, qu'on attend à chaque inftant, ayant un chargement trop confidérable pour qu'on puiffe efpérer de trouver un nombre fuffifant de rouliers qui puiffent tranfporter les marchandifes qui compofent leur chargement par terre du port de l'Orient à Nantes, fans s'expofer à retarder la vente que la Compagnie des Indes fe propofe d'en faire faire à Nantes dans le courant de cette année, par rapport aux difpofitions qu'il eft convenable de faire avant d'indiquer le jour de cette vente; mais comme pour faire tranfporter lefdites marchandifes de l'Orient à Nantes par mer la Compagnie des Indes a befoin d'une permiffion expreffe du Roi, pour que les Commis des Fermes de Sa Majefté au Port-Louis & à l'Orient ne s'oppofent pas au déchargement qu'elle fe propofe de faire faire defdites marchandifes de bord à bord des Vaiffeaux dans lefquels elles font apportées des lieux ci-devant fpécifiés dans des barques pour les porter à Nantes, & que par Arrêt du 2 Novembre 1700, Sa Majefté a affujetti au droit du quarantiéme de la valeur pour la Prévôté de Nantes, le coton filé, les cuirs de chevreau, les foyes écrues, les étoffes de pure foye, les étoffes mêlées de foye, cotonis & chuquelas, les taffetas armoifins, les ceintures & jarretieres de foye, & les étoffes atelas à fleurs d'or, ce qui cauferoit un très-grand préjudice à la Compagnie des Indes fi elle n'en étoit pas exempte en les tranfportant à Nantes par mer, comme elle le feroit en fe fervant de rouliers pour les tranfporter par terre, la conftitueroit dans de grandes dépenfes, & peut-être dans l'impoffibilité de faire la vente, par la difficulté de trouver des rouliers en nombre fuffifant pour tranfporter lefdites marchandifes par terre ; oui le rapport du fieur Dodun, Confeiller ordinaire au Confeil Royal & au Confeil de Régence, Contrôleur général des Finances, LE ROI E'TANT EN SON CONSEIL, de l'avis de M. le Duc d'Orleans Régent, a ordonné & ordonne aux Fermiers généraux & aux Commis des Fermes de l'Orient, du Port-Louis ou autres lieux efquels lefdits Vaiffeaux de la Compagnie des Indes font déja arrivés ou arriveront dans le cours de la préfente année, de laisser faire le déchargement desdits Vaisseaux de bord à bord dans des barques, pour être les marchandises en provenant transportées à Nantes par mer : veut Sa Majesté que les soyes greses, les soyes teintes, les étoffes de pure soye, les étoffes mêlées de soye, les étoffes de soye à fleurs d'or & d'argent, les cotons filés, & toutes autres marchandises sujettes au droit de quarantiéme de la valeur pour la Prévôté de Nantes, portés par l'Arrêt du 2 Novembre 1700, provenant du chargement des Vaisseaux le Maure, la Galatée & le Prince de Conty, venant de la Chine & arrivés dans le port de l'Orient, & celles provenant des Vaisseaux la Syrenne, venant de Surate, & l'Indien, venant de l'Isle de Bourbon, appartenans à la Compagnie, qu'on attend dans les Ports du Royaume pendant le cours de la présente année, soient exemptes, pour cette fois seulement & sans tirer à conséquence, des droits de la Prévôté de Nantes pour les marchandises qui seront conduites par mer de l'Orient à Nantes, lorsqu'elles seront accompagnées du certificat du sieur de Lestobec, Directeur de la Compagnie des Indes à l'Orient, ou de celui du Correspondant ou Préposé par ladite Compagnie dans le Port où lesdits Vaisseaux pourroient décharger : ordonne Sa Majesté que lesdites marchandises ne payeront d'autres ni plus grands droits que ceux auxquels elles seroient sujettes si elles étoient transportées de l'Orient ou autres Ports à Nantes par terre. FAIT au Conseil d'Etat du Roi, Sa Majesté y étant, tenu à Versailles le huitiéme jour de Juillet mil sept cent vingt-deux.

Signé FLEURIAU.

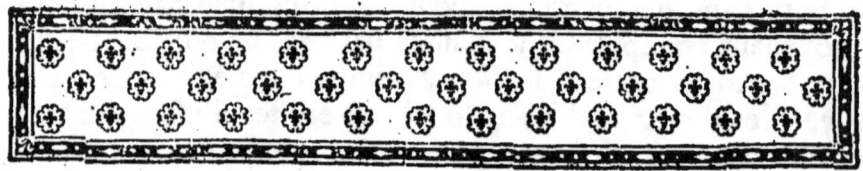

ARREST
DU CONSEIL D'ETAT
DU ROY,

QUI ordonne que les comptes & memoires concernant la régie de Cordier seront arrêtés par Blanchard.

Du 14 Juillet 1722.

Extrait des Registres du Conseil d'Etat.

LE Roi s'étant fait représenter l'Arrêt rendu en son Conseil le 30 Août dernier, par lequel Sa Majesté commet le sieur le Cordier, Directeur général de la Compagnie des Indes, pour arrêter les comptes & mémoires de tous les Correspondans de ladite Compagnie des Indes, soit débiteurs ou créanciers depuis la régie établie par les Arrêts du Conseil des 7 & 15 Avril 1721, après toutefois que lesdits comptes & mémoires auroient été examinés & certifiés bons par les sieurs Grenon & Blanchard, Inspecteur & Teneur de livres de ladite Compagnie des Indes à Paris, au moyen de quoi ledit sieur le Cordier seroit bien & valablement déchargé de l'arrêté desdits comptes & mémoires ; & Sa Majesté étant informée que ledit sieur Grenon ayant été nommé Directeur de ladite Compagnie des Indes au quartier de saint Louis, côte saint Domingue, il est nécessaire de nommer une personne capable qui puisse, conjointement avec ledit sieur Blanchard, Teneur de livres de ladite Compagnie, examiner & certifier tous lesdits comptes & mémoires, pour mettre ledit sieur le Cordier en état de les arrêter ; oui le rapport du sieur Dodun, Conseiller ordinaire au Conseil Royal & au Conseil de Régence, Contrôleur général des Finances, LE ROI ETANT EN SON CONSEIL, de l'avis de M. le Duc d'Orleans Régent, a ordonné & ordonne que l'Arrêt du 30 Août dernier sera exécuté selon sa forme & teneur, & qu'à l'avenir lesdits comptes & mémoires des Correspondans de ladite Compagnie & autres, soit débiteurs ou autres, seront vûs & examinés par le sieur Dorveaux, sous-Teneur de livres, & certifiés bons par ledit sieur Blanchard, Teneur de livres de ladite Compagnie des Indes à Paris, au moyen de quoi ledit sieur le Cordier sera bien & valablement déchargé de l'arrêté desdits comptes & mémoires. FAIT au Conseil d'Etat du Roi, Sa Majesté y étant, tenu à Versailles le quatorze Juillet mil sept cent vingt-deux.

Signé PHELYPEAUX.

ARREST

ARREST
DU CONSEIL D'ÉTAT
DU ROY,

QUI ordonne que par le Sieur de Brou il sera fait Inventaire des marchandises venues par les Vaisseaux le Maure, la Galatée & l'Indien, & de celles qui sont à Nantes.

Du 1 Septembre 1722.

Extrait des Registres du Conseil d'Etat.

SUR la requête présentée au Roi étant en son Conseil par le sieur le Cordier, nommé Commis Directeur général de la Compagnie des Indes par Arrêt du 15 Avril 1721, contenant qu'il est arrivé au Port-Louis le premier Juillet 1722 les Vaisseaux le Maure, la Galatée & l'Indien, venant des Ports des concessions de la Compagnie des Indes, chargés de soye écrue, toutenague, vif argent, sucre candi, vermillon ou cinabre, velours uni & à fleurs, satins brodés, bas de soye, thé boui & vert, porcelaines, cabarets, tables & paravents, vernis, éventails, bureaux, boëtes, tablettes & cabinets du Japon, vernis en matiere, indigo, galanga, aloes, benjoin, caffé & drogueries; qu'il reste dans les magasins de la Compagnie de la vente faite l'année derniere des marchandises venues des Indes par les Vaisseaux le Solide, l'Amphitrite & la Vierge de grace, confiftant en poivre, bois rouge, bois de fapan, canes à la main, toiles de coton blanches, mouffelines, de toutes lefquelles marchandifes, tant permifes que prohibées, la vente doit être faite dans la ville de Nantes, après cependant que fur les mouffelines & toiles de coton blanches fujettes à la marque, il aura été appofé celle qu'il a plû à Sa Majefté d'ordonner par Arrêt du 28 Avril 1711, dont l'empreinte eft au pied dudit Arrêt, laquelle marque fera imprimée fur un morceau de parchemin, figné & paraphé par les fieurs Cochois & Robineau, que Sa Majefté a commis par Arrêt du 20 Décembre 1719, par le fieur Camiaille, auffi commis par Arrêt du 30 Mai 1721, & par le fieur Dubois, auffi commis par Arrêt du 15 Juillet 1721, ou par l'un defdits fieurs feulement, à l'effet qu'il n'en foit débité aucunes dans le Royaume que celles de ladite Compagnie, conformément aux Arrêts des 10, 24 Février & 13 Mars 1691, 2 Novembre 1700, Déclaration de Sa Majefté du 9 Mai 1702, & autres Arrêts & Réglemens rendus en conféquence concernant le commerce de ladite Compagnie, & notamment à ceux des 10 Décembre 1709 & 4 Juin 1715, rendus en interprétation de celui du 27 Août 1709, aux Arrêts des 11 Juin 1714, 20 Janvier & 22 Février 1716, & à l'Edit du mois de Mai 1719, portant réunion des Compagnies des Indes & de la Chine à la Compagnie d'Occident, à préfent nommée Compagnie des Indes, qui permettent à ladite Compagnie de vendre dans le Royaume des mouffelines & toiles de coton blanches apportées par fes Vaiffeaux, & à tous Négocians, Marchands & autres particuliers qui les ont achetées de ladite Compagnie, d'en faire débit & ufage, en payant feulement les droits d'entrée portés par le Tarif de 1664 pour les marchandifes qui y font dénommées & contenues, & trois pour cent de la valeur de celles qui n'y font pas comprifes, fuivant & conformément à l'article XLIV de l'Edit d'établiffement de ladite Compagnie, & Arrêt rendu en conféquence. A ces caufes requéroit ledit fieur le Cordier qu'il plût à Sa Majefté fur ce pourvoir. Vû lefdits Arrêts des 10, 24 Février & 13 Mars 1691, 2 Novembre 1700, Déclaration de Sa Majesté du 9 Mai 1702, Arrêts du 27 Août & 10 Décembre 1709, 28 Avril 1711, 11 Juin 1714, 20 Janvier & 22 Février 1716, & l'Edit du mois de Mai 1719, portant réunion des Compagnies des Indes Orientales & de la Chine à celle d'Occident; oui le rapport du sieur Dodun, Conseiller ordinaire au Conseil Royal & au Conseil de Régence, Contrôleur général des Finances, SA MAJESTÉ ÉTANT EN SON CONSEIL, de l'avis de M. le Duc d'Orleans Régent, a ordonné & ordonne que par le sieur Feydeau de Brou, Conseiller en ses Conseils, Maître des Requêtes ordinaire de son Hôtel, Commissaire départi en la Province de Bretagne, ou par celui qu'il subdéléguera à cet effet, il sera fait en la présence du sieur Richard, commis par le Conseil pour l'exécution de l'Arrêt du 18 Mai 1720, inventaire de toutes les marchandises qui composent le chargement des Vaisseaux le Maure, la Galatée & l'Indien, & de celles restées dans les magasins de la Compagnie des Indes, provenant des chargemens des Vaisseaux le Solide, l'Amphitrite & la Vierge de grace, lequel inventaire sera dressé en trois chapitres, dont le premier comprendra les marchandises sujettes à la marque, comme mousselines & toiles de coton blanches; le second les drogueries & épiceries, comme caffé, poivre, bois rouge, bois de sapan, soye écrue, thé, porcelaines, verni en matiere & ouvrage, toutenague, vif argent, vermillon ou cinabre, indigo, esquine, aloës, benjoin & autres; & le troisiéme chapitre sera composé des marchandises dont l'usage & le débit sont prohibés dans le Royaume, & qui, quoique chargées sur les Vaisseaux de ladite Compagnie des Indes, ne peuvent y être vendues qu'à condition qu'elles seront envoyées à l'Etranger: ordonne aussi Sa Majesté que toutes lesdites piéces de mousselines & toiles de coton blanches spécifiées par le premier chapitre dudit inventaire, seront marquées aux deux bouts de chaque piéce d'une marque pareille à l'empreinte étant au pied dudit Arrêt du 28 Avril 1711, imprimée sur un morceau de parchemin, signé

R rr ij

par les sieurs Cochois & Robineau, que Sa Majesté a commis à cet effet par Arrêt du 20 Décembre 1719, par le sieur Camiaille, aussi commis par Arrêt du 30 Mai 1721, & par le sieur Dubois, aussi commis par Arrêt du 15 Juillet 1721, ou par un d'eux seulement, laquelle marque sera attachée au chef & à la queue de chaque piéce, avec le plomb de ladite Compagnie, en présence dudit sieur Subdélegué ou autre qui sera commis par ledit sieur Feydeau de Brou, sans que les Marchands ou Négocians puissent être tenus de rapporter lesdites marques ni de faire mention sur leurs registres des noms de ceux auxquels ils pourront vendre des piéces entieres, à condition néanmoins que les Marchands & Négocians seront tenus de faire immédiatement après chaque vente publique une déclaration expresse de la quantité desdites toiles de coton blanches & mousselines qu'ils auront achetées, lesquelles déclarations seront faites à Paris au sieur Lieutenant général de Police, ou à celui qu'il commettra, & dans les Provinces aux sieurs Intendans & Commissaires départis, ou aux personnes qui seront par eux commises, lesquelles déclarations seront insérées dans un registre particulier, paraphé par ceux qui les recevront, dans lequel registre lesdites marchandises seront spécifiées par des chapitres distincts & séparés par chacun des déclarans, sans que les Marchands de la ville de Paris, détailleurs ou autres puissent tirer des Provinces aucunes mousselines & toiles de coton blanches, même de celles marquées de la marque desdits sieurs Intendans & Commissaires départis, s'ils n'en ont obtenu permission expresse dudit sieur Lieutenant général de Police: ordonne Sa Majesté qu'après l'apposition desdites marques sur les piéces de mousselines & toiles de coton blanches, toutes lesdites marchandises de la Chine & des Indes venues par lesdits Vaisseaux le Maure, la Galatée, l'Indien, le Solide, l'Amphitrite & la Vierge de grace, seront incessamment vendues en la maniere accoutumée, en présence dudit sieur le Cordier, Commis Directeur général de la Compagnie des Indes, ou de celui qui sera nommé à cet effet,

& dudit sieur Richard, en payant les droits d'entrée de toutes lesdites marchandises, conformément au Tarif de 1664, à l'article XLIV de l'Edit du mois d'Août de la même année, & aux Arrêts des 29 Avril & 22 Novembre 1692, & 2 Novembre 1702, & aux autres Arrêts, Déclarations & Edits rendus en faveur de la Compagnie des Indes, à l'égard des marchandises des Indes & de la Chine, dont l'usage & le débit sont prohibés dans le Royaume, la vente & adjudication n'en pourra être faite qu'à condition qu'elles seront envoyées à l'Etranger par les adjudicataires dans six mois au plus tard du jour de l'adjudication, dans la forme pour les pays, & avec les précautions prescrites par l'article VII de l'Arrêt du 11 Juin 1714, & jusqu'audit envoi elles seront mises dans le magasin d'entrepôt, conformément audit Arrêt du 18 Mai 1720 : ordonne en outre Sa Majesté, conformément à l'article VIII de l'Arrêt du 20 Janvier 1716, que les toiles de coton blanches & mousselines ne pourront être vendues dans aucune Ville, jusqu'à ce qu'il y ait été apposé une seconde marque au chef & à la queue ; sçavoir, à Paris par le sieur Lieutenant général de Police, qui pourra numéroter & parapher chacune des marques en parchemin, s'il le juge à propos, ou par les Commissaires du Châtelet, les Inspecteurs de Police, ou telles autres personnes qu'il voudra commettre, & dans les Provinces par les sieurs Intendans & Commissaires départis ou leurs Subdélegués, ensorte que les mousselines & toiles de coton blanches, soit en piéces ou en coupons, qui se trouveront sans lesdites premieres & secondes marques, seront réputées en contravention, & comme telles confisquées, & ceux qui s'en trouveront saisis condamnés aux amendes & aux autres peines spécifiées par les Arrêts des 20 Janvier & 22 Février 1716, qui seront exécutés selon leur forme & teneur : veut Sa Majesté qu'à la réquisition de la Compagnie des Indes, il soit fait une visite desdites marchandises des Indes qui se trouveront chez lesdits Marchands, Négocians & tous autres de quelque qualité & condition qu'ils puissent être, même qu'il lui soit permis de faire saisir celles qui ne seront pas marquées des marques prescrites par les Arrêts ci-dessus datés ; & Sa Majesté voulant assurer de plus en plus l'exécution desdits Arrêts dans la ville de Paris, & favoriser le débit des Marchands qui font un commerce loyal desdites marchandises, lequel est souvent dérangé par les fraudeurs & colporteurs inconnus, même empêcher que les détailleurs, qui s'excusent ordinairement des contraventions qu'on leur impute par le peu de connoissance qu'ils disent avoir des véritables marques, ne puissent être trompés, fait très-expresses inhibitions & défenses, sous peine de trois mille livres d'amende, à tous détailleurs & détailleuses qui employent lesdites marchandises & toiles de coton blanches, d'acheter aucunes pièces que des Marchands commis & domiciliés, sauf aux détailleurs & détailleuses à obliger les Marchands de signer leur nom au dos de chaque marque en parchemin qui sera apposée sur les piéces vendues, pour y avoir recours en cas de besoin : enjoint Sa Majesté au sieur d'Argenson, Conseiller en ses Conseils, Maître des Requêtes ordinaire de son Hôtel, Lieutenant général de Police de la ville de Paris, & aux sieurs Intendans & Commissaires départis dans les Provinces & Généralités du Royaume, de tenir la main à l'exécution du présent Arrêt, qui sera lû, publié & affiché par-tout où besoin sera, & exécuté nonobstant toutes oppositions ou appellations quelconques, pour lesquelles ne sera différé. FAIT au Conseil d'Etat du Roi, Sa Majesté y étant, tenu à Versailles le premier jour de Septembre mil sept cent vingt-deux.

Signé PHELYPEAUX.

ARREST
DU CONSEIL D'ÉTAT
DU ROY,

QUI ordonne que les soyes venues des Indes ne payeront que six sols pour livre d'entrée.

Du 8 Septembre 1722.

Extrait des Regiſtres du Conſeil d'Etat.

LE Roi étant en son Conseil, s'étant fait représenter l'Arrêt rendu en icelui le 27 Janvier 1722, par lequel Sa Majesté auroit dispensé du passage par la ville de Lyon les soyes écrues qu'il est permis à la Compagnie des Indes de faire venir des pays de ses concessions sur ses Vaisseaux, à condition néanmoins que lesdites soyes ne pourront entrer dans le Royaume que par les ports de l'Orient & de Nantes, dans lesquels elles ne payeront pour tous droits à leur arrivée que six sols par chaque livre pesant ; & Sa Majesté étant informée que la disposition de l'Edit du mois de Janvier 1722, & de l'Arrêt du 20 dudit mois, par lesquels il a été ordonné qu'il seroit levé un droit unique de quatorze sols par chaque livre pesant de soye étrangere de toute qualité, pourroit donner lieu à quelque difficulté, qu'il est nécessaire de prévenir pour raison de la perception dudit droit sur les soyes que la Compagnie des Indes a fait venir ou pourroit faire venir dans la suite. A quoi Sa Majesté désirant pourvoir en expliquant plus particulierement ses intentions & donner des marques de sa protection à la Compagnie des Indes, afin de la mettre en état de continuer & d'augmenter son commerce ; oui le rapport du sieur Dodun, Conseiller ordinaire au Conseil Royal & au Conseil de Régence, Contrôleur général des Finances, LE ROI E'TANT EN SON CONSEIL, de l'avis de M. le Duc d'Orleans Régent, interprétant en tant que besoin l'Arrêt du 27 Janvier 1722, a ordonné & ordonne que les soyes écrues que la Compagnie des Indes a fait venir ou pourra faire venir dans la suite des pays desdites concessions, ne payeront pour tous droits que six sols par chaque livre pesant à leur entrée dans le Royaume par les ports de l'Orient & de Nantes, au moyen de quoi elles pourront être transportées dans toutes les autres Provinces du Royaume, même dans celles des cinq grosses Fermes, sans payer aucun autre droit, tel qu'il puisse être, en rapportant seulement un acquit du payement dudit droit de six sols par livre, qui sera payé par ladite Compagnie ou par les particuliers qui seront adjudicataires desdites soyes : fait Sa Majesté très-expresses inhibitions & défenses à tous Fermiers, Commis & autres de percevoir autres ni plus grands droits sur lesdites soyes, à peine de concussion : ordonne au surplus Sa Majesté que l'Edit du mois de Janvier & l'Arrêt du 20 Janvier 1722, seront exécutés selon leur forme & teneur ; que le présent Arrêt sera exécuté nonobstant oppositions ou empêchemens, pour lesquels ne sera différé. FAIT au Conseil d'Etat du Roi, Sa Majesté y étant, tenu à Versailles le huitiéme jour de Septembre mil sept cent vingt-deux. *Signé* FLEURIAU.

ARREST

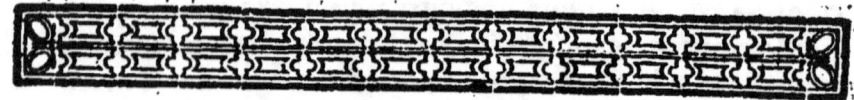

ARREST
DU CONSEIL D'ÉTAT
DU ROY,

QUI ordonne que par le Sieur de Brou il sera fait Inventaire des Marchandises venues par le Vaisseau le Prince de Conty.

Du 13 Septembre 1722.

Extrait des Registres du Conseil d'Etat.

SUR la requête présentée au Roi étant en son Conseil par le sieur le Cordier, nommé Commis Directeur général de la Compagnie des Indes, contenant que depuis l'Arrêt du Conseil, rendu le premier Septembre 1722, qui permet la vente des marchandises venues par les Vaisseaux le Maure, la Galatée & l'Indien, appartenans à la Compagnie des Indes, il seroit arrivé au Port-Louis le 27 Août dernier un Vaisseau nommé le Prince de Conty, venant des Ports des concessions de ladite Compagnie des Indes, chargé de soye écrue, toutenagues, vif argent, sucre candi, vermillon ou cinabre, damas, gourgourans, lins ou pelons de soye, satins unis, rayés & brodés, thé boui & vert, porcelaine, cabarets, tables & paravents vernis, éventails, bureaux, boëtes, tablettes & cabinets de la Chine & du Japon, vernis en matiere, indigo, galanga & drogueries, de toutes lesquelles marchan-

Tome III. Sss

dises, tant permises que prohibées, la vente doit être faite dans la ville de Nantes, conformément aux Edits, Arrêts, Déclarations & Réglemens rendus concernant le commerce des Compagnies des Indes & de la Chine, & notamment à l'Edit du mois de Mai 1719, portant réunion des Compagnies des Indes & de la Chine à celle d'Occident, à présent nommée Compagnie des Indes, qui permettent à ladite Compagnie de vendre les marchandises de la Chine dont l'usage est permis dans le Royaume, en payant seulement les droits d'entrée portés par le Tarif de 1664 pour les marchandises qui y sont dénommées & contenues, & trois pour cent de la valeur de celles qui n'y sont pas comprises. A ces causes requéroit ledit sieur le Cordier qu'il plût à Sa Majesté sur ce pourvoir. Vû les différens Edits, Arrêts, Déclarations & Réglemens rendus en faveur des Compagnies des Indes & de la Chine, & l'Edit du mois de Mai 1719, portant réunion des Compagnies des Indes Orientales & de la Chine à celle d'Occident; oüi le rapport du sieur Dodun, Conseiller ordinaire au Conseil Royal & au Conseil de Régence, Contrôleur général des Finances, SA MAJESTÉ E'TANT EN SON CONSEIL, de l'avis de M. le Duc d'Orleans Régent, a ordonné & ordonne que par le sieur Feydeau de Brou, Conseiller en ses Conseils, Maître des Requêtes ordinaire de son Hôtel, Commissaire départi en la Province de Bretagne, ou par celui qu'il subdéleguera à cet effet, il sera fait, en présence du sieur Richard, commis par le Conseil pour l'exécution de l'Arrêt du 18 Mai 1720, inventaire de toutes les marchandises qui composent le chargement du Vaisseau le Prince de Conty, lequel inventaire sera composé de deux chapitres, dont le premier comprendra les drogueries & épiceries, comme soye écrue, thé, porcelaines, vernis en matiere & ouvrages, toutenagues, vif argent, vermillon ou cinabre & autres; & le second sera composé des marchandises dont l'usage & le débit sont prohibés dans le Royaume, & qui, quoique chargés sur les Vaisseaux de la Compagnie des Indes, ne peuvent y être vendues qu'à condition qu'elles seront envoyées à l'Etranger : ordonne Sa Majesté que toutes lesdites marchandises de la Chine venues par le Vaisseau le Prince de Conty, seront incessamment vendues en la maniere accoutumée, en présence dudit sieur le Cordier, Commis Directeur général de la Compagnie des Indes, ou de celui qui sera nommé à cet effet, & dudit sieur Richard, en payant les droits d'entrée de toutes lesdites marchandises, conformément au Tarif de 1664, & aux Arrêts, Déclarations & Edits rendus en faveur de la Compagnie des Indes ; à l'égard des marchandises de la Chine dont l'usage & le débit sont prohibés dans le Royaume, la vente & adjudication n'en pourra être faite qu'à condition qu'elles seront envoyées à l'Etranger par les adjudicataires dans six mois au plus tard du jour de l'adjudication, dans la forme pour les pays, & avec les précautions prescrites par l'article VII de l'Arrêt du 11 Juin 1714, & jusqu'audit envoi elles seront mises dans le magasin d'entrepôt, conformément audit Arrêt du 18 Mai 1720 : & sera le présent Arrêt exécuté nonobstant toutes oppositions ou appellations quelconques, pour lesquelles ne sera différé. FAIT au Conseil d'Etat du Roi, Sa Majesté y étant, tenu à Versailles le treiziéme jour de Septembre mil sept cent vingt-deux. *Signé* PHELYPEAUX.

ARREST
DU CONSEIL D'ÉTAT
DU ROY,

QUI ordonne que par le Sieur de Brou il sera fait Inventaire des marchandises venues par le Vaisseau la Sirenne.

Du 22 Septembre 1722.

Extrait des Régistres du Conseil d'Etat.

SUR la requête présentée au Roi étant en son Conseil par le sieur le Cordier, nommé Commis Directeur général de la Compagnie des Indes par Arrêt du 15 Avril 1721, contenant que depuis les Arrêts du Conseil rendus les premier & 13 du présent mois de Septembre, qui permettent la vente des marchandises venues par les Vaisseaux le Maure, la Galatée, l'Indien & le Prince de Conty, appartenans à ladite Compagnie, il seroit arrivé au Port-Louis le 11 Septembre 1722 un Vaisseau nommé la Syrenne, venant des Ports des concessions de ladite Compagnie des Indes, chargé de canelle sauvage, terre rouge d'ormus, bois de sapan, poivre, cardaman & toiles bleues, de toutes lesquelles marchandises la vente doit être faite dans la ville de Nantes, conformément aux Edits, Arrêts, Déclarations & Réglemens rendus concernant le commerce de ladite Compagnie des Indes, qui permettent à ladite Compagnie de vendre les marchandises venant de ses concessions, dont l'usage est permis dans le Royaume, en payant seulement les droits d'entrée portés par le Tarif de 1664 pour les marchandises qui y sont dénommées & contenues, & trois pour cent de la valeur de celles qui n'y sont pas comprises. A ces causes, requéroit ledit sieur le Cordier qu'il plût à Sa Majesté sur ce pourvoir. Vû les différens Arrêts, Edits, Déclarations & Réglemens rendus en faveur de la Compagnie des Indes; oui le rapport du sieur Dodun, Conseiller ordinaire au Conseil Royal & au Conseil de Régence, Contrôleur général des Finances, SA MAJESTÉ ÉTANT EN SON CONSEIL, de l'avis de M. le Duc d'Orleans Régent, a ordonné & ordonne que par le sieur Feydeau de Brou, Conseiller en ses Conseils, Maître des Requêtes ordinaire de son Hôtel, Commissaire départi en la Province de Bretagne, ou par celui qu'il subdéleguera à cet effet, il sera fait en présence du sieur Richard, commis par le Conseil pour l'exécution de l'Arrêt du 18 Mai 1720, inventaire de toutes les marchandises qui composent le chargement du Vaisseau la Syrenne: ordonne Sa Majesté que toutes lesdites marchandises venues par ledit Vaisseau, seront incessamment vendues dans la ville de Nantes en la maniere accoutumée, en présence dudit sieur le Cordier, Commis Directeur général de la Compagnie des Indes, ou de celui qui sera nommé à cet effet, & du sieur Richard, en payant les droits d'entrée de toutes lesdites marchandises, conformément au Tarif de 1664 pour celles qui y sont dénommées & contenues, & trois pour cent de la valeur de celles qui n'y sont pas comprises: & sera le présent Arrêt exécuté nonobstant toutes oppositions ou appellations quelconques, pour lesquelles ne sera différé. FAIT au Conseil d'Etat du Roi, Sa Majesté y étant, tenu à Versailles le vingt-deuxième jour de Septembre mil sept cent vingt-deux. Signé PHELYPEAUX.

ARREST
DU CONSEIL D'ÉTAT
DU ROY,

QUI permet à la Compagnie des Indes de vendre des Velours.

Du 13 Octobre 1722.

Extrait des Regiſtres du Conſeil d'Etat.

LE Roi étant informé qu'il eſt arrivé ſur les Vaiſſeaux le Maure, la Galatée & le Prince de Conty, venus de la Chine pour le compte de la Compagnie des Indes, quelques piéces de velours uni, & ſoixante-treize piéces de velours à fleurs pour tentures, dont il conviendroit permettre l'entrée & l'uſage dans le Royaume, tant pour favoriſer le commerce de la Compagnie des Indes que pour faire diminuer le prix de cette eſpéce de marchandiſe ; oui le rapport du ſieur Dodun, Conſeiller ordinaire au Conſeil Royal & au Conſeil de Régence, Contrôleur général des Finances, SA MAJESTÉ E'TANT EN SON CONSEIL, de l'avis de M. le Duc d'Orleans Régent, a permis & permet à la Compagnie des Indes de faire vendre les velours uni & les ſoixante-treize piéces de velours à fleurs pour tentures qui ſont venues de la Chine ſur les Vaiſſeaux le Maure, la Galatée & le Prince de Conty, pour être conſommés dans le Royaume : veut Sa Majeſté que lesdits velours uni & soixante-treize piéces de velours à fleurs pour tentures, ne payent en entrant dans le Royaume pour tous droits généralement quelconques, que celui de trois pour cent de la valeur, à raison de dix livres l'aune: défend Sa Majesté d'en percevoir d'autres ni plus grands, à peine de concussion ; & au cas que lesdits velours soient vendus pour être portés à l'Etranger, ordonne Sa Majesté qu'ils seront exempts de tous droits en observant les formalités prescrites par les Arrêts & Réglemens du Conseil : & sera le présent Arrêt exécuté nonobstant toutes oppositions, pour lesquelles ne sera différé. FAIT au Conseil d'Etat du Roi, Sa Majesté y étant, tenu à Versailles le treiziéme jour d'Octobre mil sept cent vingt-deux. *Signé* PHELYPEAUX.

ARREST
DU CONSEIL D'ÉTAT
DU ROY,

QUI commet le Sieur Laigneau, Procureur du Roi à Hennebond, pour informer des vols faits aux magasins de la Compagnie à l'Orient.

Du 11 Novembre 1722.

Extrait des Registres du Conseil d'Etat.

LE Roi étant informé qu'il se commet journellement des vols dans les magasins de la Compagnie des Indes situés au port de l'Orient, & qu'entr'autres marchandises il a été volé quatre-vingts piéces d'organdis, appartenantes au sieur Spigel, qui les avoit fait passer des Indes en France à fret sur les Vaisseaux de ladite Compagnie, & quarante-neuf piéces de toiles platilles, appartenantes à ladite Compagnie; & Sa Majesté voulant qu'il en soit informé sans aucun délai, & que de semblables actions ne soient pas impunies; oui le rapport du sieur Dodun, Conseiller ordinaire au Conseil Royal & au Conseil de Régence, Contrôleur général des Finances, LE ROI E'TANT EN SON CONSEIL, de l'avis de M. le Duc d'Orleans Régent, a commis & commet le sieur Laigneau, son Procureur à Hennebond, pour informer des vols qui ont été commis dans les magasins de la Compagnie au port de l'Orient, desdites quatre-vingts piéces d'organdis appartenantes au sieur Spigel,

gel, & des quarante-neuf piéces de toiles platilles appartenant à ladite Compagnie des Indes, comme aussi de tous autres vols qui pourront dans la suite être commis des marchandises & effets appartenant à ladite Compagnie, pour faire prêter interrogatoire aux auteurs desdits vols & à leurs complices, & sur lesdites informations & interrogatoires rapportées & vûes par Sa Majesté, être ordonné ce qu'il appartiendra : permet Sa Majesté audit sieur Laigneau de nommer pour poursuivre lesdites informations & interrogatoires en qualité de Procureur de Sa Majesté, tel Officier ou Gradué qu'il jugera à propos : & sera le présent Arrêt, ensemble ce qui sera fait & ordonné par ledit sieur Laigneau, exécuté nonobstant oppositions, récusations, prises à partie ou autres empêchemens quelconques, pour lesquels ne sera différé, & dont, si aucuns interviennent, Sa Majesté s'est réservé la connoissance, qu'elle interdit à ses Cours & autres Juges. FAIT au Conseil d'Etat du Roi, Sa Majesté y étant, tenu à Versailles le onziéme jour de Novembre mil sept cent vingt-deux.

Signé PHELYPEAUX.

LOUIS, PAR LA GRACE DE DIEU, ROI DE FRANCE ET DE NAVARRE, à notre cher & bien amé le sieur Laigneau, notre Procureur à Hennebond : SALUT. De l'avis de notre très-cher & très-amé oncle le Duc d'Orleans Régent, nous vous mandons & ordonnons par ces Présentes, signées de notre main, de procéder à l'exécution de l'Arrêt ci-attaché sous le contre-scel de notre Chancellerie, ce jourd'hui donné en notre Conseil d'Etat, nous y étant, par lequel nous vous avons commis & commettons par cesdites Présentes pour informer des vols qui ont été commis dans les magasins de la Compagnie des Indes au port de l'Orient, comme aussi de tous autres vols qui pourront être commis dans la suite des marchandises & effets appartenant à ladite Compagnie, faire prêter interrogatoire aux auteurs desdits vols & à leurs complices, vous en attribuant à cette fin toute Cour, Jurisdiction & connoissance,

& icelle interdifant à toutes nos Cours & autres Juges : commandons au premier notre Huiſſier ou Sergent ſur ce requis de ſignifier ledit Arrêt à tous qu'il appartiendra, à ce que perſonne n'en ignore, & de faire pour ſon entiere exécution tous actes & exploits néceſſaires, ſans autre permiſſion; car tel eſt notre plaiſir. DONNE' à Verſailles le onziéme jour de Novembre l'an de grace mil ſept cent vingt-deux, & de notre regne le huitiéme. *Signé* LOUIS. *Et plus bas;* par le Roi, le Duc d'Orleans Régent préſent, *Signé* PHELYPEAUX.

ARREST
DU CONSEIL D'ÉTAT
DU ROY,

QUI commet M. l'Intendant de la Rochelle pour dresser Procès-verbal des maisons appartenant à la Compagnie sur la Riviere de Charente.

Du 15 Novembre 1722.

Extrait des Registres du Conseil d'Etat.

LE Roi étant informé que la Compagnie des Indes est obligée d'avoir un nombre si considérable de Vaisseaux pour employer aux différens commerces dont les priviléges lui ont été accordés, que le port de l'Orient en Bretagne, où cette Compagnie a formé son établissement, n'est pas assez grand pour les contenir, & qu'il seroit même impossible de faire tous les armemens & désarmemens dans un même Port, sans tomber dans des contretems & retardemens très-préjudiciables, Sa Majesté a trouvé bon que ladite Compagnie des Indes fit un nouvel établissement à Tonnai-Charente, sur la riviere de Charente, une lieue au-dessus du port de Rochefort, cet endroit ayant été reconnu comme le plus convenable à une grande partie des armemens, tels que sont ceux de Guinée, Sénégal, Isles de l'Amérique, la Louisiane & Canada, en observant toutefois que les Vaisseaux de la Compagnie ne soient point placés dans l'endroit de la riviere où les Vaisseaux Marchands, tant François qu'étrangers, ont accoutumé de mouiller ; sur quoi il a été reconnu que les Vaisseaux de la Compagnie ne pouvoient être mieux placés que depuis la maison nommée Bourg-Poisson, qui est la derniere de la ville en remontant la riviere, jusqu'à un rocher distant de ladite maison d'environ quatre cens toises, ce terrein qui borde la riviere dans cet espace n'étant composé que de deux jardins & de prairies sur lesquelles la Compagnie pourra faire construire les magasins, corderies & autres atteliers de marine, en se servant en même-temps de deux ou trois maisons de peu d'importance, qui se trouvent situées au-dessous de la maison de Bourg-Poisson, entre les Capucins & des magasins appartenant au sieur Duc de Mortemart, Seigneur de Tonnai-Charente ; mais comme les particuliers à qui ces maisons, jardins & prairies appartiennent, pourroient faire difficulté de les vendre à la Compagnie des Indes, ou voudroient profiter de la nécessité où elle se trouve de faire cet établissement pour les lui vendre à des prix excessifs, sans entrer en considération des grands avantages qui reviendront à la petite ville de Tonnai-Charente d'un pareil établissement, Sa Majesté a jugé devoir interposer son autorité dans une affaire qui intéresse également le commerce général de son Royaume & le bien d'un grand nombre de ses sujets ; oui le rapport du sieur Dodun, Conseiller ordinaire au Conseil Royal & au Conseil de Régence, Contrôleur général des Finances, LE ROI E'TANT EN SON CONSEIL, de l'avis de M. le Duc d'Orleans Régent, a ordonné & ordonne que par le sieur Amelot de Chaillou, Intendant de la Généralité de la Rochelle, que Sa Majesté a commis & commet à cet effet, il sera dressé procès-verbal & estimation des maisons, jardins, emplacemens & prairies qui se trouvent sur les bords de la riviere de Charente en la remontant depuis & non compris les magasins appartenant au sieur Duc de Mortemart, Seigneur de Tonnai-

Charente, jusqu'à l'endroit qui sera jugé nécessaire, & dans la profondeur convenable pour former le parc de marine de la Compagnie des Indes, & que les particuliers propriétaires desdites maisons & héritages seront tenus d'en passer contrat de vente à la Compagnie des Indes, sur l'estimation qui en aura été faite par le procès-verbal dudit sieur Amelot de Chaillou, laquelle Compagnie en payera la valeur comptant : & seront sur le présent Arrêt expédiées toutes Lettres nécessaires. FAIT au Conseil d'Etat du Roi, Sa Majesté y étant, tenu à Versailles le quinziéme jour de Novembre mil sept cent vingt-deux. *Signé* PHELYPEAUX.

ORDONNANCE DU ROY,

POUR la levée & le payement de quatre Compagnies d'Infanterie qui doivent être employées à la garde des Isles de Bourbon & de France, aux Indes Orientales.

Du 16 Mars 1723.

DE PAR LE ROY.

SA Majesté étant informée de quelle importance il est pour le commerce de la Compagnie des Indes de s'assurer des Isles de Bourbon & de France aux Indes Orientales, où elle a déja des établissemens considérables, pour la conservation desquels il est nécessaire d'y entretenir une garnison de troupes réglées ; & voulant donner à cette Compagnie de nouvelles marques de la protection qu'elle lui a accordée jusqu'à présent, Sa Majesté a résolu de faire détacher seize hommes par Bataillon de chacun des trois de son Régiment de Piedmont, des deux de Richelieu & de celui d'Artois, pour former des têtes de Compagnies capables d'ameuter & de discipliner les autres soldats, & elle a ordonné & ordonne :

Article premier.

Que le surplus des soldats qui doivent composer lesdites quatre Compagnies sera incessamment levé aux frais &

par les ordres de la Compagnie des Indes, & qu'elles feront compofées chacune d'un Capitaine, d'un Lieutenant, un fous-Lieutenant, un Enfeigne, deux fergens, deux caporaux, deux anfpeffades & deux cadets, avec quarante fufiliers & deux tambours & fiffre.

II.

Le Capitaine fera payé par la Compagnie des Indes à raifon de quatre-vingt-dix livres par mois, le Lieutenant de foixante livres, le fous-Lieutenant de cinquante livres, l'Enfeigne de quarante-cinq livres, chacun des deux fergens de dix-huit livres, chacun des deux caporaux de quinze livres, chacun des deux anfpeffades de treize livres dix fols, chacun des quarante fufiliers de douze livres, & chacun des deux tambours & fiffre de quinze livres.

III.

Les Officiers feront pourvûs par Sa Majefté fur la préfentation de la Compagnie des Indes, à laquelle elle permet de les caffer, en cas qu'elle ne foit pas contente de leurs fervice, & de lui en préfenter d'autres à leurs places.

IV.

Porra ladite Compagnie des Indes employer lefdites quatre Compagnies à tout ce qu'elle jugera convenable à fon fervice, & faire tels détachemens qu'elle eftimera à propos, pour les envoyer dans les Colonies de fa conceffion & fur fes Vaiffeaux.

V.

Entend Sa Majefté que les fergens, caporaux, anfpeffades, fufiliers, tambours & fiffres defdites quatre Compagnies qui déferteront, foient punis des mêmes peines que les déferteurs des troupes de Sa Majefté. Fait à Verfailles le feiziéme jour de Mars mil fept cent vingt-trois. *Signé* LOUIS. *Et plus bas, figné* Le Blanc.

ARREST
DU CONSEIL D'ÉTAT
DU ROY,

QUI fixe à cinquante-six mille le nombre des actions de la Compagnie des Indes.

Du 22 Mars 1723.

Extrait des Registres du Conseil d'Etat.

LE Roi voulant fixer l'état des Actionnaires de la Compagnie des Indes, Sa Majesté a crû qu'il n'y avoit rien de plus pressé à ce sujet que de faire délivrer de nouvelles actions sur ladite Compagnie, à ceux qui sont porteurs de certificats de liquidation d'actions, & de fixer le nombre desdites actions par rapport à celui desdits certificats de liquidations. Et Sa Majesté s'étant fait représenter en son Conseil l'état des liquidations faites desdites actions, il a été reconnu que le montant desdites liquidations & des certificats délivrés en conséquence, est de cinquante-six mille actions, pour le montant desquelles il est nécessaire de faire fabriquer de nouvelles actions qui seront délivrées aux porteurs desdits certificats, & de fixer à ladite quantité de cinquante-six mille, le nombre des actions de ladite Compagnie; à quoi Sa Majesté voulant pourvoir, oui le rapport du sieur Dodun, Conseiller ordinaire au Conseil Royal, Contrôleur général des Finances; SA MAJESTÉ ÉTANT EN SON CONSEIL, a ordonné & ordonne ce qui suit.

ARTICLE

ARTICLE PREMIER.

Que le nombre d'actions à la charge de la Compagnie des Indes, demeurera fixé à cinquante-six mille, au lieu de cinquante mille à quoi il avoit été reduit & limité par l'Arrêt du 23 Novembre 1721, auquel Sa Majesté a dérogé & déroge en ce qui y est contraire à la présente disposition.

II.

Qu'il sera fait incessamment la quantité de quarante-huit mille billets imprimés d'une action chacun, numérotés depuis le numéro 1 jusques & compris le numéro 48000, & la quantité de quatre-vingts mille autres billets aussi imprimés d'un dixiéme d'action chacun numérotés depuis le numéro 1, jusques & compris le numéro 80000, contenant lesdites actions & dixiémes d'actions, les repartitions des bénéfices des années 1722, 1723 & 1724, chaque repartition divisée par six mois, suivant les deux modeles annexés à la minute du présent Arrêt ; lesdites actions & dixiémes d'actions faisant ensemble la totalité de cinquante-six mille actions, fixée par l'Article premier du présent Arrêt, à la charge de ladite Compagnie des Indes.

III.

Sa Majesté a commis & commet le sieur Bille, à l'effet de signer pour ladite Compagnie lesdites actions & dixiémes d'actions, & pour en faire faire la délivrance en la maniere qui lui sera prescrite ; le sieur de Villecour pour les contrôler ; & les sieurs de Clermont, Malenfant, Duclozeau, Chabirand, Marotte & Fremyet, pour signer chacun d'eux une des six repartitions ou coupons ; ensorte que ledit sieur de Clermont signera la repartition des six premiers mois de l'année 1722, de chacune action & dixiéme d'action ; le sieur Malenfant celle des six derniers mois de ladite année 1722, le sieur Duclozeau celle des six premiers mois 1723, le sieur Chabirand celle des six derniers mois de ladite année 1723, le sieur Marotte celle des six premiers mois 1724, & le sieur Fremyet celle des six derniers mois de ladite année 1724.

IV.

LESDITES actions & dixiémes d'actions & les six dividendes seront timbrées d'un sceau aux armes de la Compagnie, dont l'empreinte jointe au présent Arrêt ne différe du sceau dont les anciennes actions de ladite Compagnie ont été timbrées, que dans l'attitude des supports, sans que pour ce Sa Majesté ait entendu rien changer aux armes qu'elle a accordées à ladite Compagnie par son Edit du mois d'Août 1717, mais seulement distinguer par cette différence le timbre des nouvelles actions, de celui des anciennes ; & ce pour cette fois seulement, laissant à la Compagnie la liberté d'en user par la suite comme elle le jugera à propos.

V.

ORDONNE Sa Majesté que les Arrêts de son Conseil des 2 Décembre 1720, & 10 Août 1721, qui ont annullé les actions & dixiémes d'actions anciennes non représentées au Visa, & celui du 23 Novembre 1721, celles d'un seul timbre quoique visées, seront exécutés selon leur forme & teneur. Annulle d'abondant Sa Majesté par le présent Arrêt, comme par les précédents, toutes lesdites actions & dixiémes d'actions visées ou non visées, même celles qui auroient été liquidées & qui n'ont pas été rapportées pour en retirer les liquidations, aux termes indiqués par les Arrêts des 14 Septembre & 28 Octobre 1722.

VI.

ENJOINT Sa Majesté aux sieurs Commissaires du Conseil, chargés de l'administration de ladite Compagnie à Paris, & aux sieurs Intendans & Commissaires départis dans les Provinces & Généralités du Royaume, de tenir la main, chacun en droit foi, à l'exécution du préfent Arrêt, lequel fera lû, publié & affiché où befoin fera, & exécuté felon fa forme & teneur, nonobftant toutes oppofitions & empê-chemens quelconques, dont fi aucuns interviennent, Sa Majefté fe referve & à fon Confeil la connoiffance, & icelle interdit à toutes fes Cours & Juges. FAIT au Confeil d'E-tat du Roi, Sa Majefté y étant, tenu à Verfailles le vingt-deuxiéme jour de Mars mil fept cent vingt-trois.

Signé PHELYPEAUX.

ARREST
DU CONSEIL D'ÉTAT
DU ROY,

QUI accorde à la Compagnie des Indes le Privilége de la Vente exclusive du Tabac.

Du 22 Mars 1723.

Extrait des Regiſtres du Conſeil d'Etat.

LE Roi étant informé que la Compagnie des Indes eſt prête de préſenter le compte qu'elle doit rendre à Sa Majeſté, & qu'elle a des décharges ſuffiſantes pour la ſolde dudit compte; Sa Majeſté a jugé qu'il étoit juſte de la rétablir dans la joüiſſance de ſes effets, & entr'autres dans celle de trois millions de rentes, au principal de cent millions, conſtituées ſur la Ferme du Tabac. Et d'autant que la vente excluſive du Tabac a été originairement affectée au payement deſdites rentes, Sa Majeſté n'a pas trouvé de voye plus ſûre pour aſſûrer le payement deſdits arrérages, que d'accorder à ladite Compagnie le privilége excluſif de la Vente du Tabac; à quoi voulant pourvoir, oui le rapport du ſieur Dodun, Conſeiller ordinaire au Conſeil Royal, Contrôleur général des Finances, LE ROI E'TANT EN SON CONSEIL, a accordé à la Compagnie des Indes le privilége de la vente excluſive du Tabac, pour en joüir ainſi qu'en a joüi ou dû joüir du Verdier à préſent Fermier général de ladite vente exclufive, à commencer la joüiffance dudit privilége au premier Octobre prochain ; en conféquence Sa Majefté demeurera quitte envers ladite Compagnie du payement defdits trois millions de rentes, jufqu'à concurrence de la fomme de deux millions cinq cens mille livres, à laquelle Sa Majefté a évalué ledit privilége, fans néanmoins que ladite évaluation puiffe opérer aucune garentie, recours ou autre action, tant contre le Roi que contre ladite Compagnie, en cas de plus ou moins value des bénéfices dudit privilége ; fe refervant Sa Majefté de pourvoir au payement des cinq cens mille livres reftantes defdits arrerages, ainfi qu'il appartiendra. Et pour l'exécution du préfent Arrêt toutes Lettres néceffaires feront expédiées. FAIT au Confeil d'Etat du Roi, Sa Majefté y étant, tenu à Verfailles le vingt-deuxiéme jour de Mars mil fept cent vingt-trois. *Signé* PHELYPEAUX.

ARREST
DU CONSEIL D'ÉTAT
DU ROY,

QUI ordonne qu'il sera passé à la Compagnie des Indes un Contract d'aliénation, à titre d'engagement, des droits composant le Domaine d'Occident.

Du 23 Mars 1723.

Extrait des Regiſtres du Conseil d'Etat.

LE Roi s'étant fait repréſenter l'Arrêt de ſon Conſeil du vingt-deux du préſent mois, par lequel, pour demeurer quitte envers la Compagnie des Indes de deux millions cinq cens mille livres de rente, faiſant partie des trois millions dûs par Sa Majeſté à ladite Compagnie, le privilége de la vente excluſive du Tabac lui auroit été cédé par Sa Majeſté : & voulant pourvoir au payement des cinq cens mille livres reſtantes deſdits trois millions, elle auroit deſtiné à ce payement le produit du domaine d'Occident. Mais attendu que ce domaine eſt chargé de différentes charges qui ne doivent pas être aſſignées sur d'autres recettes, Sa Majesté a jugé qu'il lui seroit avantageux d'aliéner à ladite Compagnie par forme d'engagement, ledit domaine d'Occident, moyennant la somme de trois millions trois cens trente-trois mille trois cens trente-trois livres six sols huit deniers, faisant le capital de cent mille livres de rente, à raison de trois pour cent; à la charge par ladite Compagnie d'acquitter toutes les charges dudit domaine d'Occident, ensemble de payer les appointemens des Gouverneurs, Intendans & Officiers établis dans l'étendue dudit domaine, & la solde des troupes qui y sont entretenues; à quoi Sa Majesté voulant pourvoir; oui le rapport du sieur Dodun, Conseiller ordinaire au Conseil Royal, Contrôleur général des Finances, LE ROI E'TANT EN SON CONSEIL, a ordonné & ordonne que par les Commissaires de son Conseil qui seront nommés à cet effet, il sera passé à la Compagnie des Indes un contract d'aliénation, à titre d'engagement, des droits composant le domaine d'Occident, moyennant & pour demeurer quitte par Sa Majesté de la somme de trois millions trois cens trente-trois mille trois cens trente-trois livres six sols huit deniers, à la charge par ladite Compagnie d'acquitter les charges assignées sur ledit domaine, & de payer les appointemens des Gouverneurs, Intendans & Officiers établis dans son étendue, ensemble la solde des troupes qui y sont entretenues. Et pour l'exécution du présent Arrêt toutes Lettres nécessaires seront expédiées. FAIT au Conseil d'Etat du Roi, Sa Majesté y étant, tenu à Versailles le vingt-troisiéme jour de Mars mil sept cent vingt-trois.

Signé PHELYPEAUX.

ARREST
DU CONSEIL D'ÉTAT
DU ROY,

QUI forme le Conseil de la Compagnie des Indes, & fixe le dividende des actions.

Du 24 Mars 1723.

Extrait des Registres du Conseil d'Etat.

LE Roi s'étant fait rendre compte en son Conseil, de la situation de la Compagnie des Indes ; & Sa Majesté ayant connu que son commerce, qui s'augmente de jour en jour, intéresse autant l'Etat que les Actionnaires de ladite Compagnie, Sa Majesté a jugé nécessaire, tant pour le bien public que pour l'avantage de ceux qui sont intéressés dans cette Compagnie, de lui rendre la joüissance de ses effets, & de fixer à jamais son état, en donnant une forme stable & permanente à son administration. Et ayant fait examiner les différens moyens d'y parvenir, il a paru à Sa Majesté, qu'en soumettant ladite Compagnie au gouvernement d'un seul chef, l'autorité absolue qu'il seroit nécessaire de lui accorder, paroîtroit contraire à la forme d'administration d'une Compagnie de commerce, & que l'incertitude où l'on seroit, avec raison, de pouvoir toûjours trouver dans la suite des temps des personnes qui eussent toutes les qualités nécessaires pour remplir une place si importante, feroit toûjours craindre au public que

cette

cette forme d'administration n'eût pas toûjours les mêmes succès qu'elle auroit dans le temps présent, & qu'il ne fût même indispensable de la changer dans la suite. Il a aussi paru à Sa Majesté qu'il seroit encore moins avantageux à la Compagnie d'en abandonner la direction à l'assemblée générale des Actionnaires de cette Compagnie, & aux Directeurs qui seroient choisis par cette assemblée; la difficulté de prendre des délibérations suivies dans une assemblée aussi nombreuse, & le peu de connoissance qu'ont le plus grand nombre des Actionnaires qui la composent, des matieres du commerce, feroient naître sur le succès de cette administration, un doute assez bien fondé dans le public, pour nuire au crédit de ladite Compagnie; & les Directeurs qui se verroient continuellement exposés à être déplacés, souvent même sans sujet, suivant les vûes & les affections de ceux dont le hasard feroit prévaloir les voix dans ces assemblées, ne travailleroient point avec le même zéle dans un emploi où ils verroient si peu de stabilité; & il arriveroit même que ceux qui seroient les plus propres à remplir ces places, refuseroient de les accepter, pour ne point compromettre leur réputation à l'incertitude des délibérations de ces assemblées. Sa Majesté a donc crû que la voye la plus assûrée pour établir un ordre invariable dans cette administration, étoit de former un Conseil composé de personne dont le choix seroit déterminé par leurs services, leur capacité & leur intelligence aux affaires du commerce, & de lui attribuer l'autorité convenable pour conduire les affaires de ladite Compagnie, dont Sa Majesté ne veut prendre connoissance, qu'autant qu'elle aura besoin du secours de l'autorité Royale pour appuyer le succès de ses entreprises, & pour assûrer aussi l'État de la fortune des Actionnaires en particulier, après avoir pourvû à celui de la Compagnie. Sa Majesté a jugé nécessaire d'attribuer un revenu certain auxdits Actionnaires, indépendamment des profits du commerce, au moyen de quoi le dividende de l'année 1722, qui sera payé dans le cours de la présente année, sera fixé à cent livres par action;

& par les différens priviléges & autres avantages que Sa Majesté s'est proposé d'accorder à ladite Compagnie, le dividende des autres années, à commencer de celui de 1723, dont le payement commencera au premier Janvier 1724, pourra être de cent cinquante livres par action, le tout indépendamment des produits du commerce, auquel il ne sera point touché quant à présent, pour en augmenter les fonds, & fournir par la suite une autre dividende annuel aux Actionnaires sur les bénéfices du commerce qui sera réglé tous les ans par le Conseil de ladite Compagnie : à quoi Sa Majesté voulant pourvoir, oui le rapport du sieur Dodun, Conseiller ordinaire au Conseil Royal, Contrôleur général des Finances, LE ROI ÉTANT EN SON CONSEIL, a ordonné & ordonne qu'à l'avenir, & à commencer au 10 Avril prochain, ladite Compagnie des Indes sera gouvernée & administrée par un Conseil composé d'un Chef, d'un Président, & de vingt Conseillers, dont six choisis dans le nombre des Officiers du Conseil de Sa Majesté ; quatre dans celui des Officiers de Marine, & dix entre les personnes les plus instruites au fait du commerce ; d'un Procureur général ; d'un Secrétaire général, & d'un Greffier. Ledit Conseil sera nommé le *Conseil des Indes*, & tiendra sa séance à Paris dans l'Hôtel de la Compagnie des Indes ; connoîtra de tout ce qui peut concerner l'administration & la conduite des affaires de ladite Compagnie, ensemble du domaine d'Occident que Sa Majesté a aliéné, par forme d'engagement, à ladite Compagnie. Ledit Conseil sera partagé en deux Bureaux, dont le premier sera composé du Chef, du Président & des dix Conseillers choisis entre les Officiers du Conseil de Sa Majesté & les Officiers de Marine ; & le deuxiéme Bureau sera composé des dix Conseillers choisis parmi les personnes instruites au fait du commerce. Lesdits deux Bureaux s'assembleront séparément ou conjointement, suivant la nature des affaires, & en la forme qui sera prescrite par les réglemens qui seront arrêtés par ledit Conseil. Sa Majesté a fixé le dividende qui sera distribué aux Actionnaires de ladite Compagnie pour l'année 1722, à la somme de cent livres par action, qui sera prise sur les fonds qui ont été à ce destinés par Sa Majesté, indépendamment des profits du commerce de ladite Compagnie. Et à l'égard du dividende pour l'année présente 1723, & les suivantes, Sa Majesté a resolu d'accorder dans le courant de la présente année différens priviléges & autres avantages à ladite Compagnie, au moyen desquels le dividende pourra être porté à la somme de cent cinquante livres par action, indépendamment des bénéfices du commerce. Veut Sa Majesté que la moitié dudit dividende pour l'année 1722, soit payée auxdits Actionnaires par les Caissiers qui seront établis par ledit Conseil, à commencer au quinze Avril prochain, & l'autre moitié à commencer au premier Juillet, en observant pour le payement le numero des actions. Le payement dudit dividende sera fait dans la suite par demi-année, à commencer au premier Janvier & premier Juillet de chaque année. Les distributions des sommes provenantes des profits du commerce, seront reglées par ledit Conseil, dans les termes les plus convenables au commerce de ladite Compagnie. Sa Majesté ordonne qu'il en sera usé pour l'ordre des séances dans ledit Conseil, de la même maniere qu'il en est usé dans toutes les Compagnies supérieures du Royaume; ensorte que ce qui déterminera la séance de chacun de ceux qui composeront ledit Conseil, sera le titre qu'il aura dans ledit Conseil, ou entre ceux qui auront un titre égal, l'ordre de nomination pour cette premiere fois, & ensuite l'ordre de reception dans ledit Conseil; le tout sans avoir égard & sans préjudicier aux rangs & prééminences de chacun de ceux qui composent ledit Conseil partout ailleurs que dans l'assemblée dudit Conseil. Sa Majesté a nommé & choisi le sieur Cardinal Dubois principal Ministre, pour remplir la place de Chef dudit Conseil; pour remplir celle de Président le sieur Dodun, Contrôleur général des Finances; pour celles de Conseillers du premier Bureau les sieurs Fagon Conseiller d'Etat & au Conseil Royal des Finances, de Fortia, Conseiller d'Etat, du Guay-Trouin Chef d'Escadre, Angran Maître des Requêtes, de Camilly Capitaine de Vaisseau, Fontanieu Maître des Requêtes, Rouillé aussi Maître des Requêtes, de Fayet Capitaine de Frégate, Rochepierre Capitaine de Frégate, & Perenc de Moras Maître des Requêtes; pour celles de Conseillers du second Bureau, les sieurs Baillon de Blampignon, Raudot, Castagnier, Duché, de la Boulaye, Godeheu, Hardancourt, le Cordier, Fromaget & Deshayes; pour Procureur général le sieur le Febvre de la Planche; pour Secrétaire général le sieur de Caligny; & pour Greffier le sieur Farouard. Et pour l'exécution du présent Arrêt, toutes Lettres nécessaires seront expédiées. FAIT au Conseil d'Etat du Roi, Sa Majesté y étant, tenu à Versailles le vingt-quatrième jour de Mars mil sept cent vingt-trois. *Signé* PHELYPEAUX.

ARREST
DU CONSEIL D'ÉTAT
DU ROY,

QUI nomme des Commissaires pour juger les demandes & contestations où la Compagnie des Indes sera partie.

Du 3 Mai 1723.

Extrait des Registres du Conseil d'Etat.

LE Roi étant informé qu'il est nécessaire pour l'avantage des Actionnaires de la Compagnie des Indes d'éviter les frais & les longueurs auxquelles elle seroit nécessairement exposée, si l'on portoit dans les Tribunaux ordinaires toutes les contestations que pourroit avoir ladite Compagnie avec ceux avec lesquels elle est obligée d'avoir des discussions d'affaires pour un commerce aussi étendu que le sien; Sa Majesté a jugé qu'il étoit également de l'utilité de ladite Compagnie, & de ceux qui peuvent avoir des affaires avec elle, de leur nommer un Bureau de Commissaires du Conseil pour décider souverainement & en dernier ressort toutes lesdites demandes & contestations: à quoi Sa Majesté voulant pourvoir, oui le rapport du sieur

X x x iij

Dodun, Conseiller ordinaire au Conseil Royal, Contrôleur général des Finances, SA MAJESTÉ ÉTANT EN SON CONSEIL, a commis & commet les sieurs Fagon, Conseiller d'Etat & au Conseil Royal des Finances, & de Fortia, aussi Conseiller d'Etat, & les sieurs Bauffan, Angran, Rouillé, d'Argenson, Fontanieu, Perenc de Moras & Meliand, Maîtres des Requêtes, pour juger définitivement & en dernier ressort, au moins au nombre de cinq, toutes les demandes & contestations où la Compagnie des Indes sera partie, soit en demandant ou en défendant, circonstances & dépendances ; à l'effet de quoi Sa Majesté a évoqué à soi & à son Conseil toutes lesdites demandes formées & à former, & icelles renvoyées pardevant lesdits sieurs Commissaires, leur en attribuant toute Cour, Jurisdiction & connoissance, & icelle interdisant à toutes ses Cours & autres Juges : ordonne Sa Majesté que toutes lesdites demandes seront instruites & poursuivies au nom & à la requête de ladite Compagnie des Indes, par celui des Conseillers du second Bureau qui sera chargé de la suite des affaires contentieuses de ladite Compagnie ; & que toutes les significations & demandes qui seront formées contre ladite Compagnie, seront signifiées à l'Hôtel de ladite Compagnie. FAIT au Conseil d'Etat du Roi, Sa Majesté y étant, tenu à Versailles le troisiéme jour de Mai mil sept cent vingt-trois. *Signé* PHELYPEAUX.

ARREST
DU CONSEIL D'ÉTAT
DU ROY,

QUI permet le déchargement de bord à bord des marchandises de la Compagnie des Indes.

Du 30 Juin 1723.

Extrait des Regiſtres du Conſeil d'Etat.

LE Roi étant informé que le Vaiſſeau la Danaé, venant de la Chine, appartenant à la Compagnie des Indes, eſt heureuſement arrivé au port de l'Orient le 17 de ce mois, chargé de porcelaines, thé vert & boui, ſucre blanc & candi, & verni, & que ladite Compagnie attend dans le mois de Juillet prochain & autres mois ſuivans, les Vaiſſeaux le Bourbon, l'Athalante, la Diane & le ſaint Pierre, venant des Indes Orientales, chargés de différentes marchandiſes ; que ces chargemens étant trop conſidérables pour qu'on puiſſe eſpérer de trouver un nombre ſuffiſant de rouliers qui puiſſent tranſporter les marchandiſes qui compoſent leur chargement par terre du port de l'Orient à Nantes, ſans s'expoſer à retarder la vente que la Compagnie des Indes ſe propoſe d'en faire faire à Nantes dans le courant du mois d'Octobre prochain, par rapport aux difpofitions qu'il eft convenable de faire avant d'indiquer le jour de cette vente ; que la Compagnie ayant befoin d'une permiffion expreffe du Roi pour que les Commis des Fermes de Sa Majefté au Port-Louis & à l'Orient ne s'oppofent pas au déchargement qu'elle fe propofe de faire faire defdites marchandifes de bord à bord des Vaiffeaux dans lefquels elles font & feront apportées des lieux ci-devant fpécifiés dans des barques pour les porter à Nantes, & que par Arrêt du 2 Novembre 1700 Sa Majefté a affujetti au droit de quarantiéme de la valeur pour la Prévôté de Nantes, le coton filé, les cuirs de chevreau, les foyes écrues, les étoffes de pure foye, les étoffes mêlées de foye, coton & chuquelas, les taffetas & armoifins, les ceintures & jarretieres de foye, & les étoffes atelas à fleurs d'or, ce qui cauferoit un très-grand préjudice à la Compagnie des Indes, fi elle n'en étoit pas exempte en les tranfportant à Nantes par mer, comme elle le feroit en fe fervant de rouliers pour les tranfporter par terre, la conftitueroit dans de grandes dépenfes, & peut-être dans l'impoffibilité de faire la vente, par la difficulté de trouver des rouliers en nombre fuffifant pour tranfporter lefdites marchandifes par terre ; oui le rapport du fieur Dodun, Confeiller ordinaire au Confeil Royal, Contrôleur général des Finances, SA MAJESTE' ÉTANT EN SON CONSEIL, a ordonné & ordonne aux Fermiers généraux & aux Commis des Fermes de l'Orient, du Port-Louis ou autres lieux efquels lefdits Vaiffeaux de la Compagnie des Indes font déja arrivés, ou arriveront dans le cours de la préfente année, de laiffer faire le déchargement defdits Vaiffeaux de bord à bord dans des barques, pour être les marchandifes en provenant tranfportées à Nantes par mer : veut Sa Majefté que les foyes écrues & tani, les étoffes de pure foye, les étoffes de foye à fleurs d'or & d'argent, les cotons filés, & toutes autres marchandifes fujettes au droit de quarantiéme de la valeur pour la Prévôté de Nantes, porté par l'Arrêt du 2 Novembre 1700, provenant du chargement

chargement du Vaisseau la Danaé, venant de la Chine & arrivé dans le port de l'Orient, & celles provenant des Vaisseaux le Bourbon, l'Athalante, la Diane & le S. Pierre, appartenant à la Compagnie des Indes, qu'on attend dans les Ports du Royaume dans le mois de Juillet prochain & autres mois suivans, soient exemptes, pour cette fois seulement, & sans tirer à conséquence, des droits de la Prévôté de Nantes pour lesdites marchandises qui seront conduites par mer de l'Orient à Nantes, lorsqu'elles seront accompagnées du certificat du sieur de l'Estobec, Directeur de la Compagnie des Indes à l'Orient, ou de celui du Correspondant ou Préposé par ladite Compagnie dans le Port où lesdits Vaisseaux pourroient décharger: ordonne Sa Majesté que lesdites marchandises ne payeront d'autres ni plus grands droits que ceux auxquels elles seroient sujettes si elles étoient transportées de l'Orient ou autres Ports à Nantes par terre. FAIT au Conseil d'Etat du Roi, Sa Majesté y étant, tenu à Meudon le trentiéme jour de Juin mil sept cent vingt-trois.

Signé PHELYPEAUX.

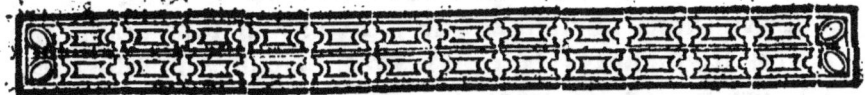

ARREST
DU CONSEIL D'ÉTAT
DU ROY,

QUI renouvelle les défenses ci-devant faites de l'introduction dans le Royaume, & du commerce, port & usage des étoffes des Indes, de la Chine & du Levant, ainsi que des Toiles peintes & autres venant desdits pays.

Du 5 Juillet 1723.

Extrait des Registres du Conseil d'Etat.

SUR ce qui a été représenté au Roi étant en son Conseil que nonobstant les défenses réitérées par un grand nombre de Réglemens, & notamment par les Arrêts du Conseil du 10 Juin & du 8 Juillet de l'année 1721, d'introduire dans le Royaume & de faire aucun commerce ni aucun usage des étoffes & toiles peintes des Indes, de la Chine, de Perse & du Levant, non plus que de celles peintes en furies & à fleurs, des toiles peintes, teintes & rayées de couleurs ou à carreaux de la fabrique des Indes, & autres étoffes & toiles prohibées par lesdits Arrêts; & qu'il ait été pareillement défendu à toutes personnes d'en faire aucuns habits ni meubles, ni d'en porter dedans ou dehors les maisons : l'indulgence dont on a usé en modérant les peines encourues par plusieurs particuliers tombés en contravention, a augmenté la licence au point que ces contraventions deviennent de jour en jour plus communes & plus fréquentes, & que les manufactures établies dans le Royaume en souffrent un préjudice qu'il seroit difficile de réparer, si l'on n'en prévenoit les suites en faisant subir avec plus de sévérité à tous ceux qui contreviendront à ces défenses les peines portées par ledit Arrêt du 8 Juillet 1721 : & Sa Majesté voulant y pourvoir ; oui le rapport du sieur Dodun, Conseiller ordinaire au Conseil Royal, Contrôleur général des Finances, SA MAJESTE' ÉTANT EN SON CONSEIL, a ordonné & ordonne que les Edits, Déclarations & Arrêts concernant les étoffes des Indes, de la Chine, de Perse & du Levant, les toiles peintes & autres venant desdits pays, seront exécutés selon leur forme & teneur ; & en conséquence fait Sa Majesté très-expresses & itératives inhibitions & défenses à tous Négocians, Marchands, Colporteurs, Porte-balles & Revendeuses à la toilette, & autres personnes de quelque qualité & condition qu'elles soient, d'introduire dans le Royaume, faire commerce, exposer en vente, colporter, débiter ni acheter pour revendre en gros ou en détail aucunes étoffes des Indes, de la Chine, de Perse ou du Levant, tant les étoffes de soye pure que celles mêlées d'or ou d'argent, celles d'écorces d'arbres, laine, fil, poil de chevre ou coton, satins, taffetas, gazes, & généralement toutes sortes d'étoffes brodées ou autrement, sous quelque dénomination que ce soit, provenant du cru & fabrique desdits pays ; comme aussi celles peintes en furies & à fleurs, les toiles peintes, teintes & rayées de couleurs ou à carreaux & imprimées de la fabrique des Indes, ou contrefaites dans le pays étranger qui auront été peintes, teintes ou imprimées à l'imitation de celles des Indes, vieilles ou neuves, en piéces ou en coupons, couvertures, toilettes, habits & autres vêtemens, ensemble les meubles de toutes sortes composés desdites étoffes & toiles, même les toiles de coton blanches & mousselines des Indes, autres que les toiles de coton blanches & mousselines venues directement des Indes Orientales, & provenant des ventes faites ou à faire par les Directeurs de la Compagnie des Indes : défend pareillement Sa Majesté à tous Directeurs, Receveurs, Commis, Contrôleurs, Visiteurs, Brigadiers, Gardes & autres Employés dans ses Fermes, de laisser entrer dans le Royaume aucune desdites étoffes & toiles prohibées ci-dessus énoncées, par les Bureaux d'entrée, & à tous Aubergistes, Hôteliers, Cabaretiers & autres personnes, de retirer sciemment dans leurs maisons les voituriers & porteurs desdites marchandises prohibées, ni recevoir icelles en dépôt : défend aussi Sa Majesté à tous Fripiers, Tailleurs, Couturieres, Tapissiers, Brodeurs & autres ouvriers & ouvrieres, d'employer chez eux ou dans des maisons particulieres, ni d'avoir dans leurs magasins, boutiques ou chambres aucunes desdites étoffes ou toiles, ni aucuns habits, vêtemens ou meubles faits d'icelles, neufs ou vieux, & à toutes personnes de quelque qualité & condition qu'elles soient, de porter dedans ou dehors leurs maisons, ou de faire faire aucuns habits, vêtemens ni meubles desdites étoffes & toiles, ni d'en avoir dans leurs maisons qui soient en piéces ou coupons, & non employées, le tout sous les peines portées par les Edits, Déclarations & Arrêts ci-devant rendus sur ce sujet, qui ne pourront être remises ni modérées pour quelque cause ni sous quelque prétexte que ce soit : veut & entend Sa Majesté que toutes les défenses ci-dessus énoncées soient exécutés, même dans les lieux privilégiés, conformément à l'Arrêt du 8 Juillet 1721 : enjoint Sa Majesté au sieur Lieutenant général de Police à Paris, & aux sieurs Intendans & Commissaires départis pour l'exécution de ses ordres dans les Provinces du Royaume, pays, terres & Seigneuries de son obéissance, de tenir la main à l'exécution du présent Arrêt, qui sera lû, publié & affiché de six mois en six mois par-tout où besoin sera, en vertu de l'Ordonnance dudit sieur Lieutenant général de Police à Paris, & desdits sieurs Intendans & Commissaires départis dans les Provinces, à ce que personne n'en ignore. FAIT au Conseil d'Etat du Roi, Sa Majesté y étant, tenu à Meudon le cinquiéme jour de Juillet mil sept cent vingt-trois.

Signé PHELYPEAUX.

MArc-Pierre de Voyer de Paulmy, Chevalier, Comte d'Argenson, Conseiller du Roi en ses Conseils, Maître des Requêtes ordinaire de son Hôtel, Lieutenant général de Police de la Ville, Prévôté & Vicomté de Paris, Chancelier Garde des Sceaux de l'Ordre Royal & Militaire de saint Louis, Commissaire du Roi en cette partie. Vû l'Arrêt du Conseil ci-dessus, nous ordonnons qu'il sera lû, publié & affiché dans toutes les places & lieux accoutumés de ladite ville, fauxbours & banlieue, à ce que personne n'en prétende cause d'ignorance; enjoignons aux Commissaires du Châtelet & à tous autres Officiers de Police, de tenir, chacun en droit soi, soigneusement la main à l'exécution dudit Arrêt. Fait à Paris le neuviéme jour de Juillet mil sept cent vingt-trois. *Signé* MARC-PIERRE DE VOYER D'ARGENSON. *Par Monseigneur*, GENDON.

ARREST
DU CONSEIL D'ÉTAT
DU ROY,

POUR indiquer une assemblée de la Compagnie des Indes, à l'effet de procéder à l'élection de huit Syndics.

Du 30 Août 1723.

Extrait des Registres du Conseil d'Etat.

LE Roi ayant ordonné par Arrêt de son Conseil de ce jourd'hui, qu'il seroit procédé dans une assemblée générale de la Compagnie des Indes à l'élection de huit Syndics, pour suivre l'administration des affaires de ladite Compagnie en la forme & maniere qui sont plus au long expliquées audit Arrêt, Sa Majesté a jugé nécessaire d'indiquer le jour de cette assemblée, & de prendre les précautions convenables pour qu'il n'y soit admis que des personnes véritablement intéressées dans la Compagnie, & que l'entrée n'en soit accordée qu'à ceux des Intéressés qui auront au moins cinquante actions déposées en compte à la Compagnie, afin d'éviter le trouble & la confusion que l'excessive multitude cause ordinairement dans les délibérations: sur quoi Sa Majesté voulant faire connoître ses intentions; ouï le rapport du sieur Dodun, Conseiller ordinaire au Conseil Royal, Contrôleur général des Finances, SA MAJESTÉ E'TANT EN SON CONSEIL, a ordonné & ordonne qu'il sera tenu le 17 du mois de Septembre prochain une assemblée générale de la Compagnie des Indes en l'Hôtel de ladite Compagnie, à l'effet de procéder à l'élection de huit Syndics, qui seront choisis parmi les notables Bourgeois, bons Négocians & autres gens expérimentés au fait du commerce, de la Banque & des comptes: veut Sa Majesté que ceux qui désireront avoir entrée & voix délibérative en ladite assemblée, soient tenus de déposer avant le 10 dudit mois de Septembre cinquante actions en compte à la Compagnie; que le dépôt en soit fait en leur nom, & que par le Caissier de la Compagnie il leur soit délivré un certificat du dépôt de cette quantité d'actions, pareillement expédié en leur nom, sur la représentation duquel certificat ils seront admis à l'assemblée; faisant Sa Majesté défenses à toutes personnes d'entrer en ladite assemblée sur des certificats qui ne seroient pas expédiés en leur nom: ordonne en outre que les actions ainsi déposées, & sur lesquelles les certificats requis auront été expédiés, seront rendues huitaine après le jour de l'assemblée aux particuliers qui les auront déposées & qui désireront les retirer: & sera le présent Arrêt lû, publié & affiché par-tout où besoin sera, à ce que personne n'en ignore. FAIT au Conseil d'Etat du Roi, Sa Majesté y étant, tenu à Versailles le trentiéme jour d'Août mil sept cent vingt-trois.

Signé PHELYPEAUX.

ARREST
DU CONSEIL D'ÉTAT
DU ROY,

QUI regle la forme de l'administration de la Compagnie des Indes.

Du 30 Août 1723.

Extrait des Regiſtres du Conſeil d'Etat.

LE Roi ayant fait examiner en ſon Conſeil l'Arrêt rendu en icelui le 24 Mars dernier, portant établiſſement d'un Conſeil pour l'adminiſtration de la Compagnie des Indes, Sa Majeſté a reconnu que quoique cette forme de régie ait produit tout l'avantage que l'on en avoit eſpéré, cependant la plûpart des Actionnaires ſentent de l'inquiétude de voir adminiſtrer leurs affaires par des perſonnes dont aucune n'a été du choix de la Compagnie, & ſans qu'il paroiſſe qu'en aucun cas elle puiſſe avoir connoiſſance, ſoit par elle-même, ſoit par gens prépoſés de ſa part, des détails de l'adminiſtration ni de la ſituation de ſon commerce; & Sa Majeſté déſirant donner, tant en cette occaſion que dans toutes les autres, des marques effectives de ſa protection & de ſa bonté à ladite Compagnie, Sa Majeſté a jugé indiſpenſable d'y établir une nouvelle forme d'adminiſtration, & de confier la direction & la régie entiere du commerce à douze Directeurs, que la Compagnie aura la faculté de changer quand elle ne ſera pas contente de

leur

leur conduite, d'y joindre huit Syndics qui seront élûs chaque année en l'assemblée de la Compagnie, pour suivre auprès des Directeurs le détail de l'administration du commerce, & en rendre compte tous les ans à l'assemblée générale : & comme Sa Majesté a de sa part un intérêt sensible de maintenir le bon ordre dans l'administration d'une Compagnie dont le commerce peut procurer de grandes richesses à l'Etat, & intéresse en même temps la fortune d'un grand nombre de particuliers, Sa Majesté commettra quatre Officiers tirés du corps de son Conseil, pour, sous les ordres du sieur Contrôleur général des Finances, veiller à la suite de cette administration dans les différentes parties qui composent les départemens, y maintenir l'ordre, la fidélité & l'exactitude dans le travail, & l'exécution des Réglemens. Sur quoi Sa Majesté voulant faire connoître ses intentions ; oui le rapport du sieur Dodun, Conseiller ordinaire au Conseil Royal, Contrôleur général des Finances, SA MAJESTE' E'TANT EN SON CONSEIL, a ordonné & ordonne :

ARTICLE PREMIER.

QU'A commencer du jour de la publication du présent Arrêt, la Compagnie des Indes sera régie par douze Directeurs tous Actionnaires de ladite Compagnie, chacun desquels sera tenu d'avoir cinquante actions déposées en compte à la Compagnie, sans qu'ils puissent les retirer pendant tout le temps qu'ils seront Directeurs.

Douze Directeurs pour régir la Compagnie.

II.

SA Majesté nommera pour cette premiere fois seulement les douze Directeurs, & la Compagnie pourra dans l'assemblée générale qui sera tenue tous les ans, déposséder ceux desdits Directeurs contre lesquels elle aura de justes sujets de plainte, & en élire d'autres en leurs places.

Nomination de douze Directeurs par le Roi.

III.

IL sera fait douze départemens, à la tête de chacun des-

Départemens fixés à douze.

quels il sera établi l'un desdits Directeurs, qui sera chargé de la suite & de l'expédition des affaires qui concerneront ledit département, de l'administration duquel il répondra comme lui étant plus particulierement confié.

IV.

<small>Directeurs préposés dans le second & troisiéme département.</small>

Chacun desdits Directeurs sera préposé en second dans un autre département, & en troisiéme aussi dans un troisiéme département, afin que tous lesdits Directeurs puissent se suppléer les uns aux autres réciproquement en cas d'absence ou autre empêchement, & s'instruire dans les différentes parties de commerce de la Compagnie.

V.

<small>Commités pour chaque Département.</small>

Il sera tenu des commités particuliers pour les affaires de chaque département, aux jours & aux heures qui seront indiqués par le Réglement : les trois Directeurs du département assisteront à ce commité, où ils décideront sur le rapport du Directeur en chef dudit département toutes les affaires courantes concernant ledit département.

VI.

<small>Affaires considérables portées à l'assemblée des Directeurs.</small>

Les affaires plus considérables ou qui auront rapport à d'autres départemens, seront portées à l'assemblée des Directeurs, qui se tiendra au moins deux fois la semaine, & plus souvent, s'il est nécessaire, aux heures marquées par le Réglement ; & les matieres y seront rapportées par le Directeur en chef du département dont elles dépendront.

VII.

<small>Election de huit Syndics par l'assemblée générale.</small>

Il sera élû par l'assemblée générale de la Compagnie des Indes qui sera tenue incessamment à cet effet, huit Syndics, qui seront choisis parmi les notables Bourgeois, bons Négocians & autres gens expérimentés au fait du commerce, de la Banque & des comptes : lesdits Syndics seront tous Actionnaires, & auront chacun cinquante actions déposées en compte à la Compagnie, sans pouvoir les retirer pendant l'année de leur syndicat.

VIII.

Lesdits Syndics veilleront, comme gens préposés par la Compagnie, à la suite de l'administration dans les départemens dont l'examen leur sera confié ; ils assisteront & auront voix délibérative, tant dans les commités de leurs départemens que dans l'assemblée des Directeurs.

IX.

Il sera préposé six desdits Syndics pour avoir l'inspection sur les douze départemens du commerce ; & à l'égard des deux autres Syndics, ils auront l'inspection sur la régie du Tabac & autres droits y joints.

X.

La Ferme du Tabac sera régie par huit Régisseurs commis à cet effet au nom de ladite Compagnie, lesquels Régisseurs auront la qualité de Directeurs de la Compagnie, & seront tenus chacun de déposer cinquante actions en compte à la Compagnie, qu'ils ne pourront retirer pendant tout le temps que durera la régie.

XI.

Lesdits Régisseurs feront un corps séparé, qui ne sera chargé que de la régie du Tabac & des affaires qui y seront jointes : ils s'assembleront néanmoins tous les quinze jours, & plus souvent, s'il est nécessaire, avec les douze autres Directeurs & les Syndics en l'Hôtel de la Compagnie des Indes, pour y concerter & décider les affaires de ladite régie, qui peuvent avoir rapport avec le commerce de la Compagnie.

XII.

Sa Majesté nommera quatre Officiers tirés du corps de son Conseil, qu'elle choisira dans le nombre de ceux qui

des Reglemens.

sont intéressés dans la Compagnie des Indes, & qui auront au moins chacun cinquante actions de ladite Compagnie: ils se feront rendre compte, chacun dans les départemens qui leur seront confiés, de la suite & du progrès du travail des Directeurs, Commis & Employés; tiendront la main à l'exécution des Réglemens, & à ce que chacun s'acquitte avec exactitude de l'emploi dont il est chargé, & rendront compte du tout au sieur Contrôleur général des Finances.

XIII.

Assemblée tous les quinze jours en présence du Sieur Contrôleur général des Finances.

Il sera tenu tous les quinze jours une assemblée, composée du sieur Contrôleur général des Finances, des quatre Inspecteurs nommés par Sa Majesté, des huit Syndics & des douze Directeurs, dans laquelle il sera rendu compte de l'état & de l'emploi des fonds & de la situation générale des affaires de la Compagnie: chacun des Directeurs y rendra un compte sommaire du travail fait dans son département pendant la derniere quinzaine; le Syndic du département sera entendu sur l'administration d'icelui, & pourra dans cette assemblée proposer & requérir ce qu'il estimera être convenable pour la bonne régie, & avantageux au commerce; ensuite de quoi le sieur Inspecteur du département fera ses observations sur la forme & sur le travail actuel de la régie du département, & il sera statué sur le tout à la pluralité des voix.

XIV.

Projets généraux examinés par l'assemblée générale.

Les projets généraux d'armemens, établissemens de nouvelles Colonies, entreprises de nouveaux commerces, & autres affaires majeures, seront délibérées en ladite assemblée; les Directeurs chargés de la régie de la Ferme du Tabac & autres droits y joints, y assisteront une fois chaque mois, pour y rendre compte en la forme ci-dessus expliquée de tout ce qui concerne la régie dont ils seront chargés.

XV.

M. le Duc d'Or-

M. le Duc d'Orléans conservera le titre de Gouverneur

de ladite Compagnie, & M. le Duc de Bourbon conservera pareillement le titre de Vice-Gouverneur.

leans gouverneur & M. le Duc de Bourbon Vice-gouverneur.

XVI.

Il sera tenu chaque année une assemblée générale de la Compagnie, dans laquelle on rendra compte du bilan général de l'année précédente, de la situation du commerce & des autres affaires de la Compagnie; en laquelle assemblée sera procédé à l'élection de huit Syndics pour l'année suivante, & pareillement à la nomination de nouveaux Directeurs à la place de ceux qui seroient décédés ou se seroient retirés pour infirmité ou autres causes, ou de ceux contre lesquels la Compagnie pourroit avoir de justes sujets de plainte ou de suspicion.

Bilan présenté tous les ans à l'assemblée générale.

XVII.

L'Assemblée générale sera tenue tous les ans au 15 Mars de chaque année, & nul ne pourra avoir voix délibérative en ladite assemblée, s'il n'a déposé sous son nom avant le premier Février de la même année, cinquante actions à la Compagnie, lesquelles il ne pourra retirer avant le premier Avril, du dépôt desquelles il lui sera délivré un certificat en son nom par le Caissier, sur la représentation duquel certificat il sera admis à l'assemblée, sans que personne puisse y avoir entrée sur la représentation d'un certificat qui ne seroit pas expédié en son nom.

Assemblée générale fixée au 15 Mars de chaque année.

XVIII.

Sa Majesté a nommé les sieurs de Fortia, Conseiller d'Etat, Danycan de Landivisiau, Angran & Perene de Moras, Maître des Requêtes, pour avoir l'inspection sur la suite du travail & de l'administration des départemens qui leur seront confiés, conformément à l'article XII du présent Arrêt.

Mrs. de Fortia, Landivisiau, Angran & de Moras, Commissaires.

XIX.

Sa Majesté a nommé, pour cette fois seulement & sans tirer à conséquence, pour Directeurs de la Compa-

Baillon, de Blampignon, Raudot, Castag-

gnie, les sieurs Baillon de Blampignon, Raudot, Castagnier, de Premenil, Godeheu, Hardancourt, le Cordier, Fromaget, Deshayes, Morin, la Franquerie & Mouchard, lesquels seront chargés de l'administration générale des affaires de la Compagnie, conformément à ce qui est porté par le présent Arrêt, & suivant le Réglement qui sera incessamment rendu à cet effet, tant par rapport aux départemens desdits Directeurs, que par rapport au détail de ladite administration : Sa Majesté a pareillement nommé le sieur de Caligny pour Secrétaire de ladite Compagnie, & le sieur Farouard, Avocat au Conseil pour sous-Secrétaire : ordonne Sa Majesté que le présent Arrêt sera exécuté nonobstant tout empêchement, & que pour son exécution toutes Lettres nécessaires seront expédiées. FAIT au Conseil d'Etat du Roi, Sa Majesté y étant, tenu à Versailles le trentiéme jour d'Août mil sept cent vingt-trois. *Signé* PHELYPEAUX.

TABLEAU concernant le Réglement fait en l'Assemblée d'administration de la Compagnie des Indes, le 24 Septembre 1723 pour les Départemens des Directeurs, l'ordre & la suite du travail de ladite administration, en exécution de l'Arrêt du Conseil du 30 Août précédent.

Premier Comité composé des trois premiers Départemens.	Second Comité composé des quatriéme, cinquiéme & sixiéme Départemens.	Troisiéme Comité composé des septiéme, huitiéme & neuvme Départemens.	Quatriéme Comité composé des dixiéme, onzme & douziéme Départemens.
MESSIEURS. *I. DEPARTEMENT.* MILLON. — Le commerce de Moka, la Perse, Surate & les comptes en dépendans.	MESSIEURS. *IV. DEPARTEMENT.* MORIN. — Le commerce de Guinée, la vente des Noirs en provenans dans les Isles Françoises, le commerce provenant de la vente des Noirs & les comptes en dépendans.	MESSIEURS. *VII. DEPARTEMENT.* LA FRANQUERIE. — Les armemens, achats, constructions & radoub des Vaisseaux, & les comptes d'iceux.	MESSIEURS. *X. DEPARTEMENT.* CASTANIER. — Les achats des marchandises seiches pour les cargaisons & le commerce de Barbarie.
II. DEPARTEMENT. BEHEU. — Madagascar, les Isles de Bourbon & de France, la Chine, le Japon & les comptes en dépendans.	*V. DEPARTEMENT.* DESPREMENIL. — Le commerce du Sénégal, la vente des Noirs en provenans dans les Isles Françoises, le commerce en provenant & les comptes en dépendans.	*VIII. DEPARTEMENT.* MOUCHARD. — Les désarmemens & tout ce qui en dépend, & les comptes d'iceux.	*XI. DEPARTEMENT.* LE CORDIER. — Les achats des marchandises pour vivres d'équipages & cargaisons.
III. DEPARTEMENT. HARDANCOURT. — Le commerce de Pondichery, Bengale, Calicut, le commerce d'Inde en Inde, & les comptes dépendans dudit commerce.	*VI. DEPARTEMENT.* M. RAUDOT. — La colonie de la Louisiane, tant pour ce qui concerne son établissement & son entretien, que pour le commerce qui se peut faire, le commerce du Castor en Canada & les comptes en dépendans.	*IX. DEPARTEMENT.* DESHAYES. — L'inspection des caisses & la suite des fonds, les ordonnances de payemens pour la caisse de Paris, les grands livres & les comptes de ladite caisse, l'inspection des achats & la garde des papiers de la Compagnie, les dépenses des Employés du Bureau de Paris & les dépenses communes de l'Hôtel de la Compagnie.	*XII. DEPARTEMENT.* FROMAGET. — Les comptes des correspondans, tant dedans que dehors le Royaume pour les achats, tant des marchandises seiches, que pour les vivres & les changes étrangers.

ARREST
DU CONSEIL D'ÉTAT
DU ROY,

QUI accorde à la Compagnie des Indes le Privilége exclusif de la Vente du Caffé.

Du 31 Août 1723.

Extrait des Regiſtres du Conſeil d'Etat.

LE Roi s'étant propoſé d'aſſûrer aux Actionnaires de la Compagnie des Indes, un revenu fixe dans le Royaume, qui pût leur fournir tous les ans un dividende certain de cent cinquante livres par action, & indépendamment de celui qu'ils retireroient du bénéfice du commerce de cette Compagnie ; Sa Majeſté auroit par Arrêt de ſon Conſeil, & pour les cauſes y contenues, cédé & accordé à la même Compagnie le privilége excluſif de la vente du tabac dans tout le Royaume ; & Sa Majeſté voulant y joindre encore de nouveaux avantages, pour aſſûrer d'autant plus l'état des Actionnaires, il lui a paru que rien ne pouvoit mieux concourir à ces vûes, ni être moins à charge au public, que d'accorder à ladite Compagnie des Indes le privilége excluſif de la vente du caffé, à quoi Sa Majeſté s'eſt portée d'autant plus volontiers, que l'uſage de cette marchandiſe n'intéreſſe en rien les beſoins de la vie, & que ſur le pied que le caffé s'eſt vendu depuis quelque tems, & qu'il ſe vend encore actuellement, la conceſſion de ce privilege n'en augmentera pas le prix, puisqu'il ne pourra être porté à plus de cinq livres la livre de seize onces poids de marc ; sur quoi Sa Majesté voulant faire connoître ses intentions ; oui le rapport du sieur Dodun, Conseiller ordinaire au Conseil Royal, Contrôleur général des Finances, SA MAJESTÉ ÉTANT EN SON CONSEIL, a accordé & accorde à la Compagnie des Indes le privilége exclusif de la vente du caffé dans toute l'étendue du Royaume, pays, terres & seigneuries de l'obéissance de Sa Majesté, pour être ledit privilége exercé, régi ou affermé par ladite Compagnie, ainsi & en la forme & maniere que ladite Compagnie le jugera plus convenable & avantageux à ses intérêts, & être ledit privilége exploité par les Fermiers ou Régisseurs, ainsi & de la même maniere qu'est actuellement exploité celui de la vente exclusive du tabac, & sous les mêmes peines contre les contrevenans, que celles qui sont prononcées par les Edits, Déclarations & Arrêts rendus à l'occasion des droits sur le tabac, ainsi qu'il sera plus au long expliqué par la Déclaration qui sera rendue à cet effet. Fait Sa Majesté défenses à toutes personnes de faire entrer, vendre ni débiter dans l'étendue du Royaume, pays, terres & seigneuries de l'obéissance de Sa Majesté, aucun caffé sans les permissions par écrit de ladite Compagnie, qui pourra établir des bureaux, tant aux entrées du Royaume, que dans les autres Villes & lieux qu'elle jugera nécessaire pour l'exécution dudit privilége ; & pourra pareillement établir dans les Villes, Bourgs & autres lieux du Royaume, tel nombre d'entreposeurs qu'elle estimera convenable pour la vente dudit caffé : veut & entend Sa Majesté que les Négocians de la ville de Marseille, qui feront venir du caffé des Echelles du Levant, puissent à leur choix, ou le vendre à la Compagnie des Indes, à condition par ladite Compagnie de le payer au même prix que le caffé valoit en Hollande le jour que le Vaisseau qui aura apporté ledit caffé sera arrivé au port de Marseille, ou le transporter librement à l'Etranger, en prenant néanmoins les précautions nécessaires

pour

pour empêcher dans ledit cas que les caffés ne puissent être introduits en fraude dans le Royaume : ordonne Sa Majesté, que ledit privilége n'aura son exécution qu'à commencer au premier Novembre prochain, jusques auquel tems tous ceux qui ont des caffés dans le Royaume, pourront les vendre & débiter librement & sans aucun trouble, sans néanmoins qu'il leur soit permis d'en introduire dans le Royaume, à compter du jour de la publication du présent Arrêt : & à l'égard de ceux qui audit jour premier Novembre prochain auront des caffés au de-là de ce qui est nécessaire pour la provision ordinaire de leur maison, eû égard à leur condition, ordonne Sa Majesté qu'ils seront tenus d'en faire leurs déclarations aux Bureaux établis par ladite Compagnie des Indes, qui pourra les prendre aux prix dont ils conviendront de gré à gré, ou leur accordera les permissions pour les transporter dans un tems à l'Etranger, en prenant les précautions requises pour empêcher les fraudes & versemens ; & seront sur le présent Arrêt toutes Lettres nécessaires expédiées. FAIT au Conseil d'Etat du Roi, Sa Majesté y étant, tenu à Versailles le trente-uniéme jour d'Août mil sept cent vingt-trois.

Signé PHELYPEAUX.

ARREST
DU CONSEIL D'ÉTAT
DU ROY,

QUI ordonne que par les Commissaires du Conseil qui seront nommés à cet effet, il sera passé Contract d'aliénation à la Compagnie des Indes du Privilége exclusif de la vente du Tabac.

Du 1 Septembre 1723.

Extrait des Registres du Conseil d'Etat.

LE Roi ayant lors de l'établissement de la Compagnie d'Occident reçû cent millions de livres provenant du prix des actions de ladite Compagnie ; desquels cent millions Sa Majesté se seroit chargée de lui faire la rente annuelle, & y auroit affecté plusieurs de ses Fermes & revenus : & depuis Sa Majesté ayant jugé que la joüissance du privilége exclusif de la vente du tabac étoit convenable à la même Compagnie, tant par la quantité des tabacs qu'elle peut tirer de ses plantations, que par la faculté que lui donne son commerce, de faire venir plus facilement & à moins de frais ceux qui lui sont nécessaires pour l'exercice de ce privilége ; Sa Majesté auroit dans cette vûe accordé le bail de la Ferme du tabac à ladite Compagnie d'Occident par résultat du premier Août 1718, sous le nom de Jean Ladmiral, qui auroit continué d'en joüir, tant sous le nom de Compagnie d'Occident, que sous celui de Compagnie des Indes, depuis la réunion faite à ladite Compagnie du privilége du commerce des Indes Orientales: mais cette joüissance ayant été interrompue pendant la régie que Sa Majesté avoit ordonné par l'Arrêt de son Conseil du 15 Avril 1721 pour les affaires de ladite Compagnie, & pour la reddition de ses comptes; & Sa Majesté ayant fait cesser ladite régie, & rétabli ladite Compagnie dans la joüissance de ses effets, elle auroit par Arrêt de son Conseil du 22 Mars dernier abandonné la joüissance du privilége exclusif de la vente du tabac à la Compagnie des Indes, pour être quitte envers elle de deux millions cinq cens mille livres de rente à compte des trois millions que Sa Majesté s'étoit engagée de lui payer pour la rente du susdit principal de cent millions: & Sa Majesté voulant assurer pour toujours à ladite Compagnie la joüissance dudit privilége exclusif, tant pour encourager les plantations de tabac dans ses Colonies, que pour assurer de plus en plus l'état & la fortune des Actionnaires, Sa Majesté auroit résolu d'aliéner à titre d'engagement à la Compagnie ledit privilége du tabac pour une somme fixe, à déduire sur les cent millions dûs par Sa Majesté pour le premier fonds de ladite Compagnie; à quoi voulant pourvoir; oui le rapport du sieur Dodun, Conseiller ordinaire au Conseil Royal, Contrôleur général des Finances, SA MAJESTE' ÉTANT EN SON CONSEIL, a ordonné & ordonne que par les Commissaires de son Conseil qui seront nommés à cet effet, il sera passé à la Compagnie des Indes, ses Directeurs stipulans pour elle, un contrat d'aliénation à titre d'engagement du privilége exclusif de la vente du tabac, pour en joüir ainsi qu'en a joüi ou dû joüir Duverdier à présent Fermier général de ladite vente exclusive, à commencer la joüissance dudit privilége au premier Octobre prochain, moyennant & pour demeurer quitte par Sa Majesté de la somme de quatre-vingt-dix millions sur ladite somme de cent millions, qui font l'ancien fonds de ladite Compagnie, & qui par elle ont été portés au Trésor Royal, en exécution de l'Edit du mois de Décembre 1717; au moyen de laquelle aliénation, les mentions & décharges requises seront faites & passées où il appartiendra, en vertu du présent Arrêt, pour l'exécution duquel seront toutes Lettres nécessaires expédiées. FAIT au Conseil d'Etat du Roi, Sa Majesté y étant, tenu à Versailles le premier jour de Septembre mil sept cent vingt-trois. *Signé* PHELYPEAUX.

ARREST
DU CONSEIL D'ÉTAT
DU ROY,

QUI nomme des Commissaires pour juger les contestations au sujet des négociations des actions de la Compagnie des Indes, & de ce qui y a rapport.

Du 27 Septembre 1723.

Extrait des Registres du Conseil d'Etat.

LE Roi ayant été informé qu'il y a journellement des contestations au sujet des négociations des actions de la Compagnie des Indes, Sa Majesté a jugé qu'il convenoit au bien public & à l'avantage du commerce, que ces sortes de différends fussent jugés sommairement & sans aucun retardement : à quoi voulant pourvoir ; oui le rapport du sieur Dodun, Conseiller ordinaire au Conseil Royal, Contrôleur général des Finances, SA MAJESTE' E'TANT EN SON CONSEIL, a évoqué à soi & à son Conseil les différends mûs & à mouvoir, au sujet des négociations des actions de la Compagnie des Indes, & de tout ce qui y a & aura rapport, les a renvoyés & renvoye par-devant les sieurs de Machault, Conseiller d'Etat, Langeois d'Imbercourt, de Maupeou d'Ablege, Angran, de Vastan, Regnaut, le Gras du Luart, Bignon, d'Argen-

A aaa iij

son, Fontanieu, Dodart, d'Ombreval, Meliand & de Bouville, Maîtres des Requêtes, que Sa Majesté a commis & commet pour être par eux jugés sommairement & en dernier ressort, au nombre de sept au moins, leur en attribuant à cet effet toute Cour, Jurisdiction & connoissance, & icelle interdisant à ses Cours & autres Juges : fait défenses aux parties de se pourvoir ailleurs, à peine de nullité, cassation de procédures, dommages & intérêts, & de trois mille livres d'amende. FAIT au Conseil d'Etat du Roi, Sa Majesté y étant, tenu à Versailles le vingt-septiéme jour du mois de Septembre mil sept cent vingt-trois. *Signé* PHELYPEAUX.

ARREST
DU CONSEIL D'ÉTAT DU ROY,

POUR établir un dépôt libre & volontaire des actions de la Compagnie des Indes.

Du 29 Septembre 1723.

Extrait des Registres du Conseil d'Etat.

LE Roi étant informé que plusieurs des Actionnaires de la Compagnie des Indes désireroient qu'il fût établi un dépôt public où ils pussent remettre librement leurs actions pour prévenir les vols & autres accidens qui peuvent arriver dans des maisons particulieres, principalement à l'égard de ceux qui sont obligés de s'absenter de chez eux, & d'entreprendre de longs voyages ; Sa Majesté a jugé nécessaire d'établir un dépôt libre & volontaire, où ceux desdits Actionnaires qui voudront déposer leurs actions, le puissent faire librement, & les en retirer toutes fois & quantes qu'ils le jugeront à propos, ou les faire passer en d'autres mains par virement de partie, le tout à leur choix, sans les déplacer & sans frais ; surquoi Sa Majesté voulant faire connoître ses intentions ; oui le rapport du sieur Dodun, Conseiller ordinaire au Conseil Royal, Contrôleur général des Finances, SA MAJESTÉ E'TANT EN SON CONSEIL, a ordonné & ordonne qu'il sera incessamment établi un Bureau de dépôt par la Compagnie des Indes, en son Hôtel à Paris, dans lequel dépôt il fera ouvert un livre où feront infcrites les actions & dixiémes d'actions appartenant aux particuliers, qui pour leur fûreté défireront les remettre en dépôt à ladite Compagnie, fur lequel livre fera ouvert un compte à chaque particulier pour porter à fon crédit lefdites actions, dixiémes d'actions qu'il aura dépofées, avec les dividendes en provenans, & à fon débit les actions, dixiémes d'actions, avec les dividendes qu'il retirera, ou défirera céder & tranfporter à d'autres particuliers, foit par vente, négociation, ou autrement, auxquels particuliers nouveaux acquéreurs d'actions & dixiémes d'actions, fera pareillement ouvert un compte en débit & crédit ; déclarant Sa Majefté que lefdites actions, dixiémes & dividendes ne feront fufceptibles d'aucune faifie pour quelque caufe ou prétexte que ce foit : veut Sa Majefté que lefdits dépôts foient faits, & les livres tenus fans aucun frais, conformément à ce qui s'eft précédemment pratiqué à cet égard, FAIT au Confeil d'Etat du Roi, Sa Majefté y étant, tenu à Verfailles le vingt-neuviéme jour de Septembre mil fept cent vingt-trois.

Signé PHELYPEAUX.

DECLARATION

DECLARATION DU ROY,

QUI régle la maniere dont la Compagnie des Indes fera l'exploitation de la Vente exclusive du caffé.

Donnée à Versailles le 10 Octobre 1723.

Regiſtrée en la Cour des Aydes.

LOUIS, PAR LA GRACE DE DIEU, ROI DE FRANCE ET DE NAVARRE, à tous ceux qui ces préſentes Lettres verront : SALUT. Les avantages que nos ſujets doivent attendre de l'établiſſement de la Compagnie des Indes, & du progrès de ſon commerce, & particulierement ceux qui ont des actions de cette Compagnie, nous ont engagé non-ſeulement à donner au ſuccès de cet établiſſement toute l'attention & la protection dont il pouvoit avoir beſoin, mais encore à accorder pluſieurs priviléges à cette Compagnie, & entr'autres celui de la vente excluſive du caffé : & comme notre intention eſt qu'elle entre en poſſeſſion de ce privilége au premier Novembre prochain, & qu'il eſt néceſſaire de regler la maniere dont elle en fera l'exploitation afin qu'elle puiſſe en retirer toute l'utilité que nous nous ſommes propoſés de lui procurer à cet égard. A CES CAUSES, & autres à ce nous mouvans, de l'avis de notre Conſeil, & de notre certaine ſcience, pleine puiſſance & autorité Royale, nous avons par ces Préſentes ſignées de notre main, dit, statué & ordonné, disons, statuons & ordonnons, voulons & nous plaît ce qui ensuit.

Article premier.

L'Arrest de notre Conseil du 31 Août dernier, attaché sous le contre-scel des Présentes, par lequel nous avons accordé à la Compagnie des Indes le privilege exclusif de la vente du caffé, sera exécuté selon sa forme & teneur; & en conséquence voulons que ladite Compagnie fasse seule, à l'exclusion de tous autres, entrer, vendre & débiter le caffé en gros & en détail dans toute l'étendue de notre Royaume, pays, terres & Seigneuries de notre obéissance, à commencer au premier Novembre prochain.

II.

Defendons à toutes personnes de quelque qualité & conditions qu'elles soient, autres que ladite Compagnie, de faire commerce, vente & débit de caffé en gros & en détail, d'en faire entrer ou par terre ou par mer, & d'en voiturer ou transporter dans l'étendue de notre Royaume, à peine de confiscation, tant des caffés que des Vaisseaux, barques, bâtimens, chevaux, charettes & autres voitures & équipages qui auront servi audit transport, & de mille livres d'amende solidaire, tant contre les propriétaires des caffés que contre les voituriers & autres complices de la fraude.

III.

Le caffé ne pourra être vendu par ladite Compagnie à plus haut prix que de cent sols la livre de seize onces poids de marc, & sera ladite vente faite dans les magasins & Bureaux de ladite Compagnie, en sacs de deux livres, une livre & demi-livre, cachetés des cachets de ladite Compagnie.

IV.

Les empreintes en plomb & en cire des marques & cachets de ladite Compagnie, seront déposées aux Greffes des Elections, & où il n'y a point d'Election, aux greffes des Jurifdictions des traittes & des Ports & autres qui connoiffent des droits de nos Fermes, pour y avoir recours en cas de befoin. Faifons défenfe à toutes perfonnes de les imiter ni contrefaire, à peine de faux, tant contre ceux qui les auront fabriquées, que contre ceux qui les auront fait faire, ou s'en feront fervis, de confifcation des caffés qui en auront été marqués, & de trois mille livres d'amende applicable moitié au dénonciateur, & l'autre moitié à l'hôpital le plus prochain du lieu de la confifcation.

V.

DEFENDONS aux Commis & autres qui feront prépofés par ladite Compagnie des Indes pour la vente des caffés dans fes magafins, Bureaux & entrepôts, d'en vendre aucun qui ne foit en paquets cachetés de ladite Compagnie, à peine de punition corporelle.

VI.

LA Compagnie des Indes pourra pour l'exploitation dudit privilége de la vente exclufive du caffé, établir les magafins, Bureaux & entrepôts, & prépofer les Receveurs, Gardes-magafins, & Entrepofeurs, Débitans, Commis & Gardes, en tel nombre & dans les Villes & lieux qu'elle jugera néceffaires & convenables, tant pour affûrer la vente defdits caffés, que pour empêcher l'entrée & les verfemens en fraude.

VII.

DEFENDONS à tous Marchands François & Etrangers, de faire entrer par mer & par terre aucuns caffés dans l'étendue de notre Royaume.

VIII.

PERMETTONS néanmoins l'entrée du caffé venant directement du Levant par des Vaiffeaux François dans le Port de Marfeille, à condition qu'il fera mis en entrepôt

Bbbb ij

dans des magasins qui feront choisis à cet effet par les Marchands & Négocians, lesquels seront fermés à deux serrures & deux clefs différentes, l'une desquelles restera ès mains du Commis de la Compagnie des Indes, & l'autre ès mains des Négocians, leurs Préposés ou Commissionnaires.

IX.

Les Négocians du Royaume qui feront venir à Marseille du caffé des échelles du Levant, pourront à leur choix le transporter à l'Etranger, ou le vendre à la Compagnie des Indes sur le pied qu'il vaudra en Hollande au jour qu'ils en feront la vente à la Compagnie, à la déduction néanmoins des frais & droits.

X.

Enjoignons aux Maîtres des Vaisseaux, navires & autres Bâtimens qui aborderont dans le port de Marseille, de faire leur déclaration dans les vingt-quatre heures de leur arrivée au Commis de la Compagnie des Indes, des quantités de caffé dont ils seront chargés; leur défendons de le décharger en tout ou en partie, avant d'en avoir fait déclaration, à peine de confiscation de tous les caffés dont ils seroient chargés, & de mille livres d'amende.

XI.

Les caffés qui auront été déchargés à Marseille, ne pourront être transportés hors du Royaume que dans les mêmes balles ou autres de pareille continence de celles dans lesquelles ils seront arrivés, ni être embarqués ou chargés qu'en présence du Commis de la Compagnie des Indes, qui en délivrera une permission sur la déclaration & soumission des Négocians & Marchands, de rapporter dans le temps convenu un certificat de la décharge dans les lieux pour lesquels lesdits caffés auront été déclarés; & seront lesdites permissions visées des Commis du Bureau de la sortie, & les certificats aussi visés des personnes qui seront indiquées par le Commis de la Compagnie des Indes

& désignées par la soumission, à peine de confiscation & de trois mille livres d'amende.

XII.

Les Négocians, Marchands, Epiciers, Limonadiers & autres qui auront des caffés en leur possession audit jour premier Novembre prochain, soit que lesdits caffés leur appartiennent, ou qu'ils n'en soient que dépositaires ou commissionnaires, & les particuliers qui se trouveront en avoir au-delà de ce qui est nécessaire pour la provision ordinaire de leur maison eû égard à leur condition, seront tenus dans la quinzaine dudit jour premier Novembre d'en faire leur déclaration aux Bureaux établis par ladite Compagnie des Indes, qui pourra prendre lesdits caffés aux prix dont ils conviendront de gré à gré, ou leur donnera les permissions nécessaires pour les transporter à l'Etranger dans le temps de trois mois, à compter de l'expiration de ladite quinzaine, en observant les précautions prescrites par le précédent article; le tout à peine de confiscation desdits caffés, & de trois mille livres d'amende.

XIII.

Les Maîtres ou Capitaines des Vaisseaux & bâtimens chargés de caffé en tout ou en partie, qui auront été obligés par fortune de vent, tempête, ou autres cas fortuits, de relâcher dans quelques-uns des Ports de notre Royaume, outre la déclaration qu'ils seront tenus de faire dans les vingt-quatre heures au plus prochain Bureau du lieu où ils auront relâché, seront encore obligés de justifier par leur livres de bord, connoissemens ou charte-partie, que lesdits caffés étoient destinés pour d'autres lieux des pays étrangers, à peine de confiscation, tant desdits caffés que des Vaisseaux & marchandises de leur chargement, & de trois mille livres d'amende.

XIV.

Si les Maîtres ou Capitaines desdits Vaisseaux de relâche, se trouvent obligés de faire décharger à terre les caffés qui seront dans leur bord, ils ne le pourront faire qu'en présence des Commis préposés par la Compagnie des Indes pour la conservation dudit privilége, & qu'à condition que lesdits caffés seront déposés aux frais & risques desdits Maîtres ou Capitaines dans un magasin fermant à deux clefs différentes, dont l'une leur sera laissée, & l'autre restera ès mains desdits Commis qui en dresseront leur procès verbal.

X V.

Les caffés qui seront pris en mer par nos Vaisseaux de guerre, seront aussi déposés dans des magasins, & ne pourront être vendus qu'à condition par ceux qui s'en rendront adjudicataires, de les transporter hors de notre Royaume dans un mois du jour de la vente, en observant les précaution prescrites par l'article XI ci-dessus.

X V I.

Pourra la Compagnie des Indes retenir la quantité de caffé qu'elle croira nécessaire pour le fournissement de ses magasins, au même prix que les particuliers s'en seront rendus adjudicataires à condition de le payer comptant, pourvû que ladite Compagnie ou ses Préposés pour elle, ayent fait leur déclaration par écrit qu'ils le veulent retenir pour le prix de l'achat ; & ce avant d'avoir délivré les congés & permissions pour l'enlevement.

X V I I.

Permettons aux Commis de ladite Compagnie d'aller & rester à bord des Vaisseaux & bâtimens chargés de caffé, aussi-tôt leur arrivée, pour empêcher qu'il n'en soit tiré & déchargé aucuns, qu'après que lesdits Commis en auront fait la visite, & vérifié les quantités dont lesdits Vaisseaux & bâtimens seront chargés. Enjoignons aux Capitaines & autres Officiers de l'équipage de leur donner toute aide, assistance & protection dans leurs fonctions, & empêcher qu'ils y foient troublés, à peine de répondre en leur propre & privé nom de la perfonne defdits Commis, de tous dépens, dommages & intérêts, & de trois mille livres d'amende folidaire contre les Capitaines, Officiers & gens de l'équipage.

XVIII.

Nous avons attribué & attribuons la connoiffance de toutes les conteftations qui pourront furvenir dans l'exploitation dudit privilége de la vente exclufive du caffé, tant pour le civil que pour le criminel, leurs circonftances & dépendances en premiere inftance à nos Officiers des Elections, & à ceux des Jurifdictions des traittes & des Ports où il n'y a point d'Election, chacun dans l'étendue de fon reffort, & par appel à nos Cours des Aydes & autres Cours fupérieures où reffortiffent lefdites Jurifdictions: faifons défenfe à toutes nos autres Cours & Juges d'en connoître, à peine de nullité, caffation de procédures, dépens, dommages & intérêts, & de mille livres d'amende contre les parties, d'interdiction contre les Juges qui auront entrepris fur les autres, & de pareille amende de mille livres.

XIX.

Les Commis prépofés pour la régie du privilége du Tabac que nous avons aliéné à ladite Compagnie des Indes, pourront exercer les mêmes emplois pour l'exploitation du privilége du caffé fans nouvelles commiffions, & fans être obligés de prêter un nouveau ferment; & ceux defdits Commis pour le tabac, qui pourront être pourvûs de nouvelles commiffions pour la régie dudit privilége du caffé, ne feront pareillement point tenus de prêter nouveau ferment pour raifon defdites nouvelles commiffions, fi ils font employés dans le reffort de la même Cour fupérieure, ou de la Jurifdiction inférieure où ils auront prêté ferment; voulons feulement que fur lefdites nouvelles commiffions il foit fait mention par le Greffier de la Cour fupérieure, ou par celui de la Jurifdiction inférieure, de la preftation de serment, que lesdits Commis auront faite auparavant, en payant par eux pour tout frais vingt sols au Greffier de la Cour supérieure, & dix sols à celui de la Jurisdiction inférieure ; leur défendons d'exiger plus grandes sommes, à peine de concussion & de restitution.

XX.

Voulons que les Commis & autres Employés pour l'exploitation dudit privilége de la vente du caffé, qui auront prêté serment dans une Election ou Jurisdiction des traittes & des Ports, puissent exercer un pareil emploi, ou tel autre qui leur sera accordé par ladite Compagnie, dans le ressort d'une autre Jurisdiction que celle où ils auront prêté serment, sans qu'ils soient obligés d'en prêter un nouveau, pourvû que l'une ou l'autre Jurisdiction ressortisse à la même Cour supérieure ; & en ce cas les Commis seront tenus de déposer au greffe de la derniere Jurisdiction l'acte de la prestation de serment, qu'ils auront faite dans l'autre, duquel dépôt il sera fait mention sur leur commission par le Greffier de la derniere Jurisdiction, auquel il sera payé dix-sols pour tous frais.

XXI.

Les Commis & autres Employés pour l'exploitation dudit privilége de la vente exclusive du caffé, qui auront prêté serment, pourront en quelque lieu qu'ils se trouvent, même hors du ressort de la Cour supérieure ou Jurisdiction subalterne où ils auront prêté serment, ou déposé leur acte de prestation de serment, saisir les caffés qui se trouveront en fraude, ensemble les petits bâtimens & bateaux, les chevaux, charettes, & autres voitures & équipages servant au transport desdits caffés, même arrêter les voituriers, & conduire le tout au plus prochain Bureau ou entrepôt établi pour la Compagnie des Indes pour la régie du privilége du caffé, & dresser procès-verbal de la saisie, dont la connoissance appartiendra à l'Election ou au Juge des traittes & des Ports dans le ressort desquels elle aura été faite.

XXII.

XXII.

Voulons que les Commis & autres employés à la régie & exploitation de la vente exclusive du caffé, joüissent des mêmes priviléges & exemptions dont joüissent ceux de nos Fermes-unies, conformément à l'article XI du titre commun de l'Ordonnance de nos Fermes de l'année 1681, & autres réglemens rendus à ce sujet : défendons à tous Officiers militaires, de Justice, Police, Corps & Communautés, de les troubler dans la joüissance desdits priviléges & exemptions, à peine de désobéissance & de tous dommages & intérêts.

XXIII.

Faisons défense à toutes personnes d'acheter aucuns caffés en fraude, à peine de confiscation & de mille livres d'amende qui ne pourra être modérée ; déclarons caffés en fraude tous ceux qui ne se trouveront pas marqués des plombs ou cachets de la Compagnie des Indes, dont les empreintes auront été déposées aux greffes des Elections.

XXIV.

Voulons que tous ceux qui seront trouvés saisis ou vendant du caffé en fraude, soient condamnés en mille livres d'amende au profit de ladite Compagnie des Indes, outre la confiscation, tant des caffés que des chevaux, charettes & équipages, sans que ladite amende puisse être réduite & modérée pour quelque cause & prétexte que ce soit ; & que les condamnés soient tenus de consigner dans le mois du jour de la signification ou prononciation de la Sentence, la somme de trois cens livres, sur & en déduction de ladite amende de mille livres, & ce entre les mains de ladite Compagnie, ses Procureurs, Commis ou Préposés ; sinon & à faute de ce faire dans ledit temps, ladite amende sera convertie sur une simple requête de ladite Compagnie, ou de celui sous le nom duquel elle fera l'exploitation dudit privilége, & ce sans frais, sçavoir, en la peine des galéres à l'égard des vagabonds & gens sans aveu, artisans, gens de métier, facteurs, messagers, voituriers, crocheteurs, gens de peine, gens repris de Justice, matelots & autres personnes de cette qualité, & en la peine du foüet & du bannissement de la Province pour cinq ans à l'égard des femmes & filles de pareille qualité; & en cas que lesdits condamnés se trouvent incapables de nous servir dans nos galéres, ils seront fustigés, flétris & bannis pour cinq ans.

XXV.

Défendons à tous nos sujets de retirer dans leurs maisons les porteurs & voituriers de caffés en fraude, ni de souffrir que les caffés y soient entreposés, à peine de complicité.

XXVI.

Enjoignons aux Commis préposés pour l'exploitation dudit privilége de la vente du caffé, de veiller à la conservation des droits de nos Fermes-unies & à ceux de nosdites Fermes d'en user de même à l'égard dudit privilége de la vente du caffé: voulons qu'ils concourent les uns & les autres à empêcher les fraudes, & qu'ils en dressent leur procès-verbaux de saisies, auxquels toute foi sera ajoûtée jusqu'à inscription de faux.

XXVII.

Les procès-verbaux faits & signés par plusieurs Commis, tant dans les cas de simples saisies, que de rebellion ou transport de caffé avec attroupement, seront valables lorsqu'ils seront affirmés par deux des Commis qui les auront faits; leur permettons dans l'instant seulement de la confection desdits procès-verbaux, de les dénoncer aux parties, & en les dénonçant de leur donner assignation, ainsi qu'il se pratique par les Commis de nos Fermes.

XXVIII.

Voulons qu'un seul Commis ou Garde préposé par ladite Compagnie, affifté d'un Huiffier, Sergent Royal ou Archer des Maréchauffées, puiffe faire toutes faifies & captures de caffés en fraude, & arrêter les fraudeurs de la qualité marquée par les articles ci-deffus, & que leurs procès-verbaux affirmés foient reçûs en Juftice, ainfi & de même que s'ils avoient été faits & dreffés par deux Commis ou Gardes dudit privilége du caffé : & en cas que le procès-verbal foit fait dans un lieu où il n'y ait point d'Election, de Jurifdiction des traittes ou des Ports, voulons qu'il puiffe être affirmé devant le plus prochain Juge Royal des lieux, fans aucune attribution de Jurifdiction.

XXIX.

CEUX qui auront été condamnés par des Sentences à des amendes ou à des peines afflictives, ne pourront en être reçûs appellans, qu'ils n'ayent configné dans le mois de la prononciation defdites Sentences ou fignification d'icelles à perfonne ou domicile, la fomme de trois cens livres entre les mains des Receveurs, Commis ou Prépofés de ladite Compagnie : faifons défenfe à tous Procureurs, Huiffiers, Sergens de figner ni fignifier aucun acte ni relief d'appel, qu'il ne leur foit apparu de la quittance de la confignation de ladite fomme de trois cens livres, faites dans ledit temps d'un mois ; de laquelle quittance ils feront tenus de donner copie par l'acte de fignification d'appel, à peine de nullité & de cent livres d'amende, tant contre chacun des Procureurs, que contre chacun des Huiffiers & Sergens qui auront figné lefdits actes d'appel, au payement defquelles amendes ils feront contraints, même par corps ; & faute par les parties condamnées d'avoir fait ladite confignation dans le délai ci-deffus, voulons qu'elles ne foient plus reçues à la faire, ni à interjetter appel defdites Sentences, lefquelles pafferont en force de chofe jugée, & feront exécutées felon leur forme & teneur : faifons défenfe à toutes nos Cours & Juges de recevoir lefdits appels ni d'y avoir égard, & à tout ce qui pourroit être fait en conféquence, à peine de nullité & caffation.

XXX.

L'APPEL des Ordonnances ou Sentences interlocutoires, ne pourra suspendre ni empêcher l'instruction & le jugement des instances civiles ou criminelles concernant ledit privilége du caffé : défendons à nos Cours de donner aucunes surséances ou défenses de procéder; déclarons nulles toutes celles qui pourroient être ordonnées; voulons que sans y avoir égard, il soit passé outre par les premiers Juges jusqu'à jugement définitif inclusivement, & que les Procureurs qui auront signé les requêtes, soient condamnés en leurs propres & privés noms en cent livres d'amende qui ne pourra être remise ni modérée, au payement de laquelle ils seront contraints, même par corps.

XXXI.

VOULONS que ce qui est porté par notre Déclaration du 14 Avril 1699, & autres Réglemens intervenus depuis au sujet des inscriptions de faux contre les procès-verbaux des Commis de nos Fermes, soit exécuté à l'égard des inscriptions de faux contre les procès-verbaux des Commis qui seront établis pour la régie & conservation dudit privilége de la vente exclusive du caffé.

XXXII.

PERMETTONS aux Commis & Gardes de ladite Compagnie des Indes, au nombre de deux au moins, de faire toutes visites, perquisitions & recherches dans les magasins, boutiques, hôtelleries & maisons des Négocians & Marchands, même dans nos Places, Châteaux & Maisons Royales, & dans celles des Princes & Seigneurs, Couvents, Communautés & autres lieux prétendus privilégiés; & en cas de refus d'ouverture de portes, permettons de les faire ouvrir par un serrurier ou autre ouvrier, en présence du premier Juge sur ce requis des Siéges des Elections ou Jurisdictions des traittes & des Ports où il n'y aura point d'Election, ou d'un autre Juge Royal dans les lieux où il n'y aura ni Election ni Jurisdiction des traittes ni des Ports, ou d'un Juge subalterne dans les lieux où il n'y en aura point d'autre, sans néanmoins aucune attribution de Jurisdiction : enjoignons auxdits Juges de s'y transporter avec les Commis dudit privilége, à leur premiere requisition, sans qu'il soit besoin que lesdits Juges ou autres Officiers se fassent assister de notre Procureur ou du Procureur Fiscal, ni d'aucun Greffier ni Huissier. Enjoignons aussi aux Gouverneurs, Capitaines, Concierges & autres Officiers desdites Places, Châteaux, Maisons Royales, de celles des Princes & Seigneurs, aux Chefs & Superieurs des maisons Religieuses, Communautés & autres lieux prétendus privilégiés, de faire faire ouverture desdites maisons & lieux toutes fois & quantes ils en seront requis par lesdits Officiers, à peine de désobéissance, & d'être tenus, chacun en droit soi, de tous les dommages & intérêts de ladite Compagnie des Indes : voulons que les caffés qui seront trouvés dans lesdites maisons & autres lieux ci-dessus, en fraude & non marqués des marque & cachet de ladite Compagnie, soient saisis par lesdits Commis, pour en être la confiscation ordonnée avec amende de mille livres. Les procès-verbaux desdits Commis seront visés des Juges en présence desquels ils auront été faits, sans attribution de Jurisdiction ; & seront lesdits procès-verbaux affirmés en la maniere accoutumée pardevant les Juges de nos Fermes, même devant le plus prochain Juge Royal ou Seigneurial, conformément à l'article III, de notre Déclaration du 30 Janvier 1717.

XXXIII.

Les Etrangers & autres personnes non domiciliées dans notre Royaume, qui auront été condamnées à des amendes & confiscations, ou qui reclameront les caffés, Vaisseaux, navires, bateaux & autres voitures confisquées par Sentences, ne pourront être reçûs appellans desdites Sentences, ni les reclamateurs reçûs parties intervenantes, qu'ils n'ayent donné caution solvable qui sera reçûe avec ladite Compagnie, ses Procureurs ou Préposés pour sûreté des amendes & des dépens, dommages & intérêts, en cas que par l'évenement les Sentences fussent confirmées : défendons aux Officiers de nos Cours supérieures de les recevoir appellans, ni de donner aucun Arrêt de défense d'exécuter lesdites Sentences, ni de recevoir lesdits reclamateurs parties intervenantes, qu'en justifiant de la reception de caution, à peine de nullité & de cassation.

XXXIV.

Toutes les confiscations & amendes qui seront prononcées en exécution du présent Réglement, appartiendront à ladite Compagnie des Indes : défendons à toutes nos Cours & Juges de les reduire, modérer ni appliquer à d'autres usages sous quelque prétexte que ce soit.

XXXV.

Le temps prescrit par notre Ordonnance du mois de Juillet 1681, au titre commun articles XLVII, & XLVIII pour relever l'appel des Sentences concernant le payement des droits de nos Fermes, & pour mettre l'appel en état d'être jugé après qu'il a été relevé, sera aussi observé dans les affaires concernant ledit privilége de la vente exclusive du caffé pour l'appel des Jugemens portant confiscation & amende.

XXXVI.

Dispensons ladite Compagnie des Indes de se servir de papier timbré, tant pour les registres de recette & de contrôle, les registres des entrepôts, de déclarations, permissions, lettres de voiture, & toutes autres expéditions généralement quelconques qui lui seront nécessaires pour la régie & exploitation dudit privilége de la vente du caffé.

XXXVII.

Voulons au surplus que les Ordonnances, Edits, Déclarations & Réglemens concernant l'exploitation du privilége de la vente exclusive du tabac, ayent lieu & soient observés dans l'exploitation dudit privilége de la vente exclusive du caffé, en ce qui ne sera point contraire à notre présente Déclaration.

Si donnons en Mandement à nos amés & feaux Conseillers les gens tenant notre Cour des Aydes à Paris, & à tous autres nos Juges & Officiers qu'il appartiendra, que ces Présentes ils ayent à faire enregistrer & publier (même en vacations) & le contenu en icelles faire garder & observer de point en point selon leur forme & teneur, nonobstant tous Edits, Déclarations, Arrêts, Réglemens & autres choses à ce contraires, auxquelles nous avons dérogé & dérogeons par ces Présentes; aux copies desquelles collationnées par l'un de nos amés & féaux Conseillers-Secrétaires, voulons que foi soit ajoûtée comme à l'original; car tel est notre plaisir. En témoin de quoi nous avons fait mettre notre Scel à cesdites Présentes. DONNÉ à Versailles le dixiéme jour d'Octobre, l'an de grace mil sept cent vingt-trois, & de notre regne le neuviéme. *Signé* LOUIS. *Et plus bas*; par le Roi, PHELYPEAUX. Vû au Conseil DODUN. Et scellé du grand Sceau de cire jaune.

Extrait des Registres de la Cour des Aydes.

Vû par la Cour les Lettres Patentes en forme de Déclaration ci-dessus, ainsi que plus au long le contiennent lesdites Lettres à la Cour adressées; conclusions du Procureur général du Roi: oui le rapport de Me Daniel Tourres, Conseiller, & tout considéré: La Cour a ordonné & ordonne que lesdites Lettres seront registrées au greffe d'icelle au lendemain saint Martin; & cependant par provision ordonne qu'elles seront exécutées selon leur forme & teneur, & que copies collationnées d'icelles seront incessamment envoyées ès Sieges des Elections & Bureaux des traittes du ressort de ladite Cour, pour y être lûes, publiées l'audience tenante; enjoint aux Substituts du Procureur général du Roi d'y tenir la main & de certifier la Cour de leurs diligences au mois. Fait à Paris en la Chambre de ladite Cour des Aydes le vingt-septiéme jour d'Octobre mil sept cent vingt-trois. Collationné. Signé OLIVIER.

ARREST
DU CONSEIL D'ÉTAT
DU ROY,

POUR la prise de possession par la Compagnie des Indes du Privilége de la Vente exclusive du Caffé, sous le nom de Pierre le Sueur, à commencer au 1 Novembre 1723.

Du 12 Octobre 1723.

Extrait des Registres du Conseil d'Etat.

LE Roi s'étant fait représenter en son Conseil l'Arrêt du 31 Août dernier, par lequel Sa Majesté a accordé à la Compagnie des Indes le privilege exclusif de la vente du caffé dans toute l'étendue du Royaume, pays, terres & Seigneuries de son obéissance; la Déclaration de Sa Majesté du 10 du présent mois d'Octobre, qui regle & prescrit la maniere dont la Compagnie des Indes doit faire l'exploitation dudit privilége : & Sa Majesté voulant qu'en attendant l'enregistrement de cette Déclaration, ladite Compagnie soit mise en possession & joüissance, sous le nom de Pierre le Sueur, dudit privilége exclusif de l'entrée, vente & débit du caffé en gros & en détail, à commencer au premier Novembre prochain ; qu'elle puisse pourvoir aux achats, établissemens de Bureaux, magasins, Commis, & faire les autres dispositions nécessaires pour la régie

gie & exploitation dudit privilége ; oui le rapport du sieur Dodun, Conseiller ordinaire au Conseil Royal, Contrôleur général des Finances ; SA MAJESTE' E'TANT EN SON CONSEIL, a ordonné & ordonne qu'en attendant l'enregistrement où besoin sera de ladite Déclaration du 10 du présent mois d'Octobre, la Compagnie des Indes sera mise en possession & joüissance sous le nom de Pierre le Sueur, à commencer au premier Novembre prochain, du privilége exclusif de l'entrée, vente & débit du caffé en gros & en détail dans l'étendue du Royaume, pays, terres & Seigneuries de l'obéissance de Sa Majesté ; & que pour l'exploitation dudit privilége, ledit le Sueur pourra établir les magasins, Bureaux & entrepôts, préposer les Receveurs, Entreposeurs, Débitans, Commis & Gardes, en tel nombre & dans les Villes & lieux qu'il jugera nécessaires & convenables pour la vente & le débit du caffé ; à condition qu'il ne le pourra vendre & faire vendre que cent sols la livre poids de marc, tant dans ses magasins & Bureaux, que par ses Entreposeurs & Débitans ; avec défenses à toutes personnes, de quelque qualité & condition qu'elles soient, de faire entrer, vendre & débiter aucuns caffés dans le Royaume, aux peines portées par ladite Déclaration. Veut Sa Majesté que les Négocians, Marchands Epiciers, Limonadiers & autres qui ont des caffés en leur possession, même les particuliers qui se trouveront en avoir au-delà de ce qui est nécessaire pour la provision ordinaire de leur maison eu égard à leur condition, soient tenus dans la quinzaine, à compter dudit jour premier Novembre, d'en faire chacun à leur égard leur déclaration aux Bureaux dudit le Sueur, qui pourra prendre lesdits caffés aux prix dont ils conviendront de gré à gré, ou sera tenu de leur donner les permissions nécessaires pour les transporter à l'Etranger dans le temps de trois mois. Ordonne Sa Majesté que le présent Arrêt de prise de possession dudit le Sueur sera enregistré aux greffes des Elections, & où il n'y a point d'Election, aux greffes des Jurisdictions des traittes & des Ports, auxquelles Sa Majesté a attribué par ladite Déclaration la connoissance en premiere instance de toutes les contestations qui pourront survenir dans l'exploitation dudit privilége du caffé, leurs circonstances & dépendances ; & que ledit le Sueur sera tenu de déposer aux greffes desdites Jurisdictions, des empreintes sur plomb & sur cire des marque & cachet dont il entend se servir dans l'exploitation dudit privilége, pour y avoir recours en cas de besoin. Enjoint Sa Majesté aux Officiers desdites Jurisdictions de procéder sans délay à l'enregistrement du présent Arrêt, & aux dépôts des empreintes desdites marque & cachet à la premiere requisition dudit le Sueur, ses Procureurs, Commis & Préposés, & de leur en délivrer acte en bonne forme, en payant pour tous droits, compris ceux du Procureur du Roi & du Greffier, la somme de trois livres ; & en cas de refus, ou de délay de la part des Officiers desdites Jurisdictions, il leur sera fait sommation de faire ledit enregistrement, & de recevoir le dépôt desdites empreintes, laquelle sommation vaudra enregistrement & acte de dépôt. Veut Sa Majesté que les Officiers desdites Elections, & autres Jurisdictions soient tenus de recevoir à la premiere requisition le serment des Commis & autres Employés dudit le Sueur, & de leur en délivrer acte, en payant par chacun desdits Commis ou autres Employés trente sols pour toutes choses, avec défenses auxdits Officiers d'exiger pour lesdits enregistremens, dépôt d'empreintes, & prestation de serment, autres & plus grandes sommes que celles ci-dessus, à peine de restitution, dépens, dommages & intérêts dudit le Sueur, ses Commis & Préposés : permet Sa Majesté aux Commis actuellement employés à la régie & exploitation du privilége du tabac, d'exercer les mêmes emplois pour la régie & exploitation du privilége du caffé, sans nouvelle commission, & sans qu'ils soient tenus de prêter nouveau serment. Enjoint Sa Majesté aux sieurs Intendans & Commissaires départis pour l'exécution de ses ordres dans les Provinces & Généralités du Royaume, & aux Officiers desdites Elections, Jurisdictions des traittes & des Ports, de mettre ledit le Sueur, ses Procureurs, Commis & Préposés en possession & joüissance dudit privilége de l'entrée & vente exclusive du caffé, à commencer audit jour premier Novembre prochain, & de tenir la main à l'exécution du présent Arrêt, nonobstant toutes oppositions & empêchemens quelconques, pour lesquels ne sera différé, & si aucuns interviennent, Sa Majesté s'en est reservé & à son Conseil la connoissance, & a icelle interdit à toutes ses Cours & autres Juges. FAIT au Conseil d'Etat du Roi, Sa Majesté y étant, tenu à Versailles le douziéme jour d'Octobre mil sept cent vingt-trois. *Signé* PHELYPEAUX.

LOUIS, PAR LA GRACE DE DIEU, ROI DE FRANCE ET DE NAVARRE, Dauphin de Viennois, Comte de Valentinois & Diois, Provence, Forcalquier & terres adjacentes; à nos amés & féaux Conseillers en nos Conseils les sieurs Intendans & Commissaires départis pour l'exécution de nos ordres dans les Provinces & Généralités de notre Royaume: SALUT. Nous vous mandons & enjoignons par ces Présentes signées de nous, de tenir, chacun en droit soi, la main à l'exécution de l'Arrêt ci-attaché sous le contre-scel de notre Chancellerie, ce jourd'hui donné en notre Conseil d'Etat, nous y étant, pour les causes y contenues: commandons au premier notre Huissier ou Sergent sur ce requis, de signifier ledit Arrêt à tous qu'il appartiendra, à ce que personne n'en ignore, & de faire pour son entiere exécution tous actes & exploits nécessaires, sans autre permission, nonobstant clameur de Haro, Charte Normande & Lettres à ce contraires. Voulons qu'aux copies dudit Arrêt & des Présentes collationnées par l'un de nos amés & féaux Conseillers-Secrétaires, foi soit ajoûtée comme aux originaux; car tel est notre plaisir. DONNÉ à Versailles le douziéme jour d'Octobre, l'an de grace mil sept cent vingt-trois, & de notre regne le neuviéme. *Signé* LOUIS. *Et plus bas*; par le Roi Dauphin, Comte de Provence. PHELYPEAUX. Et scellé.

ARREST
DU CONSEIL D'ÉTAT
DU ROY,

CONCERNANT la confiscation de 13 ballots & caisses de marchandises chargées par différens particuliers sur le Vaisseau la Ville d'Ostende.

Du 19 Octobre 1723.

Extrait des Registres du Conseil d'Etat.

SUR ce qui a été représenté au Roi étant en son Conseil par les Directeurs de la Compagnie des Indes, qu'il y a été chargé à Congimer & à Pondichery par quelques Employés au service de ladite Compagnie aux Indes, sur le Vaisseau la ville d'Ostende, appartenant à la Compagnie d'Ostende, dix-neuf ballots & caisses de marchandises, suivant trois connoissemens, dont deux datés à Congimer le 15 Février 1721, signés des Capitaines Andriés Flanderin, & Cornely Spigel, Sobercargue, au pied desquels est leur reconnoissance, portant promesse de délivrer le contenu au sieur Gravé de Coligny, ou à ses ordres, en payant le frêt de vingt pour cent en espéces ; & l'autre signée à Pondichery le 16 desdits mois & an, par le même Capitaine, pour délivrer les marchandises y contenues au sieur Barbault l'aîné ou à ses ordres; que desdits 19 ballots & caisses de marchandises portées par lesdits connoissemens, il n'en a été mis à terre à l'Isle de Bourbon que 12 ballots & caisses, & en outre un autre ballot marqué D. C. P. non compris dans lesdits connoissemens, lesquels ont été chargés pour France sur le Vaisseau la Vierge de grace, suivant le connoissement des sieurs de Beauvollier de Courchamp, Gouverneur, & Desforges Boucher, Lieutenant de Roi de ladite Isle de Bourbon, en date du 30 Octobre 1722, en exécution des ordres des sieurs Commissaires du Conseil, nommés par le Roi pour la régie & administration des affaires de la Compagnie des Indes, ce qui étant formellement contraire à l'article III de l'Edit du mois de Mai 1719, portant réunion des Compagnies des Indes & de la Chine à celle d'Occident, à présent nommée Compagnie des Indes, qui fait défenses à tous les sujets du Roi autres que la Compagnie des Indes de faire aucun commerce dans les pays de ses concessions, pendant la durée de son privilége exclusif, à peine de confiscation au profit de ladite Compagnie des Vaisseaux, armes, munitions & marchandises; les Directeurs de la Compagnie des Indes requiérent qu'il plaise à Sa Majesté ordonner la confiscation desdites marchandises au profit de ladite Compagnie : vû les trois connoissemens des 15 & 16 Février 1721, signés par les sieurs Andriés Flanderin, & Cornely Spigel, Capitaine, & Sobercargue du Vaisseau la ville d'Ostende, le connoissement signé le 30 Octobre 1722 par les sieurs de Beauvollier de Courchamp, Gouverneur, & Desforges Boucher, Lieutenant de Roi de l'Isle de Bourbon, & l'Edit du mois de Mai 1719, portant réunion des Compagnies des Indes & de la Chine à celle d'Occident, à présent Compagnie des Indes; oui le rapport du sieur Dodun, Conseiller ordinaire au Conseil Royal, Contrôleur général des Finances, SA MAJESTÉ ÉTANT EN SON CONSEIL, a ordonné & ordonne que l'article III de l'Edit du mois de Mai 1719, portant réunion des Compagnies des Indes & de la Chine à celle d'Occident à présent Compagnie des Indes, sera exécuté selon sa forme & teneur, & en conséquence que les 13 ballots & caisses de marchandises chargées sur le Vaisseau la ville d'Ostende, & depuis revenus de l'Isle de Bourbon en France sur le Vaisseau la Vierge de grace, seront & demeureront confisquées & vendues au profit de ladite Compagnie; & sera le présent Arrêt exécuté nonobstant oppositions ou appellations quelconques, pour lesquelles ne sera différé. FAIT au Conseil d'Etat du Roi, Sa Majesté y étant, tenu à Versailles le dix-neuviéme jour d'Octobre mil sept cent vingt-trois. Signé PHÉLYPEAUX.

LOUIS, PAR LA GRACE DE DIEU, ROI DE FRANCE ET DE NAVARRE, au premier des Huissiers de nos Conseils, ou autre notre Huissier ou Sergent sur ce requis. Nous te mandons & commandons par ces Présentes signées de notre main, que l'Arrêt ci-attaché sous le contre-scel de notre Chancellerie, ce jour-d'hui donné en notre Conseil d'Etat, nous y étant, pour les causes y contenues, tu signifies à tous qu'il appartiendra, à ce que personne n'en ignore, & fasse pour son entière exécution tous actes & exploits nécessaires, sans autre permission; car tel est notre plaisir. DONNÉ à Versailles le dix-neuviéme jour d'Octobre l'an de grace mil sept cent vingt-trois, & de notre regne le neuviéme. *Signé* LOUIS. *Et plus bas;* par le Roi, *Signé* PHÉLYPEAUX.

ARREST
DU CONSEIL D'ÉTAT
DU ROY,

CONCERNANT *les Sieurs Kainkaid de Londres, & les Sieurs Mouchard & Fromaget, Directeurs de la Compagnie des Indes.*

Du 19 Octobre 1723.

Extrait des Registres du Conseil d'Etat.

VU au Conseil d'Etat du Roi, Sa Majesté y étant, la requête présentée par le Contrôleur général des Restes, en date du 5 Juillet 1721, au bureau des sieurs Commissaires, nommés par Arrêt du Conseil du 18 Mai de la même année, pour juger en dernier ressort les demandes formées & à former pour & au nom de la Compagnie & Banque y jointe, contre les Directeurs, Commis, Correspondans, & autres, tendante à faire condamner les sieurs Fromaget & Mouchard, de payer entre les mains du sieur Deshayes, Caissier de la Compagnie des Indes, la somme de huit cens dix-sept mille quatre-vingts livres, à quoi on avoit évalué cent soixante-dix mille deux cens vingt-cinq florins acquittés par le sieur Mouchard d'Amsterdam, pour le compte du sieur Kainkaid de

Londres, en vertu des ordres portés par la lettre des sieurs Mouchard & Fromaget, du six Mai 1720, sans préjudice d'autres demandes, sauf leur recours contre qui & ainsi qu'ils aviseront bon être, autres que contre la Compagnie, au payement de laquelle somme, ensemble des intérêts, ils seront contraints par toutes voyes dûes & raisonnables, même par corps; acte signifié le 14 Juillet 1721 à la requête de Mᵉ Pierre Bougy, Avocat ès Conseils, par lequel il déclare qu'il a charge & offre d'occuper pour les sieurs Mouchard & Fromaget; jugement par défaut du 5 Août, signifié le 9, qui adjuge au sieur Tartel l'effet de ses conclusions; acte du onze Août, signifié à la requête de Mᵉ Bougy, par lequel il déclare que s'il n'a point donné de requête en réponse à celle signifiée le sept de la part du sieur Tartel, c'est que l'instance d'opposition concernant les qualités devroit être préalablement jugée, déclarant cependant former en tant que de besoin opposition au jugement du cinq Août; requête d'opposition des sieurs Mouchard & Fromaget, du 15 Novembre 1721, signifiée le 29, par laquelle ils ont fait voir que le crédit donné à Kainkaid n'est point leur ouvrage, mais celui de leur supérieur, & qu'il n'y a rien de leur fait dans cette affaire, que la révocation du crédit qui a été infiniment avantageuse à la Compagnie; l'ordre à eux donné par le sieur Law, lors Contrôleur général des Finances, du quatre Mai 1720, concernant ledit crédit; requête du sieur Tartel du 25 Janvier 1722, signifiée le 6 Février, servant de réponse à celle du 15 Novembre, avec toutes les pièces justificatives produites de part & d'autre; oui le rapport du sieur Dodun, Conseiller ordinaire au Conseil Royal, Contrôleur général des Finances, LE ROI ÉTANT EN SON CONSEIL, a évoqué & évoque à soi & à son Conseil, l'opposition formée par les sieurs Fromaget & Mouchard, Directeurs de la Compagnie des Indes, à l'Arrêt du Conseil du 18 Mai 1721, & y faisant droit les a renvoyé & renvoye de la demande formée contre eux par le Contrôleur général des Restes, pour raison de la somme

de

de huit cens dix-sept mille quatre-vingts livres, à quoi avoient été évalués les cent soixante-dix mille deux cens vingt-cinq florins acquittés par Mouchard d'Amsterdam, pour le compte de Kainkaid de Londres, en vertu de la lettre desdits Mouchard & Fromaget, Directeurs de la Compagnie, du 6 Mai 1720, de laquelle demande, ensemble de toutes autres formées & à former par ledit Contrôleur des Restes, pour raison de leur administration, Sa Majesté les a pleinement déchargés; déclarant en outre que lesdits Directeurs ne pourront à l'avenir être troublés, inquiétés, recherchés, ni poursuivis à l'occasion des engagemens, stipulations ou autres actes qu'ils peuvent avoir faits & passés, ou des délibérations qu'ils peuvent avoir signées en qualité de Directeurs de la Compagnie des Indes, & par rapport aux affaires de son commerce, imposant Sa Majesté sur ce silence au Contrôleur des Restes, avec défenses d'exercer contre lesdits Directeurs aucunes poursuites ni diligences. FAIT au Conseil d'Etat du Roi, Sa Majesté y étant, tenu à Versailles le dix-neuviéme jour d'Octobre mil sept cent vingt-trois. *Signé* PHELYPEAUX.

Le vingt-deuxième jour de Novembre mil sept cent vingt-trois à la requête des sieurs Fromaget & Mouchard, Directeurs de la Compagnie des Indes, qui ont élû leur domicile en la personne & maison de Maître Bougy, Avocat ès Conseils du Roi, le présent Arrêt du Conseil a été signifié, & d'icelui laissé copie aux fins y contenues aux sieurs Directeurs & Syndics de la Compagnie des Indes, à l'Hôtel de Pompone, en parlant au Suisse, par nous Huissier du Conseil d'Etat, soussigné. Signé GERMAIN.

EDIT DU ROY,

PORTANT établissement d'un Conseil supérieur à l'Isle de Bourbon.

Du mois de Novembre 1723.

LOUIS, PAR LA GRACE DE DIEU, ROI DE FRANCE ET DE NAVARRE, à tous présens & à venir : SALUT. Le feu Roi notre très-honoré Seigneur & bisayeul, auroit par son Edit du mois de Mars 1711 établi un Conseil Provincial dans l'Isle de Bourbon, pour y rendre la Justice civile & criminelle, tant aux habitans de ladite Isle qu'à ceux des autres Isles de sa dépendance, & ordonné que ledit Conseil seroit composé des Directeurs généraux de ladite Compagnie des Indes, & en leur absence des Directeurs, Gouverneur, Marchands pour ladite Compagnie, & habitans François, qui seroient choisis par le Gouverneur & lesdits Marchands ; que les jugemens qui seroient rendus par ledit Conseil en matiere civile, seroient exécutés par provision, sauf l'appel au Conseil de Pondichery ; & qu'à l'égard des procès criminels, ils seroient instruits & jugés par ledit Conseil en la forme ordinaire, suivant l'Ordonnance de 1670, contre les Esclaves & Négres ; que pour ce qui concernoit les naturels François, Creoles & Etrangers libres, ils seroient jugés à la charge de l'appel audit Conseil de Pondichery, ou à celui des Parlemens dans l'étendue duquel abordera le Vaisseau chargé des accusés & de leur procès ; mais la Colonie de l'Isle de Bourbon étant considérablement augmentée, & la longueur des procédures, tant civiles que criminelles, causées par l'appel au Conseil supérieur de Pondichery étant également dangereuse, tant pour la facilité qu'il donne aux plaideurs de mauvaise foi de prolonger les procès, que par l'espérance d'impunité qu'elle peut faire concevoir aux criminels, nous estimons nécessaire, en supprimant le Conseil Provincial de ladite Isle de Bourbon, d'y établir un Conseil supérieur, pour juger en dernier ressort les procès civils & criminels, & de lui attribuer Jurisdiction sur l'Isle de France, ci-devant appellée Maurice, & d'établir aussi un Conseil Provincial dans ladite Isle de France. A CES CAUSES, & autres à ce nous mouvans, de l'avis de notre Conseil, & de notre certaine science, pleine puissance & autorité Royal :

ARTICLE PREMIER.

Nous avons éteint & supprimé, & par ces Présentes signées de notre main, éteignons & supprimons le Conseil Provincial établi à ladite Isle de Bourbon, par l'Edit du 7 Mars 1711.

II.

Et de la même autorité nous avons créé, érigé & établi, créons, érigeons & établissons un Conseil supérieur en ladit Isle de Bourbon, pour y rendre la Justice, tant civile que criminelle en dernier ressort, sans frais ni épices, à tous ceux qui sont habitués ou s'habitueront dans la suite dans ladite Isle de Bourbon, & dans celle de France, ci-devant appellée Maurice, ensemble à ceux qui y feront trafic & résidence, & s'y transporteront pour l'exécution de nos ordres, de quelque qualité & condition qu'ils soient.

III.

Le Conseil sera composé des Directeurs généraux de la Compagnie des Indes, qui pourroient se trouver sur les lieux, lesquels auront la premiere séance audit Conseil, & ensuite du Gouverneur, des six Conseillers, d'un Procureur général & d'un Greffier, lesquels seront pourvûs par nous sur la présentation de la Compagnie des Indes, pour dans le Siége, & aux jours & heures qui feront par eux réglés y rendre en notre nom la Juſtice, tant civile que criminelle, fuivant l'exigence des cas, & conformément à la Coutume de la Prévôté & Vicomté de Paris.

IV.

VOULONS que les Jugemens qui feront rendus par leſdits Directeurs, Gouverneur & Conſeillers, au nombre de trois en matiere civile, ou par l'un d'eux en l'abſence ou légitime empêchement des autres, après avoir appellé avec lui un ou deux habitans François capables & de probité pour faire ledit nombre de trois, ſoient cenſés & réputés jugemens en dernier reſſort, & exécutés ſans appel.

V.

LES procès criminels feront inſtruits & jugés définitivement & en dernier reſſort en la forme preſcrite par leſdits Gouverneur & Conſeillers, ou après avoir appellé avec eux le nombre des François capables & de probité ſuffiſant pour former le nombre de cinq.

VI.

VOULONS que tous ceux qui feront ainſi appellés puiſſent être Juges, encore qu'ils ne ſoient gradués, dont nous les avons diſpenſés.

VII.

NOUS commettons & ordonnons le Gouverneur de ladite Iſle de Bourbon, qui préſidera audit Conſeil en l'abſence des Directeurs de ladite Compagnie, pour dans ladite Iſle de Bourbon, & avec les Officiers dudit Conſeil tenir ledit Conſeil ſupérieur, & rendre à nos ſujets & autres qui ſont habitués & qui s'habitueront ci-après à ladite Iſle de Bourbon, & dans les Iſles & comptoirs ci-deſſus exprimés & en dépendans, la Juſtice, tant civile que criminelle, aux pouvoirs & prérogatives ci-deſſus portés.

VIII.

Les Jugemens dudit Conseil seront intitulés de notre nom, & scellés du sceau de nos armes, semblable à celui par nous établi pour sceller les expéditions du Conseil supérieur de Pondichery, qui sera remis à cet effet entre les mains du Gouverneur, que nous avons établi garde & dépositaire, & en son absence le plus ancien dudit Conseil.

IX.

Dispensons le sieur Desforges Boucher, Gouverneur de l'Isle de Bourbon, de prêter en personne serment en tel cas requis & accoutumé, & voulons qu'en son lieu & place il soit prêté par deux Directeurs de ladite Compagnie des Indes, & reçu par notre très-cher & féal Chevalier Garde des Sceaux de France le sieur Fleuriau d'Armenonville.

X.

Commettons le sieur Desforges Boucher pour recevoir le serment desdits Conseillers dudit Conseil, ensemble du Procureur général & Greffier.

XI.

Et de la même autorité que dessus nous avons créé & établi, créons & établissons un Conseil Provincial en ladite Isle de France, pour y rendre la Justice, tant civile que criminelle, sans frais ni épices.

XII.

Le Conseil Provincial sera composé des Directeurs généraux de ladite Compagnie, en cas qu'il s'en trouve dans ladite Isle, du Gouverneur de ladite Isle, de six Conseillers, de notre Procureur, & d'un Greffier, qui seront par nous pourvûs sur la nomination de la Compagnie.

XIII.

Les Jugemens dudit Conseil Provincial seront intitulés

en notre nom, & fcellés du fceau de nos armes, femblable à celui établi pour les expéditions du Confeil de Pondichery, qui fera remis à cet effet entre les mains du Gouverneur, que nous en avons établi garde & dépofitaire, & en fon abfence le plus ancien dudit Confeil.

XIV.

Le Confeil Provincial s'affemblera aux jours & heures qui feront réglés par lefdits Directeurs, Gouverneur & Officiers dudit Confeil, lefquels y rendront en notre nom la Juftice, conformément à nos Ordonnances, & à la Coutume de la Prévôté & Vicomté de Paris.

XV.

Voulons que les Jugemens qui feront rendus par lefdits Directeurs, Gouverneur & Confeillers au nombre de trois en matiere civile, ou par l'un d'eux en l'abfence ou légitime empêchement des autres, après avoir appellé avec lui un ou deux habitans François capables & de probité, pour faire ledit nombre de trois, foient exécutés par provifion en donnant caution, fauf l'appel au Confeil de l'Ifle de Bourbon, nonobftant ledit appel; & à l'égard des procès criminels ils feront inftruits & jugés en la forme ordinaire, fuivant nos Ordonnances, par lefdits Directeurs, Gouverneur & Confeillers, ou par l'un d'eux en l'abfence ou légitime empêchement des autres, après avoir appellé avec eux le nombre de François capables & de probité, fuffifant pour former le nombre de cinq, encore qu'ils ne foient pas gradués, dont nous les difpenfons.

XVI.

Lesdits procès criminels ne pourront être jugés en dernier reffort par ledit Confeil Provincial, contre les naturels François, Créoles & Etrangers libres, mais feulement contre les Efclaves & Négres; & à l'égard defdits François, Créoles & Etrangers libres, ils feront jugés à la charge de l'appel au Confeil fupérieur de l'Ifle de Bourbon.

XVII.

Voulons que le sieur de Nyon, Gouverneur de l'Isle de France, prête serment au Conseil supérieur de l'Isle de Bourbon, ou entre les mains du Commissaire, qui sera député pour le recevoir, & nous commettons ledit sieur de Nyon pour recevoir le serment requis & accoutumé des Conseillers & Officiers dudit Conseil Provincial de l'Isle de France.

XVIII.

Permettons aux Directeurs de notre Compagnie des Indes de révoquer les Conseillers & autres Officiers du Conseil supérieur de l'Isle de Bourbon & du Conseil Provincial de l'Isle de France lorsqu'ils le jugeront à propos, à la charge de nous en présenter d'autres qui seront aussi établis par nous sur leur nomination. Si donnons en mandement à notre très-cher & féal Chevalier Garde des Sceaux de France le sieur Fleuriau d'Armenonville, que ces Présentes il fasse lire, le sceau tenant, & regîtrer ès regîtres de l'Audience de France, pour le contenu en icelles garder & observer selon sa forme & teneur, cessant & faisant cesser tous troubles & empêchemens, nonobstant toutes Ordonnances, Edits, Déclarations, Réglemens & autres choses à ce contraires, auxquels nous avons dérogé & dérogeons par ces Présentes : mandons au Gouverneur de l'Isle de Bourbon, & à tous nos Officiers & Justiciers qu'il appartiendra, de faire lire, publier & regîtrer ces Présentes, & icelles garder & observer ; enjoignons à tous nos sujets, & à ceux qui se sont habitués & s'habitueront dans les Isles de Bourbon & de France, & pays circonvoisins, d'obéir aux Jugemens qui seront rendus par ledit Conseil supérieur de l'Isle de Bourbon, Conseil Provincial de l'Isle de France, & par les Chefs des comptoirs particuliers auxquels nous avons donné par ces Présentes le pouvoir de juger, à peine de désobéissance, & d'être procédé contre eux suivant la rigueur de nos Ordonnances;

car tel est notre plaisir ; & afin que ce soit chose ferme & stable à toujours, nous avons fait mettre notre scel à cesdites Présentes, aux copies desquelles collationnées par l'un de nos amés & féaux Conseillers-Secrétaires du Roi, foi soit ajoutée comme à l'original. DONNE' à Versailles au mois de Novembre l'an de grace mil sept cent vingt-trois, & de notre regne le neuviéme. *Signé* LOUIS. *Et plus bas*, par le Roi PHELYPEAUX. *Visa* FLEURIAU. Vû au Conseil DODUN, & scellé du grand Sceau de cire verte. *Et plus bas est écrit*, Lû, publié à Paris, le Sceau tenant le neuviéme jour de Décembre mil sept cent vingt-trois, à l'Ordonnance de Monseigneur Fleuriau d'Armenonville, Chevalier Garde des Sceaux de France, par nous Conseiller du Roi en ses Conseils, grand Audiencier de France, & registré ès registres de l'Audience de France. *Signé* OGIER, *& Collationné signé* LE NOIR.

ARREST

ARREST
DU CONSEIL D'ÉTAT
DU ROY,

POUR faire remettre dans les magasins de la Compagnie des Indes, sous deux clefs, les Caffés que les particuliers ont déclaré avoir en leur possession au premier Novembre 1723.

Du 30 Novembre 1723.

Extrait des Registres du Conseil d'Etat.

SUR ce qui a été représenté au Roi en son Conseil, que par l'article XII de la Déclaration de Sa Majesté du 10 Octobre dernier, qui regle la maniere dont la Compagnie des Indes fera l'exploitation de la vente exclusive du caffé, il est seulement porté que les Négocians, Marchands, Epiciers, Limonadiers & autres qui auront des caffés en leur possession au premier du présent mois de Novembre, soit que lesdits caffés leur appartiennent ou qu'ils n'en soient que dépositaires ou commissionnaires, & les particuliers qui se trouveront en avoir au-delà de ce qui est nécessaire pour la provision ordinaire de leur maison, eu égard à leur condition, seront tenus dans la quinzaine dudit jour premier Novembre d'en faire leur déclaration aux Bureaux établis par ladite Compagnie des Indes, qui pourra prendre lesdits caffés au prix dont ils conviendront de gré à gré, ou leur donnera les permissions nécessaires pour les transporter à l'Etranger dans le temps de trois mois, à compter de l'expiration de ladite quinzaine, en observant les précautions & sous les peines portées en ladite Déclaration; mais qu'en attendant l'expédition des permissions de la Compagnie des Indes pour faire passer à l'Etranger les caffés que les propriétaires d'iceux désireront y envoyer, il est à craindre qu'ils ne commettent des fraudes en continuant de débiter & vendre leurs caffés déclarés, sauf à les remplacer par d'autres caffés qu'ils auroient moyen d'avoir par différentes voyes, s'il n'y étoit remédié par un moyen qui assure l'intérêt de ladite Compagnie des Indes: sur quoi Sa Majesté voulant faire connoître ses intentions; oüi le rapport du sieur Dodun, Conseiller ordinaire au Conseil Royal, Contrôleur général des Finances, SA MAJESTE' E'TANT EN SON CONSEIL, a ordonné & ordonne que l'article X de sa Déclaration du premier Août 1721, portant réglement pour la Ferme du tabac, sera & demeurera commun pour ce qui concerne l'exploitation de la vente exclusive du caffé; au moyen de quoi les Négocians, Marchands, Epiciers, Limonadiers & autres, qui auront dans la premiere quinzaine du présent mois de Novembre déclaré avoir des caffés en leur possession, soit comme propriétaires, dépositaires ou commissionnaires, & les particuliers qui se trouveront en avoir au-delà de ce qui est nécessaire pour la provision ordinaire de leur maison, eu égard à leur condition, soit qu'ils ayent dessein de les vendre de gré à gré à la Compagnie des Indes, ou de les faire transporter à l'Etranger sur les permissions de ladite Compagnie, seront tenus, après que le recensement en aura été fait sur la déclaration, de les remettre dans les magasins de ladite Compagnie, fermant à deux clefs, dont l'une restera au propriétaire, & l'autre au Bureau général du caffé à Paris, & dans les Provinces és mains du Directeur ou principal Commis de ladite Compagnie, le tout ainsi qu'il est porté par ladite Déclaration concernant la Ferme du tabac, qui à cet égard demeurera commun avec celle donnée pour l'exploitation de la vente exclusive du caffé. FAIT au Conseil d'Etat du Roi, Sa Majesté y étant, tenu à Versailles le trentiéme jour de Novembre mil sept cent vingt-trois.

Signé PHELYPEAUX.

ARREST
DU CONSEIL D'ÉTAT
DU ROY,

QUI ordonne que les Commis & Employés de la Compagnie des Indes pour l'exploitation des Priviléges du Tabac & du Caffé, procéderont aux visites & exécutions au sujet des Toiles peintes & étoffes des Indes, de la Chine & du Levant.

Du 14 Décembre 1723.

Extrait des Regiſtres du Conſeil d'Etat.

LE Roi par son Edit du mois de Juillet 1717 ayant fait défenses à toutes personnes de quelque qualité & condition qu'elles soient, d'introduire dans le Royaume, terres & pays de son obéissance, à main armée, des toiles peintes ou teintes, écorces d'arbres ou étoffes de la Chine, des Indes & du Levant, de soye pure ou de soye & coton, de quelque nature & qualité qu'elles puissent être, même les toiles de coton blanches & mousselines, autres que celles de la Compagnie des Indes, marquées des marques attachées sous le contre-scel dudit Edit, à peine contre les contrevenans d'être condamnés aux galeres à perpétuité, même à plus grande peine s'il y écheoit, outre l'amende qui sera réglée par les Juges : défendu de falsifier, imiter ou contrefaire lesdites marques, à peine de quinze cens livres d'amende & de punition corporelle ; d'introduire lefdites marchandifes avec attroupement de cinq perfonnes & au-deffus, quoique fans armes, à peine d'être condamnés aux galeres pour trois ans, outre l'amende contre ceux qui introduiront pareillement fans attroupement & fans armes lefdites marchandifes dans le Royaume, pays, terres & Seigneuries de fon obéiffance, les diftribueront débiteront ou en favoriferont le commerce par commiffion, par affurance ou autrement, même les ouvriers & ouvrieres qui les employeront, lefquels feront condamnés pour la premiere fois à quinze cens livres d'amende, qui ne pourra être modérée, & en cas de recidive condamnés au carcan pendant trois jours de marché, & les femmes au foüet & à être renfermées pendant trois années ; ayant encore fait défenfes à tous fes fujets de quelque qualité & condition qu'ils foient, de retirer dans leurs maifons avec connoiffance de caufe les voituriers & porteurs defdites marchandifes, ni de donner retraite à icelles, à peine d'être déclarés complices de la fraude, & folidairement tenus de l'amende ; & à l'égard des Marchands tenant boutique ou magafin, chez lefquels on aura trouvé defdites marchandifes, d'être condamnés pour la premiere fois en trois mille livres d'amende, qui ne pourra être modérée, même déchûs de l'état & qualité de Marchands, dont fera fait mention fur le regiftre de leurs Corps, où leur nom fera rayé & biffé, lequel Édit a été confirmé par plufieurs Déclarations, Réglemens & Arrêts rendus en conféquence, & notamment par Edit du mois de Mai 1719, portant réunion des Compagnies des Indes & de la Chine à celle d'Occident ; & par l'Arrêt de fon Confeil du 27 Septembre 1719, qui fait défenfes à toutes perfonnes de porter dedans ou dehors leurs maifons, ou de faire faire aucuns habits, vêtemens ni meubles defdites étoffes & toiles teintes ou peintes, & d'en introduire dans le Royaume, fous les peines y portées, à l'exception de la Compagnie des Indes, qui par l'article IX de l'Edit du mois de Mai 1719, a la faculté de faire venir des pays de fa conceffion toutes fortes d'étoffes de

F fff iij

soye pure, de soye & coton, mêlées d'or & d'argent, & écorces d'arbres, même des toiles de coton teintes, peintes & rayées de couleurs, sous la condition formelle de les vendre & faire sortir pour l'Etranger : & par l'article XIV dudit Arrêt, Sa Majesté ayant maintenu la Compagnie des Indes dans le droit de nommer & établir des Commis en tel nombre & dans les lieux qu'elle jugeroit convenables, pour la visite des maisons, boutiques & lieux prétendus privilégiés, Sa Majesté auroit en même temps jugé nécessaire d'autoriser les Commis & Employés de la Compagnie des Indes pour l'exploitation des priviléges de la vente exclusive du tabac & du caffé, à veiller à l'exécution desdits Edits, Arrêts & Réglemens, afin de ne rien omettre pour reprimer les fraudes & contraventions à iceux, si préjudiciables au bien de l'Etat. Sur quoi Sa Majesté voulant faire connoître ses intentions ; oui le rapport du sieur Dodun, Conseiller ordinaire au Conseil Royal, Contrôleur général des Finances, LE ROI E'TANT EN SON CONSEIL, a ordonné & ordonne que les Edits des mois de Juillet 1717 & Mai 1719, l'Arrêt de son Conseil du 27 Septembre 1719, & autres rendus sur le même fait, seront exécutés selon leur forme & teneur : veut Sa Majesté que les Commis & Employés de la Compagnie des Indes pour l'exploitation des priviléges de la vente exclusive du tabac & du caffé, ayant serment à Justice, puissent procéder aux visites, saisies & contraintes ordonnées par lesdits Edits, Arrêts & Réglemens, en se conformant néanmoins aux formalités & autres dispositions prescrites par iceux, ainsi & de la même maniere que les Commis & Employés des Fermes de Sa Majesté, & sans être obligés de prêter de nouveau serment. Mande & ordonne Sa Majesté que le présent Arrêt soit publié & affiché par-tout où besoin sera : enjoint au sieur Lieutenant général de Police à Paris, & aux sieurs Intendans & Commissaires départis dans les Provinces & Généralités, de tenir la main à l'exécution d'icelui. FAIT au Conseil d'Etat du Roi, Sa Majesté y étant, tenu à Versailles le quatorziéme jour de Décembre mil sept cent vingt-trois. *Signé* PHELYPEAUX.

LOUIS, par la grace de Dieu, Roi de France et de Navarre, Dauphin de Viennois, Comte de Valentinois & Diois, Provence, Forcalquier & terres adjacentes: à nos amés & féaux Conseillers en nos Conseils, les sieurs Lieutenant général de Police de notre bonne Ville, Prevôté & Vicomté de Paris, Intendans & Commissaires départis pour l'exécution de nos ordres dans les Provinces & Généralités de notre Royaume: SALUT. Nous vous mandons & enjoignons par ces Présentes, signées de nous, de tenir chacun en droit soi la main à l'exécution de l'Arrêt ci-attaché sous le contre-scel de notre Chancellerie, ce jourd'hui donné en notre Conseil d'Etat, nous y étant, pour les causes y contenues : commandons au premier notre Huissier ou Sergent sur ce requis, de signifier ledit Arrêt à tous qu'il appartiendra, à ce que personne n'en ignore, & de faire pour son entiere exécution tous actes & exploits nécessaires, sans autre permission, nonobstant clameur de Haro, Charte Normande & Lettres à ce contraires : voulons qu'aux copies dudit Arrêt & des Présentes, collationnées par l'un de nos amés & féaux Conseillers-Secrétaires, foi soit ajoutée comme à l'original ; car tel est notre plaisir. Donné à Versailles le quatorziéme jour de Décembre l'an de grace mil sept cent vingt-trois, & de notre regne le neuviéme. *Signé* LOUIS. *Et plus bas*; par le Roi Dauphin, Comte de Provence, PHELYPEAUX. Et scellé.

Extrait du Regiſtre général des délibérations de la Compagnie des Indes.

Du 15 Décembre 1723.

IL a été réſolu dans la même aſſemblée de donner aux Actionnaires de la Compagnie des Indes cent cinquante livres par chaque action pour le dividende de l'année 1723, lequel dividende leur ſera payé à Bureaux ouverts dans le courant de l'année 1724, en deux payemens égaux, & de ſix en ſix mois, à commencer au 2 Janvier prochain, par ordre de numéro, conformément aux placards qui ſeront affichés audit Hôtel de la Compagnie des Indes.

Il a été pareillement réſolu d'avertir les Actionnaires, que faute par eux de venir recevoir le payement du dividende de leurs actions dans les ſemaines & aux jours d'échéance des numéros de leurs actions, ſuivant les affiches, ils ſupporteront les diminutions, s'il en arrive.

REGLEMENT

REGLEMENT pour le payement des Dividendes des actions & Dixièmes d'actions de la Compagnie des Indes pour l'année 1723.

L'Assemblée d'administration, tenüe le 15 Décembre 1723, ayant délibéré de faire payer les dividendes des actions pour l'année 1723, sur le pied de cent cinquante livres, les Actionnaires sont avertis que le payement en sera ouvert par demi-année, à commencer du 2 Janvier 1724, dans les Bureaux pour ce établis en l'Hôtel de la Compagnie, suivant l'ordre des numero.

SÇAVOIR,
SIX PREMIERS MOIS.
ACTIONS.

Janvier . . . . du N° 1 au N° 8000.
Février . . . . du N° 8001 au N° 16000.
Mars . . . . du N° 16001 au N° 24000.
Avril . . . . du N° 24001 au N° 32000.
Mai . . . . du N° 32001 au N° 40000.
Juin . . . . du N° 40001 au N° 48000.

SIX PREMIERS MOIS.
DIXIÈMES D'ACTIONS.

On payera 3345 Numero par Semaine.

Janvier . . . . du N°   1 au N° 13340.
Février . . . . du N° 13341 au N° 26680.
Mars . . . . du N° 26681 au N° 40020.
Avril . . . . du N° 40021 au N° 53360.
Mai . . . . du N° 53361 au N° 66700.
Juin . . . . du N° 66701 au N° 80000.

SIX DERNIERS MOIS.
ACTIONS.

Juillet . . . . du N°   1 au N° 8000.
Août . . . . du N° 8001 au N° 16000.
Septembre . . . . . . du N° 16001 au N° 24000.
Octobre . . . . du N° 24001 au N° 32000.
Novembre . . . . . . du N° 32001 au N° 40000.
Décembre . . . . . . du N° 40001 au N° 48000.

SIX DERNIERS MOIS.
DIXIÈMES D'ACTIONS.

Juillet . . . . du N° 1 au N° 13340.
Août . . . . du N° 13341 au N° 26680.
Septembre . . . . . du N° 26681 au N° 40020.
Octobre . . . . . . du N° 40021 au N° 53360.
Novembre . . . . . du N° 53361 au N° 66700.
Décembre . . . . . du N° 66701 au N° 80000.

On affichera à l'Hôtel de la Compagnie les numero qui seront payés pendant le courant de chacune semaine.

Les Actionnaires qui négligeront de recevoir leurs dividendes dans le temps qu'ils seront échûs, supporteront les diminutions, en cas qu'il en arrive.

LETTRES PATENTES

EN FORME D'ÉDIT,

CONCERNANT les Esclaves Négres des Isles de Bourbon & de France.

Données au mois de Décembre 1723.

LOUIS, PAR LA GRACE DE DIEU, ROI DE FRANCE ET DE NAVARRE, à tous préfens & à venir : SALUT. Les Directeurs de la Compagnie des Indes nous ayant repréfenté que l'Ifle de Bourbon eſt conſidérablement établie par un grand nombre de ſujets, leſquels ſe ſervent d'eſclaves Négres pour la culture des terres ; que l'Ifle de France, qui eſt proche de ladite Ifle de Bourbon, commence auſſi à s'établir dans le deſſein de faire encore de nouveaux établiſſemens dans les pays circonvoiſins ; nous avons jugé qu'il étoit de notre autorité & de notre juſtice, pour la conſervation de ces Colonies, d'y établir une loi & des regles certaines pour y maintenir la diſcipline de l'Egliſe Catholique, Apoſtolique & Romaine, & pour ordonner de ce qui concerne l'état & la qualité des eſclaves dans leſdites Iſles ; & déſirant y pourvoir, & faire connoître à nos ſujets qui y ſont habitués & qui s'y habitueront à l'avenir, qu'encore qu'ils habitent des climats infiniment éloignés, nous leur ſommes toujours préfens par l'étendue de notre puiffance & par notre application à les fecourir. A CES CAUSES & autres à ce nous mouvans, de l'avis de notre Confeil, & de notre certaine fcience, pleine puiffance & autorité Royale, nous avons dit, ftatué & ordonné, difons, ftatuons & ordonnons, voulons & nous plaît ce qui fuit.

ARTICLE PREMIER.

Tous les efclaves qui feront dans les Ifles de Bourbon & de France & autres établiffemens voifins, feront inftruits dans la Religion Catholique, Apoftolique & Romaine, & baptifés : ordonnons aux habitans qui acheteront des Négres nouvellement arrivés, de les faire inftruire & baptifer dans le temps convenable, à peine d'amende arbitraire ; enjoignons au Confeil établi dans lefdites Ifles, ou Directeur pour ladite Compagnie, d'y tenir exactement la main.

II.

INTERDISONS tous exercices d'autre Religion que de la Catholique, Apoftolique & Romaine : voulons que les contrevenans foient punis comme rebelles & défobéiffans à nos commandemens ; défendons toutes affemblées pour cet effet, lefquelles nous déclarons conventicules, illicites & féditieufes, fujettes à la même peine, qui aura lieu même contre les maîtres qui les permettront ou fouffriront à l'égard de leurs efclaves.

III.

NE feront prépofés aucuns commandeurs à la direction des Négres, qu'ils ne faffent profeffion de la Religion Catholique, Apoftolique & Romaine, à peine de confifcation contre les maîtres qui les auront prépofés, & de punition arbitraire contre les commandeurs qui auront accepté ladite direction.

IV.

ENJOIGNONS à tous nos fujets, de quelque qualité & condition qu'ils foient, d'obferver les jours de Dimanches

& Fêtes ; leur défendons de travailler ni de faire travailler leurs esclaves auxdits jours, depuis l'heure de minuit jusqu'à l'autre minuit, à la culture de la terre & à tous autres ouvrages, à peine d'amende & de punition arbitraire contre les maîtres, & de confiscation des esclaves qui seront surpris par nos Officiers dans le travail : pourront néanmoins envoyer leurs esclaves aux marchés.

V.

DÉFENDONS à nos sujets blancs de l'un & de l'autre sexe de contracter mariage avec les noirs, à peine de punition & d'amende arbitraire, & à tous Curés, Prêtres ou Missionnaires seculiers ou reguliers, & même aux Aumôniers des Vaisseaux, de les marier : défendons aussi à nosdits sujets blancs, même aux noirs affranchis ou nés libres, de vivre en concubinage avec des esclaves : voulons que ceux qui auront eu un ou plusieurs enfans d'une pareille conjonction, ensemble les maîtres qui les auront souffertes, soient condamnés chacun à une amende de trois cens livres, & s'ils sont maîtres de l'esclave de laquelle ils auront eu lesdits enfans, voulons qu'outre l'amende ils soient privés tant de l'esclave que des enfans, & qu'ils soient adjugés à l'Hôpital des lieux, sans pouvoir jamais être affranchis : n'entendons toutefois le présent article avoir lieu lorsque l'homme noir affranchi ou libre qui n'étoit pas marié durant son concubinage avec son esclave, épousera dans les formes prescrites par l'Eglise ladite esclave, qui sera affranchie par ce moyen, & les enfans rendus libres & légitimes.

VI.

LES solemnités prescrites par l'Ordonnance de Blois & par la Déclaration de 1639 pour les mariages, seront observées, tant à l'égard des personnes libres que des esclaves, sans néanmoins que le consentement du pere & de la mere de l'esclave y soit nécessaire ; mais celui du maître seulement.

VII.

Défendons très-expressément aux Curés de procéder au mariage des esclaves, s'ils ne font apparoir le consentement de leurs maîtres ; défendons aussi aux maîtres d'user d'aucune contrainte sur leurs esclaves pour les marier contre leur gré.

VIII.

Les enfans qui naîtront des mariages entre les esclaves, seront esclaves, & appartiendront aux maîtres des femmes esclaves, & non à ceux de leurs maris, si les maris & les femmes ont des maîtres différens.

IX.

Voulons que si le mari esclave a épousé une femme libre, les enfans, tant mâles que filles, suivant la condition de leur mere, soient libres comme elle, nonobstant la servitude de leur pere, & que si le pere est libre & la mere esclave, les enfans soient esclaves pareillement.

X.

Les maîtres sont tenus de faire enterrer en terre sainte, dans les cimetieres destinés à cet effet, leurs esclaves baptisés ; & à l'égard de ceux qui mourront sans avoir reçû le baptême, ils seront enterrés la nuit dans quelque champ voisin du lieu où ils seront décédés.

XI.

Défendons aux esclaves de porter aucunes armes défensives ni de gros bâtons, à peine du fouet & de confiscation des armes au profit de celui qui les en trouvera saisis, à l'exception seulement de ceux qui seront envoyés à la chasse par leurs maîtres, ou qui seront porteurs de leurs billets, ou marques connues.

XII.

Défendons pareillement aux esclaves appartenans à différens maîtres de s'attrouper le jour ou la nuit, sous prétexte de nôces ou autrement, soit chez l'un de leurs maîtres ou ailleurs, & encore moins dans les grands chemins ou lieux écartés, à peine de punition corporelle, qui ne pourra être moindre que du fouet & de la fleur de lys, & en cas de fréquentes récidives & autres circonstances aggravantes, pourront être punis de mort, ce que nous laissons à l'arbitrage des Juges: enjoignons à tous nos sujets de courre sus aux contrevenans, & de les arrêter & conduire en prison, bien qu'ils ne soient Officiers & qu'il n'y ait encore contre lesdits contrevenans aucun decret.

XIII.

Les maîtres qui seront convaincus d'avoir permis & toleré de pareilles assemblées, composées d'autres esclaves que de ceux qui leur appartiennent, seront condamnés en leur propre & privé nom de réparer tout le dommage qui auroit été fait à leurs voisins à l'occasion desdites assemblées, & en dix piastres d'amende pour la premiere fois, & au double au cas de récidive.

XIV.

Defendons aux esclaves d'exposer en vente au marché ni de porter dans les maisons particulieres pour vendre aucunes sortes de denrées, même des fruits, légumes, bois à brûler, herbes ou fourages pour la nourriture des bestiaux, ni aucune espéce de grains ou autres marchandises, sans permission expresse de leurs maîtres par un billet ou par des marques connues, à peine de revendication des choses ainsi vendues, sans restitution du prix par les maîtres, & de six livres d'amende à leur profit contre les acheteurs.

XV.

Voulons à cet effet que deux personnes soient préposées dans chaque marché par les Officiers desdits Conseils, chacun dans leur district, ou par les Directeurs pour ladite Compagnie, pour examiner les denrées & marchandises qui y feront apportées par les esclaves, ensemble les billets ou marques de leurs maîtres dont ils feront porteurs.

XVI.

Permettons à tous nos sujets habitans desdits pays de se saisir de toutes les choses dont ils trouveront les esclaves chargés, lorsqu'ils n'auront pas de billets de leurs maîtres ni de marques connues, pour être rendues incessamment à leurs maîtres, si leur habitation est voisine du lieu où les esclaves auront été surpris en délit, sinon elles seront incessamment envoyées au magasin de la Compagnie le plus proche, pour y être en dépôt jusqu'à ce que les maîtres en ayent été avertis.

XVII.

Voulons que les Officiers desdits Conseils supérieurs, chacun en ce qui les concerne, ou les Directeurs pour ladite Compagnie, nous envoyent leurs avis sur la quantité de vivres & la qualité de l'habillement qu'il convient que les maîtres fournissent à leurs esclaves, lesquels vivres doivent leur être fournis par chacune semaine, & l'habillement par chacune année, pour y être statué par nous, & cependant permettons auxdits Officiers ou Directeurs de régler par provision lesdits vivres & ledit habillement; défendons aux maîtres desdits esclaves de donner aucune sorte d'eau-de-vie ou guildive pour tenir lieu de ladite subsistance & habillement.

XVIII.

Leur défendons pareillement de se charger de la nourriture & subsistance de leurs esclaves, en leur permettant de travailler certain jour de la semaine pour leur compte particulier.

XIX.

Les esclaves qui ne seront point nourris, vêtus & entretenus par leurs maîtres, pourront en donner avis au Procureur général desdits Conseils, Procureur pour nous, &

mettre leurs mémoires entre ses mains, sur lesquels, & même d'office, si les avis viennent d'ailleurs, les maîtres seront poursuivis à sa requête & sans frais; ce que nous voulons être observé pour les crimes & pour les traitemens barbares & inhumains des maîtres envers leurs esclaves.

XX.

Les esclaves infirmes par vieillesse, maladie ou autrement, soit que la maladie soit incurable ou non, seront nourris & entretenus par leurs maîtres, & en cas qu'ils les eussent abandonnés, lesdits esclaves seront adjugés à l'Hôpital le plus proche, auquel les maîtres seront condamnés de payer quatre sols par chacun jour pour la nourriture & entretien de chacun esclave, pour le payement de laquelle somme ledit Hôpital aura privilége sur les habitations des maîtres, en quelques mains qu'elles passent.

XXI.

Declarons les esclaves ne pouvoir rien avoir qui ne soit à leurs maîtres, & tout ce qui leur vient par leur industrie, ou par la libéralité d'autres personnes ou autrement, à quelque titre que ce soit, être acquis en pleine propriété à leurs maîtres, sans que les enfans des esclaves, leur pere & mere, leurs parens & tous autres libres ou esclaves, y puissent rien prétendre par successions, dispositions entre vifs ou à cause de mort, lesquelles déclarations nous déclarons nulles, ensemble toutes les promesses & obligations qu'ils auroient faites, comme étant faites par gens incapables de disposer & contracter de leur chef.

XXII.

Voulons néanmoins que les maîtres soient tenus de ce que leurs esclaves auront fait par leur commandement, ensemble de ce qu'ils auront géré & négocié dans les boutiques & pour l'espéce particuliere de commerce à laquelle leurs maîtres les auront préposés, & encore que leurs maîtres n'ayent donné aucun ordre & ne les ayent pas prépofé, ils feront tenus seulement jusqu'à concurrence de ce qui aura tourné à leur profit, & si rien n'a tourné au profit des maîtres, le pécule desdits esclaves que les maîtres leur auront permis d'avoir en sera tenu, après que les maîtres en auront déduit par préférence ce qui pourra leur être dû, sinon que le pécule consistât en tout ou partie en marchandises dont les esclaves auroient permission de faire trafic à part, sur lesquels leurs maîtres viendront seulement par contribution au sol la livre avec les autres créanciers.

XXIII.

Ne pourront les esclaves être pourvûs d'offices ni de commissions ayant quelque fonction publique, ni être constitués agens par autres que par leurs maîtres pour gérer & administrer aucun négoce, ni être arbitres ou experts : ne pourront aussi être témoins, tant en matiere civile que criminelle, à moins qu'ils ne soient témoins nécessaires, & seulement à défaut de blancs ; mais dans aucuns cas ils ne pourront servir de témoins pour ou contre leurs maîtres.

XXIV.

Ne pourront aussi les esclaves être partie ni tester en jugement en matiere civile, tant en demandant qu'en défendant, ni être parties civiles en matieres criminelles, sauf à leurs maîtres d'agir & défendre en matiere civile, & de poursuivre en matiere criminelle la réparation des outrages & excès qui auront été commis contre leurs esclaves.

XXV.

Pourront les esclaves être poursuivis criminellement, sans qu'il soit besoin de rendre leurs maîtres parties, si ce n'est en cas de complicité ; & feront les esclaves accusés jugés en premiere instance par les Juges ordinaires, s'il y en a, & par appel au Conseil, sur la même instruction & avec les mêmes formalités que les personnes libres.

XXVI.

L'ESCLAVE qui aura frappé son maître, sa maîtresse, le mari de sa maîtresse, ou leurs enfans avec contusion & effusion de sang, ou au visage, sera puni de mort.

XXVII.

ET quant aux excès & voyes de fait qui seront commis par les esclaves contre les personnes libres, voulons qu'ils soient séverement punis, même de mort, s'il y écheoit.

XXVIII.

LES vols qualifiés, même ceux de chevaux, cavales, mulets, bœufs ou vaches qui auront été faits par les esclaves ou par les affranchis, seront punis de peine afflictive, même de mort, si le cas le requiert.

XXIX.

LES vols de moutons, chevres, cochons, volailles, grains, fourages, pois, féves & autres légumes & denrées, faits par les esclaves, seront punis selon la qualité du vol par les Juges, qui pourront, si le cas y écheoit, les condamner d'être battus de verges par l'Exécuteur de la haute Justice, & marqués d'une fleur de lys.

XXX.

SERONT tenus les maîtres en cas de vol ou d'autre dommage causé par leurs esclaves, outre la peine corporelle des esclaves, de réparer le tort en leur nom, s'ils n'aiment mieux abandonner l'esclave à celui à qui le tort aura été fait, ce qu'ils seront tenus d'opter dans trois jours, à compter de celui de la condamnation, autrement ils en seront déchûs.

XXXI.

L'ESCLAVE fugitif qui aura été en fuite pendant un mois à compter du jour que son maître l'aura dénoncé à Justice, aura les oreilles coupées & sera marqué d'une fleur de lys fur une épaule ; & s'il récidive pendant un autre mois, à compter pareillement du jour de la dénonciation, il aura le jarret coupé, & il fera marqué d'une fleur de lys fur l'autre épaule, & la troifiéme fois il fera puni de mort.

XXXII.

Voulons que les esclaves qui auront encouru la peine du fouet, de la fleur de lys & des oreilles coupées, foient jugés en dernier reffort par les Juges ordinaires, & exécutés fans qu'il foit néceffaire que tels jugemens foient confirmés par le Confeil fupérieur, nonobftant le contenu en l'article XXV des Préfentes, qui n'aura lieu que pour les jugemens portant condamnation de mort ou de jarret coupé.

XXXIII.

Les affranchis ou Négres libres qui auront donné retraite dans leurs maifons aux efclaves fugitifs, feront condamnés par corps envers le maître en une amende de dix piaftres pour chacun jour de rétention, & les autres perfonnes libres qui leur auront donné pareillement retraite, en trois piaftres d'amende auffi par chacun jour de rétention ; & faute par lefdits Négres affranchis ou libres de pouvoir payer l'amende, ils feront réduits à la condition d'efclaves & vendus, & fi le prix de la vente paffe l'amende, le furplus fera délivré à l'Hôpital.

XXXIV.

Permettons à nos fujets dudit pays qui auront des efclaves fugitifs en quelque lieu que ce foit, d'en faire faire la recherche par telles perfonnes & à telles conditions qu'ils jugeront à propos, ou de la faire eux-mêmes ainfi que bon leur femblera.

XXXV.

L'esclave condamné à mort fur la dénonciation de fon maître, lequel ne fera point complice du crime, fera eftimé avant l'exécution par deux des principaux habitans, qui seront nommés d'office par le Juge, & le prix de l'estimation en sera payé, pour à quoi satisfaire il sera imposé par les Conseils chacun dans leur ressort, ou par les Directeurs pour ladite Compagnie, sur chaque tête de Négre la somme portée par l'estimation, laquelle sera réglée sur chacun desdits Négres, & levée par ceux qui seront nommés à cet effet.

XXXVI.

Défendons à tous Officiers des Conseils & autres Officiers de Justice établis auxdits pays, de prendre aucune taxe dans les procès criminels contre les esclaves, à peine de concussion.

XXXVII.

Défendons aussi à tous nos sujets desdits pays, de quelque qualité & condition qu'ils soient, de donner ou faire donner de leur autorité privée la question ou torture à leurs esclaves, sous quelque prétexte que ce soit, ni de leur faire ou faire faire aucune mutilation de membre, à peine de confiscation des esclaves & d'être procédé contre eux extraordinairement ; leur permettons seulement, lorsqu'ils croiront que leurs esclaves l'auront merité, de les faire enchaîner & battre de verges ou cordes.

XXXVIII.

Enjoignons aux Officiers de Justice établis dans lesdits pays de procéder criminellement contre les maîtres & les commandeurs qui auront tué leurs esclaves ou leur auront mutilé les membres étant sous leur puissance ou sous leur direction, & de punir les maîtres selon l'atrocité des circonstances ; & en cas qu'il y ait lieu à l'absolution, leur permettons de renvoyer tant les maîtres que les commandeurs absous, sans qu'ils ayent besoin de nos Lettres de grace.

XXXIX.

Voulons que les esclaves soient réputés meubles, &

comme tels qu'ils entrent dans la communauté ; qu'il n'y ait point de suite par hypothéque sur eux ; qu'ils se partagent également entre les cohéritiers, sans préciput & droit d'aînesse, & qu'ils ne soient sujets au douaire coutumier, au retrait lignager & féodal, aux droits féodaux & Seigneuriaux, aux formalités des decrets ni au retranchement des quatre quints, en cas de disposition à cause de mort ou testamentaire.

X L.

N'ENTENDONS toutefois priver nos sujets de la faculté de les stipuler propres à leurs personnes & aux leurs de leur côté & ligne, ainsi qu'il se pratique pour les sommes de deniers & autres choses mobiliaires.

X L I.

LES formalités prescrites par nos Ordonnances & par la Coutume de Paris pour les saisies des choses mobiliaires, seront observées dans les saisies des esclaves : voulons que les deniers en provenans soient distribués par ordre des saisies, & en cas de déconfiture au sol la livre, après que les dettes privilégiées auront été payées, & généralement que la condition des esclaves soit réglée en toute affaire comme celle des autres choses mobiliaires.

X L I I.

VOULONS néanmoins que le mari, sa femme & les enfans impuberes ne puissent être saisis & vendus séparément, s'ils sont tous sous la puissance d'un même maître : déclarons nulles les saisies & ventes séparées qui pourroient en être faites, ce que nous voulons aussi avoir lieu dans les ventes volontaires, à peine contre ceux qui feront lesdites ventes d'être privés de celui ou de ceux qu'ils auront gardé, qui seront adjugés aux acquéreurs, sans qu'ils soient tenus de faire aucun supplément de prix.

X L I I I.

VOULONS que les esclaves âgés de quatorze ans & au-dessus jusqu'à soixante ans, attachés à des fonds & habitations & y travaillant actuellement, ne puissent être saisis pour autres dettes que pour ce qui sera dû du prix de leur achat, à moins que lesdits fonds & habitations fussent saisis réellement, auquel cas nous enjoignons de les comprendre dans la saisie réelle, & défendons, à peine de nullité, d'y procéder par saisie réelle & adjudication par decret sur des fonds ou habitations sans y comprendre les esclaves de l'âge susdit y travaillant actuellement.

XLIV.

Le fermier judiciaire des fonds & habitations saisis réellement, conjointement avec les esclaves, sera tenu de payer le prix de son bail, sans qu'il puisse compter parmi les fruits qu'il perçoit les enfans qui sont nés des esclaves pendant sondit bail.

XLV.

Voulons nonobstant toutes conventions contraires, que nous déclarons nulles, que lesdits enfans appartiennent à la partie saisie, si les créanciers sont satisfaits d'ailleurs, ou à l'adjudicataire s'il intervient un decret ; & à cet effet il sera fait mention dans la derniere affiche de l'interposition dudit decret des enfans nés des esclaves depuis la saisie réelle, comme aussi des esclaves décédés depuis la saisie réelle dans laquelle ils étoient compris.

XLVI.

Pour éviter aux frais & aux longueurs des procédures, voulons que la distribution du prix entier de l'adjudication conjointe des fonds & des esclaves, & de ce qui proviendra du prix des baux judiciaires, soit faite entre les créanciers selon l'ordre de leurs priviléges & hypothéques, sans distinguer ce qui est pour le prix des esclaves, & néanmoins les droits féodaux & Seigneuriaux ne seront payés qu'à proportion des fonds.

XLVII.

XLVII.

Ne seront reçûs les lignagers & les Seigneurs féodaux à retirer les fonds décretés, licités ou vendus volontairement, s'ils ne retirent aussi les esclaves vendus conjointement avec les fonds où ils travailloient actuellement, ni l'adjudicataire ou l'acquéreur à retenir les esclaves sans les fonds.

XLVIII.

Enjoignons aux gardiens nobles & bourgeois, usufruitiers, amodiateurs & autres joüissant des fonds auxquels sont attachés des esclaves qui y travaillent, de gouverner lesdits esclaves en bons peres de famille; au moyen de quoi ils ne seront pas tenus après leur administration finie de rendre le prix de ceux qui seront décédés ou diminués par maladie, vieillesse ou autrement sans leur faute, & aussi ils ne pourront pas retenir comme fruits à leurs profits les enfans nés desdits esclaves durant leur administration, lesquels nous voulons être conservés & rendus à ceux qui en sont les maîtres & les propriétaires.

XLIX.

Les maîtres âgés de vingt-cinq ans pourront affranchir leurs esclaves par tous actes entre vifs ou à cause de mort; & cependant comme il se peut trouver des maîtres assez mercenaires pour mettre la liberté de leurs esclaves à prix, ce qui porte lesdits esclaves au vol & au brigandage, défendons à toutes personnes de quelque qualité & condition qu'elles soient, d'affranchir leurs esclaves sans en avoir obtenu la permission par écrit du Conseil supérieur ou Provincial de l'Isle où ils résideront, laquelle permission sera accordée sans frais, lorsque les motifs qui auront été exposés par les maîtres paroîtront légitimes: voulons que les affranchissemens qui seront faits à l'avenir sans ces permissions soient nuls, & que les affranchis n'en puissent joüir ni être reconnus pour tels; ordonnons au contraire qu'ils soient tenus, censés & réputés esclaves, que les maîtres en soient privés & qu'ils soient confisqués au profit de la Compagnie des Indes.

L.

Voulons néanmoins que les esclaves qui auront été nommés par leurs maîtres tuteurs de leurs enfans, soient tenus & réputés comme nous les tenons & réputons pour affranchis.

L I.

Declarons les affranchissemens faits dans les formes ci-devant prescrites, tenir lieu de naissance dans nosdits pays, & les affranchis n'avoir besoin de nos Lettres de naturalité pour joüir des avantages de nos sujets naturels dans notre Royaume, terres & pays de notre obéissance, encore qu'ils soient nés dans les pays étrangers : déclarons cependant les affranchis, ensemble le Négre libre, incapables de recevoir des blancs aucune donation entre vifs à cause de mort ou autrement ; voulons qu'en cas qu'il leur en soit fait aucune, elle demeure nulle à leur égard, & soit appliquée au profit de l'Hôpital le plus prochain.

L I I.

Commandons aux affranchis de porter un respect singulier à leurs anciens maîtres, à leurs veuves & à leurs enfans, en sorte que l'injure qu'ils leur auront faite soit punie plus grièvement que si elle étoit faite à une autre personne ; les déclarons toutefois & francs & quittes envers eux de toutes autres charges, services & droits utiles que leurs anciens maîtres voudroient prendre, tant sur leurs personnes que sur leurs biens & successions en qualité de patrons.

L I I I.

Octroyons aux affranchis les mêmes droits, priviléges & immunités dont joüissent les personnes nées libres : voulons que le mérite d'une liberté acquise produise en eux, tant pour leurs perfonnes que pour leurs biens, les mêmes effets que le bonheur de la liberté naturelle caufe à nos autres fujets, le tout cependant aux exceptions portées par l'article LI des Préfentes.

LIV.

DECLARONS les confifcations & les amendes qui n'ont pas de deftination particuliere par ces Préfentes, appartenir à ladite Compagnie des Indes, pour être payées à ceux qui font prépofés à la recette de fes droits & revenus : voulons néanmoins que diftraction foit faite du tiers defdites confifcations & amendes au profit de l'Hôpital du lieu le plus proche où elles auront été adjugées. Si donnons en mandement à nos amés & féaux les gens tenant nos Confeils fupérieur de l'Ifle de Bourbon & Provincial de l'Ifle de France, que ces Préfentes ils ayent à faire lire, publier & regiftrer, & le contenu en icelles garder & obferver felon leur forme & teneur, nonobftant tous Edits, Déclarations, Arrêts, Réglemens & ufages à ce contraires, auxquels nous avons dérogé & dérogeons par cefdites Préfentes; car tel eft notre plaifir. Et afin que ce foit chofe ferme & ftable à toujours, nous y avons fait mettre notre fcel. DONNÉ à Verfailles au mois de Décembre l'an de grace mil fept cent vingt-trois, & de notre regne le neuviéme. *Signé* LOUIS. *Et plus bas*; par le Roi, PHELYPEAUX. *Vifa*, FLEURIAU. *Et au-deffous :* Vû au Confeil, DODUN.

MÉMOIRE
INSTRUCTIF,

Pour la vérification des Bulletins de la Compagnie des Indes.

Comme les blotteaux avec lesquels on imprime les bulletins de la Compagnie, sont tous fondus dans la même matrice, & que toutes les lettres qui y sont répétées, y ont été frappées avec un même poinçon ; il en résulte trois choses également certaines, & également sûres pour la vérification des bulletins qui seront argués ou soupçonnés de faux.

La premiere, qu'il est absolument impossible qu'il se trouve jamais aucune difformité ni aucune différence entre les lettres qui en forment les légendes, ni par rapport à la figure, c'est-à-dire, à la hauteur & à la largeur du corps de la lettre, ni par rapport au goût & à l'air particulier des caracteres.

La seconde, que comme toutes les lettres qui composent les mots des légendes, ne peuvent pas manquer de venir toujours dans le même arrangement, puisqu'elles sortent toutes d'une même matrice, il est impossible qu'il s'y puisse jamais trouver aucune différence dans l'approchement des lettres, dans leur hauteur en ligne, ni dans leur pente & inclinaison les unes à l'égard des autres, & par conséquent les mêmes mots & les mêmes syllabes doivent avoir dans tous les bulletins une même étendue, & contenir le même espace, & cela dans la précision la plus exacte & la plus géométrique.

La troisiéme, qu'en appliquant une régle ou un fil, d'un point de la légende circulaire qui est tout autour du bulletin, à un point opposé de la même légende, cette régle ou ce fil doivent nécessairement dans tous les bulletins couper les mêmes lettres de la légende droite qui en remplit le milieu, & précisément aux mêmes endroits, sans qu'il puisse jamais s'y rencontrer aucune différence sensible.

De ces trois observations naissent trois sortes de vérifications, lesquelles on pourra quelquefois joindre ensemble pour une plus grande certitude & une plus grande évidence.

La premiere se fait par la seule inspection de la figure de la largeur, de la hauteur, de la pente & de l'air des caracteres.

La seconde consiste à mesurer exactement avec précision la longueur & l'étendue des mots entiers & de leurs syllabes.

La troisiéme enfin est de poser une régle en plusieurs sens, qui tende d'un point de la légende circulaire à un autre point opposé de la même légende, & d'observer attentivement quelles lettres se trouveront coupées par cette régle dans les mots de la légende droite qui remplit le milieu du bulletin.

PREMIERE MANIERE.

Pour peu qu'un Expert ait l'œil juste, & qu'il ait de goût pour sentir la différence du dessein & de l'air des caracteres, à la seule inspection des bulletins faux confrontés attentivement aux bulletins véritables qui lui seront remis pour piéces de comparaison, il en appercevra aisément la différence, & reconnoîtra que les caracteres faux n'auront point le même goût ni les mêmes proportions ; & surtout que les caracteres italiques ou penchés qu'on aura voulu imiter, n'auront point le même air de liberté, ni une certaine pente juste & gracieuse qui les distingue de tous les autres caracteres ; que les contrefaits se trouveront ordinairement plus écrasés & d'un goût plus pesant : car quelques efforts & quelque dépense que les Etrangers ayent fait pour imiter ces caracteres, ils n'ont pu approcher de leur perfection, ni rien faire dans leur goût. L'Expert observera ensuite chaque lettre en particulier, & la confrontera aux mêmes lettres des bulletins véritables ; & il sera bien difficile, pour ne pas dire impossible, qu'il ne trouve en plusieurs des différences sensibles & capables seules d'en faire décider la fausseté.

DEUXIEME MANIERE.

Lorsque la premiere sorte de vérification ne paroîtra pas suffisante aux Experts pour établir leur jugement, ils passeront à la seconde, qui sera de mesurer avec un bon compas, & qui ait les pointes très-fines, l'étendue des mots & des syllabes ; en quoi il faut observer qu'il ne faut pas toujours s'attacher à mesurer les mots entiers, parce que les faussaires peuvent avoir cette attention, & rendre les mots parfaitement égaux en plaçant d'abord la premiere & la derniere lettre du mot, & plaçant ensuite les autres lettres entre deux du mieux qu'ils peuvent, ainsi il sera plus sûr de mesurer l'étendue de la moitié ou d'une autre partie d'un mot jusqu'à la moitié, ou quelqu'autre partie du mot suivant ; en répétant cette opération en plusieurs endroits, tant dans la légende circulaire que dans la légende droite, il sera impossible, si le bulletin est faux, que les Experts n'y trouvent pas plusieurs différences sensibles. Par exemple, les Experts observeront que dans les bulletins de la Compagnie, la premiere & la seconde syllabe du mot *BLAN.CHES* contiennent un espace égal, en prenant la mesure de la derniere syllabe *CHES* depuis la panse antérieure du *C* jusqu'à la panse extérieure de l'*S* ; pareillement le mot d'*ARREST* pris depuis le milieu du montant du *T* jusqu'au jambage antérieur de l'*A* pris à sa traverse, est égal au mot d'*AVRIL* pris depuis l'empatement extérieur de l'*L* jusqu'à l'empatement antérieur de l'*A* : il n'est pas possible que des mesures si délicates, & des égalités si précises & si parfaites se puissent rencontrer dans des bulletins contrefaits.

TROISIÈME MANIERE.

Enfin, si les deux précédentes manieres ne donnent pas une parfaite évidence de la fausseté, les Experts passeront à la troisiéme, qui consiste à appliquer un fil ou une régle bien droite, qui tende de différens points de la légende circulaire à d'autres points opposés de la même légende, soit qu'ils soient opposés diamétralement ou autrement, & à observer attentivement quelles lettres ce fil ou cette régle couperont dans la légende du milieu, & en quel endroit précisément ces lettres seront coupées : par exemple, une régle que l'on posera de maniere qu'elle suive le montant de l'*E* du mot *DE* de la légende circulaire, & qu'elle soit tangente au côté postérieur de l'*O* du mot de *mousseline* de la même légende, touchera les deux panses antérieures du 8, & les cachera même un peu, coupera en deux l'*U* du mot *marquées*, & laissera voir la panse du *D* de 1711. Tous ces rapports sont si précis & si délicats, qu'il est absolument impossible qu'ils se puissent rencontrer dans les bulletins contrefaits, quelque attention que les faussaires y puissent apporter ; ainsi en répétant cette opération en différens endroits, il en résultera nécessairement l'évidence de la fausseté ou de la vérité du bulletin.

Les Experts pourront observer comme points secrets quelques légeres irrégularités qui se trouvent dans les bulletins de la Compagnie ; la premiere que le *T* du mot *ET* est placé un peu trop bas par rapport à l'*E* ; la seconde que le deuxiéme *T* du mot *COTTON* est placé un peu plus bas que le premier, & qu'il est un peu trop penché en devant : tous les bulletins où ces deux petites irrégularités ne se trouveront pas, seront certainement faux.

PLOMBS.

Pour la vérification des Plombs, il faut pratiquer les mêmes opérations ; il faut outre cela compter exactement les points du Grenetis des deux faces, rarement s'en trouve-t-il le même nombre dans les Plombs faux : il faut aussi obferver fi ces points répondent dans le même ordre, & dans le même nombre au-deffus de chaque lettre ; enfin il faut mefurer la hauteur de la verge de l'ancre, la longueur de fa croifée ou traverfe, & la diftance d'une de fes pattes à l'autre ; faire la même chofe à l'égard de la fleur-de-lys, & bien remarquer que la fleur-de-lys des Plombs de la Compagnie eft en relief & à côté, ce que l'on obferve ici, parce que jufqu'à préfent on a toujours remarqué que les fleurs-de-lys des faux Plombs fe font trouvées unies & plattes.

ARREST

ARREST
DU CONSEIL D'ÉTAT
DU ROY.

QUI ordonne que tous Adjudicataires de marchandises prohibées, provenant des ventes de la Compagnie des Indes, seront tenus de faire viser par l'Inspecteur des manufactures étrangeres établi à Nantes, les acquits à caution qui leur auront été expédiés aux Bureaux des Fermes pour la sortie desdites marchandises hors du Royaume, avant qu'elles puissent être embarquées, & les certificats de décharge dans les pays étrangers.

Du 4 Janvier 1724.

Extrait des Regiſtres du Conſeil d'Etat.

SUR ce qui a été repréſenté au Roi étant en ſon Conſeil, que pour aſſûrer la ſortie hors du Royaume des marchandiſes prohibées provenant des ventes de la Compagnie des Indes, l'Inſpecteur des manufactures étrangeres établi à Nantes, a tenu juſqu'à ce jour un regiſtre exact de celles qui ſont ſorties, & a pris de pluſieurs marchands des ſoumiſſions de lui en repréſenter les certificats de décharge dans les pays étrangers, au pied des acquits à caution, qui leur en ont été expédiés par les Commis du Bureau des Fermes : mais comme il y en a d'autres qui refusent de faire ces soumissions, & que dans le nombre de ceux qui les ont faites, il s'en trouve qui négligent de rapporter lesdites décharges dans les tems prescrits, conformément à l'Arrêt du 18 Mai 1720 ; à quoi étant nécessaire de pourvoir ; oui le rapport du sieur Dodun, Conseiller ordinaire au Conseil Royal, Contrôleur général des Finances, LE ROI E'TANT EN SON CONSEIL, a ordonné & ordonne que tous Adjudicataires des marchandises prohibées provenant des ventes de la Compagnie des Indes, seront tenus de faire viser par l'Inspecteur des manufactures étrangeres établi à Nantes, les acquits à caution qui leur auront été expédiés aux Bureaux des Fermes pour la sortie desdites marchandises hors du Royaume, avant qu'elles puissent être embarquées ; que les certificats de décharge dans les pays étrangers, lui seront représentés pour être par lui visés, & qu'il lui en sera fourni copies signées desdits Adjudicataires, avant qu'ils puissent être admis ni reçus aux Bureaux des Fermes ; & que faute par lesdits Adjudicataires de rapporter lesdits certificats de décharge dans les tems prescrits, ledit Inspecteur remettra des états de ceux qui se trouveront en retard, aux Bureaux des Fermes, pour être poursuivis à la diligence de Charles Cordier, chargé de la régie des Fermes du Roi, conformément à l'article II du titre VI de l'Ordonnance de 1687 : ordonne en outre Sa Majesté que les Arrêts des 18 Mai 1720, & 13 Mars 1722, seront exécutés selon leur forme & teneur : enjoint au sieur de Brou, Conseiller d'Etat & Intendant en la Province de Bretagne, de tenir la main à l'exécution du présent Arrêt, qui sera lû, publié & affiché par-tout où besoin sera, à ce que que personne n'en ignore. FAIT au Conseil d'Etat du Roi, Sa Majesté y étant, tenu à Versailles le quatriéme jour de Janvier mil sept cent vingt-quatre. Signé PHELYPEAUX.

LOUIS, PAR LA GRACE DE DIEU, ROI DE FRANCE ET DE NAVARRE, à notre amé & féal Conseiller en notre Conseil d'Etat le sieur de Brou, Commissaire départi pour l'exécution de nos ordres en la Province de Bretagne : SALUT. Nous vous mandons & enjoignons par ces Présentes signées de nous, de tenir la main à l'exécution de l'Arrêt ci-attaché sous le contre-scel de notre Chancellerie, ce jourd'hui donné en notre Conseil d'Etat, nous y étant, pour les causes y contenues : commandons au premier notre Huissier ou Sergent sur ce requis de signifier ledit Arrêt à tous qu'il appartiendra, à ce que personne n'en ignore, & de faire pour son entiere exécution tous actes & exploits nécessaires, sans autre permission ; car tel est notre plaisir. DONNÉ à Versailles le quatriéme jour de Janvier, l'an de grace mil sept cent vingt-quatre, & de notre regne le neuviéme. *Signé* LOUIS. *Et plus bas* ; par le Roi, *signé* PHELYPEAUX. Et scellé du grand Sceau de cire jaune.

EXTRAIT DU REGISTRE
général des délibérations de la Compagnie des Indes, concernant la Loterie.

Du 19 Janvier 1724.

CE jourd'hui dix-neuviéme Janvier 1724, en l'assemblée générale d'administration, après lecture faite de l'analyse d'un plan général pour l'avantage & l'utilité de la Compagnie des Indes, & de cinq projets particuliers faits en conséquence.

Le premier projet concernant l'établissement dans toute l'étendue du Royaume, d'une Loterie, qui par la modicité du prix, peut convenir à toutes sortes de personnes, en laissant le cours ordinaire des Loteries, qui sont ouvertes jusqu'à la fin des termes portés par les priviléges particuliers du Roi, dont le billet seroit de vingt sols, à la déduction ordinaire de quinze pour cent sur le total de la recette prélevés au profit de la Compagnie, qui se tireroit de quinze en quinze jours en l'Hôtel de la Compagnie des Indes, & en la maniere usitée à l'Hôtel de Ville de Paris, & dont les lots seroient payés comptant à la présentation des billets heureux, aux porteurs desdits billets à Paris par le Caissier de la Compagnie, & dans les Villes de Provinces par les Préposés de ladite Compagnie, sans retenue d'aucune somme pour la remise qui en seroit faite dans les Provinces.

Le second projet touchant l'établissement d'une autre Loterie, pour les personnes que la modicité des gains ne tente pas, & qui ne sont touchés que des ressources considérables, ladite Loterie ouverte à raison de cent livres le billet en argent, & qui seroit tirée tous les mois en l'état où elle se trouveroit, & en la maniere ci-dessus énoncée.

Dans laquelle Loterie d'une part, les arrérages de tout le fonds, à la réserve seulement de cinq pour cent déduits pour les frais, seroient évalués en rentes viageres à dix pour cent, & distribués en divers lots, de sorte qu'il y eût au moins un lot sur cent billets ; les contrats de rentes viageres seroient passés aux porteurs des billets heureux, tant sujets du Roi qu'Etrangers, au nom & aux frais de ladite Compagnie, par un Syndic & deux Directeurs de ladite Compagnie, pardevant tels Notaires au Châtelet de Paris, dont lesdits porteurs voudroient se servir, pour joüir desdites rentes hypotéquées spécialement & par privilége sur tous les biens de la Compagnie des Indes, par les porteurs des billets heureux, sur la tête & pendant la vie de toutes personnes qu'il leur plairoit de choisir, avec liberté de diviser les rentes échûes à un seul billet en autant de parties, & sur autant de têtes qu'ils jugeroient à propos ; dont aux termes de l'Arrêt qui interviendroit, les arrérages ne pourroient être retranchés ni saisis sous quelque prétexte que ce fut ou peut être, commenceroient à courir du jour de la date des contrats, & seroient payables à Paris par le Caissier de la Compagnie, en espéces d'or & d'argent par demi-année, & de six en six mois, après leur échéance au premier Juillet & au premier Janvier de chaque année, jusqu'au jour du décès de chacun des rentiers, duquel jour seulement la rente demeureroit éteinte & amortie au profit de la Compagnie.

Et de l'autre part, les fonds de recette seroient prêtés par la Compagnie à tous les Actionnaires, en déposant par eux pour sûreté du prêt des actions à la caisse de ladite Compagnie qui prêteroit, à mesure que la Loterie produiroit des fonds, & sans préférence à ceux qui présenteroient les premiers leurs actions au dépôt, sur chaque action la somme de quinze cens livres, à raison de demi pour cent d'intérêt par mois payable à l'échéance des promesses des emprunteurs, & à proportion du tems qu'ils auront joüi des sommes prêtées : le prêt de ladite Compagnie ne se devant faire que sur les promesses des emprunteurs de s'acquitter six mois après au plus tard, lesquels emprunteurs seroient néanmoins admis à renouveller lesdites promesses un mois avant l'échéance, faute de quoi ils seroient poursuivis judiciairement au terme expiré pour rendre les sommes par eux empruntées, & leursdites actions seroient vendues au cours de la place, & l'excédent à eux délivré; la Compagnie au reste s'engageant à rendre les mêmes actions déposées pour raison des emprunts à l'instant même qu'ils rapporteront les sommes prêtées, & les certificats desdites actions déposées.

Le troisiéme projet tendant à établir une troisiéme Loterie, à raison du dixiéme d'action le billet, & à la déduction ordinaire de quinze pour cent prélevés au profit de la Compagnie, & pour lui procurer un accroissement de fonds en cette nature d'effets; laquelle Loterie se tireroit tous les mois, & en la maniere ci-dessus; & seroient du montant de la recette en actions & dixiémes d'actions, distribués aux porteurs des billets heureux divers lots formés pareillement d'actions & proportionnés au produit de ladite Loterie, lesquelles actions seroient délivrées à Paris par le Caissier de la Compagnie des Indes aux porteurs des billets heureux à la présentation desdits billets.

Le quatriéme projet concernant une conversion volontaire de dix mille actions en rentes viageres, à raison de deux cens cinquante livres par an de rente pour chaque action, avec une hypothéque spéciale & privilégiée sur tous les biens de la Compagnie, qui s'engageroit de payer lesdites rentes aux acquéreurs, tant sujets du Roi qu'Etrangers, leur vie durant, desquelles rentes les contrats seroient passés en la forme ci-dessus prescrite, aux mêmes priviléges pour les acquéreurs, & avec semblable faculté de diviser les deux cens cinquante livres de rentes viageres en autant de parties, & sur autant de têtes qu'ils jugeroient à propos, en sorte néanmoins que les constitutions particulieres desdites rentes ne fussent pas moindres de cinquante livres de joüissance actuelle pour chacun an, & les arrérages commenceroient à courir du premier Janvier 1723, & seroient payables par demi-année; sçavoir, ceux des six premiers mois de l'année 1723, dans le courant des quatre premiers mois de la présente année 1724; ceux des six derniers mois 1723, en Mai, Juin, Juillet & Août de la présente année; ceux des six premiers mois

1724, en Septembre, Octobre, Novembre & Décembre de la même année ; ceux des six derniers mois de 1724, dans le cours du mois de Janvier 1725, & successivement ceux des six mois échûs dans le mois postérieur à l'échéance, jusqu'au jour du décès de chacun desdits rentiers, duquel jour seulement la rente demeureroit éteinte & amortie au profit de la Compagnie, le tout aux conditions que les actions données en échange desdites rentes, seroient biffées & annullées en présence des acquéreurs par les Syndics & Directeurs, lors de la délivrance des contrats aux acquéreurs.

Le cinquiéme & dernier projet touchant une conversion pareillement libre & volontaire de dix mille actions en rentes viageres par forme de Tontine, à raison de deux cens livres de rente par chaque action : laquelle Tontine seroit composée de mille classes ; & chaque classe de dix personnes intéressées chacune pour une action, lesquelles personnes, tant sujets du Roi qu'Etrangers, seroient reçûes pour remplir ladite Tontine, sans distinction d'âge ni de sexe, en laissant néanmoins aux Actionnaires la liberté de s'associer ensemble pour composer une même classe, & prendre dix numero de suite.

Aux droits par la Compagnie au décès de l'une des dix personnes, dont une classe seroit composée, d'hériter de la moitié de sa rente viagere de deux cens livres, les survivans de la même classe devant hériter de l'autre moitié, & ladite moitié être partagée également entre eux, ou jettée au sort pour en joüir par l'un d'eux, le tout à leur option ; ladite moitié de rente acquise viagerement auxdits survivans ne devant être amortie au profit de la Compagnie, que du jour du décès du dernier survivant de ladite classe.

Et aux mêmes clauses, conditions & priviléges ci-dessus énoncés, tant au sujet de la confection des contrats de rente viagere à 250 livres, & des termes de payement des arrérages, qu'au sujet de l'extinction des actions données par les acquéreurs en change des contrats de Tontine, lors de la délivrance desdits contrats, à l'exception néanmoins de la faculté de subdiviser lesdits contrats en constitutions particulieres.

Il a été premierement agité en général, s'il convenoit ou non aux intérêts de la Compagnie des Indes, de supplier le Roi d'accorder à ladite Compagnie le privilége exclusif de faire des Loteries, en laissant subsister celles qui sont ouvertes jusqu'à la fin des termes portés par les priviléges particuliers de Sa Majesté.

Sur quoi a été délibéré que Sa Majesté seroit très humblement suppliée d'accorder à la Compagnie des Indes ledit privilége.

Ensuite les trois projets de Loterie ayant été mis successivement en délibération, il a été décidé, que la Loterie d'un dixiéme d'action le billet ne souffrant aucune difficulté, elle seroit admise purement & simplement.

A l'égard de la Loterie de vingt sols par billet, il a été résolu, conformément à la proposition d'en demander au Roi le privilége exclusif, Sa Majesté laissant subsister les Loteries, dont les priviléges sont accordés; & que quant aux prix des billets, & à la forme de ladite Loterie, l'assemblée générale régleroit l'un & l'autre en tems & lieu.

Pour ce qui regarde la Loterie à cent livres le billet, il a été résolu qu'elle seroit pareillement demandée, & il a été convenu que dans l'Arrêt du Conseil qui interviendroit sur la requête qui seroit présentée pour l'établissement de ladite Loterie, on annonceroit seulement en général au public que les sommes provenant de ladite Loterie, seroient destinées à prêter sur l'action ; & que l'assemblée générale d'administration décideroit du tems que les Bureaux seroient ouverts pour le prêt, de la somme qu'il seroit convenable de prêter, & de la maniere dont le prêt se feroit pour exclure toute préférence.

Les voix recueillies sur les deux projets de conversion volontaire, l'un de dix mille actions en contrats de rentes viageres, à 250 livres pour chaque action, l'autre de pareil nombre d'actions en contrats de semblables rentes viageres

geres par forme de Tontine, à 200 livres pour chaque action.

Ces deux projets ont été approuvés quant à la vûe générale, qui paroît ne tendre qu'au bien de la Compagnie, & quelques difpofitions particulieres, comme de convertir dix mille actions en rentes viageres à 250 livres, & pareil nombre en rentes de Tontine à 200 livres.

De faire courir les arrérages de ces deux fortes de rentes du premier Janvier 1723, payables avec ceux des fix premiers mois 1724, dans le courant de cette année de quatre en quatre mois.

Et de biffer & annuller toutes les actions converties en contrats defdites rentes viageres, lors de la délivrance defdits contrats.

Il a été décidé de n'inférer dans l'Arrêt du Confeil qui interviendroit à ce fujet qu'une permiffion indéfinie de convertir, foit en contrats de rentes viageres à 250 livres, foit en pareils contrats par forme de Tontine à 200 livres, la quantité d'actions dont l'affemblée générale d'adminiftration eftimeroit la converfion utile à la Compagnie, & convenable à fes autres arrangemens.

Qu'en conféquence de cette permiffion les Bureaux de la Compagnie ne feroient d'abord ouverts que pour la converfion de deux mille actions en chaque efpéce de rente, ce qui faifoit en tout quatre mille actions, fauf à continuer fi l'affemblée générale d'adminiftration le juge par la fuite avantageux ou néceffaire.

Que pour joüir des arrérages des fix premiers mois 1724, les Actionnaires devront avoir fait la converfion de leurfdites actions aux Bureaux qui feront ouverts jufqu'au premier Avril exclufivement.

Que les arrérages defdites rentes, ou purement viageres, ou viageres par forme de Tontine, ne commenceront à courir que du premier Janvier de la préfente année 1724, au lieu du premier Janvier 1723, & à n'être payés qu'au premier Janvier 1725, par demi-année, attendu que les acquéreurs defdites rentes toucheront dans le courant de

1724 le dividende pour l'année 1723 des actions dont la converſion aura été faite; & qu'au lieu de biffer & annuller les actions qui feront converties en contrats de rentes ci-deſſus, leſdites actions, vû l'importance de cette opération, feront miſes en dépôt ſous trois clefs, pour être ſtatué par les Actionnaires à leur prochaine aſſemblée générale, ſur le parti qui leur paroîtra le plus convenable aux intérêts de la Compagnie en général, dont les leurs ne peuvent être ſéparés.

Enfin il a été délibéré que ſur tout ce que deſſus, & conformément à la préſente délibération, requête feroit dreſſée & préſentée au Roi par les Syndics & Directeurs de la Compagnie des Indes, pour & au nom de ladite Compagnie, à l'effet de l'exécution de la préſente délibération.

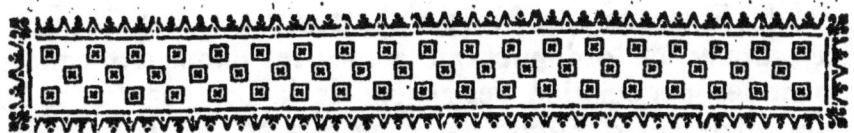

ARREST
DU CONSEIL D'ÉTAT
DU ROY,

QUI régle la forme de proceder pardevant les Sieurs Commissaires du Conseil, dans les contestations au sujet des négociations des Actions de la Compagnie des Indes.

Du 1 Février 1724.

Extrait des Registres du Conseil d'Etat.

LE Roi ayant par Arrêt de son Conseil du 27 Septembre 1723, nommé des Commissaires pour juger sommairement & en dernier ressort les différends mûs & à mouvoir au sujet des négociations des actions de la Compagnie des Indes, & de tout ce qui y a & aura rapport; & ces sortes de contestations étant une matiere de commerce qui demande la même expédition & célérité que celles qui sont portées devant les Juges & Consuls des Marchands, il a paru nécessaire d'abreger dans l'instruction de ces sortes d'affaires les délays prescrits pour les procédures, & de remédier aux difficultés des plaideurs de mauvaise foi, qui par des chicannes affectées auront retardé l'exécution des marchés par eux faits, où éloigné le jugement des procès intentés à ce sujet: surquoi Sa Majesté désirant faire connoître son intention; oui le rapport du sieur Dodun,

Conseiller ordinaire au Conseil Royal, Contrôleur général des Finances, SA MAJESTE' E'TANT EN SON CONSEIL, a ordonné & ordonne que toutes les demandes concernant les négociation des actions de la Compagnie des Indes, dixièmes d'actions, & ce qui y a & aura rapport, circonstances & dépendances, soient instruites sommairement par requêtes qui seront communiquées aux parties par ordonnance de l'un des sieurs Commissaires du Bureau, avec simple sommation d'y fournir de reponse dans trois jours; après lesquels il sera procédé au Jugement desdites demandes sans autre sommation. Veut Sa Majesté que celle des parties, qui par ses chicanes & mauvaises contestations aura empêché ou retardé la délivrance de l'action ou des actions, dixièmes & dividendes dont il sera question au jour convenu, désigné ou ordonné, puisse être condamnée par forme de dommages & intérêts à payer à l'autre partie la différence qui se trouvera à son préjudice dans la valeur de l'action entre le jour qu'elle aura dû la délivrer, & celui auquel elle la délivrera effectivement, le tout sans préjudice des dépens & autres plus grands dommages & intérêts s'il y écheoit. FAIT au Conseil d'Etat du Roi, tenu à Versailles le premier jour de Février mil sept cent vingt-quatre. *Signé* PHELYPEAUX.

ARREST
DU CONSEIL D'ÉTAT
DU ROY,

QUI accorde à la Compagnie des Indes l'exemption des Droits d'octrois, locaux, de tarif, de péages, passages & barrages, sur tous les Caffés qu'elle fera entrer, sortir ou traverser le Royaume pour la provision de ses Bureaux.

Du 1 Février 1724.

Extrait des Registres du Conseil d'Etat.

SUR la requête présentée au Roi, en son Conseil, par les Directeurs de la Compagnie des Indes, chargés sous le nom de Pierre le Sueur, de la régie & exploitation du privilége exclusif de la vente du caffé dans l'étendue du Royaume; contenant que bien que Sa Majesté par Arrêt du 31 Août 1723, ait ordonné que ledit privilége du caffé sera exploité ainsi & de la même maniere que le privilége de la vente exclusive du tabac, & que par l'article XXXVII de la Déclaration du 10 Octobre 1723, qui régle la maniere dont ladite Compagnie fera la régie de ce privilége, il soit ordonné que les Edits, Déclarations & Réglemens concernant la vente exclusive du tabac, auront lieu & seront observés dans l'exploitation du privilége de la vente exclusive du caffé; néanmoins le Fermier des octrois de la ville de Toulouse a fait payer dix sols par quintal du caffé que ladite Compagnie a envoyé à Touloufe, & le receveur des octrois de la ville de Nantes a exigé des droits d'Octrois fur les caffés qui font entrés & fortis de ladite ville de Nantes pour le compte de ladite Compagnie des Indes : & comme par plufieurs Arrêts du Confeil les tabacs ont été déchargés & exemptés du payement de tous droits d'octrois, de tarif & locaux, péages, paffages, barrages & autres droits appartenans aux Villes, Corps & Communautés, Engagiftes ou Seigneurs particuliers, & notamment des droits d'octrois & commutation de la ville de Touloufe, par Arrêt du Confeil du 14 Décembre 1716, & du payement des droits d'octrois de la ville de Nantes, par autre Arrêt du Confeil du 5 Décembre 1711, & conféquemment que la Compagnie des Indes doive pareillement joüir de l'exemption defdits droits fur les caffés qu'elle fait entrer & fortir defdites villes de Touloufe & de Nantes & autres Villes, pour la provifion de fes Bureaux. A ces caufes, requeroit qu'il plût à Sa Majefté décharger & exempter la Compagnie des Indes, & Pierre le Sueur, fous le nom duquel elle fait la régie & exploitation du privilége de la vente exclufive du caffé, de tous droits d'octrois de commutation & autres qui fe levent dans les villes de Touloufe & de Nantes, fur tous les caffés que ladite Compagnie des Indes & ledit le Sueur feront entrer & fortir defdites Villes pour la provifion des magafins & Bureaux de ladite Compagnie ; ordonner aux Fermiers & Receveurs defdits droits d'octrois & de commutation dans lefdites villes de Touloufe & de Nantes, de rendre & reftituer à ladite Compagnie les fommes qu'ils ont exigées dudit le Sueur, fes Commis & Prépofés, fur les caffés de ladite Compagnie pour raifon defdits droits, qu'à ce faire lefdits Fermiers & Receveurs feront contraints, & même par corps, en vertu de l'Arrêt qui interviendra ; ordonner en outre que ladite Compagnie des Indes & ledit le Sueur feront exempts de tous droits de tarif & locaux, péages, paffages, barrages, & autres droits appartenans aux Villes, Corps, Communautés, Engagiftes & Seigneurs particuliers, sur tous les caffés que ladite Compagnie & ledit le Sueur feront entrer, sortir ou traverser le Royaume pour la provision des magasins & Bureaux que ladite Compagnie a établis & qu'elle pourroit établir dans la suite pour l'exploitation dudit privilége; & en conséquence faire défenses aux Fermiers & Receveurs desdits droits d'octrois, péages, passages, & autres, d'en exiger aucuns sur les caffés de ladite Compagnie, à peine de restitution & de cinq cens livres d'amende. Vû ladite requête, la Déclaration du 10 Octobre 1723, les Arrêts des 5 Décembre 1711, 11 Décembre 1716 & 31 Août 1723; oui le rapport du sieur Dodun, Conseiller ordinaire au Conseil Royal, Contrôleur général des Finances, SA MAJESTÉ EN SON CONSEIL, a ordonné & ordonne que la Compagnie des Indes & Pierre le Sueur, sous le nom duquel elle fait la régie & exploitation du privilége de la vente exclusive du caffé, seront exempts des droits d'octrois, de commutation & autres qui se levent dans les villes de Toulouse & de Nantes, sur tous les caffés que ladite Compagnie des Indes & ledit le Sueur feront entrer & sortir desdites Villes pour la provision des magasins & Bureaux de ladite Compagnie. Veut Sa Majesté que les Fermiers & Receveurs desdits droits d'octrois & de commutation, dans lesdites villes de Toulouse & de Nantes, soient tenus de rendre & restituer à ladite Compagnie les sommes qu'ils ont exigées dudit le Sueur, ses Commis & préposés, pour raison desdits droits sur les caffés de ladite Compagnie; à quoi faire lesdits Fermiers & Receveurs seront contraints, même par corps, en vertu du présent Arrêt; quoi faisant, ils en demeureront bien & valablement déchargé. Ordonne en outre Sa Majesté que ladite Compagnie des Indes & ledit le Sueur seront exempts de tous droits d'octrois, de tarif & locaux, péages, passages, barrages, & autres droits appartenans aux Villes, Corps & Communautés, Engagistes & Seigneurs particuliers, sur tous les caffés que ladite Compagnie & ledit le Sueur feront entrer, sortir ou traverser le Royaume pour la provision des magasins & Bureaux que ladite Compagnie a établis & qu'elle pourra établir dans la suite pour l'exploitation dudit privilége. Fait Sa Majesté défenses aux Fermiers & Receveurs desdits droits d'octrois, péages, passages & autres, d'en exiger aucuns sur les caffés de ladite Compagnie, à peine de restitution & de cinq cens livres d'amende qui demeurera encourue en vertu du présent Arrêt, qui sera exécuté nonobstant opposition ou autre empêchement, dont si aucuns interviennent, Sa Majesté s'en est reservé & à son Conseil la connoissance, & a icelle interdit à toutes ses Cours & autres Juges. Fait au Conseil d'Etat du Roi, tenu à Versailles le premier jour de Février mil sept cent vingt-quatre. Collationné. *Signé* Goujon.

LOÜIS, PAR LA GRACE DE DIEU, ROI DE FRANCE ET DE NAVARRE, au premier notre Huissier ou Sergent sur ce requis. Nous te mandons & commandons que l'Arrêt dont l'extrait est ci-attaché sous le contre-scel de notre Chancellerie, ce jourd'hui rendu en notre Conseil d'Etat, sur la requête à nous y présentée par les Directeurs de la Compagnie des Indes, tu signifies à tous qu'il appartiendra, à ce qu'aucun n'en ignore, & fais en outre pour son entière exécution à la requête desdits Directeurs, tous commandemens, sommations, défenses y contenues, contraintes y portées, & autres actes & exploits requis & nécessaires, sans autre permission, nonobstant opposition ou autre empêchement, dont si aucuns interviennent, nous nous reservons & à notre Conseil, la connoissance, & icelle interdisons à toutes nos Cours & autres Juges; car tel est notre plaisir. DONNÉ à Versailles le premier jour de Février l'an de grace mil sept cent vingt-quatre, & de notre regne le neuviéme. Par le Roi en son Conseil, *Signé* Goujon. Et scellé.

✠

ARREST

ARREST
DU CONSEIL D'ÉTAT
DU ROY,

PORTANT *nouveau réglement pour empêcher l'entrée, l'usage & le port des Etoffes des Indes, de la Chine & du Levant; & fixe les récompenses accordées aux Employés des Fermes, sur les saisies qui seront faites desdites Etoffes, &c.*

Du 1 Février 1724.

Extrait des Registres du Conseil d'Etat.

LE Roi s'étant fait représenter en son Conseil, l'Arrêt du 20 Mai 1720, par lequel Sa Majesté a ordonné, que les toiles peintes, teintes & étoffes de toutes sortes, provenant des Indes, de la Chine & du Levant, & autres dénommées dans les Arrêts des 27 Août 1709, 20 Janvier, 22 Février 1716, & 27 Septembre 1719, saisies & confisquées sur les particuliers qui les auroient introduites dans le Royaume, vendu, acheté trafiqué, ou qui en auroient fait usage au préjudice des défenses portées par lesdits Arrêts, ne seroient plus brûlées au moyen de quoi Sa Majesté auroit permis à la Compagnie des Indes, à laquelle le Bail des Fermes générales, avoit été accordé sous le nom d'Armand Pillavoine, de vendre à son profit, & débiter dans le Royaume, les toiles de coton blanches & mousselines confisquées, après néanmoins qu'il y auroit été appofé des marques de parchemin, fignées ou paraphées, & des plombs, en conformité defdits Arrêts fufdatés ; & à l'égard des autres toiles & étoffes dont le débit & l'ufage font prohibés par lefdits Arrêts, Sa Majefté auroit permis à ladite Compagnie des Indes, de les faire tranfporter en pays étrangers, pour y être vendues & le prix en provenant appartenir à ladite Compagnie, laquelle feroit tenue, fuivant fes offres, de payer à fes dépens tous les frais de procédures & de tranfport, & les récompenfes accordées aux dénonciateurs & faififfans, par les Réglemens & Arrêts du Confeil précédemment rendus pour raifon des faifies & confifcations defdites étoffes & toiles, par lequel Arrêt Sa Majefté auroit aufli ordonné, que ladite Compagnie feroit tenue de repréfenter au Confeil de Commerce des états des chargemens qui en auroient été faits, lefquels états feroient fignés par deux Directeurs d'icelle, enfemble les états defdites marchandifes qui auroient été vendues en pays étrangers, fignés par les Confuls de la nation Françoife, ou à leur défaut par deux Négocians François réfidens ès lieux efquels lefdites ventes auroient été faites, & rapportées trois mois au plûtard après lefdites ventes ; comme aufli que lefdits Arrêts du Confeil & autres intervenus pour raifon defdites marchandifes prohibées, feroient exécutés felon leur forme & teneur : l'Arrêt du 10 Juin 1721, qui renouvelle les mêmes défenfes, & ordonne l'exécution des précédens Réglemens, celui du huit Juillet de la même année, rendu en interprétation de celui du dix Juin précédent, lequel par rapport à la crainte de la communication du mal contagieux, dont la Provence étoit lors affligée, ordonne entr'autres chofes, article VI que lefdites étoffes, toiles, hardes & meubles qui feront faifis en contravention, feront brûlées par les mains de l'exécuteur de la haute Juftice : l'Arrêt du 17 Octobre 1721 qui ordonne l'exécution de celui du 20 Mai précédent, en faveur de la Compagnie des Indes, ainfi & de la même maniere qu'il étoit exécuté, pendant que cette Compagnie étoit adjudicataire des Fermes générales unies de Sa Majesté, sous le nom d'Armand Pillavoine, quant à la remise ordonnée être faite à ladite Compagnie des Indes, des toiles & étoffes qui seront saisies par les Employés des Fermes; & l'Arrêt du 5 Juillet 1723, qui ordonne l'exécution des précédens Arrêts & Réglemens, concernant lesdites toiles & étoffes, & marchandises des Indes, & réitère les défenses y portées de leur introduction, commerce, port & usage dans le Royaume; & Sa Majesté étant informée que les sieurs Commissaires départis dans les Provinces & Généralités du Royaume, auxquels la connoissance de l'exécution desdits Réglemens & Arrêts, & des saisies qui sont faites en conséquence, est attribuée, ne laissent pas de continuer à ordonner journellement, que lesdites toiles & étoffes saisies seront brûlées nonobstant l'Arrêt du 20 Mai 1720, qui a ordonné qu'elles ne le seroient plus à l'avenir, & celui du 17 Octobre 1721, qui ordonne l'exécution de celui du 20 Mai 1720, en quoi ils se fondent sur ce que cette disposition n'a pas été expressément rappellée dans l'Arrêt du 17 Octobre 1721, & qu'il n'a pas dérogé à l'Arrêt du 8 Juillet 1721, par lequel il a été ordonné qu'elles seroient brûlées par l'exécuteur de la haute Justice; les motifs de cet Arrêt ne subsistant plus, attendu l'entiere cessation du mal contagieux; Sa Majesté a jugé nécessaire d'expliquer ses intentions, non-seulement à cet égard, mais aussi sur quelques autres dispositions des précédens Réglemens, qui ayant varié par nécessité suivant les conjonctures des temps, demandent d'être aujourd'hui renouvellées en la maniere convenable au tems présent; à quoi Sa Majesté voulant pourvoir : oui le rapport du sieur Dodun, Conseiller ordinaire au Conseil Royal, Contrôleur général des Finances, SA MAJESTE' E'TANT EN SON CONSEIL, a ordonné & ordonne ce qui suit.

ARTICLE PREMIER.

LES Edits, Déclarations & Arrêts précédemment rendus, concernant les étoffes des Indes, de la Chine, de

Perse & du Levant, les toiles peintes & autres, venant desdits pays & notamment, l'Arrêt du 5 Juillet 1723 seront exécutés selon leur forme & teneur, en ce qui concerne les défenses & prohibitions y contenues : & en conséquence ; Fait Sa Majesté très-expresses & itératives inhibitions & défenses à tous Négocians, Marchands, Colporteurs, Porte-balles, & Revendeuses à la toilette & autres personnes de quelque qualité & condition qu'elles soient, d'introduire dans le Royaume, faire commerce, exposer en vente, colporter, débiter, ni acheter pour revendre en gros & en détail aucunes étoffes des Indes, de la Chine, de Perse ou du Levant, tant les étoffes de soye pures que celles mêlées d'or & d'argent, celles d'écorces d'arbres, laine, fil, poil de chevre ou coton, satins, taffetas, gazes, & généralement toutes sortes d'étoffes brodées ou autrement sous quelque dénomination que ce soit, provenant du crû & fabrique desdits pays ; comme aussi celles peintes en furie & à fleurs, les toiles peintes, teintes & rayées, de couleurs ou à carreaux & imprimées, de la fabrique des Indes, ou contrefaites dans les pays étrangers, qui auroient été peintes, teintes ou imprimées, à l'imitation de celles des Indes, vieilles ou neuves, en piéce ou en coupons, couvertures, toilettes, habits & autres vêtemens, ensemble les meubles de toutes sortes, composés desdites étoffes & toiles, même les toiles de coton blanches & mousselines des Indes, autres que les toiles de coton blanches & mousselines provenant des ventes faites ou à faire par les Directeurs de la Compagnie des Indes, & marquées des marques & plombs prescrits par les Arrêts & Réglemens : défend pareillement Sa Majesté à tous Directeurs, Receveurs, Commis, Contrôleurs, Visiteurs, Brigadiers, Gardes & autres Employés dans ses Fermes, de laisser entrer dans le Royaume aucune desdites étoffes & toiles prohibées, ci-dessus énoncées, par les Bureaux d'entrée ; & à tous aubergistes, hôteliers, cabaretiers & autres personnes, de retirer sciemment dans leurs maisons, les voituriers & porteurs desdites marchandises prohibées, ni recevoir icelles en dépôt. Défend aussi Sa Majesté à tous Fripiers, Tailleurs, Couturieres, Tapissiers, Brodeurs & autres ouvriers & ouvrieres, d'employer chez eux ou dans des maisons particulieres, ni d'avoir dans leurs magasins, boutiques ou chambres aucunes desdites étoffes ou toiles, ni aucuns habits, vêtemens ou meubles faits d'icelles, neufs ou vieux, & à toutes personnes de quelque qualité & condition qu'elles soient, de porter dedans ou dehors leurs maisons, ou de faire faire aucuns habits & vêtemens, ni meubles desdites étoffes & toiles, ni d'en avoir dans leurs maisons qui soient en piéces ou coupons & non employées, le tout sous les peines portées par les Edits, Déclarations & Arrêts rendus sur ce sujet, qui ne pourront êtres remises ni modérées pour quelque cause, ni sous quelque prétexte que ce soit; veut & entend Sa Majesté que toutes les défenses ci-dessus énoncées, soient exécutées même dans les lieux privilégiés, conformément à l'Arrêt du 8 Juillet 1721.

II.

VEUT Sa Majesté que l'Arrêt intervenu le 20 Mai 1720, en faveur de la Compagnie des Indes, soit exécuté selon sa forme & teneur, ainsi & de la même maniere qu'il l'étoit pendant que ladite Compagnie des Indes, étoit Adjudicataire des Fermes générales unies, sous le nom d'Armand Pillavoine; & en conséquence, que lesdites toiles, étoffes, meubles & hardes dénommées dans lesdits Arrêts des 27 Août 1709, 20 Janvier, 22 Février 1716, 27 Septembre 1719, 10 Juin & 8 Juillet 1721, 5 Juillet & 14 Décembre 1723, qui seront saisies & confisquées sur les particuliers qui les auront introduites dans le Royaume, vendues, achetées, trafiquées, employées, ou qui en auront fait usage au préjudice des défenses portées par lesdits Arrêts, ne soient plus brûlées à l'avenir; dérogeant à cet effet, à ce qui est porté à cet égard par les Arrêts des 27 Septembre 1719, & 8 Juillet 1721.

III.

PERMET Sa Majesté à la Compagnie des Indes, de vendre à son profit & débiter dans le Royaume, les toiles de coton blanches & mousselines confisquées, après néanmoins qu'il aura été apposé des marques de parchemin signées ou paraphées & des plombs, en conformité desdits Arrêts.

IV.

ET à l'égard des autres toiles & étoffes dont l'entrée, le débit & l'usage sont prohibés par lesdits Arrêts, permet Sa Majesté à la Compagnie des Indes seulement, de les faire transporter en pays étrangers pour y être vendues, & le prix en provenant appartenir à ladite Compagnie, laquelle sera tenue suivant ses offres insérées dans ledit Arrêt du 20 Mai 1720, de payer & rembourser à ses dépens aux Fermiers généraux, tous les frais de procédures, vérification par experts, jugemens, frais de voitures des lieux où les saisies auront été faites jusqu'à la douane à Paris, Commis à la garde du dépôt & tous autres frais au sujet desdites saisies, comme aussi les récompenses ordonnées être payées par les Fermiers généraux aux dénonciateurs & saisissans, suivant l'Arrêt du 27 Septembre 1719, article XIII pour raison des saisies & confiscations desdites étoffes & toiles, consistant en dix sols par aune de toiles de coton blanches ou peintes, vieilles ou neuves, de quelque espéce & qualité qu'elles soient, vingt sols par aune de mousselines ou d'étoffes, appellées écorces d'arbres, furies, satins, gazes ou taffetas, & trois livres par aune de damas, ou étoffes de soye mêlées d'or & d'argent, lesquelles récompenses ont été accordées aux dénonciateurs & saisissans par ledit Arrêt, outre les deux tiers du produit des amendes, dont les Fermiers généraux auront fait le recouvrement, l'autre tiers reservé & appartenant auxdits Fermiers généraux; pour le payement desquelles récompenses accordées par forme de gratification aux dénonciateurs & saisissans, il sera expédié à leur profit, par les Fermiers généraux, huitaine après l'arrivée desdites étoffes & toiles à la douane à Paris un ordre sur le Receveur général des Fermes du lieu, auquel la saisie aura été faite, & du montant desquels frais, gratifications & recompenses, les Fermiers généraux seront remboursés par la Compagnie des Indes, sur les états qui lui en seront par eux fournis tous les trois mois, contenant le détail de chacune saisie certifié de deux desdits Fermiers généraux : veut Sa Majesté que les Jugemens des saisies & confiscations, soient poursuivis, & le recouvrement des amendes, fait à la requête & diligences des Fermiers généraux en la maniere accoûtumée ; dérogeant Sa Majesté à toutes dispositions contraires au contenu du présent article, notamment à l'Arrêt du 17 Octobre 1721.

V.

N'ENTEND Sa Majesté déroger à l'arrêt du 14 Décembre 1723, qui ordonne que les Commis & Employés de la Compagnie des Indes, pour l'exploitation des priviléges de la vente exclusive du tabac & du caffé, ayant serment en Justice, pourront procéder aux visites, saisies & contraintes ordonnées par les Edits, Arrêts & Réglemens, concernant les étoffes & toiles des Indes & autres prohibées par lesdits Réglemens, en se conformant aux formalités & autres dispositions prescrites par iceux, ainsi & de la même maniere que les Commis & Employés des Fermes de Sa Majesté, & sans être obligés de prêter de nouveau serment, même les Commis que la Compagnie des Indes a établis ou établira dans les lieux qu'elles jugera convenable, conformément à l'article XIV de l'Arrêt du 27 Septembre 1719, à condition néanmoins que les saisies, procédures, poursuites & contraintes, continueront d'être faites au nom & à la diligence du Fermier général de Sa Majesté, en la maniere accoûtumée ; & que lorsque les saisies auront été faites par les Commis de la Compagnie des Indes seuls, ou concurremment avec les Employés des Fermes générales, ils joüiront aussi seuls ou concurremment des récompenses accordées aux dénonciateurs & saisissans, par l'Arrêt du 27 Septembre 1719, outre les deux tiers des amendes, dont le recouvrement aura été fait par les Fermiers généraux, aux termes dudit Arrêt & de l'article précédent.

VI.

POURRA pareillement ladite Compagnie des Indes, conformément à l'article VI de l'Arrêt du 27 Septembre 1719, & en conséquence de l'article IX de l'Edit de son établissement du mois de Mai 1719, faire venir des pays de sa concession, toutes sortes d'étoffes de soye pure, de soye & coton, mêlées d'or & d'argent & écorces d'arbres, même des toiles de coton teintes, peintes & rayées de couleurs, sous la condition expresse de les entreposer à l'arrivée des Vaisseaux, dans les magasins de la Ferme générale, sous deux clefs, dont l'une sera gardée par les Fermiers généraux ou leurs Commis, & l'autre sera remise aux Directeurs de ladite Compagnie ou à leurs Préposés : lesquelles marchandises ne pourront être vendues, qu'à condition qu'elles seront envoyées à l'Etranger par les Adjudicataires sous acquit à caution, & en donnant par eux leurs soumissions, de rapporter dans six mois au plûtard des certificats du Commis des Fermes, établi dans le Bureau de sortie, qui sera par eux indiqué pour justifier le transport desdites étoffes & toiles hors du Royaume, comme aussi du Consul de la nation Françoise, ou de deux Négocians ou Marchands François, pour en prouver le déchargement dans les pays étrangers ; & il sera usé des mêmes précautions, à l'égard de ladite Compagnie des Indes pour celles desdites étoffes & toiles saisies & confisquées, qui lui seront remises aux termes de l'article précédent, à l'effet d'être transportées dans les pays étrangers,

VII.

N'ENTEND Sa Majesté déroger par le présent Arrêt, à ceux des 10 Juillet 1703, 16 Janvier 1706, & 5 Août 1721,

1721, pour la ville, port & territoire de Marseille seulement, que Sa Majesté veut être exécutés selon leur forme & teneur.

VIII.

LE sieur Lieutenant général de Police à Paris, ou tel autre Commissaire qui sera par lui nommé, se transportera à l'avenir tous les trois mois au Bureau de la douane à Paris, à l'effet de dresser l'inventaire desdites marchandises qui se trouveront dans le dépôt général qui y est établi, pour être remises à la disposition de la Compagnie des Indes, ès mains de celui qui sera préposé par ladite Compagnie pour les recevoir, de laquelle remise sera dressé procès-verbal par ledit sieur Commissaire, dont sera délivré un double au Commis audit dépôt de la douane à Paris pour sa décharge.

IX.

VEUT au surplus Sa Majesté, que lesdits Edits, Déclarations, Réglemens & Arrêts précédemment rendus au sujet desdites étoffes, toiles & marchandises des Indes, de la Chine & du Levant, notamment lesdits Arrêts des 11 Juin 1714, 27 Septembre 1719, 20 Mai 1720, 10 Juin, 8 Juillet 1721, 5 Juillet & 14 Décembre 1723, soient exécutés selon leur forme & teneur, en ce qui n'est contraire au présent Arrêt : à l'exécution duquel, enjoint Sa Majesté au sieur Lieutenant général de Police à Paris & aux sieurs Intendans & Commissaires départis dans les Provinces du Royaume, pays, terres & Seigneuries de son obéissance, de tenir la main ; ordonne Sa Majesté que ledit sieur Lieutenant général de Police à Paris, & lesdits sieurs Intendans & Commissaires départis dans les Provinces, connoîtront de toutes les contraventions auxdits Réglemens & Arrêts, circonstances & dépendances, leur attribuant à cet effet toute Cour, Jurisdiction & connoissance, & icelle interdisant à ses autres Cours & Juges ; veut & entend Sa Majesté que ce qui sera par eux ordonné soit exécuté, nonobstant oppositions ou appellations quelconques, dont si aucuns interviennent, Sa Majesté se reserve & à son Conseil la connoissance; & sera le présent Arrêt lû, publié & affiché de six mois en six mois, par-tout où besoin sera, en vertu des Ordonnances dudit sieur Lieutenant général de Police à Paris, & desdits sieurs Intendans & Commissaires départis dans les Provinces, à ce que personne n'en ignore. FAIT au Conseil d'Etat du Roi, Sa Majesté y étant, tenu à Versailles le premier jour de Février mil sept cent vingt-quatre. *Signé* PHELYPEAUX.

LOUIS, PAR LA GRACE DE DIEU, ROI DE FRANCE ET DE NAVARRE, Dauphin de Viennois, Comte de Valentinois & Diois, Provence, Forcalquier & terres adjacentes: à nos amés & féaux Conseillers en nos Conseils, Maîtres des Requêtes ordinaires de notre Hôtel, les sieurs Intendans & Commissaires départis pour l'exécution de nos ordres dans les Provinces & Généralités de notre Royaume : SALUT. Nous vous mandons & enjoignons par ces Présentes, signées de nous, de tenir chacun en droit soi la main à l'exécution de l'Arrêt dont l'extrait est ci-attaché sous le contre-scel de notre Chancellerie, ce jourd'hui donné en notre Conseil d'Etat, nous y étant, pour les causes y contenues : commandons au premier notre Huissier ou Sergent sur ce requis, de signifier ledit Arrêt à tous qu'il appartiendra, à ce que personne n'en ignore, & de faire en outre pour l'entiere exécution d'icelui tous commandemens, sommations, défenses y contenues, sous les peines y portées, & autres actes & exploits requis & nécessaires, sans autre permission, nonobstant clameur de Haro, Charte Normande & Lettres à ce contraires, oppositions ou appellations quelconques, dont si aucuns interviennent, nous nous reservons & à notre Conseil la connoissance, icelle interdisant à toutes nos autres Cours & Juges; car tel est notre plaisir. DONNÉ à Versailles le premier jour de Février l'an de grace mil sept cent vingt-quatre, & de notre regne le neuviéme. *Signé* LOUIS. *Et plus bas*; par le Roi. PHELYPEAUX. Et scellé.

EXTRAIT DU REGISTRE
général des délibérations de la Compagnie des Indes.

Du 2 Février 1724.

CE jourd'hui deuxiéme Février mil sept cent vingt-quatre en l'assemblée générale d'administration. Sur ce qui a été représenté que dans celle tenue le 19 Janvier dernier, il auroit été délibéré au sujet de la Loterie à cent livres en argent le billet, que dans l'Arrêt du Conseil qui interviendroit sur la requête qui seroit présentée pour l'établissement de ladite Loterie, on annonceroit seulement en général au public que les sommes provenant de ladite Loterie seroient destinées à prêter sur l'action, sans faire mention de l'intérêt auquel les prêts devroient être faits, & que néanmoins il seroit important de statuer sur la demande qui seroit faite au Roi à cet égard dans la requête qui doit être présentée à Sa Majesté par les Syndics & Directeurs de la Compagnie des Indes, conformément à ladite délibération.

Il a été décidé à la pluralité des voix de supplier Sa Majesté dans ladite requête d'autoriser lesdits Syndics & Directeurs à prêter les sommes provenant de ladite Loterie jusqu'à demi pour cent d'intérêt par mois.

ARREST
DU CONSEIL D'ÉTAT
DU ROY,

QUI ordonne que tous les Caffés venant des Echelles du Levant, pourront entrer dans la ville, port & territoire de Marseille, & en sortir librement par mer, ainsi qu'il se pratiquoit avant l'Arrêt du 31 Août 1723, &c.

Du 8 Février 1724.

Extrait des Registres du Conseil d'Etat.

LE Roi s'étant fait représenter en son Conseil l'Arrêt du 31 Août 1723, par lequel Sa Majesté a accordé à la Compagnie des Indes le privilége exclusif de la vente du caffé dans l'étendue du Royaume; la Déclaration du 10 Octobre suivant, par laquelle Sa Majesté a ordonné que les maîtres des Vaisseaux qui aborderoient dans le port de Marseille, seroient tenus dans les vingt-quatre heures de leur arrivée de faire leurs déclarations des quantités de caffés dont ils seroient chargés, & que ces caffés seroient mis en entrepôt dans des magasins qui seroient fermés à deux clefs, dont l'une resteroit ès mains du Commis de la Compagnie des Indes, & que ces caffés ne pourroient être embarqués ni chargés qu'en présence & sur les permissions des Commis de ladite Compagnie: & Sa Majesté étant informée que la plus grande partie des pacotilles des maîtres & matelots des Vaisseaux, navires & autres bâtimens qui viennent des Echelles du Levant, & sur-tout d'Alexandrie, consistent en caffé, & que ces lieux sont souvent infectés, en sorte que si l'on vouloit gêner & restraindre la liberté du port de Marseille à l'égard du caffé, il seroit à craindre que nonobstant les soins & les précautions des Intendans de la santé, les maîtres, matelots & autres gens des équipages desdits Vaisseaux ne versassent dans les Isles & sur la côte de Provence leurs pacotilles de caffé avant d'être purgé & d'avoir fait sa quarantaine, ce qui exposeroit la ville de Marseille & le Royaume aux malheurs de la contagion : ce que Sa Majesté voulant prévenir, oui le rapport du sieur Dodun, Conseiller ordinaire au Conseil Royal, Contrôleur général des Finances, SA MAJESTE' E'TANT EN SON CONSEIL, a ordonné & ordonne que tous les caffés venant des Echelles du Levant pourront entrer dans la ville, port & territoire de Marseille, & en sortir librement par mer, à la charge seulement par les Capitaines, maîtres des navires & autres bâtimens, de fournir à leur arrivée & avant leur départ au Bureau du poids & casse à Marseille, leurs manifestes ou déclarations des caffés qui seront chargés sur leurs bords, & de leur destination, ainsi qu'il se pratiquoit avant l'Arrêt du 31 Août 1723 & la Déclaration du 10 Octobre suivant : en conséquence veut Sa Majesté que les Bureaux qui ont été établis à Marseille par la Compagnie des Indes pour l'exploitation du privilége de la vente exclusive du caffé, soient levés & ôtés de ladite ville, port & territoire de Marseille : permet néanmoins Sa Majesté à ladite Compagnie des Indes d'avoir un Commis dans ledit Bureau du poids & casse, pour recevoir les déclarations des caffés qui entreront & sortiront, & d'en établir dans le Bureau de Septemes & autres Bureaux des Fermes de Sa Majesté qui sont aux extrémités du territoire de Marseille, pour empêcher l'introduction & les versemens de caffés en fraude dans le Royaume, conformément à ladite Déclaration du 10 Octobre dernier : enjoint Sa Majesté au sieur Lebret, Commissaire départi pour l'exécution de ses ordres en Provence, de tenir la main à l'exécution du présent Arrêt, sur lequel toutes Lettres nécessaires seront expédiées. FAIT au Conseil d'Etat du Roi, Sa Majesté y étant, tenu à Versailles le huitiéme jour de Février mil sept cent vingt-quatre. *Signé* PHELYPEAUX.

ARREST
DU CONSEIL D'ÉTAT
DU ROY,

CONCERNANT *le Privilége exclusif des Loteries, accordé à la Compagnie des Indes.*

Du 15 Février 1724.

Extrait des Regiſtres du Conſeil d'Etat.

VU par le Roi étant en ſon Conſeil la requête préſentée par les Syndics & Directeurs de la Compagnie des Indes, & d'eux ſignée, contenant que conformément aux délibérations priſes dans l'aſſemblée générale d'adminiſtration les 19 Janvier dernier & 2 du préſent mois de Février, les ſupplians ont été chargés de repréſenter très-humblement à Sa Majeſté que les actions de ladite Compagnie tenant lieu aux Actionnaires qui la compoſent d'un capital très-conſidérable, & qui a été reconnu par les opérations ci-devant faites provenir des rembourſemens ou d'autres fonds réels qu'ils y ont employés, Sa Majeſté a bien voulu par les différens priviléges qu'elle a accordés à la Compagnie, marquer qu'elle déſiroit rendre en quelque ſorte leur condition égale à celle de ſes autres ſujets, dont les fonds étoient reſtés és mains de Sa Majesté ; qu'au moyen de ces priviléges, & sans toucher aux bénéfices qui doivent provenir des différentes parties de commerce de la Compagnie, l'action se trouve avoir un dividende assuré de cent cinquante livres, dont le payement se fait actuellement à Bureau ouvert en l'Hôtel de la Compagnie : que cependant quoique ce dividende doive être regardé comme un revenu certain attaché à l'action, & qu'il y ait lieu d'espérer qu'il augmentera considérablement, non-seulement par le progrès des priviléges accordés par Sa Majesté à la Compagnie, mais encore par l'accroissement de son commerce, qui dès-à-présent peut être regardé comme l'un des plus florissans de l'Europe ; néanmoins plusieurs des Actionnaires qui ont besoin d'argent sont obligés d'abandonner ces avantages, en donnant leurs actions à vil prix. A ces causes requéroient les supplians qu'il plût à Sa Majesté de leur accorder audit nom de privilége exclusif de faire dans l'étendue du Royaume différentes Loteries, pour les lots en être payés, soit en argent comptant ou en actions & dixiémes d'action, dans le cas où la recette en aura été faite en cette nature d'effets, soit en rentes viageres assignées sur les fonds de la Compagnie, que les supplians audit nom pourront constituer au profit des sujets de Sa Majesté & aux étrangers, sur le pied de dix pour cent du produit de la recette en argent des Loteries pour rentes viageres, sans que lesdites rentes viageres puissent être retranchées ou saisies sous quelque prétexte que ce soit, en laissant néanmoins subsister les Loteries qui sont ouvertes en vertu des différens priviléges particuliers accordés par Sa Majesté jusqu'à la fin des termes portés par lesdits priviléges, de permettre aux supplians audit nom de prélever au profit de la Compagnie, sur le total de la recette des Loteries qu'ils feront, le bénéfice qui sera réglé par ses délibérations des assemblées d'administration, dont la teneur sera rendue publique, & de destiner les fonds qui proviendront de la recette des Loteries en rentes viageres, à prêter sans aucune préférence aux Actionnaires, & non à autres, les sommes qui seront convenues

venues par les délibérations des assemblées d'administration, en déposant par eux des actions à la Compagnie pour sûreté des prêts, avec des billets payables à ordre dans des termes fixes, & de l'autoriser à prendre jusqu'à six pour cent par an pour l'intérêt des sommes qu'elle prêtera aux Actionnaires, le tout en la forme & maniere qui sera réglée par les délibérations desdites assemblées ; ouï le rapport du sieur Dodun, Conseiller ordinaire au Conseil Royal, Contrôleur général des Finances, SA MAJESTÉ ETANT EN SON CONSEIL, a accordé & accorde à la Compagnie des Indes, ses Syndics & Directeurs, le privilége exclusif de faire dans l'étendue du Royaume différentes Loteries, pour les lots en être payés, soit en argent comptant ou en actions & dixiéme d'actions, dans le cas où la recette en aura été faite en cette nature d'effets, soit en rentes viageres assignées sur les fonds de la Compagnie, que les Syndics & Directeurs en son nom pourront constituer, tant au profit des sujets de Sa Majesté que des Etrangers, sur le pied de dix pour cent du produit de la recette en argent des Loteries pour rentes viageres, sans que lesdites rentes viageres puissent être retranchées ou saisies sous quelque prétexte que ce soit : veut néanmoins Sa Majesté que les Loteries qui sont actuellement ouvertes, en vertu des différens priviléges particuliers par elle accordés, subsistent jusqu'à la fin des termes portés par lesdits privilége : permet Sa Majesté aux Syndics & Directeurs de la Compagnie des Indes de prélever au profit de ladite Compagnie sur le total de la recette des Loteries qu'ils feront, le bénéfice qui sera réglé par les délibérations des assemblées d'administration, dont la teneur sera rendue publique, & de destiner les fonds qui proviendront de la recette des Loteries en rentes viageres, à prêter sans aucune préférence aux Actionnaires, & non à autres, les sommes qui seront convenues par les délibérations des assemblées d'administration, en déposant par eux des actions à la Compagnie pour sûreté des prêts, avec leurs billets payables à ordre dans des termes fixes, Sa Majesté autorisant ladite

Compagnie à prendre jusqu'à six pour cent par an pour l'intérêt des sommes qu'elle prêtera aux Actionnaires, le tout en la forme & maniere qui sera réglée par les délibérations desdites assemblées d'administration. Fait au Conseil d'Etat du Roi, Sa Majesté y étant, tenu à Versailles le quinziéme jour de Février mil sept cent vingt-quatre.

Signé PHELYPEAUX.

ARREST
DU CONSEIL D'ÉTAT
DU ROY,

CONCERNANT *la faculté accordée à la Compagnie des Indes, pour la converſion volontaire d'un nombre d'actions en rentes purement viageres, ou viageres en forme de Tontine.*

Du 15 Février 1724.

Extrait des Regiſtres du Conſeil d'Etat.

VU par le Roi étant en ſon Conſeil la requête préſentée par les Syndics & Directeurs de la Compagnie des Indes, & d'eux ſignées, contenant que par délibération priſe en l'aſſemblée générale d'adminiſtration de ladite Compagnie du 19 Janvier dernier, ſur l'examen qui y a été fait de la ſituation où elle ſe trouve actuellement, il a été délibéré que ſans altérer en aucune maniere le fonds du dividende de cent cinquante livres par action, qui ſe paye actuellement, la Compagnie eſt en état de procurer à ceux des Actionnaires à qui ce revenu n'eſt pas ſuffiſant pour leur ſubſiſtance, un ſecours plus conſidérable, en convertiſſant librement au gré des porteurs, tant ſujets de Sa Majeſté qu'étrangers, leurs actions en rentes purement viageres ou en rentes viageres par forme de tontine avec accroiſſement aux ſurvivans, à leur choix, en tel nombre, sur le pied & aux clauses & conditions qui seront portées par les délibérations des assemblées d'administration : que ces constitutions viageres seront également utiles aux Actionnaires qui resteront, tant par l'extinction successive desdites rentes que par les nouveaux priviléges que la Compagnie ose espérer de la protection de Sa Majesté. Mais que comme ladite Compagnie ne peut contracter avec ses Actionnaires, tant sujets de Sa Majesté qu'Etrangers, qui voudront convertir leurs actions en rentes purement viageres, ou viageres par forme de tontine, sans la permission de Sa Majesté, à ces causes requéroient les supplians qu'il plût au Roi permettre à la Compagnie des Indes, ses Syndics & Directeurs stipulans pour elle, de convertir librement au gré des Actionnaires, en rentes purement viageres, ou viageres par forme de tontine, avec accroissement aux survivans, le nombre d'actions qui sera réglé par délibérations des assemblées d'administration de la Compagnie, qui seront rendues publiques à cet égard, & d'en passer par lesdits Syndics & Directeurs audit nom les contrats de constitution, tant au profit des sujets de Sa Majesté que des Etrangers qui voudront acquérir lesdites rentes, sans que les arrérages desdites rentes puissent être retranchés ni saisis sous quelque prétexte que ce soit ou puisse être, & aux autres clauses & conditions qui seront portées par les délibérations desdites assemblées d'administration : oui le rapport du sieur Dodun, Conseiller ordinaire au Conseil Royal, Contrôleur général des Finances, SA MAJESTE' E'TANT EN SON CONSEIL, a permis & permet à la Compagnie des Indes, ses Syndics & Directeurs stipulans pour elle, de convertir librement, au gré des Actionnaires, en rentes purement viageres, ou viageres par forme de tontine, avec accroissement aux survivans, le nombre d'actions qui sera réglé par délibérations des assemblées d'administration de la Compagnie, qui seront rendues publiques à cet égard, & d'en passer par lesdits Syndics & Directeurs audit nom, les contrats de constitution, tant au profit des sujets de Sa Majesté que des Etrangers qui voudront acquérir lesdites rentes, sans que les arrérages d'icelles puiſſent être retranchés ni ſaiſis ſous quelque prétexte que ce ſoit ou puiſſe être, & aux autres clauſes & conditions qui ſeront portées par leſdites délibérations deſdites aſſemblées d'adminiſtration. FAIT au Conſeil d'Etat du Roi, Sa Majeſté y étant, tenu à Verſailles le quinziéme jour de Février mil ſept cent vingt-quatre. *Signé* PHELYPEAUX.

EXTRAIT DU REGISTRE
général des délibérations de la Compagnie des Indes.

Du 16 Février 1724.

CE jourd'hui seiziéme Février mil sept cent vingt-quatre, en l'assemblée générale d'administration, a été délibéré l'enregistrement de deux requêtes, dressées & approuvées en l'assemblée des Directeurs, tenue le 8 de ce mois, de Messieurs de Fortia, de Landivisiau, Angran & Peirene de Moras, présentées au Roi en son Conseil le Mardi suivant 15 du présent mois par M. le Contrôleur général, & desquelles en faveur de la Compagnie des Indes il a plû à Sa Majesté d'accorder toute la teneur qui suit.

AU ROY,

Et à Nosseigneurs de son Conseil.

SIRE,

LES Syndics & Directeurs de la Compagnie des Indes remontrent très-humblement à Votre Majesté que par délibération prise en l'assemblée générale d'administration de ladite Compagnie du 19 Janvier dernier, sur l'examen qui a été fait de la situation où elle se trouve actuellement, il a été délibéré que sans altérer en aucune maniere le fonds du dividende de cent cinquante livres par action qui se paye actuellement, la Compagnie est en état de procurer à ceux des Actionnaires à qui ce revenu n'est pas suffisant pour leur subsistance, un secours plus considérable, en convertissant librement au gré des porteurs, tant sujets de Votre Majesté qu'Etrangers, leurs actions en rentes purement viageres, ou en rentes viageres par forme de tontine avec accroissement aux survivans, à leur choix, en tel nombre, sur le pied & aux clauses & conditions qui seront portées par les délibérations des assemblées d'administration.

Ces constitutions viageres seront également utiles aux Actionnaires qui resteront, tant par l'extinction successive desdites rentes que par les nouveaux priviléges que la Compagnie ose espérer de la protection de Votre Majesté.

Mais comme ladite Compagnie ne peut contracter avec ses Actionnaires, tant sujets de Votre Majesté qu'Etrangers, qui voudront convertir leurs actions en rentes purement viageres, ou viageres par forme de tontine, sans la permission de Votre Majesté, les supplians ont recours à elle pour lui être sur ce pourvû.

A ces causes, SIRE, plaise à Votre Majesté permettre à la Compagnie des Indes, ses Syndics & Directeurs stipulans pour elle, de convertir librement au gré des Actionnaires, en rentes purement viageres, ou viageres par forme de tontine, avec accroissement aux survivans, le nombre d'actions qui sera réglé par délibération des assemblées d'administration de la Compagnie, qui seront rendues publiques à cet égard, & d'en passer par lesdits Syndics & Directeurs audit nom les contrats de constitution, tant au profit des sujets de Votre Majesté que des Etrangers qui voudront acquérir lesdites rentes, sans que les arrérages desdites rentes puissent être retranchés ni saisis sous quelque prétexte que ce soit ou puisse être, & aux autres clauses & conditions qui seront portées par les délibérations desdites assemblées d'administration. A Paris le 8 Février 1724. *Et ont signé* DE MEUVES, fils, CAVALIER, SAINTARD, BOYVIN D'HARDANCOUT, MOUCHARD, GODEHEU, MORIN, DESPREMENIL, LE CORDIER, FROMAGET, DARTAGUIETTE, DIRON, BEGON, LAUGEOIS, LUILLIER, DE LA GOMBAUDE, BERLAND *&* GIRARD DE BUSSON.

AU ROY,
Et à Nosseigneurs de son Conseil.

SIRE,

LES Syndics & Directeurs de la Compagnie des Indes représentent très-humblement à Votre Majesté, conformément aux délibérations prises dans l'assemblée générale d'administration les 19 Janvier dernier & 2 du présent mois, que les actions de la Compagnie tenant lieu aux Actionnaires qui la composent d'un capital très-considérable, & qui a été reconnu par les opérations ci-devant faites, provenir de remboursement ou d'autres fonds réels qu'ils y ont employés, Votre Majesté a bien voulu marquer par les différens priviléges qu'elle a accordés à la Compagnie, qu'elle désiroit rendre en quelque sorte leur condition égale à celle de ses autres sujets, dont les fonds étoient restés ès mains de Votre Majesté au moyen de ces priviléges, & sans toucher aux bénéfices qui doivent provenir des différentes parties de commerce de la Compagnie, l'action se trouve avoir un dividende assuré de cent cinquante livres, dont le payement se fait actuellement à Bureau ouvert en l'Hôtel de la Compagnie : cependant quoique ce dividende doive être regardé comme un revenu certain attaché à l'action, & qu'il y ait lieu d'espérer qu'il augmentera considérablement, non-seulement par le progrès des priviléges accordés par Votre Majesté à la Compagnie, mais par l'accroissement de son commerce, qui peut dès-à présent être regardé comme un des plus florissans de l'Europe ; néanmoins plusieurs des Actionnaires qui ont besoin d'argent sont obligés d'abandonner ces avantages en donnant leurs actions à vil prix.

A ces causes, SIRE, plaise à Votre Majesté d'accorder aux supplians audit nom le privilége exclusif de faire

dans

dans l'étendue du Royaume différentes Loteries, pour les lots en être payés, soit en argent comptant ou en actions & dixiéme d'actions, dans le cas où la recette en aura été faite en cette nature d'effets, soit en rentes viageres assignées sur les fonds de la Compagnie; que les supplians audit nom pourront constituer au profit des sujets de Votre Majesté & aux Etrangers, & sur le pied de dix pour cent du produit de la recette en argent des Loteries pour rentes viageres, sans que lesdites rentes viageres puissent être retranchées ou saisies sous quelque prétexte que ce soit, en laissant néanmoins subsister celles qui sont ouvertes en vertu des différens priviléges particuliers accordés par Votre Majesté jusqu'à la fin des termes portés par ledit privilége; de leur permettre de prélever au profit de la Compagnie sur le total de la recette des Loteries qu'ils feront, le bénéfice qui sera réglé par ses délibérations des assemblées d'administration, dont la teneur sera rendue publique, & de destiner les fonds qui proviendront de la recette des Loteries en rentes viageres, à prêter sans aucune préférence aux Actionnaires, & non à autres, les sommes qui seront convenues par les délibérations des assemblées d'administration en déposant par eux des actions à la Compagnie, pour sûreté des prêts, avec leurs billets payables à ordre dans les termes fixés, & de l'autoriser à prendre jusqu'à six pour cent par an pour l'intérêt des sommes qu'elle prêtera aux Actionnaires, le tout en la forme & maniere qui sera réglée par les délibérations desdites assemblées. Fait à Paris le 8 Février 1724. *Signée desdits Syndics & Directeurs comme à la premiere requête.*

En conséquence du privilége des Loteries accordé par le Roi à la Compagnie des Indes, & de la permission pareillement accordée par Sa Majesté à ladite Compagnie, de convertir un certain nombre de ses actions intéressées, tant en rentes purement viageres, que viageres par forme de tontine, conformément aux requêtes ci-dessus.

Sur la question agitée de la forme qui seroit donnée à la régie des opérations qui doivent résulter de ladite permission & dudit privilége, & sur la représentation des Directeurs que les divers départemens d'affaires dont ils sont déja chargés, & qui demandent leur principale attention, ne pouvant permettre à aucun d'eux de se donner tout entier au détail de cette nouvelle régie, il sembleroit nécessaire qu'une personne fût nommée pour vacquer particulierement à la suite de ce détail: le choix de cette personne ayant été mis en délibération, toutes les voix ont été pour M. Barrême, & il a été décidé qu'il seroit chargé de suivre le détail des opérations nouvelles, sous l'inspection de Messieurs Demeuves & Dartaguiette, Syndics, & de Messieurs Fromaget & Mouchard, Directeurs de la Compagnie, lesquels s'assembleroient avec ledit Barrême pour régler la forme de la régie des affaires ci-dessus, & se faire par lui rendre compte de la suite & du détail des opérations; & que par eux, soit à l'assemblée des Directeurs, soit à celle d'administration, seroient référés les différens arrangemens qu'il auroit été convenu de prendre pour la forme de ladite régie, le choix des Commis qui doivent travailler sous M. Barrême, la suite & les progrès des opérations, & tout ce qui sera à l'avenir nécessaire de proposer pour tirer un parti avantageux à la Compagnie, tant du privilége des Loteries que de la conversion de ses actions en rentes purement viageres, ou viageres par forme de tontine.

Il a été décidé que les délibérations des assemblées d'administration ne pourroient être changées que par d'autres délibérations des mêmes assemblées, tenues en la maniere & au lieu accoutumé.

LOTERIE VIAGERE.

Du 1 Mars 1724.

Chaque billet sera de cent livres en espéces. Les lots seront payés en rentes viageres.

La Compagnie des Indes donnera en rentes viageres dix pour cent du montant de la recette de chaque mois.

Chaque billet de cette Loterie sera signé indistinctement par deux des sieurs Caulet, Huet, Chabirant & le Sueur.

Les billets heureux seront reçûs par la Compagnie des Indes pour valeur des contrats viagers, qui seront constitués selon la volonté des porteurs.

Le porteur d'un billet heureux pourra constituer la rente de son lot sur autant de têtes que bon lui semblera.

La rente viagere commencera à courir du jour de sa constitution.

Les arrérages des rentes viageres échûs, seront payés en espéces sonnantes le premier Juillet & le premier Janvier de chaque année.

Tous les Etrangers porteurs de billets heureux pourront constituer, & les rentes leur seront payées comme aux sujets de Sa Majesté, quand même ils résideroient hors du Royaume, même en temps de guerre.

La Compagnie des Indes retiendra sur la recette générale cinq pour cent.

Cette Loterie sera toujours tirée dans l'Hôtel de la Compagnie des Indes le 20 de chaque mois en l'état qu'elle se trouvera.

La premiere portion de cette Loterie sera tirée le 20 Mars 1724.

DISTRIBUTION DES LOTS,

faite sur une recette supposée d'un million.

1 lot de 12000 livres de rente,		12000 liv.
1 lot de 6000		6000
4 lots de 3000		12000
10 lots de 2000		20000
15 lots de 1000		15000
30 lots de 500		15000
50 lots de 300		15000
Sur dix mille billets. 111 lots.		95000
Bénéfice à cinq pour cent.		5000

Une recette d'un million. . . . 100000 liv. de rente.

Les billets de cette Loterie feront entre les mains des Notaires, qui feuls les diftribueront au public.

Il a été auſſi délibéré que les Syndics & Directeurs de la Compagnie des Indes préſenteroient une requête au Roi, à l'effet d'être autoriſés par Sa Majeſté à recevoir de tous particuliers les ſommes qui ſeront offertes à la Compagnie pour être employées à l'opération ou prêt ſur les actions, & ce ſans autre engagement de la Compagnie que de leur remettre les actions dépoſées par les emprunteurs, dans le cas où leſdits emprunteurs n'acquitteront pas aux échéances le prêt qui leur auroit été fait, & qu'à l'égard des intérêts, il en ſeroit uſé de la maniere qu'il ſeroit convenu en conſéquence des délibérations priſes dans les aſſemblées d'adminiſtration de ladite Compagnie.

La même aſſemblée a autoriſé le ſieur Bille, Caiſſier des nouvelles affaires, à retenir deux pour cent de l'intérêt que payent les Actionnaires pour les prêts qui leur feront faits par les particuliers ſur les actions.

EXTRAIT DU REGISTRE général des délibérations de la Compagnie des Indes.

Du 1 Mars 1724.

IL a été enſuite queſtion de commencer les opérations qui doivent émaner des nouvelles affaires, & le prêt aux Actionnaires étant une des plus importantes, pour mettre en regle cette opération, en conformité de l'Arrêt du Conſeil du 15 Février 1724, concernant le privilége excluſif des Loteries accordé à la Compagnie des Indes, il a été délibéré de prêter quinze cens livres ſur chaque action qui reſteroit dépoſée pour ſureté deſdits prêts.

COMPAGNIE DES INDES.

AVIS AUX ACTIONNAIRES.

EN conformité de l'Arrêt du Conseil du 15 Février 1724, concernant le privilége exclusif des Loteries, accordé à la Compagnie des Indes, les Syndics & Directeurs ont résolu par leur délibération du premier de ce mois, de prêter quinze cens livres sur chaque action qui restera déposée pour sûreté dudit prêt.

Le sieur Bille, Caissier de la Compagnie des Indes, dont le Bureau est établi rue du Bouloir, commencera Lundi prochain 6 Mars 1724 à recevoir les soumissions de tous ceux qui souhaitent emprunter, & continuera les jours suivans depuis neuf heures du matin jusqu'à midi.

Chaque particulier pourra faire une ou plusieurs soumissions, pourvû qu'elles ne montent ensemble qu'à dix actions.

Aucun ne pourra souscrire pour plus de dix actions dans chaque jour.

Chaque soumission sera datée & signée par celui qui souhaite emprunter, & contiendra le bordereau des numero des actions destinées à rester déposées pour sûreté du prêt.

Chaque soumission fera mention du temps que demandera l'emprunteur, la Compagnie ayant résolu de prêter pour un ou plusieurs mois, à raison de demi pour cent d'intérêt par mois.

Toutes ces soumissions seront enregistrées par le sieur Bille sur un journal où chaque soumission prendra son numero d'enregistrement.

Toutes les soumissions présentées le 6 Mars seront enregistrées avant celles qui auront été présentées le 7 Mars, & cette regle toujours soutenue accordera successivement la préférence aux soumissions du jour précédent.

L'ordre du numero indiquera celles des soumissions auxquelles on prêtera par préférence sur les autres soumissions du même jour.

Chaque soumission sera rendue au particulier trois jours après sa présentation, portant son numero d'enregistrement: ces restitutions se feront l'après midi depuis trois heures jusqu'à six.

Une affiche publique instruira les emprunteurs des numero auxquels la Compagnie prêtera.

La signature de l'emprunteur lui laissera l'option, ou de rembourser les quinze cens livres par lui empruntées, ou de renoncer à l'action par lui déposée.

EXTRAIT DU REGISTRE général des délibérations de la Compagnie des Indes.

Du 15 Mars 1724.

PRIVILEGE EXCLUSIF DES LOTERIES,

Permission de présenter sur l'action jusqu'à demi pour cent d'intérêt par mois, & faculté de convertir des actions en rentes purement viageres, & en rentes viageres par forme de Tontines.

LE plan qui a donné lieu de demander au Roi ce privilége & ces permissions, fut arrêté le 19 Janvier dernier par l'assemblée générale d'administration ; le zele de quelques personnes qui regardent la Compagnie comme un établissement très-utile au Royaume, leur a fait proposer cet arrangement, après avoir donné leurs soins au compte que la Compagnie avoit à rendre au Roi, & consommé ce grand ouvrage. Les premieres propositions furent faites à la fin du mois d'Août dernier ; dans le temps que l'action étoit à huit ou neuf cens livres, Son Alteſſe ſéréniſſime les approuva dès-lors, de même que M. le Contrôleur général; mais d'autres projets en firent ſuſpendre l'exécution, qui n'a pû trouver place que dans ces derniers temps.

Si la Compagnie avoit agi ſur ce principe lorſque l'action étoit à un ſi bas prix, & que le dividende de 1723 n'étoit pas encore fixé à cent cinquante livres, il en ſeroit revenu de très-grands avantages aux Actionnaires; car il eſt vraiſemblable de penſer qu'il y auroit eu beaucoup plus d'empreſſement à placer des actions en rentes purement viageres, à raiſon de deux cens cinquante livres par an, & en rentes viageres par forme de tontine, à raiſon de deux cens livres, avec accroiſſement de la moitié aux ſurvivans, & plus il y auroit eu d'actions converties de cette maniere, moins il en ſeroit demeuré en nature, & par conſéquent plus il y auroit eu d'augmentation au dividende de celles qui auroient ſubſiſté, puiſqu'elles auroit profité des arrérages des rentes viageres qui ſe feroient éteintes ſucceſſivement.

Il s'en faut bien néanmoins que l'établiſſement des rentes viageres demeure ſans effet, le bénéfice eſt encore aſſez grand pour engager à cette converſion pluſieurs Actionnaires, tant ſujets du Roi qu'étrangers; & quand il n'y en auroit que très-peu qui s'y détermineroient, ce ſeroit une marque certaine de l'opinion que le public auroit de la ſolidité de l'action & du commerce de la Compagnie, qui doit procurer un accroiſſement conſidérable au dividende de cent cinquante livres, dans lequel il n'entre rien du produit du commerce; ainſi quel que ſoit l'évenement, il ſera toujours favorable à la Compagnie.

Depuis la publication des deux Arrêts du Conſeil du 15 Février dernier, qui accordent à la Compagnie le privilége excluſif des Loteries & les permiſſions dont elle avoit beſoin pour l'exécution du nouveau plan, on a fait les diſpoſitions néceſſaires pour ouvrir inceſſamment le Bureau de la converſion des actions en rentes purement viageres & en rentes viageres par forme de tontine; on en admettra d'abord deux mille d'une façon & deux mille de l'autre, sauf à continuer, si l'assemblée générale d'administration le juge par la suite avantageux ou nécessaire, ainsi qu'il est porté par la délibération du 19 Janvier dernier, & la Compagnie assemblée décidera de l'usage qu'il faudra faire des actions retirées par cette voye.

Il a été ouvert une Loterie à cent livres le billet en argent, dont la premiere portion se tirera le 20 de ce mois dans l'état où elle se trouvera, & successivement tous les mois il en sera fait une pareille. Les arrérages de tout le fonds, à la réserve seulement de cinq pour cent déduits pour les frais, seront évalués en rentes viageres à raison de dix pour cent, & distribués en divers lots : les contrats de rentes viageres seront passés aux porteurs des billets heureux, tant sujets du Roi qu'Etrangers, au nom de la Compagnie, & les fonds de cette Loterie serviront à prêter quinze cens livres sur chaque action, à raison de demi pour cent d'intérêt par mois, en la forme indiquée par les placards publiés, & sans préférence.

Les avantages de cette Loterie sont immenses ; la Compagnie se restraint à cinq pour cent de bénéfice, tandis que l'Etranger prend jusqu'à vingt pour cent ; c'est un attrait pour tout le monde, outre que les billets heureux seront recherchés par ceux qui voudront se faire un revenu considérable. Il n'est pas permis aux particuliers de contracter entre eux des rentes viageres, & le denier dix est le plus fort qui jamais ait été prescrit pour ces sortes de constitutions. Nonobstant la force de l'intérêt, la Compagnie acquerera des fonds immenses par le succès de cette Loterie, & ces fonds ne lui couteront que quatre pour cent, qui même s'éteindront avec le temps, parce qu'elle retirera six pour cent du prêt qu'elle fera sur les actions : d'ailleurs le prêt de quinze cens livres est une ressource pour l'Actionnaire dans ses besoins, & doit soutenir la valeur de l'action ; car à raison de demi pour cent d'intérêt par mois, il ne faut que quatre-vingt-dix livres par an pour l'intérêt de quinze cens livres, l'Actionnaire aura donc encore soixante livres

de

de reste du dividende d'une action considérée seulement sur le pied de cent cinquante livres, sans la répartition des fruits du commerce. Or à la même raison de demi pour cent par mois, soixante livres doivent former un capital de mille livres en sus des quinze cens livres; la même proportion se trouve à raison de dix pour cent dans les deux cens cinquante livres assurées pour chaque action qui sera convertie en rente viagere, & tout concourt à donner une valeur raisonnable à cet effet qui dépérissoit depuis long-temps; aussi dès que le nouveau projet a paru il en a résulté une augmentation considérable dans le prix des actions, qui n'étoient auparavant qu'à douze cens soixante livres.

On a encore travaillé aux dispositions de deux autres Loteries, qui seront aussi tirées tous les mois; les billets de l'une seront en argent, mais à un prix où chacun puisse atteindre; & ceux de l'autre en dixiéme d'actions, & les lots se payeront de même, c'est-à-dire, ceux de l'une en argent, & ceux de l'autre en actions : il sera prélevé quinze pour cent sur le total de la recette au profit de la Compagnie, & ce sera pour elle une augmentation de fonds en argent & en actions, dont elle disposera comme elle jugera convenable.

Dès qu'une fois toute l'opération du nouveau plan marchera, il n'y aura plus qu'à en soutenir invariablement l'harmonie pour en retirer l'utilité que les Actionnaires ont lieu d'en attendre. On pourra même à l'occasion du privilége des Loteries, tracer de nouvelles opérations qui contribueront toutes à l'avantage de la Compagnie, sans l'exposer à aucune perte & sans contraindre le public, afin que partout, comme dans le nouveau plan, il y ait sûreté, confiance & liberté.

Après lecture faite du mémoire ci-dessus, les états particuliers qui justifient ce qu'il renferme, avec le bilan général ont été mis sur le Bureau pour être vûs & examinés par les Actionnaires de la Compagnie des Indes, & après l'examen fait par plusieurs d'entre eux, tant dudit bilan que desdits états, l'assemblée générale desdits Actionnaires a approuvé, confirmé & ratifié l'administration des Syndics & Directeurs depuis le 6 Septembre 1723 jusqu'à ce jour, & tout ce qui est contenu au mémoire ci-dessus transcrit.

L'assemblée a élû, sous le bon plaisir de Son Altesse sérénissime Monseigneur le Duc, M. Paris du Verney pour Syndic général des Actionnaires, & M. Barrême pour Directeur de la Compagnie.

Il a été décidé dans la même assemblée qu'il seroit donné pendant un mois, sur le certificat de l'un des Syndics, communication à tous Actionnaires, tant du mémoire transcrit sur le registre général de l'administration & lû ce jour d'hui, que du bilan général; qu'en outre seroit fait lecture desdits mémoire & bilan une fois la semaine pendant le cours dudit mois, & que la présente délibération seroit annoncée au public par affiches en la maniere accoutumée.

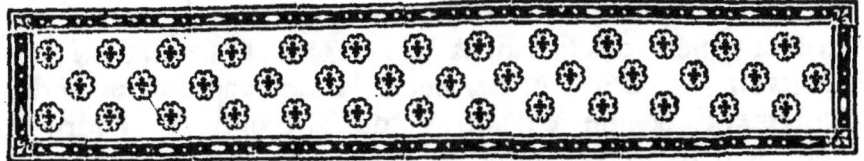

ARREST
DU CONSEIL D'ÉTAT
DU ROY,

QUI permet à la Compagnie des Indes de faire entrer, vendre & débiter dans le Royaume, les mouchoirs de coton, soye & coton, écorce & soye, & écorce, qu'elle fait venir des pays de ses concessions par ses Vaisseaux : ordonne qu'il sera fait Inventaire desdits mouchoirs, & que toutes les piéces desdits monchoirs seront marquées aux deux bouts de chaque piéce dans la forme prescrite par ledit Arrêt du Conseil.

Du 9 Mai 1724.

Extrait des Regiſtres du Conſeil d'Etat.

LE Roi étant informé que nonobſtant les défenſes rigoureuſes qui ont été faites d'introduire, vendre & débiter dans le Royaume les mouchoirs de coton venant des Indes, il n'a pas été poſſible juſqu'à préſent d'en empêcher l'uſage, qui eſt même devenu en quelque façon néceſſaire ; & conſidérant qu'il n'y a aucune marchandiſe du cru ni de la fabrique du Royaume qui puiſſe ſuppléer auxdits mouchoirs de coton des Indes ; oui le rapport du sieur Dodun, Conseiller ordinaire au Conseil Royal, Contrôleur général des Finances, SA MAJESTE' ÉTANT EN SON CONSEIL, a permis & permet à la Compagnie des Indes seulement, & non à d'autres, de faire entrer, vendre & débiter dans le Royaume les mouchoirs de coton, soye & coton, écorce & soye, & écorce, qu'elle fait venir des pays de ses concessions par ses Vaisseaux : veut Sa Majesté que par le Commissaire du Conseil départi en la Province de Bretagne, ou par celui qu'il subdéleguera à cet effet, il soit fait en présence du sieur Richard, commis par le Conseil pour l'exécution de l'Arrêt du 18 Mai 1720, inventaire desdits mouchoirs venant par les Vaisseaux de la Compagnie des Indes : ordonne que toutes les piéces desdits mouchoirs soient marquées aux deux bouts de chaque piéce d'une marque pareille à l'empreinte étant au pied de l'Arrêt du 28 Avril 1711, imprimé sur un morceau de parchemin, signé par les sieurs Cochois & Robineau, que Sa Majesté a commis à cet effet par Arrêt du 20 Décembre 1719, par le sieur Camiaille, aussi commis par Arrêt du 30 Mai 1721, & par le sieur Dubois, aussi commis par Arrêt du 15 Juillet 1721, ou par un d'eux seulement, laquelle marque sera attachée au chef & à la queue de chaque piéce, avec le plomb de ladite Compagnie & avec les autres formalités prescrites pour les toiles de coton blanches par les différens Arrêts du Conseil : permet Sa Majesté à tous Négocians & Marchands d'acheter de la Compagnie des Indes, & d'introduire, vendre & débiter dans le Royaume lesdites piéces de mouchoirs de coton, de soye & coton, écorce & soye, & écorce, en payant les droits d'entrée desdites marchandises portés par le Tarif de 1664, pour ce qui y est contenu & dénommé, & trois pour cent de la valeur pour ce qui n'y est pas compris, & conformément à l'article XLIV de l'Edit du mois d'Août de la même année, aux Arrêts des 29 Avril & 22 Novembre 1692, 2 Novembre 1702, & aux autres Arrêts, Déclarations & Edits rendus en faveur de la Compagnie des Indes, & ce nonobstant ce qui avoit été ordonné au contraire par divers Réglemens & Arrêts du Conseil, & entr'autres par celui du 5 Juillet 1723, portant défenses d'introduire dans le Royaume des étoffes & toiles peintes des Indes, de la Chine, de Perse & du Levant, ni d'en faire aucun commerce ni aucun usage, Sa Majesté y dérogeant en tant que besoin seroit pour le regard seulement desdits mouchoirs marqués de la marque & du plomb de la Compagnie des Indes : veut Sa Majesté que lesdits Arrêts & Réglemens, & notamment l'Arrêt du 5 Juillet 1723, soient au surplus exécutés, & en conséquence fait nouvelles & itératives défenses à toutes personnes, sans exception, d'introduire, vendre ni débiter dans le Royaume aucunes toiles peintes ni autres prohibées par lesdits Arrêts, que les piéces de mouchoirs marquées de la marque & du plomb de ladite Compagnie des Indes, ni d'employer lesdites piéces de mouchoirs à d'autres usages, soit en meubles ou vêtemens, sous les peines portées par les Edits, Déclarations & Arrêts intervenus à ce sujet. FAIT au Conseil d'Etat du Roi, Sa Majesté y étant, tenu à Versailles le neuviéme jour de Mai mil sept cent vingt-quatre. Signé PHELYPEAUX, avec paraphe.

LOUIS, PAR LA GRACE DE DIEU, ROI DE FRANCE ET DE NAVARRE, à notre amé & féal Conseiller en notre Conseil d'Etat le sieur Feydeau de Brou, Intendant de Justice, Police & Finances en notre Province de Bretagne: SALUT. Nous vous mandons & enjoignons par ces Présentes, signées de nous, de tenir la main à l'exécution de l'Arrêt ci-attaché sous le contre-scel de notre Chancellerie, ce jourd'hui donné en notre Conseil d'Etat, nous y étant, pour les causes y contenues : commandons au premier notre Huissier ou Sergent sur ce requis, de signifier ledit Arrêt à tous qu'il appartiendra, à ce que personne n'en ignore, & de faire pour son entiere exécution tous actes & exploits nécessaires, sans autre permission ; car tel est notre plaisir. DONNÉ à Versailles le neuviéme jour de Mai l'an de grace mil sept cent vingt-quatre, & de notre regne le neuviéme. *Signé* LOUIS. *Et plus bas ;* par le Roi, PHELYPEAUX. Et fcellé.

PAul-Efprit Feydeau, Chevalier, Seigneur de Brou, la Villeneuve aux Aulnes, Calandes, le Chariot & autres lieux, Confeiller d'Etat, Commiffaire départi pour l'exécution des ordres de Sa Majefté en la Province de Bretagne. Vû le préfent Arrêt & la commiffion du grand Sceau fur icelui expédiée ; nous Confeiller d'Etat & Commiffaire fufdit, ordonnons que ledit Arrêt fera exécuté felon fa forme & teneur, & qu'à cet effet il fera par le fieur Mellier, Général des Finances & notre Subdélegué à Nantes, procédé à l'inventaire porté audit Arrêt, & faire généralement tout ce qui concerne l'exécution d'icelui. Fait à Rennes le 17 Juin 1724. *Signé* FEYDEAU. *Et plus bas*, par Monfeigneur, *figné* RONDEAU. *Et au-deffous eft écrit :* pour duplicata, *figné* FEYDEAU. *Et plus bas ,* par Monfeigneur, *figné* MAHON.

GErard Mellier, Confeiller du Roi, Tréforier de France, Général des Finances en Bretagne, Chevalier des Ordres Royaux, Militaires & Hofpitaliers de Notre-Dame de Mont-Carmel & de faint Lazare de Jerufalem, Maire & Colonel de la Milice Bourgeoife de Nantes, Commiffaire & Subdélegué en cette partie de Monfieur Paul-Efprit Feydeau, Chevalier, Seigneur de Brou, la Villeneuve aux Aulnes, Calandes, le Chariot & autres lieux, Confeiller d'Etat, Commiffaire départi pour l'exécution des ordres de Sa Majefté en la Province de Bretagne. Vû l'Arrêt du Confeil ci-deffus, Lettres de Commiffion fur icelui en date du 7 Mai dernier, & l'Ordonnance de mondit fieur l'Intendant du 17 Juin fuivant ; nous Commiffaire & Subdélegué fufdit, ordonnons que lefdits Arrêt du Confeil & Ordonnance feront exécutés felon leur forme & teneur, lûs, publiés & affichés par-tout où il apprtiendra, à ce qu'aucun n'en ignore. Fait à Nantes le 5 Juillet 1724. *Signé* MELLIER.

DECLARATION DU ROY,

EN interprétation du Réglement & Lettres Patentes du 12 Janvier 1717, concernant le siége d'Amirauté établi à Pondichery.

Du 30 Mai 1724.

LOUIS, PAR LA GRACE DE DIEU, ROI DE FRANCE ET DE NAVARRE, à tous ceux ceux qui ces Présentes Lettres verront: SALUT. Par notre Réglement du 12 Janvier 1717, & nos Lettres Patentes expédiées sur icelui, concernant les Siéges d'Amirauté établis dans tous les Ports de nos Isles & Colonies Françoises, nous avons ordonné par l'article III du titre I, que les Officiers desdites Jurisdictions ne pourront en même tems posséder des Offices dans nos Conseils supérieurs de nosdites Colonies; & par l'article I du titre III, que les appellations des Jugemens desdits Siéges d'Amirauté, seront portées au Conseil supérieur où ressortit la Justice ordinaire du lieu, nous avons été informés que les particuliers qui ont été pourvûs d'Offices du Siége de l'Amirauté établi à Pondichery, ont été depuis nommés Officiers de notre Conseil supérieur établi audit lieu, attendu la faute des sujets capables de remplir les places d'Officiers de Judicature audit pays; & comme aux termes desdits Réglemens & Lettres Patentes, il y a incompatibilité dans l'administration des Offices de ces deux différentes Jurisdictions, en ce que les mêmes Officiers seroient Juges en cas d'appel des affaires dont ils auroient connu en premiere inftance, & étant néceffaire d'expliquer nos intentions à ce fujet : A CES CAUSES, de notre certaine fcience, pleine puiffance & autorité Royale, nous avons dit, déclaré & ordonné, difons, déclarons & ordonnons, voulons & nous plaît, que les Officiers dudit Confeil fupérieur établi audit Pondichery puiffent poffeder en même tems des Offices dans le Siége d'Amirauté dudit lieu, à condition par eux de s'abftenir en cas d'appel de la connoiffance des affaires dont ils auront été Juges en premiere inftance, validant à cet effet les provifions qui leur ont été expédiées pour remplir les Offices de ces deux Jurifdictions, fans que pour ce ceux qui font pourvûs ou qui pourroit fe faire pourvoir à l'avenir d'Offices dans lefdites deux Jurifdictions foient tenus d'obtenir de nous des Lettres de compatibilité, dont nous les avons difpenfé & difpenfons par cefdites Préfentes ; le tout fans tirer à conféquence : voulons cependant qu'en cas de vacance des Offices d'Amirauté audit lieu, ils ne puiffent être accordés qu'aux derniers pourvûs d'Offices dudit Confeil fupérieur. Si donnons en mandement à nos amés & féaux, les gens tenant notre Confeil fupérieur à Pondichery, que ces Préfentes ils ayent à faire lire, publier & regiftrer, & le contenu en icelles garder & obferver felon leur forme & teneur, nonobftant tous Edits, Ordonnances, Réglemens & autres chofes à ce contraires, auxquels nous avons dérogé & dérogeons par cefdites Préfentes ; car tel eft notre plaifir, en témoin de quoi nous avons fait appofer notre fcel à cefdites Préfentes. DONNÉ à Verfailles le trentiéme jour du mois de Mai, l'an de grace mil fept cent vingt-quatre, & de notre regne le neuviéme. *Signé* LOUIS. *Et plus bas*, par le Roi. *Signé* PHELYPEAUX. Et fcellé en cire jaune.

ARREST

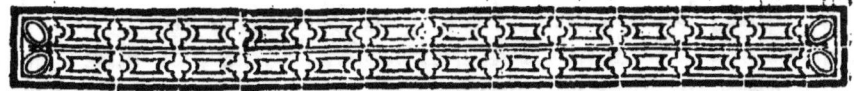

ARREST
DU CONSEIL D'ÉTAT
DU ROY,

QUI ordonne qu'il sera fait Inventaire de toutes les marchandises qui composent le chargement des Vaisseaux le Bourbon, la Diane, l'Argonaute & l'Athalante, venant des Ports des concessions de la Compagnie des Indes; lesquelles marchandises seront vendues en la maniere accoutumée. Ordonne Sa Majesté, que toutes les piéces de Mousselines, Toiles de coton blanches & Mouchoirs de coton, soye & coton, Ecorce & soye, & Ecorce, seront marquées des deux bouts de chaque piéce, dans la forme prescrite par ledit Arrêt du Conseil.

Du 5 Juin 1724.

Extrait des Registres du Conseil d'Etat.

SUR la requête présentée au Roi étant en son Conseil par les Directeurs de la Compagnie des Indes, contenant que les Vaisseaux le Bourbon, la Diane, l'Argonaute & l'Athalante, sont arrivés au Port-Louis les 10, 19, 25 Avril & 20 Mai de la présente année, venant des Ports des concessions de la Compagnie des Indes, chargés de poivre, canelle sauvage, bois rouge, cauris, laque

Tome III.   Rrrr

en bois, laque plate, borax, rhubarbe, esquine, turbit, aloës, sené, cannes à la main, soye écrue, & autres épiceries & drogueries, étoffes de soye, toiles de coton blanches, mousselines, toiles teintes, peintes & rayées de couleurs, mouchoirs de coton & autres ; de toutes lesquelles marchandises, tant permises que prohibées, la vente doit être faite dans la ville de Nantes, après cependant que sur les mousselines, toiles de coton blanches, & mouchoirs de coton, soye & coton, écorce & soye, & écorce, sujettes à la marque, il aura été apposé celle qu'il a plû à Sa Majesté ordonner par Arrêt du 28 Avril 1711, dont l'empreinte est au pied dudit Arrêt, laquelle marque sera imprimée sur un morceau de parchemin, signé & paraphé par les sieurs Cochois & Robineau, que Sa Majesté a commis par Arrêt du 20 Décembre 1719, & par le sieur Camiaille, aussi commis par Arrêt du 30 Mai 1721, & par le sieur Dubois, aussi commis par Arrêt du 15 Juillet 1721, ou par l'un desdits sieurs seulement ; à l'effet qu'il n'en soit débité aucunes dans le Royaume que celles de ladite Compagnie, conformément aux Arrêts des 10, 24 Février & 13 Mars 1691, 11 Novembre 1700, Déclaration de Sa Majesté du 9 Mai 1702, & autres Arrêts & Réglemens rendus en conséquence concernant le commerce de ladite Compagnie, & notamment à ceux des 10 Décembre 1709 & 4 Juin 1715, rendus en interprétation de celui du 27 Août 1709, aux Arrêts des 11 Juin 1714, 20 Janvier & 22 Février 1716, à l'Edit du mois de Mai 1719, portant réunion des Compagnies des Indes & de la Chine, à la Compagnie d'Occident, à présent nommée *Compagnie des Indes*, & à l'Arrêt du Conseil du 9 Mai de la présente année, qui permettent à ladite Compagnie de vendre dans le Royaume des mousselines, toiles de coton blanches, & mouchoirs de coton, soye & coton, écorce & soye, & écorce, apportées dans ses Vaisseaux ; & à tous Négocians, Marchands, & autres particuliers qui les ont achetées de ladite Compagnie, d'en faire débit & usage, en payant seulement les droits d'entrée portés par le Tarif de 1664, pour les marchandises qui y sont dénommées & contenues, & trois pour cent de la valeur de celles qui n'y sont pas comprises, suivant & conformément à l'article XLIV de l'Edit d'établissement de ladite Compagnie, & Arrêts rendus en conséquence. A ces causes, requéroient les Directeurs de la Compagnie des Indes, qu'il plût à Sa Majesté sur ce pourvoir. Vû lesdits Arrêts des 10, 24 Février & 13 Mars 1691, 11 Septembre 1700, Déclaration de Sa Majesté du 9 Mai 1702, 27 Août & 10 Décembre 1709, 28 Avril 1711, 11 Juin 1714, 20 Janvier & 22 Février 1716, l'Edit du mois de Mai 1719, portant réunion des Compagnies des Indes Orientales & de la Chine, à celle d'Occident, à présent Compagnie des Indes, & l'Arrêt du 9 Mai 1724 ; oui le rapport du sieur Dodun, Conseiller ordinaire au Conseil Royal, Contrôleur général des Finances, LE ROI E'TANT EN SON CONSEIL, a ordonné & ordonne que par le sieur Feydeau de Brou, Conseiller en ses Conseils, & de son Conseil d'Etat, Commissaire départi en la Province de Bretagne, ou par celui qu'il subdéléguera à cet effet, il sera fait en la présence du sieur Richard, commis par le Conseil pour l'exécution de l'Arrêt du 18 Mai 1720, inventaire de toutes les marchandises qui composent le chargement desdits Vaisseaux le Bourbon, la Diane, l'Argonaute & l'Athalante, lequel inventaire sera divisé en trois chapitres, dont le premier comprendra les marchandises sujettes à la marque, comme mousselines, toiles de coton blanches, & mouchoirs de coton, soye & coton, écorce & soye, & écorce ; le second, les drogueries & épiceries, comme poivre, canelle sauvage, bois rouge, cauris, laque en bois, laque plate, borax, rhubarbe, esquine, turbit, aloës, séné, cannes à la main, soyes écrues & autres ; & le troisième chapitre sera composé de toiles teintes, peintes ou rayées de couleurs, & étoffes dont l'usage & le débit sont prohibés dans le Royaume ; & qui, quoique chargées sur les Vaisseaux de ladite Compagnie des Indes, ne peuvent y être vendues qu'à condition qu'elles seront renvoyées à l'Etranger : ordonne aussi Sa Majesté, que toutes lesdites piéces de mousselines, toiles de coton blanches & mouchoirs de coton, soye & coton, écorce & soye, & écorce, spécifiées par le premier chapitre dudit inventaire, seront marquées des deux bouts de chaque piéce d'une marque pareille à l'empreinte, étant au pied dudit Arrêt du 28 Avril 1711, imprimée sur un morceau de parchemin, signé par les sieurs Cochois & Robineau, que Sa Majesté a commis pour cet effet par Arrêt du 20 Décembre 1719, & par le sieur Camiaille, aussi commis par Arrêt du 30 Mai 1721, & par le sieur Dubois, aussi commis par Arrêt du 15 Juillet 1721, ou par un d'eux seulement, laquelle marque sera attachée au chef & à la queue de chaque piéce, avec le plomb de ladite Compagnie, en présence du sieur Subdélegué, ou autre qui sera commis par ledit sieur Feydeau de Brou, sans que lesdits Marchands ou Négocians puissent être tenus de rapporter lesdites marques, ni de faire mention sur leurs registres des noms de ceux auxquels ils pourront vendre des piéces entieres ; à condition néanmoins que les Marchands & Négocians seront tenus de faire immédiatement après chaque vente publique, une déclaration expresse de la quantité desdites toiles de coton blanches, mousselines & mouchoirs de coton, soye & coton, écorce & soye, & écorce, qu'ils auront achetées, lesquelles déclarations seront faites à Paris au sieur Lieutenant général de Police, ou à celui qu'il commettra, & dans les Provinces, aux sieurs Intendans & Commissaires départis, ou aux personnes qui seront par eux commises, lesquelles déclarations seront insérées dans un registre particulier, paraphé par ceux qui les recevront : dans lequel registre lesdites marchandises seront spécifiées par chapitre distincts & séparés pour chacun des Déclarans, sans que lesdits Marchands de la ville de Paris, Détailleurs ou autres, puissent tirer des Provinces aucunes mousselines, toiles de coton blanches, & mouchoirs de coton, soye & coton, écorce & soye, & écorce, même de celles marquées de la marque desdits sieurs Intendans & Commissaires départis, s'ils n'en ont obtenu dudit fieur Lieutenant général de Police une permiſſion expreſſe : ordonne Sa Majeſté qu'après l'appoſition deſdites marques ſur leſdites piéces de mouſſelines, toiles de coton blanches, & mouchoirs de coton, coton & ſoye, écorce & ſoye, & écorce, toutes les marchandiſes des Indes venues ſur leſdits Vaiſſeaux, ſeront inceſſamment vendues en la maniere accoutumée, en préſence d'un ou de pluſieurs Directeurs de la Compagnie des Indes, & du ſieur Richard, en payant les droits d'entrée de toutes les marchandiſes, conformément au Tarif de 1664, à l'article XLIV de l'Edit du mois d'Août de la même année, & aux Arrêts des 29 Avril & 22 Novembre 1692, & 2 Novembre 1702; & à l'égard des toiles de coton teintes, peintes & rayées de couleurs, & étoffes provenant des Indes & de la Chine, la vente & adjudication n'en pourra être faite qu'à condition qu'elles ſeront envoyées à l'Etranger par les Adjudicataires, dans ſix mois au plus tard du jour de l'adjudication, dans la forme, pour les pays, & avec les précautions preſcrites par l'article VII de l'Arrêt du 11 Juin 1714, & juſques auxdits envois elles ſeront miſes dans le magaſin d'entrepôt, conformément audit Arrêt du 18 Mai 1720 : & ordonne en outre Sa Majeſté, conformément à l'article VIII de l'Arrêt du 20 Janvier 1716, que les toiles de coton blanches, mouſſelines & mouchoirs de coton, ſoye & coton, écorce & ſoye, & écorce, ne pourront être vendues dans aucune Ville, juſqu'à ce qu'il y ait été appoſé une ſeconde marque au chef & à la queue; ſçavoir, à Paris, par le ſieur Lieutenant de Police, qui pourra numeroter & parapher chacune des marques en parchemin, s'il le juge à propos, ou par les Commiſſaires du Châtelet, les Inſpecteurs de Police, ou telles autres perſonnes qu'il voudra commettre; & dans les Provinces, par les ſieurs Intendans & Commiſſaires départis, ou leurs Subdélegués; en ſorte que les mouſſelines, toiles de coton blanches & mouchoirs de coton, ſoye & coton, écorce & ſoye, & écorce, ſoit en piéces ou en coupons, qui ſe trouveront ſans leſdites premieres & secondes marques, feront réputées en contravention, confifquées comme telles, & ceux qui s'en trouveront faifis, condamnés aux amendes & aux peines fpécifiées par les Arrêts des 20 Janvier & 22 Février 1716, & premier Mars 1724, qui feront exécutés felon leur forme & teneur : veut Sa Majefté qu'à la requête defdits Directeurs de la Compagnie des Indes, il foit fait une vifite defdites marchandifes des Indes, qui fe trouveront chez lefdits Marchands, Négocians, & tous autres de quelque qualité & condition qu'ils puiffent être, même qu'il leur foit permis de faire faifir celles qui ne feront pas marquées des marques prefcrites par les Arrêts ci-deffus datés : & Sa Majefté voulant affurer de plus en plus l'exécution defdits Arrêts dans la ville de Paris, & favorifer le débit des Marchands qui font un commerce loyal defdites marchandifes, lequel eft fouvent dérangé par les Fraudeurs & Colporteurs inconnus, même empêcher que les Détailleurs, qui s'excufent ordinairement des contraventions qu'on leur impute, par le peu de connoiffance qu'ils difent avoir des véritables marques, ne puiffent être trompés, fait très-expreffes inhibitions & défenfes, fous peine de 3000 livres d'amende, à tous Détailleurs & Détailleufes qui employent lefdites mouffelines, toiles de coton blanches, & mouchoirs de coton, foye & coton, écorce & foye, & écorce, d'acheter aucunes piéces que des Marchands commis & domiciliés, fauf aux Détailleurs & Détailleufes à obliger lefdits Marchands de figner leurs noms au dos de chaque marque en parchemin, qui fera appofée fur les piéces vendues, pour y avoir recours en cas de befoin : & enjoint Sa Majefté au fieur Ravot d'Ombreval, Confeiller en fes Confeils, Maître des Requêtes ordinaire de fon Hôtel, Lieutenant général de Police de la ville de Paris, & aux fieurs Intendans & Commiffaires départis dans les Provinces & Généralités du Royaume, de tenir la main à l'exécution du préfent Arrêt, qui fera lû, publié & affiché par-tout où befoin fera, & exécuté nonobftant toutes oppofitions ou empêchemens quelconques. FAIT au Confeil d'Etat du Roi, Sa Majefté y étant, tenu à Verſailles le cinquiéme jour de Juin mil ſept cent vingt-quatre. *Signé* PHELYPEAUX. Avec paraphe.

LOUIS, PAR LA GRACE DE DIEU, ROI DE FRANCE ET DE NAVARRE, Dauphin de Viennois, Comte de Valentinois & Diois, Provence, Forcalquier & terres adjacentes ; à notre amé & féal Conſeiller en nos Conſeils, Maître des Requêtes ordinaire de notre Hôtel, le ſieur Ravot d'Ombreval, Lieutenant général de Police de notre bonne ville de Paris ; & aux ſieurs Intendans & Commiſſaires départis pour l'exécution de nos ordres dans les Provinces & Généralités de notre Royaume : SALUT. Nous vous mandons & enjoignons par ces Préſentes ſignées de nous, de tenir, chacun en droit ſoi, la main à l'exécution de l'Arrêt ci-attaché ſous le contre-ſcel de notre Chancellerie, ce jourd'hui donné en notre Conſeil d'Etat, nous y étant, pour les cauſes y contenues : commandons au premier notre Huiſſier ou Sergent ſur ce requis, de ſignifier ledit Arrêt à tous qu'il appartiendra, à ce que perſonne n'en ignore, & de faire pour ſon entiere exécution tous actes & exploits néceſſaires, ſans autre permiſſion, nonobſtant clameur de Haro, Charte Normande & Lettres à ce contraires. Voulons qu'aux copies dudit Arrêt & des Préſentes collationnées par l'un de nos amés & feaux Conſeillers-Secrétaires, foi ſoit ajoûtée comme à l'original ; car tel eſt notre plaiſir. DONNÉ à Verſailles le cinquiéme jour de Juin, l'an de grace mil ſept cent vingt-quatre, & de notre regne le neuviéme. *Signé* LOUIS. *Et plus bas* ; par le Roi Dauphin, Comte de Provence. *Signé* PHELYPEAUX, avec grille & paraphe, & ſcellé.

PAul-Eſprit Feydeau, Chevalier, Seigneur de Brou, la Villeneuve aux Aulnes, Calandes, le Chariot & autres lieux, Conſeiller d'Etat, Commiſſaire départi pour l'exécution des ordres de Sa Majeſté. Vû le préſent Arrêt & la commiſſion du grand Sceau ſur icelui expédiée ; nous

Conseiller d'Etat & Commissaire susdit, ordonnons que ledit Arrêt sera exécuté selon sa forme & teneur, & qu'à cet effet il sera par le sieur Mellier, Général des Finances, & notre Subdélégué à Nantes, que nous avons commis à cet effet, procédé à l'inventaire des marchandises qui composent le chargement des navires le Bourbon, la Diane, l'Argonaute & l'Athalante, & faire généralement tout ce qui concerne l'exécution dudit Arrêt. Fait à Rennes le 17 Juin 1724. *Signé* FEYDEAU. *Et plus bas,* par Monseigneur, *signé* RONDEAU. *Et au-dessous est écrit*: pour duplicata, *signé* FEYDEAU. *Et plus bas,* par Monseigneur, *signé* MAHON.

Gerard Mellier, Conseiller du Roi, Trésorier de France, Général des Finances en Bretagne, Chevalier des Ordres Royaux, Militaires & Hospitaliers de Notre-Dame de Mont-Carmel & de saint Lazare de Jérusalem, Maire & Colonel de la Milice Bourgeoise de Nantes, Commissaire & Subdélégué en cette partie de Monsieur Paul-Esprit Feydeau, Chevalier, Seigneur de Brou, la Villeneuve aux Aulnes, Calandes, le Chariot & autres lieux, Conseiller d'Etat, Commissaire départi pour l'exécution des ordres de Sa Majesté en la Province de Bretagne. Vû l'Arrêt du Conseil ci-dessus, Lettres de Commission sur icelui, en date du 5 Juin dernier, & l'Ordonnance de mondit sieur l'Intendant du 17 du même mois; nous Commissaire & Subdélégué susdit, ordonnons que lesdits Arrêt du Conseil & Ordonnance seront exécutés selon leur forme & teneur, lûs, publiés & affichés par-tout où il appartiendra, à ce qu'aucun n'en ignore. Fait à Nantes le cinquiéme Juillet 1724. *Signé* MELLIER.

ARREST

ARREST
DU CONSEIL D'ÉTAT
DU ROY,

POUR assurer l'état des acquereurs des rentes viageres sur la Compagnie des Indes.

Du 20 Juin 1724.

Extrait des Registres du Conseil d'Etat.

LE Roi s'étant fait représenter les Arrêts du 15 Février 1724, qui accordent à la Compagnie des Indes le privilége exclusif des Loteries, avec faculté à ladite Compagnie de convertir un nombre d'actions en rentes purement viageres, ou viageres par forme de Tontine ; Sa Majesté étant informée qu'en exécution desdits Arrêts, la Compagnie des Indes vient d'ouvrir une Loterie où un grand nombre de particuliers acquerront des rentes viageres, & jugeant nécessaire d'assurer l'état desdits acquereurs ; oui le rapport du sieur Dodun, Conseiller ordinaire au Conseil Royal, Contrôleur général des Finances, LE ROI ÉTANT EN SON CONSEIL, a ordonné & ordonne ce qui ensuit.

ARTICLE PREMIER.

QUE tous les effets de la Compagnie, & notamment les

Fermes du tabac & du caffé, soient spécialement & par privilége, affectés & hypothéqués au payement de toutes les rentes viageres que la Compagnie constituera sur elle en exécution des Arrêts du 15 Février 1724.

II.

TOUTES les rentes soit purement viageres, soit viageres par forme de Tontine, qui seront constituées par la Compagnie des Indes, au profit des sujets de Sa Majesté ou des Etrangers, seront toujours acquittées régulierement à l'échéance de chaque demi-année.

III.

LESDITES rentes ne pourront jamais être retranchées ou saisies sous quelque prétexte que ce soit, pas même pour les propres deniers & affaires de Sa Majesté.

IV.

LES Etrangers possesseurs desdites rentes en joüiront de même que les sujets de Sa Majesté, sans qu'elles puissent être ni saisies ni retranchées, pas même en tems de guerre. FAIT au Conseil d'Etat du Roi, Sa Majesté y étant, tenu à Versailles le vingtiéme jour de Juin mil sept cent vingt-quatre. *Signé* PHELYPEAUX.

ARREST
DU CONSEIL D'ÉTAT
DU ROY,

CONCERNANT les Billets de la Loterie composée de la Compagnie des Indes.

Du 19 Octobre 1724.

Extrait des Registres du Conseil d'Etat.

SUR la requête présentée au Roi en son Conseil par les Syndics & Directeurs de la Compagnie des Indes, contenant que pour faciliter aux porteurs de billets de la Loterie composée, faite en exécution de l'Arrêt du 15 Février dernier, les différens payemens qu'ils sont obligés de faire suivant l'affiche qui a été mise à cet effet, dans laquelle les temps auxquels lesdits payemens doivent être faits ont été fixés, à peine de nullité desdits billets, ils leur auroient par une premiere délibération permis d'emprunter sur des actions à raison de quinze cens livres par action, pour fournir les deux cens livres faisant partie du dernier payement, & offert même à ceux qui ne voudroient pas emprunter sur des actions, de leur faire crédit de cent livres & du dixiéme d'action qui doivent

Sſſſ ij

être fournis pour ledit dernier payement, & auroient indiqué le tirage de la cinquiéme classe de ladite Loterie au 20 du présent mois : mais s'étant trouvé plusieurs porteurs desdits billets, lesquels n'ont pas profité desdites facilités dans l'espérance d'une nouvelle prorogation, & dont les billets sont nuls faute d'avoir satisfait auxdits payemens ordonnés, lesdits Syndics & Directeurs n'ont pas cru qu'il convînt à la Compagnie de profiter de leur négligence, & ont bien voulu leur donner encore un dernier délai pour satisfaire auxdits payemens : dans cette vûe, par une délibération prise dans l'assemblée générale d'administration tenue le 18 du présent mois, il a été résolu de donner un dernier délai aux porteurs desdits billets jusqu'au 10 du mois prochain pour les remplir, lesquels porteurs de billets pourront faire ledit dernier payement en payant cent livres en actions, lesquelles seront prises sur le pied de quinze cens livres chaque action, la Compagnie leur faisant crédit des autres cent livres & du dixiéme d'action dûs pour ledit dernier payement, après lequel temps, & faute par lesdits porteurs de billets d'avoir fait dans ledit jour les payemens ordonnés, lesdits billets demeureront nuls à leur égard : & la Compagnie ne voulant point appliquer à son profit particulier le bénéfice de la nullité desdits billets, elle a jugé plus convenable de l'abandonner au public, & de donner la faculté de les prendre à ceux qui les voudront remplir en l'état où ils seront pour lors, en donnant néanmoins la préférence pendant un temps, à ceux qui seront porteurs des billets de ladite Loterie, dont ils auront fait tous les payemens, au moyen de quoi il sera permis, depuis le 10 dudit mois de Novembre jusqu'au 15 dudit mois, à ceux qui seront porteurs de billets remplis de la cinquiéme classe de ladite Loterie, de prendre les billets qui resteront non remplis, en payant cent livres en actions, à raison de quinze cens livres chaque action, ladite Compagnie leur faisant crédit des autres cent livres & du dixiéme d'action dûs pour ledit dernier payement, passé lequel jour 15 du mois prochain & jusqu'au 25 dudit mois, il sera permis à toutes personnes de prendre lesdits billets en payant cent livres en actions, à raison de quinze cens livres chaque action, auxquels il sera pareillement fait crédit des autres cent livres & du dixiéme d'action ; & après ledit jour 25 dudit mois nul ne sera reçû à prendre lesdits billets, lesquels demeureront annullés diffinitivement, & la Loterie sera tirée le 11 Décembre, sans espérance d'autre délai, en l'état où elle sera ledit jour 25 Novembre. A ces causes requéroient lesdits Syndics & Directeurs qu'il plût à Sa Majesté autoriser ladite délibération de l'assemblée générale d'administration de ladite Compagnie, & en ordonner l'exécution ; oui le rapport du sieur Dodun, Conseiller ordinaire au Conseil Royal, Contrôleur général des Finances, LE ROI ÉTANT EN SON CONSEIL, a autorisé & autorise ladite délibération de l'assemblée générale d'administration de la Compagnie des Indes ; ordonne qu'elle sera exécutée selon sa forme & teneur, & en conséquence que les porteurs des billets de ladite Loterie pourront faire jusqu'au 10 du mois prochain seulement, les payemens par eux dûs, ou payer pour le dernier payement cent livres en actions, qui seront reçûes à raison de quinze cens livres par action, ladite Compagnie leur faisant crédit du surplus dudit payement, après lequel jour 10 du mois prochain, & faute de fournir dans icelui par lesdits porteurs de billets lesdits payemens, lesdits billets demeureront nuls à leur égard, & seront donnés par préférence en l'état qu'ils seront à ceux des porteurs de billets de ladite Loterie remplis qui les demanderont, en payant par eux cent livres en actions sur le pied de quinze cens livres chaque action, ladite Compagnie leur faisant crédit des autres cent livres & du dixiéme d'actions, laquelle préférence néanmoins ne leur sera accordée que jusqu'au 15 dudit mois, passé lequel jour il sera permis à toutes personnes jusqu'au 25 dudit mois seulement, de prendre les billets qui resteront à remplir, en payant lesdites cent livres en actions sur ledit pied, avec le même crédit, & après ledit jour 25 Novembre, tous lesdits billets non remplis demeureront diffinitivement annullés, & ladite Loterie sera tirée le 11 Décembre, sans espérance d'autre délai, en l'état où elle sera trouvée ledit jour 25 Novembre. FAIT au Conseil d'Etat du Roi, Sa Majesté y étant, tenu à Fontainebleau le dix-neuviéme jour du mois d'Octobre mil sept cent vingt-quatre.

Signé PHELYPEAUX.

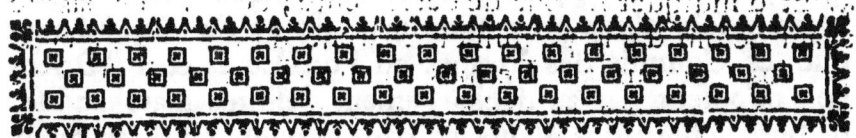

ARREST
DU CONSEIL D'ÉTAT
DU ROY,

QUI permet le déchargement de bord à bord des marchandises qui arriveront à la Compagnie pour être transportées à Nantes, & qu'elles ne payeront aucuns droits que ceux auxquels elles sont sujettes, &c.

Du 7 Avril 1725.

Extrait des Registres du Conseil d'Etat.

LE Roi étant informé que la Compagnie des Indes attend dans le courant de cette année les Vaisseaux le Royal Philippe, l'Union, le Lys, le S. Pierre ou le S. Louis, le Duc de Chartres, l'Apollon & le Neptune, chargés de différentes espèces de marchandises, & venant de Moka & des Indes Orientales ; que ces chargemens étant trop considérables pour qu'on puisse espérer de trouver un nombre suffisant de rouliers pour transporter par terre de l'Orient à Nantes les marchandises qui composent le chargement de ces Vaisseaux sans s'exposer à retarder la vente que la Compagnie des Indes se propose d'en faire à Nantes au commencement du mois de Septembre prochain, par rapport aux dispositions qu'il convient de faire avant d'indiquer le jour de cette vente ; que la Compagnie ayant besoin d'une permission expresse de Sa Majesté pour que les Commis des Fermes au Port-Louis & à l'Orient ne s'opposent pas au déchargement desdites marchandises de bord à bord des Vaisseaux dans lesquels elles seront apportées dans des barques pour les porter à Nantes ; & que par Arrêt du 2 Novembre 1700, Sa Majesté a assujetti au droit de quarantiéme de la valeur pour la Prévôté de Nantes, le coton filé, les cuirs de chevreau, les soyes écrues, les étoffes de pure soye, les étoffes mêlées de soye, cotonis & chuquelas, les taffetas armoisins, les ceintures ou jarretieres de soye & les étoffes atlas à fleur d'or, ce qui causeroit un très-grand préjudice à la Compagnie des Indes, si elle n'en étoit pas exempte en les transportant à Nantes par mer comme elle le feroit en se servant de rouliers pour les transporter par terre, la constitueroit dans de grandes dépenses, & peut-être dans l'impossibilité de faire la vente ; oui le rapport du sieur Dodun, Conseiller ordinaire au Conseil Royal, Contrôleur général des Finances, SA MAJESTE' E'TANT EN SON CONSEIL, a ordonné & ordonne aux Fermiers généraux & aux Commis des Fermes de l'Orient, du Port-Louis ou autres lieux, esquels lesdits Vaisseaux le Royal Philippe, l'Union, le Lys, le S. Pierre ou le S. Louis, le Duc de Chartres, l'Apollon & le Neptune, appartenant à ladite Compagnie des Indes, pourroient arriver dans le cours de la présente année, de laisser faire le déchargement desdits Vaisseaux de bord à bord dans des barques, pour être lesdites marchandises en provenant transportées à Nantes par mer : veut Sa Majesté que les soyes écrues & tani, les étoffes de pure soye, les étoffes de soye à fleur d'or & d'argent, les cotons filés, & toutes autres marchandises sujettes au droit de quarantiéme de la valeur pour la Prévôté de Nantes porté par l'Arrêt du 2 Novembre 1700, provenant du chargement desdits Vaisseaux, soient exemptes, pour cette fois seulement & sans tirer à conséquence, des droits de la Prévôté de Nantes pour les marchandises qui seront conduites par

mer

mer de l'Orient ou autres lieux à Nantes ; lesquelles seront accompagnées du certificat du sieur de la Franquerie, l'un des Directeurs de la Compagnie des Indes à l'Orient, ou de celui du Correspondant ou Préposé par ladite Compagnie dans le Port où lesdits Vaisseaux pourroient décharger : ordonne Sa Majesté que lesdites marchandises ne payeront d'autres ni plus grands droits que ceux auxquels elles seroient sujettes si elles étoient transportées de l'Orient ou autres Ports à Nantes par terre. FAIT au Conseil d'Etat du Roi, Sa Majesté y étant, tenu à Versailles le septiéme jour d'Avril mil sept cent vingt-cinq. *Signé* PHELYPEAUX.

LETTRES PATENTES

SUR ARREST,

PORTANT établissement de deux Bureaux de Contrôle dans les Villes de Limoges & de Clermont-Ferrand, pour la visite des marchandises provenant des ventes de la Compagnie des Indes à Nantes, qui passent en transit dans les Provinces réputées étrangeres.

Données à Versailles le 29 Mai 1725.

LOUIS, PAR LA GRACE DE DIEU, ROI DE FRANCE ET DE NAVARRE, à nos amés & féaux Conseillers les Gens tenant notre Cour des Aydes à Paris : SALUT. Etant informés des fraudes qui se commettent à la faveur du transit accordé aux marchandises provenant des ventes de la Compagnie des Indes à Nantes, lesquelles demeurent pour la plûpart dans l'étendue des cinq grosses Fermes en fraude de nos droits d'entrée, au lieu d'aller à leur destination déclarée pour nos Provinces réputées étrangeres, & principalement pour les villes de Limoges & de Clermont ; à quoi nous avons pourvû en établissant de nouvelles précautions contre cet abus, par l'Arrêt rendu en notre Conseil d'Etat, nous y étant, le 13 Mars dernier, pour l'exécution duquel nous avons ordonné que toutes Lettres nécessaires seroient expédiées. A CES CAUSES, de l'avis de notre Conseil, qui a vû ledit Arrêt ci-attaché sous le contre-scel de notre Chancellerie, nous avons ordonné, & par ces Présentes signées de notre main, ordonnons qu'à la diligence de Charles Cordier, chargé de la régie générale de nos Fermes, il sera incessamment établi un Contrôle dans chacune des villes de Limoges & de Clermont; ordonnons que les marchandises provenant des ventes de la Compagnie des Indes à Nantes, déclarées pour nos Provinces de Limosin, Auvergne, Guyenne, Languedoc & autres réputées étrangeres, sortant par la frontiere du Poitou, ne pourront joüir à l'avenir du bénéfice du transit, qu'à la charge d'être conduites directement de Nantes dans l'une desdites villes de Limoges & de Clermont, pour y être visitées au Contrôle, à l'effet de quoi elles seront ficellées & plombées à Nantes, & expédiées pour l'une desdites Villes par acquits à caution, dont la décharge devra être rapportée, signée du Commis dudit Contrôle, dans le terme prescrit par la soumission, à peine du quadruple des droits, lesquels acquits à caution seront simplement visés sans retardement ni frais dans leur passage au dernier Bureau de sortie du Poitou, après que le nombre des ballots, caisses & futailles aura été trouvé conforme, & les plombs reconnus sains & entiers; défendant aux Commis dudit Bureau de sortie de faire ouverture desdits ballots, caisses & futailles expédiés en transit, à moins qu'il y eût altération de plombs: ordonnons qu'en cas de fraude & versemens reconnus, soit au Bureau de sortie lorsqu'il y aura lieu d'y faire la visite, soit au Contrôle de Limoges ou de Clermont, où la visite doit être faite, les marchandises, ensemble les voitures & équipages soient & demeurent confisquées, & les contrevenans condamnés à l'amende de cinq cens livres: voulons que les contraventions soient portées par les Commis au Contrôle de Limoges & de Clermont, pardevant les Officiers des Elections desdites Villes, auxquels nous en attribuons la connoissance, sauf l'appel en notre Cour des Aydes. Si vous mandons que ces Présentes vous ayez à faire lire, publier & regiftrer, & le contenu en icelles garder, observer & exécuter selon leur forme & teneur, nonobstant tous Edits, Déclarations, Réglemens & Lettres à ce contraires, auxquels nous avons dérogé & dérogeons par ces

Présentes, aux copies desquelles collationnées par l'un de nos amés & féaux Conseillers-Secrétaires, voulons que foi soit ajoûtée comme à l'original ; car tel est notre plaisir. DONNE'ES à Versailles le vingt-neuviéme jour de Mai l'an de grace mil sept cent vingt-cinq, & de notre regne le dixiéme. *Signé* LOUIS. *Et plus bas ;* par le Roi, PHELYPEAUX. Et scellées du grand Sceau de cire jaune.

Regiſtrées en la Cour des Aydes, oui & ce requérant le Procureur général du Roi, pour être exécutées ſelon leur forme & teneur. A Paris en la premiere Chambre de ladite Cour des Aydes, le ſeptiéme jour du mois de Juillet mil ſept cent vingt-cinq. Collationné. *Signé* OLIVIER.

ARREST
DU CONSEIL D'ÉTAT
DU ROY.

Extrait des Regiſtres du Conſeil d'Etat.

LE Roi étant informé des fraudes qui ſe commettent à la faveur du tranſit accordé aux marchandiſes provenant des ventes de la Compagnie des Indes à Nantes, leſquelles demeurent pour la plûpart dans l'étendue des cinq groſſes Fermes en fraude des droits d'entrée, au lieu d'aller à leur deſtination déclarée pour les Provinces réputées étrangeres, & principalement pour les villes de Limoges & de Clermont; à quoi Sa Majeſté voulant pourvoir & établir de nouvelles précautions contre cet abus, oüi le rapport du ſieur Dodun, Conſeiller ordinaire au Conſeil Royal, Contrôleur général des Finances, LE ROI E'TANT EN SON CONSEIL, a ordonné & ordonne qu'à la diligence de Charles Cordier, chargé de la régie générale des Fermes de Sa Majeſté, il ſera inceſſamment établi un Contrôle dans chacune des villes de Limoges & de Clermont : ordonne Sa Majeſté que les marchandiſes provenant des ventes de la Compagnie des Indes à Nantes, déclarées pour les Provinces de Limoſin, Auvergne, Guyenne, Languedoc & autres réputées étrangeres, ſortant par la frontiere du Poitou, ne pourront joüir à l'avenir du bénéfice du tranſit, qu'à la charge d'être conduits directement de Nantes dans l'une deſdites villes de Limoges & de Clermont, pour y être viſitées au Contrôle, à l'effet de quoi elles feront ficelées & plombées à Nantes, & expédiées pour l'une deſdites Villes par acquits à caution, dont la décharge devra être rapportée signée du Commis dudit Contrôle dans le terme prescrit par la soumission, à peine du quadruple des droits, lesquels acquits à caution seront simplement visés sans retardement ni frais dans leur passage au dernier Bureau de sortie du Poitou, après que le nombre des ballots, caisses & futailles aura été trouvé conforme, & les plombs reconnus sains & entiers; Sa Majesté défendant aux Commis dudit Bureau de sortie de faire ouverture desdits ballots, caisses & futailles expédiés en transit, à moins qu'il y eût altération de plombs : ordonne Sa Majesté qu'en cas de fraude & versement reconnu, soit au Bureau de sortie lorsqu'il y aura lieu d'y faire la visite, soit au Contrôle de Limoges ou de Clermont où la visite doit être faite, les marchandises, ensemble les voitures & équipages, soient & demeurent confisqués, & les contrevenans condamnés à l'amende de cinq cens livres: veut Sa Majesté que les contraventions soient portées par les Commis au Contrôle de Limoges & de Clermont, pardevant les Officiers des Elections desdites Villes, auxquels Sa Majesté en attribue la connoissance, sauf l'appel en la Cour des Aydes. Et sera le présent Arrêt lû, publié & affiché par-tout où besoin sera, & pour l'exécution d'icelui toutes Lettres nécessaires expédiées, Sa Majesté dérogeant à toutes dispositions à ce contraires. FAIT au Conseil d'Etat du Roi, Sa Majesté y étant, tenu à Versailles le treiziéme jour du mois de Mars mil sept cent vingt-cinq. *Signé* PHELYPEAUX.

ÉDIT DU ROY,

PORTANT confirmation des Priviléges accordés, concessions & aliénations faites à la Compagnie des Indes.

Donné à Versailles au mois de Juin 1725.

Regiſtré en Parlement.

LOUIS, PAR LA GRACE DE DIEU, ROI DE FRANCE ET DE NAVARRE, à tous préſens & à venir : SALUT. Une de nos principales attentions à notre avenement à la Couronne, ayant été d'augmenter & faire fleurir le commerce de notre Royaume, nous avons au mois d'Août 1717 créé & établi une Compagnie de commerce maritime, ſous le nom de Compagnie d'Occident : depuis cela ayant reconnu que diverſes autres Compagnies de commerce, établies ſous le regne du feu Roi notre très-honoré Seigneur & biſayeul, étoient tombées dans un tel anéantiſſement, que nos ſujets étoient obligés de tirer des Etrangers les marchandiſes que ces Compagnies auroient dû leur procurer, nous avons jugé qu'il convenoit au bien de notre Etat de réunir les différens priviléges de commerce excluſif ci-devant concédés à ces Compagnies particulieres, à celle d'Occident, que nous avons nommé Compagnie des Indes, afin que toutes ces parties réunies puſſent reſpectivement ſe ſoutenir ; & nous avons la ſatisfaction de voir l'utilité de cette réunion par la ſituation actuelle de ces mêmes parties de commerce, bien différente de ce qu'elle étoit lors de leur diviſion ; reconnoissant d'ailleurs qu'il est de notre justice d'assurer la fortune d'un grand nombre de nos sujets de tous états & conditions, qui se trouvent intéressés dans la Compagnie des Indes par les engagemens qu'ils n'ont pû se dispenser de prendre dans les différentes opérations dont elle a été chargée pendant notre minorité. Nous avons fait examiner en notre Conseil les moyens d'affermir & soutenir de plus en plus la Compagnie des Indes, en confirmant en la forme la plus authentique les priviléges exclusifs de différens commerces que nous lui avons concédés jusqu'à présent, qui sont de nature à ne pouvoir être utiles s'ils étoient libres, sans que ladite Compagnie puisse en prétendre aucun autre à l'avenir, notre intention étant qu'elle serve à l'accroissement du commerce de notre Royaume, sans affoiblir celui des Négocians particuliers, & sans pouvoir s'immiscer en aucun temps dans nos Finances, en établissant pour toujours le gouvernement & l'administration des affaires de cette Compagnie, de maniere que nos sujets ayent une entiere confiance à un établissement que nous sommes résolus de soutenir de toute notre autorité. A CES CAUSES & autres à ce nous mouvans, & de notre certaine science, pleine puissance & autorité Royale, nous avons par le présent Edit perpétuel & irrévocable, dit, statué & ordonné, disons, statuons & ordonnons, voulons & nous plaît :

ARTICLE PREMIER.

Joüissance à perpétuité de tous les Priviléges accordés à toutes les autres Compagnies.

QUE la Compagnie des Indes, créée sous le nom de Compagnie d'Occident par nos Lettres Patentes du mois d'Août 1717, joüisse à perpétuité des concessions & priviléges que nous lui avons accordés, tant par lesdites Lettres Patentes que par nos Edits, Déclarations & Arrêts de notre Conseil rendus depuis en sa faveur ; desquelles concessions & priviléges nous voulons que ladite Compagnie joüisse de la maniere que les Compagnies qui ont eu ces mêmes priviléges en ont joüi ou dû joüir, sauf les articles auxquels il sera dérogé ou qui seront plus amplement expliqués par le présent Edit.

II.

II.

La Compagnie des Indes joüira du privilége exclusif du commerce dans toutes les mers des Indes & au-delà de la Ligne, des Isles de Bourbon & de France, & de toutes les Colonies & Comptoirs établis & à établir dans les différens Etats d'Asie & de la côte Orientale d'Afrique, depuis le Cap de Bonne-Espérance jusqu'à la mer rouge, ainsi qu'en ont joüi ou dû joüir la Compagnie des Indes Orientales, établie par Edit du mois d'Août 1664 pour cinquante années, dont les priviléges ont été confirmés & augmentés par la Déclaration du mois de Février 1685, & prorogés pour dix autres années, à commencer du premier Avril 1715, par Déclaration du 29 Septembre 1714, & autres Déclarations & Arrêts ; ensemble des priviléges accordés à la Compagnie particuliere de la Chine par Arrêt de notre Conseil du 28 Novembre 1712, & Lettres Patentes expédiées en conséquence le 19 Février 1713. Défendons à tous nos sujets, de quelque qualité & condition qu'ils puissent être, de faire aucun commerce directement ni indirectement dans lesdites mers & pays de la concession de la Compagnie des Indes, à peine de confiscation des Vaisseaux & marchandises au profit de ladite Compagnie, ni de prendre aucun intérêt dans des armemens particuliers qui pourroient se faire pour lesdites mers & pays, même sous le passeport & banniere d'aucun Prince étranger, à peine de désobéissance.

Privilége exclusif du commerce des Indes, Isles de France & de Bourbon.

III.

Ladite Compagnie joüira du commerce exclusif de la traite des Négres, poudre d'or & autres marchandises à la côte d'Afrique, depuis la riviere de Serre-Lyonne inclusivement, jusqu'au Cap de Bonne-Espérance, ainsi qu'en a joüi ou dû joüir la Compagnie de Guinée, qui avoit été établie par Lettres Patentes du mois de Janvier 1685, & conformément aux Arrêts de notre Conseil des 27 Septembre 1720 & 14 Décembre 1722.

Poudre d'or.

Tome III. V uuu

IV.

Traite des Nègres, Cuir, Morphil, &c.

LADITE Compagnie ayant acquis le 15 Décembre 1718 le privilége & les effets de la Compagnie du Sénégal, établie par Lettres Patentes du mois de Mars 1696, elle joüira seule du commerce de la traite des Négres, cuir, morphil, poudre d'or & autres marchandises, depuis le Cap blanc jusqu'à la riviere de Serre-Lyonne exclusivement, ainsi & de la même maniere que ladite Compagnie du Sénégal en a joüi ou dû joüir.

V.

Commerce du Castor.

JOUIRA pareillement ladite Compagnie de la concession de la Colonie de la Louisianne, & du commerce exclusif du castor, conformément à nos Lettres Patentes du mois d'Août 1717 & Edit du mois de Décembre de la même année, rendus en faveur de ladite Compagnie.

VI.

Commerce de Barba.ie.

LA Compagnie des Indes joüira du privilége du commerce de la côte de Barbarie, ainsi & de la même façon qu'en ont joüi les Compagnies auxquelles elle a été subrogée dans ledit commerce.

VII.

Cent millions portés au Trésor Royal par la Compagnie.

LA Compagnie d'Occident, devenue depuis Compagnie des Indes, ayant porté en notre Trésor Royal cent millions de livres, provenant du prix des premieres actions de cette Compagnie, dont nous nous étions chargés de lui faire quatre millions de rente annuelle, laquelle par notre Edit du mois de Décembre 1717, enregistré en notre Cour de Parlement le 31 du même mois, nous avions affecté sur nos Fermes du contrôle des actes, du tabac & des postes; & depuis ayant jugé que la joüissance du privilége exclusif du tabac étoit convenable à ladite Compagnie, tant par la quantité de tabacs qu'elle peut tirer de ses plantations, que pour la facilité que lui donne son commerce, de faire venir ceux qui sont nécessaires pour l'exercice de ce privilége; nous aurions dans cette vûe accordé le bail de la Ferme du tabac à ladite Compagnie d'Occident, par résultat de notre Conseil du premier Août 1718, sous le nom de Jean l'Amiral, qui auroit continué d'en joüir, tant sous le nom de Compagnie d'Occident, que sous celui de Compagnie des Indes; mais cette joüissance ayant été interrompue pendant la régie des Commissaires de notre Conseil, ordonnée par Arrêt de notre Conseil du 15 Avril 1721 pour les affaires de ladite Compagnie & la reddition de ses comptes, nous avons au mois de Mars 1723 fait cesser ladite régie & rétabli ladite Compagnie dans la joüissance de ses effets; nous avons par Arrêt de notre Conseil du 22 dudit mois de Mars 1723 abandonné la joüissance du privilége exclusif de la vente du tabac à la Compagnie des Indes, pour être quitte envers elle de deux millions cinq cens mille livres de rentes, à compte de trois millions, à quoi nous avions réduit par Arrêt de notre Conseil du 19 Septembre 1719, les quatre millions de rentes constituées à la Compagnie d'Occident, en conséquence de notre Edit du mois de Décembre 1717. Et depuis, voulant assurer pour toujours à ladite Compagnie des Indes la joüissance dudit privilége exclusif, tant pour encourager les plantations de tabac dans les Colonies de sa concession, que pour assurer de plus en plus l'état & la fortune des Actionnaires, nous avons ordonné par Arrêt de notre Conseil du premier Septembre 1723, que par des Commissaires de notre Conseil il seroit passé à la Compagnie des Indes, ses Directeurs stipulant pour elle, un contrat d'aliénation à titre d'engagement du privilége exclusif de la vente du tabac, pour en joüir ainsi qu'en a joüi ou dû joüir Verdier, dernier Fermier de la vente exclusive, à commencer la joüissance du premier Octobre 1723, & pour demeurer quitte par nous envers ladite Compagnie de la somme de quatre-vingt-dix millions sur ladite somme de cent millions, qui sont l'ancien fonds de ladite Compagnie, par elle porté en notre Trésor Royal, en exécution de l'Edit du mois de Décembre 1717. Et d'autant que nous reconnoiſſons de plus en plus que ſi ce mêm[e] fonds de quatre-vingt-dix millions, qui eſt le patrimoin[e] des Actionnaires, étoit reſté dans la circulation du commerce de la Compagnie, il lui auroit produit annuellement de bien plus grands bénéfices que ne peuvent êtr[e] ceux de la vente excluſive du tabac, à quelque ſomm[e] qu'ils puiſſent monter, & que par cette raiſon, & autre[s] grandes & importantes conſidérations à nous connues, i[l] eſt de notre juſtice d'aſſurer à ladite Compagnie en la meilleure forme & maniere ledit privilége de vente excluſive[,]

Aliénation de la Ferme du Tabac pour 90 millions. nous avons par le préſent Edit perpétuel & irrévocabl[e] confirmé & confirmons l'aliénation faite en conſéquenc[e] dudit Arrêt du premier Septembre 1723 par les Commiſſaires de notre Conſeil, par contrat paſſé le 19 Novembre enſuivant à ladite Compagnie des Indes, du privilég[e] de la vente excluſive du tabac dans l'étendue de notre Royaume, pays, terres & Seigneuries de notre obéiſſance, ſans que, ſous quelque prétexte que ce ſoit, elle puiſſe être troublée en la joüiſſance dudit privilége.

VIII.

Privilége excluſif du Tabac. LA Compagnie des Indes exercera le privilége excluſi[f] de la vente du tabac en ſon nom, comme choſe à elle appartenante en pleine propriété, ſans qu'il ſoit beſoin qu'elle y ſoit autoriſée par aucun Arrêt de priſe de poſſeſſion ; elle en joüira ainſi qu'elle en joüit ou doit joüir actuellement, en conſéquence de l'Arrêt de notre Conſeil du premier Septembre 1723, ſans pouvoir augmenter le prix des tabacs ; & les contraventions audit privilége ſeront punies conformément à nos Edits, Déclarations, Ordonnances & Arrêts rendus ſur cette matiere, ainſi & de la même maniere que s'il s'exerçoit en notre nom, attendu l'intérêt public dans cette Compagnie, dont nous entendons ſoutenir les priviléges de toute notre autorité.

IX.

Privilége excluſif du Caffé. ENCORE que le caffé étant du cru & culture des pays de la concession de la Compagnie des Indes, le privilége exclusif de l'introduction & vente de cette marchandise lui appartient de droit; néanmoins comme l'ancienne Compagnie des Indes Orientales en avoit négligé la traite, nous en avons accordé nommément le privilége à la Compagnie des Indes par les Arrêts de notre Conseil du 31 Août & 12 Octobre 1723, que nous voulons être exécutés, en confirmant ledit privilége à la Compagnie des Indes en tant que besoin est, à condition qu'elle ne pourra en aucun temps le vendre plus cher qu'elle le vend présentement, & sans déroger au privilége de la ville de Marseille à cet égard, dans lequel nous l'avons maintenue par Arrêt de notre Conseil du 8 Février 1724.

X.

Vente du Caffé dans tout le Royaume.

VOULONS que ladite Compagnie des Indes exerce ledit privilége exclusif de la vente du caffé dans l'étendue de notre Royaume, en la même forme portée par l'article VIII du présent Edit pour le privilége du tabac, & que les fraudes & contraventions qui pourroient y être commises, soient jugées par les Juges à qui la connoissance en est attribuée par notre Déclaration du 10 Octobre 1723, registrée en nos Cours des Aydes, & conformément aux dispositions de ladite Déclaration.

XI.

Priviléges du commerce seuls dans les Indes, & non ailleurs.

COMME en confirmant la Compagnie des Indes dans des priviléges de commerce, qui ne peuvent se soutenir & réussir à l'avantage de notre Etat qu'autant qu'ils seront exclusifs ainsi qu'ils l'ont toujours été, & qu'ils seront gouvernés par le même esprit, notre intention est que cette Compagnie serve à l'accroissement du commerce de notre Royaume, sans affoiblir celui des Négocians particuliers; nous déclarons qu'à l'avenir elle ne pourra prétendre aucun autre privilége exclusif, tel qu'il puisse être, que ceux qui lui sont confirmés par le présent Edit. Et attendu que l'expérience nous a fait connoître qu'autant l'établissement de cette Compagnie est utile & nécessaire lorsqu'elle est uniquement occupée du soin des Colonies importantes & des parties de commerce considérables que nous lui avons concédées, autant il est contre le bon ordre, & contre nos intérêts & ceux même de ladite Compagnie, qu'elle entre dans ce qui peut avoir rapport à nos finances, nous lui défendons très-expressément de s'immiscer en aucun temps, directement ou indirectement, dans nos affaires & finances ; voulant qu'elle soit & demeure, conformément à son institution, Compagnie purement de commerce, appliquée uniquement à soutenir celui qui lui est confié, & à faire valoir avec sagesse & œconomie le bien de nos sujets qui y sont intéressés, sans que les fonds de la Compagnie des Indes puissent être en aucun cas employés à autre usage qu'à son commerce.

XII.

Révocation des droits du Domaine d'Occident.

Nous avons par Arrêt de notre Conseil du 23 Mars 1723 ordonné qu'il seroit passé à la Compagnie des Indes un contrat d'aliénation à titre d'engagement des droits composant notre Domaine d'Occident, pour demeurer quitte envers elle de la somme de trois millions trois cens trente-trois mille trois cens trente-trois livres six sols huit deniers, à imputer sur les cent millions par elle portés en notre Trésor Royal; mais ayant reconnu qu'il étoit plus convenable que ledit Domaine d'Occident ne fût point séparé de nos Fermes générales, voulons & ordonnons que ledit Arrêt de notre Conseil du 23 Mars 1723, qui n'a eu aucune exécution, demeure révoqué & comme non avenu, déchargeons ladite Compagnie des engagemens & conditions y contenues : & à l'égard des dix millions restant des cent millions portés en notre Trésor Royal par ladite Compagnie, déduction faite des quatre-vingt-dix millions dont nous nous sommes acquittés envers elle par l'aliénation du privilége exclusif de la vente du tabac, voulons qu'elle continue de joüir de la rente du principal desdits dix millions de contrats, à raison de trois pour cent, conformé-

Contracts de 10 millions pour parfaire les cent millions.

ment à l'Arrêt du 19 Septembre 1719, & d'être payée des arrérages de six mois en six mois sur ledit pied.

XIII.

Le privilége exclusif des Loteries que nous avons accordé à la Compagnie des Indes par Arrêt de notre Conseil du 15 Février 1724, demeurera éteint & supprimé : n'entendons néanmoins priver ladite Compagnie de la liberté de faire à l'avenir des Loteries, en prenant nos permissions particulieres.

Loteries accordées à la Compagnie supprimées.

XIV.

Nous avons par Arrêt de notre Conseil du 22 Mars 1723 fixé à cinquante-six mille le nombre des actions de la Compagnie des Indes ; & comme depuis ce temps la Compagnie en a retiré à son profit un nombre considérable, nous voulons que les actions retirées par la Compagnie soient annullées & brûlées en présence des Actionnaires au jour qui sera indiqué, au plûtard trois mois après la publication du présent Edit, dont il sera dressé procès-verbal, inséré dans le regiftre des délibérations de ladite Compagnie.

Actions fixées à 56 mille.

Actions retirées par la Compagnie annullées & brûlées.

XV.

La Compagnie se trouvant chargée de rentes viageres, constituées en exécution de l'Arrêt de notre Conseil du 20 Juin 1724, en faveur des porteurs des billets de Loterie dont la Compagnie a reçû la valeur en argent ou en actions par elles retirées, nous voulons que ledit Arrêt soit exécuté selon sa forme & teneur, & que les rentes constituées en conséquence soient exactement payées ; lequel payement devant être fait du même fonds affecté au payement du dividende des actions retirées, & considérant d'ailleurs les inconvéniens qui ont résulté ci-devant de la multiplication des actions, qui ne peut être faite qu'au grand préjudice des premiers Actionnaires, nous défendons à la Compagnie des Indes de retirer ou racheter à l'avenir aucunes actions que pour être éteintes, annullées & brûlées en pré-

Payement des rentes viageres établi.

fence des Actionnaires convoqués, dont sera dressé procès-verbal, afin que le nombre effectif d'actions qui subsisteront soit toujours connu des Actionnaires.

XVI.

Assemblée générale fixée au mois de Mai de chaque année.

IL sera tenu tous les ans dans le courant du mois de Mai, au jour indiqué, une assemblée générale des Actionnaires, dans laquelle sera lû & rapporté le bilan général des affaires de la Compagnie de l'année précédente, & dans laquelle la fixation du dividende sera déclarée.

XVII.

Dépôt de 25 actions pour y avoir entrée.

TOUT Actionnaire qui aura déposé vingt-cinq actions à la caisse générale de la Compagnie dans le terme prescrit par l'affiche d'indication de l'assemblée générale, y aura entrée.

XVIII.

Dépôt libre pour les actionnaires.

ETANT informé que plusieurs particuliers peuvent avoir employé en actions de la Compagnie des Indes des fonds provenant de remboursement d'effets qui leur tenoient nature de propres; considérant qu'il peut y avoir à craindre pour les familles qui ont des fonds considérables en actions, qu'ils ne se dissipent par la facilité qu'il y a d'en disposer, nous voulons qu'il soit libre à l'avenir à tous propriétaires d'actions, de les déposer, avec telles conditions & restrictions qu'il jugera à propos, à la caisse générale de la Compagnie, où il sera tenu par le Caissier général & de sa main un registre secret de compte ouvert desdites actions déposées, tant pour le principal que pour les dividendes, & qu'il soit délivré par ledit Caissier général un acte dudit dépôt, qui sera passé devant Notaire, contenant les conditions & restrictions stipulées par l'Actionnaire qui aura fait le dépôt, auxquelles le Caissier général sera tenu de se conformer.

XIX.

Procès jugés par les Consuls de Paris.

CONFORME'MENT à l'article XVI de nos Lettres Patentes

tentes du mois d'Août 1717, portant le premier établissement de la Compagnie des Indes, sous le nom de Compagnie d'Occident, tous procès qui pourroient naître en France pour raison des affaires d'icelle, seront terminés & jugés par les Juges-Consuls à Paris, dont les Sentences s'exécuteront en dernier ressort jusqu'à la somme de quinze cens livres & au-dessous par provision, sauf l'appel à notre Cour de Parlement de Paris : & quant aux matieres criminelles dans lesquelles la Compagnie sera partie, soit en demandant, soit en défendant, elles seront jugées par les Juges ordinaires. Si donnons en mandement à nos amés & féaux Conseillers les Gens tenant notre Cour de Parlement, Chambre des Comptes & Cour des Aydes à Paris, que notre présent Edit ils ayent à faire lire, publier & regiftrer, & le contenu en icelui garder, obferver & exécuter felon fa forme & teneur; car tel eft notre plaifir. Et afin que ce foit chofe ferme & ftable à toujours, nous y avons fait mettre notre Scel. DONNE' à Verfailles au mois de Juin l'an de grace mil fept cent vingt-cinq, & de notre regne le dixiéme. *Signé* LOUIS. *Et plus bas;* par le Roi, *signé* PHELIPEAUX. *Visa* FLEURIAU. Vû au Confeil, DODUN. Et fcellé du grand Sceau de cire verte.

Lû & publié, le Roi féant en son Lit de Justice, & registré, oui & ce requérant le Procureur général du Roi, pour être exécuté selon sa forme & teneur, & copies collationnées d'icelui envoyées aux Bailliages & Sénéchaussées du ressort, pour y être pareillement lûes, publiées & enregistrées; enjoint aux Substituts de son Procureur général d'y tenir la main, & d'en certifier la Cour au mois. Ce huitiéme Juin mil sept cent vingt-cinq. Signé MIREY.

ÉDIT DU ROY,

PORTANT confirmation des opérations du Visa & de la nullité des effets non visés.

Donné à Versailles au mois de Juin 1725.

LOUIS PAR LA GRACE DE DIEU ROI DE FRANCE ET DE NAVARRE, à tous préfens & à venir : SALUT. Diverfes opérations émanées de notre mouvement, pendant notre minorité, n'ayant pas fuccédé fuivant nos vûes, qui étoient non-feulement de procurer à nos fujets les moyens de s'acquitter les uns envers les autres, ce qui a réuffi ; mais encore de libérer notre Etat des dettes qui avoient été contractées dans des temps difficiles, nous eûmes le déplaifir de voir nos peuples chargés d'une infinité d'effets & papiers de différente efpéce, qui s'étoient répandus dans le public par des voyes inufitées, & qui étoient tombés dans le plus vil difcredit, parce qu'ils n'avoient eu qu'une valeur fictive ; la Compagnie des Indes épuifée par la perte des fonds de fes Actionnaires, & accablée fous le poids des dettes immenfes qu'elle avoit contractée avec le public, la plûpart des ordres du Royaume intervertis par la décadence des anciennes fortunes, & par l'élévation des nouvelles, & beaucoup d'anciens créanciers de l'Etat confondus avec de nouveaux porteurs de créances qui ne leur avoient rien coûté, fans qu'ils puffent être démêlés les uns des autres à la fimple repréfentation defdits effets & papiers qui étoient uniformes. Dans cette fituation, nous reffentîmes tous les maux de nos fujets, & notre objet fût de les foulager tous fans préférence & fans diftinction ; nous en fîmes examiner les moyens dans notre Confeil, & il fut refolu de mettre les biens de la Compagnie des Indes en fequeftre, & de les faire régir par des Commiffaires de notre Confeil, de ramener les dettes publiques à une telle proportion que notre Etat pût les fupporter, & de connoître les propriétaires & porteurs d'effets, & avec quelles valeurs il les avoient acquis, pour rendre une juftice diftributive à nos fujets, & faire tomber la réduction fur les créances qui feroient les moins foûtenues de preuves ; ainfi nous ordonnâmes par l'Arrêt de notre Confeil du 26 Janvier 1721, & par d'autres poftérieurs, que tous les contrats de rentes perpétuelles & viageres fur nos Aydes & Gabelles ; les quittances de Finance pour rentes au denier cinquante fur nos Tailles ; les billets de Banque, certificats de comptes en Banque, récépiffés des Receveurs des tailles pour rentes au denier cinquante ; récépiffés de notre tréfor Royal, récépiffés des Directeurs de nos monnoyes, contrats & récépiffés de rentes viageres fur la Compagnie des Indes, actions & dixiémes d'actions rentieres ; récépiffés des Directeurs des comptes en Banque converfibles en actions & dixiémes d'actions rentieres, actions & dixiémes d'actions intéreffées de la Compagnie des Indes, feroient repréfentés par les propriétaires ou porteurs, & même par les dépofitaires defdits effets, tant à Paris que dans les Provinces, pour être vifés par des Commiffaires de notre Confeil, & que l'origine en feroit déclarée. L'exécution de ces Arrêts produifit plus de cinq cens mille déclarations, & nous fit connoître que la maffe des dettes publiques excédoit trois milliards deux cens millions, en comptant l'évaluation que les Actionnaires avoient donnée aux actions repréfentées au nombre de cent trente mille. Nous fixâmes enfuite par les deux Arrêts de notre Confeil du 23 Novembre 1721 des loix générales fur le même plan, pour la réduction & liquidation des effets vifés ; & nous fîmes notre propre dette de tous ceux qui portoient une valeur numéraire, lefquels avant que d'avoir été réduits montoient à deux milliards trois cens millions; nous aurions bien voulu comme pere commun de nos sujets, qui nous sont tous égaux, admettre au nombre de nos créanciers les Actionnaires de la Compagnie des Indes, entre lesquels il y a beaucoup d'anciennes familles qui ont acquis des actions à titre onereux dans le temps où les remboursemens forcés ne leur laissoient point d'autre emploi pour se faire un revenu: mais l'état de nos finances, & la grande quantité des autres créances par nous reconnues, ne nous permettoient pas de nous charger d'un objet aussi considérable que l'eût été la liquidation des actions en valeurs numerales, d'autant que suivant les déclarations des Actionnaires, elles leur tenoient lieu de neuf cens millions; c'est pourquoi nous ordonnâmes que les actions seroient liquidées en actions, & qu'elles demeureroient à la charge de la Compagnie des Indes, que nous fûmes ainsi obligés de remettre dans la joüissance de ses effets, & de maintenir & protéger, pour éviter la ruine de ceux qui s'étoient livrés de bonne foi à sa fortune. Sur ce principe, les Commissaires députés par l'Arrêt de notre Conseil du 7 Décembre 1721 & autres, procéderent à la réduction & liquidation des effets visés, & signerent leurs jugemens sur des feuilles expédiées séparément pour chaque déclaration. Par les Arrêts de notre Conseil des 4, 13 & 25 Janvier 1722, nous fîmes l'établissement des caisses du visa, & la nomination d'un principal Commis desdites caisses & de ses Procureurs, & nous prescrivîmes la forme en laquelle tous les effets visés seroient rapportés auxdites caisses, & tant par lesdits Arrêts que par celui du 4 Août 1722, nous ordonnâmes que sur les grosses des contrats de rentes perpétuelles & viageres sur nos Aydes & Gabelles, & sur les quittances de Finance pour rentes au denier cinquante sur nos Tailles, mention seroit faite de la réduction & de la liquidation par les Commissaires de notre Conseil en conformité des feuilles de liquidation, & que les Notaires fourniroient au principal Commis desdites caisses, ou à ses Procureurs, leurs certificats portant que lesdites mentions avoient été par eux transcrites sur les minutes,

& que dans le cas de réduction desdits contrats, les propriétaires y avoient consenti au pied des minutes & des grosses, comme aussi que dans le cas de réduction des quittances de Finance au denier cinquante sur nos Tailles, les propriétaires y avoient donné leur consentement au dos desdites quittances de Finance; nous fîmes en vertu des mêmes Arrêts expédier par le principal Commis des caisses du visa, ou par ses Procureurs, des certificats de liquidation de deux sortes, les uns des sommes pour les effets que nous avions reconnus, & les autres d'actions; & afin que tout se passât dans lesdites caisses sous l'autorité des Commissaires de notre Conseil, nous leur fîmes comparer lesdits certificats avec les feuilles de liquidation, signer sur les feuilles qu'ils avoient été bien & duement expédiés, & viser lesdits certificats, sans quoi ils n'auroient point eû de validité; c'est avec toutes ces précautions & formalités que les certificats de liquidation ont été délivrés au public pour valeur des effets visés à mesure que lesdits effets ont été rapportés aux caisses du visa, où nous les avons fait retirer, suivant nos ordres particuliers, non par le principal Commis desdites caisses ou par ses Procureurs, mais par les Caissiers & Préposés de la Compagnie des Indes, afin que cette Compagnie au moyen du payement qu'elle feroit des certificats de liquidation, profitât de la réduction desdits effets visés, regardant comme une obligation de notre part, & comme une justice, de l'indemniser des pertes immenses que lui avoient causé les achats & conversions d'actions en billets de Banque & les autres opérations que nous lui avions prescrites & qu'elle n'avoit faites que par obéissance pour nos ordres : à mesure que les certificats de liquidation furent délivrés au public, nous indiquâmes par nos différens Edits, & par divers Arrêts de notre Conseil plusieurs emplois, afin que les porteurs de certificats de sommes eussent la liberté de choisir, & de les placer de la maniere qui leur paroîtroit la plus convenable, & nous fîmes convertir ceux d'actions en nouvelles actions de la Compagnie des Indes fabriquées au nombre de cinquante-six mille en vertu de l'Arrêt de notre Conseil du 22 Mars 1723 ; la Compagnie des Indes fit un fonds en assignations du trésor Royal qu'elle avoit acquittées en 1719 & 1720, pour payer la totalité des certificats de liquidation des sommes qu'elle a par ce moyen retirées des débouchemens, & remis aux caisses du visa. Elle y a pareillement fait remettre les certificats de liquidation d'actions dont elle avoit payé la valeur en nouvelles actions, en sorte que tous les certificats de liquidation sont rassemblés dans lesdites caisses, & joints aux feuilles de liquidation à la réserve d'un petit nombre que le public a gardé sans en faire usage : pendant la durée de ces diverses opérations, nous avons fixé par Arrêts de notre Conseil plusieurs délais, tant pour faire viser les effets repandus dans le public & pour faire rapporter les effets visés & retirer les liquidations, que pour placer les certificats de liquidation des sommes dans les débouchemens, & convertir ceux d'actions en nouvelles actions, sous peine de nullité desdits effets, & des certificats de liquidation dont l'usage par nous ordonné n'auroit pas été fait dans les termes que nous avons prescrits & prorogés plusieurs fois, & même contre les dépositaires, soit publics, soit particuliers, de repondre en leur propre & privé nom de la valeur entiere desdits effets & certificats de liquidation ; nonobstant toutes ces mesures, & les soins que nous avons pris pour constater les dettes publiques & l'état de nos sujets, il se trouve des particuliers qui n'en ont pas profité, & comme il n'y a rien de plus important que de mettre notre Royaume & nos Finances dans une situation fixe & invariable, nous avons jugé nécessaire de terminer toutes ces opérations, & de confirmer la nullité des effets qui n'ont pas été visés, & de ceux qui après l'avoir été n'ont pas été rapportés pour valeur des liquidations ; ensemble des certificats de liquidation de sommes qui n'ont pas été placés dans les débouchemens, & de ceux d'actions qui n'ont pas été convertis en nouvelles actions, ensorte que les propriétaires ou porteurs n'en puissent jamais prétendre aucune valeur, attendu qu'après tant d'avertiffemens de notre part, & tant d'Arrêts rendus en notre Confeil, c'eft leur faute, & même défobéiffance à nos ordres, de n'avoir pas, à l'exemple de nos autres fujets, eû recours à nous pour fixer leur état; & comme les dépofitaires, foit publics, foit particuliers font infiniment coupables d'avoir laiffé anéantir dans leurs mains des effets qui ne leur appartenoient pas, nous avons en même temps jugé qu'il étoit jufte de les rendre refponfables en leur nom de la valeur entiere defdits effets envers les perfonnes à qui ils appartiennent ; mais à l'égard de ceux qui ont fait leurs diligences en conformité des Arrêts de notre Confeil, pour conferver les effets dépofés en leurs mains, nous avons crû qu'il feroit également de notre équité de les mettre à couvert de toutes demandes fur la réduction defdits effets, à la charge qu'ils juftifieront de cette réduction par des extraits des feuilles de liquidation vifés par un des Commiffaires de notre Confeil, que nous avons fait délivrer en pareil cas dans les Bureaux des caiffes du vifa, & qu'ils ont dû retirer pour leur propre fûreté en exécution de l'article IV de l'Arrêt de notre Confeil du 14 Septembre 1722 : nous avons même porté notre attention fur les dépofitaires des billets de Banque, à l'exception de ceux dépofés par autorité de juftice, qui ont été tenus par Arrêt de notre Confeil du 8 Novembre 1720, de convertir lefdits billets de Banque en actions rentieres de la Compagnie des Indes, & il nous a paru d'une extrême néceffité d'expliquer nos intentions fur ces trois points, afin que nos Cours & Juges ayent des régles certaines pour décider les conteftations qui font ou pourront être portées devant eux fur femblable matiere : enfin après avoir confidéré que le principal Commis des caiffes du vifa & fes Procureurs n'ont point reçu de valeurs, puifque tous les effets vifés ont été remis en conféquence de nos ordres particuliers aux Caiffiers & Commis de la Compagnie des Indes, à mefure que le public les a rapportés auxdites caiffes, qu'ils n'ont expédié & délivré les certificats de liquidation de sommes & d'actions qu'en vertu des feuilles de liquidation arrêtées par les Commissaires de notre Conseil, qui après en avoir fait la comparaison avec lesdites feuilles, ont approuvé sur ces mêmes feuilles l'expédition desdits certificats, & les ont visés; que pour les contrats & quittances de Finances ils ont seulement représenté lesdits effets aux Commissaires de notre Conseil, lesquels y ont fait mention de la réduction & de la liquidation portées par les feuilles qu'ils ont dans leurs caisses, & sont en état de représenter avec les feuilles de liquidation, les certificats de liquidation qu'ils ont expédié, la Compagnie des Indes en ayant payé la valeur & les leur ayant remis; qu'à l'égard de ce qu'il en reste dans le public, nous avons par l'Arrêt de notre Conseil du 22 Mai 1723, fait don & remise à ladite Compagnie des actions qui n'ont pas été retirées en échange des certificats de liquidation d'actions, & que le fonds fait par ladite Compagnie est prêt à porter à notre Trésor Royal pour le payement des certificats de liquidation de sommes qui n'ont pas été placés dans les débouchemens, ensorte qu'à tous égards, le principal Commis des caisses du visa & ses Procureurs n'ont été les maîtres de rien par eux-mêmes, qu'ils n'ont agi que sous les ordres des Commissaires de notre Conseil, qui ont pris connoissance de toute leur gestion & l'ont authorisée, & que leurs fonctions se réduisent à de simple compensations que nous avons fait faire par leur entremise entre nos sujets & la Compagnie des Indes pour la libération de l'Etat, & pour l'arrangement des fortunes particulieres; nous avons jugé que pour la décharge dudit principal Commis des caisses du visa & de ses Procureurs, il ne s'agissoit que de faire vérifier leurs opérations par des Commissaires de notre Conseil, après quoi pour affermir la tranquillité publique, & montrer que dans l'opération du visa nous n'avons eu dessein que d'éteindre une partie des dettes immenses qui s'étoient accumulées en peu de temps par des moyens jusqu'alors inconnus, & de rendre une justice proportionnelle à nos sujets dans la réduction de ces mêmes dettes, nous avons résolu de faire brûler toutes les

feuilles

feuilles & certificats de liquidation, papiers & regiſtres qui ont ſervi aux opérations des caiſſes du viſa, leſquels ſont les ſeuls qui reſtent de toute l'opération, les autres ayant été brûlées en exécution de l'Arrêt de notre Conſeil du 21 Septembre 1722; & néanmoins comme les certificats fournis par les Notaires à l'occaſion des rentes perpétuelles & viagéres ſur nos Aydes & Gabelles, & des rentes ſur nos Tailles font la ſûreté de la réduction de ces mêmes rentes à la décharge de notre Etat, il nous a parû néceſſaire de reſerver leſdits certificats des Notaires pour conſtater invariablement la totalité deſdites rentes, conformément aux liquidations. A CES CAUSES, & autres à ce nous mouvant, de l'avis de notre Conſeil, de notre certaine ſcience, pleine puiſſance & authorité Royale :

ARTICLE PREMIER.

Nous avons par notre préſent Edit, annullé, éteint & ſupprimé, annullons, éteignons & ſupprimons les contrats de rentes perpétuelles & viageres ſur nos Aydes & Gabelles, les quittances de Finance, pour rentes au denier cinquante ſur nos tailles ; les billets de Banque, certificats de compte en Banque, récépiſſés des Receveurs des Tailles pour rentes au denier cinquante ; récépiſſés de notre Tréſor Royal, récépiſſés des Directeurs de nos monnoies, contrats & récépiſſés de rentes viageres ſur la Compagnie des Indes, actions & dixiémes d'actions rentieres, récépiſſés des Directeurs des comptes en Banque converſibles en actions & dixiémes d'actions rentieres, actions & dixiémes d'actions intéreſſées de la Compagnie des Indes ; enfin tous les effets dont nous avons ordonné la repréſentation & ledit viſa par l'Arrêt de notre Conſeil du 26 Janvier 1721, & autres Arrêts poſtérieurs, & qui nonobſtant les délais par nous accordés n'ont pas été repréſentés au viſa, voulons que les propriétaires ou porteurs deſdits effets n'en puiſſent jamais prétendre aucune valeur.

I I.

Nous avons pareillement annullé, éteint & ſupprimé

les Contrats de rentes perpétuelles & viageres fur nos Aydes & Gabelles, les quittances de Finances pour rentes au denier cinquante fur nos Tailles, & les autres effets défignés par l'article précédent, qui après avoir été vifés n'ont pas été rapportés aux caiffes du vifa, que nous avons établies par les Arrêts de notre Confeil du 4 Janvier 1722, pour faire l'expédition & la délivrance des liquidations arrêtées par les fieurs Commiffaires de notre Confeil, en vertu des Arrêts de notre Confeil du 23 Novembre 1721.

III.

ET pour affûrer la nullité des contrats de rentes perpétuelles & viageres fur nos Aydes & Gabelles, & des quittances de Finance pour rentes fur nos tailles qui font dans le cas des deux articles précédens, nous défendons aux payeurs des rentes de l'Hôtel de notre bonne ville de Paris & aux Receveurs généraux de nos Finances & Receveurs des Tailles & autres chargés du payement defdites rentes, de payer les arrérages de celles que nous avons éteintes & fupprimées par notre préfent Edit, à peine de radiation dans leurs comptes des parties qu'ils auroient payées en contravention du préfent article.

IV.

ORDONNONS aux Notaires au Châtelet de notre bonne ville de Paris, d'examiner parmi les minutes de contrats de rentes perpétuelles & viageres fur nos Aydes & Gabelles dont ils font dépofitaires, celles où les mentions de liquidation faites fur les groffes par les fieurs Commiffaires de notre Confeil en vertu des Arrêts de notredit Confeil des 4 Janvier & 4 Août 1722, ne fe trouveront pas tranfcrites, & d'en fournir dans quinze jours des états fignés d'eux, & conformes aux modèles qui leur feront envoyés de notre part, & dans le cas où lefdites mentions feroient tranfcrites fur toutes leurs minutes d'en remettre un certificat au principal Commis des caiffes du vifa, ou à l'un de fes Prépofés, qui leur en délivrera fes reconnoiffances, &

faute par lesdits Notaires d'y satisfaire dans ledit temps, ils seront condamnés à cinq cens livres d'amende applicable à l'Hôpital général de Paris, & ceux qui n'employeront pas dans leurs états toutes les parties sujettes à y entrer, outre qu'ils seront tenus de payer ladite amende de cinq cens livres, seront encore obligés de se défaire de leurs Charges.

V.

Les quittances de Finances des parties de rentes qui seront continuées, tant dans lesdits états qui seront fournis par les Notaires, que dans d'autres états qui seront dressés par notre ordre pour faire connoître sur quelles parties de rentes perpétuelles & viagéres sur nos Aydes & Gabelles & de rentes sur nos Tailles tombe la nullité prononcée par notre présent Edit, seront biffées sur les registres des Gardes de notre Trésor Royal, & déchargées sur ceux du contrôle général de nos Finances, comme éteintes & supprimées, faute d'avoir été visées ou de n'avoir pas été représentées aux Commissaires de notre Conseil pour y faire les mentions de liquidation par nous ordonnées.

VI.

Nous avons de la même authorité que dessus, annullé, éteint & supprimé, annullons éteignons & supprimons les certificats de liquidation, tant de sommes que d'actions, lesquels après avoir été expédié par les Procureurs du principal Commis des Caisses du visa, confrontés avec les feuilles de liquidation par les sieurs Commissaires de notre Conseil, visés par eux & délivrés au public, n'ont pas été rapportés, sçavoir ceux de sommes dans les débouchemens que nous avons indiqués par nos divers Edits, & par divers Arrêts de notre Conseil, & ceux d'actions au Bureau de la Compagnie des Indes pour être convertis en nouvelles actions, fabriquées en vertu de l'Arrêt de notre Conseil du 22. Mars 1723, & les propriétaires ou porteurs desdits certificats de liquidation, soit de sommes, soit d'actions, n'en pourront dans la suite prétendre aucune valeur sous quelque prétexte que ce soit ou puisse être.

VII.

Tous dépositaires, soit publics, soit particuliers, des effets annullés par les articles I, II & VI de notre présent Edit, seront tenus d'en payer la valeur entiere à ceux à qui lesdits effets appartiennent, conformément aux Arrêts de notre Conseil des 26 Janvier 1721, 14 Septembre 1722, 28 Juillet 1723 & autres, pour n'avoir pas obéi aux Arrêts de notre Conseil qui les ont assujettis à faire viser lesdits effets, à retirer les liquidations qui en ont été faites & à faire usage de ces liquidations dans les délais que nous avons présenté & prorogé plusieurs fois.

VIII.

Les Receveurs des consignations, Commissaires aux saisies réelles, Greffiers, Notaires, Huissiers, Sergens & autres Dépositaires publics & les Exécuteurs testamentaires, Sequestres, & autres Dépositaires particuliers, les Tuteurs, Curateurs & Administrateurs, lesquels ont présenté au visa des effets déposés en leurs mains, ou provenant des dépôts qui leur ont été faits, comme aussi les maris pour ce qui concerne la dotte de leur femme, seront bien & duement déchargés des réductions faites par les Commissaires de notre Conseil sur lesdits effets, en justifiant desdites réductions au moyen des extraits des feuilles de liquidation visés par un Commissaire de notre Conseil, que nous avons fait délivrer en pareil cas dans les Bureaux des caisses du visa, & qu'ils ont dû retirer en exécution de l'article IV de l'Arrêt de notre Conseil du 14 Septembre 1722.

IX.

Les dépositaires de billets de Banque à l'exception de ceux déposés par autorité de justice qui prétendent avoir converti en actions rentieres de la Compagnie des Indes, les billets de Banque ainsi qu'ils en ont été tenus par l'Arrêt de notre Conseil du 8. Novembre 1721, seront crûs sur leur serment s'il n'y a pas de preuve contraire, & seront déchargés des réductions faites par les Commissaires de notre Conseil sur lesdites actions rentieres, en justifiant de ces réductions par des extraits des feuilles de liquidation, comme il est porté par l'article précédent; enjoignons à nos Cours & Juges de se conformer au présent article & aux articles VII & VIII de notre présent Edit dans le jugement des procès qui pourront être portés devant eux sur pareille matière.

X.

ORDONNONS que toutes les feuilles & certificats de liquidation, papiers & registres qui ont servi aux opérations des caisses du visa, seront incessamment brûlées en présence des Commissaires de notre Conseil, que nous députerons à cet effet, lesquels en dresseront un procès-verbal dans la forme qui sera par nous ordonnée, afin que pour la tranquillité publique il n'existe rien de tout ce qui a servi aux opérations du visa, tous les autres papiers & registres ayant été ci-devant brûlés en exécution de l'Arrêt de notre Conseil du 21 Septembre 1722.

XI.

VOULONS néanmoins que lesdits sieurs Commissaires, avant que de procéder au brûlement desdits papiers, fassent les vérifications & comparaisons qui seront par nous ordonnées sur les feuilles de liquidation, inventaires & registres des caisses du visa, tant par rapport aux certificats de liquidation de sommes & d'actions qui ont été délivrés au public, & ensuite retirés par la Compagnie des Indes & remis par elle auxdites caisses, que par rapport aux autres opérations desdites caisses & aux effets visés que nous avons fait remettre par nos ordres particuliers aux Caissiers & Préposés de la Compagnie des Indes, à mesure qu'ils ont été représentés & rapportés aux caisses, desquelles vérifications il sera fait mention dans le procès-verbal de brûlement que dresseront lesdits sieurs Commissaires de notre Conseil.

XII.

Voulons aussi que lesdits sieurs Commissaires arrêtent un état des certificats de liquidation tant de sommes que d'actions qui n'ont pas été rapportés dans les termes prescrits, que nous avons annullés, éteints & supprimés par l'article VI de notre présent Edit; & en vertu dudit état dont il sera pareillement fait mention dans le procès-verbal desdits sieurs Commissaires, la valeur des sommes contenues auxdits certificats de liquidation sera portée en notre Trésor Royal en assignations du reste de celle que la Compagnie des Indes a destinée pour l'acquittement de la totalité des certificats de liquidation de sommes; & quant aux certificats d'actions nous avons fait, faisons don & remise à ladite Compagnie des actions portées par iceux conformément à l'Arrêt de notre Conseil du 22 Mars 1723.

XIII.

Ordonnons pour constater invariablement la totalité des rentes conformément aux liquidations que lesdits sieurs Commissaires reserveront seulement de tous les papiers des caisses du visa, & ne feront point brûler les certificats que les Notaires ont fournis auxdites caisses en exécution des Arrêts de notre Conseil des 4 Janvier & 4 Août 1722, lesdits certificats portant que les mentions faites par les Commissaires de notre Conseil sur les grosses des contrats de rentes perpétuelles ou viageres sur nos Aydes & Gabelles pour en fixer le capital & les arrérages ont été par lesdits Notaires transcrites sur les minutes, & que dans le cas des reductions desdits contrats les propriétaires ont consenti au pied des minutes & des grosses, comme aussi que dans le cas de reduction des quittances de Finance au denier cinquante sur nos Tailles, les propriétaires y ont donné leur consentement au dos desdites quittances de Finance,

XIV.

Les certificats des Notaires seront remis par lesdits sieurs Commissaires à ceux qui seront chargés de dresser les états de distribution pour le payement desdites rentes, afin de n'y employer que les parties justifiées par lesdits certificats, sauf à retablir dans la suite le payement des autres parties à mesure que les certificats que les Notaires ou la partie ont négligé de fournir seront rapportés : voulons aussi qu'il soit formé des états de ce qu'il en manque, lesquels seront visés par lesdits sieurs Commissaires après la vérification qu'ils en auront faite, & par eux remis à ceux qui sont chargés de la confection des états de distribution pour le payement desdites rentes, de quoi lesdits sieurs Commissaires feront pareillement mention dans leur procès-verbal.

XV.

Aprés que lesdits sieurs Commissaires auront fait dans la forme que nous leur prescrirons la vérification des caisses du visa, & exécuté ce qui les concerne dans les articles XII, XIII & XIV de notre présent Edit, ils feront brûler en leur présence les feuilles & certificats de liquidation, registres & papiers qui ont servi aux opérations des caisses du visa, à la reserve des certificats des Notaires concernant les rentes sur nos Aydes & Gabelles & sur nos Tailles, dont il sera fait l'usage marqué dans l'article précédent, & du tout il sera par eux dressé un procès-verbal dont ils remettront une expédition au principal Commis des caisses du visa. Ordonnons qu'au moyen de ce procès-verbal ledit principal Commis des caisses du visa & ses Procureurs seront pleinement déchargés de leur gestion pour le fait desdites caisses, sans que sous aucun prétexte ils puissent être obligés de rendre aucun compte, soit à notre Conseil, soit à notre Chambre des Comptes ou ailleurs, dont nous les avons dispensé & dispensons formellement par notre présent Edit, comme n'ayant point touché de valeurs, & n'en ayant délivré que sous l'authorité des Commissaires de notre Conseil, lesquels y ont mis leurs signatures, & n'ayant géré que sous les ordres desdits Commissaires pour faire les compensations nécessaires & par nous ordonnées entre nos sujets & la Compagnie des Indes, afin de parvenir à l'arrangement des dettes de l'Etat, & à constater la fortune des particuliers. Si donnons en mandement à nos amés & feaux Conseillers les gens tenant notre Cour de Parlement, Chambre des Comptes & Cour des Aydes à Paris, que notre présent Edit ils ayent à faire lire, publier & registrer, & le contenu en icelui garder, observer & exécuter selon sa forme & teneur, cessant & faisant cesser tous troubles & empêchemens qui pourroient être mis ou donnés, nonobstant tous Edits, Déclarations, Réglemens, Arrêts ou autre chose à ce contraire, auxquels nous avons dérogé & dérogeons par notre présent Edit; car tel est notre plaisir: & afin que ce soit chose ferme & stable à toujours, nous y avons fait mettre notre sçel. DONNE' à Versailles au mois de Juin, l'an de grace mil sept cent vingt-cinq & de notre régne le dixiéme. *Signé* LOUIS. *Et plus bas ; par le Roi*, PHELYPEAUX. *Visa* FLEURIAU. *Vû au Conseil*, DODUN. Et scellé du grand sceau de cire verte.

Lû & publié, le Roi séant en son Lit de Justice, & registré, oui & ce réquerant le Procureur général du Roi, pour être exécuté selon sa forme & teneur ; & copies collationnées d'icelui envoyées aux Bailliages & Sénéchaussées du ressort, pour y être pareillement lû publié & enregistré ; enjoint aux Substituts de son Procureur général d'y tenir la main & d'en certifier la Cour au mois. Ce huit Juin mil sept cent vingt-cinq. Signé MIREY.

EDIT

ÉDIT DU ROY,

POUR la décharge & libération de la Compagnie des Indes.

Donné à Versailles au mois de Juin 1725.

Regiſtré en Parlement.

LOUIS, PAR LA GRACE DE DIEU, ROI DE FRANCE ET DE NAVARRE, à tous préſens & à venir: SALUT. Nous avons conſidéré que pour affermir la Compagnie des Indes, & aſſurer pour toujours la fortune du grand nombre d'anciennes familles qui s'y trouvent liées par des évenemens dont ils n'ont pas été les maîtres, il ne ſuffiſoit pas de confirmer les priviléges de cette Compagnie, mais qu'il falloit encore lui accorder une pleine & entiere décharge pour toutes les opérations paſſées; en ſorte qu'étant à couvert de toute recherche, & tranquille à cet égard, elle ſoit de plus en plus encouragée à faire fructifier les diverſes parties de ſon commerce, qui ſeul doit l'occuper à l'avenir. Dans cette vûe, après nous être fait rendre compte de la ſituation de ladite Compagnie, nous avons reconnu qu'elle avoit perdu quatorze cens ſoixante-dix millions effectifs, par les opérations énaînées de notre pur mouvement pendant le temps de notre minorité, & principalement par l'achat & converſion d'actions en billets de Banque: & comme elle n'avoit fait leſdites opérations & achats que par obéiſſance à nos ordres, nous avons jugé qu'il étoit de notre juſtice de lui procurer des indemnités, ſinon équivalentes à cette perte, du moins suffisantes pour l'acquitter des engagemens qu'elle avoit pris avec nous à l'occasion de la Banque Royale, & avec le public. C'est pourquoi nous avons cédé à ladite Compagnie le bénéfice des réductions que nous avons ordonné être faites par les Commissaires de notre Conseil sur les billets de Banque, certificats de comptes en Banque, récépissés des Receveurs des tailles pour rentes au denier cinquante, récépissés du Trésor Royal, récépissés des Directeurs des monnoyes, contrats & récépissés de rentes viageres sur la Compagnie des Indes, actions & dixiémes d'actions rentieres, récépissés des Directeurs des comptes en Banque, convertibles en actions & dixiémes d'actions rentieres, actions & dixiémes d'actions intéressées de la Compagnie des Indes; lesquels effets ont été visés & liquidés en exécution des Arrêts de notre Conseil des 26 Janvier & 23 Novembre 1721 & autres, & nous avons fait remettre par nos ordres particuliers tous ces effets aux Caissiers & Préposés de ladite Compagnie, dans le temps & à mesure qu'ils ont été rapportés aux caisses du visa, après quoi la Compagnie a retiré & payé les certificats de liquidation que nous avions fait délivrer pour valeur desdits effets; sçavoir, les certificats de liquidation d'actions en nouvelles actions fabriquées au nombre de cinquante-six mille, conformément à l'Arrêt de notre Conseil du 22 Mars 1723, & ceux de sommes en assignations du Trésor Royal. Mais le bénéfice de ces réductions n'ayant pas été suffisant pour libérer la Compagnie des Indes, nous lui avons accordé la somme de cinq cens quatre-vingt-trois millions de livres en ordonnances au porteur sur notre Trésor Royal, expédiées en exécution des Arrêts de notre Conseil des 7 & 14 Juin 1723, pour la liquidation des indemnités prétendues par ladite Compagnie pour dépossession, non-jouissance & intérêts, ainsi qu'il est porté auxdits Arrêts, & pour l'indemniser en partie des pertes considérables qu'elle avoit faites par les opérations auxquelles elle s'étoit engagée par nos ordres; & ces ordonnances lui ont servi de valeur pour retirer les billets de Banque qui étoient au Tréſor Royal, au moyen de quoi tous les billets de Banque étant raſſemblés dans les mains du ſieur Bourgeois, Tréſorier de ladite Banque, nous les avons fait brûler en préſence des Commiſſaires de notre Conſeil par nous députés, qui en ont dreſſé leurs procès-verbaux, & ledit ſieur Bourgeois, au nom de ladite Compagnie, a rendu compte de la Banque à notre Chambre des Comptes de Paris, par lequel la dépenſe eſt égale à la recette, l'une & l'autre montant à trois milliards ſoixante-dix millions neuf cens trente-neuf mille quatre cens livres; ainſi il ne nous reſte plus qu'à nous déclarer formellement ſur les moyens de libération que nous avons procurés à la Compagnie des Indes, & à confirmer le don que nous lui avons fait de ladite ſomme de cinq cens quatre-vingt-trois millions en ordonnances au porteur, & des réductions ordonnées ſur les effets viſés. Et comme il y a dans divers Arrêts de notre Conſeil des diſpoſitions qui pourroient paroître à ſa charge, nous avons en même-temps jugé néceſſaire de nous expliquer ſur tous ces points, afin de rendre ſon état fixe, & d'empêcher qu'elle ne puiſſe jamais être inquiétée: nous avons auſſi réſolu non-ſeulement de confirmer la nullité des billets d'emprunt de ladite Compagnie qui ſont demeurés dans le public faute par les propriétaires ou porteurs de les avoir placé en rentes héréditaires au denier cinquante, ou viageres au denier vingt-cinq ſur nos Tailles, conformément aux Arrêts de notre Conſeil des 26 Juillet, 22 Août & 29 Septembre 1723, & autres dans les délais qui y ſont indiqués; mais encore d'en décharger ladite Compagnie, comme auſſi de tous ſes autres effets qui ſont pareillement demeurés dans le public, du nombre de ceux dont la repréſentation & le viſa ont été ordonnés par l'Arrêt de notre Conſeil du 26 Janvier 1721, deſquels nous avons prononcé la nullité par divers Arrêts, & en dernier lieu par notre Edit concernant le viſa. Dans le deſſein que nous avons depuis long-temps d'éteindre & ſupprimer entierement leſdits effets, nous avons ci-devant fait brûler en vertu d'Arrêts de notre Conſeil la plûpart de ceux qui ont été rapportés aux caisses du visa, & retirés par les Préposés & Commis de ladite Compagnie, & de ceux qu'elle a retirés par ses opérations particulieres, & nous jugeons à propos d'ordonner que ce qu'il en reste sera pareillement brûlé. Enfin pour rassurer le public & ne rien laisser exister de tout ce qui pourroit faire craindre des recherches, soit contre la Compagnie des Indes, ses anciens Directeurs, Commis & Préposés, soit contre aucuns de nos sujets, il nous a paru nécessaire de faire brûler tous les registres & papiers qui ont servi aux achats d'actions, & à toutes les autres opérations que la Compagnie des Indes a faites par notre ordre pendant notre minorité, & même les comptes des Caissiers & Commis employés auxdites opérations, à l'exception néanmoins des registres, papiers & comptes qui concernent le commerce de ladite Compagnie, & de pourvoir à la décharge desdits Caissiers & Commis de la Compagnie des Indes. A CES CAUSES & autres à ce nous mouvant, de l'avis de notre Conseil, & de notre certaine science, pleine puissance & autorité Royale, nous avons par notre présent Edit perpétuel & irrévocable, dit, statué & ordonné, disons, statuons & ordonnons, voulons & nous plaît ce qui suit.

ARTICLE PREMIER.

La Compagnie déchargée de toutes les opérations de la Banque.

QUE la Compagnie des Indes sera bien & valablement déchargée de toutes les opérations de la Banque, établie générale par nos Lettres Patentes des 2 & 20 Mai 1716, depuis convertie en Banque Royale par notre Déclaration du 4 Décembre 1718, & ensuite réunie à ladite Compagnie des Indes par Arrêt de notre Conseil du 24 Février 1720, & autres rendus en conséquence les 26 Janvier & 7 Avril 1721, laquelle décharge nous avons accordée & accordons à ladite Compagnie des Indes, en vertu du compte des billets de Banque faits & délivrés dans le public depuis leur établissement jusqu'à leur suppression, qui a été rendu pour & au nom de ladite Compagnie des Indes par le sieur Bourgeois, Trésorier général de la Banque, à notre Chambre des Comptes de Paris le 15 Novembre 1723, & par lequel la dépense est égale à la recette, l'une & l'autre montant à trois milliards soixante-dix millions neuf cens trente-neuf mille quatre cens livres.

II.

Nous avons de la même autorité que dessus, confirmé & confirmons le don que nous avons fait à la Compagnie des Indes de la somme de cinq cens quatre-vingt-trois millions de livres en ordonnances sur notre Trésor Royal, suivant les Arrêts de notre Conseil des 7 & 14 Juin 1723, tant pour liquidation d'indemnités prétendues par ladite Compagnie des Indes pour dépossession, non-jouissance & intérêts, ainsi qu'il est porté auxdits Arrêts, que pour l'indemniser en partie de la perte qu'elle a faite de quatorze cens soixante-dix millions par les opérations émanées de notre pur mouvement pendant le temps de notre minorité, & principalement par l'achat & conversion d'actions en billets de Banque, lesquelles opérations & achats elle n'a fait que par obéissance aux ordres qui lui en ont été donnés en notre nom pendant notre minorité : voulons que lesdites ordonnances montant à ladite somme de cinq cens quatre-vingt-trois millions de livres, soient passées dans les comptes des Gardes de notre Trésor Royal, sans aucune difficulté, & que ladite Compagnie ne puisse être recherchée pour raison d'icelles, sous quelque prétexte que ce soit ou puisse être.

Don de 583 millions en ordonnances confirmé.

III.

Quoiqu'il soit porté par l'article II de notre Déclaration du 4 Décembre 1718, que les six millions de livres provenant du fonds des douze mille actions dont la Banque générale étoit composée, lesquelles nous appartenoient au moyen du remboursement qui en avoit été fait de nos propres deniers aux Actionnaires, demeureroient dans la Banque Royale pour lui servir de fonds ; nous avons dispensé & dispensons ladite Compagnie des Indes de comp-

La Compagnie dispensée de com-

pter de six millions provenant de 12000 actions.

ter tant du fonds desdites actions que des bénéfices qu'elles ont pû produire, attendu que cet article de notre Déclaration du 4 Décembre 1718 n'a point eu d'exécution, ne se trouvant aucune dépense faite au Trésor Royal pour ce sujet ni dans aucun compte, & le Trésorier de la Banque Royale n'en ayant fourni aucune quittance en vertu de laquelle on puisse lui en demander compte, & conséquemment à ladite Compagnie.

IV.

Bénéfices de la Banque confirmés en faveur de la Compagnie.

Nous avons confirmé & confirmons la cession que nous avons faite des bénéfices de la Banque Royale à la Compagnie des Indes, avec effet retroactif, par Arrêt de notre Conseil du 24 Février 1720, portant réunion de ladite Banque à ladite Compagnie, qui n'a été tenue de compter des billets de Banque qu'en vertu dudit Arrêt, & en conséquence nous avons dispensé & dispensons ladite Compagnie de nous rendre aucun compte, non-seulement des profits des escomptes, des lettres de change & autres opérations de la Banque Royale, desquels le Trésorier a été obligé de tenir un registre, conformément à l'article VIII de notre Déclaration du 4 Décembre 1718; mais encore des bénéfices provenant de l'exécution de l'Arrêt de notre Conseil du 21 Décembre 1719, qui a fixé l'argent de la Banque à cinq pour cent au-dessus de la valeur de l'argent courant, auquel prix il a été permis de délivrer des billets de Banque à Paris & dans les Provinces, jusqu'à ce que par Arrêt de notre Conseil du 24 Février 1720 nous avons abrogé cet usage.

V.

La Compagnie déchargée des Bénéfices sur les monnoyes.

Ladite Compagnie sera déchargée des dispositions des Arrêts de notre Conseil des 25 Juillet & 9 Décembre 1719, par lesquels nous lui avons cédé d'un côté le bénéfice sur la fabrication des monnoyes pendant neuf ans, moyennant cinquante millions que ladite Compagnie devoit nous payer, & de l'autre les droits pour les affinages & départs d'or &

d'argent dans les monnoyes ; de laquelle cession ladite Compagnie des Indes n'a pas joüi, ayant laissé ledit bénéfice & le produit desdits droits aux Hôtels des Monnoyes, dans les mains des Directeurs, lesquels seront tenus d'en compter dans la forme ordinaire, aussi bien que des augmentations survenues sur les espéces & matieres d'or & d'argent depuis le 25 Juillet 1719 jusqu'à la fin de 1720. Et voulons en conséquence que ladite Compagnie soit dispensée de nous rendre aucun compte pour raison desdits bénéfices & droits sur les monnoyes.

VI.

LA Compagnie des Indes n'ayant jamais rien reçû du droit de dix pour cent que nous avions ordonné être levé dans nos Bureaux au profit de ladite Compagnie par Arrêt de notre Conseil du 22 Janvier 1720, sur toutes les espéces & matieres d'or & d'argent qui entreroient dans le Royaume pendant neuf ans, nous déclarons que ladite Compagnie est exempte de nous rendre aucun compte à ce sujet.

Dispensée de rendre compte des 10 pour cent sur les espéces entrant dans le Royaume.

VII.

NOUS avons confirmé & confirmons la rétrocession que la Compagnie des Indes nous a faite de cinquante millions d'actions qui nous appartenoient, laquelle nous avons acceptée par l'article II de l'Arrêt de notre Conseil du 3 Juin 1720 ; & nous avons en conséquence déchargé purement & simplement ladite Compagnie des neuf cens millions qu'elle devoit nous payer pour valeur desdits cinquante millions d'actions que nous lui avons cedées par les articles V & VI de l'Arrêt de notre Conseil du 24 Février 1720, lesquelles cent mille actions nous avons fait brûler ensuite, en présence des Commissaires de notre Conseil, qui en ont dressé procès-verbal, conformément audit article II de l'Arrêt du 3 Juin 1720.

Déchargée de neuf cens millions.

VIII.

LADITE Compagnie ne pourra être recherchée ni obli- *Dispense de com-*

pter fur le droit établi fur le Caftor.

gée de nous rendre aucun compte pour raifon du droit que nous avons établi fur le caftor par l'Arrêt de notre Confeil du 16 Mai 1720, qui a rendu ce commerce libre ; lequel droit nous avons ordonné par le même Arrêt être payé à ladite Compagnie à l'entrée du Royaume, pour lui tenir lieu du privilége exclufif du caftor que nous lui avions accordé par l'article II de nos Lettres Patentes du mois d'Août 1717, portant établiffement de la Compagnie d'Occident, nommée depuis Compagnie des Indes : ce qui a été exécuté jufqu'à ce que par autre Arrêt de notre Confeil du 30 Mai 1717, nous avons rétabli le privilége exclufif de la vente du caftor en faveur de ladite Compagnie.

IX.

Difpenfe de rendre compte des billets d'emprunt.

COMME la Compagnie des Indes a retiré de notre Tréfor Royal, & payé audit Tréfor Royal en affignations par elle acquittées en 1719 & 1720, les billets de cinq cens vingt & cinquante-deux louis d'argent, échûs au 29 Novembre 1721, & ceux de trente-fix louis & demi d'argent, échûs le 10 Janvier 1722, pour les emprunts que nous avions permis de faire à ladite Compagnie par les Arrêts de notre Confeil des 27 Octobre & 27 Novembre 1720, & 9 Janvier 1721, lefquels avoient été reçus à notre Tréfor Royal, & convertis en quittances de finance au denier cinquante, ou en rentes viageres fur nos Tailles, créées par notre Edit du mois de Juillet 1723, conformément aux Arrêts de notre Confeil des 26 Juillet, 22 Août & 29 Septembre 1723, & autres ; nous ordonnons que ladite Compagnie des Indes fera difpenfée de nous rendre compte du fonds defdits billets d'emprunt qu'elle a reçus ; & de notre pleine puiffance & autorité Royale, nous avons annullé, éteint & fupprimé, annullons, éteignons & fupprimons ceux defdits billets d'emprunt qui font demeurés dans le public, faute par les propriétaires ou porteurs d'en avoir fait l'emploi & la converfion ordonnée par lefdits Arrêts de notre Confeil des 26 Juillet, 22 Août & 29 Septembre 1723 & autres, dans les délais qui y font indiqués, fans qu'il qu'il en puisse être formé aucune demande contre la Compagnie & les Directeurs d'icelle qui les ont signés, dont nous les avons déchargé & déchargeons.

X.

Nous avons cédé & octroyé, cédons & octroyons à la Compagnie des Indes à titre d'indemnité & pour la dédommager des pertes qu'elle a faites à l'occasion des achats d'actions & des autres opérations émanées de notre mouvement pendant le cours de notre minorité, le bénéfice des réductions que nous avons ordonné être faites par les sieurs Commissaires de notre Conseil sur les billets de Banque, certificats de comptes en Banques, récépissés des Receveurs des Tailles pour rentes au denier cinquante, récépissés du Trésor Royal, récépissés des Directeurs de Monnoyes, contrats & récépissés de rentes viageres sur ladite Compagnie, actions & dixiémes d'actions rentieres, récépissés des Directeurs des comptes en Banque, convertibles en actions & dixiémes d'actions rentieres, actions & dixiémes d'actions interessées de ladite Compagnie, lesquels effets ont été visés & liquidés en exécution des Arrêts de notre Conseil des 26 Janvier & 23 Novembre 1721, & autres: voulons que ladite Compagnie soit bien & valablement déchargée desdits effets visés, que nous avons fait remettre par nos ordres particuliers à ses Caissiers & Préposés dans le temps & à mesure qu'ils ont été rapportés aux caisses du visa, & la dispensons de nous rendre compte desdits effets, que nous déclarons lui appartenir au moyen de ce qu'elle a retiré & payé les certificats de liquidation que nous avions fait délivrer pour valeur desdits effets ; sçavoir, les certificats de liquidation d'actions en nouvelles actions fabriquées au nombre de cinquante-six mille, conformément à l'Arrêt de notre Conseil du 22 Mars 1723, & ceux de sommes en assignations du Trésor Royal.

La Compagnie déchargée de tous les effets visés.

XI.

Nous avons pleinement déchargé la Compagnie des In-

Effets demeurés

des de tous les effets de ladite Compagnie qui sont demeurés dans le public, du nombre de ceux dont la représentation & le visa ont été ordonnés par l'Arrêt de notre Conseil du 26 Janvier 1721, & autres Arrêts postérieurs; desquels effets nous avons prononcé la nullité par divers Arrêts de notre Conseil, & en dernier lieu par notre Edit concernant le visa; & voulons que les propriétaires & porteurs d'iceux n'en puissent repéter aucune valeur contre ladite Compagnie ni contre ses Directeurs, Préposés & Commis qui les ont signés, dont nous les déchargeons.

dans le public brûlés.

XII.

Effets retirés par la Compagnie brûlés.

La plûpart des effets de la Compagnie des Indes rapportés aux caisses du visa, & retirés par les Préposés & Commis de ladite Compagnie, & de ceux qu'elle a retirés par ses opérations particulieres, ayant été brûlés publiquement, en vertu des Arrêts de notre Conseil, voulons que ce qu'il en reste soit pareillement brûlé en présence des sieurs Commissaires de notre Conseil qui seront par nous nommés, lesquels en dresseront procès-verbal.

XIII.

Registres & papiers brûlés.

Tous les registres & papiers qui ont servi aux achats d'actions & à toutes les autres opérations que la Compagnie des Indes a faites par notre ordre pendant notre minorité, & même les comptes des Caissiers & Commis employés auxdites opérations, à l'exception néanmoins des registres, papiers & comptes qui concernent le commerce de ladite Compagnie, seront pareillement brûlés en présence des Commissaires de notre Conseil, qui en dresseront aussi leur procès-verbal, & il sera délivré auxdits Caissiers & Commis de ladite Compagnie des certificats visés par lesdits sieurs Commissaires, portant qu'ils auront remis au dépôt de la Compagnie des Indes leurs comptes bien & dûement examinés, clos & arrêtés, dans lesquels la dépense est égale à la recette, au moyen desquels certificats lesdits Caissiers & Commis seront déchargés de leur gestion.

Si donnons en mandement à nos amés & féaux Conseillers les Gens tenant notre Cour de Parlement, Chambre des Comptes & Cour des Aydes à Paris, que notre présent Edit ils ayent à faire lire, publier & regiſtrer, & le contenu en icelui garder, obſerver & exécuter ſelon ſa forme & teneur; car tel eſt notre plaiſir. Et afin que ce ſoit choſe ferme & ſtable à toujours, nous y avons fait mettre notre Scel. DONNE' à Verſailles au mois de Juin l'an de grace mil ſept cent vingt-cinq, & de notre regne le dixiéme. *Signé* LOUIS. *Et plus bas;* par le Roi, PHELYPEAUX. *Viſa*, FLEURIAU. Vû au Conſeil, DODUN. Et ſcellé du grand Sceau de cire verte.

Lû & publié, le Roi ſéant en ſon Lit de Juſtice, regiſtré, ouï & ce requérant le Procureur général du Roi, pour être exécuté ſelon ſa forme & teneur; & copies collationnées d'icelui envoyées aux Bailliages & Sénéchauſſées du reſſort, pour y être pareillement lûes, publiées & enregiſtrées; enjoint aux Subſtituts de ſon Procureur général d'y tenir la main, & d'en certifier la Cour au mois. Ce huitiéme Juin mil ſept cent vingt-cinq. Signé MIREY.

ARREST
DU CONSEIL D'ÉTAT
DU ROY,

PORTANT *qu'il sera fait Inventaire de toutes les marchandises qui composent le chargement des Vaisseaux le Royal Philippe, le Lys & l'Union, venant des Ports des concessions de la Compagnie des Indes ; & que lesdites marchandises seront incessamment vendues en la maniere accoutumée, après l'apposition des marques y mentionnées.*

Du 22 Juin 1725.

Extrait des Registres du Conseil d'Etat.

SUR la requête présentée au Roi étant en son Conseil par les Directeurs de la Compagnie des Indes, contenant que les Vaisseaux le Royal Philippe, le Lys & l'Union, sont arrivés au port de l'Orient le 2 Avril & le 16 Mai de la présente année, venant des Ports des concessions de la Compagnie des Indes, chargés de poivre, aloës, encens, séné, gomme gutte, cardamon, cauris, bois rouge, bois de sapan, soye tani, & autres épiceries & drogueries, étoffes de soye, toiles de coton blanches & mousselines, toiles teintes, peintes & rayées de couleurs, mouchoirs de coton & autres ; de toutes lesquelles marchandises, tant permises que prohibées, la vente doit être faite dans la ville de Nantes, après cependant que toutes les mousselines, toiles de coton blanches, & mouchoirs de coton de Bengale & de Masulipatan, soye & coton, écorce & soye, & écorce, sujettes à la marque, il aura été apposé celle qu'il a plû à Sa Majesté ordonner par Arrêt du 28 Avril 1711, dont l'empreinte est au pied dudit Arrêt, laquelle marque sera imprimée sur un morceau de parchemin, signé & paraphé par les sieurs Cochois & Robineau, que Sa Majesté a commis par Arrêt du 20 Décembre 1719, & par le sieur Camiaille, aussi commis par Arrêt du 30 Mai 1721, & par le sieur Dubois, aussi commis par Arrêt du 15 Juillet 1721, ou par l'un d'eux desdits sieurs seulement ; à cet effet qu'il n'en soit débité aucunes dans le Royaume que celles de ladite Compagnie, conformément aux Arrêts des 10, 24 Février & 13 Mars 1691, 11 Octobre 1700, Déclaration de Sa Majesté du 9 Mai 1702, & autres Arrêts & Réglemens rendus en conséquence, concernant le commerce de ladite Compagnie, & notamment à ceux des 10 Décembre 1709 & 4 Juin 1715, rendus en interprétation de celui du 27 Août 1709, aux Arrêts des 11 Juin 1714, 20 Janvier & 22 Février 1716, à l'Edit du mois de Mai 1719, portant réunion des Compagnies des Indes & de la Chine à la Compagnie d'Occident, à présent nommée Compagnie des Indes, & à l'Arrêt du 9 Mai 1724, qui permettent à ladite Compagnie de vendre dans le Royaume des mousselines, toiles de coton blanches, & mouchoirs de coton, soye & coton, écorce & soye, & écorce, apportées dans ses Vaisseaux ; & à tous Négocians, Marchands, & autres particuliers qui les ont achetées de ladite Compagnie, d'en faire débit & usage, en payant seulement les droits d'entrée portés par le Tarif de 1664, pour les marchandises qui y sont dénommées & contenues, & trois pour cent de la valeur de celles qui n'y sont pas comprises, suivant & conformément à l'article XLIV de l'Edit d'établissement de ladite Compagnie, Arrêts rendus en conséquence, & à l'Edit du présent mois de Juin. A ces causes requéroient les Directeurs de la Compagnie des Indes, qu'il plût à Sa Majesté sur ce pourvoir. Vû lesdits Arrêts des 10, 24 Février & 13 Mai 1691, 11 Septembre 1700, Déclaration de Sa Majesté du 9 Mai 1702, 27 Août & 10 Septembre 1709, 28 Août 1711, 11 Juin 1714, 20 Janvier & 22 Février 1716, l'Edit du mois de Mai 1719, portant réunion des Compagnies des Indes Orientales & de la Chine à celle d'Occident, à présent Compagnie des Indes, l'Arrêt du 9 Mai 1724, & l'Edit du présent mois de Juin; oui le rapport du sieur Dodun, Conseiller ordinaire au Conseil Royal, Contrôleur général des Finances, LE ROI E'TANT EN SON CONSEIL, a ordonné & ordonne que par le sieur Feydeau de Brou, Conseiller en ses Conseils, & de son Conseil d'Etat, Commissaire départi en la Province de Bretagne, ou par celui qu'il subdéleguera à cet effet, il sera fait en la présence du sieur Richard, commis par le Conseil pour l'exécution de l'Arrêt du 18 Mai 1720, inventaire de toutes les marchandises qui composent le chargement desdits Vaisseaux le Royal Philippe, le Lys & l'Union, lequel inventaire sera divisé en trois chapitres, dont le premier comprendra les marchandises sujettes à la marque, comme mousselines, toiles de coton blanches, & mouchoirs de coton de Bengale & de Masulipatan, soye & coton, écorce & soye, & écorce; le second, les drogueries & épiceries, comme poivre, aloës, encens, séné, gomme gutte, cardamon, cauris, bois rouge, bois de sapan, soyes tani & autres; & le troisiéme chapitre sera composé de mouchoirs de Pondichery, toiles teintes, peintes & rayées de couleurs, & étoffes dont l'usage & le débit sont prohibés dans le Royaume, & qui, quoique chargées sur les Vaisseaux de ladite Compagnie des Indes, ne peuvent y être vendues qu'à condition qu'elles seront renvoyées à l'Etranger: ordonne aussi Sa Majesté que toutes lesdites piéces de mousselines, toiles de coton blanches & mouchoirs de coton, soye & coton, écorce & soye, & écorce, spécifiées par le premier chapitre dudit inventaire, feront marquées aux deux bouts de chaque piéce d'une marque pareille à l'empreinte étant au pied dudit Arrêt du 28 Avril 1711, imprimée fur un morceau de parchemin, figné par les fieurs Cochois & Robineau, que Sa Majefté a commis pour cet effet par Arrêt du 20 Décembre 1719, & par le fieur Camiaille, auffi commis par Arrêt du 30 Mai 1721, & par le fieur Dubois, auffi commis par Arrêt du 15 Juillet 1721, ou par un d'eux feulement, laquelle marque fera attachée au chef & à la queue de chaque piéce, avec le plomb de ladite Compagnie, en préfence du fieur Subdélegué, ou autre qui fera commis par ledit fieur Feydeau de Brou, fans que lefdits Marchands ou Négocians puiffent être tenus de rapporter lefdites marques, ni de faire mention fur leurs regiftres des noms de ceux auxquels ils pourront vendre des piéces entieres; à condition néanmoins que les Marchands & Négocians feront tenus de faire immédiatement après chaque vente publique, une déclaration expreffe de la quantité defdites toiles de coton blanches, mouffelines & mouchoirs de coton, foye & coton, écorce & foye, & écorce, qu'ils auront achetées, lefquelles déclarations feront faites à Paris au fieur Lieutenant général de Police, ou à celui qu'il commettra, & dans les Provinces aux fieurs Intendans & Commiffaires départis, ou aux perfonnes qui feront par eux commifes, lefquelles déclarations feront inférées dans un regiftre particulier, paraphé par ceux qui les recevront; dans lequel regiftre lefdites marchandifes feront fpécifiées par chapitres diftincts & féparés pour chacun des déclarans, fans que lefdits Marchands de la ville de Paris, Détailleurs ou autres, puiffent tirer des Provinces aucunes mouffelines, toiles de coton blanches, & mouchoirs de coton, foye & coton, écorce & foye, & écorce, même de celles marquées de la marque defdits fieurs Intendans & Commiffaires départis, s'ils n'en ont obtenu dudit fieur Lieutenant général de Police une permiffion expreffe : ordonne Sa Majefté qu'après l'appofition defdites marques fur lefdites piéces de mouffelines, toiles de coton blanches, & mouchoirs de coton, foye & coton, écorce & foye, & écorce, toutes les marchandifes des Indes venues fur lefdits Vaiffeaux, feront inceffamment vendues en la maniere accoutumée, en préfence d'un ou de plufieurs Directeurs de la Compagnie des Indes, & du fieur Richard, en payant les droits d'entrée de toutes les marchandifes, conformément au Tarif de 1664, à l'article XLIV de l'Edit du mois d'Août de la même année, & aux Arrêts des 29 Avril & 22 Novembre 1692, & 2 Novembre 1700; & à l'égard des toiles de coton teintes, peintes & rayées de couleurs, & étoffes provenant des Indes & de la Chine, la vente & adjudication n'en pourra être faite qu'à condition qu'elles feront envoyées à l'Etranger par les Adjudicataires, dans fix mois au plus tard du jour de l'adjudication, dans la forme, pour les pays, & avec les précautions prefcrites par l'article VII de l'Arrêt du 11 Juin 1714, & jufques auxdits envois elles feront mifes dans le magafin d'entrepôt, conformément audit Arrêt du 18 Mai 1720 : & ordonne en outre Sa Majefté, conformément à l'article VIII de l'Arrêt du 20 Janvier 1716, que les toiles de coton blanches, mouffelines & mouchoirs de coton, foye & coton, écorce & foye, & écorce, ne pourront être vendues dans aucune Ville, jufqu'à ce qu'il y ait été appofé une feconde marque au chef & à la queue; fçavoir, à Paris, par le fieur Lieutenant général de Police, qui pourra numeroter & parapher chacune des marques en parchemin, s'il le juge à propos, ou par les Commiffaires du Châtelet, les Infpecteurs de Police, ou telles autres perfonnes qu'il voudra commettre; & dans les Provinces, par les fieurs Intendans & Commiffaires départis, ou leurs Subdélegués; en forte que les mouffelines, toiles de coton blanches, mouchoirs de coton, foye & coton, écorce & foye, & écorce, foit en piéces ou en coupons, qui fe trouveront fans lefdites premieres & fecondes marques, feront réputées en contravention, confifquées comme telles, & ceux qui s'en trouveront faifis, condamnés aux amendes & aux peines fpécifiées par les Arrêts des 20 Janvier & 22 Février 1716, & premier

Mars

Mars 1724, qui feront exécutés felon leur forme & teneur : veut Sa Majefté qu'à la requête defdits Directeurs de la Compagnie des Indes, il foit fait une vifite defdites marchandifes des Indes, qui fe trouveront chez lefdits Marchands, Négocians, & tous autres de quelque qualité & condition qu'ils puiffent être, même qu'il leur foit permis de faire faifir celles qui ne feront pas marquées des marques prefcrites par les Arrêts ci-deffus datés : & Sa Majefté voulant affurer de plus en plus l'exécution defdits Arrêts dans la ville de Paris, & favorifer le débit des Marchands qui font un commerce loyal defdites marchandifes, lequel eft fouvent dérangé par les Fraudeurs & Colporteurs inconnus, même empêcher que les Détailleurs, qui s'excufent ordinairement des contraventions qu'on leur impute, par le peu de connoiffance qu'ils difent avoir des véritables marques, ne puiffent être trompés, fait très-expreffes inhibitions & défenfes, fous peine de 3000 liv. d'amende, à tous Détailleurs & Détailleufes qui employent lefdites mouffelines, toiles de coton blanches, & mouchoirs de coton, foye & coton, écorce & foye, & écorce, d'acheter aucunes piéces que des Marchands connus & domiciliés, fauf aux Détailleurs & Détailleufes à obliger lefdits Marchands de figner leur nom au dos de chaque marque en parchemin, qui fera appofée fur les piéces vendues, pour y avoir recours en cas de befoin : & enjoint Sa Majefté au fieur Ravot d'Ombreval, Confeiller en fes Confeils, Maître des Requêtes ordinaire de fon Hôtel, Lieutenant général de Police de la ville de Paris, & aux fieurs Intendans & Commiffaires départis dans les Provinces & Généralités du Royaume, de tenir la main à l'exécution du préfent Arrêt, qui fera lû, publié & affiché par-tout où befoin fera, & exécuté nonobftant toutes oppofitions ou empêchemens quelconques. FAIT au Confeil d'État du Roi, Sa Majefté y étant, tenu à Chantilly le vingt-deuxiéme jour de Juin mil fept cent vingt-cinq. *Signé* PHELYPEAUX.

LOUIS, PAR LA GRACE DE DIEU, ROI DE FRANCE ET DE NAVARRE, Dauphin de Viennois, Comte de Valentinois & Diois, Provence, Forcalquier & terres adjacentes; à notre amé & féal Conseiller en nos Conseils, Maître des Requêtes ordinaire de notre Hôtel, le sieur Ravot d'Ombreval, Lieutenant général de Police de notre bonne ville de Paris; & aux sieurs Intendans & Commissaires départis pour l'exécution de nos ordres dans les Provinces & Généralités de notre Royaume: SALUT. Nous vous mandons & enjoignons par ces Présentes signées de nous, de tenir, chacun en droit soi, la main à l'exécution de l'Arrêt ci-attaché sous le contre-scel de notre Chancellerie, ce jourd'hui donné en notre Conseil d'Etat, nous y étant, pour les causes y contenues : commandons au premier notre Huissier ou Sergent sur ce requis, de signifier ledit Arrêt à tous qu'il appartiendra, à ce que personne n'en ignore, & de faire pour son entiere exécution tous actes & exploits nécessaires, sans autre permission, nonobstant clameur de Haro, Charte Normande & Lettres à ce contraires. Voulons qu'aux copies dudit Arrêt & des Présentes collationnées par l'un de nos amés & feaux Conseillers-Secrétaires, foi soit ajoûtée comme à l'original ; car tel est notre plaisir. DONNÉ à Chantilly le vingt-deuxiéme jour de Juin l'an de grace mil sept cent vingt-cinq, & de notre regne le dixiéme. *Signé* LOUIS. *Et plus bas ;* par le Roi Dauphin, Comte de Provence, *signé* PHELYPEAUX. Et scellé de cire jaune sur simple queue.

PAul-Esprit Feydeau, Chevalier, Seigneur de Brou, la Villeneuve aux Aulnes, Calandes, le Chariot & autres lieux, Conseiller d'Etat, Commissaire départi par Sa Majesté pour l'exécution de ses ordres en Bretagne. Vû le présent Arrêt du Conseil & la commission sur icelui expédiée, scellée du grand Sceau de cire jaune ; nous Conseiller d'Etat & Commissaire susdit, avons commis le sieur Mellier, Général des Finances, & notre Subdélegué à Nantes, pour procéder à l'exécution dudit Arrêt par rapport auxdits inventaires qui doivent être faits, & autres dispositions qui nous concernent. Fait ce quatre Juillet mil sept cent vingt-cinq. *Signé* FEYDEAU. *Et plus bas*, par Monseigneur, *signé* RONDEAU.

GErard Mellier, Conseiller du Roi, Tréforier de France, Général des Finances en Bretagne, Chevalier des Ordres Royaux, Militaires & Hospitaliers de Notre-Dame de Mont-Carmel & de saint Lazare de Jérusalem, Maire & Colonel de la Milice Bourgeoise de Nantes, Commissaire & Subdélegué de M. Feydeau de Brou, Conseiller d'Etat, Intendant en Bretagne. Vû l'Arrêt du Conseil ci-dessus, du 22 Juin dernier, & l'Ordonnance de mondit sieur l'Intendant, rendue en conséquence; nous Commissaire & Subdélegué susdit, ordonnons que ledit Arrêt du Conseil sera exécuté selon sa forme & teneur, lû, publié & affiché par-tout où besoin sera. Fait à Nantes le dix Juillet mil sept cent vingt-cinq. *Signé* MELLIER.

B b b b b ij

ARREST
DU CONSEIL D'ÉTAT
DU ROY,

QUI ordonne que toutes les contestations qui pourront arriver entre la Compagnie & les particuliers, seront jugées en dernier ressort par les Commissaires, nommés par l'Arrêt du 3 Mai 1723.

Du 10 Juillet 1725.

Extrait des Registres du Conseil d'Etat.

LE Roi étant informé qu'il y a plusieurs instances commencées, instruites & prêtes à juger au Bureau des sieurs Commissaires nommés par son Arrêt du 3 Mai 1723 pour juger en dernier ressort toutes les contestations dans lesquelles la Compagnie des Indes a intérêt, & Sa Majesté considérant que ce seroit engager les parties dans de nouveaux frais & dans de nouvelles procédures, si elles étoient obligées de porter de nouveau ces mêmes contestations dans d'autres Jurisdictions: à quoi Sa Majesté voulant pourvoir, oui le rapport du sieur Dodun, Conseiller ordinaire au Conseil Royal, Contrôleur général des Finances, SA MAJESTE' E'TANT EN SON CONSEIL, a ordonné & ordonne que toutes les demandes & contestations formées devant lesdits sieurs Commissaires nommés par l'Arrêt du 3 Mai 1723 pour juger les affaires concernant la Compagnie des Indes, soit en demandant, soit en défendant, soient jugées en dernier ressort par lesdits sieurs Commissaires, leur attribuant à cet effet tout pouvoir, Cour & Jurisdiction. FAIT au Conseil d'Etat du Roi, Sa Majesté y étant, tenu à Chantilly le dixiéme jour de Juillet mil sept cent vingt-cinq. *Signé* PHELYPEAUX.

Regiſtré au Greffe de la Commiſſion, ſuivant l'Ordonnance des ſieurs Commiſſaires généraux de ce jourd'hui. Fait en leur aſſemblée, tenue à Paris le dixiéme Juillet mil ſept cent vingt-cinq. Signé LERNE.

EXTRAIT DU REGISTRE
général des délibérations de la Compagnie des Indes, concernant le Sieur Gayot & ses Associés.

Du 30 Août 1725.

CE jourd'hui trente Août mil sept cent vingt-cinq, dans l'assemblée des Directeurs, tenue en présence de Messieurs de Landivisiau, Angran & Peirene de Moras, il a été délibéré de transiger avec M. Gayot & Associés, sur leurs prétentions au sujet de la joüissance du commerce du castor pendant les six derniers mois de l'année 1717, par un accommodement à l'assemblée, ainsi & en la maniere qui suit.

Aujourd'hui trente Août mil sept cent vingt-cinq, nous soussignés Directeurs de la Compagnie des Indes d'une part, & Jean-Baptiste-Joseph Gayot, tant pour moi que pour M. Jean-Baptiste Neret, ci-devant intéressés dans le privilége exclusif du commerce du castor de l'autre, étant assemblés en l'Hôtel de ladite Compagnie, en présence de Messieurs de Landivisiau, Angran & Peirene de Moras, Conseillers du Roi en ses Conseils, Maîtres des Requêtes ordinaires de son Hôtel, pour examiner les prétentions dudit sieur Gayot & Compagnie, au sujet de la joüissance du commerce du castor pendant les six derniers mois de l'année 1717, & convenir à l'assemblée d'un accommodement entre nous, aux fins de faire cesser l'instance pendante devant Messieurs les Commissaires nommés par le Roi pour juger des affaires concernant ladite Compagnie des Indes, avons discuté tous les titres rapportés par ledit sieur Gayot; & jugeant qu'il convenoit aux intérêts communs de ladite Compagnie des Indes & dudit sieur Gayot & Compagnie, de transiger sur leurs dûes prétentions, nous sommes convenus réciproquement de ce qui suit ; sçavoir, nous Directeurs de ladite Compagnie des Indes, sous le bon plaisir de M. le Contrôleur général, qu'il sera payé par ladite Compagnie des Indes audit sieur Gayot & Compagnie la somme de vingt-cinq mille livres dans le mois de Janvier prochain, au moyen de quoi ledit sieur Gayot, tant en son nom qu'en celui de ses Associés, renonce à toutes prétentions concernant le bénéfice qui s'est pû faire sur le commerce du castor, reçû en Canada pour le compte de la Compagnie des Indes pendant l'année 1717, & se désiste de toutes poursuites contre elle à cet égard, renonçant également à toutes prétentions d'intérêts, frais de procédures, & généralement de toutes dépenses & demandes qu'il auroit fait ou pû faire pour raison dudit commerce, s'obligeant de faire ratifier par ses Associés la présente convention, & de passer en conséquence avec eux tous actes nécessaires avant de toucher ladite somme : & les parties supplieront très-humblement Sa Majesté de vouloir bien homologuer la transaction qui sera passée entre lesdites parties. *Et ont signé* RANDOT, DE MEUVES, fils, FROMAGET, F. MOUCHARD, P. SAINTARD, J. MORIN, DESPREMENIL, GODEHEU *&* GAYOT. *Et en marge de la minute déposée au Secrétariat, est écrit :* Vû bon, 30 Août 1725. *Ainsi signé* DODUN, *à l'effet de faire valoir la présente délibération comme si elle eut été prise dans une assemblée d'administration. Ladite minute aussi signée* GAYOT.

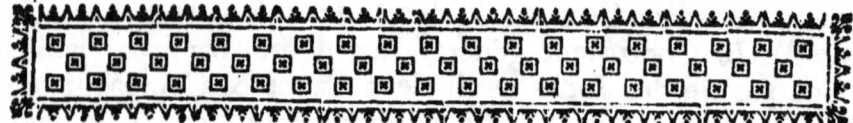

ARREST
DU CONSEIL D'ÉTAT
DU ROY,

QUI commet les Sieurs Dujoncheray, Dubois & Pinson pour signer les marques à apposer sur les piéces de Mousselines, &c.

Du 13 Novembre 1725.

Extrait des Registres du Conseil d'Etat.

LE Roi s'étant fait représenter l'Arrêt de son Conseil du 20 Décembre 1719, par lequel Sa Majesté auroit commis les nommés Robinot & Cochois pour signer au lieu & place des Directeurs de la Compagnie des Indes les marques en parchemin qui doivent être attachées au chef & à la queue de chaque piéce de mousselines & toiles de coton blanches, provenant du commerce de ladite Compagnie ; deux autres Arrêts de son Conseil des 30 Mai & 15 Juillet 1721, par lesquels Sa Majesté a commis les sieurs Camiaille & Dubois pour signer lesdites marques, au lieu & place desdits Cochois & Robinot : & Sa Majesté voulant préposer pour ladite signature des particuliers autres que les sieurs Dubois & Camiaille ; oui le rapport du sieur Dodun, Conseiller ordinaire au Conseil Royal, Contrôleur général des Finances, SA MAJESTÉ E'TANT

EN

EN SON CONSEIL, a commis & commet les sieurs Dujoncheray, Dubois & Pinson de sainte Catherine, pour signer au lieu & place des sieurs Dubois & Camiaille, les marques en parchemin qui doivent être attachées au chef & à la queue de chaque piéce de mousseline & toiles de coton blanches, provenant du commerce de ladite Compagnie, conformément à l'Arrêt du 28 Avril 1711, & autres Arrêts intervenus depuis. FAIT au Conseil d'Etat du Roi, Sa Majesté y étant, tenu à Fontainebleau le treiziéme jour de Novembre mil sept cent vingt-cinq. *Signé* PHELYPEAUX.

TABLE DES MATIERES

Contenues en ce troisiéme Volume.

A

Acquits à caution visés. *pag.* 625
Actions fixées à 56 mille. 520
— Dividende fixé pour 1722. 528
— Commissaires pour les Négociations. 557
— Dividende fixé à 150 livres. 600
— Commissaires pour les contestations. 635
— Converties en rentes viagéres. 659
Administration du 30 Août 1723. 544
Amirauté de Pondichery. 679
Amnistie générale en faveur des déserteurs. 43
Ancienne Compagnie, Syndics nommés. 454
Ancienne Compagnie, défaut des Syndics nommés. 475
Assemblée générale de la Compagnie. 207
Assemblée pour nommer huit Syndics. 542
Avignon, Audifret & Oleanier, Marchands. 8

B

Banque. Son établissement. 31, 37
— Convertie en Banque Royale. 181, 191
— Directeur & inspecteur nommés. 202
— Commissaires nommés. 204
— Réunie à la Compagnie. 264
— Délibération de la Compagnie. 270
— Comptes en Banque ouverts. 297
— Comptes en Banque supprimés. 323
— Commissaires pour les contestations. 326
— La Compagnie tenue d'en compter. 330
— La Compagnie déboutée de son opposition. 335
Bayonne droits du Duc de Grammont. 451
Beauvais le Fer, pour signer les marques. 259
Bordenave & La Mothe à Brest. 449
Bulletins. Verifications. 620

C

Caffé. Vente de 1500 balles. 321
— Privilége accordé à la Compagnie. 551
— maniere d'en faire l'exploitation. 561
— Prise de possession. 576
— Remis sous deux clefs. 595
— Du Levant entrant par Marseille. 652
Camiaille & Cochois signature des marques. 375
Castors remis à la Compagnie par les propriétaires. 157
— Privilége accordé à la Compagnie. 161
— Neuf sols & six deniers par livre d'entrée. 277
— Privilége converti en un droit d'entrée. 277
— Privilége rétabli. 373
— Ports désignés pour l'entrée. 388
— Privilége sursis. 402
— Privilége rétabli. 459
— Livraison par les particuliers. 478
Chinois pour le Vaisseau la Cloche. 72
Clerisseau & Duchemin. 435
Commissaires nommés pour contrats de rente. 125
— De la Banque nommés. 204
— Pour dresser procès-verbal. 363, 366
— Pour les contestations. 369, 371, 533
— Pour juger entre les particuliers. 748
Compagnie d'Occident établie en 1717. 103

Compagnie d'Infanterie. 428
Idem. 462
Idem. Levée de quatre. 518
Compagnie des Indes, sa libération. 729
Comptes en Banque ouverts. 297
Comptes en Banque supprimés. 323
Conseil supérieur de l'Isle de Bourbon. 586
Cordier, nommé Directeur général. 410
Cordier, comptes arrêtés par Blanchard. 495

D
Dechargement de bord à bord. 492
Idem. 535
Idem. 695
Délibération du 27 Mars 1719. 211
Demandes contre la Compagnie, évoquées. 394
Dépôt volontaire établi. 559
Directeur de la Compagnie d'Occident nommés. 123
Directeurs nommés. 139
Directeurs pour signer les marques. 235
Dividende fixé à 100 livres pour 1722. 528
Dividende fixé à 150 livres pour 1723. 600
Dodun à la place de Trudaine. 406, 408
Domaine d'Occident. 526
Droits de tiers surtaux, suppression, 281, 295
Dubois, pour signer les Bulletins. 397
Dubois & Pinson, pour signer les marques. 752
Duc de Gramont, droits à Bayonne. 451
Duchemin & Clerisseau. 435

E
Entrepost à Limoge & Clermont-Ferrand. 698
Etats fournis aux Commissaires. 383
Etoffes des Indes, de la Chine & du Levant. 1
Idem. 14
Etoffes saisies, remises à la Compagnie. 428
Etoffes des Indes, introduction défendue.
Etoffes des Indes, Réglement

l'entrée. 643
Evocation des demandes contre la Compagnie. 394
Exécution de l'Edit de réunion. 231

F
Fagon, &c. contre Rodolet. 464
Fond de la Compagnie d'Occident fixé à 100 millions. 129
Fond à employer à la pêche, &c. 260
Fosse pour en l'absence de Cordier. 442
Fraudes, Réglement. 701

G
Goa & Magellan, accordés à la Compagnie. 278

H
Homologation du traité avec Messieurs de saint Malo. 211
Homologation de la Délibération du 27 Mars 1719. 283

I
Inventaire de marchandises. 59
Idem. 497
Idem. 505, 508, 510
Idem. 740
Isle de Bourbon, Esclaves Négres. 640

K
Inkaid, de Londres. 583

L
Labarre, nommé Caissier. 127
La Bruyere, contre Rodolet. 381
Idem. 404
Idem, contre Clerisseau & Duchemin. 435
Laigneau, Sénéchal d'Hennebon. 512
La Mothe & Bordenave. 449
La Rochelle, Lamaire, Tharreau, & Perdriau. 8
La Rochelle, procès-verbal par M. l'Intendant. 515
Law, contestations avec la Compagnie. 369
Limoges & Clermont-Ferrand. 698
L'Orient. Entrée des soyes écrues. 456
Loterie des rentes viagéres. 628
Loterie à 100 livres le Billet. 651
Loterie, Privilége exclusif. 655
Loterie, requête au Roi. 662
Loterie viagére, plan proposé. 666
Loterie, opérations à faire. 668
Loterie, avis aux Actionnaires. 669
Loterie, délibération de la Compagnie. 670
Loterie composée, Billets. 691

M

Main-levée des Marchandises du Lys-Brilhac. 141
Marque des Mousselines, &c. 432
Marques, signature. 229
Idem. 375
Idem. 752
Marchandises, défenses aux Officiers d'emporter aucunes. 81
Marseille, commerce du Levant. 288
Mouchoirs de coton & autres permis.

N

675
Neret & Gayot, contestations. 153
Nerville adjudicataire des Fermes. 8

O

Octrois, droits locaux, péages, barrages. 637
Officiers intéressés dans les cargaisons. 471
Oleanier, Audifret, &c. 8

P

Pacotilles, défenses de les permettre. 77
Pacotilles. Procès-verbal. 423
Parlement au sujet des remontrances. 171
Payement à Messieurs de saint Malo de la somme de 1508000 livres 13 sols 7 deniers. 482
Phaulkon veuve, pension alimentaire accordée. 85
Pondichery, Siége de l'Amirauté. 681
Prévôté de Nantes, décharge. 412
Priviléges de la Compagnie à perpétuité. 303, 310
Priviléges confirmés en 1725. 703

R

Rentes constituées, nommés pour passer contrats. 125
Rentes viagéres, Etat assuré de.... acquereurs. 689
Réunion des Compagnies de la Chine & des Indes Orientales à celle d'Occident. 220
Robinot & Cochois, signature des marques. 262
Rodolet, procès par la Bruyere. 381
Rodolet, Fagon, Commissaires.

S

Saisies d'étoffes.
Syndics, nominations de

Soumission des Directeurs des Compagnies des Indes & de la Chine. 233
Soyes des Indes, six sols par livre pesant. 503
Soyes étrangéres par Lyon. 445
Soyes écrues entrées par l'Orient. 456
Suppression des droits de tiers surtaux, & quarantiéme. 281

T

Tabac. Privilége accordé à la Compagnie. 524
— Contrat d'aliénation passé. 554
— Et casté, toiles peintes visitées. 596
Tiers surtaux & quarantiéme; supprimés. 281, 295
Toiles peintes confisquées & brulées. 20
Toiles peintes & écorces d'arbre défendues. 92
Idem. Introduction défendue. 247
Toiles peintes de la Compagnie. 291
Toiles & étoffes des Indes. 377
Toiles peintes défendues. 385, 388
Traité entre Messieurs de saint Malo. 67
Traité entre la Compagnie, idem. 197
Transit. Limoge & Clermont-Ferrand. 698

V

Vaisseaux. La Paix. 59
— Les deux Couronnes. Ibid.
— Le Lys-Brilhac. Ibid.
— La Cloche. 72
— Le Brilhac. 141
— La Paix. 313
— Le Comte de Toulouse. Ibid.
— Les deux Couronnes. Ibid.
— Le Maure. 497
— La Galathée. Ibid.
— L'Indien. Ibid.
— Le Conty. 505
— La Sirenne. 598
Velours vendus par la Compagnie. 510
Vente à Paris de 5799 piéces de toiles de coton blanches. 96
Vente à Nantes. 239
Vente des marchandises. Réglement. 313
Vente de Nantes par Messieurs de saint Malo. 440
Visa. Confirmation des opérations. 714

FIN DE LA TABLE DES MATIERES.

www.ingramcontent.com/pod-product-compliance
Lightning Source LLC
Chambersburg PA
CBHW061726300426
44115CB00009B/1116